Edeltraud Roller · Frank Brettschneider · Jan W. van Deth (Hrsg.)

Jugend und Politik: „Voll normal!"

Veröffentlichung des Arbeitskreises „Wahlen und politische Einstellungen" der Deutschen Vereinigung für Politische Wissenschaft (DVPW)

Band 11

Edeltraud Roller
Frank Brettschneider
Jan W. van Deth (Hrsg.)

# Jugend und Politik: „Voll normal!"

Der Beitrag der politischen
Soziologie zur Jugendforschung

**VS VERLAG** FÜR SOZIALWISSENSCHAFTEN

Bibliografische Information Der Deutschen Bibliothek
Die Deutsche Bibliothek verzeichnet diese Publikation in der Deutschen Nationalbibliografie;
detaillierte bibliografische Daten sind im Internet über <http://dnb.ddb.de> abrufbar.

1. Auflage Juni 2006

Lektorat: Frank Schindler

Der VS Verlag für Sozialwissenschaften ist ein Unternehmen von Springer Science+Business Media.
www.vs-verlag.de

Umschlaggestaltung: KünkelLopka Medienentwicklung, Heidelberg
Druck und buchbinderische Verarbeitung: Krips b.v., Meppel
Gedruckt auf säurefreiem und chlorfrei gebleichtem Papier
Printed in the Netherlands

ISBN-10  3-531-14383-2
ISBN-13  978-3-531-14383-5

# Inhalt

## III. Politisches Interesse und politische Partizipation

## IV. Wahlbeteilung und Wahlentscheidung

# Jugend und Politik –
# Der Beitrag der Politischen Soziologie
# zur Jugendforschung

*Edeltraud Roller, Frank Brettschneider und Jan W. van Deth*

## 1. Jugend und Demokratie in Deutschland

Die Frage, welches Verhältnis die Jugend zur Politik hat, ist nicht nur von allgemeinem öffentlichem Interesse, sondern berührt eine zentrale politikwissenschaftliche Thematik. Aus der Sicht des Konzepts der politischen Kultur ist die subjektive Orientierung der Bürger gegenüber der Politik eine der wesentlichen Determinanten der Stabilität (Almond/Verba 1963) und der Funktionsfähigkeit (Putnam 1993) einer Demokratie. Die Sozialisation der nachkommenden Generationen, die in der Internalisierung gesellschaftlich relevanter Inhalte der politischen Kultur besteht, ist damit von unmittelbarer Bedeutung für den Zustand der Demokratie in einem Land. An den politischen Orientierungen und Verhaltensweisen der Jugendlichen lässt sich nicht nur der Erfolg der politischen Sozialisation ablesen, sie dienen auch als Gradmesser für die zukünftige Entwicklung einer Demokratie. Negative Befunde wie eine zunehmende Distanzierung der Jugend von der Politik (sei es in Form einer Politiker-, Parteien- oder gar einer allgemeinen Politikverdrossenheit) oder eine Abnahme der politischen Beteiligung und Beteiligungsbereitschaft bei den Jugendlichen indizieren dann problematische oder gar alarmierende Entwicklungen, die – wenn sie von Dauer sind und ein bestimmtes Ausmaß erreichen – eine Bedrohung für das Funktionieren und die Stabilität der Demokratie in einem Land darstellen können.

Für Deutschland ist die Frage nach dem Verhältnis der Jugend zur Politik von besonderem Interesse. Nach der formellen, d.h. institutionellen Vereinigung beider deutscher Staaten im Oktober 1990 geht es nunmehr um die kulturelle Integration beider Teile Deutschlands. Dieser auch als innere Einheit bezeichnete Prozess ist abgeschlossen, wenn die Bürger der neuen Bundesländer subjektive Orientierungen gegenüber der Politik entwickeln, die zu den liberal-demokratischen Strukturen des vereinigten Deutschlands kongruent sind (Fuchs/Roller/Weßels 1997). Den nachwachsenden Generationen kommt hier eine große Bedeutung zu. Wenn nicht nur die erwachsenen Bürger, sondern auch die Jugendlichen in den neuen Bundesländern, die in ihren formativen Jahren unter den institutionellen Bedingungen einer liberalen Demokratie aufgewachsen sind, ein kritisches Verhältnis zur Demokratie des vereinigten Deutschland aufweisen, dann kann der erhoffte Austausch der demokratiekritischen durch demokratiebefürwortende Generationen nicht stattfinden und die Demokratie in den neuen Bundesländern nicht als konsolidiert bzw. gefestigt gelten.

## 2. Ergebnisse und Grenzen der Jugendforschung

Die Jugendforschung in Deutschland hat sich seit den 1990er Jahren verstärkt dem Thema Jugend und Politik gewidmet und dazu einschlägige empirische Befunde vorgelegt. Im Mittelpunkt stehen dabei zwei Studien: die 14. Shell-Jugendstudie aus dem Jahr 2002 (Deutsche Shell 2002) mit dem Schwerpunkt politische Einstellungen und politisches Engagement sowie der Jugendsurvey „Jugend und Politik" des Deutschen Jugendinstituts (DJI), München, der inzwischen drei Wellen umfasst – 1992 (Hoffmann-Lange 1995), 1997 (Gille/Krüger 2000) und 2003 (Gaiser u.a. 2006). Bei beiden Studien handelt es sich um repräsentative Umfragen unter Jugendlichen. Sie unterscheiden sich jedoch nicht nur im Hinblick auf die Definition dessen, was unter Jugend verstanden wird: Die Shell-Jugendstudie befragt Jugendliche im Alter von 12 bis 25 Jahren, während die DJI-Jugendsurveys Jugendliche und junge Erwachsene zwischen 12 bis 29 Jahre untersucht. Bei den DJI-Jugendsurveys handelt es sich zudem um Replikationen, die Längsschnittanalysen erlauben, während bei den Shell-Jugendstudien der Anteil von Replikationen auf einzelne politische Indikatoren (politisches Interesse) beschränkt ist.

Die beiden Studien zeichnen folgendes Bild über das Verhältnis der Jugend zur Politik: Die *Shell-Jugendstudie* konstatiert für das Jahr 2002 ein weiter rückläufiges Interesse an der Politik (Deutsche Shell 2002: 21), eine Abnahme postmaterialistischer Werte und eine Zunahme pragmatischer Haltungen (Deutsche Shell 2002: 18f.), Parteienverdrossenheit bei gleichzeitig großer Akzeptanz der Demokratie (Deutsche Shell 2002: 24) und ein geringes Niveau konventioneller und unkonventioneller Partizipation (Deutsche Shell 2002: 27). Die Ergebnisse werden folgendermaßen zusammengefasst: „Alles in allem stellt Politik für die Mehrheit der Jugendlichen heute keinen eindeutigen Bezugspunkt mehr dar, an dem man sich orientiert, persönliche Identität gewinnt oder sich auch selber darstellen kann. ‚Politisch sein' ist heute nicht mehr ‚in'" (Deutsche Shell 2002: 24).

Im Unterschied dazu können die *DJI-Jugendsurveys* für den Zeitraum zwischen 1992 und 2003 folgende Befunde ermitteln: „keine massiven Rückgänge" beim politischen Interesse und bei der subjektiven politischen Kompetenz (Gaiser u.a. 2005a: 191), eine leicht abnehmende Zustimmung zur Idee der Demokratie bei zunehmender Unzufriedenheit mit der Wirklichkeit der Demokratie (Gaiser u.a. 2005a: 177, 181) und ein leichter Rückgang der politischen Partizipation (Gaiser u.a. 2005b: 2). Auf der Grundlage der DJI-Jugendsurveys, die auch systematisch die Frage nach dem Zusammenwachsen von Ost- und Westdeutschland untersuchen, lassen sich sowohl Annäherungen zwischen den Jugendlichen der alten und neuen Länder (z.B. beim politischen Interesse) als auch gleich bleibende Ost-West-Unterschiede (z.B. bei Einstellungen zur Demokratie) ermitteln. Wichtigstes Ergebnis ist, dass diese Unterschiede zwar immer noch existieren, aber zumindest nicht größer geworden sind (Gaiser u.a. 2005a: 193).

Auf der Grundlage dieser empirischen Befunde, die zentrale Dimensionen der politischen Kultur abdecken, könnte man annehmen, dass die wichtigsten Fragen zum Verhältnis von Jugend und Politik bereits geklärt sind. Das ist allerdings ein erster und nicht ganz zutreffender Eindruck. Zum ersten zeigt die Gegenüberstellung, dass die Studien zu teilweise unterschiedlichen Ergebnissen kommen. Das wird insbesondere beim politischen Interesse deutlich, wo die negative Entwicklung im Fall der Shell-Jugendstudie als Beleg für die These der wachsenden Distanz der Jugend zur Politik gewertet wird, während auf der Grundlage der DJI-Jugendsurveys lediglich eine leichte Abnahme ermittelt wird. Dieser Unterschied kann nicht mit der unterschiedlichen Länge der Zeitreihen erklärt werden. Nimmt man ähnliche Zeiträume in den Blick, dann sinkt bei der Shell-Jugendstudie (2002: 92) das politische Interesse kontinuierlich zwischen 1991 und 2002 von 57 auf 34 Prozent, während bei den DJI-Jugendsurveys (Gaiser u.a. 2005a: 171) in West- und Ostdeutschland die Werte zwischen 1992, 1997 und 2003 mit leichten Schwankungen relativ stabil sind (Westdeutschland: 21, 25, 22 Prozent; Ostdeutschland 22, 17, 19 Prozent). Der Frage, worauf diese Unterschiede zurückzuführen sind, ob auf unterschiedliche Indikatoren, Jugenddefinitionen oder Methoden der Stichprobenziehung, soll an dieser Stelle nicht nachgegangen werden. Für unsere weitere Argumentation ist das Faktum entscheidend, dass die Jugendstudien nicht zu einheitlichen Ergebnissen im Hinblick auf die Entwicklung des Verhältnisses der Jugend zur Politik kommen.

Ein zweites Problem der Jugendstudien besteht darin, dass für viele politische Indikatoren nur ein Messzeitpunkt (insbesondere bei der Shell-Jugendstudie) oder nur eine begrenzte Anzahl von Messzeitpunkten vorliegt und Längsschnittanalysen zur *Entwicklung* des Verhältnisses von Jugend und Politik entweder gar nicht oder nur für eine begrenzte Periode (ca. zehn Jahre nach der deutschen Einheit) möglich sind. Fehlen Vergleichsdaten, dann wird bei der Interpretation der Daten häufig auf (vermeintlich) allgemeines Wissen über frühere Jugendkohorten verwiesen, mit dem die ermittelten Resultate verglichen werden. So wird beispielsweise bei der Shell-Jugendstudie, die lediglich für politisches Interesse Zeitreihendaten aufweist, behauptet, dass Politik keinen wichtigen Bezugspunkt mehr (!) darstellt (Deutsche Shell 2002: 24). In Ermangelung von früheren Messzeitpunkten werden also nicht selten längsschnittliche Datenreihen und darauf basierende Trendaussagen lediglich konstruiert.

Ein drittes, grundlegendes Problem der Jugendstudien liegt darin, dass nur die Jugendlichen, also nur *eine* Altersgruppe untersucht wird. Diese Fokussierung hat nicht selten zur Folge, dass Differenzen zwischen den Jugendlichen unterschiedlicher Kohorten als Generationen- bzw. Kohorteneffekte interpretiert werden. Das heißt, es wird nicht nur unterstellt, dass sich die neuen Gruppen von Jugendlichen systematisch von den vorangegangenen unterscheiden, sondern dass die bei den Jugendlichen ermittelten Einstellungen und Verhaltensweisen im Lebensverlauf weitgehend stabil bleiben. Dies ist allerdings ein voreiliger und fragwürdiger Schluss. Grundsätzlich kann nicht ausgeschlossen werden, dass es sich bei den ermittelten Differenzen um Alters- bzw. Lebenszykluseffekte oder um Periodeneffekte handelt. Alterseffekte liegen vor, wenn sich die Einstellungen und Verhaltensweisen der Jugendlichen mit zunehmendem Alter aufgrund von Reifungs- oder Integrationsprozessen wandeln (z.b. können zunehmende berufliche und soziale Integration zu konservativen Orientierungen führen). Periodeneffekte sind Veränderungen, von denen nicht nur Jugendliche, sondern die Bevölkerung insgesamt betroffen ist. Zum Beispiel können alle Bürger gleichermaßen auf negative politische Ereignisse (z.b. Korruptionsfälle) mit einer kritischen Distanzierung von der Politik reagieren. Gegen solche Fehlschlüsse ist man nur abgesichert, wenn die Daten für die Jugendlichen systematisch mit denen anderer Altersgruppen verglichen werden. Teilweise sehen die Jugendforscher die Notwendigkeit eines solchen Vergleichs (z.b. Gaiser u.a. 2005a). Häufig ist dieser aber wegen fehlender kompatibler Indikatoren nicht möglich. In solchen Fällen wird bei der Interpretation der Daten wiederum häufig auf (vermeintlich) allgemeines Wissen über die Bevölkerungsmeinung insgesamt verwiesen und es werden Gemeinsamkeiten oder Unterschiede zwischen den Altersgruppen lediglich konstruiert.

Auf diese und andere Fehlschlüsse der Jugendstudien hat erstmals Hoffmann-Lange (2001; Beitrag in diesem Band) hingewiesen. Sie stellt fest: Jugendforscher leiten „aus ihren Ergebnissen … häufig ungerechtfertigte Schlüsse ab, die weit über die tatsächliche Aussagekraft der Daten hinausgehen" (Hoffmann-Lange 2001: 189). Sie konstatiert weiter, dass „die Untersuchung langfristiger Trends in der politischen Kultur Jugendlicher ein methodisch komplexes Unterfangen ist, das Längsschnittdaten und den Vergleich verschiedener Altersgruppen und Jahrgangskohorten erfordert" (Hoffmann-Lange 2001: 193). Die Beiträge in dem vorliegenden Band setzen an diesem Punkt an und analysieren ein breites Spektrum politischer Orientierungen und Verhaltensweisen der Jugendlichen im Vergleich mit anderen Altersgruppen und über die Zeit. Da eine solche Analyse von Einstellungen und Verhaltensweisen der Gesamtbevölkerung für verschiedene Altersgruppen in der politisch-soziologischen Forschung gängig ist, werden die folgenden Analysen als Beitrag der Politischen Soziologie zur Frage nach dem Verhältnis der Jugend zur Politik präsentiert.

## 3.  Zugänge und Ergebnisse der Politischen Soziologie

Im Mittelpunkt der politisch-soziologischen Analyse des Verhältnisses von Jugend und Politik stehen zwei Vergleiche: der Vergleich der politischen Einstellungen und Verhaltensweisen der Jugendlichen mit denen von Erwachsenen (Querschnitt) sowie der Vergleich politischer Einstellungen und Verhaltensweisen der Jugendlichen und Erwachsenen über die Zeit (Längsschnitt). Auf der Basis des erstgenannten Vergleichs unterschiedlicher Altersgruppen können jugendspezifische Einstellungs- und Verhaltensmuster identifiziert werden und auf der Basis des zweitgenannten, doppelten Vergleichs Jugendlicher unterschiedlicher Kohorten mit Erwachsenen unterschiedlicher Kohorten sind es jugendspezifische Entwicklungen von politischen Einstellungen und Verhaltensweisen. Wenn jugendspezifische Einstellungen und Verhaltensweisen vorliegen, dann ist das weitergehende Ziel, die Art des politischen Wandels zu bestimmen: ob es sich um *A*lters- (Lebenszyklus-),

Perioden- (Jahres-) oder Kohorten- (Generationen-) Effekte handelt. Diese Effekte können mittels Kohortenanalysen bzw. A-P-K-Analysen separiert werden. Fehlende Daten und nicht-lösbare Identifikationsprobleme verhindern jedoch nicht selten den Einsatz dieser Methode.

Die politisch-soziologischen Analysen, die auf der Grundlage repräsentativer Bevölkerungsumfragen durchgeführt werden, haben im Unterschied zu den Jugendstudien den Vorteil, dass diese einen großen Zeitraum der bundesrepublikanischen Entwicklung, teilweise ein Vierteljahrhundert und mehr, abdecken können. Zu diesen Studien zählen: 1. Die *Allgemeine Bevölkerungsumfrage der Sozialwissenschaften* (Allbus), die seit 1980 in der Regel im Abstand von zwei Jahren durchgeführt wird und inzwischen fast ein Vierteljahrhundert umfasst. 2. Das *Politbarometer* der Forschungsgruppe Wahlen, Mannheim, das seit 1977 monatlich erhoben wird, und einen Zeitraum von fast 30 Jahren abdeckt. 3. Die *Deutschen Wahlstudien*, die anlässlich von Bundestagswahlen kontinuierlich seit 1961 durchgeführt werden. Und schließlich, mit Einschränkungen wegen der geringen Anzahl politischer Indikatoren, 4. das *Sozio-ökonomische Panel* (SOEP), das seit 1985 jährlich erhoben wird und ebenfalls fast 20 Jahre abdeckt.

Dieser Vorzug langer Zeitreihen ist mit Beschränkungen bei den jugendlichen Altersgruppen verbunden. Die Stichproben der repräsentativen Bevölkerungsumfragen umfassen mehrheitlich Befragte erst ab 18 Jahre, in wenigen Fällen zumindest ab 16 Jahre. Auf der Grundlage repräsentativer Bevölkerungsumfragen können also weder Aussagen über alle noch differenzierte Aussagen über einzelne jugendliche Altersgruppen, sondern lediglich über ältere Jugendliche und jugendliche Erwachsene getroffen werden. Diese Einschränkung ist einer der Gründe dafür, dass Hoffmann-Lange (in diesem Band) eine Kombination von repräsentativen Bevölkerungsumfragen mit Jugendstudien vorschlägt. Die Beiträge von Hoffmann-Lange und Klein greifen diesen Vorschlag auf und nutzen beide Typen von Datensätzen. Darüber hinaus wird in dem Beitrag von Vetter theoretisch und empirisch die Frage analysiert, inwieweit es in Anbetracht der zunehmenden Status-Inhomogenität bei Jugendlichen (Erwerbstätigkeit, Lebensformen) überhaupt noch gerechtfertigt ist, Jugend über das Lebensalter zu operationalisieren.

Das inhaltliche Ziel des Bandes besteht darin, das Verhältnis der Jugend zur Politik in Bezug auf ein breites Spektrum zentraler politischer Einstellungen und Verhaltensweisen zu analysieren und eine umfassende Bestandsaufnahme vorzulegen. Zu den Einstellungen zählen politische Unterstützung, politische Wertorientierungen, politisches Interesse und subjektive politische Kompetenz; bei den Verhaltensweisen geht es sowohl um konventionelle als auch um unkonventionelle politische Partizipation, wobei ein Schwerpunkt auf das Wahlverhalten (Wahlbeteiligung und Wahlentscheidung) gelegt wird.

Die empirischen Befunde der politisch-soziologischen Analysen in diesem Band können folgendermaßen zusammengefasst werden:

1.  Bei fast allen politischen Einstellungen und Verhaltensweisen gibt es Unterschiede zwischen den Jugendlichen und den Erwachsenen. Diese sind jedoch unterschiedlich stark ausgeprägt.

2.  Mehrheitlich entwickeln sich bei den Jugendlichen und den Erwachsenen die politischen Einstellungen und Verhaltensweisen parallel. Beide Gruppen reagieren also ähnlich auf politische Ereignisse und Entwicklungen und sind gleichermaßen von allgemeinen sozialen Prozessen wie der Individualisierung betroffen. Es lassen sich jedoch für einzelne Orientierungen und Verhaltensweisen unterschiedliche Trends ausmachen. Eine Einstellung erweist sich als relativ stabil: das politische Interesse, das zwischen 1985 und 2003 lediglich periodischen Schwankungen unterliegt (Kroh). Und bei einer anderen Einstellung zeichnet sich eine Zunahme ab: Die subjektive politische Kompetenz steigt in den 1960er, 1970er und 1980er Jahren an und bleibt dann ebenfalls relativ stabil (Vetter). Bei anderen Einstellungen und Verhaltensweisen ist das dominante Muster die Abnahme: Dies gilt für die politische Unterstützung in Bezug auf die Demokratie und das Parteiensystem (Abold und Juhász; Niedermayer); für die Wertorientierungen, und zwar für Postmaterialismus (Kaina und Deutsch) und für Gleichheit als Gerechtigkeitsideologie (Mühleck und Wegener); und schließlich für die Wahlbeteiligung (Arzheimer) sowie für die Parteiidentifikation (Mößner).

    Diese Ergebnisse sind zentral für die Frage nach dem Verhältnis der Jugend zur Politik. Zunächst ist festzuhalten, dass sich nicht für alle politischen Einstellungen und Verhaltensweisen negative Trends ermitteln lassen. Viel entscheidender ist allerdings der Befund, dass viele der für die Jugendlichen konstatierten negativen Entwicklungen (wie beispielsweise die abnehmende politische Unterstützung) keine Phänomene sind, die auf die Jugendlichen beschränkt sind, sondern dass diese auf alle Altersgruppen gleichermaßen zutreffen. In Anbetracht der gleichlaufenden positiven und negativen Entwicklungen der politischen Einstellungen und Verhaltensweisen von Jugendlichen und Erwachsenen kann in der Jugendsprache der Schluss gezogen werden: Das Verhältnis der Jugend zur Politik ist „voll normal!"

3.  Auf der Grundlage dieses doppelten Vergleichs der Jugendlichen mit den Erwachsenen über die Zeit können aber auch einige jugendspezifische Entwicklungsmuster identifiziert werden: a) einige negative Trends – Abnahme der Gleichheit als Gerechtigkeitsideologie (Mühleck und Wegener) und der Parteiidentifikation (Mößner) – sind bei den Jugendlichen stärker ausgeprägt als bei den Erwachsenen, b) bei der politischen Unterstützung der Demokratie und des Parteiensystems kehrt sich das Verhältnis zwischen Jugendlichen und Erwachsenen im Zeitverlauf um. Seit den 1990er Jahren weisen die Jugendlichen eine höhere politische Unterstützung der Demokratie und des Parteiensystems auf als die Erwachsenen, während in den vorangehenden Jahren die Relation genau umgekehrt war (Abold und Juhász), c) im Fall der subjektiven politischen Kompetenz reduziert sich der komparative Vorteil der Jugendlichen gegenüber den Erwachsenen im Zeitverlauf (Vetter).

4.  Eine Konsequenz der parallelen Entwicklung bei Jugendlichen und Erwachsenen ist, dass in Deutschland Jugendliche heranwachsen, die teilweise andere politische Einstellungen und Verhaltensweisen aufweisen als ihre Vorgänger. Die Jugend von heute unterscheidet sich von der Jugend der 1970er und

1980er Jahre dadurch, dass sie a) eine höhere politische Kompetenz besitzt (Vetter), b) in geringerem Ausmaß postmaterialistisch orientiert ist (Kaina und Deutsch) und Gleichheit als rechtfertigende Gerechtigkeitsideologie befürwortet (Mühleck und Wegener), c) eine geringere Wahlbeteiligung (Arzheimer) aufweist, d) sich weniger häufig mit einer politischen Partei identifiziert (Mößner; Eith) und e) seltener Bündnis '90/Die Grünen wählt (Schoen). Die heutige Jugend ist im Vergleich zu ihren Vorgängergenerationen demnach politisch kompetenter, konservativer in ihren Wertorientierungen und ihrer Wahlentscheidung, sie ist weniger stark an politische Parteien gebunden und geht seltener zur Wahl.

5.  Worauf diese Veränderungen bei den Jugendlichen verschiedener Kohorten zurückzuführen sind – ob es sich um Alterseffekte handelt, die sich im Laufe des Lebenszyklus ändern, um Periodeneffekte oder um relativ stabile Kohorteneffekte –, darüber können auf der Basis der hier vorgelegten Beiträge nur vereinzelt Aussagen getroffen werden. Bei der sinkenden Wahlbeteiligung (Arzheimer) gibt es Anhaltspunkte für Kohorteneffekte.

6.  Die (wenigen) Analysen, die sich auf die Frage der kulturellen Integration Deutschlands konzentrieren, kommen zu dem Ergebnis, dass die Ost-West-Differenz auch in den jüngeren Generationen weiterhin Bestand hat. Dies gilt insbesondere für die politische Unterstützung (Pickel) und die Einstellungen zur Gerechtigkeit (Mühleck und Wegener).

Die hier vorgelegten Ergebnisse lassen sich in zwei allgemeinen Botschaften bündeln: Die erste, vor allem für die Jugendforschung relevante Botschaft lautet, dass es sich bei vielen Veränderungen, die sich bei den Jugendlichen über die Zeit zeigen, um allgemeine Veränderungen handelt, die auch für die gesamte Bevölkerung nachweisbar sind. Die jugendspezifischen Muster, wie sie vielfach auf der Basis von Jugendstudien ermittelt werden, werden offenbar wegen des fehlenden Vergleichs über alle Altersgruppen und über die Zeit überschätzt. Die zweite, vor allem für die Politische Soziologie wichtige Botschaft lautet, dass im Zuge allgemeiner Wandlungsprozesse in den letzten zehn bis fünfzehn Jahren in Deutschland eine neue Generation von Jugendlichen herangewachsen ist, die sich von den Jugendlichen der 1970er und 1980er Jahre unterscheidet. In der Politischen Soziologie wird das Bild der Jugend auch heute noch sehr stark von der These des postmaterialistischen Wertewandels (Inglehart 1977) und seinen politischen Konsequenzen geprägt. Jugendliche sind nach dieser These vor allem postmaterialistisch orientiert, präferieren Themen und Positionen der Neuen Politik, wählen grün-alternative Parteien und sind politisch aktiv. Dieses Bild trifft offenbar nicht mehr uneingeschränkt auf die heutige Jugend zu. Der Trend zeigt sogar in eine andere Richtung. In der Politischen Soziologie steht deshalb im Hinblick auf das Verhältnis der Jugend zur Politik ein Paradigmenwechsel an.

Ausgangspunkt für die hier vorgelegten Analysen war die Kritik am methodischen Vorgehen der Jugendstudien bei der Analyse des Verhältnisses der Jugend zur Politik. Im Mittelpunkt der vorliegenden Analysen stand deshalb der Vergleich zwischen Jugendlichen und Erwachsenen über die Zeit und die Identifikation jugendspezifischer Entwicklungen. In mindestens zweierlei Hinsicht besteht weiterer

Forschungsbedarf: Eine erste Frage betrifft die Abschätzung der zukünftigen Entwicklung der Demokratie in Deutschland. Dazu ist Wissen darüber notwendig, ob es sich bei den für die Jugendlichen identifizierten Wandlungsprozessen um variable Lebenszyklus- oder Periodeneffekte oder um weitgehend stabile Kohorteneffekte handelt. Systematische Kohortenanalysen zur Klärung dieser Fragen, die lange Datenreihen mit mehreren Messzeitpunkten voraussetzen, sind hier die angemessene Methode. Diese sind in einigen Beiträgen (Arzheimer, Klein, Schön, Vetter) eingesetzt worden. Eine zweite Frage betrifft die Ursachen für diese Wandlungsprozesse. Die vorgelegten Analysen können lediglich einige Anhaltspunkte dafür geben, worauf diese Entwicklungen zurückzuführen sind. Danach spielen Individualisierungsprozesse und veränderte ökonomische Rahmenbedingungen eine wichtige Rolle. Eine systematische Analyse dieser Ursachen steht aber noch aus.

## 4.  Beiträge

Die Mehrzahl der fünfzehn Beiträge wurde auf der Tagung des Arbeitskreises „Wahlen und politische Einstellungen" der Deutschen Vereinigung für Politische Wissenschaft (DVPW) im Mai 2004 im Studienhaus Wiesneck in Buchenbach bei Freiburg präsentiert. Zusätzlich konnten Gert Pickel, Markus Klein, Harald Schoen und Angelika Vetter gewonnen werden, eine Studie bzw. eine zweite Studie (Vetter) für diesen Band zu erstellen. Der Band umfasst vier Teile: Theoretische und methodische Grundlagen (I), Politische Unterstützung und politische Werte (II), Politisches Interesse und politische Partizipation (III) sowie Wahlbeteiligung und Wahlentscheidung (IV).

Mit dem Konzept Jugend und mit der deutschen Jugendforschung beschäftigt sich der *erste Teil* des Bandes. Was heißt Jugend? Wer zählt zu den Jugendlichen? Und wie lässt sich Jugend messen? Diese grundsätzlichen Fragen stehen im Mittelpunkt des Beitrags von Angelika Vetter. Demnach herrscht weitgehend Einigkeit darüber, dass die Jugend mit der Pubertät beginnt (ca. zwölftes Lebensjahr) und mit dem Eintritt in das Erwachsenenalter endet. Letzteres lässt sich jedoch immer schwerer anhand von Statusübergängen (Erwerbstätigkeit, Heirat, Kinder) bestimmen. Die Jugendphase hat sich verlängert und ist weniger homogen als früher. Bei der in der Jugendforschung üblichen Erfassung von Jugendlichkeit über das Lebensalter (meist gelten die bis 29-Jährigen als jugendlich) treten somit massive Probleme auf. Hier gilt sowohl der 18-jährige, verheiratete Arbeiter und Familienvater als jugendlich als auch der 27-jährige, unverheiratete, kinderlose, noch im Elternhaus lebende Student. Angesichts dieses Problems sollte das Alter als Indikator für Jugendlichkeit daher entweder durch präzisere Merkmale für Statusübergänge ersetzt oder aber theoretisch plausibel interpretiert werden.

Kritik am oft kritiklosen Umgang mit Ergebnisse aus Jugendstudien – vor allem aus den Shell-Jugendstudien – übt auch Ursula Hoffmann-Lange in ihrem Beitrag. Sie identifiziert eine ganze Reihe von Fehlern, die bei der Interpretation der Ergebnisse dieser Studien anzutreffen sind. Dazu zählen die selektive Interpretation oder das unzureichende Ausschöpfen von Zeitvergleichen. Zudem handelt es sich oft nicht um Studien, die repräsentativ für die Jugendlichen sind. Vor allem ist es aber zu bemängeln, dass die Ergebnisse aus Jugendstudien oft ohne ausreichende Kenntnis der generellen Befunde der Politischen Soziologie interpretiert werden. D.h., die politischen Einstellungen von Jugendlichen werden meist nicht mit den politischen Einstellungen von Erwachsenen verglichen, um so „Sonderwege" der Jugendlichen erkennen zu können. Stattdessen werden die Einstellungen der Jugendlichen mit einem wie auch immer gearteten „Idealbild" verglichen. Bei diesem Vergleich würden die „realen" Jugendlichen dann schlecht abschneiden, was zur Alarmierung der Öffentlichkeit und zum umgehenden Ruf nach pädagogischen Maßnahmen führt. Vor solchen Über- oder Fehlinterpretationen ist man besser geschützt, wenn man Jugendstudien mit repräsentativen Bevölkerungsumfragen vergleichen würde.

Grundlegende politische Orientierungen – politische Unterstützung und politische Wertorientierungen – stehen im Mittelpunkt des *zweiten Teils* des Bandes. Auch Roland Abold und Zoltán Juhász gehen in ihrem Beitrag davon aus, dass die Einstellungen der Jugendlichen nur dann angemessen interpretiert werden können, wenn man sie mit den Einstellungen älterer Personengruppen vergleicht. Sie untersuchen die Entwicklung der Einstellungen westdeutscher Jugendlicher gegenüber der Demokratie und dem Parteiensystem über die letzten 25 Jahre hinweg und kommen zu einem erstaunlichen Ergebnis: Zwar hat der allseits beklagte und als alarmierend angesehene Rückgang der Demokratiezufriedenheit und der Zufriedenheit mit den Parteien unter den Jugendlichen in den letzten 25 Jahren tatsächlich stattgefunden. Aber: Bei den älteren Personengruppen war dieser Rückgang sogar noch stärker. Und so waren die Jugendlichen Mitte der 1980er Jahre zwar noch am unzufriedensten mit der Demokratie, mittlerweile sind sie mit der Demokratie jedoch zufriedener als die Älteren.

Mit den politischen Einstellungen der ostdeutschen Jugendlichen beschäftigt sich der Beitrag von Gert Pickel. Seine Analysen zeigen, dass die Unterschiede zwischen Alten und Jungen deutlich geringer ausfallen als die Unterschiede zwischen Ost- und Westdeutschen aller Altersgruppen. Demnach sind die Jugendlichen nicht deutlich „politikverdrossener" als die älteren Personengruppen. Aber die Ostdeutschen – jung wie alt – sind „politikverdrossener" als die Westdeutschen. Dies betrifft vor allem die wahrgenommene Performanz der Demokratie in Deutschland. Diese wird in erster Linie aufgrund der ökonomischen Situation von ostdeutschen Jugendlichen schlechter eingeschätzt als von westdeutschen Jugendlichen. Die Idee der Demokratie erfährt hingegen in allen Altersgruppen eine überwältigende Unterstützung, die in Ostdeutschland lediglich durch das Gefühl der relativen Deprivation und durch das Empfinden von Ungerechtigkeit getrübt wird – wiederum bei Jungen wie bei Alten.

Die nicht nur im Hinblick auf die Unterstützung der Demokratie wichtigen Einstellungen zur Gerechtigkeit stehen im Mittelpunkt des Beitrags von Kai Mühleck und Bernd Wegener. Sie unterscheiden im Wesentlichen zwei Gerechtigkeitsideologien, die sich auf Verteilungsziele und Verteilungsprinzipien beziehen: das individualistische, leistungsorientierte Modell und das egalitäre Modell. Die Akzeptanz dieser Modelle hat sich in den 1990er Jahren deutlich verändert. Zu

Beginn der 1990er Jahre unterstützten die Jugendlichen die egalitäre Ideologie deutlich häufiger als die Älteren. Im Verlaufe der 1990er Jahre büßte diese Ideologie dann in beiden Altersgruppen an Unterstützung ein, bei den Jüngeren jedoch stärker als bei den Älteren, so dass sich beide im Jahr 2000 diesbezüglich nicht mehr voneinander unterscheiden. Ein Ost-West-Unterschied ist jedoch festzustellen: Ostdeutsche Jugendliche unterstützen das egalitäre Modell stärker als westdeutsche Jugendliche. Auch hinsichtlich des individualistischen Modells, das ursprünglich eher von Älteren bevorzugt wurde, ist eine Angleichung von Jung und Alt festzustellen, was Mühleck und Wegener von einer „individualistischen Wende" der jungen Erwachsenen sprechen lässt.

In eine ähnliche Richtung deutet ein Wandel der Wertorientierungen, die von Viktoria Kaina und Franziska Deutsch untersucht wurden. Noch in den 1980er Jahren galten Jugendliche als der Motor der „Stillen Revolution" weg von den materialistischen Werten (ökonomisches Wohlergehen, physische Sicherheit) hin zu den postmaterialistischen Werten (Selbstverwirklichung, Lebensqualität). Das hat sich geändert: Seit dem Höhepunkt des Postmaterialismus Mitte der 1980er Jahre sinkt der Anteil der Postmaterialisten in der westdeutschen Gesellschaft – bei den Jugendlichen sogar noch stärker als in den anderen Altersgruppen. So sind die westdeutschen Jugendlichen im Jahr 2002 deutlich weniger postmaterialistisch eingestellt, als es ihre Altersgenossen Mitte der 1980er Jahre waren. Und der Anteil der Jugendlichen unter den Postmaterialisten hat sich seit Beginn der 1980er Jahre fast halbiert; er ist jetzt etwa so groß wie der Anteil der über 54-Jährigen an den Postmaterialisten. Zudem beobachten die Autorinnen eine Renaissance der konventionellen Pflicht- und Akzeptanzwerte unter den Jugendlichen.

Im Mittelpunkt des *dritten Teils* stehen politisches Interesse und politische Partizipation. Martin Kroh weist in seinem Beitrag zwar einen konstanten Unterschied zwischen Jugendlichen und älteren Personengruppen nach: Jugendliche interessieren sich weniger für Politik als Ältere. Das Niveau des politischen Interesses hat jedoch in den letzten 20 Jahren nicht nachgelassen; in den letzten Jahren hat es sogar etwas zugenommen. Allerdings interessieren sich ostdeutsche Jugendliche etwas weniger für Politik als ihre westdeutschen Altersgenossen, und jugendliche Frauen haben ein etwas geringeres Interesse an Politik als jugendliche Männer. Das Ausmaß des politischen Interesses hängt jedoch weder im Osten noch im Westen von der Unzufriedenheit mit der allgemeinen oder der eigenen ökonomischen Lage ab.

Zu ähnlichen Befunden gelangt Bettina Westle in ihrer Analyse des politischen Interesses von Schülern ab zwölf Jahre in Nürnberg. Bei den Schülern ist das allgemeine Interesse an Politik geringer als das Interesse am Privatleben. Allerdings ist das spezifische politische Interesse unterschiedlich: Das Interesse an Familien-/Kinder- und an Jugendpolitik liegt an der Spitze, gefolgt von der Umweltpolitik. Am geringsten ist das Interesse an Außenpolitik und an Wirtschaftspolitik. Und das Interesse an der Bundespolitik ist deutlich größer als das Interesse an der Landes- oder der Kommunalpolitik. Mit dem Interesse geht meist politisches Faktenwissen einher. Es steigt mit dem Alter und ist in Gymnasien größer als in Haupt-, Real- und Berufsschulen der gleichen Altersstufe. Die Schüler schätzen ihre eigenen politischen Kenntnisse als eher gering ein, die eigene Diskussionsfähigkeit hingegen schon als höher.

Mit den letzten beiden Aspekten – nämlich der subjektiven politischen Kompetenz – beschäftigt sich auch Angelika Vetter. Sie stellt fest, dass das politische Kompetenzgefühl zunächst mit dem Lebensalter ansteigt, um dann in den älteren Bevölkerungsgruppen wieder nachzulassen. Es handelt sich hier um einen Lebenszykluseffekt, der wahrscheinlich das Eingebundensein eines Individuums in berufliche und soziale Kontexte widerspiegelt. Zudem steigt das subjektive Kompetenzgefühl seit den 1960er Jahren an – auch bei den Jugendlichen. Heute sind Jugendliche politisch um ein Vielfaches selbstbewusster, als es Gleichaltrige in den 1960er Jahren waren. Allerdings: Der „Automatismus", wonach jede nachwachsende Generation eine höhere subjektive politische Kompetenz aufweist als die vorangegangene Generation, scheint gebrochen.

Da subjektive politische Kompetenz ein wichtiger Prädiktor für konventionelle politische Partizipation ist, überrascht es nicht weiter, dass Oskar Niedermayer für die Jugendlichen eine geringere Organisationsquote in den politischen Parteien feststellt als für Erwachsene. Das deutet aber nicht auf eine generelle Parteienverdrossenheit hin. Zum einen steht dem seit Beginn der 1990er Jahre festzustellenden Mitgliederverlust der Jugendorganisationen der großen Parteien – vor allem der Jusos – ein Mitgliedergewinn der Jugendorganisationen der kleineren Parteien gegenüber. Zum anderen beurteilen die Jugendlichen „die Parteien" nicht pauschal negativer als die Erwachsenen. Die SPD, die Grünen und die PDS werden schon seit langem von den Jugendlichen positiver beurteilt als von den Erwachsenen. Für die FDP gilt dies seit dem Beginn der 1990er Jahre, für die CDU seit Mitte der 1990er Jahre. Alles in allem fallen die generellen Orientierungen der Jugendlichen gegenüber den Parteien sogar deutlich positiver aus als die der Erwachsenen, so dass – anders als etwa in der aktuellen Shell-Jugendstudie – von einer Parteienverdrossenheit der Jugendlichen nicht gesprochen werden kann; wenn überhaupt, dann eher von einer Parteienverdrossenheit der Erwachsenen.

Markus Klein stellt zwischen 1988 und 1998 in allen Altersgruppen – nicht nur bei den Jugendlichen – einen Rückgang der Bereitschaft zur problem- und zur parteiorientierten Partizipation fest. Die Bereitschaft zur Ausübung der Staatsbürgerrolle und zum zivilen Ungehorsam bleibt in den zehn Jahren relativ stabil, während die Bereitschaft zu politischer Gewaltanwendung etwas zunimmt. Diese Gewaltbereitschaft ist in den neuen Bundesländern etwas höher als in den alten Bundesländern und wird vor allem von jugendlichen Männern getragen. Mit dem Übergang ins Erwachsenenalter sinkt sie deutlich ab. Allerdings hat sich die Struktur politischer Gewaltbereitschaft in den letzten Jahren deutlich gewandelt: War die Gewaltbereitschaft in den alten Bundesländern früher vor allem bei Hochgebildeten und Studenten mit linker Ideologie anzutreffen, so sind es in Westdeutschland – wie in Ostdeutschland – inzwischen eher die Niedriggebildeten und Arbeitslosen mit rechter Ideologie, die zu Gewaltanwendung bereit sind.

Mit der Wahlbeteiligung und der Wahlentscheidung Jugendlicher beschäftigen sich die Beiträge im *vierten Teil* des Bandes. Kai Arzheimer bestätigt zwar die bekannten Ergebnisse, wonach die Wahlbeteiligung der Jugendlichen vor allem von den 1980er auf die 1990er Jahre zurückgegangen ist – doch trifft dies auch auf andere Altersgruppen zu. Vor allem stellt sich heraus, dass nicht das jugendliche Alter per se zu einer geringeren Wahlbeteiligung führt, sondern die Zugehörigkeit zu jüngeren Alterskohorten. Dies ist jedoch kein neues Phänomen, sondern es lässt sich bereits seit der Nachkriegszeit beobachten und deutet auf einen über die Generationen hinweg schleichenden Rückgang der Wahlnorm hin. Nach wie vor erweisen sich darüber hinaus Bildung und vor allem politisches Interesse als die wichtigsten Prädiktoren der Wahlbeteiligung.

Hinsichtlich des Ausmaßes, der Stärke und der Zusammensetzung der Parteiidentifikation findet Alexandra Mößner zum Teil deutliche Unterschiede zwischen Jugendlichen und älteren Personengruppen. Zwar weisen auch zwei Drittel der westdeutschen Jugendlichen eine Parteibindung auf, jedoch ist dies deutlich weniger als bei den älteren Personengruppen. Vor allem aber nimmt die Parteibindung seit den 1970er Jahren in der Gruppe der Jugendlichen stärker ab als in den älteren Personengruppen (wo sie ebenfalls nachlässt). Seit 1994 steigt die Parteiidentifikation der 16- bis 19-Jährigen allerdings wieder an. Ferner stehen bei Jüngeren und bei Älteren unterschiedliche Komponenten im Mittelpunkt der Parteiidentifikation: Die Jugendlichen sind die Altersgruppe, in der am häufigsten eine situative Parteibindung festzustellen ist, während bei den Älteren eine affektive und eine habituelle Parteibindung deutlicher zu Tage tritt. So stabilisiert sich die Parteibindung auch mit dem Alter.

Diese Befunde werden auch durch die Analyse von Ulrich Eith gestützt, der sich außer mit dem Vorhandensein auch mit der parteipolitischen Ausprägung der Parteiidentifikation beschäftigt hat. Demnach ist die Parteibindung sowohl bei den Jugendlichen als auch bei den älteren Personengruppen zwischen 1994 und 2002 stabiler als das Wählerverhalten. Bei den Jugendlichen sind die Bindungen an die Union und an die SPD etwas unterdurchschnittlich ausgeprägt, während die Bindung an die Grünen etwas überdurchschnittlich vorhanden ist. In den Bestimmungsfaktoren für die Parteibindung unterscheiden sich die Jugendlichen hingegen nicht von den älteren Personen.

Die Analysen des Wählerverhaltens von 1980 bis 2002, die Harald Schoen vorlegt, bestätigen diese Ergebnisse. Demnach hängt die Stimmabgabe für die eine oder andere Partei generell nicht mit dem Lebensalter zusammen. Eine Ausnahme stellen die Grünen dar, die – wenn auch nachlassend – überdurchschnittlich oft von Jugendlichen gewählt werden. Darüber hinaus findet sich – wenn überhaupt – ein von Wahl zu Wahl schwankender Jugendeinfluss auf das Wählerverhalten. Dieser Einfluss variiert je nach Ausgangslage einer Wahl, und dies gilt für die neuen Bundesländer in noch stärkerem Maße als für die alten Bundesländern.

Alles in allem bleibt also die Feststellung: Das Verhältnis der Jugendlichen zur Politik ist „voll normal!" Das bedeutet, dass sich die politischen Einstellungen und das politische Verhalten der Jugendlichen in den letzten Jahren nicht deutlich anders – oder gar schlechter – als die Einstellungen und das Verhalten der Erwachsenen entwickelten. „Voll normal!" heißt jedoch nicht, dass das Verhältnis der Jugendlichen zur Politik als unbedenklich zu bewerten ist. Zweifelsohne gibt es besorgniserregende Entwicklungen – nur treten diese eben in gleicher oder in noch schärferer Form auch bei Erwachsenen auf. Problematisch sind also nicht die Jugendlichen, sondern problematisch sind diejenigen gesellschaftlichen und politischen Entwicklungen, die zu einer wachsenden Distanz der Bevölkerung insgesamt gegenüber der Politik beitragen.

## 5. Danksagung

Abschließend möchten wir als Herausgeber allen an der Publikation dieses Bandes beteiligten Personen für die Hilfe und Unterstützung ganz herzlich danken. Vor allem gilt unser Dank Ulrich Eith für die Organisation und Ausrichtung der Tagung des Arbeitskreises „Wahlen und politische Einstellungen" der DVPW im Studienhaus Wiesneck (Institut für politische Bildung, Baden-Württemberg e.V.) in Buchenbach bei Freiburg im Mai 2004 sowie Peter Maurer und Sabine Sattelberger, studentische Hilfskräfte am Institut für Politikwissenschaft der Johannes Gutenberg-Universität Mainz, die die Beiträge korrigiert und in eine einheitliche Form gebracht haben.

Edeltraud Roller, Frank Brettschneider und Jan W. van Deth

## Literatur

Almond, Gabriel A./Verba, Sidney (1963): The Civic Culture. Political Attitudes and Democracy in Five Nations. Princeton: Princeton University Press.
Deutsche Shell (Hrsg.) (2002): Jugend 2002. 14. Shell-Jugendstudie. Zwischen pragmatischem Idealismus und robustem Materialismus. Frankfurt/Main: Fischer.
Fuchs, Dieter/Roller, Edeltraud/Weßels, Bernhard (1997): Die Akzeptanz der Demokratie des vereinigten Deutschland. Oder: Wann ist ein Unterschied ein Unterschied? In: Aus Politik und Zeitgeschichte, Beilage zur Wochenzeitung Das Parlament B51, 1-12.
Gaiser, Wolfgang/Gille, Martina/de Rijke, Johann/Sardei-Biermann, Sabine (2005a): Zur Entwicklung der Politischen Kultur bei deutschen Jugendlichen in West- und Ostdeutschland. Ergebnisse des DJI-Jugendsurvey von 1992 bis 2003. In: Merkens, Hans/Zinnecker, Jürgen (Hrsg.): Jahrbuch Jugendforschung 5. Ausgabe 2005. Opladen: VS Verlag für Sozialwissenschaften, 161-198.
Gaiser, Wolfgang/Gille, Martina/de Rijke, Johann/Sardei-Biermann, Sabine (2005b): Politik und Jugend – eine reformbedürftige Beziehung. In: Das Parlament 55 (Nr. 44) 2.
Gille, Martina/Krüger, Winfried (Hrsg.) (2000): Unzufriedene Demokraten. DJI-Jugendsurvey 2. Opladen: Leske + Budrich.
Hoffmann-Lange, Ursula (Hrsg.) (1995): Jugend und Demokratie in Deutschland. DJI-Jugendsurvey 1. Opladen: Leske + Budrich.
Hoffmann-Lange, Ursula (2001): Der fragwürdige Beitrag von Jugendstudien zur Analyse von Trends in der politischen Kultur. In: Jahrbuch für Jugendforschung. Band 1. Opladen: Leske + Budrich, 187-210.
Inglehart, Ronald (1977): The Silent Revolution. Princeton: Princeton University Press.
Putnam, Robert D. (1993): Making Democracy Work. Civic Traditions in Modern Italy. Princeton: Princeton University Press.

# Die Autoren

Dipl.-Pol. Roland Abold, Otto-Friedrich-Universität Bamberg
Dr. Kai Arzheimer, Johannes Gutenberg-Universität Mainz
Prof. Dr. Frank Brettschneider, Universität Hohenheim
Prof. Dr. Jan van Deth, Universität Mannheim
Dipl.-Pol. Franziska Deutsch, International University Bremen
PD Dr. Ulrich Eith, Albert-Ludwigs-Universität Freiburg
Prof. Dr. Ursula Hoffmann-Lange, Otto-Friedrich-Universität Bamberg
Dr. Zoltán Juhász, Otto-Friedrich-Universität Bamberg
Dr. Viktoria Kaina, Universität Potsdam
PD Dr. Markus Klein, Universität zu Köln
Dr. Martin Kroh, Deutsches Institut für Wirtschaftsforschung Berlin (DIW)
Alexandra Mößner M.A., Universität Stuttgart
Kai Mühleck M.A., Humboldt-Universität zu Berlin
Prof. Dr. Oskar Niedermayer, Freie Universität Berlin
PD Dr. Gert Pickel, Europa-Universität Viadrina Frankfurt (Oder)
Prof. Dr. Edeltraud Roller, Johannes Gutenberg-Universität Mainz
Dr. Harald Schoen, Johannes Gutenberg-Universität Mainz
Dr. Angelika Vetter, Universität Stuttgart
Prof. Dr. Bernd Wegener, Humboldt-Universität zu Berlin
Prof. Dr. Bettina Westle, Philipps-Universität Marburg

# I.  Theoretische und methodische Grundlagen

# Jugend: Ein Konzept und seine Messung

*Angelika Vetter*

## 1. Einleitung

Was heißt Jugend? Wer sind „die Jugendlichen", deren politische Einstellungen in den folgenden Beiträgen untersucht werden? Und wie lässt sich Jugend empirisch messen? Auf den ersten Blick lassen sich diese drei Fragen einfach beantworten. Zumindest verbinden die meisten Menschen aus ihrem Alltagswissen heraus mit dem Begriff Jugend eine Vorstellung. Nicht selten wird dabei an eine Lebensphase gedacht, die mit einem bestimmten Lebensalter zusammenhängt. Die wissenschaftliche Beschäftigung mit dem Phänomen Jugend erfordert jedoch einen präzisen Umgang mit dem Untersuchungsobjekt. Sie verlangt eine angemessene Definition und theoretische Konzeptualisierung dessen, was Jugend ausmacht, um darauf aufbauend möglichst zuverlässig Jugend beobachten und messen zu können.

In einigen Punkten ist sich die Forschung diesbezüglich auch einig. Erstens – und das ist noch einfach – ist Jugend eine Lebensphase, die zwischen Kindheit und Erwachsensein liegt. Zweitens müssen die Angehörigen dieser Gruppe in dieser Phase ihre „Pubertät" durchlaufen, sich von ihrer Herkunftsfamilie lösen und ein selbstverantwortliches Leben aufnehmen. Die Schwierigkeiten beginnen jedoch, wenn es über diese Punkte hinaus um eine genauere Charakterisierung dessen geht, was den Lebensabschnitt Jugend ausmacht, und um die Abgrenzungsmomente, die die Jugendlichen einerseits von der Kindheit und andererseits von dem Erwachsensein trennen. Letztere lassen sich weder an biologischen-physiologischen Veränderungen des menschlichen Körpers festmachen, noch an juristisch fixierten Altersgrenzen. Vielmehr ist „'Jugend' inklusive ihrer vielfältigen Erscheinungsformen, Verhaltensweisen, Einstellungen und Wertmuster von sowohl lebenslaufspezifischen, biographischen, das 'ganze Leben' des Subjekts einschließenden, raumbezogenen und lebensmilieuspezifischen als auch von sozialstrukturellen, lebenslagenspezifischen und historisch-ökonomischen Merkmalen der Gesellschaft (mit-)abhängig" (Ferchhoff 1985: 53). Kurz gesagt: Die Bestimmung der Jugendphase eines Menschen – und damit der Jugendlichen insgesamt – hängt sowohl von individuellen Faktoren als auch vom jeweiligen gesellschaftlichen Kontext ab. Dieser Sachverhalt führt zu einem Facettenreichtum des Untersuchungsobjektes, das sich folglich verändert je nachdem, zu welchem Zeitpunkt, aus welcher Perspektive und vor welchem Forschungshintergrund man es betrachtet. Gleichzeitig kennzeichnet eine große Heterogenität das Untersuchungsobjekt. Je nach individueller Lebenslage und gesellschaftlichem Kontext realisiert sich die Lebensphase Jugend auf andere Weise. Dies gilt nicht nur für die Sozialisation junger Männer und Frauen. Unterschiede können beispielsweise ebenso festgemacht werden zwischen der Arbeiter-, der Landarbeiter- bis hin zur bürgerlichen Jugend, zwischen Jugendlichen mit unterschiedlichem Sozialstatus und Bildungsgrad, oder zwischen Jugendlichen aus verschiedenen Gesellschaftssystemen, so z.B. aus Agrar-, Industrie- oder postmodernen Dienstleistungsgesellschaften (zu unterschiedlichen Typologien von Jugendlichen u.a. Hurrelmann 1999: 51f.; Ferchhoff 1985: 50ff.).

Trotz dieser Vielfalt und Wandlungsfähigkeit von Jugend verfolgt die quantitative empirische Sozialforschung üblicherweise den Weg, junge Menschen auf Grund ihres Lebensalters als Jugendliche zu charakterisieren. Unterschiede im Vorgehen bestehen dabei höchstens bei der Festlegung der Altersgrenzen.[1] Diese Unterschiede beruhen meist nicht auf Willkür. Häufig sind die Gründe dafür methodischer Natur, oder aber spezifische Forschungsfragen rechtfertigen den Einschluss jüngerer oder älterer Befragter. Dennoch vernachlässigt ein solches Vorgehen die beschriebene gesellschaftliche und individuelle Kontextabhängigkeit von Jugend und den seit der Industrialisierung stattfindenden permanenten Veränderungsprozess des Untersuchungsobjektes, sowohl im Hinblick auf die Gestaltung der individuellen Jugendphase als auch im Hinblick auf die Jugend als soziale Gruppe innerhalb eines umfassenderen gesellschaftlichen Gefüges. Dies scheint besonders prekär, weil sich vor allem in den letzten Jahren die Entwicklungsstadien und -wege der Jugendlichen durch die Ausdifferenzierung von Lebenssituationen und die Individualisierung von Lebenswegen verstärkt haben (Hurrelmann 1999). Schlagworte, die diesen Veränderungsprozess der Jugendphase im Zuge der post-industriellen Modernisierung kennzeichnen, reichen von „Individualisierung" über „Entstrukturierung", „Destandardisierung" und „Dechronologisierung". Das Resultat dieses Vervielfältigungsprozesses im Hinblick auf die „Verselbständigung" junger Menschen wird bei der aggregierten Betrachtung einer ausschließlich durch das Lebensalter definierten Gruppe der Jugendlichen jedoch vernachlässigt, zumal dann, wenn die Gruppe relativ breit gefasst wird. Dies wirft die Frage auf, wie brauchbar und sinnvoll eine Altersdefinition für die Untersuchung von Jugendlichen unter diesen Bedingungen dann überhaupt ist.

In diesem Band folgen die Autoren der quantitativen empirischen Forschungstradition. Sie operationalisieren Jugend – zumeist aus forschungstechnischen Gründen – über die Festlegung zweier Altersgrenzen. In den folgenden Abschnitten wird dieses Vorgehen vor dem Hintergrund der skizzierten Problematik hinterfragt. Dies geschieht in drei Schritten:

---

1   Während in den Befragungen des Deutschen Jugendinstituts von 1992 und 1997 junge Menschen von 16 bis 29 Jahren als Jugendliche gelten, bestimmen die Autoren der 14. Shell-Jugendstudie die 12- bis 25-Jährigen als Jugendliche, die Verantwortlichen der Shell-Jugendstudie 2000 dagegen die 15- bis 24-Jährigen (Hoffmann-Lange 1995; Gille/Krüger 2000; Deutsche Shell 2002; Fritzsche 2000: 353). In der 11. Shell-Jugendstudie waren „jugendlich" die 13- bis 29-Jährigen, in der 12. Shell-Jugendstudie die 12- bis 24-Jährigen. In den Jugendstudien des Instituts für praxisorientierte Sozialforschung (IPOS) von 1993 bzw. 1995 gehören zu den Jugendlichen die 14- bis 27-Jährigen. In der Umfrage des Emnid-Instituts von 1994 werden die Altersgrenzen bei 14 und 29 Jahren, in der Jugendstudie der IBM von 1995 bei 14 und 24 Jahren gezogen (Institut für empirische Psychologie 1995; Gille u.a. 1996; Pickel 2002: 63; zu weiteren Unterschieden zwischen verschiedenen Studien Hoffmann-Lange/Gille/Schneider 1993: 4).

- Zunächst wird geklärt, was sich hinter dem Begriff Jugend verbirgt. Wodurch zeichnet sich der Lebensabschnitt Jugend aus? Welche Thesen finden sich in der Jugendforschung zu den Veränderungen von Jugend in Deutschland?
- Auf der Grundlage dieser konzeptionellen Überlegungen werden dann die Probleme diskutiert, die eine Operationalisierung von Jugend mit Hilfe des Lebensalters mit sich bringt.
- Im letzten Teil dieses Beitrags wird argumentiert, warum die in der sozialwissenschaftlichen Forschung übliche Operationalisierung von Jugend mit Hilfe des Lebensalters dennoch gerechtfertigt ist.

Die Daten, mit deren Hilfe in diesem Beitrag gearbeitet wird, stammen aus dem zweiten Jugendsurvey des Deutschen Jugendinstituts, München. Sie wurden im Herbst 1997 von „infas Sozialforschung" (Bonn) durch mündliche Befragungen mit standardisiertem Fragebogen erhoben. Befragt wurden deutsche Personen zwischen 16 und 29 Jahren mit Wohnsitz in der Bundesrepublik Deutschland. Insgesamt enthält der Datensatz für die alten Bundesländer 4.426 und für die neuen Bundesländer 2.493 Befragte.[2] Daten aus den 50er, 60er oder 70er Jahren, anhand derer Veränderungen der Jugendphase hätten untersucht werden können, standen entweder auf Grund zu geringer Fallzahlen in der untersuchten Altersgruppe oder auf Grund fehlender Variablen nicht zur Verfügung. Aus diesem Grund wird auf einen Vergleich zwischen der Jugend, wie sie sich noch zur Mitte des letzten Jahrhunderts darstellte, und der heutigen Jugend verzichtet.

## 2. Jugend: Charakteristika einer Lebensphase im Wandel

Früher war vieles einfacher und vor allem klarer. Das gilt zumindest für die Bestimmung des Lebensabschnitts Jugend, ein Phänomen des Industrialisierungsprozesses. Noch um 1900 ging man von einem direkten Übergang von der Kindheit ins Erwachsenenalter aus. Dies änderte sich im ersten Drittel des vorigen Jahrhunderts. „Die Ausdifferenzierung sowohl der Kindheits- als auch der Jugendphase im menschlichen Lebenslauf ist auf den fortschreitenden Prozess der Industrialisierung und seiner Begleitphänomene im politischen, kulturellen und sozialen Bereich zurückzuführen. Die Jugendphase begann sich zu dem Zeitpunkt zu konstituieren, da der Schwierigkeitsgrad der beruflichen Tätigkeiten ein solches Maß erreicht hatte, dass bestimmte Eignungen und Qualifikationen zu deren Ausübung verlangt wurden" (Hurrelmann 1999: 29). Die Jugend war zu dieser Zeit eine vergleichsweise kurze Lebensphase. Sie begann mit der Pubertät bzw. dem Zeitpunkt, an dem ein Kind die Schule beendete und in die Lehre ging. Sie endete mit dem vergleichsweise frühen Austritt aus dem allgemeinen und beruflichen Bildungssystem. Dieser Austritt war wiederum eng verbunden „mit dem Auszug aus dem Elternhaus, der ökonomischen Selbständigkeit und der Begründung einer eigenen Fami-

---

2    Die Daten sind unter der ZA-Nr. 3298 beim Zentralarchiv für empirische Sozialforschung an der Universität zu Köln gespeichert. Weder die Primärforscher noch das Zentralarchiv tragen Verantwortung für die Auswertung der Daten in diesem Beitrag.

lie" (Bertram 2002: 221; Hurrelmann 1999: 26). Noch in den 1950er und 1960er
Jahren endete die Jugendphase im Durchschnitt mit der Heirat zwischen dem 22.
und 24. Lebensjahr. „Kindheit und Jugend wurden als Vorbereitungszeit für das
Erwachsenenalter angesehen, um die sozialen, kognitiven und persönlichen Fähigkeiten zu entwickeln als notwendige Voraussetzung für ein aktives und erfolgrei-
ches Erwachsenenalter, das seinerseits wiederum Voraussetzung für den verdienten
Ruhestand war" (Bertram 2002: 221f.). Als hauptverantwortlich für die Sozialisation der Kinder und Jugendlichen galten zu dieser Zeit die Eltern, die Schule sowie
die Lehrherren. Darüber hinaus ging man von einem dreigliedrigen Entwicklungs-
modell – Kindheit, Jugend, Erwachsensein – aus, bei dem die einzelnen Phasen
sequenziell einander folgten. Der Lebensabschnitt Jugend bildete damit eine Übergangsphase in den individuellen Biographien, die als Einstieg in das berufliche und
familiäre Erwachsensein angesehen wurde und ähnlich noch heute im südöstlichen
Staatenraum Europas anzutreffen ist. *„Jugend als Übergangsmoratorium* ... ist hier
ein vergleichsweise *kurzschrittiger und mit wenig sozialem und kulturellem Eigen-
gewicht ausgestatteter Lebensabschnitt"* (Zinnecker 1991: 9; kursiv im Orig.).

Rein definitorisch hat sich an der Bestimmung von Jugend bis heute nicht viel
geändert. Noch immer wird darunter die Lebensphase verstanden, in der es gilt,
„sich für später zu qualifizieren, sich auf das spätere Leben (vor allem auf Arbeit
und Beruf) vorzubereiten. Ziel von Jugend ist vor allem die Herausbildung einer
stabilen Persönlichkeit und einer integrierten Identität ... sowie der für das (ökonomisch) selbständige Erwachsensein unabdingbare Erwerb von beruflichen Qualifikationen und Kenntnissen für Erwerbsarbeit, aber auch von sozialen Fertigkeiten
und Kompetenzen für das Leben in der Arbeitsgesellschaft" (Münchmeier 1998:
3). Doch obwohl die wesentlichen Elemente für die Definition und Abgrenzung der
Jugendphase bis heute nicht grundsätzlich außer Kraft gesetzt worden sind, hat sich
das Phänomen Jugend zumindest seit der Mitte des letzten Jahrhunderts tiefgrei-
fend verändert. Dies gilt sowohl für die individuelle Gestaltung dieses Lebensabschnitts als auch für dessen gesamtgesellschaftliche Bedeutung.

Nach Hurrelmann u.a. (2002) wird der Beginn der Jugendphase heute nach
wie vor mit dem Beginn der Pubertät gleichgesetzt, die ungefähr im 12. Lebensjahr
beginnt. Sie endet – wie früher – mit dem Eintritt ins Erwachsenenalter. Die Aufnahme einer selbständigen Erwerbstätigkeit bzw. die Fähigkeit, wirtschaftlich und
finanziell unabhängig vom Elternhaus sein Leben zu gestalten, ist weiterhin ein
wichtiges Merkmal, das diesen Eintritt ins Erwachsenenalter manifestiert. Allerdings hat sich die Statuspassage zum eigenen Erwerbsleben hin in den individuellen Lebensläufen nach hinten verschoben: Jugendliche zeichnen sich heute in der
Regel durch höhere Abschlüsse aus als sie noch ihre Eltern erworben haben. Dies
impliziert jedoch, dass sich die Bildungsphase entsprechend verlängert hat. Während 1960 bereits etwa 75 Prozent der 15- bis 20-Jährigen im Erwerbsleben standen, waren es Ende der 80er Jahre nur noch etwa 40 Prozent (Ferchhoff/Olk 1988:
27). Laut Mikrozensus von 2003 ging die Erwerbsquote der jungen Menschen von
1991 bis 2003 nochmals stark zurück. Der Anteil der erwerbstätigen jungen Menschen zwischen 15 und 29 Jahren sank in diesem Zeitraum von 63 auf 48 Prozent.
Unter den 15- bis 19-Jährigen betrug sie 2003 nur noch 23 Prozent, unter den 20-

bis 24-Jährigen 55 Prozent (Tabelle 1). Zudem bleibt es heutzutage häufig nicht bei der ersten Ausbildung und Tätigkeit. Häufig schließen sich Weiter-, Fortbildungs- oder Umschulungszeiten in einer späteren Phase des Lebenslaufs an, während derer es erneut zu einer ökonomischen Abhängigkeit vom Elternhaus kommen kann. Der Eintritt ins Berufsleben erfolgt heute damit nicht nur später. Vielmehr indiziert er auch nicht mehr so eindeutig wie früher das Ende der Jugendphase (Achatz u.a. 2000a: 13; Bertram 2002: 221f.).

*Tabelle 1:* Beteiligung der 15- bis 29-Jährigen am Erwerbsleben 1991 und 2003 (in Prozent)

| Alter | 1991 | | | 2003 | | |
|---|---|---|---|---|---|---|
| | | davon erwerbstätig: | | | davon erwerbstätig: | |
| | N insge-samt in 1.000 | ohne Schüler und Studen-ten | Schüler | N insge-samt in 1.000 | ohne Schüler und Studen-ten | Schüler |
| | | | Deutschland gesamt | | | |
| 15-19 | 4.311 | 35 | 3 | 4.664 | 23 | 4 |
| 20-24 | 5.965 | 70 | 3 | 4.710 | 55 | 7 |
| 25-29 | 6.660 | 74 | 2 | 4.408 | 66 | 6 |
| Gesamt | 16.936 | 63 | 3 | 13.782 | 48 | 6 |
| | | | Westdeutschland | | | |
| 15-19 | 3.421 | 33 | 3 | 3.638 | 21 | 5 |
| 20-24 | 4.928 | 69 | 3 | 3.747 | 55 | 7 |
| 25-29 | 5.426 | 72 | 3 | 3.658 | 66 | 6 |
| Gesamt | 13.775 | 61 | 3 | 11.043 | 48 | 6 |
| | | | Ostdeutschland | | | |
| 15-19 | 891 | 44 | 3 | 1.025 | 28 | 2 |
| 20-24 | 1.037 | 75 | 1 | 963 | 56 | 4 |
| 25-29 | 1.234 | 84 | 0 | 751 | 63 | 6 |
| Gesamt | 3.161 | 70 | 1 | 2.739 | 47 | 4 |

Quelle: Statistisches Bundesamt (2004a), Mikrozensus 1991 und 2003.

Als zweites Merkmal kennzeichnet weiterhin die Ablösung von der eigenen Herkunftsfamilie durch die Gründung einer eigenen Familie mit Kindern das Ende der Jugendphase. Die abgeschlossene Entwicklung der eigenen Geschlechtsrolle und die Entwicklung einer stabilen Partnerschaft als Grundlage für die Geburt und Erziehung eigener Kinder wurden früher in der Regel durch die Heirat symbolisiert. Diese fiel zeitlich meist mit der Geburt der eigenen Kinder zusammen. Das ist heute nicht mehr zwangsläufig der Fall. Zum einen ist die Heirat keine notwendige Voraussetzung mehr für ein partnerschaftliches Zusammenleben: So lebten 2003 beispielsweise über 18 Prozent der 25- bis 29-Jährigen unverheiratet mit ihrem Partner/ihrer Partnerin in einem gemeinsamen Haushalt (in Westdeutschland: 16,4 Prozent; in Ostdeutschland: 25,7 Prozent; Tabelle 2). Zum anderen ist die Heirat nicht mehr unbedingt mit einer Elternschaft verbunden. 2003 lebten in Westdeutschland 2,8 Prozent aller 25- bis 29-Jährigen unverheiratet mit einem

Kind zusammen und in Ostdeutschland sogar 10,7 Prozent. Damit ist dieses Lebensmodell zwar kein häufiges Phänomen. Dennoch stehen ihm heute längst nicht mehr die normativen Schranken entgegen wie noch zur Mitte des letzten Jahrhunderts. Damit lässt sich auch bezüglich dieses zweiten Merkmals (bzw. dieser Merkmale) heute nicht mehr eindeutig bestimmen, wann de facto der Statusübergang vom Jugendlichen zum Erwachsenen vollzogen wird.

*Tabelle 2:* Private Lebensformen in Deutschland 2003 (in Zeilenprozenten)

| Alter | N. insg. in 1.000 | Ledig bei Eltern | Allein-lebend | Ohne Kind zus.lebend Verh. | Unverh. | Mit Kind zus.lebend Verh. | Unverh. | Allein-erzie-hend | Sonst.[a] |
|-------|-------------------|------------------|---------------|----------------------------|---------|---------------------------|---------|--------------------|-----------|
| | | | | Deutschland gesamt | | | | | |
| 18-24 | 6.548 | 63,5 | 15,9 | 3,1 | 7,5 | 3,7 | 1,5 | 1,4 | 3,4 |
| 25-29 | 4.396 | 19,8 | 25,2 | 9,6 | 13,9 | 20,9 | 4,2 | 3,1 | 3,3 |
| | | | | Westdeutschland | | | | | |
| 18-24 | 5.174 | 63,2 | 15,6 | 3,6 | 7,4 | 4,3 | 1,1 | 1,2 | 3,6 |
| 25-29 | 3.646 | 19,6 | 24,8 | 10,6 | 13,6 | 22,4 | 2,8 | 2,7 | 3,4 |
| | | | | Ostdeutschland | | | | | |
| 18-24 | 1.374 | 64,5 | 16,9 | 1,1 | 8,2 | 1,4 | 3,1 | 2,2 | 2,6 |
| 25-29 | 750 | 20,6 | 27,4 | 4,4 | 15,0 | 13,8 | 10,7 | 5,3 | 2,8 |

a Personen, die in sonstiger Gemeinschaft mit verwandten und nicht verwandten Personen leben.
Quelle: Statistisches Bundesamt (2004b), Mikrozensus 2003.

Darüber hinaus haben in den letzten Jahrzehnten weitere Lebensbereiche für die Persönlichkeitsentwicklung und Identitätsfindung junger Menschen an Bedeutung gewonnen. Hurrelmann u.a. (2002: 34ff.; Hurrelmann 1999: 46) definieren neben den beiden erwähnten traditionellen Statuspassagen zwei weitere. Erstens die Statuspassage zum Konsumenten: Der junge Mensch muss sich gleichzeitig neuen Herausforderungen des Freizeit- und Konsummarktes stellen und diesen gegenüber eigene Werthaltungen und einen eigenen Lebensstil entwickeln. Zweitens die Statuspassage zum kulturellen und politischen Bürger: Damit verbunden ist die Bereitschaft zur Übernahme von Verantwortung im öffentlichen Raum. Beide Statuspassagen hätten in den letzten Dekaden wegen des zunehmenden Wohlstands und wegen Veränderungen in der Struktur von politischen Entscheidungsprozessen an Bedeutung gewonnen. „Beide Teilrollen haben ... an Stellenwert gewonnen; sie sind in einer voll entwickelten Industriegesellschaft westlichen Typs heute zu sehr wichtigen Bereichen der gesellschaftlichen Einordnung und auch der persönlichen Definition geworden" (Hurrelmann 1999: 48).

Damit hat sich zum einen die Zahl der Bereiche vergrößert, innerhalb derer die Jugendlichen auf ihrem Weg ins Erwachsenenalter ihren persönlichen – von den Eltern unabhängigen – Standpunkt entwickeln müssen. Zum anderen vollzieht sich diese Abkopplung vom Elternhaus – je nach Bereich – aber auch zu unterschiedlichen Zeitpunkten. „In verschiedenen Lebensbereichen erreichen Jugendliche ... zu unterschiedlichen Zeitpunkten und unter unterschiedlichen situativen

Gegebenheiten den Grad von Autonomie und Eigenverantwortlichkeit, der für den Erwachsenenstatus charakteristisch ist. Der Übergang in den Erwachsenenstatus zergliedert sich in eine *nicht immer aufeinander abstimmbare Abfolge von einzelnen 'Statuspassagen', die jeweils anderen sozialen und zeitlichen Mustern folgen*" (Hurrelmann 1999: 291; kursiv im Orig.; Achatz 2000b: 34f.). Diese Statusübergänge können von Individuum zu Individuum demnach in einer unterschiedlichen Reihenfolge erlebt werden. Tendenziell einig ist man sich nur, dass im Gegensatz zu früher vor allem die finanzielle Autonomie lebensgeschichtlich erst relativ spät erreicht wird, wohingegen sich die politische, die partnerschaftliche und die konsumorientierte Eigenständigkeit früher entwickeln (Melzer 1992: 45; Ferchhoff/ Olk 1988: 27f.). Dieses Stadium, in dem junge Menschen in verschiedenen Bereichen ihre Mündigkeit bereits erreicht haben, ökonomisch aber weiterhin unselbständig sind, wird mit dem Begriff der Post-Adoleszenz beschrieben.

Zum dritten haben viele der einst oft zelebrierten Statusübergänge heute vieles von ihrer Sichtbarkeit (und damit auch von ihrer Funktion) verloren, wenn sie überhaupt noch begangen werden. So ersetzt die dauerhafte Partnerschaft ohne Trauschein heutzutage bereits häufig die Heirat. Das Verlassen der Herkunftsfamilie wird durch die intensive Bindung an Cliquen Gleichaltriger bereits im frühen Jugendalter allmählich vollzogen, ohne dass sich dies in einem Auszug aus dem Elternhaus niederschlagen muss. Und die Aufnahme von Erwerbsarbeit erfolgt häufig bereits bei Schülern durch nachmittägliche Aushilfstätigkeiten in Supermärkten zur Aufbesserung des Taschengeldes. Während sich der Beginn der Jugend damit nicht verändert hat, ist der Übergang in das Erwachsenenalter heute wesentlich weniger klar konturiert als früher und es kommt zunehmend zu einer „zusammenhanglosen Abfolge von Teilübergängen, die ohne festen Anfangs- und Endpunkt zudem zeitlich immer breiter streuen" (Ferchhoff/Olk 1988: 9).

Viertens schließlich haben sich auch die Sozialisationsagenturen verändert, die für die Jugend von heute bedeutsam und prägend sind. Die „alten" Sozialisationsagenturen Eltern, Schule und Lehrherren spielen heute bei der Persönlichkeitsentwicklung der Jugendlichen eine deutlich geringere Rolle als früher. An Einfluss gewonnen haben demgegenüber die Gleichaltrigen sowie die Medien Fernsehen, Radio und Internet (Hurrelmann u.a. 2002: 32f.; Melzer 1992: 45ff.; Ebbinghausen u.a. 1988: 236).

Diese Befunde beschreiben knapp die Veränderungen des Phänomens Jugend seit der Mitte des 20. Jahrhunderts. „Während das herkömmliche sozialwissenschaftliche Verständnis von Jugend eine – allerdings nach Geschlechts-, Schicht- und Religionszugehörigkeit zu differenzierende – Standardabfolge von Übergangsereignissen ... und auf der sozialpsychologischen Ebene die Konfrontation mit bestimmten Entwicklungsaufgaben ... unterstellen konnte, muss heute sowohl von zunehmend individuell verlaufenden Übergangsprozessen als auch von veränderten Abfolgen der Bewältigung von Entwicklungsaufgaben gesprochen werden" (Arbeitsgruppe Bielefelder Jugendforschung 1990: 22). Schlagwortartig werden diese Veränderungen mit Hilfe von Begriffen wie „Umstrukturierung", „Strukturwandel" oder „Entstrukturierung"[3] der noch in den 1950er und 1960er Jahren relativ homogenen Jugendphase skizziert (Hurrelmann 1999: 288). Hinzu kommt eine neue Qualität von Jugend in der postindustriellen Dienstleistungsgesellschaft. Sie liegt darin, dass Jugend im Sinne eines „Bildungsmoratoriums" zu einem eigenständigen Lebensabschnitt des verantwortungsreduzierten Ausprobierens geworden ist. „Jugend als Bildungsmoratorium konstituiert einen *relativ eigenständigen Lebensabschnitt, in dessen Rahmen sich spezifische soziale Lebensweisen, kulturelle Formen und politisch-gesellschaftliche Orientierungsmuster ausbilden ... Das Moratorium wird auf weitere Lebensbereiche ausgedehnt: Jugendliche werden mit Blick auf die Statuspassage Familiengründung auf Zeit gesellschaftlich entpflichtet, und sie erhalten einen Sonderstatus als junge BürgerInnen ... Jugendliche durchleben eine längere Lebensphase eingeschränkter Verpflichtungen gegenüber den Lebensbereichen Arbeit, Familie und bürgerliche Öffentlichkeit"* (Zinnecker 1991: 10f., 16; kursiv im Orig.).

Verantwortlich für diese Ausdifferenzierung bzw. „Destandardisierung" (Arbeitsgruppe Bielefelder Jugendforschung 1990: 22) der Lebensphase Jugend werden die gesellschaftlichen Modernisierungs- und Individualisierungsprozesse gemacht. Die Erziehungsstile und Erziehungsziele haben sich auf Grund veränderter Wertvorstellungen gewandelt und vervielfältigt. Neue Erwartungen und Anforderungen werden – vor allem von Seiten des Arbeits-, aber auch des Konsummarktes – an die jungen Menschen gestellt. Gleichzeitig haben traditionelle Lebensmuster während des Modernisierungsprozesses ihre Orientierungsfunktion verloren. Dies impliziert für die Jugendlichen von heute „eine größere 'Freisetzung' aus traditioneller Bindung und Kontrolle und ... damit eine stärkere 'Pluralisierung' der legitimen Lebensmuster" (Münchmeier 1998: 12). In diesem Kontext konstatiert auch die These der „Entstrukturierung der Jugendphase" (Olk 1985), dass von einer einheitlichen Jugendphase nicht mehr ausgegangen werden kann. „Die einheitliche kollektive Statuspassage Jugend zerfällt in plurale Verlaufsformen und Zeitstrukturen (relativ kurze Übergangsphase bei der Arbeiterjugend – relativ lange 'postadoleszente' Lebensform bei der 'Bildungsjugend', Unterschiede zwischen den Geschlechtern, Sozialräumen, Ethnien); es entwickeln sich gleichsam mehrere 'Jugenden', die sich voneinander so stark unterscheiden, dass sie nicht mehr in einem Modell zusammengefasst werden können" (Münchmeier 1998: 12f.; Ferchhoff 1985: 65f.).

Das bedeutet nicht, dass Jugend zu Anfang des letzten Jahrhunderts nicht auch schon vielfältige Ausdrucksformen fand. Zunächst war die Jugendphase in Form einer von Lohnarbeit befreiten Vorbereitungszeit auf das spätere Arbeitsleben auf die männliche bürgerliche Jugend beschränkt (Münchmeier 1998: 4). Mädchen und junge Frauen durchliefen eine andere Sozialisation, die sie auf das Leben als Hausfrau und Mutter vorbereitete. Ähnlich unterschiedlich gestaltete sich die Entwick-

---

3    Der Begriff der „Entstrukturierung" der Jugendphase stammt von Olk (1985: 298ff.). Gemeint ist damit eine verlängerte Jugendphase, die „zunehmend inhaltlich unterdeterminiert wird und die sich in Bezug auf jugendspezifische Verhaltensanforderungen entstrukturiert: ... Der gesellschaftliche Differenzierungsprozess ... hat auch die klassen- und subkulturell tradierten Deutungen der hiermit verbundenen Verhaltensanforderungen ihrer normativen Kraft entraubt".

lung junger Menschen auf dem Lande, die schon wesentlich früher in den landwirt-schaftlichen Betrieben mitarbeiteten mussten und auf diese Weise ihren Weg in die Erwachsenenwelt gingen. Dennoch resümiert die Forschung einhellig, dass sich – trotz dieser schon früher bestehenden Inhomogenität – auf Grund der allgemeinen säkularen Differenzierungsprozesse in den hochentwickelten Industriegesellschaf-ten „zu Anfang der 1980er Jahre eine bis dahin unbekannte, breite plurale viel-schichtige und 'bunte' Palette jugendlicher (sub-)kultureller Lebensweisen und -welten sowie Stilvarianten ausdifferenziert" hat (Ferchhoff 1985: 65).

Zusammenfassend lässt sich die Jugendphase junger Menschen von heute wie folgt beschreiben: Erstens haben sich aus individueller Sicht vor allem die traditio-nellen Endmerkmale der Jugendphase im Vergleich zu früher in den Lebensverläu-fen nach hinten verschoben. Damit ist die Jugendphase in der individuellen Bio-graphie länger geworden. Beschrieben wird dies durch das so genannte Stadium der Post-Adoleszenz. Zweitens ist das Ende der Jugendphase heutzutage kaum mehr eindeutig bestimmbar. Der Jugendstatus franst an seinem oberen Ende aus, bzw. der Übergang zum Erwachsensein wird unsichtbar. Dies hat mehrere Gründe: Zum einen haben die traditionellen Statuspassagen (Berufseintritt, Heirat, Kinder) viel von ihrer Sichtbarkeit und Funktion verloren. Zum anderen müssen sich junge Menschen wegen der zunehmenden Ausdifferenzierung von gesellschaftlichen Handlungssektoren heute nicht mehr nur im Hinblick auf ihre partnerschaftliche und ökonomische Situation von ihrer Herkunftsfamilie lösen. Vielmehr gehört zum Erwachsenwerden auch die eigenständige Entwicklung gegenüber den Herausfor-derungen des Konsummarkts und des öffentlichen Bereichs. Für die Übergänge vom Jugendlichen zum Erwachsenen auf diesen beiden Feldern gibt es bislang noch gar keine Kriterien.[4] Wann ein junger Mensch daher den Schritt zum Erwach-sensein tut, ist heutzutage kaum mehr wahrnehmbar. Diese Wahrnehmung wird zudem dadurch beeinträchtigt, dass es keine allgemein gültige Abfolge der einzel-nen Verselbständigungsschritte mehr gibt. Vielmehr gibt es heute vielfältige Mög-lichkeiten für die Gestaltung von individuellen Lebenswegen innerhalb der jewei-ligen Bereiche, ohne dabei gesellschaftliche Normen zu verletzen: „Der Struktur-wandel der Lebensphase Jugend hat diese zu einem offenen und frei gestaltbaren Lebensabschnitt gemacht" (Hurrelmann u.a. 2002: 36). Folglich ist heute von einer Heterogenität jugendlicher Lebenswege auszugehen, die in ihrer Vielfalt nur noch schwer zu fassen ist. Bereits 1975 überschrieb Scheuch einen Symposionsbeitrag mit dem Titel „Die Jugend gibt es nicht". 30 Jahre später scheint sein Titel an Ak-tualität gewonnen zu haben. Dies wirft jedoch umso mehr die Frage auf, ob und wenn ja, wie Jugend unter solchen Bedingungen sinnvoll untersucht werden kann, ohne sich auf Einzelfallbeschreibungen beschränken zu müssen.

---

4  Denkbar wären hier z.B. der Besitz/die Nutzung eines eigenen Handys oder Fernsehers, die Verfü-gung über eine bestimmte Summe von Taschengeld, die Übernahme einer öffentlichen Funktion, z.B. als Klassensprecher/in oder als Wähler/in.

## 3.  Zum empirischen Umgang mit dem Konzept Jugend: Probleme der Operationalisierung und Messung

Der Facettenreichtum des Untersuchungsobjektes Jugend stellt die Forschung vor ein Problem: Der in der quantitativen empirischen Forschung übliche Weg, Einzelne als Jugendliche oder junge Menschen zu typisieren, erfolgt zumeist über die Messung des Lebensalters. Befragte mit einem bestimmten Alter, das im Vorfeld als Jugend definiert wurde, werden dann zu einer Gruppe der Jugendlichen zusammengefasst und zu einem Zeitpunkt, im Zeitverlauf oder im Vergleich mit anderen Altersgruppen untersucht.[5] Wenn differenzierter verfahren wird, dann geschieht dies lediglich durch die Unterteilung der Analyse nach weiteren Altersgruppen[6] oder verschiedenen sozio-demographischen Merkmalen.[7] Diese Operationalisierung und Messung von Jugend in Form einer bestimmten Altersgruppe wird meist auf pragmatische Gründe zurückgeführt. So schreibt Pickel (2002: 27): „Da für eine empirische Betrachtung politischer Einstellungen aber eine Abgrenzung der Untersuchungsgruppe dringend notwendig ist, muss trotz aller Einschränkungen auf eine einfachere, pragmatische Form der Analyse von Jugend zurückgegriffen werden. Anstelle der angesprochenen harten (individuell geprägten) Definition der Untersuchungsgruppe ist es im Folgenden erforderlich, sich mit dem üblicherweise verwendeten Instrument der Altersstufen als Identifikationsmerkmal für Jugend und junge Erwachsene zu behelfen". Ähnlich argumentieren Allerbeck und Hoag (1985: 183): „Die Sozialforscher müssen ein einfaches, handhabbares Auswahlkriterium haben, als das sich das Alter, in Jahren ausgedrückt, anbietet. Das ist zwar keine vollkommene Entsprechung von Theorie und Forschungspraxis, aber anders geht es nicht, wenn wir auch diesen Bruch zwischen Jugendbegriff und Altersgruppenauswahl nicht vergessen dürfen". Welche Probleme aber impliziert dieser „Bruch" genau? Vier Einwände werden in den folgenden Abschnitten näher diskutiert.

Erstens – das haben die bisherigen Ausführungen gezeigt – ist es in modernen Industriegesellschaften kaum möglich, eindeutige Abgrenzungskriterien für den Lebensabschnitt Jugend, vor allem den Übergang zum Erwachsensein, zu bestimmen. „Trotz zahlreicher Versuche, die offensichtlich zwischen diesen drei Lebensphasen (Kindheit, Jugend, Erwachsensein, A.V.) bestehenden Unterschiede theoretisch und empirisch abzusichern, z.B. durch bio-physische (Pubertät), juristische (Volljährigkeit, Rechtsmündigkeit), soziologische (Übernahme der Elternrolle)

---

5   Dabei besteht nicht einmal Einigkeit darüber, welche Altersgrenzen für die Erfassung von „Jugendlichen" am besten geeignet sind (vgl. hierzu die Ausführungen in der Einleitung).

6   So wird in der Jugendforschung mittlerweile zwischen verschiedenen Jugendphasen unterschieden: den 13- bis 18jährigen Jugendlichen in der pubertären Phase, den 18- bis 21jährigen Jugendlichen in der nachpubertären Phase sowie den 21- bis 25-Jährigen und den jungen Erwachsenen in der Nachjugendphase, die ihrem sozialen Status und ihrem Verhalten nach aber noch als Jugendliche anzusehen sind (vgl. Schäfers 1985: 12, zit. nach Hurrelmann 1999: 50).

7   Beispielsweise die Analyse von Jugendlichen unterschiedlichen Geschlechts, mit unterschiedlichen Schulabschlüssen, mit unterschiedlicher Herkunft (Ost-/Westdeutschland), Jugendlichen aus unterschiedlichen sozialstrukturellen Lebenswelten (soziale Herkunft, sozialer Status, Bildungs- und Berufsaspirationen) (vgl. u.a. Melzer 1992: 23).

oder entwicklungspsychologische Kriterien (Erreichung von 'Altersnormen', Lösung von 'Entwicklungsaufgaben') fehlt der Jugendforschung in dieser Frage bis heute ein paradigmatisches Konzept" (Melzer 1992: 28). Wenn dies aber so ist, dann stellt dies auch für die quantitative empirische Forschung ein Problem dar, weil sie klare Kriterien zur Bestimmung des Untersuchungsobjektes benötigt, um dieses adäquat operationalisieren und messen zu können. Liegen solche Kriterien nicht vor, ist die Validität jeglicher Messung von Jugend zwangsläufig eingeschränkt, auch die der Messung über das Lebensalter.

Zweitens – und das erschwert den Längs- bzw. Querschnittsvergleich unterschiedlicher Jugendgenerationen, die u.a. mit Hilfe des Lebensalters bestimmt werden – ist Jugend ein gesellschaftsbedingtes Phänomen. Ändern sich die gesellschaftlichen Voraussetzungen, verändert sich auch „die Jugend", sowohl im Bezug auf die Kriterien dessen, was Jugend ausmacht, als auch im Bezug auf mögliche Altersgrenzen, zwischen denen Individuen als jugendlich charakterisiert werden. „Sowohl in psychologischer als auch in soziologischer Perspektive kann der Eintritt in und der Austritt aus der Jugendphase nicht an ein bestimmtes Datum im Lebensalter gebunden werden. Vielmehr ergeben sich in allen Industrieländern erhebliche Verschiebungen der Zeitpunkte des Übergangs in den einzelnen Teilpassagen, die nicht nur auf biologische oder psychologische Sachverhalte zurückzuführen sind, sondern auch – und meist sogar vorherrschend – auf gesellschaftliche Vorgaben" (Hurrelmann 1999: 48f.). So mag eine Operationalisierung von Jugend als die 12- bis 29-Jährigen für postindustrielle Gesellschaften zwar angemessen sein. Für den Vergleich mit Jugendlichen aus dem ersten Drittel des letzten Jahrhunderts ist diese Altersspanne jedoch sicherlich zu breit gefasst, da sie für diese Zeit einen wesentlich größeren Anteil von Befragten mit einschließt, der bereits dem Erwachsenenstatus zuzurechnen ist. Ähnliches gilt für den Querschnittsvergleich von Jugendlichen in unterschiedlich entwickelten Gesellschaftssystemen. Die Operationalisierung und Messung von Jugend mittels der Zugehörigkeit zu einer bestimmten Altersgruppe ist für den Längs- und Querschnittsvergleich von Jugendlichen verschiedener Gesellschaften damit nur eingeschränkt sinnvoll.

Drittens ist Jugendlichkeit von der individuellen Realisierung verschiedener Erfahrungen bzw. Statuspassagen abhängig. Eine pauschale Altersoperationalisierung vernachlässigt, dass sich in den letzten Dekaden der Prozess der „Vorbereitung auf die Bedingungen der Erwachsenenexistenz" (berufliche Qualifikation, Festigung der eigenen Identität durch Ablösung von der Herkunftsfamilie) nicht nur verlängert hat – dies ließe sich durch eine breite Definition der Altersgrenzen berücksichtigen. Vielmehr sind auch die Möglichkeiten, wie dieser Prozess ablaufen kann, vielfältiger geworden. Einzelne Statuspassagen werden nicht mehr in der traditionellen Sequenz erlebt, oder sie tauchen gar nicht mehr in der individuellen Biographie auf. Gleichzeitig scheinen heutzutage weitere Lernprozesse und Erfahrungen für die „Reifung" und Identitätsfindung eines jungen Menschen an Bedeutung gewonnen zu haben. Dies impliziert eine wesentlich größere Inhomogenität unter den heutigen Jugendlichen als dies früher der Fall war. Die folgenden Abbildungen geben zwar keinen Aufschluss über die sequenzielle Abfolge der einzelnen

Statuspassagen bei den 1997 16- bis 29-Jährigen. Dennoch vermitteln sie einen Eindruck von der Inhomogenität der Befragten – zumindest im Hinblick auf die traditionellen Statusübergänge (die genauen Anteilswerte sind in Tabelle A1 im Anhang aufgeführt):

So lebten 1997 von den befragten 16- bis 29-Jährigen im Durchschnitt über die Hälfte nicht mehr im elterlichen Haushalt (Abbildung 1). Während dieser Anteil bei den 16-Jährigen nur etwa zwei Prozent betrug, haben von den 29-Jährigen 95 Prozent den Auszug aus der elterlichen Wohnung bereits vollzogen und sind hinsichtlich dieses Kriteriums als erwachsen einzustufen. Größer könnte die Inhomogenität zwischen den 16- und den 29-Jährigen im Bezug auf eine Statuspassage kaum sein. Und dies gilt für Ost- wie für Westdeutschland gleichermaßen (für 1997 auch Achatz u.a. 2000b: 66ff.; für 1992 Gille/Kleinert/Ott 1995: 27f.).

*Abbildung 1:*   Wohnen im elterlichen Haushalt nach Alter 1997 (in Prozent)

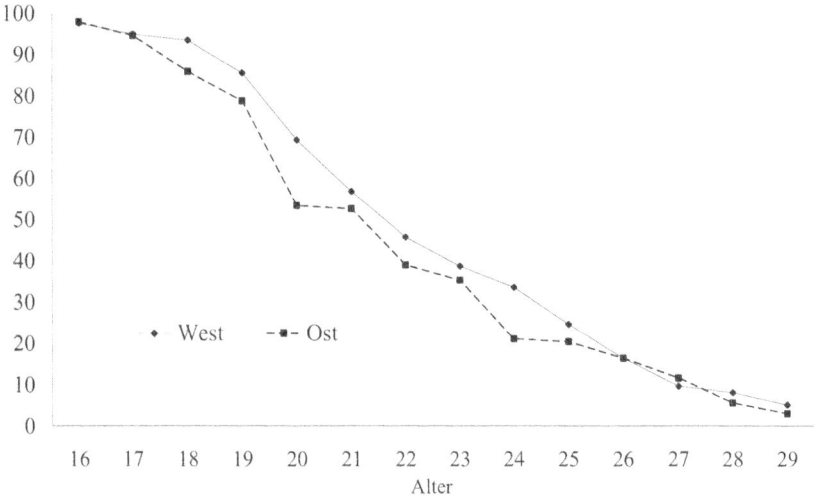

Daten: DJI-Survey 1997; eigene Berechnungen.

Deutliche Unterschiede bestehen zwischen den jungen Menschen auch hinsichtlich einer eigenen Elternschaft (Abbildung 2). Von allen befragten 16- bis 29-Jährigen haben 16 Prozent der Westdeutschen 1997 mindestens ein Kind. In Ostdeutschland liegt der Anteil mit etwa 20 Prozent nur unwesentlich höher. Betrachtet man aber wieder die Extreme, so haben selbst bei den 21-jährigen Befragten erst vier (West-) bzw. fünf Prozent (Ostdeutschland) Kinder. Bei den 29-Jährigen sind es in Westdeutschland demgegenüber bereits über 40 Prozent, in Ostdeutschland sogar über 70 Prozent. Das bedeutet, im Hinblick auf das Leben mit Kindern oder ohne haben Ende der 1990er Jahre 30 Prozent der Befragten in Ostdeutschland und sogar 60 Prozent in Westdeutschland diese traditionelle Statuspassage zum Erwachsensein selbst mit 29 Jahren noch nicht durchlebt. Hier haben wir es nicht nur mit großen Unterschieden in der Lebensform zwischen den einzelnen Altersjahrgängen zu tun, die in der Gruppe der 16- bis 29-Jährigen zusammengefasst werden. Vielmehr steigt mit dem Alter auch die Unterschiedlichkeit der Lebensformen zwischen ost- und westdeutschen Jugendlichen sowie die Unterschiedlichkeit der Lebensformen innerhalb der einzelnen Altersgruppen an, was zu einer mehrfachen Inhomogenität führt (für 1997 Achatz u.a. 2000b: 74f.; für 1992 Gille/Kleinert/Ott 1995: 34ff.).

*Abbildung 2:* Befragte mit einem oder mehreren Kindern nach Alter 1997 (in Prozent)

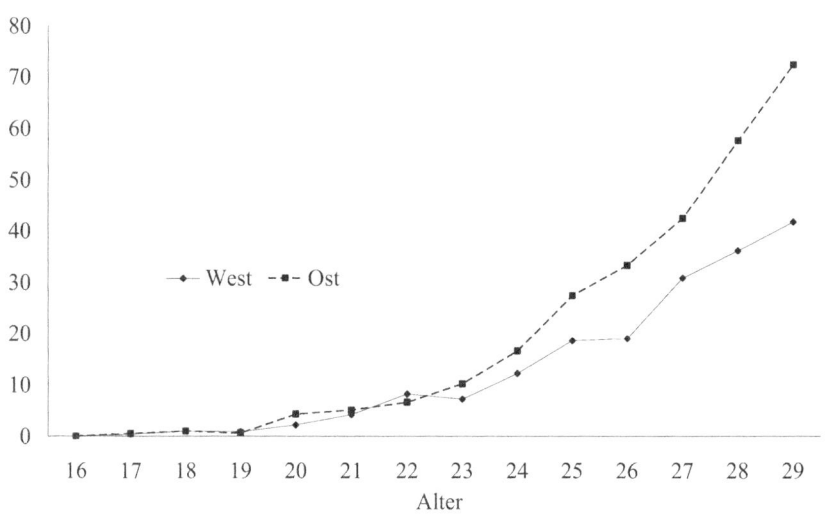

Daten: DJI-Survey 1997; eigene Berechnungen.

Ähnliches gilt für das Kriterium des Familienstandes (Abbildung 3). Die Heirat stellt traditionellerweise einen wichtigen Statusübergang vom Jugendlichen zum Erwachsenen dar. Von allen 16- bis 29-Jährigen sind in Westdeutschland 18,7 und in Ostdeutschland 16,4 Prozent verheiratet. Differenziert nach einzelnen Altersjahrgängen sind allerdings selbst bei den 20-Jährigen erst 2,2 (West) bzw. 1,2 Prozent (Ost) verheiratet. Nimmt man unter den 29-Jährigen den Anteil derjenigen, die bereits wieder getrennt leben, geschieden oder verwitwet sind hinzu, dann haben im Westen 54,9 Prozent und im Osten immerhin 70,2 Prozent bis zum Ende ihres dritten Lebensjahrzehnts diese traditionelle Statuspassage überschritten. Allerdings lebt auch ein nicht unbeträchtlicher Teil der Befragten ohne Trauschein mit einem Lebenspartner zusammen – ein Status, den es in der traditionellen Biographie nicht gibt. Der Anteil dieser unverheiratet Zusammenlebenden beträgt bereits unter den 20-Jährigen 6,5 (West) bzw. 12,9 Prozent (Ost). Von den 26-Jährigen lebt ein Fünftel ohne Trauschein zusammen. Der entsprechende Anteil ist bei den 29-

Jährigen nur minimal kleiner (Daten im Anhang nicht separat ausgewiesen). Das heißt, auch im Hinblick auf das Kriterium Familienstand sind die 16- bis 29-Jährigen sehr inhomogen. Während von den jüngeren Befragten noch deutlich über 90 Prozent ledig sind, ist dieser Anteil bei den 29-Jährigen auf 29,4 (West) und 12,1 Prozent (Ost) geschrumpft. Zudem haben sich die Befragten bis zum Ende ihres dritten Lebensjahrzehnts für eine Vielzahl unterschiedlicher Lebensformen entschieden. Und nur etwa die Hälfte lebt verheiratet mit einem Partner oder einer Partnerin zusammen, wobei in Ostdeutschland eine höhere Bereitschaft zur Heirat festzustellen ist als in den alten Bundesländern.[8] Während die jüngeren Altersjahrgänge damit in sich noch vergleichsweise homogen sind, kann dies für die älteren Befragten nicht behauptet werden. Dies gilt sowohl im Hinblick auf Unterschiede in den Lebensformen als auch im Hinblick auf regionale Unterschiede zwischen Ost- und Westdeutschland und Unterschiede zwischen den Geschlechtern, auf die hier nicht weiter eingegangen wird (Achatz u.a. 2000b: 74ff.; Gille/Kleinert/Ott 1995: 29ff.).

Die mit dem Alter zunehmende Inhomogenität zeigt sich schließlich auch bei der Erwerbstätigkeit der Befragten (Abbildung 4). Während der Anteil der Schüler, Studenten und in Ausbildungen stehenden Befragten bei den 16- und 17-Jährigen noch deutlich über 90 Prozent liegt, sinkt dieser Anteil bei den 29-Jährigen auf nur noch 13,2 Prozent in West- und 6,3 Prozent in Ostdeutschland. Demgegenüber beträgt der Anteil der Erwerbstätigen, der bei den 16-Jährigen noch unter einem Prozent liegt, bei den 29-Jährigen 65 (West) bzw. 66,7 Prozent (Ost). Auch hier unterscheiden sich die Befragten, die zu der Gruppe der 16- bis 29-Jährigen zusammengefasst werden, zum einen in Abhängigkeit von ihrem Alter deutlich voneinander. Zum anderen zeigen die Erwerbs- und Nichterwerbsformen mit zunehmendem Alter eine immer größere Ausdifferenzierung. Dies wird besonders deutlich an dem großen Anteil der Gruppe der „Sonstigen". Zu dieser Gruppe zählen Hausfrauen, Befragte ohne Arbeit, Personen in Kurzarbeit oder Umschulung sowie Wehr- und Zivildienstleistende. Ihr Anteil beträgt bereits unter den 21-Jährigen 19,6 (West) bzw. 23,5 Prozent (Ost). Er nimmt bis zum 29. Lebensjahr nur noch geringfügig zu (21,8 Prozent in West- und 27,1 Prozent in Ostdeutschland), was in Westdeutschland in erster Linie auf die steigende Zahl von Hausfrauen bzw. Frauen in Elternzeit sowie in Ostdeutschland auf die größere Zahl von Arbeitslosen zurückzuführen ist.

Diese Betrachtungen machen zwei Dinge deutlich: Zum einen besteht die Gefahr, dass durch eine reine Altersdefinition von Jugendlichen unter Umständen „fälschlicherweise" der 23-jährige verheiratete Arbeiter mit zwei Kindern zu den Jungendlichen gezählt wird. Der 33-jährige Doktorand, der noch immer bei seinen Eltern lebt und auf Grund seiner Statusmerkmale als jugendlich kategorisiert wer-

---

8    Weitere Analysen von Gille/Kleinert/Ott (1995: 30f.) deuten darauf hin, dass sowohl in Ost- als
     auch in Westdeutschland die Ehe ohne Trauschein primär eine Übergangsform darstellt, die später
     in eine Heirat mündet, wobei dies in den alten Bundesländern durchschnittlich erst später geschieht.

*Abbildung 3:* Familienstand der jungen Menschen nach Alter 1997 (in Prozent)

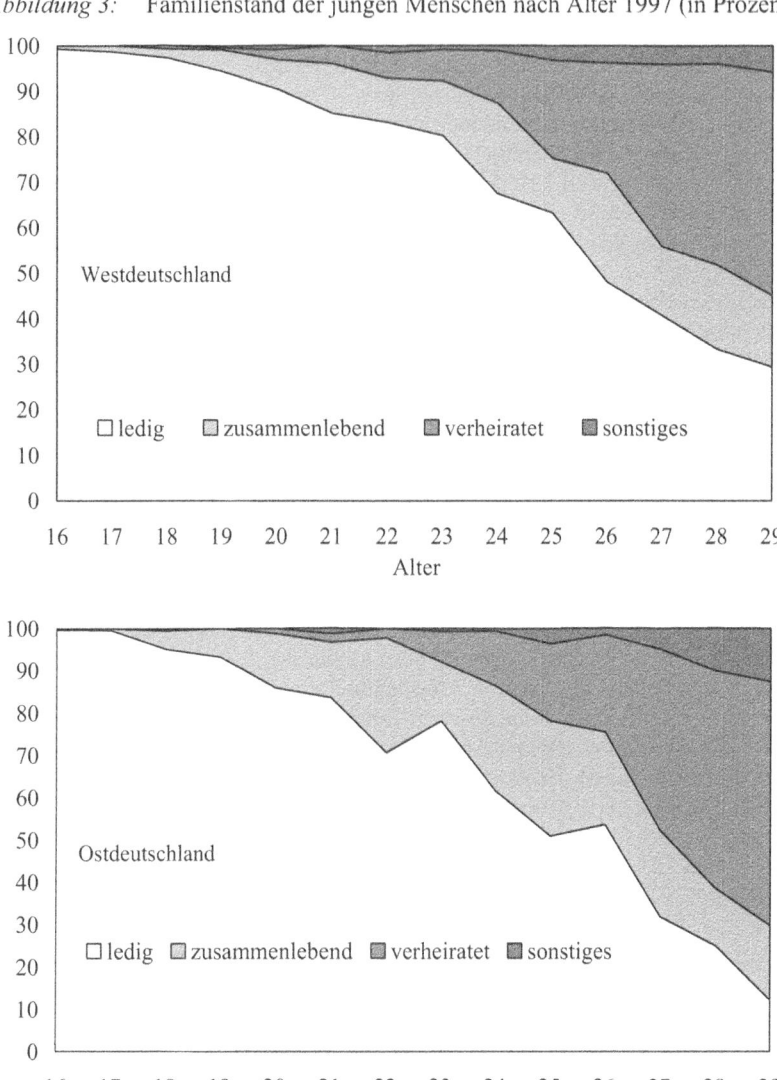

Daten: DJI-Survey 1997; eigene Berechnungen.

den müsste, bleibt dagegen unberücksichtigt. Zum anderen zeigen die Abbildungen 1 bis 4, obwohl es sich dabei lediglich um bivariate Verteilungsmuster handelt, in welch unterschiedlichen Lebenssituationen sich die 16- bis 29-Jährigen befinden. Nun stellt Inhomogenität per se kein Problem dar. Sie wird es aber, wenn die statis-

tische Auswertung diese Vielfalt nicht berücksichtigt: Sind die Fälle, die zu einer
Gruppe zusammengefasst werden, ähnlich, dann ist ein statistisches Vorgehen
weitgehend unproblematisch. Mittelwerte sind in diesem Fall beispielsweise aus-
sagekräftige Indikatoren, die über die Individuen in der jeweilige Gruppe Auf-

*Abbildung 4:*     Erwerbstätigkeit der jungen Menschen nach Alter 1997 (in
                   Prozent)

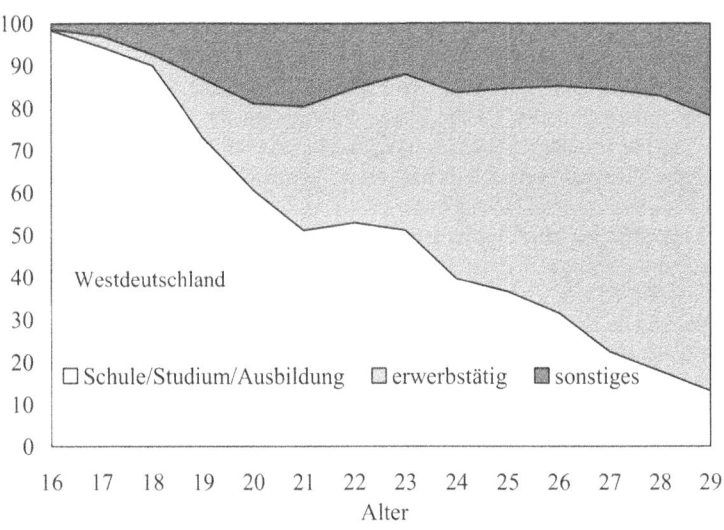

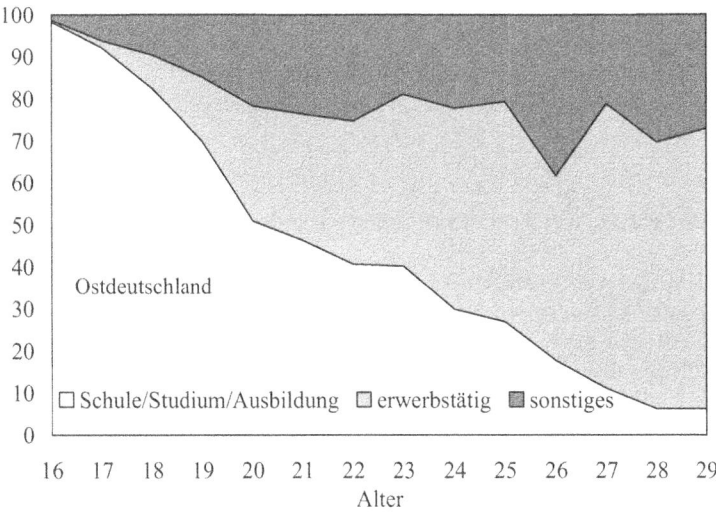

Daten: DJI-Survey 1997; eigene Berechnungen.

schluss geben, ohne die Realität zu sehr zu verzerren. Dies ist anders, wenn die in einer Gruppe zusammengefassten Objekte sehr unterschiedlich sind. Dann können statistische Kennwerte durch die Reduktion von Einzelinformationen ein falsches Bild von dem zu untersuchenden Phänomen vermitteln, da sie die individuelle Vielfalt (bewusst) verdecken. Es ist also problematisch, die Vielzahl jugendlicher Lebenssituationen „über einen Kamm zu scheren" und mit Hilfe von statistischen Durchschnittswerten die Charakteristika einer entsprechenden Gruppe beschreiben zu wollen.

Viertens – und dieser Aspekt ist von besonderer Bedeutung – muss aus theoretischer Perspektive Kritik an der Operationalisierung und Messung von Jugend mittels des Lebensalters geübt werden. So basieren empirische Untersuchungen häufig auf einer unzureichenden theoretischen Fundierung der vermuteten Ursache-Wirkungs-Zusammenhänge. Nicht selten wird unterstellt, allein der Status „jugendlich" habe Auswirkungen auf bestimmte politische Einstellungen oder Verhaltensweisen. Aber welche Besonderheiten dieses Status' es genau sind, die zu spezifischen Einstellungen und Verhaltensweisen führen, wird nicht expliziert. Angesichts der konzeptionellen Ausführungen von oben impliziert Jugend mehr, als einer spezifischen Altersgruppe anzugehören: Junge Menschen müssen zahlreiche Erfahrungen sammeln und Statuspassagen durchlaufen, bis sie als Erwachsene gelten. Gerade diese Passagen und die damit verbundenen Erfahrungen sind es aber vermutlich, die aus theoretischer Sicht die Einstellungen und Verhaltensweisen der jungen Menschen beeinflussen. Hierzu gehören z.B. die mit dem Übergang zum Erwachsensein verbundene Integration in bestimmte gesellschaftliche Gruppen (u.a. durch die Aufnahme einer selbständigen Erwerbstätigkeit) oder die Übernahme von Verantwortungsrollen (u.a. durch eine Heirat oder eigene Kinder). Auch wenn es bislang kaum übereinstimmende konzeptionelle Überlegungen zur Bestimmung dieser Statuspassagen gibt (mit Ausnahme der traditionellen Statuspassagen „selbständige Erwerbsarbeit", „Heirat", „eigene Kinder"), erscheint es in vielen Fällen aus theoretischer Sicht sinnvoller, diese Passagen zur Operationalisierung und Messung von Jugendlichkeit zu verwenden als „pauschal" das Lebensalter.

## 4. Jugend als Lebensalter: Trotz Einwänden ein sinnvoller Weg?

Jugend über das Alter von Befragten zu definieren, ist also problematisch. Dennoch geht die quantitative empirische Jugend- und Sozialforschung traditionell diesen Weg. Lässt sich diese Vorgehensweise dennoch rechtfertigen bzw. lassen sich die genannten Einwände – die Schwierigkeiten bei der konzeptionellen Erfassung von Jugend und die damit verbundene unklare Definition von Altersgrenzen, die Nichtberücksichtigung der gesellschaftlichen Kontextabhängigkeit von Jugend, die Inhomogenität jugendlicher Lebensformen sowie die theoretische Unzulänglichkeit einer Altersdefinition von Jugend für die Erklärung jugendlicher Einstellungen und Verhaltensweisen – entkräften?

Zum Problem der konzeptionellen Unklarheit von Jugend und der fehlenden Kriterien für die Definition von Altersgrenzen: In der Jugendforschung gibt es bislang kaum übereinstimmende Konzepte im Hinblick auf die Abgrenzung des Jugendstatus' von der Kindheit einerseits und dem Erwachsensein andererseits (Melzer 1992: 28). Daraus folgt, dass es fast unmöglich ist, Jugend valide zu operationalisieren und zu messen. Dies gilt gleichsam für die Festlegung eindeutiger Altersgrenzen, innerhalb derer Jugend erlebt wird. Der Beginn der Jugendphase wird zwar überwiegend mit dem Einsetzen der Pubertät im 12. Lebensjahr gleichgesetzt. Ein eindeutiges Ende der Phase aber scheint nicht mehr bestimmbar. Orientiert man sich an den traditionellen Statusübergängen von selbständiger Erwerbsarbeit, Familienstand und eigenen Kindern, so haben die Ausführungen von oben gezeigt, dass die Jugendphase heute in vielen individuellen Biographien bis an das Ende des dritten Lebensjahrzehnts – wenn nicht noch weiter – reicht. Wann aber genau die Altersgrenze zwischen Jugend und Erwachsensein zu setzen ist, bleibt unklar. Allerdings war es das schon immer: Der Übergang vom Jugendlichen zum Erwachsenen wird je nach individueller Biographie zu einem anderen Zeitpunkt vollzogen und kann nicht für eine ganze Gruppe von jungen Menschen gleichermaßen angesetzt werden. Soll das Ende der Jugendphase dennoch über das Lebensalter bestimmt werden, ist heutzutage eine Operationalisierung, die auch höhere Altersgruppen junger Menschen als jugendlich definiert, angemessen. Sie berücksichtigt die konstatierte Verlängerung der Jugendphase und lässt sich „mit der 'heute so wichtigen' und wissenschaftlich klingenden 'Postadoleszenz'" (Allerbeck/Hoag 1985: 184) rechtfertigen. Damit wird sie dem zu untersuchenden Phänomen gerechter als eine zu eng gefasste Gruppe. Wo aber genau die Altersgrenzen zu ziehen sind, muss von der jeweiligen Forschungsfrage abhängig gemacht und entsprechend begründet werden.[9]

Zum Problem der gesellschaftlichen Kontextabhängigkeit der Lebensphase Jugend: Jugend verändert sich in Abhängigkeit von der Gesellschaft, in der sie existiert. Eine reine Altersdefinition vernachlässigt demnach die Inhalte und Probleme, die zu einer bestimmten Zeit mit „jung sein" verbunden sind ebenso wie die sich wandelnden gesellschaftlichen Bedingungen, von denen „jung sein" abhängt. Wenn trotz aller Einschränkungen akzeptiert wird, dass Jugend in postindustriellen Gesellschaften hauptsächlich im zweiten und dritten Lebensjahrzehnt stattfindet, dann gilt dies nicht automatisch auch für Jugend während der frühen Industrialisierung oder der Moderne der 1960er Jahre. Aus diesem Grund sollte auch die Definition von Jugend für den Vergleich von Jugendgenerationen unterschiedlicher Epochen (im Zeitvergleich) oder unterschiedlicher Gesellschaften (im Querschnittsvergleich) primär an inhaltlichen Gesichtspunkten festgemacht werden, die die jeweilige Generation prägen und die für entsprechende Unterschiede zwischen verschiedenen Jugendgenerationen verantwortlich sind. Solche theoretischen Über-

---

9   Alternative Operationalisierungen von Jugend, bei denen auf die Bestimmung von Altersgrenzen verzichtet werden kann, sind z.B. die Auswahl von Angehörigen einer bestimmten Klassenstufe oder diejenigen jungen Menschen, die noch bei ihren Eltern wohnen (Förster/Friedrich 1992, 1996). Das konzeptionelle Problem der Erfassung von Jugend, das u.a. für die unklare Definition von Altersgrenzen verantwortlich ist, wird damit jedoch auch nicht gelöst.

legungen sind jedoch selten. Dies gilt besonders für die Beschreibung der aktuellen Jugendgeneration, deren gesellschaftlich bedingten Eigenheiten heute noch nicht eindeutig erkennbar sind bzw. bei der noch nicht klar ist, wodurch sie sich von früheren Jugenden signifikant unterscheidet. In diesem Fall stellt die à priori Definition von Jugend über das Lebensalter eine legitime Vorgehensweise für die Forschung dar, insofern die Beschränktheit der Operationalisierung nicht aus den Augen verloren wird und zumindest im Nachhinein Argumente für entsprechende Unterschiede zwischen einzelnen Jugendgenerationen gesucht werden.

Zum Problem der Inhomogenität jugendlicher Lebensformen: Dass in heutigen Gesellschaften die Vielfalt jugendlicher Lebenswege zugenommen hat, wird von der Jugendforschung einhellig unterstrichen. Das Bild, das sie vom Leben der heutigen Jugend zeichnet, ist das einer nahezu unüberschaubaren Vielfalt von Lebensformen, die von der quantitativ arbeitenden Forschung kaum mehr adäquat erfasst werden kann. Allerdings sagt dieses Bild nichts darüber aus, wie viele junge Menschen heute solchen „neuen", mittlerweile legitimen Lebensmustern tatsächlich folgen. Beschränkt man sich auf die drei Statuspassagen, die ein junger Mensch im Verlauf seiner Entwicklung zum Erwachsenen hin traditionell durchläuft (Aufnahme einer von den Eltern unabhängigen Erwerbstätigkeit, Heirat, Kinder), lassen sich verschiedene Kombinationen eher „klassischer" und eher „alternativer" Lebensmodelle definieren. In einem „klassisch" jugendlichen Lebensmodell befinden sich eindeutig diejenigen, die ledig und in Ausbildung sind und keine Kinder haben. Nach den Daten des DJI-Surveys von 1997 sind dies in Westdeutschland knapp 45 und in Ostdeutschland knapp 43 Prozent aller befragten 16- bis 29-Jährigen (Tabelle 3). „Eher klassisch" jugendlich ist eine Lebenssituation aber auch dann, wenn eine Person zwar schon erwerbstätig, aber noch ledig (nicht zusammenlebend) und kinderlos ist. Zählt man diese zu den zuvor genannten hinzu, erhöht sich der Anteil derjenigen, die sich in einer „klassischen" oder „eher klassischen" jugendlichen Lebenssituation befinden auf etwa 62 (West) bzw. 57 Prozent (Ost) der Befragten. Nicht mehr jugendlich, aber ebenso „klassisch" ist die Lebensform derjenigen, die über ein selbständiges Einkommen verfügen (oder Hausfrau bzw. in Erziehungsurlaub sind), verheiratet sind und Kinder haben. Zu dieser Gruppe gehören in Ost- und Westdeutschland etwa elf Prozent aller befragten 16- bis 29-Jährigen. Folglich lebten 1997 zusammengerechnet etwa 70 Prozent der Befragten in einer „klassischen" jugendlichen oder erwachsenen Lebenssituation (definiert an Hand der Kriterien selbständige Erwerbstätigkeit, Heirat, Kinder). Der größte Teil der übrigen Befragten lebte mit einem festen Partner/einer festen Partnerin ohne Trauschein zusammen. Für diese Personen kann mit den vorliegenden Daten nicht geklärt werden, inwieweit sie sich in einer Übergangssituation befinden, in der die Realisierung weiterer „klassischer" Statuspassagen beabsichtigt ist, oder ob es sich dabei um absichtlich gewählte „alternative" Lebensformen handelt.

Welche Schlussfolgerungen lassen diese Daten im Hinblick auf das Problem der Vielfältigkeit jugendlicher Lebensmuster zu: Möglicherweise verdecken sie – da sie keine Längsschnittentwicklungen zeigen – eine Entwicklung, die die These einer *zunehmenden* Individualisierung stützen würde. Dennoch muss konstatiert werden, dass Individualisierung – verstanden als das Ausmaß „alternativer" Lebensformen (gemessen über die Kombination aus Erwerbsstatus, Familienstand und Elternschaft) – unter den Jugendlichen bei weitem nicht so verbreitet ist, wie es die Literatur annehmen lässt. Noch 1992 war die Individualisierung in den alten Bundesländern etwas ausgeprägter als in den neuen Bundesländern, in denen nach wie vor eher das Muster einer Normalbiographie vorlag: Für „den Großteil der Befragten finden (in Ostdeutschland, A.V.) diese lebenszyklischen Ereignisse geregelt nacheinander und über eine kürzere Zeitspanne statt. ... Für den *Westen* dagegen kann ... von einer stärkeren Individualisierung der Lebensformen gesprochen werden ... Die Befragten ziehen zwar mit durchschnittlich 21 Jahren aus dem Elternhaus aus, heiraten hingegen oder haben eigene Kinder oft erst mit über 30 Jahren. ... *In diesem Sinne* kann man – zumindest für die alten Bundesländer – von einer Individualisierung der Lebensformen sprechen. Individualisierung im Sinne von *alternativen* Lebensformen ist allerdings auch in Westdeutschland eher selten" (Gille/Kleinert/Ott 1995: 34ff., kursiv im Orig.). Bis 1997 haben sich die Lebensformen auch in den neuen Bundesländern stärker ausdifferenziert (Achatz u.a. 2000b: 76). Die Unterschiede in den Lebensformen der 16- bis 29-Jährigen sind allerdings nicht so vielfältig, wie häufig behauptet wird. Das zeigt sich auch daran, dass bestimmte „klassische" Lebensmuster – wie beispielsweise die Verbindung einer Elternschaft mit Heirat – auch heute noch dominant sind und das „Modell der Kleinfamilie seine Monopolstellung" bislang nicht eingebüßt hat (Achatz 2000b: 66, auch 74f.).

Dennoch bleibt die Frage bestehen, wie die Forschung mit der Unterschiedlichkeit „jugendlicher" Lebensformen umzugehen hat. Wie oben dargelegt, kann die Anwendung datenreduzierender statistischer Verfahren unter der Bedingung von Heterogenität schnell zu einem falschen Bild des Untersuchungsobjektes führen. Das Problem der Inhomogenität kann daher nur durch die differenzierte Analyse von Jugendlichen entschärft werden. Hierfür müssen Jugendliche nach theoretisch sinnvollen Kriterien, die sich in der Regel aus der jeweiligen Forschungsfrage oder -perspektive ergeben, unterteilt und die jeweiligen Untergruppen separat analysiert werden. Dabei dürften der Bildungsgrad der Jugendlichen, ihr Geschlecht, ihre Erwerbssituation, das regionale Umfeld, in dem sie leben (Stadt/Land, Ost/West) und ihre Staatsbürgerschaft zu den wichtigsten Unterscheidungskriterien gehören, da sie mit verschiedenen Sozialisations- und Lebenserfahrungen verbunden sind (Achatz u.a. 2000a: 16).

Zum Problem der theoretischen Unzulänglichkeit einer Altersdefinition von Jugend im Hinblick auf die Erklärung jugendlicher Einstellungen und Verhaltensweisen: Es klang in den bisherigen Ausführungen bereits an. Das Lebensalter ist zunächst nichts mehr als eine inhaltsleere Approximation an das Phänomen Jugend. Korrelationen zwischen dem Lebensalter und politischen Einstellungen bzw.

*Tabelle 3:* Anteil der 16- bis 29-Jährigen nach Familienstand, Kinderzahl und Erwerbstätigkeit (Gesamtprozent)

| | Ledig | | Zusammenlebend | | Verheiratet | | Sonstiges[a] | N Gesamt |
| --- | --- | --- | --- | --- | --- | --- | --- | --- |
| | o. Kind | mit Kind | o. Kind | mit Kind | o. Kind | mit Kind | mit/o. Kind | % |
| **Westdeutschland** | | | | | | | | |
| In Schule, Studium, Ausbildung, Wehr-/Zivildienst, soziales Jahr | *44,4* | 0,1 | 3,8 | 0,3 | 0,4 | 0,4 | 0,4 | 2.129 / 50,0 |
| Erwerbstätig | *17,7* | 0,2 | 5,8 | 0,8 | 5,6 | 6,6 | 1,1 | 1.619 / 37,9 |
| Hausfrau/Erziehungsurlaub | *0,0* | 0,4 | 0,1 | 0,4 | 0,1 | 4,4 | 0,2 | 236 / 5,5 |
| Kurzarbeit/Umschulung/arbeitslos | 3,9 | 0,3 | 0,7 | 0,1 | 0,4 | 0,8 | 0,4 | 283 / 6,6 |
| N Gesamt | *2.822* | 45 | 448 | 65 | 275 | 518 | 94 | 4.267 |
| % | 66,1 | 1,1 | 10,5 | 1,5 | 6,4 | 12,1 | 2,2 | 100 |
| **Ostdeutschland** | | | | | | | | |
| In Schule, Studium, Ausbildung, Wehr-/Zivildienst, soziales Jahr | *42,7* | 0,2 | 3,7 | 0,3 | 0,1 | 0,3 | 0,1 | 1.145 / 47,6 |
| Erwerbstätig | *14,6* | 0,8 | 5,2 | 1,3 | 3,2 | 8,8 | 0,9 | 840 / 34,9 |
| Hausfrau/Erziehungsurlaub | *0,0* | 0,3 | 0,0 | 0,9 | 0,0 | 1,8 | 0,2 | 78 / 3,2 |
| Kurzarbeit/Umschulung/arbeitslos | 7,7 | 0,7 | 1,7 | 0,9 | 0,2 | 1,8 | 1,3 | 345 / 14,3 |
| N Gesamt | *1.562* | 51 | 256 | 83 | 88 | 307 | 61 | 2.408 |
| % | 64,9 | 2,1 | 10,6 | 3,4 | 3,7 | 12,7 | 2,5 | 100 |

a Sonstiges = getrennt, geschieden, verwitwet; kursiv: klassische oder eher klassische Lebensformen (West = 73,1 Prozent; Ost = 67,9 Prozent).
Quelle: DJI-Survey 1997; eigene Berechnungen.

Verhaltensweisen sagen dementsprechend nichts darüber aus, warum „Jugendlich-keit" mit spezifischen Einstellungen oder Verhaltensweisen zusammen hängen sollte. So müssen aus theoretischer Perspektive zunächst sinnvolle Ursache-Wirkungs-Hypothesen im Hinblick auf die Einstellungen und Verhaltensweisen Jugendlicher formuliert werden, bevor diese dann entsprechend operationalisiert, gemessen und empirisch überprüft werden können. Dies sei an einem Beispiel verdeutlicht, in dem das politische Interesse und das politische Kompetenzgefühl von Jugendlichen erklärt werden soll: Politische Einstellungen und Verhaltensweisen hängen von Erfahrungen und Lernprozessen ab, die ein Individuum im Laufe seiner Entwicklung macht. Beispielsweise dürfte die Auseinandersetzung mit politischen Fragen steigen, je stärker in Individuum in seine gesellschaftliche Umwelt integriert ist und je mehr Verantwortung es in seinem sozialen und gesellschaftlichen Umfeld übernimmt. Die Beschäftigung mit politischen Fragen dürfte wiederum ein verstärktes politisches Interesse nach sich ziehen, ebenso wie die erfolgreiche Übernahme von Verantwortungsrollen das subjektive Kompetenzgefühl stärken sollte. Sowohl die Integration in ein soziales Umfeld als auch die Übernahme von Verantwortungsrollen lassen sich u.a. über die von der Jugendforschung festgelegten klassischen Statuspassagen (Aufnahme einer eigenen Erwerbstätigkeit, Heirat, Gründung einer eigenen Familie mit Kindern) operationalisieren und messen. Die zu prüfenden Hypothesen lauten dann entsprechend: a) Nicht- Erwerbstätige (also Jugendliche) haben ein geringeres politisches Interesse und Kompetenzgefühl als erwerbstätige Personen; b) unverheiratete Befragte (also Jugendliche) haben ein geringeres politisches Interesse und Kompetenzgefühl als verheiratete Befragte; c) kinderlose Befragte (also Jugendliche) haben ein geringeres politisches Interesse und Kompetenzgefühl als Eltern. Durch eine solche Argumentation wird die Verwendung des Lebensalters zur Messung von Jugendlichkeit obsolet. Vielmehr treten theoretisch bedeutsame Eigenschaften von Jugendlichen – in diesem Fall die traditionellen Statuspassagen – zur Erklärung ihrer politischen Einstellungen in den Vordergrund, die eine präzise Operationalisierung der unabhängigen Variablen ermöglichen.

Erstaunlicherweise haben die genannten Statusmerkmale jedoch kaum einen Einfluss auf das politische Interesse oder Kompetenzgefühl der Jugendlichen (Tabelle 4).[10] Erwerbstätige und Nichterwerbstätige unterscheiden sich im Hinblick auf ihr politisches Interesse und Kompetenzgefühl nicht. Dasselbe gilt für Befragte mit Kindern oder ohne. Lediglich Verheiratete unterscheiden sich in ihren politischen Einstellungen von Ledigen. Allerdings ist dieser Effekt – entgegen der theoretischen Erwartung – negativ. Diese insgesamt enttäuschenden Befunde können einerseits mit einer zu simplen Formulierung der theoretischen Erwartungen zusammenhängen.[11] Anderseits können sie jedoch auch daher rühren, dass – wie

---

10 Vgl. hierzu ähnliche Befunde im Hinblick auf das politische Vertrauen bei Krüger (1995: 268).

11 So existieren auch plausible Gegenhypothesen, die u.a. in der Gender-Forschung verwendet werden: Bei verheirateten Frauen, vor allen bei Müttern, wird theoretisch eine stärkere Konzentration auf das Privatleben unterstellt, die mit einem geringeren politischen Interesse und Kompetenzgefühl

*Tabelle 4:* Alter, Familienstand, Kinder, Erwerbsstatus und deren Einfluss auf politische Einstellungen[a]

| | Politisches Interesse | | Politisches Kompetenzgefühl | |
| --- | --- | --- | --- | --- |
| | b | Beta | b | beta |
| | Westdeutschland | | | |
| Konstante | 0,76 | | 0,95 | |
| Alter | 0,03*** | 0,16 | 0,03*** | 0,17 |
| Schulabschluss | 0,19*** | 0,19 | 0,15*** | 0,16 |
| Zusammenlebend | 0,08* | 0,04 | n.s. | – |
| Verheiratet | n.s. | | -0,13** | -0,07 |
| Sonstiges | n.s. | | n.s. | |
| Kinder | n.s. | | n.s. | |
| In Ausbildung | 0,10* | 0,04 | n.s. | |
| Im Studium | 0,26*** | 0,13 | 0,24*** | 0,13 |
| Erwerbstätig | n.s. | | n.s. | |
| Hausfrau | -0,17* | -0,05 | -0,15* | -0,05 |
| Zivildienst u.ä. | 0,23** | 0,04 | 0,19* | 0,04 |
| Umschulung u.ä. | n.s. | | n.s. | |
| Arbeitslos | n.s. | | n.s. | |
| R²/adj. R² | 0,11 | | 0,10 | |
| N | 4.269 | | 4.319 | |
| | Ostdeutschland | | | |
| Konstante | 0,62 | | 0,86 | |
| Alter | 0,04*** | 0,21 | 0,03*** | 0,18 |
| Schulabschluss | 0,19*** | 0,18 | 0,17*** | 0,16 |
| Zusammenlebend | n.s. | | -0,10* | -0,05 |
| Verheiratet | -0,20*** | -0,11 | -0,15** | -0,08 |
| Sonstiges | -0,21* | -0,05 | n.s. | |
| Kinder | n.s. | | n.s. | |
| In Ausbildung | n.s. | | n.s. | |
| Im Studium | 0,17** | 0,08 | 0,11* | 0,06 |
| Erwerbstätig | n.s. | | n.s. | |
| Hausfrau | -0,27** | -0,07 | -0,33** | -0,08 |
| Zivildienst u.ä. | n.s. | | n.s. | |
| Umschulung u.ä. | n.s. | | n.s. | |
| Arbeitslos | -0,17** | -0,08 | -0,16** | |
| R²/adj. R² | 0,10 | | 0,09 | |
| N | 2.403 | | 2.428 | |

*** p < 0,001; ** p < 0,005; * p < 0,05; n.s. = nicht signifikant.

a Zur Codierung der unabhängigen Variablen vgl. Anhang. Die Dummy-Variablen zum Familienstand werden gegen den Status „ledig" geprüft; die Dummy-Variable „Kinder" gegen den Status „kinderlos" und die Dummy-Variablen zur Erwerbstätigkeit gegen den Status „Schüler".

Quelle: DJI-Jugendsurvey 1997 mit Gewichtung (w96); eigene Berechnungen.

---

einhergeht. Allerdings wird diese These von den empirischen Befunden bei Westle/Schoen (2002: 235ff.) nicht gestützt.

die Jugendforschung häufig postuliert – traditionelle Statusübergänge nicht nur zunehmend ihre Sichtbarkeit und Funktion, sondern darüber hinaus auch ihre Wirkung verloren haben. Ob ein solcher Wirkungsverlust tatsächlich vorliegt, kann nur mit Hilfe von Längsschnittuntersuchungen überprüft werden, die an dieser Stelle zu weit führen würden.

Spannender ist etwas anderes: Die Operationalisierung von Jugendlichkeit (gegenüber dem Erwachsenenstatus) mit Hilfe der traditionellen Statusübergänge erfasst aus theoretischer Sicht zwar wesentlichere Aspekte von Jugendlichkeit als das Lebensalter. Diese Statuspassagen hängen aber nicht mit den hier untersuchten politischen Einstellungen – dem politischen Interesses und Kompetenzgefühl – zusammen. Im Gegensatz dazu hat das Alter – eine aus theoretischer Sicht zunächst inhaltsleere Operationalisierung von Jugend – einen starken, den theoretischen Erwartungen konformen Effekt.

Wie lässt sich das erklären? Das politische Interesse und Kompetenzgefühl hängen – wie in der Literatur behauptet – mit Lernprozessen und Erfahrungen eines Individuums in seiner sozialen und politischen Umwelt zusammen. Ein solcher „Reifungsprozess" dürfte vor allem im zweiten und dritten Lebensjahrzehnt eines Menschen stattfinden während seiner Entwicklung vom Jugendlichen zum Erwachsenen. Aus diesem Grund müssten sich auch sein politisches Interesse und Kompetenzgefühl in dieser Zeit verändern. Nach den theoretischen Ausführungen von oben ist eine mögliche Erklärung für die Befunde in Tabelle 4, dass sich der individuelle „Reifungsprozess" heutzutage von den traditionellen Statuspassagen entkoppelt hat. Daher haben die Statuspassagen auch keine statistischen Effekte mehr auf die genannten Einstellungen zur Politik. Andererseits aber misst das Lebensalter vermutlich indirekt einen vielschichtigen, individuell unterschiedlich verlaufenden Reifungsprozess, der nicht mehr an bestimmten Statuspassagen festmachbar ist und auf aggregierter Ebene anders nicht mehr erfasst werden kann.

Auch wenn hier nicht eindeutig geklärt werden kann, ob diese Erklärung zutrifft, sollte eines deutlich geworden sein: Die Operationalisierung von Jugend durch das Lebensalter ist durchaus berechtigt, für den Fall, dass entsprechende Effekte theoretisch sinnvoll interpretiert und diese Interpretation durch weitere Forschungen überprüft wird. Was bleibt ist die Notwendigkeit der präzisen Formulierung von theoretischen Wirkungsmechanismen zwischen jugendlichen Eigenschaften und unterschiedlichen abhängigen Variablen. Diese Eigenschaften sollten so eindeutig wie möglich definiert, dann operationalisiert und gemessen werden, um tatsächliche Ursache-Wirkungs-Zusammenhänge zu testen. Für den Fall, dass dies nicht möglich ist, kann die Operationalisierung und Messung von Jugend über das Lebensalter eine Annäherung an die theoretisch relevanten Aspekte von Jugendlichkeit darstellen. Das ist dann zwar noch immer eine „pragmatische" Vorgehensweise. Es handelt sich dabei aber nicht unbedingt um eine inhaltsleere Alternative, wenn das Lebensalter beispielsweise als Messung des individuellen Reifegrades eines Individuums verwendet und das Phänomen Jugend auf diese Weise für die empirische Forschung handhabbar gemacht wird.

# Anhang

*Wohnen bei den Eltern:*
Wohnen Sie ständig oder überwiegend im Haushalt Ihrer Eltern? 1 = ja, 2 = nein.

*Familienstand:*
Welchen Familienstand haben Sie? Sind Sie 1 = verheiratet und leben mit Ihrem Ehepartner (Ihrer Ehepartnerin) zusammen, 2 = verheiratet und leben getrennt, 3 = verwitwet, 4 = geschieden, 5 = ledig? Bei Antwort 5 wurde weitergefragt: Haben Sie einen festen Partner/eine feste Partnerin? Bei Bejahung dieser Frage wurde weiter gefragt, ob die Befragten mit ihrem Partner/ihrer Partnerin in demselben Haushalt zusammenleben. Die Antwortvorgaben wurden für die Analysen zusammengefasst zu 1 = ledig, 2 = ledig, aber mit festem Partner/fester Partnerin zusammenlebend, 3 = verheiratet und zusammenlebend, 4 = verheiratet aber getrennt lebend, verwitwet, geschieden.

*Kinderzahl:*
Haben Sie Kinder? Diese können auch Adoptivkinder sein oder Kinder, für die Sie Vater- oder Mutterstelle einnehmen? 1 = ja, habe … Kinder (hier sollte die Zahl der Kinder eingetragen werden), 2 = nein, habe keine Kinder. Für die Regressionsanalysen wurde eine Dummyvariable Kinder gebildet mit 1 = Kinder ja, 0 = andere Antwort.

*Erwerbstätigkeit:*
Zur Bestimmung der Erwerbstätigkeit wurden die Antworten auf verschiedene Filterfragen codiert zu: 1 = noch Schüler, 2 = Student/in, 3 = sonstiges in Ausbildung, 4 = voll- und teilzeit erwerbstätig, 5 = Hausfrau/Erziehungsurlaub, 6 = Wehrdienst, Zivildienst, Soziales Jahr, 7 = Kurzarbeit/Umschulung u.a., 8 = arbeitslos, 9 = nicht zuordenbar.

*Bildung: Schulabschluss*
Zur Bestimmung des Schulabschlusses wurden die Antworten auf verschiedene Filterfragen codiert zu: 1 = ohne Abschluss/Hauptschule/8. POS, 2 = Mittlere Reife/10. POS, 3 = Fachhochschule/Abitur/EOS.

*Politisches Interesse:*
Wie stark interessieren Sie sich für Politik? 1 = sehr stark, 2 = stark, 3 = mittel, 4 = wenig, 5 = überhaupt nicht. Für die Analysen wurden die Antworten umcodiert und zu drei Ausprägungen zusammengefasst: 1 = überhaupt nicht/wenig, 2 = mittel, 3 = stark/sehr stark.

*Interne Effektivität:*
Zur Berechnung des internen Effektivitätsgefühls wurde ein additiver Index gebildet aus den Indikatoren „Ich verstehe eine Menge von Politik" und „Manchmal finde ich die Politik viel zu kompliziert, als dass ein normaler Mensch sie noch verstehen könnte". Antwortvorgaben: 1 = trifft überhaupt nicht zu bis 6 = trifft voll und ganz zu. Recodiert: hoher Wert = starkes Effektivitätsgefühl. Die Werte wurden anschließend zusammengefasst zu 1 = niedriges Effektivitätsgefühl, 2 = mittleres Effektivitätsgefühl, 3 = hohes Effektivitätsgefühl.

*Tabelle A1*: Traditionelle Statusübergänge nach Alter (in Spaltenprozenten)

| Alter | | 16 | 17 | 18 | 19 | 20 | 21 | 22 | 23 | 24 | 25 | 26 | 27 | 28 | 29 | MW |
|---|---|---|---|---|---|---|---|---|---|---|---|---|---|---|---|---|
| Nicht mehr bei Eltern wohnen | W[a] | 2,4 | 5,1 | 6,5 | 14,5 | 30,7 | 43,2 | 54,3 | 61,3 | 66,4 | 75,4 | 83,6 | 90,4 | 91,9 | 94,9 | 57,3 |
| | O[a] | 2,1 | 5,4 | 14,2 | 21,3 | 46,6 | 47,4 | 61,0 | 64,7 | 78,9 | 79,6 | 83,6 | 88,4 | 94,4 | 97,0 | 54,8 |
| Mit Kindern | W | 0 | 0,4 | 1,0 | 0,9 | 2,2 | 4,2 | 8,2 | 7,2 | 12,2 | 18,6 | 19,0 | 30,8 | 36,1 | 41,7 | 16,0 |
| | O | 0 | 0,5 | 1,0 | 0,6 | 4,3 | 5,1 | 6,6 | 10,2 | 16,6 | 27,4 | 33,3 | 42,4 | 57,6 | 72,4 | 20,6 |
| Verheiratet | W | 0 | 0 | 0,7 | 0,4 | 2,2 | 3,9 | 5,6 | 6,9 | 11,5 | 21,5 | 24,2 | 40,0 | 44,2 | 49,1 | 18,7 |
| | O | 0 | 0 | 0 | 0 | 1,2 | 2,0 | 2,2 | 7,3 | 13,0 | 18,3 | 23,0 | 42,9 | 51,3 | 57,6 | 16,4 |
| Erwerbstätig | W | 0,3 | 2,6 | 2,7 | 14,0 | 20,6 | 29,3 | 31,8 | 36,9 | 44,0 | 48,0 | 53,7 | 62,0 | 65,1 | 65,0 | 37,9 |
| | O | 0,4 | 1,7 | 8,0 | 15,3 | 27,4 | 30,1 | 34,1 | 40,9 | 47,9 | 52,5 | 44,0 | 67,8 | 63,5 | 66,7 | 34,9 |
| N | W | 296 | 233 | 307 | 231 | 230 | 285 | 264 | 234 | 360 | 315 | 342 | 425 | 433 | 447 | 4.402 |
| | O | 232 | 180 | 199 | 175 | 161 | 157 | 135 | 136 | 170 | 165 | 182 | 181 | 199 | 196 | 2.468 |

a  W = West, O = Ost
Quelle: DJI-Survey 1997; eigene Berechnungen.

## Literatur

Achatz, Juliane/Gaiser, Wolfgang/Gille, Martina/Kleinert, Corinna/Krüger, Winfried/Rijke, Johann de (2000a): Forschulgsleitende Perspektiven und Konzept des Jugendsurveys. In: Gille, Martina/Krüger, Winfried (Hrsg.): Unzufriedene Demokraten. Politische Orientierungen der 16- bis 29jährigen im vereinigten Deutschland. Opladen: Leske + Budrich, 11-32.

Achatz, Juliane/Krüger, Winfried/Rainer, Manfred/Rijke, Johann de (2000b): Heranwachsen im vereinigten Deutschland: Lebensverhältnisse und private Lebensformen. In: Gille, Martina/Krüger, Winfried (Hrsg.): Unzufriedene Demokraten. Politische Orientierungen der 16- bis 29jährigen im vereinigten Deutschland. Opladen: Leske + Budrich, 33-79.

Allerbeck, Klaus/Hoag, Wendy (1985): Jugend ohne Zukunft. Einstellungen, Umwelt, Lebensperspektiven. München: Piper.

Arbeitsgruppe Bielefelder Jugendforschung (1990): Das Individualisierungs-Theorem – Bedeutung für die Vergesellschaft von Jugendlichen. In: Heitmeyer, Wilhelm/Olk, Thomas (Hrsg.): Individualisierung von Jugend. Weinheim: Juventa, 11-34.

Bertram, Hans (2002): Kindheit/Jugend. In: Greiffenhagen, Martin/Greiffenhagen, Sylvia (Hrsg.): Handwörterbuch zur politischen Kultur der Bundesrepublik Deutschland. 2., völlig überarbeitete und aktualisierte Auflage. Wiesbaden: Westdeutscher Verlag, 221-224.

Deutsche Shell (Hrsg.) (2002): Jugend 2002. 14. Shell-Jugendstudie. Zwischen pragmatischem Idealismus und robustem Materialismus. Frankfurt/Main: Fischer.

Ebbinghausen, Rolf/Tiemann, Friedrich/Cadel, Georg/Grahn, Thomas (1988): Mündigkeitspathos, Ohnmachtserfahrung und der Rückzug in die Clique. Ergebnisse einer Studie über die „schweigende Mehrheit" unter den Jugendlichen heute. In: Journal für Sozialforschung 28, 233-243.

Ferchhoff, Wilfried (1985): Zur Pluralisierung und Differenzierung von Lebenszusammenhängen bei Jugendlichen. In: Baacke, Dieter/Heitmeyer, Wilhelm (Hrsg.): Neue Widersprüche. Jugendliche in den achtziger Jahren. Weinheim: Juventa, 46-85.

Ferchhoff, Wilfried/Olk, Thomas (1988): Einleitung. In: Ferchhoff, Wilfried/Olk, Thomas (Hrsg.): Jugend im internationalen Vergleich. Sozialhistorische und sozialkulturelle Perspektiven. Weinheim: Juventa, 9-30.

Förster, Peter/Friedrich, Walter (1992): Politische Einstellungen und Grundpositionen Jugendlicher in Ostdeutschland. In: Aus Politik und Zeitgeschichte. Beilage zur Wochenzeitung „Das Parlament" B38, 3-15.

Förster, Peter/Friedrich, Walter (1996): Jugendliche in den neuen Bundesländern. Ergebnisse einer empirischen Studie zum Wandel der Meinungen, Einstellungen und Werte von Jugendlichen in Sachsen 1990 bis 1994. In: Aus Politik und Zeitgeschichte. Beilage zur Wochenzeitung „Das Parlament" B19, 18-29.

Fritzsche, Yvonne (2000): Die quantitative Studie: Stichprobenstruktur und Feldarbeit. In: Deutsche Shell (Hrsg.): Jugend 2000. 13. Shell-Jugendstudie. Band 1. Opladen: Leske + Budrich, 349-378.

Gille, Martina/Kleinert, Corinna/Ott, Sybille (1995): Lebensverhältnisse. In: Hoffmann-Lange, Ursula (Hrsg.): Jugend und Demokratie in Deutschland. DJI-Jugendsurvey 1. Opladen: Leske + Budrich, 23-83.

Gille, Martina/Krüger, Winfried (Hrsg.) (2000): Unzufriedene Demokraten. Politische Orientierungen der 16 bis 29jährigen im vereinigten Deutschland. DJI-Jugendsurvey 2. Opladen: Leske + Budrich.

Gille, Martina/Krüger, Winfried/Rijke, Johann de /Willems, Helmut (1996): Das Verhältnis Jugendlicher und junger Erwachsener zur Politik: Normalisierung oder Krisenentwicklung? In: Aus Politik und Zeitgeschichte. Beilage zur Wochenzeitung „Das Parlament" B19, 3-17.

Hoffmann-Lange, Ursula (Hrsg.) (1995): Jugend und Demokratie in Deutschland. DJI-Jugendsurvey 1. Opladen: Leske + Budrich.

Hoffmann-Lange, Ursula/Gille, Martina/Schneider, Helmut (1993): Das Verhältnis von Jugend und Politik in Deutschland. In: Aus Politik und Zeitgeschichte. Beilage zur Wochenzeitung „Das Parlament" B19, 3-12.

Hurrelmann, Klaus unter Mitarbeit von Bernd Rosewitz und Hartmut Wolf (1999): Lebensphase Jugend. Eine Einführung in die sozialwissenschaftliche Jugendforschung. 6. Auflage. Weinheim: Juventa.

Hurrelmann, Klaus/Linssen, Ruth/Albert, Mathias/Quellenberg, Holger (2002): Eine Generation von Egotaktikern? Ergebnisse der bisherigen Jugendforschung. In: Deutsche Shell (Hrsg.): Jugend 2002. 14. Shell-Jugendstudie. Zwischen pragmatischem Idealismus und robustem Materialismus. Frankfurt/Main: Fischer, 31-51.

Institut für empirische Psychologie (1995): „Wir sind o.k.!" Stimmungen, Einstellungen, Orientierungen der Jugend in den 90er Jahren. IBM-Jugendstudie. Köln: Bund.

Krüger, Winfried (1995): Vertrauen in Institutionen. In: Hoffmann-Lange, Ursula (Hrsg.): Jugend und Demokratie in Deutschland. DJI-Jugendsurvey 1. Opladen: Leske + Budrich, 245-274.

Melzer, Wolfgang (1992): Jugend und Politik in Deutschland. Opladen: Leske + Budrich.

Münchmeier, Richard (1998): "Entstrukturierung" der Jugendphase. Zum Strukturwandel des Aufwachsens und zu den Konsequenzen für Jugendforschung und Jugendtheorie. In: Aus Politik und Zeitgeschichte. Beilage zur Wochenzeitung „Das Parlament" B31, 3-13.

Olk, Thomas (1985): Jugend und gesellschaftliche Differenzierung – Zur Entstrukturierung der Jugendphase. In: Heid, Helmut/Klafki, Wolfgang (Hrsg.): Arbeit – Bildung – Arbeitslosigkeit. Beiträge zum 9. Kongreß der Deutschen Gesellschaft für Erziehungswissenschaft. 19. Beiheft der Zeitschrift für Pädagogik. Weinheim: Beltz, 290-307.

Pickel, Gerd (2002): Jugend und Politikverdrossenheit. Zwei politische Kulturen im Deutschland nach der Vereinigung? Opladen: Leske + Budrich.

Schäfers, Bernhard (1985): Sozialstruktur und Wandel der Bundesrepublik Deutschland. 4. neu bearbeitete und aktualisierte Auflage. Stuttgart: Enke.

Scheuch, Erwin K. (1975): Die Jugend gibt es nicht. Zur Differenziertheit der Jugend in heutigen Industriegesellschaften. In: Jugend in der Gesellschaft. Ein Symposion mit Beiträgen von H. v. Hentig/Lübbe, H./Scheuch, E.K.. München: dtv, 54-78.

Statistisches Bundesamt (2004a): Junge Menschen starten immer später ins Berufsleben. Pressemitteilung vom 9. August 2004, http://www.destatis.de/presse/deutsch/pm2004/p3290031.htm, zugegriffen am 7. Januar 2005.

Statistisches Bundesamt (2004b): Aktualisierte Tabellen zum Datenreport „Die Familie im Spiegel der amtlichen Statistik" – Ausgewählte Ergebnisse des Mikrozensus 2003. Bonn, http://www.destatis.de/download/micro/fistabellenmz2003.pdf, zugegriffen am 07. Januar 2005.

Westle, Bettina/Schoen, Harald (2002): Ein neues Argument in einer alten Diskussion: ‚Politikverdrossenheit' als Ursache des *gender gap* im politischen Interesse? In: Brettschneider, Frank/Deth, Jan van/Roller, Edeltraud (Hrsg.): Das Ende der politisierten Sozialstruktur? Opladen: Leske + Budrich, 215-244.

Zinnecker, Jürgen (1991): Jugend als Bildungsmoratorium. Zur Theorie des Wandels der Jugendphase in west- und osteuropäischen Gesellschaften. In: Melzer, Wolfgang u.a. (Hrsg.): Osteuropäische Jugend im Wandel. Weinheim: Juventa, 9-24.

# Was kann die Jugendforschung zur politischen Kulturforschung beitragen?

*Ursula Hoffmann-Lange*

## 1. Einleitung

Von der Jugendforschung erwartet man sich Aufschlüsse über neue gesellschaftliche Entwicklungen. Denn Jugendliche werden – vermutlich zu Recht – als diejenige gesellschaftliche Gruppe betrachtet, in der sich diese Entwicklungen zuerst manifestieren. In Deutschland ist dabei das Interesse an der Jugend und an den Ergebnissen der Jugendforschung besonders groß. So haben Allerbeck und Hoag (1985: 9) festgestellt, dass es sich beim größten Teil der zum Schlagwort Jugend erschienenen Bücher um deutsche Publikationen handelt. Auch die große öffentliche Aufmerksamkeit, die die Veröffentlichungen zu den Shell-Jugendstudien auslösen, ist für sozialwissenschaftliche Publikationen ungewöhnlich und kann nicht alleine auf die gute PR-Arbeit der Deutschen Shell zurückgeführt werden. Im Februar 2005 stand die Publikation über die Shell-Jugendstudie von 2000 (Deutsche Shell 2000) auf dem Amazon-Verkaufsrang 5.866, die Publikation über die Shell-Jugendstudie von 2002 (Deutsche Shell 2002) auf Rang 22.226. Man kann zudem keine Veranstaltung zum Thema Jugend besuchen, ohne dass in Diskussionsbeiträgen auf die Ergebnisse der Shell-Jugendstudien verwiesen wird. Dies deutet darauf hin, dass deren Ergebnisse – zumindest so weit dies die Kenntnis von Randauszählungen betrifft – auch tatsächlich rezipiert und als valider Indikator für den augenblicklichen Zustand der Jugend betrachtet werden. Zum Vergleich: Der 2003 erschienene Sammelband von Hans Herbert von Arnim mit dem viel versprechenden Titel *Korruption* erreichte im selben Monat lediglich den Amazon-Verkaufsrang 53.469, und andere zugkräftige politikwissenschaftliche Autorennamen und Titel kommen normalerweise nicht über Ränge im sechsstelligen Bereich hinaus.

Zu den meist diskutierten Ergebnissen der Shell-Jugendstudien wiederum gehören nicht zuletzt diejenigen zum politischen Interesse und zum Vertrauen in politische Institutionen. Insofern liegt es nahe, das große öffentliche Interesse am Verhältnis von Jugendlichen zur Politik nicht nur als ein gesellschaftspolitisches Phänomen zu betrachten, das Politikwissenschaftler nicht weiter zu interessieren hat, sondern es scheint angezeigt, sich ernsthaft mit der im Titel angesprochenen Frage zu beschäftigen, was die Jugendforschung zur politischen Kulturforschung beitragen kann. Da neben den Shell-Jugendstudien regelmäßig auch noch andere Jugendstudien durchgeführt werden – von Soziologen, Psychologen und Pädagogen, von öffentlichen Einrichtungen wie dem Deutschen Jugendinstitut und dem Bundesministerium für Familie, Senioren, Frauen und Jugend (BMFSFJ), aber auch von Verbänden und zu kommerziellen Zwecken –, lohnt es sich, der Frage nachzugehen, ob es sich bei diesen Studien um eine potenziell für die politische Kulturforschung nützliche Datenbasis handelt. Einige Jugendumfragen genügen von ihrer Methodik her durchaus wissenschaftlichen Anforderungen an die Repräsentativität von Stichproben und enthalten eine ausreichende Zahl politikwissenschaftlich relevanter Indikatoren. Dies gilt in erster Linie für den DJI-Jugendsurvey, dessen dritte Welle 2003 durchgeführt wurde. Die ersten beiden Wellen von 1992 und 1997 befassten sich schwerpunktmäßig mit dem Thema Jugend und Politik. Ihre Daten sind über das Zentralarchiv für empirische Sozialforschung (ZA-Nr. 2527 und 3298) zugänglich. Der DJI-Jugendsurvey hat darüber hinaus auch noch den Vorteil, dass es sich dabei um eine sehr große Stichprobenerhebung handelt, die differenzierte Analysen von Untergruppen erlaubt.

Die Shell-Jugendstudien sind dagegen aus mehreren Gründen nur eingeschränkt für politikwissenschaftliche Sekundäranalysen geeignet. Zunächst einmal basieren sie bis heute auf Quotenstichproben und sind daher nur bedingt als repräsentativ anzusehen, wie Hoag (1986) in ihrer detaillierten Kritik nachgewiesen hat. Zum anderen haben die Shell-Jugendstudien bisher mit Ausnahme von 2002 durchweg nur sehr wenige Indikatoren zu politischen Themen enthalten. Und drittens zeichnen sie sich durch eine frappante Diskontinuität der forschungsleitenden Fragestellungen aus, so dass Zeitvergleiche nur für wenige Indikatoren wie das politische Interesse möglich sind. Selbst dieses ist in den verschiedenen Studien noch unterschiedlich erhoben worden, teils in dichotomer Form, teils mit einer vierstufigen Antwortskala, was Vergleiche über die Zeit erschwert.[1]

Als dritte Serie von Jugendumfragen, deren Daten über das ZA zugänglich sind, sind die bisherigen vier Wellen der ipos-Jugendstudien (1993, 1995, 1999, 2002) zu nennen, die sich allerdings schwerpunktmäßig mit den Lebensverhältnissen junger Menschen befassen und nur eine beschränkte Anzahl für die politische Kulturforschung einschlägiger Fragen enthalten – unter anderem zum politischen Interesse und zu Einstellungen zu Migranten.[2] Die Daten der meisten übrigen Jugendstudien sind dagegen nicht allgemein zugänglich.

Im Folgenden werde ich zunächst auf die Grenzen des Beitrags der Jugendforschung zur politischen Kulturforschung und auf typische Fehler bei der Interpretation der Ergebnisse eingehen, um danach Lösungsmöglichkeiten durch die Kombination von repräsentativen Bevölkerungsumfragen und Jugendstudien zu diskutieren.

---

1  Auch die Daten der seit 1981 durchgeführten Shell-Jugendstudien sind über das Zentralarchiv für empirische Sozialforschung zugänglich (ZA-Nr. 1201, 1438, 1439, 2323, 2930, 3431, 3432, 3694).
2  Die vier Umfragen wurden von ipos im Auftrag des BMFSFJ durchgeführt. Zielgruppe waren 14-bis 27-Jährige (ZA-Nr. 2397, 2585, 3975 und 3976). Die Fallzahlen lagen jeweils über 2.000 Interviews (2002: 2.516 in den alten und 1.016 in den neuen Bundesländern). ipos hat darüber hinaus im Jahr 2003 für den Bundesverband Deutscher Banken eine Telefonumfrage bei Jugendlichen von 14 bis 24 Jahren (N = 750) und Erwachsenen (wahlberechtigte Bevölkerung, N = 1.007) durchgeführt, in der in erster Linie Einstellungen zu Wirtschaftsverständnis und Finanzkultur erfragt wurden und die auch einige Fragen zu politischen Einstellungen enthielt (ZA-Nr. 3951 und 3952).

2.  **Typische Datenprobleme und Fehler, die bei der Interpretation von Umfrageergebnissen durch Jugendforscher und Politikwissenschaftler gemacht werden**

Auf der Basis der in Jugendumfragen festgestellten politischen Orientierungen von Jugendlichen werden von Jugendforschern vielfach weitreichende Schlüsse hinsichtlich der Zukunft der deutschen Demokratie gezogen. Auf öffentliches Interesse stoßen dabei vor allem solche Publikationen, die mit scheinbar dramatischen Ergebnissen aufwarten können und die dann regelmäßig Anlass zu besorgten Kommentaren von pädagogischer und journalistischer Seite geben. Dabei haben in jüngster Zeit vor allem zwei Entwicklungen im Mittelpunkt der öffentlichen Aufmerksamkeit gestanden, nämlich einmal die angeblich unter Jugendlichen grassierende Politikverdrossenheit sowie die Frage nach der Anfälligkeit Jugendlicher für Ausländerfeindlichkeit und Rechtsextremismus.

So konstatiert beispielsweise die Shell-Jugendstudie von 2000 einen starken Rückgang des politischen Interesses von Jugendlichen seit Beginn der 1990er Jahre und eine deutliche Zunahme der politischen Entfremdung (Fischer 1997: 303ff.; Fischer 2000: 263ff.). Vergleichbare Ergebnisse brachte eine 1996 durchgeführte Replikationsbefragung zur Shell-Jugendstudie von 1992 (Pickel 2002: 106). Bei der Darstellung solcher Ergebnisse wird gerne ein zeitlicher Ausgangspunkt genommen, der den vom Forscher konstatierten Trend stützt, selbst wenn prinzipiell längere Zeitreiheninformationen verfügbar wären, die eine andere Interpretation nahe legen. Dies ist vor allem beim politischen Interesse der Fall, das große Fluktuationen im Zeitverlauf aufweist und für das sich zumindest seit Mitte der 1970er Jahre kein eindeutiger Trend ausmachen lässt (Hoffmann-Lange 2001).

Während für das politische Interesse teilweise wenigstens noch Vergleichszahlen für zurückliegende Jahre berichtet werden, ist dies bei vielen anderen Indikatoren für die Politikverdrossenheit nicht der Fall.[3] Und selbst wo Zeitreihen mit identischen Indikatoren aus anderen Studien prinzipiell zur Verfügung stünden, beschränkt sich die Darstellung meist auf die Ergebnisse eigener früherer Erhebungen. Nun ist ein solches Vorgehen zwar durchaus verständlich, denn die Publikationen dienen natürlich in erster Linie der Darstellung der mit viel Aufwand erhobenen eigenen Daten. Andererseits leiten die Jugendforscher aus ihren Ergebnissen aber häufig ungerechtfertigte Schlüsse ab, die weit über die tatsächliche Aussagekraft ihrer Daten hinausgehen. Dies geschieht in der Regel durchaus in wohl meinender Absicht. Denn Jugendforscher verstehen sich vielfach als Anwälte der Jugendlichen und nutzen ihre Publikationen dazu, Kritik an einer ihres Erachtens unzulänglichen Jugendpolitik zu üben. Von daher argumentieren sie gerne, dass es aus Sicht der Jugendlichen nur konsequent ist, wenn sie der etablierten Politik und den Politikern distanziert gegenüberstehen. Dabei erliegen sie leicht der Gefahr von Fehlschlüssen, die gerade bei Jugendstudien besonders nahe liegen und von denen hier nur die sechs wichtigsten genannt werden sollen.

---

3   Rühmliche Ausnahmen sind die Publikationen von Pickel (2002) sowie von Gille/Krüger (2000).

Erstens sind nicht alle Jugendstudien repräsentativ für die Gesamtheit der Jugendlichen. Vielfach ist die Erhebung aus finanziellen Gründen oder auf Grund des exploratorischen Charakters einer Studie (zum Beispiel bei psychologischen Untersuchungen) auf eine bestimmte Region beschränkt. Bei solchen Studien ist zunächst zu fragen, inwieweit die einbezogene Region von ihrer sozioökonomischen Struktur her repräsentativ ist. Es liegt auf der Hand, dass eine in einer Großstadt wie Berlin durchgeführte Erhebung nur bedingt Generalisierungen zulässt, da in Großstädten einerseits das Bildungsniveau höher ist, andererseits jedoch auch problematische Wohnquartiere häufiger sind als in kleineren Städten oder auf dem Land. Angesichts der existierenden Unterschiede in den sozioökonomischen Strukturen der verschiedenen Bundesländer und insbesondere angesichts der Unterschiede zwischen West und Ost ist daher bei Generalisierungen auf der Basis von Umfragen in einzelnen Bundesländern Vorsicht geboten.[4]

Regionale Differenzen können sogar die Zusammenhänge zwischen Variablen betreffen. Beispielsweise war in der Zeit unmittelbar nach der deutschen Wiedervereinigung der Zusammenhang zwischen der Identifikation mit dem eigenen Landesteil und mit Gesamtdeutschland in den neuen Bundesländern negativ, in den alten Bundesländern dagegen positiv (Westle 1999: 172). Dasselbe galt für den Zusammenhang mit nationalistischen Einstellungen (Westle 1995: 231f.). Generalisierungen auf der Basis eingeschränkter Stichproben sind daher immer problematisch. Dem sollte zumindest dadurch Rechnung getragen werden, dass zusätzlich regional nicht beschränkte Vergleichsdaten herangezogen werden, um die Generalisierbarkeit der in der Stichprobe gefundenen Randverteilungen abzusichern.

Eine zweite Fehlerquelle, die vor allem bei der Analyse von Entwicklungen im Zeitverlauf bedeutsam ist, liegt in der unterschiedlichen Abgrenzung der einbezogenen Altersgruppen. Die Definition von Jugend reicht in den verschiedenen Jugendstudien von 12 bis 29 Jahren, wobei die Zahl der einbezogenen Jahrgänge stark zwischen den Studien variiert. Die Ausweitung des Jugendbegriffs auf junge Erwachsene ist auf die durch die Bildungsexpansion bedingte Verlängerung der Jugendphase (Postadoleszenz; erweitertes Jugendmoratorium) zurückzuführen (unter anderem Zinnecker/Molnár 1988). Daher werden in Jugendstudien meist auch junge Erwachsene einbezogen (zum Beispiel Gille/Krüger 2000; Hoffmann-Lange 1995; Jugendwerk der Deutschen Shell 1992; Schmidtchen 1983; SINUS 1983).

Gleichzeitig haben Jugendforscher auch eine Akzeleration der selbständigen Urteils- und Geschmacksbildung in persönlichen wie auch politischen Fragen konstatiert. Hieraus ergibt sich eigentlich die Notwendigkeit, die Altersabgrenzung

---

4   So war beispielsweise die Studie von Kuhn, Weiss und Oswald (2001) auf Schüler in Brandenburg beschränkt. Zudem handelt es sich um eine Panelstudie, bei der es vor allem bei den ehemaligen Gesamt- und Realschülern in den späteren Befragungswellen hohe Ausfälle gab (Schmid 2001: 43f.). Insofern ist der Titel des Bands *Jugendliche Wähler in den neuen Bundesländern* irreführend, vor allem soweit Randverteilungen für einzelne Variablen berichtet werden. Ansonsten handelt es sich dabei jedoch um eine qualitativ hochwertige Studie, deren Erklärungsziel im Grunde weniger in der Feststellung von Anteilswerten, sondern in der Erklärung der Einflüsse von Familie, Schule und Peers auf die Wahlentscheidung Jugendlicher bestand.

der Stichprobe sowohl nach unten als auch nach oben zu erweitern. Tatsächlich war dies bei den Shell-Jugendstudien jedoch nur teilweise der Fall. Bis 1985 erstreckten sie sich auf die Altersgruppe der 15- bis 24-Jährigen. 1991 wurde diese Altersspanne dann in beide Richtungen erweitert. Die untere Altersgrenze wurde auf 13 Jahre gesenkt, die obere auf 29 Jahre erhöht. In der Shell-Jugendstudie von 1996 wurde die untere Altersgrenze sogar noch weiter herabgesetzt, nämlich auf 12 Jahre, gleichzeitig wurde die obere aber wieder auf 24 Jahre gesenkt (Jugendwerk der Deutschen Shell 1997: 392). 2000 wurde dann erneut wieder auf die vor 1991 übliche Altersabgrenzung von 15 bis 24 Jahren zurückgegangen (Fritzsche 2000: 353f.). 2002 wurden schließlich 12- bis 25-Jährige befragt. Es liegt auf der Hand, dass sich aus den jeweils publizierten Randverteilungen kein Trend ableiten lässt. Die Bildung von Zeitreihen auf der Basis dieser Daten würde vielmehr eine Sekundäranalyse voraussetzen, die sich auf diejenige Altersgruppe beschränkt, die in allen Studien befragt wurde, nämlich auf die 15- bis 24-Jährigen.

Die Altersabgrenzung von Jugend ist für den Vergleich zwischen Umfragen insbesondere deshalb von zentraler Bedeutung, weil Lebensgewohnheiten, Wertorientierungen und Einstellungen in der Jugendphase einem raschen Wandel unterliegen. Dies gilt nicht zuletzt für politische Einstellungen. Wie jede Querschnittsuntersuchung zeigt, steigt das Interesse an politischen Fragen in dieser Lebensphase deutlich an – mit einem markanten Sprung nach dem 14. Lebensjahr. In der Shell-Jugendstudie von 2002 gaben in der jüngsten Gruppe der 12- bis 14-Jährigen nur elf Prozent der Befragten an, sich für Politik zu interessieren, in der nächst älteren Gruppe der 15- bis 17-Jährigen waren es bereits 20 Prozent, bei den 18- bis 21-Jährigen 38 Prozent und bei den 22- bis 25-Jährigen 44 Prozent (Fischer 1997: 306). Dabei ist mit 24 Jahren der Endpunkt noch nicht erreicht, sondern das politische Interesse steigt auch danach noch bis über das 30. Lebensjahr hinaus an (Gille/Krüger/de Rijke 1998: 151f.; Hoffmann-Lange/de Rijke 1996: 576).

Ein dritter Fehler, der häufig begangen wird, sind überpointierte Generalisierungen auf der Basis weniger Indikatoren. Wie bereits erwähnt, werden in den meisten Jugendstudien politische Einstellungen nur am Rande miterfragt und dementsprechend durch wenige Fragen abgedeckt. Zudem neigen Jugendforscher auf Grund ihres Selbstverständnisses als Advokaten der jungen Generation dazu, hierfür hauptsächlich solche Items auszuwählen, in denen negative Haltungen gegenüber der Politik artikuliert werden. Die gefundenen Randverteilungen für diese Items werden dann vielfach umstandslos als Beleg für eine grassierende Politikverdrossenheit der Jugendlichen interpretiert und mit stark normativen Untertönen in die Öffentlichkeit getragen. So konstatierte beispielsweise Kühnel (1992: 60) auf der Basis von fünf in der Shell-Jugendbefragung von 1991 enthaltenen Items ein „erstaunlich hohes Ausmaß an Entfremdung gegenüber den politischen Institutionen und ihren Vertretern." Noch drastischer resümiert Fischer (1997: 319f.) seine Analyse der in der Shell-Studie von 1996 erhobenen politischen Einstellungen: „Diese Zusammenhänge zeigen auf, dass ein erlebtes Desinteresse der Politik an der Jugend verbunden mit dem Gefühl, dass die Erwachsenengeneration die Bedürfnisse der Jugendlichen unberücksichtigt lässt, zu politischer Entfremdung führt." Und unter umgekehrten politischen Vorzeichen sprach Veen (1986) von einer „Erosion des institutionellen Bewusstseins" der jüngeren Generation. Tatsächlich ist die empirische Basis für so weitreichende Schlussfolgerungen in der Regel nicht ausreichend, und Generalisierungen auf der Basis einzelner Items werden der Differenziertheit der politischen Einstellungen junger Menschen nicht gerecht.

Viertens tendieren Jugendforscher zu einer unzulänglichen Berücksichtigung der Ergebnisse der politischen Einstellungsforschung. Bei der Interpretation der in Jugendstudien gefundenen Einstellungen werden diese häufig nicht an der Erwachsenenbevölkerung, sondern an einem wirklichkeitsfremden Idealbild einer demokratischen Persönlichkeit gemessen. Dies hat zur Folge, dass völlig normale Einstellungsmuster teilweise als normativ bedenklich bewertet werden. Beispielsweise ist aus unzähligen Repräsentativbefragungen bekannt, dass Politik für die meisten Bürger nur einen geringen Stellenwert besitzt und das politische Interesse zudem mit dem Lebensalter zunimmt. Es darf daher nicht verwundern, wenn Jugendbefragungen ein relativ geringes politisches Interesse bei Jugendlichen zutage fördern. Erst der Vergleich mit der Erwachsenenbevölkerung kann erweisen, ob es sich dabei in erster Linie um ein lebenszyklisches Phänomen handelt oder ob es tatsächlich einen Trend zur Abnahme des politischen Interesses in der jüngeren Generation gibt. Zudem lässt sich überall und zu allen Zeiten ein hohes Maß an Ethnozentrismus, Fremdenfeindlichkeit, Intoleranz sowie Unterstützung für Law-and-Order-Parolen feststellen (McClosky/Brill 1983). Auf Grund mangelnder Vertrautheit mit diesen Ergebnissen finden wohl meinende Pädagogen und Journalisten die gefundenen Randverteilungen zu solchen Fragen aber häufig schockierend. Dementsprechend garnieren sie ihre Interpretation der in Jugendstudien gefundenen Anteilswerte vielfach mit Wertungen wie „alarmierend", „zu Besorgnis Anlass gebend" und so weiter, leiten aus ihnen möglicherweise sogar einen „dringenden" Maßnahmenbedarf ab (zum Beispiel Merkens/Steiner/Wenzke 1998: 125ff.).

An fünfter Stelle ist zu nennen, dass aus Querschnittsuntersuchungen zumindest implizit Trendaussagen abgeleitet werden. Typischerweise wird dabei unterstellt, früher hätten die Einstellungen Jugendlicher anders ausgesehen und besser den Erwartungen der Forscher entsprochen. Und sechstens wird schließlich üblicherweise ebenfalls automatisch und ungeprüft unterstellt, dass die Einstellungen der Erwachsenen anders aussehen als die der Jugendlichen, obwohl lediglich ein Kohortenvergleich dies erweisen könnte.

Umgekehrt zeigen aber auch die Analysen von Politikwissenschaftlern vielfach ein wenig ausgeprägtes Problembewusstsein. Da sie überwiegend mit den Daten repräsentativer Bevölkerungsumfragen arbeiten, bei denen die Altersuntergrenze in der Regel bei 18, günstigstenfalls bei 16 Jahren liegt, bleiben Differenzierungen in der Entwicklung politischer Einstellungen im jüngeren Lebensalter notwendigerweise unberücksichtigt. Dies bedeutet faktisch, dass die Politikwissenschaft die politische Sozialisationsforschung den Jugendforschern überlässt, die sie vielfach mit normativen und gleichzeitig unrealistischen Prämissen überfrachten. Zudem werden durch die Nichtberücksichtigung jüngerer Befragter Einstellungstrends möglicherweise erst spät erkannt beziehungsweise man überlässt die Identifikation solcher Trends den Spekulationen der Jugendforscher. Eine dritte Fehler-

quelle sind die in repräsentativen Bevölkerungsumfragen oftmals niedrigen Fallzahlen für die jüngste Altersgruppe zwischen 18 und 29 Jahren, so dass die Randverteilungen für diese Gruppe mit einem relativ hohen Stichprobenfehler behaftet
sind. Dies schränkt die Möglichkeiten für Unterteilungen dieser Altersgruppe nach
wichtigen unabhängigen Variablen wie zum Beispiel Geschlecht und Bildungsniveau ein.

Ein weit verbreiteter Fehler aller Sozialwissenschaftler, die mit Umfragedaten
arbeiten, liegt schließlich in der Tendenz, Generalisierungen lediglich auf die Ergebnisse der eigenen Studie(n) zu stützen. Zwar weiß jeder empirische Forscher
um die statistischen Unzulänglichkeiten von Stichprobenerhebungen. Entsprechende Einschränkungen hinsichtlich der statistischen Zuverlässigkeit der eigenen Daten werden jedoch in Publikationen meist nicht besonders deutlich artikuliert. Bestenfalls wird die Repräsentativität der eigenen Untersuchung anhand weniger de-
mographischer Variablen wie Alterskomposition, Geschlecht und Bildungsniveau
überprüft. Bei allen Stichprobenerhebungen und in noch höherem Maße bei den
Quotenstichproben der Shell-Jugendstudien können die Randverteilungen jedoch
beträchtlich vom wahren Wert abweichen.

Als Ausweg empfiehlt sich hier der Rückgriff auf Vergleichszahlen aus anderen Umfragen. Für Jugendstudien, die seltener als repräsentative Bevölkerungsumfragen durchgeführt werden, stellt sich dieses Problem natürlich verschärft, da nur
selten zeitnahe weitere Jugendumfragen verfügbar sind. Es ist aber zumindest
möglich, Vergleiche mit den Ergebnissen repräsentativer Bevölkerungsumfragen
vorzunehmen. Eine solche Außenvalidierung kann zumindest Vorsicht hinsichtlich
einer vorschnellen Überinterpretation von Randverteilungen nahelegen. Zur Lösung des Problems geringer Fallzahlen für die jüngeren Befragten kann man inzwischen auch auf die kumulierten ALLBUS-Daten und die Daten der bislang 1994,
1998 und 2002 durchgeführten Wahlumfrage von Falter und anderen zurückgrei-
fen.[5] Allerdings schränkt eine solche Kumulation wiederum die Möglichkeiten zur
Feststellung von Einstellungstrends über die Zeit ein, so dass diese kumulierten
Datensätze eher für die Analyse lebenszyklischer Effekte geeignet und zudem auf
die Altersgruppe ab 18 beziehungsweise 16 Jahren beschränkt sind.

Die im nächsten Abschnitt vorgestellten Anteilswerte für das politische Interesse zeigen darüber hinaus, wie groß die Abweichungen in den Randverteilungen
zu einzelnen Variablen selbst bei Umfragen sein können, die im selben Jahr durchgeführt wurden, ohne dass es möglich wäre, der einen oder anderen Studie größere
Akkuratesse zu attestieren. Die Existenz solcher Abweichungen legt es daher nahe,
Randverteilungen grundsätzlich mit einer gewissen Skepsis zu begegnen.

---

5   Der vollständige Titel der Studie lautet *Politische Einstellungen, politische Partizipation und
    Wählerverhalten im vereinigten Deutschland* (im Folgenden kurz als DFG-Wahlstudie bezeichnet).
    Primärforscher sind Jürgen W. Falter, Oscar W. Gabriel, Hans Rattinger und Karl Schmitt (nur
    1994). 1994: ZA-Nr. 3065; 1998: ZA-Nr. 3066; 2002: ZA-Nr. 3861.

### 3. Die Kombination von Repräsentativbefragungen und Jugendstudien als Ausweg?

Leider gibt es bislang nur sehr wenige deutsche Studien, die eine empirisch abgesicherte Bestimmung von Trends in der politischen Kultur Jugendlicher oder über die Entwicklung politischer Einstellungen im Jugendalter erlauben. Die meisten Publikationen über Jugendstudien stützen sich auf wenige Erhebungszeitpunkte, und ihre Aussagekraft ist daher beschränkt. Zudem sind die Studien nur bedingt vergleichbar, da vielfach sowohl die Fragestellungen als auch die eingesetzten Messinstrumente von Studie zu Studie geändert wurden. Diese Probleme bei der Untersuchung politischer Einstellungstrends stehen in krassem Missverhältnis zur schier unüberschaubaren Fülle von Jugendumfragen, die beanspruchen, die jeweils neuesten Trends ermittelt zu haben. Doch selbst gute Jugendumfragen stoßen schnell an ihre Grenzen, solange sie nicht mit Vergleichsdaten über die Einstellungen Erwachsener aufwarten können. Nur für wenige Jugendstudien (unter anderem Jugendwerk der Deutschen Shell 1985; Schmidtchen 1983) wurde parallel eine erwachsene Vergleichspopulation befragt, und einschlägige Längsschnittdaten sind praktisch nicht verfügbar.

*Abbildung 1:*   Entwicklung des politischen Interesses nach Kohorten und Bildungsabschluss in den alten Bundesländern von 1980 bis 2002 (in Prozent)

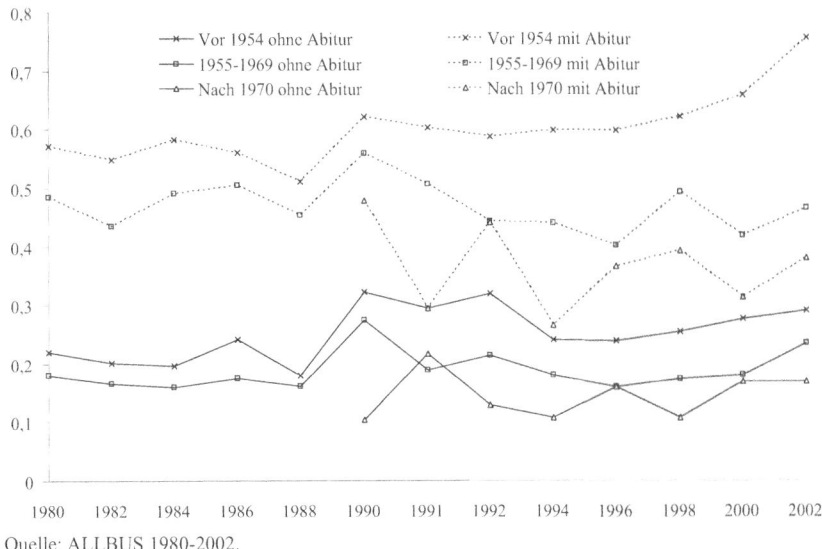

Quelle: ALLBUS 1980-2002.

Stützt man sich dagegen ausschließlich auf repräsentative Bevölkerungsumfragen, hat man das Problem, dass die dort befragten „Jugendlichen" günstigstenfalls 16 und im Regelfall mindestens 18 Jahre alt sind. Weiterhin weiß man nicht, welche Entwicklungen diese Kohorte zuvor durchlaufen hat. Besonders gravierend ist jedoch das Problem geringer Fallzahlen, das sich schon bei bivariaten Analysen nach Alter beziehungsweise Kohortenzugehörigkeit ergibt und die Berücksichtigung von Untergruppen bestenfalls ansatzweise erlaubt. Dies lässt sich anhand von Tabelle 1 demonstrieren, die die Fallzahlen für die alten Bundesländer seit 1980 nach Kohortenzugehörigkeit und Bildungsniveau enthält. Schon die Berücksichtigung des für die politische Kulturforschung zentralen Merkmals Bildungsniveau bedingt, dass die Fallzahlen für Befragte mit Abitur in der jüngsten Altersgruppe – zumindest bis 1994 – so klein sind, dass die gefundenen Verteilungen für einzelne Merkmale nicht mehr als zuverlässige Schätzwerte für Anteilswerte in dieser Teilpopulation betrachtet werden können.[6]

Für das Befragungsjahr 1994 liegt die Fallzahl für die Kohorte der seit 1970 Geborenen – damals zwischen 18 und 24 Jahre alt – insgesamt bei 191 und für Befragte mit Abitur bei lediglich 49. Selbst für den ALLBUS 2002 wurden lediglich 183 seit 1970 geborene Westdeutsche mit Abitur befragt, obwohl diese Kohorte inzwischen die Altersspanne von 18 bis 32 Jahren umfasste. Die für die Analyse von Alterseffekten üblicherweise betrachtete jüngste Altersgruppe von 18 bis 29 Jahren umfasste 322 Befragte, darunter 153 mit Abitur. Es liegt auf der Hand, dass angesichts solcher Fallzahlen eine Unterteilung nach weiteren Merkmalen wie Geschlecht, Urbanisierungsgrad oder Berufsstatus nur eingeschränkt möglich ist.

Angesichts der niedrigen Fallzahlen lässt sich dementsprechend nicht mit Sicherheit feststellen, ob die starken Schwankungen, die sich in Abbildung 1 für die Gruppe der seit 1970 Geborenen mit Abitur vom Befragungsjahr 1990 an ergeben, auf noch nicht gefestigte politische Einstellungen, auf eine zunehmende Fluktuation im politischen Interesse oder schlicht auf die geringen Fallzahlen für diese Gruppe zurückzuführen sind, die nur langsam von 18 im Jahr 1990 auf 183 im Jahr 2002 ansteigen. Im Gegensatz dazu sind die Effekte des Bildungsniveaus und der Kohortenzugehörigkeit bei den beiden älteren Kohorten im Zeitverlauf sehr stabil, und selbst in der jüngsten Kohorte sind die Ausschläge in der wesentlich mehr Befragte umfassenden Gruppe ohne Abitur nur geringfügig größer als in den beiden älteren Kohorten.[7]

Verzichtet man auf die Analyse der Entwicklungen im Zeitverlauf und nutzt stattdessen die Möglichkeit zur Kumulation der verschiedenen ALLBUS-Umfragen, so ergeben sich deutlich höhere Fallzahlen zur Bestimmung des Kohorteneffekts. Der kumulierte ALLBUS von 1980 bis 2002 erlaubt sogar eine zusätzliche Unterteilung nach Geschlecht und die Ausweisung einer zusätzlichen Kohorte (ab 1975). Dies gilt allerdings nur für die alten Bundesländer, wo die Fallzahl für die jüngste Kohorte mit Abitur 126 (64 männlich, 62 weiblich) beträgt.

---

6   Seit 1991 verteilt sich die Gesamtzahl von rund 3.000 Interviews auf Befragte aus den alten und den neuen Bundesländern, so dass die Fallzahl in den alten Bundesländern gesunken ist. Sie betrug 1.154 für 1991 und liegt seit 1992 bei circa 2.000 Befragten.

7   Tabelle 1 zeigt darüber hinaus, wie stark die im Gefolge der deutschen Wiedervereinigung erfolgte Verminderung der Fallzahlen für die alten Bundesländer die Analysemöglichkeiten einschränkt.

*Tabelle 1:*  Fallzahlen des ALLBUS nach Kohorten und Bildungsniveau für die
Befragungsjahre 1980 bis 2002 (alte Bundesländer)

| Jahr | -1954 | 1954-1969 | 1970+ | Gesamt |
|---|---|---|---|---|
| 1980 ohne Abitur | 2273 | 268 | – | 2541 |
| mit (Fach-)Abitur | 308 | 97 | – | 405 |
| 1982 ohne Abitur | 2238 | 330 | – | 2568 |
| mit (Fach-)Abitur | 287 | 130 | – | 417 |
| 1984 ohne Abitur | 1993 | 442 | – | 2435 |
| mit (Fach-)Abitur | 367 | 175 | – | 542 |
| 1986 ohne Abitur | 1914 | 503 | – | 2417 |
| mit (Fach-)Abitur | 336 | 246 | – | 582 |
| 1988 ohne Abitur | 1758 | 607 | 17 | 2382 |
| mit (Fach-)Abitur | 296 | 305 | 2 | 603 |
| 1990 ohne Abitur | 1646 | 543 | 33 | 2222 |
| mit (Fach-)Abitur | 339 | 396 | 18 | 753 |
| 1991 ohne Abitur | 737 | 342 | 46 | 1125 |
| mit (Fach-)Abitur | 171 | 170 | 17 | 358 |
| 1992 ohne Abitur | 1242 | 523 | 62 | 1827 |
| mit (Fach-)Abitur | 219 | 263 | 34 | 516 |
| 1994 ohne Abitur | 1147 | 536 | 142 | 1825 |
| mit (Fach-)Abitur | 205 | 223 | 49 | 477 |
| 1996 ohne Abitur | 1098 | 517 | 181 | 1796 |
| mit (Fach-)Abitur | 209 | 262 | 96 | 567 |
| 1998 ohne Abitur | 1112 | 429 | 190 | 1721 |
| mit (Fach-)Abitur | 188 | 179 | 92 | 459 |
| 2000 ohne Abitur | 876 | 421 | 209 | 1506 |
| mit (Fach-)Abitur | 178 | 189 | 138 | 505 |
| 2002 ohne Abitur | 719 | 369 | 219 | 1307 |
| mit (Fach-)Abitur | 184 | 220 | 183 | 587 |
| Gesamt ohne Abitur | 18753 | 5830 | 1089 | 25672 |
| mit (Fach-)Abitur | 3287 | 2855 | 629 | 6771 |
| Gesamt | 22040 | 8685 | 1718 | 32443 |

Quelle: ALLBUS 1980-2002 (kumulierter Datensatz).

Abbildung 2 zeigt ein konsistentes Muster, wonach das politische Interesse in der ältesten Kohorte deutlich höher liegt als in den nachfolgenden Kohorten. Darüber hinaus ist in den Gruppen mit Abitur ein deutlicher Rückgang des politischen Interesses von der ersten zur zweiten und von der zweiten zur dritten Kohorte zu konstatieren, während die Unterschiede zwischen der dritten und der vierten Kohorte minimal sind.

*Abbildung 2:* Großes politisches Interesse nach Bildungsniveau, Geschlecht und Kohortenzugehörigkeit in den alten Bundesländern (in Prozent)

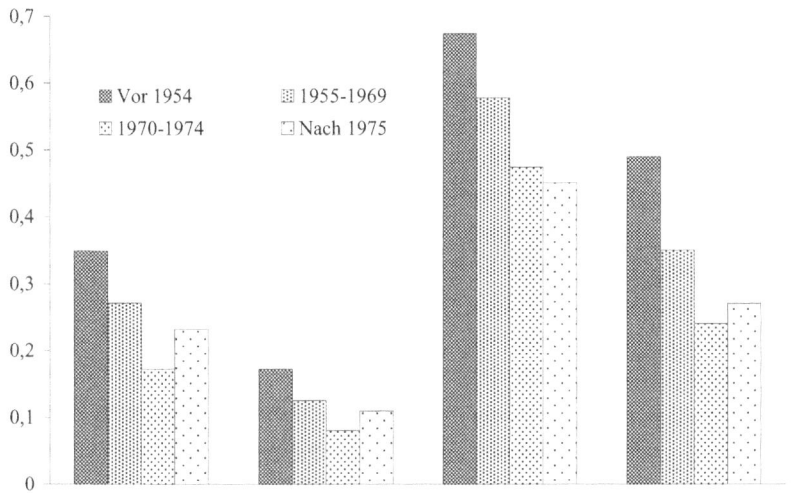

Quelle: ALLBUS 1980-2002 (kumulierter Datensatz).

Für die beiden jüngsten Kohorten lässt sich allerdings nicht ausschließen, dass die niedrigeren Werte auch auf deren jüngeres Lebensalter zurückzuführen sind. Angehörige der Kohorte der von 1970 bis 1974 Geborenen waren erstmals 1988 im ALLBUS vertreten und die ältesten Befragten dieser Kohorte waren im Jahr 2002 erst 32 Jahre alt, so dass knapp drei Fünftel der Befragten dieser Kohorte (58 Prozent) im jeweiligen Befragungsjahr jünger als 25 Jahre waren. In der Kohorte der von 1975 bis 1979 Geborenen war sogar ein knappes Viertel (23 Prozent) unter 20 Jahre und weitere 62,5 Prozent zwischen 20 und 24 Jahre alt (Tabelle 2). Da das politische Interesse erfahrungsgemäß bis zum 30. Lebensjahr zunimmt, lassen sich damit für die jüngeren Kohorten Lebenszyklus- und Kohorteneffekte nicht trennen. Die Zahl der ab 1980 Geborenen ist schließlich mit 215 Befragten so klein, dass sie nicht mehr gleichzeitig nach Geschlecht und Bildungsniveau unterteilt werden konnte.

*Tabelle 2:* Alter und Kohortenzugehörigkeit im ALLBUS von 1980 bis 2002 für die alten Bundesländer (in Spaltenprozent)

| Altersgruppe | Kohorte | | | | | Gesamt |
|---|---|---|---|---|---|---|
| | -1954 | 1955-1969 | 1970-1974 | 1975-1979 | 1980+ | |
| 18-19 Jahre | 0,0 | 4,9 | 19,7 | 23,0 | 62,8 | 2,8 |
| 20-24 Jahre | 0,0 | 21,4 | 38,3 | 62,5 | 37,2 | 8,3 |
| 25-29 Jahre | 1,8 | 27,8 | 33,8 | 14,5 | 0,0 | 10,1 |
| 30+ Jahre | 98,2 | 46,0 | 8,3 | 0,0 | 0,0 | 78,8 |
| Gesamt | 22192 | 8851 | 1150 | 531 | 215 | 32939 |

Quelle: ALLBUS 1980-2002 (kumulierter Datensatz).

Eine vergleichbare Analyse mit dem kumulierten Datensatz der DJI-Jugendsurveys von 1992 und 1997 erlaubt es, die Analyse um die Kohorte der 1981 bis 1982 Geborenen zu erweitern. Da es sich beim DJI-Jugendsurvey jedoch um eine reine Jugendstudie handelt, die auf Befragte bis zum Alter von 29 Jahren beschränkt ist, ist es hier mit bislang zwei verfügbaren Messzeitpunkten kaum möglich, Lebenszyklus- und Kohorteneffekte zu trennen. Ein Kohortenvergleich zwischen ALLBUS und DJI-Jugendsurvey lässt sich lediglich für die Kohorte der 1970 bis 1974 Geborenen durchführen, deren Altersverteilung in beiden Studien einigermaßen übereinstimmt (Tabelle 2 und 3). Schon die Kohorte der 1975 bis 1979 Geborenen weist im ALLBUS und im DJI-Jugendsurvey deutliche Abweichungen hinsichtlich ihrer Alterszusammensetzung auf: Im ALLBUS waren drei Viertel der Befragten dieser Kohorte zum Zeitpunkt der Befragung mindestens 20 Jahre alt (77 Prozent) und nur ein knappes Viertel unter 20 Jahren. Im DJI-Jugendsurvey waren dagegen lediglich 38,7 Prozent Befragte dieser Kohorte zum Zeitpunkt der Befragung bereits 20 Jahre alt, während 27 Prozent das 18. Lebensjahr noch nicht vollendet hatten.[8] Dementsprechend liegen die Anteilswerte der Befragten mit großem politischen Interesse in dieser Kohorte im DJI-Jugendsurvey deutlich unter denjenigen im ALLBUS: Bei den männlichen Befragten mit Abitur beträgt die Prozentsatzdifferenz beispielsweise fast 13 Prozentpunkte (45,1 Prozent zu 32,6 Prozent).

*Tabelle 3:* Alter und Kohortenzugehörigkeit im DJI-Jugendsurvey 1992 und 1997 für die alten Bundesländer (in Spaltenprozent)

| Altersgruppe | Kohorte | | | | Gesamt |
|---|---|---|---|---|---|
| | 1962-1969 | 1970-1974 | 1975-1979 | 1980-1981 | |
| 16-17 Jahre | 0,0 | 1,6 | 27,0 | 100,0 | 17,9 |
| 18-19 Jahre | 0,0 | 20,0 | 34,3 | 0,0 | 13,7 |
| 20-24 Jahre | 22,2 | 50,5 | 38,7 | 0,0 | 31,6 |
| 25-29 Jahre | 77,8 | 27,9 | 0,0 | 0,0 | 36,9 |
| Gesamt | 3337 | 2530 | 2090 | 995 | 8952 |

Quelle: DJI-Jugendsurvey 1992 und 1997 (kumulierter Datensatz).

---

8 Der höhere Anteil der über 20-Jährigen dieser Kohorte im ALLBUS erscheint nur auf den ersten Blick unplausibel. Er ist darauf zurückzuführen, dass die ALLBUS-Zeitreihe bis ins Erhebungsjahr 2002 reicht, in dem selbst die 1979 Geborenen bereits 23 Jahre alt waren.

Grundsätzlich eignen sich Jugendstudien daher in erster Linie zur Bestimmung von Lebenszykluseffekten, wobei das Poolen verschiedener Umfragen die Möglichkeiten für eine Aufteilung nach Subgruppen noch verbessert. Ein Vergleich der Abbildungen 3 und 5 zeigt für den DJI-Jugendsurvey fast spiegelbildliche Verteilungen. Insofern eignen sich Jugendumfragen wegen der Konfundierung von Alters- und Kohorteneffekten nicht für Kohortenanalysen.

*Abbildung 3:* Großes politisches Interesse nach Bildungsniveau, Geschlecht und Kohortenzugehörigkeit in den alten Bundesländern (in Prozent)

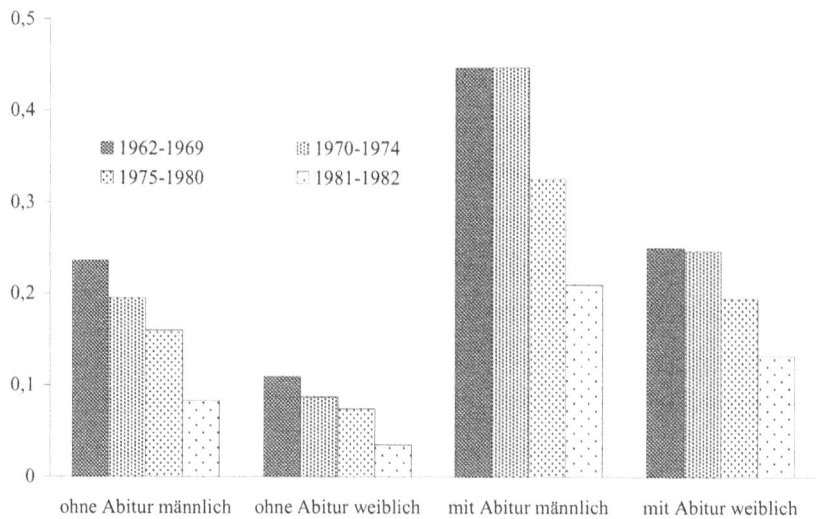

Quelle: DJI-Jugendsurvey 1992 und 1997 (kumulierter Datensatz).

Ein Vergleich von Abbildung 4 und 5 zeigt zudem, dass sich beide Umfragen gut kombinieren lassen, soweit es um die Bestimmung von Lebenszykluseffekten geht. Die Daten des DJI-Jugendsurveys lassen erkennen, dass das politische Interesse zwischen 16 und 25 Jahren steil ansteigt, vor allem in der Gruppe der Befragten mit Abitur beziehungsweise mit Gymnasialbesuch. Allerdings gibt es auch einen systematischen Unterschied: In allen Untergruppen liegen die Anteilswerte im DJI-Jugendsurvey unter den entsprechenden Werten des ALLBUS. Dies dürfte in erster Linie auf das außerordentlich hohe Niveau des politischen Interesses in den beiden Wendejahren 1990 und 1991 zurückzuführen sein, in denen ALLBUS-Erhebungen durchgeführt wurden. Die beiden DJI-Jugendsurveys wurden dagegen später erhoben, als das politische Interesse bereits wieder zurückgegangen war.[9]

---

9 Dies verweist gleichzeitig auf die Grenzen einer Kumulation von Umfragen über längere Zeiträume, sofern Indikatoren in die Analyse einbezogen werden sollen, in denen die Anteilswerte ausgeprägte Fluktuationen über den Zeitverlauf aufweisen.

*Abbildung 4:*    Großes politisches Interesse nach Bildungsniveau, Geschlecht und
Alter in den alten Bundesländern (in Prozent)

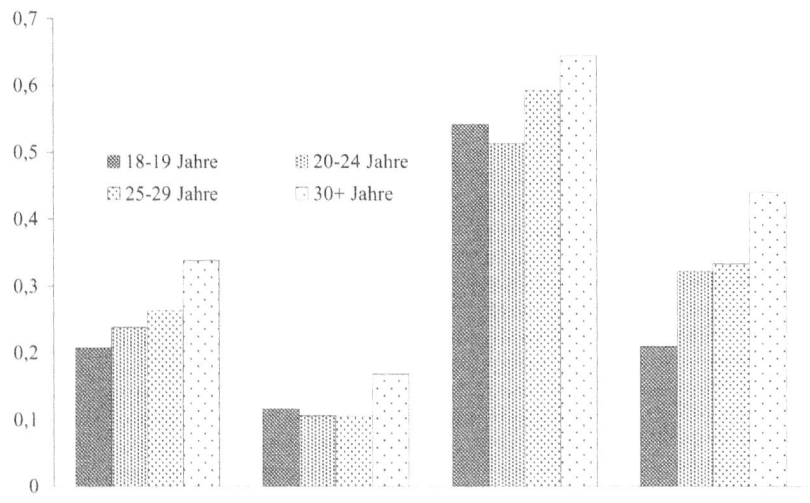

Quelle: ALLBUS 1980-2002 (kumulierter Datensatz).

Sofern die Erhebungen einigermaßen zeitnah durchgeführt werden, kann man Jugendstudien also als wertvolle Ergänzung repräsentativer Bevölkerungsumfragen
nutzen. Sie können in diesem Fall auch für Kohortenanalysen herangezogen werden, allerdings nur unter der Maßgabe, dass in der jüngsten Altersgruppe Lebens-
zyklus- und Kohorteneffekte nicht eindeutig getrennt werden können.

Leider ist die Überschneidungsmenge vergleichbarer Indikatoren zwischen
Jugendstudien und repräsentativen politischen Meinungsumfragen in der Regel
nicht besonders groß, da in den Jugendstudien politische Themen meist nur eine
marginale Rolle spielen. Außerdem werden häufig auch nicht dieselben Fragefor-
mulierungen und Antwortvorgaben verwendet. Der DJI-Jugendsurvey nimmt hier
eine rühmliche Sonderstellung ein. Dies zeigt sich vor allem bei der Kombination
mit der DFG-Wahlstudie von Falter und anderen. Die Anteilswerte für verschiedene Indikatoren sind sogar trotz geringfügiger Abweichungen in den Fragenformu-
lierungen und unterschiedlicher Antwortskalen relativ gut vergleichbar, wie die Ergebnisse in Tabelle 4 und 5 zeigen. Im Interesse größerer Fallzahlen wurden dabei
die beiden bisher durchgeführten Wellen des DJI-Jugendsurveys (1992 und 1997)
gepoolt, so dass dieser Datensatz insgesamt 14.009 Fälle umfasst, 8.952 für die
alten und 5.057 für die neuen Bundesländer. Auch die Daten der DFG-Wahlstudie

für 1994 bis 2002 wurden gepoolt (Westdeutschland: N = 6.454, Ostdeutschland: N = 4.260).[10]

*Abbildung 5:* Großes politisches Interesse nach Bildungsniveau, Geschlecht und Alter in den alten Bundesländern (in Prozent)

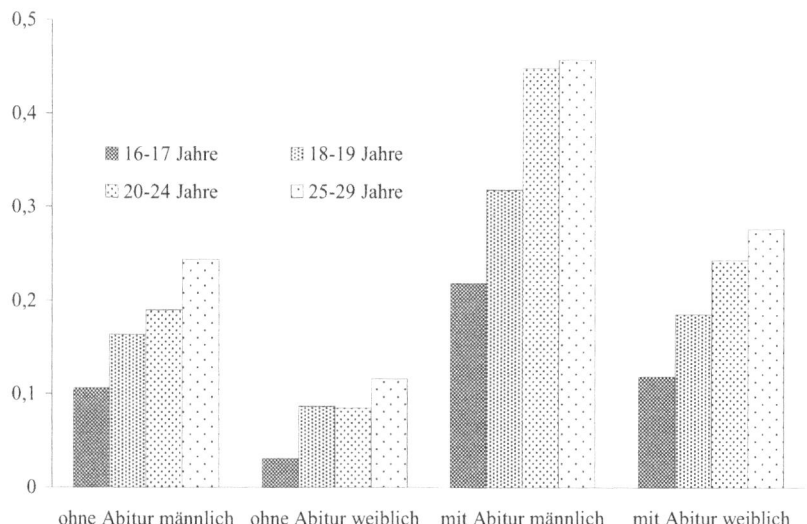

Quelle: DJI-Jugendsurvey 1992 und 1997 (kumulierter Datensatz).

Der Anteil der Postmaterialisten ist in beiden Studien gut vergleichbar. Er steigt im Westen bei den Befragten mit Abitur wie theoretisch erwartet von lediglich 18 Prozent bei den vor 1940 Geborenen auf 40,5 Prozent bei der ersten Nachkriegskohorte an. In den darauf folgenden Kohorten sinkt er dann langsam wieder bis auf etwa 30 Prozent ab. Nach den Daten des DJI-Jugendsurvey liegt er in der jüngsten Kohorte sogar bereits unter der 30-Prozent-Marke. Auch die Unterschiede zwischen Ost- und Westdeutschen sind in beiden Studien sehr ähnlich. Im Osten liegen die Anteilswerte durchweg deutlich unter denen im Westen. Lediglich in der Kohorte der zwischen 1970 und 1974 Geborenen werden die westdeutschen Werte erreicht, wobei allerdings der Anteilswert für die Befragten mit Abitur im DJI-Jugendsurvey deutlich unter dem in der DFG-Wahlstudie liegt (30,2 Prozent zu 41,8 Prozent). Angesichts der deutlich höheren Fallzahl dürften die Werte des DJI-Jugendsurvey hier zuverlässiger sein, wo diese Gruppe 451 Befragte im Vergleich zu lediglich 95 in der DFG-Wahlstudie umfasst.

---

10  Da die Fallzahl für die Kohorte der ab 1980 Geborenen auch im gepoolten Datensatz lediglich 194 für die alten und 162 für die neuen Bundesländer betrug, wurden diese Fälle der nächst älteren Kohorte zugeschlagen.

*Tabelle 4:* Ausgewählte politische Einstellungen nach Kohortenzugehörigkeit
und Bildungsniveau (Anteilswerte für die jeweilige Gruppe)

| Kohorten | Westdeutschland | | | | | Ostdeutschland | | | | |
|---|---|---|---|---|---|---|---|---|---|---|
| | -1939 | 1940-1954 | 1955-1969 | 1970-1974 | 1975+ | -1939 | 1940-1954 | 1955-1969 | 1970-1974 | 1975+ |
| *Postmaterialisten[a]* | | | | | | | | | | |
| ohne Abitur | 7,7 | 12,4 | 12,3 | 16,4 | 14,3 | 3,3 | 5,6 | 7,8 | 10,0 | 16,3 |
| mit (Fach-)Abitur | 18,0 | 40,5 | 39,3 | 34,6 | 32,1 | 11,0 | 15,5 | 22,4 | 41,8 | 27,4 |
| *Demokratiezufriedenheit[b]* | | | | | | | | | | |
| ohne Abitur | 49,9 | 47,6 | 40,9 | 36,4 | 37,1 | 32,0 | 20,9 | 18,6 | 22,2 | 16,3 |
| mit (Fach-)Abitur | 62,3 | 63,3 | 56,4 | 58,6 | 57,5 | 17,1 | 23,8 | 30,2 | 33,3 | 43,1 |
| *Vertrauen in Parteien[b]* | | | | | | | | | | |
| ohne Abitur | 25,9 | 24,9 | 18,4 | 19,2 | 21,6 | 25,8 | 22,4 | 17,3 | 21,1 | 7,1 |
| mit (Fach-)Abitur | 25,0 | 20,1 | 16,1 | 17,9 | 15,4 | 15,4 | 19,8 | 13,3 | 21,8 | 14,7 |
| *Selbsteinstufung Links[c]* | | | | | | | | | | |
| ohne Abitur | 8,8 | 14,0 | 13,6 | 18,7 | 18,9 | 18,5 | 15,9 | 19,4 | 11,8 | 25,0 |
| mit (Fach-)Abitur | 8,2 | 22,7 | 26,4 | 24,6 | 31,2 | 43,2 | 29,4 | 35,5 | 28,8 | 22,5 |
| *Selbsteinstufung Rechts[d]* | | | | | | | | | | |
| ohne Abitur | 12,5 | 8,6 | 7,7 | 7,5 | 10,8 | 3,9 | 3,1 | 4,9 | 5,9 | 22,2 |
| mit (Fach-)Abitur | 14,3 | 4,0 | 3,1 | 2,5 | 2,4 | 2,7 | 3,7 | 0,8 | 0,0 | 3,4 |

a Postmaterialismus-Skala von Ronald Inglehart.
b Werte von 1 bis 2 auf einer Skala von 1 bis 5.
c Werte von 1 bis 3 auf einer Skala von 1 bis 11.
d Werte von 8 bis 11 auf einer Skala von 1 bis 11.
Quelle: DFG-Wahlstudie 1994, 1998 und 2002 (kumulierter Datensatz).

Für die Demokratiezufriedenheit ergibt sich in der DFG-Wahlstudie eine markante
Abnahme von der ältesten zur jüngsten Kohorte. Gleichzeitig liegen die Werte bei
den Befragten mit Abitur in den alten Bundesländern zwischen 12 und 20 Prozentpunkte höher als bei den Befragten ohne Abitur. Im DJI-Jugendsurvey ist der Unterschied zwischen den Befragten mit und ohne Abitur in den beiden älteren Kohorten dagegen sehr gering und steigt nur in der jüngsten Kohorte auf über zehn
Prozent. Über die Ursachen dieser Unterschiede kann man nur spekulieren.

In den neuen Bundesländern ist die Demokratiezufriedenheit bei den Befragten mit Abitur in der ältesten Kohorte geringer als bei denen ohne Abitur. Dieses
Ergebnis ist nicht unplausibel und stimmt mit den Ergebnissen anderer Studien
überein, nach denen sich die Intelligenz in der DDR stärker mit dem Sozialismus
identifizierte als die übrigen DDR-Bürger. Sie erlitt zudem durch die Vereinigung
der beiden deutschen Staaten einen Statusverlust. Dementsprechend ist die Unzufriedenheit mit den neuen politischen Verhältnissen in dieser Gruppe am größten
(Gluchowski/Zelle 1992: 253). Von diesem Statusverlust waren in erster Linie
diejenigen betroffen, die sich in der Zeit des politischen Umbruchs auf Grund ihres
fortgeschrittenen Alters nicht mehr neu orientieren konnten. Sie endeten vielfach in
der Arbeitslosigkeit oder wurden in den Vorruhestand abgeschoben. In dieser Ko-

horte ist gleichzeitig auch die dezidierte Unzufriedenheit mit der Demokratie in Deutschland (Skalenwerte 4 und 5) mit 34,1 Prozent am höchsten.

*Tabelle 5:* Ausgewählte politische Einstellungen nach Kohortenzugehörigkeit und Bildungsniveau (Anteilswerte für die jeweilige Gruppe)

| Kohorten | Westdeutschland | | | | Ostdeutschland | | | |
|---|---|---|---|---|---|---|---|---|
| | 1962-1969 | 1970-1974 | 1975-1979 | 1980-1981 | 1962-1969 | 1970-1974 | 1975-1979 | 1980-1981 |
| Postmaterialisten[a] | | | | | | | | |
| ohne Abitur | 18,5 | 18,4 | 20,0 | 18,7 | 12,9 | 13,9 | 13,6 | 14,0 |
| mit (Fach-)Abitur | 40,4 | 36,9 | 34,8 | 28,1 | 27,3 | 30,2 | 29,0 | 23,7 |
| Demokratiezufriedenheit[b] | | | | | | | | |
| ohne Abitur | 49,3 | 46,6 | 43,2 | 37,4 | 27,0 | 27,3 | 22,6 | 19,4 |
| mit (Fach-)Abitur | 49,6 | 51,0 | 50,7 | 50,6 | 30,9 | 29,1 | 28,9 | 27,9 |
| Vertrauen in Parteien[c] | | | | | | | | |
| ohne Abitur | 24,0 | 23,5 | 20,1 | 24,9 | 16,6 | 15,8 | 14,2 | 11,4 |
| mit (Fach-)Abitur | 19,8 | 21,3 | 20,5 | 23,0 | 23,6 | 16,2 | 14,9 | 14,8 |
| Selbsteinstufung Links[d] | | | | | | | | |
| ohne Abitur | 15,0 | 13,9 | 13,5 | 13,8 | 17,0 | 13,3 | 10,8 | 12,1 |
| mit (Fach-)Abitur | 29,1 | 25,5 | 21,5 | 20,0 | 30,9 | 30,7 | 25,2 | 18,5 |
| Selbsteinstufung Rechts[e] | | | | | | | | |
| ohne Abitur | 11,2 | 12,8 | 11,7 | 13,2 | 9,3 | 12,2 | 18,3 | 16,1 |
| mit (Fach-)Abitur | 6,1 | 5,2 | 4,9 | 6,5 | 4,6 | 5,6 | 5,2 | 9,5 |

a Postmaterialismus-Skala von Ronald Inglehart.
b Werte von 1 bis 2 auf einer Skala von 1 bis 6.
c Werte von 1 bis 3 auf einer Skala von 1 bis 7.
d Werte von 1 bis 3 auf einer Skala von 1 bis 10.
e Werte von 8 bis 10 auf einer Skala von 1 bis 10.
Quelle: DJI-Jugendsurvey 1992 und 1997 (kumulierter Datensatz).

Bei den jüngeren Kohorten im Osten ist der Bildungseffekt dagegen ähnlich wie im Westen, wobei in der jüngsten Kohorte der ab 1975 Geborenen die Anteilswerte zwischen den beiden Studien aber wieder deutlich voneinander abweichen. Hier liegt der Verdacht nahe, dass der sehr hohe und von den übrigen Ergebnissen krass abweichende Anteilswert in der DFG-Wahlstudie ein durch die geringe Fallzahl dieser Gruppe (N = 95) bedingter Ausreißer ist.

Bemerkenswert ist bei dieser Frage aber letztlich, dass die Anteilswerte in beiden Studien einigermaßen vergleichbar sind, obwohl im einen Fall eine fünf- und im anderen eine sechsstufige Antwortskala verwendet wurde. Ähnliches gilt für das Vertrauen in die politischen Parteien, das im DJI-Jugendsurvey mit einer sieben- und in der DFG-Wahlstudie mit einer fünfstufigen Skala gemessen wurde. Allerdings ergeben sich im Einzelfall doch teils erhebliche Abweichungen.

Auch die Selbsteinstufung auf der Links-Rechts-Skala ergibt für beide Studien weitgehend konsistente Ergebnisse. Der Anteil derjenigen, die sich selbst als relativ links stehend einstufen, liegt mit Ausnahme der ältesten Kohorte im Westen wie im Osten bei den Befragten mit Abitur deutlich höher. Während dieser Anteil jedoch in der Gruppe mit dem höchsten Bildungsniveau im Westen in allen ab 1940 geborenen Kohorten zwischen einem Fünftel und einem Viertel beträgt, nimmt er in den neuen Bundesländern von zwei Fünfteln in der ältesten auf unter 20 Prozent in der jüngsten Kohorte ab.

In den neuen Bundesländern ist schließlich der Anteilswert derjenigen, die sich als weit rechts stehend einstufen, im DJI-Jugendsurvey fast durchgängig deutlich höher als in den jüngeren Kohorten der DFG-Wahlstudie. Lediglich für die Kohorte der ab 1975 Geborenen liegt der Wert in der DFG-Wahlstudie höher. Schon der erste DJI-Jugendsurvey von 1992 hat hier einen Trend in der jungen Generation der neuen Bundesländer aufgedeckt, der mit den für diese Altersgruppe notwendigerweise geringeren Fallzahlen repräsentativer Bevölkerungsumfragen zunächst noch nicht ausreichend erfasst werden konnte. Zudem lässt sich mit den differenzierten Daten des DJI-Jugendsurveys auch sehr deutlich nachweisen, dass es sich dabei vor allem um ein geschlechtsspezifisches Phänomen handelt. Bei den männlichen Jugendlichen ohne höhere Bildung im Osten liegt der Anteil derjenigen, die sich als weit rechts stehend einstufen, bei 19,2 Prozent im Vergleich zu lediglich sechs Prozent bei den weiblichen Jugendlichen.

Alles in allem bestätigen die Ergebnisse die Vorzüge der vorgenommenen Kombination beider Umfragen. Soweit es sich um eine Altersgruppe beziehungsweise Kohorte handelt, die in beiden Studien mit ausreichender Fallzahl vertreten ist, legen abweichende Anteilswerte es nahe, Vorsicht bei der Interpretation der Randverteilungen walten zu lassen. Zudem kann man für die jüngeren Kohorten die in der DFG-Wahlstudie gefundenen Ergebnisse besser validieren, da es die erheblich höheren Fallzahlen des DJI-Jugendsurvey erlauben, Trends für die jüngeren Kohorten auf einer erheblich breiteren Datenbasis zu ermitteln.

## 4.  Schluss

Aus dem Gesagten ergibt sich, dass die Untersuchung langfristiger Trends in der politischen Kultur (von Jugendlichen) ebenso wie die Analyse der Entwicklung politischer Einstellungen im Jugendalter (einschließlich der politischen Sozialisationsforschung) methodisch komplexe Unterfangen sind, die sowohl Längsschnittdaten als auch Vergleiche zwischen Altersgruppen beziehungsweise Kohorten voraussetzen. Dies sollte für jeden, der mit empirischen Daten umgeht, selbstverständlich sein, wird jedoch aus mehreren Gründen nicht immer beachtet. Einmal haben die meisten Forscher einen natürlichen Hang dazu, die Bedeutung ihrer empirischen Ergebnisse durch Dramatisierung zu unterstreichen. Zum anderen weisen vor allem Jugendsoziologen und Pädagogen ein normatives Verständnis ihrer wissenschaftlichen Arbeit auf. Sie geben sich nicht mit der Erklärung empirischer Zusammenhänge zufrieden, sondern interpretieren ihre Umfrageergebnisse immer auch unter dem Aspekt pädagogischen Interventionsbedarfs. Hierzu wird nicht selten die Öffentlichkeit gesucht, wo sie wiederum auf Journalisten treffen, die einerseits ein professionelles Interesse an spektakulären Resultaten haben, andererseits aber in der Regel selbst nicht viel von empirischer Forschung verstehen und die von den Forschern angebotenen Interpretationen dementsprechend kritiklos übernehmen.

Politikwissenschaftler haben sich lange Zeit selbstgenügsam auf die verfügbaren Repräsentativstudien und die Durchführung von Kohortenanalysen beschränkt, sich jedoch wenig in die öffentlichen Debatten über Jugend und Politik eingemischt. Zudem haben sie sehr selten eigene Jugendstudien durchgeführt und die verfügbaren Daten der Jugendstudien kaum genutzt. Umso erfreulicher ist es, dass im vorliegenden Band der Versuch gemacht wird, das Verhältnis junger Menschen zur Politik aus politikwissenschaftlicher Sicht empirisch zu analysieren. Es bietet sich an, in Zukunft hierfür auch die vorliegenden Jugendstudien sekundäranalytisch zu nutzen, da sich damit die Aussagen über die nachwachsende Generation erheblich differenzieren lassen.

## Literatur

Allerbeck, Klaus/Hoag, Wendy J. (1985): Jugend ohne Zukunft? Einstellungen, Umwelt, Lebensperspektiven. München: Piper.

Arnim, Hans Herbert von (Hrsg.) (2003): Korruption. Netzwerke in Politik, Ämtern und Wirtschaft. München: Knaur.

Deutsche Shell (Hrsg.) (2000): Jugend 2000. 13. Shell Jugendstudie. 2 Bände. Opladen: Leske + Budrich.

Deutsche Shell (Hrsg.) (2002): Jugend 2002. Zwischen pragmatischem Idealismus und robustem Materialismus. Frankfurt a. M.: Fischer Taschenbuch.

Fischer, Arthur (1997): Engagement und Politik. In: Jugendwerk der Deutschen Shell (Hrsg.): Jugend '97. Zukunftsperspektiven, gesellschaftliches Engagement, politische Orientierungen. Opladen: Leske + Budrich, 303-341.

Fischer, Arthur (2000): Jugend und Politik. In: Deutsche Shell (Hrsg.): Jugend 2000. 13. Shell Jugendstudie. Band 1. Opladen: Leske + Budrich, 261-282.

Fritzsche, Yvonne (2000): Die quantitative Studie. Stichprobenstruktur und Feldarbeit. In: Deutsche Shell (Hrsg.): Jugend 2000. 13. Shell Jugendstudie. Band 1. Opladen: Leske + Budrich, 348-378.

Gille, Martina/Krüger, Winfried (Hrsg.) (2000): Unzufriedene Demokraten. Politische Orientierungen der 16- bis 29jährigen im vereinigten Deutschland. Opladen: Leske + Budrich.

Gille, Martina/Krüger, Winfried/Rijke, Johann de/Willems, Helmut (1998): Politische Orientierungen, Werthaltungen und die Partizipation Jugendlicher. Veränderungen und Trends in den 90er Jahren. In: Palentien, Christian/Hurrelmann, Klaus (Hrsg.): Jugend und Politik. Ein Handbuch für Forschung, Lehre und Praxis. 2., durchgesehene Auflage. Neuwied: Luchterhand, 148-177.

Gluchowski, Peter/Zelle, Carsten (1992): Demokratisierung in Ostdeutschland. Aspekte der politischen Kultur in der Periode des Systemwechsels. In: Gerlich, Peter/Plasser, Fritz/Ulram, Peter A. (Hrsg.): Regimewechsel. Demokratisierung und politische Kultur in Ost-Mitteleuropa. Wien: Böhlau, 230-274.

Hoag, Wendy J. (1986): Der Bekanntenkreis als Universum. Das Quotenverfahren der Shell-Studie. In: Kölner Zeitschrift für Soziologie und Sozialpsychologie 3, 123-132.

Hoffmann-Lange, Ursula (Hrsg.) (1995): Jugend und Demokratie in Deutschland. Opladen: Leske + Budrich.

Hoffmann-Lange, Ursula (2001): Der fragwürdige Beitrag von Jugendstudien zur Analyse von Trends in der politischen Kultur. In: Jahrbuch für Jugendforschung. Band 1. Opladen: Leske + Budrich, 187-210.

Hoffmann-Lange, Ursula/Rijke, Johann de (1996): 16jährige Wähler - erwachsen genug? In: Zeitschrift für Parlamentsfragen 27, 572-585.

Jugendwerk der Deutschen Shell (Hrsg.) (1985): Jugendliche + Erwachsene '85. 5 Bände. Opladen: Leske + Budrich.

Jugendwerk der Deutschen Shell (Hrsg.) (1992): Jugend '92. Lebenslagen, Orientierungen und Entwicklungsperspektiven im vereinigten Deutschland. 4 Bände. Opladen: Leske + Budrich.

Jugendwerk der Deutschen Shell (Hrsg.) (1997): Jugend '97. Zukunftsperspektiven, gesellschaftliches Engagement, politische Orientierungen. Opladen: Leske + Budrich.

Kuhn, Hans-Peter/Weiss, Karin/Oswald, Hans (Hrsg.) (2001): Jugendliche Wähler in den neuen Bundesländern. Eine Längsschnittstudie zum Verhalten von Erstwählern bei der Bundestagswahl 1998. Opladen: Leske + Budrich.

Kühnel, Wolfgang (1992): Orientierungen im politischen Handlungsraum. In: Jugendwerk der Deutschen Shell (Hrsg.) (1992): Jugend '92. Lebenslagen, Orientierungen und Entwicklungsperspektiven im vereinigten Deutschland. Band 2. Opladen: Leske + Budrich, 59-71.

McClosky, Herbert/Brill, Alida (1983): Dimensions of Tolerance. What Americans believe about civil liberties. New York: Russell Sage Foundation.

Merkens, Hans/Steiner, Irmgard/Wenzke, Gerhard (1998): Lebensstile Berliner Jugendlicher 1997. Projektbericht. Berlin: Zentrum für Europäische Bildungsforschung der Freien Universität Berlin.

Pickel, Gert (2002): Jugend und Politikverdrossenheit. Zwei politische Kulturen im Deutschland nach der Vereinigung? Opladen: Leske + Budrich.

Schmid, Christine (2001): Die Methode der Untersuchung. In: Kuhn, Hans-Peter/Weiss, Karin/Oswald, Hans (Hrsg.): Jugendliche Wähler in den neuen Bundesländern. Eine Längsschnittstudie zum Verhalten von Erstwählern bei der Bundestagswahl 1998. Opladen: Leske + Budrich, 37-74.

Schmidtchen, Gerhard (1983): Jugend und Staat. In: Matz, Ulrich/Schmidtchen, Gerhard: Gewalt und Legitimität. Opladen: Westdeutscher Verlag, 105-437.

SINUS (1983): Die verunsicherte Generation. Jugend und Wertewandel. Opladen: Leske + Budrich.

Veen, Hans-Joachim (1986): Die neue Spontaneität. Empirische Ergebnisse zur Erosion des institutionellen Bewußtseins bei Jüngeren. In: Oberreuter, Heinrich (Hrsg.): Wahrheit statt Mehrheit? München: Olzog, 105-123.

Westle, Bettina (1995): Nationale Identität und Nationalismus. In: Hoffmann-Lange, Ursula (Hrsg.): Jugend und Demokratie in Deutschland. Opladen: Leske + Budrich, 195-243.

Westle, Bettina (1999): Kollektive Identität im vereinten Deutschland. Nation und Demokratie in der Wahrnehmung der Deutschen. Opladen: Leske + Budrich.

Zinnecker, Jürgen/Molnár, Péter (1988): Lebensphase Jugend im historisch-interkulturellen Vergleich- Ungarn 1985 – Westdeutschland 1954 – Westdeutschland 1984. In: Ferchhoff, Wilfried/Olk, Thomas (Hrsg.): Jugend im internationalen Vergleich. Sozialhistorische und sozialkulturelle Perspektiven. München: Juventa: 1988, 181-206.

# II. Politische Unterstützung und politische Wertorientierungen

# Rückkehr in den Mainstream? Einstellungswandel der Jugend zu Demokratie und Parteiensystem

*Roland Abold und Zoltán Juhász*

## 1. Einleitung

Die politischen Einstellungen der Jugend sind sowohl ein guter Gradmesser für den Erfolg der politischen Integration nachwachsender Generationen als auch für das zukünftige Verhältnis von Bürgern und Staat (Hoffmann-Lange 1995b: 14). Entsprechend groß ist das Interesse an den Ansichten Jugendlicher zur Politik. Zahlreiche wissenschaftliche Studien untersuchen deshalb regelmäßig die Einstellungen der Jugend zu tagespolitischen Fragen, ihre grundsätzliche Bereitschaft zu politischem Engagement und ihre Unterstützung des politischen Systems und seiner Institutionen und Akteure.

Zu jeder Zeit werden bestehende politische, wirtschaftliche und soziale Verhältnisse von den Jugendlichen mehr oder weniger in Frage gestellt (Hoffmann-Lange 1995d: 391). Das Aufbäumen gegen das bestehende politische System und die etablierten politischen Akteure hat aber nicht immer die gleiche Stärke, ebenso wie die von der Jugend inspirierten Neuerungen oft keinen Bestand haben. Nach dem Zweiten Weltkrieg haben vor allem die Studentenbewegungen der 1960er und 1970er Jahre die politischen Verhältnisse im Westen des Landes in Frage gestellt und zu tief greifenden politischen und gesellschaftlichen Veränderungen geführt.

Wesentliche Veränderungen bezogen sich auf eine erhöhte Bereitschaft zu und Akzeptanz von unkonventionellem politischen Verhalten. Nicht ohne Grund werden diese Entwicklungen häufig als Zeichen einer „partizipatorischen Revolution" gedeutet (Kaase 1982). Aber auch die Beschäftigung mit neuen Themen (u.a. Umwelt, Gleichberechtigung) und die Entstehung zahlreicher neuer Gruppen, die zum Umfeld der Neuen Sozialen Bewegungen zählen (u.a. Bürgerinitiativen, Friedensgruppen), sowie die Gründung der Partei der Grünen wurden durch die Protestbewegung gefördert.

Die Proteste wurden maßgeblich durch Mitglieder der jungen Generation initiiert, wodurch sich zumindest Teile der Jugend vom gesellschaftlichen Mainstream entfernt haben dürften. Unter Mainstream verstehen wir die jeweils vorherrschenden politischen Stimmungen und Einstellungen in der Bevölkerung. Diese „politische Mitte" ist nicht inhaltlich und politisch definiert, sondern sie wird durch die Mehrheitsmeinung in der Bevölkerung zu jedem Zeitpunkt festgelegt.

Mittlerweile bestimmt weniger der langhaarige Demonstrant als vielmehr der angepasste Golffahrer das Bild des typischen Jugendlichen. Es stellt sich somit die Frage, ob große Teile der Jugend tatsächlich den Mainstream verlassen haben und ob sie sich in den letzten Jahren dem Mainstream wieder angenähert haben. Sollte eine Annäherung stattgefunden haben, ist weiterhin zu fragen, ob vor allem die gesamtgesellschaftliche Übernahme bestimmter politischer Vorstellungen der damaligen Jugend oder die Annäherung der nachkommenden Jugend an den Mainstream zu der Verkleinerung beziehungsweise zum Verschwinden der Kluft zwischen Jung und Alt geführt hat.

Für beide Annahmen gibt es ernstzunehmende Hinweise. Die partizipatorische Revolution blieb nicht auf die Jugend begrenzt, und zahlreiche Themen und Forderungen der Jugendbewegung wurden von großen Bevölkerungsteilen aufgegriffen und übernommen. Aber auch große Teile der systemkritischen 68er Protestgeneration sind inzwischen selbst im Rahmen etablierter Parteien im Mainstream angekommen. Politiker der ehemaligen Protestpartei der Grünen waren mittlerweile Regierungsmitglieder, und die Wähler dieser Partei gehören laut aktuellen empirischen Studien zu den wohlhabendsten Bürgern. Gleichzeitig ist die Existenz einer Jugend als politischer Avantgarde derzeit nicht erkennbar. Im Gegenteil wird bereits seit den 1980er Jahren von einer „Abkehr der Jugend von der Politik" (Hoffmann-Lange 1995b: 14) gesprochen, die sich unter anderem als zunehmende Skepsis gegenüber Institutionen und Akteuren des politischen Systems äußert.

Aktuelle Studien postulieren gelegentlich auch eine andersartige Entwicklung, die für die Jugend weder die Entstehung einer Protestgeneration wie Ende der 1960er Jahre, noch den Fall in die politische Apathie voraussagt. Vielmehr wird von einer Jugend ausgegangen, die sich in ihren zentralen politischen Einstellungsbereichen an die Erwachsenen angleicht (Achatz u.a. 2000: 425f.). Nach diesen Befunden verschwindet die in den 1960er und 1970er Jahren entstandene Kluft zwischen Jung und Alt und es findet eine Rückkehr in den politischen Mainstream statt.

Zur Überprüfung der These von der Entfernung und Rückkehr der Jugend in den Mainstream eignet sich vor allem die Untersuchung von grundlegenden Einstellungen zum politischen System. Die Frage, wie Bürger ihrem politischen System gegenüber stehen, wird in der Politikwissenschaft meist in Zusammenhang mit der politische Kultur des Landes diskutiert, die im Allgemeinen als „the particular distribution of patterns of orientation toward political objects among the members of the nation" aufgefasst wird (Almond/Verba 1963: 14f.). Politische Kultur wird somit als kollektives Merkmal einer Gesellschaft angesehen, das sich jedoch in den Orientierungen der einzelnen Gesellschaftsmitglieder widerspiegelt und empirisch bei ihnen gemessen werden kann. Zwar gibt es keine Einigkeit darüber, welche politischen Einstellungen eine Bürgerkultur ausmachen, doch werden in der empirischen Forschungspraxis einige Orientierungen bei der Untersuchung des grundlegenden Verhältnisses des Bürgers zum politischen System als zentral angesehen. In Anlehnung an das Eastonsche Modell politischer Unterstützung (Easton 1979) werden vorrangig die Objekte „politische Gemeinschaft", „politische Ordnung" und „politische Herrschaftsträger" genannt. Dabei wird zwischen spezifischer und diffuser Unterstützung unterschieden, wobei erstere eher als leistungsbezogene Outputbewertung und letztere eher als affektive Einstellung gesehen wird.

Der vorliegende Beitrag konzentriert sich insbesondere auf die Einstellungs-objekte „politische Ordnung" und „politische Herrschaftsträger". Unter ersterem versteht man die für ein politisches System unverzichtbaren Werte und Normen sowie das Gesamtgefüge der vorhandenen politischen Institutionen (Easton 1979). Für Staaten wie die Bundesrepublik Deutschland lassen sich diese Einstellungen im „Ebenenmodell" des demokratischen Systems verorten (Fuchs 2002). An obers-ter Stelle steht die Bindung der Bürger an allgemeine demokratische Werte. Darun-ter folgt die Unterstützung der demokratischen Ordnung des jeweiligen Landes und auf der untersten Ebene des Modells stehen Einstellungen zu den Leistungen der vorhandenen demokratischen Ordnung. Hinter dem Ebenenmodell steht die An-nahme, wonach ein Bürger, der dauerhaft vom Funktionieren der Demokratie im eigenen Land enttäuscht ist, zunächst die bestehende Form der Demokratie ablehnt und in dessen Folge auch die demokratischen Grundprinzipien an sich in Frage stellt (vgl. Westle 1999; Fuchs 2002). Da nach den Erkenntnissen der politischen Einstellungsforschung insbesondere die primäre Sozialisation im Kindes- und Ju-gendalter dafür maßgeblich ist, welches Verhältnis Individuen zu politischen Ob-jekten wie der Demokratie aufbauen, ist eine Untersuchung der Einstellung Ju-gendlicher gegenüber der politischen Ordnung von besonderem Interesse.

Den Orientierungen gegenüber „politischen Herrschaftsträgern" wurde in Mo-dellen der politischen Unterstützung gemeinhin eher eine untergeordnete Rolle zu-geordnet (Fuchs 2002). Während die anderen beiden erwähnten Orientierungen als notwendige Bedingungen für die Stabilität einer Demokratie gelten, werden nega-tive Einstellungen gegenüber Parteien und Politikern nicht unbedingt als solche eingeschätzt. Dennoch ist zu berücksichtigen, dass in der modernen Demokratie Aktivitäten und Leistungen des politischen Systems über die Verknüpfung mit Personen bzw. Parteien für die Öffentlichkeit sichtbar werden und so die Einstel-lungen gegenüber diesen Objekten für das Ausmaß politischer Unterstützung in einem Land eine wichtige Rolle spielen (Gabriel 1999). Daher soll mit der Partei-enzufriedenheit eine im Sinne Eastons diffuse Einstellung zu politischen Herr-schaftsträgern (Westle 1990: 255) in die Analyse einbezogen werden. Dies er-scheint insbesondere gerechtfertigt, als dem Einstellungsobjekt „Parteien" in der öffentlichen Diskussion insbesondere seit Anfang der 1990er Jahre unter dem Schlagwort „Parteienverdrossenheit" große Beachtung geschenkt und dabei auch auf die dahinter stehenden grundsätzlichen Veränderungen im Verhältnis zwischen Bürger und Staat hingewiesen wird (Maier 2000, 2003). Zum einen gibt es dem-nach Anhaltspunkte für eine „affektive Vertrauenskrise" (Rattinger 1993: 26), die mit einer Abnahme der Identifikation der Bürger mit den Parteien einhergeht. Zum anderen scheint die Veränderung der Einstellungen gegenüber Parteien auch ratio-nalen Bestimmungsfaktoren unterworfen zu sein, die im Verhältnis zwischen Wäh-lern einerseits und Parteien und politischem System andererseits ihren Ursprung haben. Als Motive kommen insbesondere eine Abnahme der Überzeugung, dass die etablierten Parteien die akuten politischen Probleme lösen können, und eine steigende Unzufriedenheit mit den Leistungen des politischen Systems in Frage

(Rattinger 1993). Da diese beiden Aspekte, wie bereits erwähnt, zu allen Zeiten vor allem bei der jüngeren Generation zu beobachten sind, eignet sich die Parteienzufriedenheit ebenso wie die Demokratiezufriedenheit, um die Entwicklung der Einstellungen Jugendlicher gegenüber dem politischen System zu untersuchen.

Der vorliegende Beitrag hat sich die Aufgabe gestellt, die Entwicklung der Einstellungen von Jugendlichen in den alten Bundesländern zum politischen System in den letzten 25 Jahren nachzuzeichnen. Auf die Einbeziehung der Jugend aus dem Osten wird aus methodischen und inhaltlichen Gründen verzichtet. Zum einen liegen für die Bevölkerung aus den neuen Bundesländern keine Daten für den gesamten Untersuchungszeitraum vor. Zum anderen bringen die Jugendlichen aus dem Osten andere Voraussetzungen mit, so dass bei ihnen die Frage nach der Rückkehr in den Mainstream nicht angemessen ist.

Die Untersuchung der grundlegenden Einstellungen zum politischen System in der westdeutschen Jugend erfolgt unter Einbeziehung anderer Altersgruppen. Da gesellschaftliche Veränderungen meist keine auf Jugendliche beschränkten Entwicklungen sind, ist der Vergleich zwischen unterschiedlichen Altersgruppen unverzichtbar. Erst die Betrachtung der generellen Entwicklung erlaubt Rückschlüsse auf das besondere Verhalten der Jugend. Erst dabei wird sich zeigen, ob die systemkritische Jugend den Mainstream tatsächlich massenhaft verlassen hat und nun wieder in ihm aufgegangen ist, und ob sich gegebenenfalls in letzter Zeit neue Konflikte zwischen Jung und Alt entwickeln.

Um diese Fragen zu erörtern, werden zunächst die Auswirkungen des fortschreitenden demographischen und sozialen Wandels der letzten 25 Jahre auf die Zusammensetzung der Jugend untersucht, denn bereits diese Veränderungen könnten zu politischem Einstellungswandel in der Jugend geführt haben. Darauf aufbauend folgt die getrennte Betrachtung der Entwicklung der Demokratiezufriedenheit und der Parteienzufriedenheit im Zeitverlauf. Hier werden längerfristige Veränderungen innerhalb und zwischen den Altersgruppen beschrieben und zudem Unterschiede und Gemeinsamkeiten in der Entwicklung der Unterstützung der politischen Ordnung und der politischen Herrschaftsträger aufgezeigt.

## 2. Daten und Methode

Der vorliegende Beitrag stützt sich auf die Daten der von der Mannheimer Forschungsgruppe Wahlen erhobenen Politbarometer. Der Politbarometer wird seit 1977 in Westdeutschland durchgeführt und erlaubt folglich die Untersuchung der Entwicklung von Einstellungen über einen Zeitraum von über 25 Jahren.

Um die zwischen 1977 und 2002 erhobenen Angaben von insgesamt knapp 300.000 Befragten übersichtlich darstellen zu können, werden verschiedene Vorgehensweisen angewendet. Zum einen erfolgt die Verwendung von fließenden Mittelwerten, wobei in Liniendiagrammen jeder Datenpunkt als Mittelwert des aktuellen, des vorangegangenen und des nachfolgenden Zeitpunktes dargestellt wird (Anderson 1971: 46ff). Somit ergeben sich geglättete Kurvenverläufe, die um kurzfristige Schwankungen bereinigt sind und so das Erkennen längerfristiger Trends erleichtern. Da die Intention des Beitrags nicht darin besteht, für einzelne Zeitpunkte genaue Angaben machen zu können, sondern darin, längerfristige Entwicklungen aufzuzeigen, ist der durch die fließenden Mittelwerte bedingte Informationsverlust vertretbar. Zum anderen wird der gesamte Zeitraum der Analyse für einige Analysen in fünf Zeitabschnitte eingeteilt. Der erste Zeitabschnitt (1977-1982) umfasst sechs Jahre, während die folgenden Abschnitte jeweils fünf Jahre beinhalten. Durch diese Einteilung ist eine teilweise Deckungsgleichheit der Zeitabschnitte mit den Legislaturperioden des Deutschen Bundestages erreicht worden. Dadurch können die Auswirkungen von Regierungswechseln auf die Einstellungen teilweise nachvollzogen werden.

Die grundlegende Einstellung zum politischen System der BRD wurde über die Frage nach der Demokratiezufriedenheit gemessen. Bis 1988 konnten die Befragten bei der Frage nach der Demokratiezufriedenheit zwischen vier Antwortoptionen mit den Extremausprägungen „sehr zufrieden" und „sehr unzufrieden" wählen. In den Folgejahren konnten sie nur angeben, ob sie eher zufrieden oder eher unzufrieden waren. Um vergleichbare Daten für alle Jahre zu erhalten, wurden die Antworten für den gesamten Untersuchungszeitraum in zwei Kategorien zusammengefasst.

Die Einstellung zu den politischen Parteien wird einem Vorschlag Rattingers (1993: 26) folgend als beste Bewertung einer politischen Partei auf den Sympathieskalometern operationalisiert. Die höchste Bewertung einer Partei wird ermittelt, indem man für jeden Befragten den höchsten vergebenen Wert auf den von -5 bis +5 reichenden Sympathieskalometern berücksichtigt. In die Analyse gehen dabei alle Parteien ein, die für den Betrachtungszeitraum als systemtragend angesehen werden können (CDU/CSU, SPD, FDP, Grüne). Die Grünen sind ab ihrer Gründung als bundesweit agierende Partei im Jahr 1980 in den Index einbezogen. Die PDS findet auch aufgrund des westdeutschen Samples keine Berücksichtigung. Mit dem hier verwendeten Index wird zum einen dem Einfluss der parteipolitischen Orientierung auf die individuelle Einstellung zu Parteien Rechnung getragen. Mit der Berechnung eines Durchschnittswertes über die Sympathieskalometer wäre dies nicht zu erreichen, da hier die vom Befragten präferierte Partei gute, alle anderen Parteien hingegen schlechte Bewertungen erhalten. Zum anderen wurden zusätzlich zu den im Allgemeinen als „Altparteien" angesehenen Parteien auch die Grünen berücksichtigt, da angenommen werden kann, dass diese für die jüngeren Altersgruppen, die im Mittelpunkt dieses Beitrags stehen, eine bedeutsame Rolle spielen.

Üblicherweise wird bei empirischen Untersuchungen im Bereich „Jugend und Politik" die Gruppe der 16- bis 29-Jährigen unter dem Begriff Jugend zusammengefasst (Hoffmann-Lange 1995a; Gille/Krüger 2000). Im vorliegenden Beitrag wird eine leicht abweichende Einteilung gewählt. Zum einen können aufgrund der Datenlage nur Befragte ab dem 18. Lebensjahr berücksichtigt werden. Diese Einschränkung ist weniger gravierend, da nicht volljährige Jugendliche nur eingeschränkte Rechte im politischen System (z.B. bei Wahlen) besitzen und so eine andere Basis in ihren Einstellungen zu Parteien und zum politischen System haben. Zum anderen wird gemäß der gängigen Definition die Jugendphase und damit die

Phase des Rollenexperimentierens mit dem Eintritt ins Erwerbsleben als abgeschlossen betrachtet (Achatz 2000: 13). Mittlerweile gilt dies immer weniger, da beispielsweise eine Festlegung auf eine bestimmte und lebenslang gültige Berufsrolle nicht mehr gegeben ist. (Achatz 2000: 23). Aus diesem Grund wird im vorliegenden Beitrag die Altersgruppe der Jugendlichen zwar relativ eng gefasst, darüber hinaus jedoch die darauf folgende Altersgruppe verstärkt in die Analyse mit einbezogen.

Die Gruppe der Jugendlichen (in Anlehnung an die OECD-Definition sind dies Personen von 18 bis 24 Jahren) befindet sich in der entscheidenden Phase ihrer Bildung bzw. Ausbildung und besitzt bereits eine individuelle politische Identität, die sich allerdings noch weiter festigt. Die Gruppe der 25- bis 34-Jährigen befindet sich im Übergang zwischen stark von Flexibilität geprägten und einem stärker durch Berufstätigkeit und Partnerschaft bestimmten Lebenswandel. In dieser Phase ist parallel dazu eine weitere Stabilisierung der politischen Einstellungen zu erwarten. Diese beiden Gruppen werden miteinander vergleichen und in Kontrast gesetzt zu drei älteren Altersgruppen (35-44 Jahre, 45-59 Jahre, 60 Jahre und älter).

Neben der Untersuchung der Altersgruppen stehen Geburtsjahrgänge im Mittelpunkt dieses Beitrags, die zu Geburtskohorten über zehn Jahre zusammengefasst werden. Mit dieser Operationalisierung sollen etwaige Einstellungsänderungen der Jugendlichen auf ihre Fundierung in Lebenszyklus- bzw. Generationseffekten überprüft werden. Von besonderem Interesse sind dabei die Kohorten 1960-1969 und 1970-1983, da das vorliegende Datenmaterial eine Untersuchung ihrer Einstellung ab ihrem Eintritt in das Wahlalter erlaubt. Insbesondere der Übergang von der Jugendphase in den nächsten Lebensabschnitt kann anhand dieser Fälle nachgezeichnet werden.

## 3. Demographischer und sozialstruktureller Wandel

Nicht nur die Lebensbedingungen und Einstellungen der heutigen Jugend unterscheiden sich in vielerlei Hinsicht von denen ihrer Altersgenossen aus den 1970er und 1980er Jahren, sondern auch ihre sozialstrukturelle Zusammensetzung. Die Auswirkungen der demographischen „Zeitenwende" (Birg 2001: 99) sind im Untersuchungszeitraum an der Abnahme des Anteils der Jugendlichen an der Gesamtbevölkerung erkennbar. Zwar hat sich der Anteil der 18- bis 34-Jährigen an der Bevölkerung zwischen 1977 in den alten Bundesländern und 2000 im vereinigten Deutschland nur geringfügig von 23 auf 22 Prozent vermindert. Doch der Schrumpfungsprozess bei den 18- bis 24-Jährigen ist unübersehbar. Ihr Anteil nahm von zehn Prozent im Jahre 1977 auf unter acht Prozent im Jahre 2000 ab. Das Ausmaß dieser Veränderung wird bei Betrachtung der absoluten Zahlen besonders offenkundig. In den alten Bundesländern lebten im Jahre 2000 knapp über fünf Millionen Personen zwischen 18 und 24 Jahren und somit rund eine Million weniger als noch 1977.

Neben dem gesunkenen Anteil der Jugendlichen an der Gesamtbevölkerung hat sich ihre Lebenssituation und sozialstrukturelle Zusammensetzung seit 1977 maßgeblich verändert. Während einige soziale und gesellschaftliche Entwicklungen alle Altersstufen gleichermaßen betreffen, wirken sich andere Entwicklungen vor allem bei den nachwachsenden Generationen aus. Ein besonders markanter Wandel ist im Hinblick auf den formalen Bildungsstatus der Jugendlichen zu verzeichnen. Besaß 1977 nur jeder Fünfte unter 35 Jahren einen hohen Bildungsabschluss, so stieg dieser Anteil nach 2000 auf über 35 Prozent an. Bei den unter 25-Jährigen haben mittlerweile sogar über 40 Prozent das Abitur oder die Fachhochschulreife erworben.

Die im Durchschnitt längeren Ausbildungszeiten wirkten sich auch auf die Berufstätigkeit der Jugend aus. Der Anteil der 18- bis 35-Jährigen an den Berufstätigen (Voll- und Teilzeit) hat sich zwar im Untersuchungszeitraum nur unwesentlich verändert und beträgt nach wie vor um die 55 Prozent. Doch während 1977 jeder zweite Erwachsene unter 25 Jahren bereits berufstätig war, sind es Anfang des neuen Jahrtausends nur noch rund 30 Prozent. Im Gegenzug stieg der Anteil der noch in Ausbildung befindlichen Jugendlichen um 20 Prozentpunkte auf über 50 Prozent an.

Die längere Ausbildung begünstigt auch andere Formen sozialer Bindungen. Ende der 1970er Jahre war beispielsweise noch rund jeder zweite zwischen 18 und 35 Jahren verheiratet. Ein Viertel Jahrhundert später dagegen war nur noch etwa jeder Dritte zwischen 18 und 34 Jahren verheiratet. Noch offenkundiger werden die Unterschiede, wenn man die beiden Gruppen der Jugend getrennt betrachtet. Bei den unter 25-Jährigen war 1977 immerhin schon etwa jeder Fünfte verheiratet und drei Viertel der zwischen 25- und 34-Jährigen. Dagegen war in den letzten Jahren nur noch knapp jeder zwanzigste junge Erwachsene unter 25 Jahren und jeder Zweite zwischen 25 und 34 Jahren verheiratet.

Bereits diese skizzenhaften Veränderungen der sozialstrukturellen Zusammensetzung der Jugend unterstreichen, dass die Lebensverhältnisse des durchschnittlichen jungen Erwachsenen der späten 1970er Jahre nicht deckungsgleich sind mit den Lebensverhältnissen der heutigen Jugend. Das trifft insbesondere auf die Gruppe der 18- bis 24-Jährigen zu. Für die große Mehrheit dieser Altersgruppe bestimmt heutzutage noch die Ausbildung den Alltag, der in viel höherem Maße zu einem hohen Schulabschluss führt. Zudem ist fast jeder unter 25 Jahren noch ledig. Der Einstieg in die Berufstätigkeit findet somit für große Teile der Jugendlichen mittlerweile erst nach dem 25. Geburtstag statt, ebenso wie die Mehrheit eine verbindliche partnerschaftliche Bindung erst später eingeht.

## 4. Demokratiezufriedenheit

Die Zufriedenheit mit dem politischen System in Deutschland ist in den ersten Nachkriegsjahrzehnten vor allem als Folge des Wirtschaftswunders stetig gestiegen. Aus der „Schönwetterdemokratie" entwickelte sich im Laufe der Zeit eine Bürgerkultur, die sich durch ein hohes Ausmaß an diffuser Unterstützung für das

politische System auszeichnete (Conradt 1980). Laut Politikbarometer erreichte die
Demokratiezufriedenheit 1980 ihren vorläufigen Höhepunkt in den alten Bundesländern. Zu dieser Zeit waren mehr als vier Fünftel der Bevölkerung mit der Demokratie zufrieden (Abbildung 1). In den beiden folgenden Jahrzehnten nahm die
Zufriedenheit dann deutlich ab. Der erste starke Einschnitt setzte unmittelbar nach
1980 ein. Innerhalb von nur drei Jahren sank die Demokratiezufriedenheit um über
zehn Prozentpunkte. Danach nahm sie zwar bis zur deutschen Wiedervereinigung
wieder leicht auf über 70 Prozent zu, doch in den frühen 1990er Jahren verminderte sie sich in zwei aufeinander folgenden Stufen bis 1997 erneut stark. Seither sind
in den alten Bundesländern nur noch rund 55 Prozent mit der Demokratie in
Deutschland zufrieden.

*Abbildung 1:*   Demokratiezufriedenheit in Westdeutschland 1977-2002
nach Altersgruppen (in Prozent)

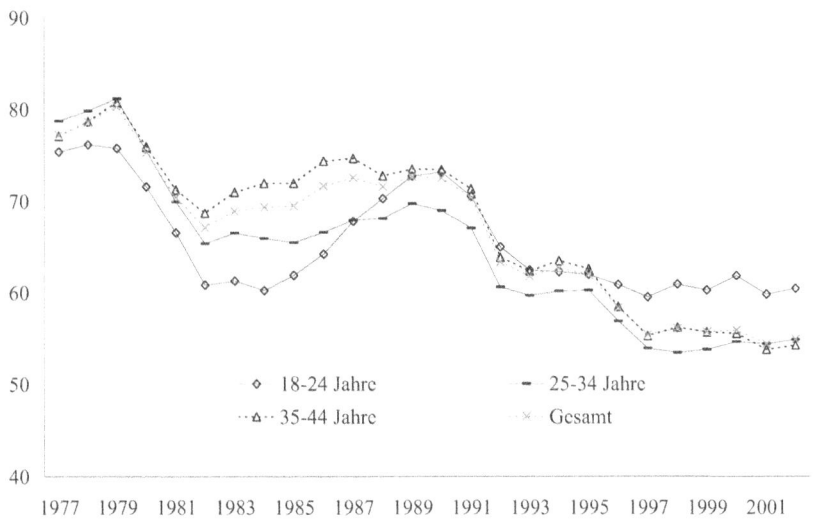

Während die Abnahme der Demokratiezufriedenheit in den 1980er Jahren als Spät-
folge der Protestbewegungen der 1960er und 1970er Jahre gedeutet werden kann,
dürfte die Abnahme nach 1990 vor allem durch die nicht erfüllten Erwartungen
nach der deutschen Wiedervereinigung und die negative wirtschaftliche Entwicklung bedingt sein. Dass die 68er-Bewegung sowie die Proteste der 1970er und
frühen 1980er Jahre vor allem durch Teile der Jugend getragen wurden, ist un-
bestritten, während die Enttäuschung nach der Wiedervereinigung alle Altersgruppen betroffen haben dürfte.

Der Protest der 1960er und 1970er Jahre entsprang zunächst aus der Kritik an
der Art und Weise wie die ältere Generation mit ihrer Verantwortung für das Dritte
Reich umging. Darüber hinaus lieferten aber auch zahlreiche umstrittene politische

Entscheidungen (z.B. Radikalenerlass, Paragraph 218, Ausbau der Atomkraft, Nachrüstungsbeschluss) Anlass zur Unzufriedenheit und Kritik. Bei dieser Protestbewegung handelte es sich freilich nicht um ein Massenphänomen. Nur ein kleiner Teil der vor allem höher gebildeten jüngeren Bevölkerung beteiligte sich aktiv an den Protesten, und auch die allgemeine Zustimmung zur Protestbewegung hielt sich zunächst in Grenzen. Im Zeitverlauf erhielten die Forderungen der Protestbewegung allerdings nicht nur Zustimmung, sondern sie wurden durch die neu gegründete Partei der Grünen auch institutionalisiert. Die Unterstützer der Protestbewegung wie auch der neu gegründeten Partei setzten sich vor allem aus jungen und hoch gebildeten Personen zusammen und besaßen eine durchaus kritische Haltung zum politischen System Deutschlands.

Dennoch waren die Unterschiede hinsichtlich der Bewertung der Demokratie in Deutschland zwischen den Altersgruppen Ende der 1970er Jahre noch eher gering (Abbildung 1). Vor dem Regierungswechsel 1982 hatte die sozial-liberale Koalition in der Jugend durchaus Hoffnungen auf „mehr Demokratie" geweckt. Angesichts des politischen Umfelds und der Beschränkung des Protestes auf Teile der Jugend ist es somit nachvollziehbar, dass die Unterstützung für das politische System unter den Jugendlichen sich zunächst nicht deutlich von der Unterstützung bei den Älteren unterschied. Durch den Regierungswechsel 1983 änderte sich das allerdings, da größere Teile der Jugend von der neuen christlich-liberalen Regierung eher eine Verschlechterung bei der Durchsetzbarkeit ihrer politischen Vorstellungen erwarteten.

Mitte der 1980er Jahre waren die Unterschiede zwischen den Altersgruppen besonders groß, wobei die 18- bis 24-Jährigen mit Abstand am wenigsten zufrieden waren, gefolgt von den 25- bis 34-Jährigen. Unmittelbar nach dem Regierungswechsel zeigten sich nur etwas mehr als 60 Prozent mit der Demokratie zufrieden. In der zweiten Hälfte der 1980er Jahre stieg die Demokratiezufriedenheit bei den 18- bis 24-Jährigen allerdings am stärksten an, so dass 1990 73 Prozent dieser jüngsten Altersgruppe zufrieden waren. Damit waren sie etwa genauso zufrieden wie der Bevölkerungsdurchschnitt und deutlich zufriedener mit der Demokratie als die Altersgruppe zwischen 25 und 34 Jahren.

Die Demokratiezufriedenheit bei den 18- bis 24-Jährigen entwickelte sich auch nach der Wiedervereinigung teilweise gegen den Trend. Bis in die Mitte der 1990er Jahre entsprach die Zufriedenheit bei den Jugendlichen zwar weiter der des Bevölkerungsdurchschnitts, doch danach sank sie im Gegensatz zu allen anderen Altersgruppen nicht weiter ab. Das führte dazu, dass die 18- bis 24-Jährigen seit 1997 die zufriedenste Altersgruppe sind.

Betrachtet man die Beziehung zwischen Demokratiezufriedenheit und Lebensalter im gesamten Untersuchungszeitraum, so zeigt sich meist ein schwacher positiver Zusammenhang (r = 0,04). Diese Beziehung könnte durch einen Lebenszykluseffekt erklärt werden. Danach führt die mit höherem Lebensalter stärkere gesellschaftliche Integration und wirtschaftliche Potenz des Einzelnen zu einer Zunahme der Zufriedenheit mit dem politischen System. Doch die meist sehr schwachen Beziehungen sowie die beschriebene unterschiedliche Entwicklung der Demokratiezufriedenheit bei den 18- bis 24-Jährigen lassen größere Zweifel an einem starken Lebenszykluseffekt aufkommen.

Überzeugender ist dagegen die Annahme eines Generationeneffekts. Dieser geht davon aus, dass grundlegende politische Haltungen wie die Demokratiezufriedenheit in der Jugend erworben werden und sich dann im späteren Leben nur geringfügig verändern. Zwar reagieren alle Kohorten ähnlich auf starke Periodeneffekte wie die Wiedervereinigung, doch eine Kohorte die in ihrer Jugend eine besonders skeptische Einschätzung des politischen Systems erworben hat, wird diese Position relativ zu den anderen Kohorten auch im Alter beibehalten. So zeichnen sich Befragte, die zwischen 1950 und 1970 geboren wurden und somit von der Protestbewegung besonders beeinflusst werden konnten, durch eine durchgängig unterdurchschnittliche Demokratiezufriedenheit aus (Abbildung 2). Demgegenüber waren die nach 1970 geborenen Befragten – etwas überraschend – stets überdurchschnittlich zufrieden mit der Demokratie in Deutschland. Die bei den Altersgruppen beobachtete Änderung der Demokratiezufriedenheit lässt sich somit eher durch den Generationenwechsel als durch den Lebenszykluseffekt erklären.

*Abbildung 2:* Demokratiezufriedenheit in Westdeutschland 1977-2002 nach Geburtsjahrgängen (in Prozent)

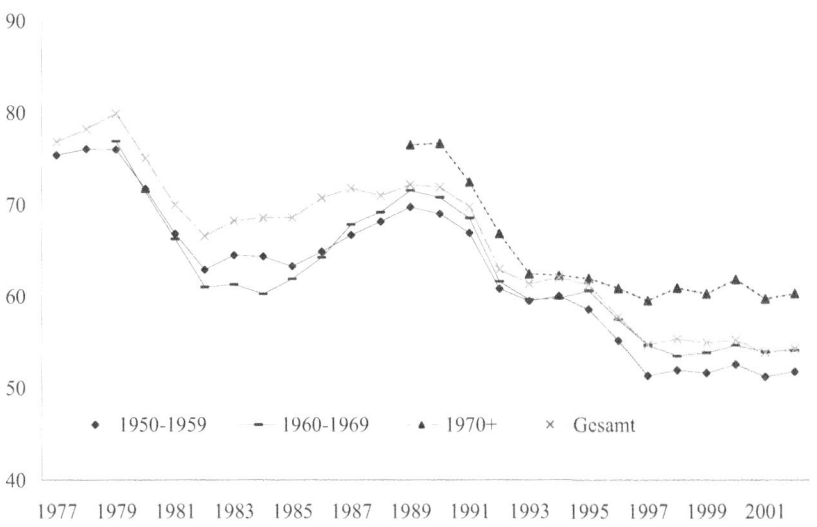

Wie eingangs schon erwähnt, hat sich die sozialstrukturelle Zusammensetzung der Jugend im Untersuchungszeitraum stark verändert. Somit kommen im Zeitverlauf nicht nur neue junge Kohorten nach, sondern die Mitglieder dieser Kohorten befinden sich immer häufiger in Ausbildung, sie haben öfters einen höheren Bildungsabschluss und sind ledig. Somit könnten bereits diese sozialstrukturellen Merkmale die Unterschiede hinsichtlich der Demokratiezufriedenheit zwischen den Kohorten erklären.

Da sich die Unterschiede zwischen den Kohorten im Hinblick auf den Bildungsabschluss im Gegensatz zu den Unterschieden bezüglich der Berufstätigkeit und des Familienstandes mit dem Älterwerden kaum mehr verändern, wird im Folgenden die differenzierte Untersuchung der Beziehung zwischen Alter und Demokratiezufriedenheit auf Gruppen mit unterschiedlichen formalen Bildungsabschlüssen beschränkt. Dieses Merkmal eignet sich bei der Analyse der Veränderung der Demokratiezufriedenheit bei Personen unterschiedlichen Alters besonders gut, da es auch mit der Teilnahme oder Unterstützung der Protestbewegungen in positivem Zusammenhang steht.

*Abbildung 3:* Demokratiezufriedenheit in Westdeutschland 1977-2002 in Kohorten mit niedrigen Bildungsabschlüssen (in Prozent)

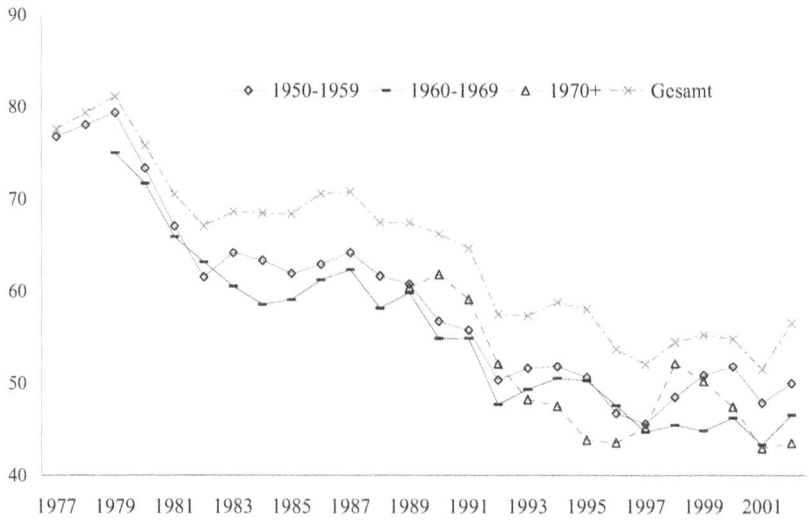

Betrachtet man die Entwicklung der Demokratiezufriedenheit bei den Kohorten mit niedrigen Bildungsabschlüssen, dann gibt es zwei überraschende Ergebnisse (Abbildung 3). Zum einen spielt die deutsche Wiedervereinigung für diese Kohorten eine geringere Rolle. Die Abnahme der Demokratiezufriedenheit erfolgte seit 1980 mehr oder minder gleichmäßig. 1990 bildete kein Zwischenhoch, vielmehr verminderte sich der Anteil der Zufriedenen mit der Demokratie unter den Kohorten mit niedriger Schulbildung seit 1987 kontinuierlich. Zum anderen wiesen die nach 1970 Geborenen ebenso wie die benachbarte Kohorte der zwischen 1960 und 1969 Geborenen eine deutlich unterdurchschnittliche Zufriedenheit mit der Demokratie im gesamten Untersuchungszeitraum auf, der für die erste Kohorte 1978 und für die zweite 1988 begann. Im Mittel waren die Mitglieder dieser Kohorten mit niedrigen Bildungsabschlüssen um rund acht Prozentpunkte weniger zufrieden als die Gruppe der niedrig Gebildeten. Die Jugendlichen mit niedrigen Bildungsabschlüssen können somit für die überdurchschnittlich hohe Zufriedenheit der Jugendlichen zwischen 18 und 25 Jahren seit Mitte der 1990er Jahre nicht verantwortlich sein.

*Abbildung 4:*    Demokratiezufriedenheit in Westdeutschland 1977-2002
in Kohorten mit mittleren Bildungsabschlüssen (in Prozent)

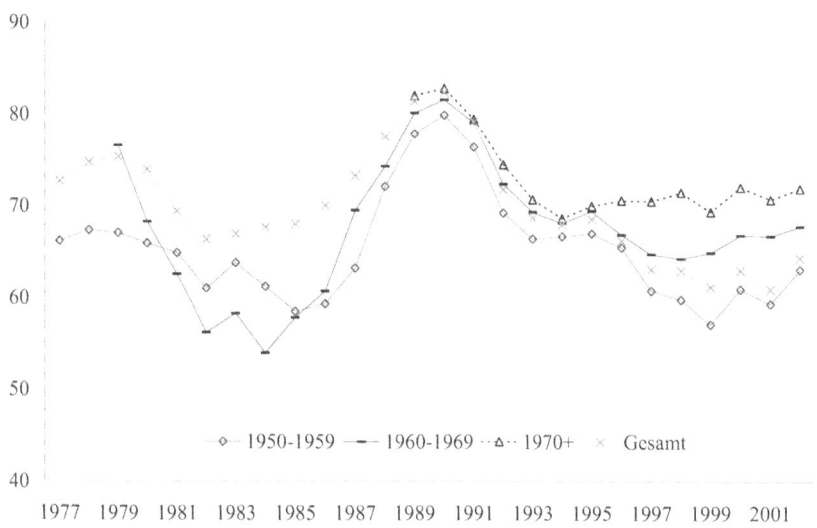

Bei den Kohorten mit mittleren Bildungsabschlüssen erkennt man die für die Gesamtbevölkerung beschriebene Beziehung zwischen Demokratiezufriedenheit und Kohorten schon viel eher (Abbildung 4). Nach 1982 stieg die Demokratiezufriedenheit bei allen Kohorten kontinuierlich an. Die zwischen 1950 und 1959 sowie zwischen 1960 und 1969 Geborenen, also die damalige Jugend, war mit Abstand am wenigsten zufrieden. Die Demokratiezufriedenheit erreichte ihr Zwischenhoch allerdings nicht bei allen Kohorten 1990, sondern bei manchen schon ein bis zwei Jahre früher. Offenkundig mischte sich bei einigen Kohorten die Freude über die Wiedervereinigung mit Befürchtungen. Die Kohorte der zwischen 1960 und 1969 Geborenen mit mittleren Bildungsabschlüssen war im gesamten Untersuchungszeitraum stets weniger zufrieden als der Durchschnitt der Personen mit mittlerer Bildung (im Mittel um vier Prozentpunkte). Dagegen unterschieden sich die nach 1970 Geborenen mit mittleren Bildungsabschlüssen in der Periode nach 1988 im Mittel nicht vom Durchschnitt der Personen mit mittleren Abschlüssen. Somit kommt also auch diese Kohorte für die Erklärung der hohen Zufriedenheit der Jugend in den 1990er Jahren nicht in Frage.

Die unerwartet hohe Demokratiezufriedenheit unter den Jugendlichen in den 1990er Jahren lässt sich durch die Einstellungen und Einstellungsänderungen der Kohorten mit hohen Bildungsabschlüssen erklären (Abbildung 5). Der steile Anstieg der Demokratiezufriedenheit bei den 18- bis 24-Jährigen in der zweiten Hälfte der 1980er Jahre ist vor allem auf die Einstellungsänderung der zwischen 1960 und 1969 Geborenen mit hohen Bildungsabschlüssen zurückzuführen. Diese Kohorte zeigte sich in den frühen 1980er Jahren zunehmend enttäuscht von der Demokratie in Deutschland, so dass in der Mitte der 1980er Jahre nur noch rund 55 Prozent zufrieden waren und damit zum Teil zehn Prozentpunkte unter dem Durchschnitt für Personen mit hohen Bildungsabschlüssen lag. In den Jahren zwischen 1985 und der Wiedervereinigung nahm die Demokratiezufriedenheit bei dieser Kohorte dann kontinuierlich und überproportional stark zu und erreichte 1990 mit über 80 Prozent fast den damaligen Durchschnitt für Personen mit hohen Bildungsabschlüssen. In den Folgejahren bis Mitte der 1990er Jahre zeichnete sich diese Kohorte durch eine durchschnittliche Demokratiezufriedenheit aus.

*Abbildung 5:* Demokratiezufriedenheit in Westdeutschland 1977-2002 in Kohorten mit hohen Bildungsabschlüssen (in Prozent)

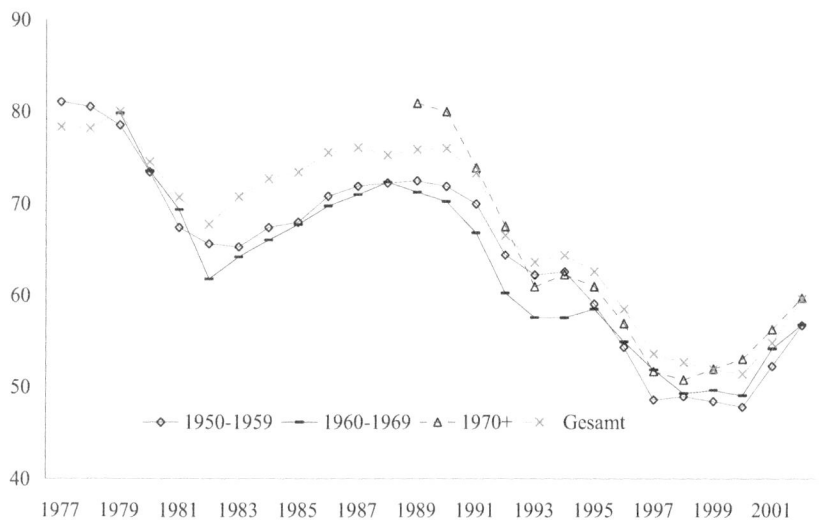

Die Kohorte der nach 1970 Geborenen zeigte sich zur Zeit der Wiedervereinigung ähnlich zufrieden mit der Demokratie in Deutschland wie die nächst ältere Kohorte oder wie der Durchschnitt der Personen mit hohen Schulabschlüssen. Bis 1995 veränderten diese beiden Kohorten ihre Einstellungen zur Demokratie in Deutschland in Einklang mit dem Durchschnitt der Personen mit hohen Bildungsabschlüssen. Erst nach 1996 gab es eine unterschiedliche Entwicklung, wobei die Zufriedenheit der Kohorte der nach 1970 Geborenen mit der Demokratie in den Folgejahren konstant bei rund 70 Prozent blieb, während die Zufriedenheit der älteren Kohorte um rund fünf Prozentpunkte sank.

Die These, die Jugend hätte den politischen Mainstream verlassen und sei nun wieder in ihn zurückgekehrt, lässt sich anhand der Ergebnisse zur Veränderung der Demokratiezufriedenheit der Jugend im Zeitverlauf nur eingeschränkt bestätigen. In der Tat zeigten sich die Jugendlichen insbesondere in den 1980er Jahren deutlich skeptischer gegenüber der Demokratie in Deutschland als ältere Befragte und sie gehören seit Mitte der 1990er Jahre zu den zufriedenen Altersgruppen. Doch für diese Veränderung über die Zeit ist nicht die gesamte Jugend verantwortlich. Vielmehr zeigten sich die Jugendlichen mit niedrigen und mittleren Bildungsabschlüssen im gesamten Untersuchungszeitraum mit der Demokratie zum Teil weniger zufrieden als die älteren Kohorten mit vergleichbaren Bildungsabschlüssen. Die Einstellungen dieser Teilgruppe zur Demokratie entwickelten sich weitgehend im Einklang mit der Entwicklung für die Gesamtbevölkerung. Die Veränderungen gegenüber der politischen Hauptrichtung in der Bevölkerung beschränken sich damit weitgehend auf die Veränderungen bei der Gruppe der Jungen mit hohen Bildungsabschlüssen. Die Unzufriedenheit war in den 1980er Jahren in besonderem Maße bei diesen Teilen der Jugend verbreitet. In der Folgezeit änderten die damals jungen Kohorten mit hohen Bildungsabschlüssen ihre Haltungen deutlich, und sie sind seit Anfang der 1990er Jahre im Mainstream angekommen. Zusätzlich weisen die heute jüngeren Kohorten eine deutlich positivere Einschätzung der Demokratie in Deutschland auf als die älteren Jahrgänge.

## 5. Parteienzufriedenheit

Bei Untersuchungen der Systemzufriedenheit werden Einstellungen gegenüber politischen Parteien oft vernachlässigt, da es sich bei Parteien im Sinne Eastons (1979) um so genannte „kontroverse" Elemente des politischen Systems handelt, deren Bewertung von tagespolitischen Positionen abhängt. Parteien sind aber gleichzeitig ein wichtiger Bestandteil jeder demokratischen Ordnung, die bei der Rekrutierung von politischem Personal und der Bündelung von Interessen eine bedeutende Rolle spielen (Hoffmann-Lange 1995c: 183). Daher ist es gerechtfertigt, sie auch im Hinblick auf die Legitimität des politischen Systems in die Analyse einzubeziehen.

Abbildung 6 zeigt für die Bevölkerung in Westdeutschland, dass die beste Bewertung einer politischen Partei in den letzten 25 Jahren abgenommen hat. Insbesondere nach ihrem Höhepunkt Ende der 1970er Jahre unterlag sie bis Ende der 1980er Jahre einem kontinuierlichen Abwärtstrend. Mit der deutschen Wiedervereinigung 1989 erlebte sie einen kurzen steilen Anstieg, um dann in der Folgezeit ebenso schnell wieder abzusinken. Danach ist bis Mitte der 1990er Jahre wieder ein deutlicher Anstieg zu beobachten. Er fällt in den Anfang der letzten Legislaturperiode der Regierung Kohl, die von einem kurzzeitigen ökonomischen Aufschwung geprägt war. Nach einem weiteren kurzen Abfall scheint die Parteienzufriedenheit eine Art Sockelniveau erreicht zu haben, um das sie sich in der Folgezeit in mäßigen Schwankungen bewegt. Zum Ende der Betrachtungsperiode deutet sich jedoch eine leichte Aufwärtsbewegung an. Ob dies zu einer langsamen Trendumkehr führen wird, ist mit den vorliegenden Zahlen nicht nachzuweisen und wird sich erst in Zukunft zeigen.

*Abbildung 6:*  Parteienzufriedenheit in Westdeutschland 1977-2002 nach Altersgruppen (-5 = sehr unzufrieden bis +5 = sehr zufrieden)

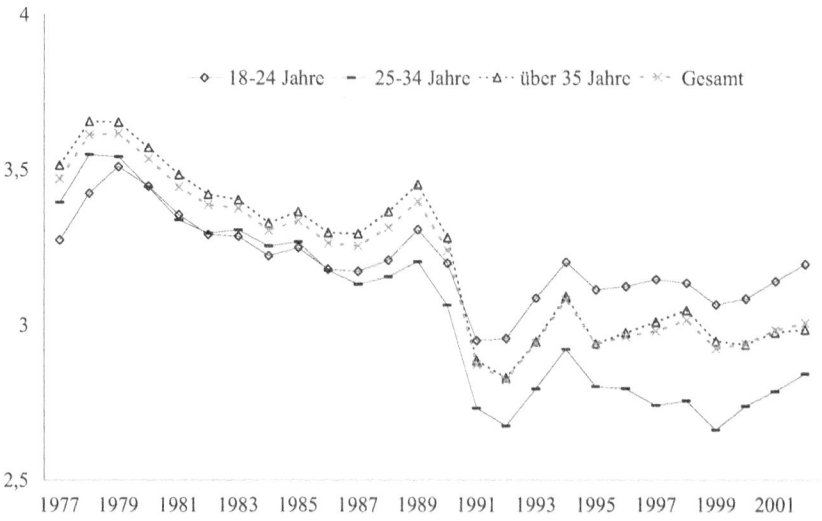

Im Zeitverlauf zeigen sich vor allem in den 1980er Jahren relativ geringe Unterschiede in der Parteienzufriedenheit der verschiedenen Altersgruppen. Nach einigen Schwankungen zu Beginn der 1990er Jahre haben sich diese in den letzen zehn Jahren deutlich vergrößert. Diese Entwicklung wird im Hinblick auf ihre Auswirkungen für die einzelnen Gruppen im Folgenden untersucht.

Generell zeigt sich, dass insbesondere in den 1970er und 1980er Jahren die Jugend den Parteien kritischer gegenüberstand als die älteren Altersgruppen. In diesem Zeitabschnitt zeigt sich der erwartete Zusammenhang, wonach im Lebenszyklus mit steigendem Alter auch die Zufriedenheit mit den Parteien zunimmt (r = 0,11). Zudem ist der Unterschied zwischen der Jugend und den anderen Altersgruppen durchaus mit der These einer Entfernung der Jugendlichen vom Mainstream vereinbar. Anfang der 1990er Jahre, mit dem beschriebenen massiven Rückgang der Zufriedenheit in der Gesamtbevölkerung, löst sich dieser Zusammenhang auf, da bei den 18- bis 24-Jährigen der Rückgang der Zufriedenheit geringer ausfällt als bei den übrigen Altersgruppen. Insgesamt zeigen die Daten, dass die Jugend auf die anfängliche Euphorie und die spätere Ernüchterung in Bezug auf die Wiedervereinigung weniger stark reagiert hat als andere Altersgruppen.

Ab 1991 kann damit nicht mehr von einer im Vergleich zur Gesamtbevölkerung stark systemkritischen Jugend ausgegangen werden. Vielmehr ist die Einstellung der 18- bis 24-Jährigen gegenüber den Parteien deutlich besser als in den
anderen Altersgruppen. Bemerkenswert ist dabei, dass sich die Zufriedenheit der
Jugend selber im Zeitverlauf wenig verändert hat und 2002 wieder ähnliche Werte
erreicht wie 1977. Somit ist es vor allem der sinkenden Zufriedenheit in den anderen Altersgruppen zuzurechnen, dass seit Beginn der 1990er Jahre die 18- bis 24-
Jährigen zu den zufriedensten Altersgruppen in Deutschland gehören. Offensichtlich hat sich die Jugend dem gesamtgesellschaftlichen Abwärtstrend entzogen.
Besonders auffallend ist dabei, dass die nächst höhere Altersgruppe (25- bis 34-
Jährige) diese Abkehr vom Gesamttrend nicht mit vollzieht, sondern über die gesamten 25 Jahre zu den unzufriedensten Gruppen gehört.

Wie schon bei der Demokratiezufriedenheit weisen die Befunde für den Ge-
samtzeitraum nicht auf eine allein durch lebenszyklische Effekte zu erklärende
Veränderung der Parteienzufriedenheit hin. Daher soll auch hier die Annahme
eines Generationeneffekts untersucht werden.

*Abbildung 7:*   Parteienzufriedenheit in Westdeutschland 1977-2002 nach
                 Geburtsjahrgängen (-5 = sehr unzufrieden bis +5 = sehr zufrieden)

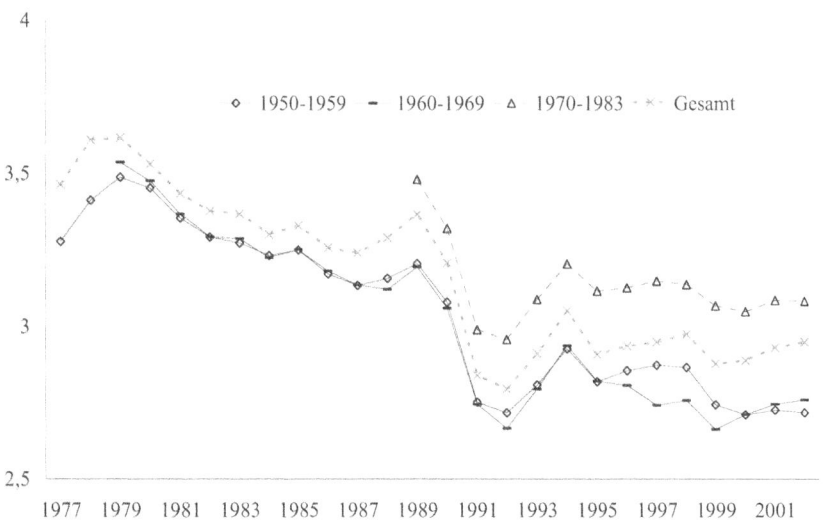

Betrachtet man den Verlauf der Einstellungen in einzelnen Geburtskohorten (Abbildung 7), wird deutlich, dass in den 1990er Jahren ein Generationswechsel stattgefunden hat, der eine Jugend hervorbrachte, die sich in ihren Einstellungen gegenüber den Parteien deutlich von der vorangegangenen unterscheidet. Die Geburtsjahrgänge 1960-1969 und 1950-1959 weisen bei ihrem Eintritt ins Wahlalter
eine niedrigere Parteienzufriedenheit auf als die Gesamtbevölkerung. Im Zeitver-

lauf nimmt diese dann leicht aber stetig ab, wobei die Entwicklung einen fast identischen Verlauf mit derjenigen der Gesamtbevölkerung aufweist. Da beide Gruppen im gesamten Betrachtungszeitraum deutlich unzufriedener mit den Parteien bleiben als die Gesamtbevölkerung, scheint es sich hier um die Kohorten zu handeln, die die Studentenproteste der 1970er und 1980er Jahre getragen hat.

Anders sieht dies bei den Jahrgängen ab 1970 aus: Sie sind bei ihrem Eintritt ins Wahlalter positiver gegenüber den Parteien eingestellt als die Gesamtbevölkerung. Offenbar handelt es sich dabei um eine neue Generation von Jugendlichen, die nicht mehr stark kritisch den Parteien gegenüber eingestellt ist. Obwohl auch bei diesen Geburtsjahrgängen in den 1990er Jahren eine deutliche Ernüchterung den Parteien gegenüber einsetzt, bleiben sie in ihrer Zufriedenheit deutlich über dem Durchschnitt und noch weiter über den Protestgenerationen.

Die bisherigen Ergebnisse sprechen demnach für die Existenz eines Generationeneffektes. Hierbei zeigt sich, dass die ab 1970 geborenen Jugendlichen und Erwachsenen den politischen Parteien insgesamt positiver gegenüber stehen als ihre Vorgängergenerationen. Bei der Betrachtung von Abbildung 5 fällt zudem auf, dass die Verlaufskurven für alle Geburtsjahrgänge eine ähnliche Struktur aufweisen. Dies lässt darauf schließen, dass große politische Ereignisse, wie z.B. die deutsche Wiedervereinigung, auf alle Altersgruppen eine ähnliche Wirkung ausüben, während sich das Niveau der Zufriedenheit, auf dem die Jugendlichen zum Zeitpunkt ihrer ersten Wahlerfahrung sind, deutlich verändert hat.

*Tabelle 1:* Kohortenanalyse der Parteienzufriedenheit in Westdeutschland 1977-2002 (-5 = sehr unzufrieden bis +5 = sehr zufrieden)

|  | 1977-1982 | 1983-1987 | 1988-1992 | 1993-1997 | 1998-2002 |
|---|---|---|---|---|---|
| 18-24 Jahre | 3,38 | 3,28 | 3,15 | 3,07 | 3,15 |
| 25-29 Jahre | 3,44 | 3,25 | 3,03 | 2,77 | 2,82 |
| 30-34 Jahre | 3,42 | 3,34 | 3,09 | 2,75 | 2,76 |
| 35-39 Jahre | 3,55 | 3,35 | 3,18 | 2,79 | 2,80 |
| 40-44 Jahre | 3,54 | 3,38 | 3,16 | 2,82 | 2,82 |
| 45-49 Jahre | 3,55 | 3,40 | 3,21 | 2,80 | 2,95 |
| 50-59 Jahre | 3,54 | 3,39 | 3,21 | 2,85 | 3,02 |
| 60 Jahre u. älter | 3,57 | 3,43 | 3,39 | 3,07 | 3,27 |

Tabelle 1 zeigt anhand des Vergleichs der Entwicklung einzelner Geburtskohorten nochmals, dass die Jugend in ihren Einstellungen über die letzten 25 Jahre relativ konstant geblieben ist. Große Veränderungen fanden vor allem in den mittleren Altersgruppen statt und haben im Mittel zu einem merklichen Rückgang der Parteienzufriedenheit in Deutschland geführt. Darüber hinaus wird hier der starke Abfall der Parteienzufriedenheit zwischen dem Lebensabschnitt von 18-24 Jahren und dem darauf folgenden von 25-29 Jahren sichtbar. Wie bereits festgestellt, hat sich diese Einstellungsänderung am Ende der Jugendphase seit den 1980er Jahren stark vergrößert. Sank die gemessene Zufriedenheit in dieser Zeit noch um lediglich 0,13 Einheiten, betrug der Rückgang Anfang der 1990er Jahre bereits 0,25 und Mitte der 1990er Jahre dann 0,38 Einheiten.

Nach diesem Bruch ist laut Tabelle 1 in der Entwicklung aller betrachteten Geburtsjahrgänge ein weiterer Rückgang der Parteienzufriedenheit zu beobachten. Erst die letzte Beobachtungsperiode von 1998 bis 2002 bringt eine leichte Umkehr dieses Trends. Zum einen ist hier der Rückgang der Zufriedenheit zwischen den 18- bis 24-Jährigen und den 25- bis 29-Jährigen geringer als in der vorangegangenen Periode. Zum anderen verbessert sich die Einstellung gegenüber den Parteien in allen anderen Gruppen etwas. Die vorliegenden Ergebnisse deuten also insgesamt auf einen Periodeneffekt hin, der offenbar zeitlich mit dem Regierungswechsel in Berlin 1998 einhergeht.

Die Analyse der Demokratiezufriedenheit hat gezeigt, dass die formale Bildung einen erheblichen Einfluss auf die Einstellungen der Jugendlichen hat. Da sich, wie bereits gezeigt, das Bildungsniveau in Deutschland in den letzten 25 Jahren erheblich gewandelt hat, stellt sich die Frage, wie sich die Parteienzufriedenheit in den verschiedenen Bildungsgruppen verändert hat. Das Hauptergebnis aus Tabelle 2 ist die Tatsache, dass die Parteienzufriedenheit bei Befragten mit hoher formaler Bildung über den gesamten Betrachtungszeitraum am geringsten ist. Allerdings ist der Unterschied zwischen den verschiedenen Bildungsgruppen trotz einiger Schwankungen im Laufe der Zeit klar zurückgegangen. Dies verdeutlicht auch die Differenz zwischen den niedrig und den hoch Gebildeten. Vor allem bei den Jugendlichen nehmen bildungsspezifische Unterschiede im Zeitverlauf stark ab. Dies kann als ein weiteres Indiz dafür angesehen werden, dass die systemkritische Jugend der 1970er und 1980er Jahre, die vor allem in den höheren Bildungsschichten vorhanden war, heute nicht mehr existiert. Generell weisen vor allem bei den Jugendlichen die höher Gebildeten relativ konstante Einstellungen auf, während bei niedriger Gebildeten eine sinkende Zufriedenheit zu beobachten ist.

*Tabelle 2:*  Parteienzufriedenheit in Westdeutschland 1977- 2002 nach Bildung
(-5 = sehr unzufrieden bis +5 = sehr zufrieden)

|  | 1977-1982 | 1983-1987 | 1988-1992 | 1993-1997 | 1998-2002 |
|---|---|---|---|---|---|
| **18-24 Jahre** | | | | | |
| niedrig | 3,56 | 3,37 | 3,37 | 3,18 | 3,29 |
| mittel | 3,38 | 3,29 | 3,19 | 3,10 | 3,15 |
| hoch | 3,11 | 3,18 | 2,97 | 3,00 | 3,11 |
| Differenz[a] | 0,45 | 0,20 | 0,40 | 0,18 | 0,18 |
| **Gesamt** | | | | | |
| niedrig | 3,56 | 3,39 | 3,33 | 3,01 | 3,13 |
| mittel | 3,51 | 3,37 | 3,21 | 2,91 | 2,98 |
| hoch | 3,26 | 3,23 | 2,96 | 2,70 | 2,87 |
| Differenz[a] | 0,30 | 0,16 | 0,37 | 0,31 | 0,26 |

a  Differenz der Parteienzufriedenheit zwischen niedrig und hoch gebildeten Befragten.

Formale Bildung hat also für die Parteienzufriedenheit von Jugendlichen an Trennschärfe verloren. Bei der Gesamtbevölkerung waren die Unterschiede zwischen den Bildungsgruppen bereits zu Beginn des Betrachtungszeitraumes moderater und haben sich insgesamt nur wenig geändert. Die Jugend hat sich demnach seit Ende der 1980er Jahre an die in der Gesamtbevölkerung vorherrschenden Beziehungsmuster zwischen Bildung und Parteienzufriedenheit angenähert.

Somit können die für die Demokratiezufriedenheit erarbeiteten Befunde über den Einfluss der formalen Bildung für die Einstellung gegenüber den politischen Parteien nicht reproduziert werden. Entsprechende Analysen mit den Geburtskohorten brachten keine vergleichbaren Resultate. Es bleibt jedoch festzuhalten, dass auch hinsichtlich der Parteienzufriedenheit die am Anfang genannte These über die Entwicklung der Jugend im Vergleich zur Gesamtgesellschaft nicht eindeutig belegt werden konnte. Zwar kann für die 1980er Jahre von einer hinsichtlich der Parteien deutlich kritischeren Jugend ausgegangen werden, die den Mainstream verlassen hatte. Zudem fand in der Folgezeit ein Generationswechsel statt, der eine relativ positiv eingestellte Jugend hervorbrachte. Die hoch gebildeten Jugendlichen, die nachweislich als Träger der Protestgeneration der 1970er und 1980er auszumachen sind, bleiben in ihren Einstellungen jedoch über den gesamten Zeitraum hinweg auf vergleichbarem Niveau, während sich die niedrigeren Bildungsgruppen ihnen angenähert haben.

## 6. Fazit

Die Jugend ist seit Ende der 1970er Jahre weniger rebellisch und systemkritisch geworden. Gehörten die unter 25-Jährigen am Anfang des Untersuchungszeitraums noch zu den am wenigsten mit der Demokratie und den Parteien zufriedenen Altersgruppen, so übertrafen sie seit Mitte der 1990er Jahre beinahe alle älteren Altersgruppen in dieser Hinsicht.

Die These, dass Teile der Jugend den politischen Mainstream in der Folge der 68er Protestbewegung verlassen hätten, lassen sich mit den Ergebnissen der Analyse, und hier insbesondere mit den aufgezeigten Veränderungen der Einstellungen zum politischen System, durchaus vereinbaren. Allerdings könnten die nicht allzu großen Differenzen zwischen den Altersgruppen auch durch Lebenszykluseffekte erklärt werden. Die Tatsache, dass die Jugend der späten 1970er und 1980er Jahre dennoch nicht nur aufgrund ihres Alters systemkritischer war, legen die in den Folgejahren meist unterdurchschnittlichen Bewertungen der Demokratie und der Parteien in Deutschland bei dieser Kohorte nahe. Insoweit kommt für die deutlich veränderte Position der 18- bis 24-Jährigen innerhalb der Altersgruppen vor allem ein Generationenwechsel zu Beginn der 1990er Jahre als wichtiger Grund in Frage. Es wäre allerdings unangemessen anzunehmen, dass die heutige Jugend die Demokratie und die politischen Parteien wesentlich positiver bewerten würde als die entsprechende Altersgruppe zu Beginn des Untersuchungszeitraums Ende der 1970er Jahre. Vielmehr haben die allgemein gesunkene Demokratiezufriedenheit und die gestiegene Parteienverdrossenheit die Jugend weniger erfasst als andere Altersgruppen. Die „Rückkehr der Jugend in den Mainstream" und die mittlerweile sogar überdurchschnittlich positive Einschätzung der Demokratie und der Parteien unter den 18- bis 24-Jährigen ist folglich weniger auf Einstellungsänderungen bei der Jugend als vielmehr auf die kritischere Haltung der Älteren zurückzuführen. Somit hat sich nicht die Jugend auf den Mainstream zu bewegt, sondern der Mainstream hat sich verlagert.

Die 68er Protestbewegung wurde vor allem durch junge, hoch gebildete Personen getragen. Deshalb wurde im vorliegenden Beitrag auch der Frage nachgegangen, wie die Jugend mit unterschiedlichem Bildungsstatus ihre Einstellungen zum politischen System im Untersuchungszeitraum verändert hat. Dabei ergab sich zunächst der überraschende Befund, dass in der ansonsten vergleichbaren Entwicklung bei der Bewertung der Demokratie und der politischen Parteien in Deutschland bei der Jugend Unterschiede auftraten. Die politischen Partien wurden im gesamten Zeitraum zwischen 1977 und 2002 von den Jugendlichen mit hohen Bildungsabschlüssen weniger positiv bewertet als von denjenigen mit niedrigen Schulabschlüssen, auch wenn diese Differenzen im Zeitverlauf abgenommen haben. Die hoch gebildeten Jugendlichen waren in den 1980er Jahren auch besonders unzufrieden mit der Demokratie in Deutschland, was durchaus in Einklang mit der Beobachtung zu bringen ist, dass die Protestbewegung maßgeblich durch junge Akademiker getragen wurde. Dieses Bild änderte sich allerdings nach 1990 deutlich. Danach zeigten sich die Jugendlichen mit hohen Bildungsabschlüssen deutlich zufriedener mit der Demokratie.

Nun könnte man diese Veränderung durch einen Generationenwechsel erklären. Doch die Kohortenanalyse zeigt für diejenigen Mitglieder der „Protestgeneration", die zwischen 1960 und 1969 geboren sind, eine bemerkenswerte Entwicklung. Die in den 1980er Jahren zunächst sehr kritischen Jugendlichen mit hoher Bildung änderten ihre Einstellungen gegenüber der Demokratie in Deutschland so stark, dass Anfang der 1990er Jahre kein Unterschied zwischen ihnen und der nachwachsenden Generation mit hohen Bildungsabschlüssen besteht. Wenn man also von einer Entfernung und Rückkehr der Jugend in den politischen Mainstream sprechen will, dann trifft das am besten für die hoch gebildeten Jugendlichen zu. Sie haben sich als Träger der Protestbewegung in den 1970er und 1980er Jahren nicht nur am weitesten vom Mainstream entfernt, sondern weisen auch in den 1990er Jahren die größten Veränderungen in ihren Einstellungen auf.

## Literatur

Achatz, Juliane (2000): Lebensverhältnisse in Deutschland im Spiegel subjektiver Wahrnehmung. In: Martina Gille/Winfried Krüger (Hrsg.): Unzufriedene Demokraten. Politische Orientierungen der 16 bis 29-Jährigen im vereinigten Deutschland. DJI-Jugendsurvey 2. Opladen: Leske + Budrich, 81-120.

Achatz, Juliane/Gaiser, Wolfgang/Gille, Martina/Kleinert, Corinna/Krüger, Winfried/de Rijke, Johann (2000): Jugendliche und junge Erwachsene 1992 und 1997: Eine kritische Bilanz. In: Gille Martina/Krüger, Winfried (Hrsg.): Unzufriedene Demokraten.

Politische Orientierungen der 16 bis 29-Jährigen im vereinigten Deutschland. DJI-Jugendsurvey 2. Opladen: Leske + Budrich, 81-120.

Almond, Gabriel/Verba, Sidney (Hrsg.) (1963): The Civic Culture. Political Attitudes and Democracy in Five Nations. Princeton, New Jersey: Princeton University Press.

Anderson, Thomas W. (1971): The Statistical Analysis of Time Series. New York: John Wiley&Sons.

Birg, Herwig (2001): Die demographische Zeitenwende. Der Bevölkerungsrückgang in Deutschland und Europa. München: Beck.

Conradt, David P. (1980): Changing German Political Culture. In: Almond, Gabriel A./Verba, Sidney (Hrsg.): The Civic Culture Revisited. Boston: Little, Brown, 212-272.

Easton, David (Hrsg.) (1979): A System Analysis of Political Life. New York u.a.: John Wiley & Sons (Erstausgabe 1965).

Fuchs, Dieter (2002): Das Konzept der politischen Kultur: Die Fortsetzung einer Kontroverse in konstruktiver Absicht. In: Fuchs, Dieter/Roller, Edeltraud/Wessels, Bernhard (Hrsg.): Bürger und Demokratie in Ost und West. Studien zur politischen Kultur und zum politischen Prozess. Wiesbaden: Westdeutscher Verlag, 27-49.

Gabriel, Oscar W. (1999): Politische Einstellungen und politisches Verhalten. In: Gabriel, Oscar W./Holtmann, Everhard (Hrsg.): Handbuch – Politisches System der Bundesrepublik Deutschland. München/Wien: Oldenbourg, 381-497.

Gille, Martina/Krüger, Winfried (Hrsg.) (2000): Unzufriedene Demokraten. Politische Orientierungen der 16- bis 29jährigen im vereinigten Deutschland. DJI-Jugendsurvey 2. Opladen: Leske + Budrich.

Hoffmann-Lange, Ursula (Hrsg.) (1995a): Jugend und Demokratie in Deutschland. DJI-Jugendsurvey 1. Opladen: Leske + Budrich.

Hoffmann-Lange, Ursula (Hrsg.) (1995b): Einleitung. In: Dies. (Hrsg.): Jugend und Demokratie in Deutschland. DJI-Jugendsurvey 1. Opladen: Leske + Budrich, 13-22.

Hoffmann-Lange, Ursula (1995c): Politische Grundorientierungen. In: Dies (Hrsg.): Jugend und Demokratie in Deutschland. DJI-Jugendsurvey 1. Opladen: Leske + Budrich, 159-194.

Hoffmann-Lange, Ursula (1995d): Jugend und Demokratie in Deutschland: Versuch einer Bilanz. In: Dies. (Hrsg.): Jugend und Demokratie in Deutschland. DJI-Jugendsurvey 1. Opladen: Leske + Budrich, 389-396.

Kaase, Max (1982): Partizipatorische Revolution – Ende der Parteien? In: Raschke, Joachim (Hrsg.): Bürger und Parteien. Opladen: Westdeutscher Verlag, 173-189.

Maier, Jürgen (2000): Politikverdrossenheit in der Bundesrepublik Deutschland. Dimensionen - Determinanten - Konsequenzen. Opladen: Leske + Budrich.

Maier, Jürgen (2003): Die üblichen Verdächtigen oder zu unrecht beschuldigt? Zum Einfluß politischer Skandale und ihrer Medienresonanz auf die Politikverdrossenheit in Deutschland. In: Bamberger Beiträge zur Politikwissenschaft, Nr. II-12, 2003.

Rattinger, Hans (1993): Abkehr von den Parteien? Dimensionen der Parteienverdrossenheit. In: Aus Politik und Zeitgeschichte. Beilage zur Wochenzeitung „Das Parlament" B 11, 24-35.

Westle, Bettina (1990): Zur Akzeptanz der politischen Parteien. In: Kaase, Max/Klingemann, Hans-Dieter (Hrsg.): Wahlen und Wähler. Analysen aus Anlaß der Bundestagswahl 1987. Opladen: Westdeutscher Verlag, 253-296.

Westle, Bettine (1999): Kollektive Identität im vereinigten Deutschland. Nation und Demokratie in der Wahrnehmung der Deutschen. Opladen: Leske + Budrich.

# Die ostdeutsche Jugend – im deutschen Vergleich besonders verdrossen oder auf dem Weg in eine gemeinsame politische Kultur?

*Gert Pickel*

## 1. Einleitung

Etwa Mitte der 1990er Jahre entbrannte in der bundesdeutschen Öffentlichkeit eine Debatte um eine steigende *Politikverdrossenheit*[1] der deutschen Jugend. In diese Debatte flossen sehr unterschiedliche Beobachtungen ein wie beispielsweise die Zunahme der Wahlenthaltungen bei Erstwählern in Bundes- und Landtagswahlen, ein steigendes Protestwahlverhalten, ein feststellbarer Rückgang des Vertrauens in politische Institutionen und eine zunehmend ungünstigere Bewertung von Politikern und Politik durch die jungen Bürger der jetzt wiedervereinigten Bundesrepublik. Auch eine (scheinbar) erhöhte Gewaltbereitschaft und Anfälligkeit für Überzeugungsmuster rechtsextremer Parteien sowie eine zunehmende Distanz der Jugend zu etablierten demokratischen Parteien wurden als Kennzeichen einer besonders reservierten Haltung dieser Gruppe gegenüber dem demokratischen System der Bundesrepublik ermittelt.

Dabei verwies man – speziell bei den zuletzt genannten Befunden – häufig auf die neuen Bundesländer, in denen allem Anschein nach das Zusammentreffen einer unseligen Vermengung von jugendlichem Protestbewusstsein und nachsozialistischen Ressentiments gegenüber dem neuen demokratischen System aufzufinden sei. Da allerdings gerade in diese Generation der ostdeutschen Jugend große Hoffnungen hinsichtlich der Annäherung der politischen Kulturen in West- und Ostdeutschland gesetzt werden (Pickel 2002; Pollack/Pickel 2000), ist der skizzierte Befund hinterfragungsbedürftig. Wäre gerade die ostdeutsche Jugend besonders „verdrossen" mit der Politik im politischen System der Bundesrepublik, so könnte die Hoffnung auf deren zukünftige Integration möglicherweise die Realität verfehlen und sogar auf eine weit länger anhaltende Trennung der politischen Kulturen West- und Ostdeutschlands hinweisen, als bislang angenommen.

Diese Frage bedarf als erstes einer systematischen Klärung der Unterschiede in den Einstellungen zwischen West- und Ostdeutschland. Hier ist auf die Diskussion um eine „ostdeutsche Sonderidentität" (Pickel 1998; Pollack/Pickel 1998)

---

1   Diese Debatte basierte auf der Diskussion über eine generell steigende Politikverdrossenheit der Bevölkerung (Arzheimer 2002; Erhardt/Sandschneider 1994; Maier 2000; Schedler 1993), die aber durch den Einbezug von Wahrnehmungen einer besonderen Politikdistanz junger Bürger (Gaiser u.a. 2000; Pickel 1996, 2002, 2004; Pickel/Walz 1997) ergänzt wurde.

beziehungsweise um eine „Mauer in den Köpfen" (Veen 1997) zu rekurrieren, die sich auf in den letzten Jahren durchgeführte Untersuchungen hinsichtlich der Folgen der Wiedervereinigung beider deutscher Staaten auf der Ebene der Einstellungen zum demokratischen System bezieht. Die Vielzahl an empirischen Analysen zeigt dabei relativ konstante Unterschiede in den politischen Einschätzungen des demokratischen Systems auf Seiten der Bürger in Ost- und Westdeutschland (unter anderem: Bauer 1991; Brunner/Walz 1998; Bulmahn 2000; Fuchs 1996, 1997; Gabriel 2000; Gabriel/Neller 2000; Gensicke 1998; Juhasz 2000; Müller 2005; Pollack 1997, 2000, 2001; Pollack/Pickel 1998, 2000; Veen 1997; Walz/Brunner 1997, 1998; Zelle 1998). Sind sich die Forscher in diesem Befund zumeist einig, so kann dies für die angebotenen Erklärungen der Unterschiede nicht behauptet werden.

Vor allem zwei Hypothesen stehen sich gegenüber: Dies ist (a) eine auf die Sozialisation abzielende Erklärung, welche die Persistenz der im Sozialismus internalisierten Werte als maßgeblich für die Unterschiede der Einstellungen zum demokratischen System in West- und Ostdeutschland annimmt (Fuchs 1997; Fuchs/Roller/Weßels 1997). Auf der Gegenseite steht (b) die Argumentation der Situationshypothese (Pickel 1998; Walz/Brunner 1997, 1998), die insbesondere die deutlichen Unterschiede zwischen West- und Ostdeutschland in der sozio-ökonomischen Lage für die Differenzen in der Beurteilung der Demokratie ausmacht. Beide Hypothesen bedingen für die Entwicklung der Jugend unterschiedliche Konsequenzen: (a) Nach der Sozialisationshypothese müssten sich die nachfolgenden Generationen mit zunehmender Entfernung zum sozialistischen System mehr und mehr dem Einstellungsmuster ihrer westdeutschen Altersgenossen annähern. (b) Nach der Situationshypothese dagegen dürften kaum Veränderungen oder Unterschiede gegenüber den bereits im Sozialismus sozialisierten Erwachsenen festzustellen sein, solange die Differenzen in der ökonomischen Lage Bestand haben.

Folgt man diesen Überlegungen, so stellt sich die Frage, in welcher Weise frühere Sozialisationsmuster des Sozialismus überhaupt noch Bedeutung für die heutigen Einstellungen der jungen Staatsbürger in Ostdeutschland besitzen. Oder aber es kann gefragt werden, inwieweit (negative) persönliche Erfahrungen der (erlebten) gesellschaftlich-politischen Übergangzeit Auswirkungen auf die Wertorientierungen und Einstellungen der Jugendlichen besitzen – und gegebenenfalls Politikverdrossenheit gerade bei der ostdeutschen Jugend forcieren.[2]

---

2    Entsprechend hat man es also nicht nur mit einer einfachen Fragestellung zu tun, sondern muss sich mit drei miteinander verzahnten, sich aber auch überlappenden Vergleichsfragestellungen auseinandersetzen, die (1) die Jugendlichen und jungen Erwachsenen im Gegensatz zu den Erwachsenen sehen, (2) unterschiedliche Unterformen politischer Verdrossenheit einander gegenüberstellen und (3) zwischen den Einstellungen der west- und der ostdeutschen Jugend Vergleiche ziehen.

## 2. Begriffe und theoretische Vorannahmen

Die in der Einleitung gestellten Fragen sind nur über die Verwendung präziser Begriffe zu klären. Vor allem zwei Begriffsfestlegungen sind für eine spätere Analyse notwendig: Was umfasst Jugend? Was ist Politikverdrossenheit?

Kommen wir zuerst zur Bestimmung dessen, was die Bezeichnung Jugend abbildet. Wenn in dem vorliegenden Aufsatz der Begriff *Jugend* gebraucht wird, so bezieht sich dieser sowohl auf *Jugendliche*, die in der Jugendforschung üblicherweise zwischen 14 und 18 Jahren angesiedelt werden (Hurrelmann 1994), als auch auf *junge Erwachsene* (Postadoleszente)[3], die zumeist zwischen 18 und 29 Jahre alt sind. Damit wird an einschlägige Definitionen der Jugendforschung angeschlossen, die diese Unterteilungen – Kindheit bis circa 14 Jahre, Jugendliche zwischen 14 und 18 Jahren, junge Erwachsene von 18 bis 29 Jahre – für moderne Gesellschaftsformen herausgearbeitet haben. Die im vorliegenden Beitrag vorgenommene Abgrenzung ist dabei pragmatischer Natur, da sie die theoretisch stichhaltigere Differenzierung zwischen jungen Erwachsenen und Erwachsenen über den Durchlauf bestimmter Statuspassagen (Auszug aus dem Elternhaus, finanzielle Unabhängigkeit, Möglichkeit der Partnerschaft) außen vor lässt. Der entscheidende Grund für diese „unsauberere" Lösung ist, dass die Zuweisung des Status' „junger Erwachsener" über Statuspassagen ein extrem aufwändiger, für manchen Fall sogar ein unmöglicher Vorgang wäre.[4]

Die Bedeutung dieses Problems wird ersichtlich, wenn man die Literatur der Jugendforschung betrachtet, wird doch auch dort diese pragmatische Lösung eingesetzt. Diese Entscheidung erscheint für politische Einstellungen noch aus einem weiteren Grund sinnvoll: Die politische Sozialisation beginnt in der Regel erst ab dem 14. Lebensjahr und zieht sich über die Phase der Postadoleszenz. Die Berücksichtigung einer früheren Lebensphase (Kindheit) ist damit so wenig Erfolg versprechend wie eine einseitige Konzentration auf die für die untersuchte Thematik zu enge Jugendphase zwischen 14 und 18 Jahren.[5]

Der Klärung bedarf auch der Begriff der *Politikverdrossenheit*. Bereits in den ersten ernst zu nehmenden empirischen Analysen von Politikverdrossenheit wurde eine große Vielfalt an Bedeutungen des Begriffs festgestellt, die eine eindimensionale Verwendung dieses „Sammelbegriffs", wie er in den Medien zu finden ist, für wissenschaftliche Zwecke unbefriedigend erscheinen lässt. Da ist es nicht überraschend, wenn die Definition von Politikverdrossenheit als ein umfassendes, aber „unspezifisches" Phänomen vorgeschlagen wird, welches einer weiteren empirischen Betrachtung bedürfe (Arzheimer 2002; Maier 2000; Pickel 2002; Pi-

---

3  Der Begriff der „Postadoleszenz" ist die in der Jugendforschung etablierte Bezeichnung der Phase, in der sich junge Erwachsene befinden. Sie wird in der Regel zwischen 18 und 29 Jahren angesiedelt und beruht auf Überlegungen von Keniston (1968).

4  Unmöglich deshalb, weil beispielsweise die Ablösung vom Elternhaus sowie die Bindung an einen Lebenspartner keine abgeschlossenen und unauflösbaren Prozesse darstellen und damit nur begrenzt Aussagekraft für den Abschluss der Postadoleszenz besitzen.

5  Dieses Vorgehen deckt sich mit dem größeren Teil der vorliegenden Umfragestudien zur Erforschung politischer Einstellungen bei Jugendlichen (Shell-, DJI-Jugendstudien und andere).

ckel/Pickel 2000; Schedler 1993). Ein zweiter Befund dieser relativ jungen Auseinandersetzung mit dem Phänomen Politikverdrossenheit ist, dass sich der Kern
politischer Verdrossenheit zwangsläufig auf das Überleben des politischen Systems beziehen muss, will man eine wirkliche Verdrossenheit mit Politik und nicht
nur gelegentlich aufflackernde Stimmungsschwankungen zu wechselnden Themen
erfassen. Diese Überlegung führt zurück zu dem in der Politikwissenschaft seit
Jahrzehnten etablierten Konzept der politischen Kulturforschung (Almond/Verba
1963; Lipset 1959, 1981; zusammenfassend Pickel/Pickel 2005).

Dieses Konzept ermöglicht durch eine systematische und theoretische Struk-
turierung von politischen Einstellungen eine differenzierte Sicht auf das Wert- und
Einstellungsgefüge der Bürger gegenüber politischen Objekten. Als Ausgangspunkt dient die Beschreibung und Beurteilung politischer Überzeugungen in Bevölkerungen, wie sie in der grundlegenden Arbeit Almonds und Verbas (1963)
zum Ausdruck kommen: Die Stabilität politischer Systeme wird in diesen Überlegungen als eine Folge der Legitimität des politischen Systems in der Bevölkerung
sowie der Kongruenz zwischen politischer Struktur und politischer Kultur angesehen. Über diese Gedanken hinaus ist insbesondere die Unterteilung politischer
Objekte und unterschiedlicher Arten von Überzeugungen (spezifische und diffuse
Unterstützung) gegenüber den politischen Objekten sowie eine Differenzierung
zwischen Legitimität und Effektivität, die in den Konzeptionen Eastons (1975,
1979) und Lipsets (1959) entwickelt wurden, für eine differenzierte Analyse politischer Überzeugungen hilfreich. Gerade Eastons Konzept hilft dabei, den bislang
unbestimmten Allerweltsbegriff „Politikverdrossenheit" in eine differenziertere
Struktur von Komponenten mit Bezug zum politischen System zu zerlegen. Tabelle 1 zeigt die Aufteilung der politischen Objekte bei Easton und die verschiedenen
Arten von Orientierungen, die sich auf die einzelnen Einstellungsobjekte richten
können. Schon aus dieser Ansicht wird erkennbar, dass eine eindimensionale Vorstellung von Politikverdrossenheit kaum der Realität entsprechen dürfte, finden
sich doch zumindest drei klar separierbare Objekte der Verdrossenheit bei Bürgern.

Dies ist die *politische Gemeinschaft,* welche auf die Mitglieder eines politischen Systems und ihre grundlegenden Wertmuster zielt. Gemeinschaftssinn und
eine übergreifende Objektzuordnung (wie beispielsweise die Nation und die in ihr
lebenden Personen) sind die Basisprinzipien dieser Komponente der politischen
Ordnung (Fuchs 1989; Westle 1989), die sich durch Zugehörigkeitsgefühl zum
Kollektiv und durch gegenseitige Loyalität der Gemeinschaftsmitglieder äußert
(Easton 1979: 177). Das *politische Regime* repräsentiert die grundlegende Struktur
des politischen Systems und beinhaltet seine Kerninstitutionen und die formalen
Satzungen der Demokratie – wie die Verfassung. Entsprechende Orientierungen
oder Bewertungen beziehen sich auf die Rollen (also beispielsweise die Position
des Bundespräsidenten im politischen System) und nicht auf die Rollenträger (die
Person des Bundespräsidenten). Wird den Institutionen eine positive oder negative
Einstellung entgegen gebracht, dann erfolgt dies aufgrund ihrer immanenten Ver-
trauenswürdigkeit und nicht wegen ihrer Vertreter. Unter den *Autoritäten* bezie-

hungsweise *politischen Herrschaftsträgern* werden schließlich die konkreten Inhaber politischer Rollen verstanden. Politische Unterstützung (Input-Seite) wird ihnen hauptsächlich durch die Akzeptanz ihrer Entscheidungen (Output-Seite) seitens der Bürger zuteil. Damit stehen die Leistungen oder das Erscheinungsbild der Politiker (und Parteien) im Fokus der Beurteilung von Seiten der Bürger.

*Tabelle 1:*  Konzept der politischen Unterstützung nach David Easton

| Unterstützungsart | Unterstützungsobjekte | | |
| --- | --- | --- | --- |
| | Politische Gemeinschaft | Politisches Regime | Politische Autoritäten |
| Diffus | Identifikation mit der politischen Gemeinschaft | Regime-Legitimität | Autoritäten-Legitimität |
| | | Regime-Vertrauen | Autoritäten-Vertrauen |
| Spezifisch | | | Zufriedenheit mit den alltäglichen Outputs |

Quelle: Fuchs (1989: 18).

Doch nicht nur die Objekte der politischen Unterstützung sind zu unterscheiden, auch die *Art und Weise der Unterstützung* differiert: Eine Quelle ist die Zufriedenheit mit den Outputs des politischen Systems beziehungsweise mit den Autoritäten, die diese Outputs produzieren. Sie ist nach Easton das wichtigste Element der *spezifischen Unterstützung* (specific support) und besitzt einen konkret fassbaren Bezugspunkt der entsprechenden politischen Einstellungen in der Realität, wobei sie oft auf politische Herrschaftsträger bezogen ist (Wahrnehmung der Performanz der Herrschaftsträger und der Zufriedenheit der Bürger mit deren Leistungen). Davon zu unterscheiden ist die *diffuse Unterstützung* (diffuse support), das heißt eine Zustimmung zu den Objekten „als solchen" (Fuchs 1989). Das Objekt wird nicht unterstützt, weil es bestimmte Leistungen erbringt, sondern „um seiner selbst willen".

Auf der Basis dieses Konzepts ist eine erste Gruppierung politischer Einstellungen möglich, die für eine exaktere Differenzierung der Politikverdrossenheit notwendig ist. Die zu einer solchen Differenzierung vorgenommenen theoretischen Überlegungen und dimensionalen Analysen würden den Rahmen des vorliegenden Beitrags sprengen und werden deswegen nicht präsentiert. Entsprechende Analysen wurden aber an anderer Stelle (Pickel 2002) durchgeführt. Sie mündeten in eine Typologie der Politikverdrossenheit, die fünf Dimensionen beinhaltet, die sowohl in der Jugend als auch in der Gesamtbevölkerung eine vergleichbare Struktur aufweist.[6]

---

6  Für die Dimensionsanalyse politischer Verdrossenheit wurde sowohl auf sechs Einzelstudien aus der Jugendforschung als auch auf repräsentative Bevölkerungsumfragen zurückgegriffen.

*Tabelle 2:*   Dimensionen der „Politikverdrossenheit"

| Identifikationsdimension | Erhebungsindikatoren |
|---|---|
| Diffuse Politikverdrossenheit | Kein politisches Interesse |
| | Keine politische Kompetenz |
| Politische Involvierungs-verdrossenheit | Keine politische Aktivitätsbereitschaft |
| | Keine internal political efficacy |
| Politikerverdrossenheit[a] | Bewertungen der Regierungspolitiker und der Regierung selbst als schlecht (Skalometer) |
| | Konkrete Bewertungen der Oppositionspolitiker und der Opposition selbst als schlecht (Skalometer) |
| | Keine external political efficacy |
| | Kein Vertrauen in politische Institutionen der Tagespolitik |
| | Kein Vertrauen in politische Institutionen der Verwaltung |
| Staatsverdrossenheit[a] | Keine Verbundenheit mit Deutschland |
| | Kein Nationalstolz |
| | Keine Identität als Deutscher |
| Demokratieverdrossenheit[a] | Beurteilung der Demokratieform als nicht angemessen |
| | Beurteilung der Demokratieidee als schlecht |
| | Beurteilung der Demokratieperformanz als schlecht |

a Die Dimensionen der Politiker-, Staats- und Demokratieverdrossenheit sind auch innerhalb der Dimensionen der politischen Unterstützung aufzufinden.
Quelle: Zusammenstellung nach Pickel 2002: 81ff.

Als erster Objektbereich der politischen Überzeugungen (Dimensionen der Politikverdrossenheit) ist die *politische Involvierungsverdrossenheit* zu identifizieren (Tabelle 2). Sie bildet negative Einstellungen gegenüber den eigenen Möglichkeiten, Politik zu beeinflussen, ab. Daneben findet sich eine *diffuse politische Verdrossenheit*. Sie kennzeichnet eine generelle, allerdings unpräzise Distanz zur Politik, wie sie sich in fehlendem politischem Interesse und mangelhafter politischer Kompetenz ausdrückt. Die aus Sicht der bisherigen Diskussion interessanteste Dimension politischer Verdrossenheit ist die *Politikerverdrossenheit*, welche ein Misstrauen in die Responsivität der Politiker auf die Belange der Bürger und in die politischen Institutionen berücksichtigt. Auch der bereits bei Easton ausgewiesene Objektbereich der politischen Gemeinschaft lässt sich als eigenständige politische Dimension herausarbeiten. Die negativen Einstellungen gegenüber der politischen Gemeinschaft und der Nation werden provisorisch als *Staatsverdrossenheit* bezeichnet.

Indikatoren sind vor allem der Nationalstolz und die Identifikation mit der nationalen politischen Gemeinschaft.[7]

Am wichtigsten für die Diskussion zur politischen Kultur ist die Dimension der *Demokratieverdrossenheit*. Gerade diese ist in ihrer Position im Gefüge der politischen Überzeugungen nicht ganz trennscharf zu identifizieren. Einerseits verbindet sie aufgrund des Zielobjekts Demokratie verschiedene Orientierungen miteinander, die nach Überlegungen von Fuchs (1996, 1999) eigenständige Bereiche der Bewertung der Demokratie ausmachen. Andererseits löst sich der Indikator der Zufriedenheit mit der Demokratie, wie sie in Deutschland besteht, immer wieder aus den entsprechenden Dimensionen heraus und findet sich gelegentlich in der Dimension „Politikerverdrossenheit" wieder. Allem Anschein nach verweist ein Teil dieses etwas problematischen Indikators auf die Dimension „Legitimität der Demokratie", gleichzeitig bezieht sich aber der andere Teil auf die Performanzbewertung des politischen Systems.

Damit schließt sich nun der Kreis der Debatte um die *Begrifflichkeit von Politikverdrossenheit*. Wurde sie bislang von einer Willfährigkeit der Verwendung und einer hinreichenden Unpräzision des Begriffs bestimmt, erhält sie nun eine geordnete Perspektive, die sich auf fünf empirisch voneinander abgrenzbare Dimensionen politischer Verdrossenheit bezieht. Damit kann die Anwendung eines mehrdimensionalen Begriffs von Politikverdrossenheit gegenüber der bislang eingesetzten eindimensionalen Pauschalverwendung von Politikverdrossenheit (Pickel 2002: 91) erfolgen, die zum ersten durch den Bezug auf den Verdrossenheitsbegriff die Komponente anspricht, die inhaltlich am meisten interessiert, zum zweiten eine in der Öffentlichkeit weit verbreitete Thematik aufgreift und zum dritten eine gewisse Konzentration der breiteren politischen Einstellungen ermöglicht.

## 3. Datenmaterial und technische Anmerkungen

In den folgenden empirischen Analysen wird auf unterschiedliche Datenquellen zurückgegriffen. Hierfür gibt es zwei Gründe: Zum einen erscheint die Fokussierung auf einen einzelnen Zeitpunkt nicht ausreichend, die sich teilweise wandelnden Verhältnisse zwischen Jugend und Gesamtbevölkerung sowie zwischen West- und Ostdeutschland hinreichend abzubilden. Zum anderen ist es zwingend notwendig, tragfähige Indikatoren zu allen vier vorgestellten Hypothesen in die Analyse einzubeziehen, bestünde sonst doch die Gefahr einer einseitigen oder unzureichenden Abschätzung der Bedeutung der vorgestellten Erklärungshypothesen. In der Regel sind gute Indikatoren für alle vier Hypothesen kaum in einem Datensatz aufzufinden. Entweder fehlen sie völlig oder aber die Sachverhalte sind suboptimal abgebildet. Zudem kann man darauf verweisen, dass eine realitätsnahe Überprüfung eines Sachverhalts wissenschaftstheoretisch durch die Überprüfung an unter-

---

7   Die eingeführten Bezeichnungen sind diskutabel, es ist aber zu berücksichtigen, dass sie vornehmlich den Zweck erfüllen, eine zumindest grobe Klassifikation empirisch nachweisbarer Phänomene zuzulassen.

schiedlichen, unabhängigen Datenquellen und Varianten von Indikatoren, die den latenten Sachverhalt widerspiegeln, an Validität und Reliabilität gewinnen (Pickel 2003: 176). Im Gegenteil erscheinen viele Schlüsse, die sich nur auf einen Datensatz berufen, oft hinterfragungsbedürftig.

Diese Zusammenstellung „guter" Indikatoren gelingt nicht ganz problemlos. So muss man Quervergleiche bei unterschiedlichen Erhebungsjahren immer mit Vorsicht betrachten, da zwischen den Erhebungsjahren doch ein Wandel stattgefunden haben kann. Ich werde versuchen, durch zeitlich breit gefächerte Datensammlungen einen Einblick in die Konsistenz verschiedener Einstellungen zu geben, der es dem Rezipienten erlaubt, sich eine eigene Meinung über den Sachverhalt zu bilden. Dabei dürften (beispielsweise Tabelle 8) verschiedene Phasen des Folgeprozesses der deutschen Vereinigung erkennbar werden.

Beim Datenmaterial wird auf verschiedene Studien der ALLBUS-Datenserie zurückgegriffen. Die genauen Datensätze werden in den Tabellen vermerkt. Diese Daten erlauben eine Übersicht (auch zeitlicher Art) über bestimmte Entwicklungen in den Einstellungsstrukturen. Ihre Befragtenzahlen liegen in Westdeutschland durchweg über N = 1.500 und in Ostdeutschland über N = 550.[8] Da in diesen Daten allerdings gerade zur Hypothese der ostdeutschen „Sonderidentität" kaum geeignete Indikatoren zur Verfügung stehen und zudem die Einstellungen gegenüber der Demokratie nicht in der differenzierten Form, wie sie mittlerweile in der politischen Kulturforschung Standard ist, erfragt werden, wird auf zwei weitere Datensätze zurückgegriffen.

Dies sind einerseits Daten aus der Studie „Soziokultureller Wandel in Ostdeutschland 1998" (SoKuWa 1998), die im Auftrag des Lehrstuhls für vergleichende Kultursoziologie in Frankfurt/Oder von EMNID als Vor- und Nachwahlbefragung zur Bundestagswahl 1998 durchgeführt wurde[9], sowie andererseits Daten aus den Projekten „Political Culture in Central and Eastern Europe 2000" (PCE 2000; Stichprobe für Ostdeutschland N = 1.029)[10] beziehungsweise „Political Culture in New Democracies 2002" (PCND 2002; Stichprobe für Westdeutschland N = 877)[11]. Als ergänzende Studien wurden die deutsche Wahlstudie 2002 (Ge-

---

8   An dieser Stelle ist dem Zentralarchiv für empirische Sozialforschung in Köln (ZA) für die Überlassung der ALLBUS-Daten zu danken. Für die vorgestellten Analysen und Schlussfolgerungen tragen weder das ZA noch die Primärerheber der Studie Verantwortung.

9   Diese Befragung war eingebettet in das Projekt „Soziokultureller Wandel in Ostdeutschland" (Detlef Pollack/Gert Pickel). Befragt wurden 1.090 ostdeutsche und 1.171 westdeutsche Bürger zwischen dem 8. und 24. August 1998 sowie dem 19. und 26. November 1998. Für die Finanzierung ist dem Frankfurter Institut für Transformationsstudien zu danken. Die Daten werden in Kürze zur Sekundäranalyse verfügbar gemacht. Bis zur Bereitstellung beim Zentralarchiv wenden Sie sich bitte an Gert Pickel (pickel@euv-frankfurt-o.de).

10  Dieses Projekt ist ein Elf-Länder-Projektverbund, der von der gleichnamigen Forschergruppe in Frankfurt/Oder betreut wird (Detlef Pollack, Jörg Jacobs, Olaf Müller, Gert Pickel). Bezugspunkt der Erhebung ist September 2000. Die Daten werden in Kürze zur Sekundäranalyse verfügbar gemacht. Bis zur Bereitstellung beim Zentralarchiv wenden Sie sich bitte an Gert Pickel (pickel@euv-frankfurt-o.de).

11  Hier handelt es sich um ein Nachfolgeprojekt des PCE-Projekts, das um die westeuropäischen Länder Spanien, Griechenland und Westdeutschland erweitert wurde. Die Erhebung erfolgte zwi-

samt N = 3.263; Westdeutschland N = 2.191; Ostdeutschland N = 1.072) sowie die Jugendstudie „Jungsein in Deutschland 1996" (13- bis 29-Jährige; Gesamt N = 3.275; Westdeutschland N = 2.650; Ostdeutschland N = 625) verwendet. Die für die einzelnen Analysen verwendeten Daten werden in den Tabellen jeweils gesondert ausgewiesen.

## 4. Die Erklärung der West-Ost-Unterschiede in der politischen Kultur

Die Betrachtung von Unterschieden in den politischen Einstellungen (beziehungsweise den politischen Kulturen) zwischen West- und Ostdeutschland erfordert zusätzliche Annahmen über die Gründe für solche Differenzen. Die klassische politische Kulturforschung in der Tradition von Almond und Verba (1963) betont vornehmlich die Sozialisation als Basis vorhandener Einstellungen gegenüber dem politischen System und der Politik. Umgesetzt auf die vorliegende Fragestellung würden in Ostdeutschland sozialisatorisch bedingte Rückbindungen an die Werte des vorangegangenen (autoritären) Systems als entscheidend für die aktuellen Einstellungen angesehen.[12] Ausgangsannahme ist, dass Werte eine längerfristige Verankerung in Personen besitzen und nicht von deren schnellen Wandel auszugehen ist. Da die Werte bereits in jungen Jahren recht dauerhaft sozialisiert werden und im Prozess der späteren, sekundären Sozialisation kaum mehr einem grundsätzlichen Wandel unterliegen können, wären nach einem Systemwechsel aktuell ungünstigere Bewertungen des demokratischen Systems in großem Umfang Produkt der Sozialisationsleistung des vorangegangenen Systems.

In jüngeren Debatten der Transformationsforschung wird diesem sozialisatorischen Konzept der Gedanke eines stärkeren Einflusses situativer Komponenten im Umfeld des Umbruchs- und Transformationsprozesses entgegen gestellt (Pollack 1997, 2000, 2001; Walz/Brunner 1997, 1998). Der Grundgedanke in diesen Überlegungen ist, dass Differenzen in den politischen Kulturen zwischen West- und Ostdeutschland vornehmlich auf die ungleichen sozio-ökonomischen Bedingungen in beiden Gebieten zurückzuführen sind. Die Beurteilung der eigenen Situation und der Situation des Gebiets, in dem man lebt, wirken sich systematisch auf die Einstellungen gegenüber den Verantwortlichen im politischen System und dem System selbst aus.

Zwischen den beiden Polen einer Erklärung anhand von Merkmalen des Umfelds (Situationshypothese) und anhand von in der frühen Sozialisation erworbenen Werten (Sozialisationshypothese) existieren noch weitere Erklärungsvarianten

---

schen Mai und Juni 2002. Diese Umfrage wurde mit Mitteln des fünften Rahmenprogramms der Europäischen Union gefördert.

12 Eine relevante Ergänzung der Sozialisationshypothese ist die Berücksichtigung der Möglichkeit, dass im Sozialismus sozialisierte, ältere Generationen ihre Werte auch in der heutigen Bundesrepublik auf ihre Kinder übertragen und damit trotz demokratischer Rahmenbedingungen Skepsis gegenüber dem „kapitalistisch-demokratischen" System erzeugen. Die Folge wäre, dass die Einstellungen zur Demokratie über alle Altersgruppen nicht so stark differenzieren, wie es eigentlich nach einer einfachen Sozialisationsthese zu erwarten wäre.

für Einstellungsunterschiede zwischen West- und Ostdeutschland, die Argumente beider Kontrastpositionen integrieren (Pickel 1998, 2002; Pollack/Pickel 1998). In Tabelle 3 sind nur die für die behandelte Thematik adaptierte Hypothese der relativen Deprivation (Pickel 2002: 60) und die Identitätshypothese aufgeführt. Setzt die erste auf eine ungünstigere Bewertung des demokratischen Systems aufgrund einer subjektiven Einschätzung der eigenen Position als relational schlechter gegenüber der Bezugsgruppe der Westdeutschen, so versucht die Identitätshypothese, mentale Verletzungen des Umbruchsprozesses in die Ursachenanalyse der politischen Einstellungen der ostdeutschen Bürger einzubeziehen (Pollack 2001). Beide Hypothesen knüpfen an Überlegungen der dargestellten Situations- und Sozialisationshypothese an, integrieren aber Bestandteile der jeweils alternativen Extremhypothese. Lehnt sich die These der relativen Deprivation durch den Bezug der Deutungen der Einzelpersonen auf die sozio-ökonomische Lage stärker an die Situationshypothese an, neigt die Identitätshypothese mit ihrer Heraushebung einer „ostdeutschen Identität" stärker in Richtung der Sozialisationshypothese.

*Tabelle 3:* Erklärungshypothesen für politische Einstellungsdifferenzen in Ostdeutschland

| Situationshypothese | Relative Deprivation | Identitätshypothese | Sozialisationshypothese |
|---|---|---|---|
| *Individualdifferent*: Generelle sozialstrukturelle und *situative Unterschiede* bedingen Differenzen in politischen Einstellungen. *Ökonomisch*: Ökonomische Ungleichheiten sind der zentrale Faktor für Unterschiede in den Einstellungen. | Aufgrund des Vergleichs mit der Situation in Westdeutschland steigert sich in Ostdeutschland das Gefühl *relativer Benachteiligung* und führt zu ungünstigeren politischen Beurteilungen. | Erfahrungen aus der Transformationsphase verbinden sich mit dem Gefühl mangelnder Anerkennung sowie der Abwertung durch Westbürger und bedingen politische Einstellungen. Als Folge bildet sich eine eigene (ostdeutsche) Identität, die im Gegensatz zur westdeutschen Identität besteht. | Wertorientierungen, die in der Zeit der DDR gewonnen wurden, bedingen die Differenzen in den politischen Einstellungen. Diese Werte können dabei auch über die Eltern vermittelt werden. |
| Zuordnung von Indikatoren zu den Erklärungshypothesen | | | |
| - Ökonomische Lage<br>- Beurteilung der ökonomischen Lage des Haushalts beziehungsweise des Landes | - Fühlt sich in Relation zu anderen (zu den Westdeutschen) ungerecht behandelt. | - Negative Beurteilung der Vereinigungsfolgen<br>- Bürger zweiter Klasse | - Idee des Sozialismus<br>- Bewertung des real existierenden Sozialismus |

Quelle: Eigene Zusammenstellung (Pickel 2002: 57; Pickel 1998: 159).

Alle vier Hypothesen spannen zusammen ein Kontinuum von Erklärungsmöglichkeiten für Einstellungsdifferenzen auf und können als Ausgangspunkt für den West-Ost-Vergleich verwendet werden.[13] Zusätzlich eröffnen sie die Möglichkeit,

---

13 Neben diesen Thesen können auch Einflüsse durch biographische Unterschiede (Sozialisation vor oder nach der Wiedervereinigung), durch objektive regionale Unterschiede (Leben in West- oder in Ostdeutschland) und durch Unterschiede in den persönlichen Erfahrungen Diskrepanzen in den po-

Thesen über die Verteilung politischer Einstellungen bei jungen Bürgern in Ostdeutschland relativ zu älteren Bürgern aufzustellen: Je stärker die Realität der Situationshypothese zuneigt, desto geringer dürften die Unterschiede zwischen der jungen Generation und der Gesamtbevölkerung in ihrem Landesteil ausfallen. Dies impliziert, dass Unterschiede zwischen West- und Ostdeutschland in den jüngeren Alterskohorten nahezu gleich denen in der Gesamtbevölkerung sind. Dagegen dürften bei Gültigkeit der Sozialisationshypothese in den jüngeren Alterkohorten wesentlich geringere Unterschiede zwischen West- und Ostdeutschland festzustellen sein als noch in den älteren, im Sozialismus sozialisierten Generationen. Die jungen Bürger in Ostdeutschland müssten ihren Altersgenossen in Westdeutschland fast näher sein als ihren älteren ostdeutschen Mitbürgern. Die Identitätshypothese und die These der relativen Deprivation nehmen ihre Positionen jeweils entsprechend ihres Platzes auf dem in Tabelle 3 dargestellten Kontinuum ein.

## 5. Politikverdrossenheit im innerdeutschen Altersgruppenvergleich

Kommen wir zu den empirischen Betrachtungen und damit zu einer Bestandsaufnahme der politischen Einstellungen in West- und Ostdeutschland, die das Phänomen Politikverdrossenheit abbilden. Dabei ist immer eine doppelte Vergleichsperspektive einzunehmen – zum einen der Vergleich zwischen den jungen Erwachsenen in West- und Ostdeutschland, zum anderen der Vergleich zwischen den jungen Erwachsenen und der Gesamtbevölkerung. Beginnen wir in Tabelle 4 mit eher allgemeinen politischen Einstellungen (Dimension „diffuse Politikverdrossenheit") sowie Wahrnehmungen der jungen Bürger, wie sie ihre Einflussmöglichkeiten auf das politische System sehen (Dimension „Involvierungsverdrossenheit"). Wie die Indikatoren der diffusen Politikverdrossenheit – politisches Interesse, politisches Wissen und Wichtigkeit von Politik – zeigen, besteht zwar kein vollständiger Rückzug der jungen Erwachsenen aus der Politik (immerhin stufen sich circa zwei Drittel als zumindest mittelmäßig politisch interessiert ein). Allerdings ist die Beschäftigung mit Politik auch nicht wirklich als sehr intensiv zu bewerten: Nur ungefähr ein Viertel der in beiden Landesteilen befragten Bürger bekundet ein hohes Politikinteresse und gerade einmal ein Viertel der 18- bis 23-jährigen Ostdeutschen findet Politik für das Alltagsleben wichtig.

---

litischen Einstellungen zwischen West- und Ostdeutschland bedingen und somit eine zusätzliche Variation in den Ergebnissen erzeugen.

*Tabelle 4:* Politische Einstellungen zwischen West- und Ostdeutschland sowie zwischen Jugend und Gesamtbevölkerung (in Prozent)[a]

| | Westdeutschland | | | Ostdeutschland | | |
|---|---|---|---|---|---|---|
| | Gesamt | 18-23 Jahre | Differenz | Gesamt | 18-23 Jahre | Differenz |
| Diffuse Politikverdrossenheit | | | | | | |
| Politik ist zu komplex für mich. | | | | | | |
| 1998[d] | 43 | 45 | *-2* | 47 | 54 | *-7* |
| Die ganze Politik ist so kompliziert, dass jemand wie ich nicht versteht, was vorgeht. | | | | | | |
| 2000 (2002)[b] | (37) | (33) | *(+4)* | 37 | 41 | *-4* |
| Politisches Interesse[c] | | | | | | |
| 2002[d] | 75/34 | 62/27 | -13/-7 | 70/29 | 64/25 | -6/-4 |
| 2000[d] | 69/29 | 57/23 | -12/-6 | 63/22 | 53/11 | -10/-11 |
| 1998[d] | 71/28 | 59/20 | -12/-8 | 69/26 | 63/20 | -6/-6 |
| 1994[d] | 71/27 | 65/25 | -6/-2 | 68/27 | 65/26 | -3/-1 |
| Wichtigkeit des Lebensbereichs Politik (sehr wichtig/wichtig) | | | | | | |
| 2000[d] | 42 | 34 | -8 | 31 | 23 | -8 |
| 1991[d] | 56 | 61 | +5 | 45 | 46 | +1 |
| Politische Einflussnahme/Involvierungsverdrossenheit | | | | | | |
| Habe keinen Einfluss auf die Regierung. | | | | | | |
| 1998[d] | 64 | 54 | *+10* | 77 | 70 | *+7* |
| Menschen wie ich haben keinen Einfluss auf das, was die Regierung macht. | | | | | | |
| 2000 (2002)[b] | (62) | (57) | *(+5)* | 68 | 64 | *+4* |
| Engagiere mich nur, wenn eine Wirkung abzusehen ist. 1998[d] | 71 | 67 | *+4* | 71 | 70 | *+1* |
| In der Politik sollte man jede Chance der politischen Beteiligung nutzen. | | | | | | |
| 2000 (2002)[b] | (69) | (71) | *(+2)* | 67 | 61 | -6 |
| In Deutschland gibt es nicht zu viele, sondern zu wenige, die politisch aktiv sind. 1998[d] | | | | | | |
| 2000 (2002)[b] | 43 | 52 | *+9* | 64 | 57 | *-7* |
| | (60) | (60) | *(0)* | 54 | 58 | *+4* |

a  Kursiv: aufgrund der Aussagerichtung gedreht.
b  Datenquelle: PCE 2000 (PCND 2002).
c  Politisches Interesse mit 5er-Skala gemessen: erster Wert mittleres bis sehr starkes, zweiter Wert sehr starkes und starkes Interesse.
d  Datenquellen: ALLBUS 1991, 1994, 1998, 2000 und 2002.

Auch die bisherige Entwicklung ist eher ungünstig, deutet sie doch bei allen Schwankungen eher auf eine konsistent höhere diffuse Politikverdrossenheit – will man sich auf diese Begrifflichkeit einlassen – der jungen Staatsbürger gegenüber den Erwachsenen in den neuen Bundesländern hin. Dies ist kein rein ostdeutsches Phänomen, sind diese Generationsunterschiede doch auch in den alten Bundesländern zu konstatieren. Daraus folgt: Zwischen den neuen und den alten Bundesländern bestehen hinsichtlich des *Verhältnisses* der Einstellungen junger Bürger zur

Gesamtbevölkerung nur geringfügige Differenzen. Man kann annehmen, dass das etwas größere Desinteresse junger Bürger an Politik weniger eine spezielle Politikverdrossenheit als ein langsames Herantasten junger Bürger an Politik widerspiegelt. In den neuen Bundesländern trifft dieser generationale Prozess mit der größeren Unzufriedenheit dieses Landesteils zusammen und führt zu einer besonders kritischen Haltung der ostdeutschen Jugend zur (etablierten) Politik (Fischer 2000).

Bei den Möglichkeiten, sich selbst in die Politik einzubringen, sehen gerade einmal drei von zehn der ostdeutschen Bürger eine Chance im deutschen politischen System. In Westdeutschland ist das Verhältnis etwas günstiger, was sich auch bei den 18- bis 23-Jährigen zeigt, bei denen nur 54 Prozent gegenüber 70 Prozent in Ostdeutschland keinen eigenen Einfluss auf die Regierungen empfinden. Dieser Befund wird bedenklich, wenn man zur Kenntnis nimmt, dass über die Hälfte der gleichen Gruppe in Ostdeutschland – und nicht unwesentlich weniger in Westdeutschland – eine Steigerung an politischer Aktivität einfordern. Hier kommt es zu einer Diskrepanz zwischen Wunsch und Wahrnehmung, die sich ungünstig auf die Beurteilung des aktuellen politischen Systems niederschlagen dürfte. Die jungen Bürger weichen nicht wesentlich von den Einstellungsmustern ihrer älteren Mitbürger ab – wenn, dann sogar positiv. Vielmehr ist es so, dass, wenn bei der politischen Einflussnahme/Involvierungsverdrossenheit Unterschiede festzustellen sind, diese eher zwischen den beiden Landesteilen als den Alterskohorten verlaufen.

Der letzte Befund ist ein erster Hinweis auf mögliche Grenzen in der Tragfähigkeit der Sozialisationshypothese für die politischen Einstellungen. So wäre nach dieser Hypothese zumindest 2002 eine stärkere Anpassung der politischen Einstellungen der ostdeutschen jungen Bürger, die ihre politische Sozialisation zu großen Teilen bereits im neuen System erfahren haben, an das westdeutsche Muster zu erwarten gewesen, als aus den Ergebnissen zu lesen ist. Noch deutlicher wird diese Diskrepanz in Tabelle 5, wo die eindeutigsten Ausflüsse der politischen Unzufriedenheit eingehen. Bereits auf den ersten Blick wird ersichtlich, dass das generelle Bild von Politik und Politikern schlecht ausfällt. Die gewählten Volksvertreter werden als korrupt, nicht am Gemeinwohl interessiert, hauptsächlich auf die Steigerung ihrer finanziellen Mittel sowie auf die Nutzung des Staats als „Selbstbedienungsladen" fixiert angesehen. Diese Vorstellungen haben sich in den letzten Jahren in der deutschen Bevölkerung eher verstärkt als abgeschwächt. So nahm die Zahl der Personen, welche Parteien und Politiker generell als korrupt ansahen, nach einer Studie des INRA-Instituts, von 1994 auf 1998 in Westdeutschland um zehn Prozentpunkte von 30 auf 40 Prozent, in Ostdeutschland von 26 auf 30 Prozent zu. Umgekehrt hielten nur knapp ein Drittel der West- und Ostdeutschen „Politiker für vertrauenswürdige und ehrliche Menschen" (1994: 29 Prozent in West-, 27 Prozent in Ostdeutschland; 1998: 32 Prozent in West-, 28 Prozent in Ostdeutschland).

*Tabelle 5:*  Politiker- und Parteienverdrossenheit im Vergleich (in Prozent)[a]

| | Westdeutschland | | | Ostdeutschland | | |
|---|---|---|---|---|---|---|
| | Gesamt | 18-23 Jahre | Differenz | Gesamt | 18-23 Jahre | Differenz |
| | *Politikerverdrossenheit* | | | | | |
| Politiker sind uninteressiert an Leuten. 2002[b] | 80 | 68 | *+12* | 87 | 76 | *+11* |
| Politiker kümmern sich nicht, was einfache Leute denken. 2000[c] | – | – | – | 80 | 71 | +9 |
| Politiker kümmern sich nicht um meine Gedanken. 1998[b] | 70 | 70 | *0* | 82 | 83 | *-1* |
| Politiker kümmern sich um meine Gedanken. 2002[d] | 15 | 13 | -2 | 12 | 11 | -1 |
| Politiker vertreten Interessen der Bevölkerung. 1998[b] | 43 | 34 | -9 | 24 | 24 | 0 |
| Die meisten Politiker sind korrupt. 2000 (2002)[c] | 43 | 52 | *-9* | 64 | 57 | *+7* |
| | *Politiker als Opfer* | | | | | |
| Ohne Berufspolitiker würde es unserem Land schlechter gehen. 2000 (2002)[c] | 60 | 56 | -4 | 36 | 45 | +9 |
| Aufgrund der Art und Weise, wie Regierungen arbeiten, können selbst die besten Politiker nicht viel bewirken. 2000 (2002)[c] | 52 | 46 | -6 | 64 | 53 | *-11* |
| 2002[d] | 56 | 49 | -7 | 62 | 49 | *-13* |
| | *Parteienverdrossenheit* | | | | | |
| Vertrauen in Parteien. 2000 (2002)[c] | 29 | 32 | *+3* | 29 | 30 | -2 |
| Parteien geht es nur um die Macht. 2002[d] | 70 | 67 | *+3* | 76 | 67 | *+9* |
| Parteien sehen den Staat als ihr Eigentum an und behandeln ihn wie einen Selbstbedienungsladen. 2000 (2002)[c] | 64 | 56 | *+8* | 73 | 67 | *+6* |
| 2002[d] | 52 | 43 | *+9* | 63 | 49 | *+14* |
| Parteien üben in der Gesellschaft einen zu hohen Einfluss aus. 2000 (2002)[c] | 58 | 32 | *+26* | 62 | 49 | *+13* |
| 2002[d] | 45 | 36 | *+9* | 44 | 38 | *+6* |

a  Kursiv: aufgrund der Aussagerichtung gedreht.
b  Datenquelle: ALLBUS 1998, 2002.
c  Datenquelle: PCE 2000 (PCND 2002).
d  Datenquelle: Deutsche Wahlstudie 2002.

So ist es kein Wunder, dass sich die Bürger in den alten und den neuen Bundesländern der Bundesrepublik einig sind, dass Parteien eine zu große Rolle in der Gesellschaft spielen, Politiker die Bevölkerung betrügen und sowieso nur auf ihren Eigennutz und nicht auf das Gemeinwohl bedacht sind. Um ihre Interessen durchzusetzen, schrecken sie nach Ansicht der meisten Bürger vor nichts zurück (Pickel 2002: 120ff.). Zwar wird dem einzelnen Abgeordneten zugestanden, dass er überwiegend ein Gefangener des Systems ist und sowieso kaum Veränderungsmöglichkeiten besitzt. Zudem erkennt man an, dass Berufspolitiker wohl auch „irgendwie" benötigt werden. Dies rettet die Politiker aber nicht vor der ungünstigen Beurteilung als unangenehmen (und vor allem unsozialen) Zeitgenossen. Die Konsequenz der ungünstigen Bewertung politischer Repräsentanten ist eine generelle Abwertung politischen Handelns im Rahmen des politischen Systems. Mit der persönlichen Abschätzung der Vertretung eigener Interessen durch Politiker und Parteien erfolgt eine Bewertung der Effektivität des Repräsentationsprinzips moderner Demokratien – und diese fällt zumeist negativ aus. In den Medien öffentlich gemachte politische Skandale und Ungereimtheiten im Verhalten verschiedener Politiker erschüttern das Vertrauen der Bürger und führen dazu, dass man bei den Politikern kaum mehr Verantwortungsbewusstsein und Moral erwartet.

Die jungen Bürger besitzen (anders noch als beim politischen Interesse) gegenüber den älteren Bevölkerungsgruppen ein günstigeres Bild von Parteien und der Gemeinwohlorientierung der Politiker, ohne aber ein positives Verteilungsverhältnis zu erreichen. Die jungen Staatsbürger sind in der Regel (noch) nicht so von den politischen Autoritäten frustriert und von der Realpolitik desillusioniert wie ihre älteren Mitbürger. Allerdings ist nicht auszuschließen, dass dies noch kommt. Wie bereits bei den vorangegangenen politischen Überzeugungen findet sich im Vergleich zu den Bürgern der alten Bundesländer wieder eine größere Distanz der Bürger der neuen Bundesländer zu den Politikern und Parteien des deutschen politischen Systems, was für Jung und Alt zutrifft.

Am wichtigsten für eine stabile Demokratie im Sinne der politischen Kulturforschung ist die Haltung der Bürger zum demokratischen System. Werte zu den drei Ebenen der Demokratieunterstützung – Demokratieperformanz (Erscheinungsbild der Funktionsweise der Demokratie), Demokratieform (Demokratie als die „angemessenste Regierungsform") und Demokratieidee (abstrakte Idee der Demokratie) – lassen deutliche Abstufungen der Demokratiebeurteilung erkennen (Fuchs 1996: 7ff., 1997; Pickel 1996, 2002; Westle 1989). Sie verläuft quer zur Aufteilung der Politikverdrossenheit in Tabelle 2 und kann aufgrund des gemeinsamen Zielobjekts der Einstellungen gegenüber Demokratie gemeinsam behandelt werden, wobei die unterschiedlichen Einstellungsebenen der Demokratiebewertung zu berücksichtigen sind.

Die in Tabelle 6 dargestellten Ergebnisse zeigen, dass es sich bei den bisherigen Bekundungen nicht um eine generelle Ablehnung der Demokratie und ihrer zentralen Institutionen, sondern eher um eine spezifische Unzufriedenheit mit den (oft eher diffus) wahrgenommenen, politischen Akteuren und den Möglichkeiten des eigenen Inputs handelt. Während die Idee der Demokratie und die Demokratie als generelle Staats- und Regierungsform hohe Zustimmung in Ost- und Westdeutschland finden, wird das Erscheinungsbild der Demokratie erheblich kritischer bewertet. Im Bevölkerungsdurchschnitt liegen die positiven Werte zur Demokratieperformanz um 30 bis 40 Prozentpunkte hinter den Resultaten zur Bewertung der Werte- und Strukturebene der Demokratie zurück (Fuchs 1996: 9; Pickel 2002: 152). Die Performanz der Demokratie ist also keinesfalls mit demokratischer Legitimität zu verwechseln, sie reflektiert überwiegend die Beurteilung der Leistungs-fähigkeit des aktuellen, politischen Systems. Die Idee der Demokratie und – mit Abstrichen – die Einschätzung der Demokratie als am besten geeignete Regie-rungsform scheinen eher die Legitimität der Demokratie (Lipset 1981) widerzu-spiegeln.

*Tabelle 6:* Einstellungen gegenüber den Ebenen der Demokratie nach Alter (in Prozent)

| Alter | Demokratieidee | | Demokratie als Regierungsform | | Demokratieperformanz | |
|---|---|---|---|---|---|---|
| | West | Ost | West | Ost | West | Ost |
| 13-17 Jahre (1996) | (83) | (80) | (85) | (76) | (62) | (42) |
| 18-23 Jahre 1998 (1996) | 91 (88) | 83 (84) | 91 (88) | 74 (81) | 55 (54) | 35 (34) |
| 24-29 Jahre 1998 (1996) | 91 (89) | 87 (88) | 89 (87) | 78 (82) | 60 (52) | 38 (28) |
| 30-35 Jahre 1998 | 96 | 86 | 95 | 79 | 65 | 40 |
| 36-50 Jahre 1998 | 96 | 86 | 94 | 75 | 65 | 41 |
| 51-65 Jahre 1998 | 97 | 92 | 95 | 82 | 73 | 57 |
| 66+Jahre 1998 | 97 | 95 | 95 | 81 | 69 | 60 |
| Gesamtbevölkerung | 96 | 89 | 94 | 78 | 66 | 48 |
| N | 1061 | 1042 | 1054 | 1031 | 1064 | 1049 |

Quelle: Eigene Berechnungen auf Basis der SoKuWa-Studie 1998 und der Studie „Jungsein in Deutsch-land" 1996.

Wie sich zeigt, findet die *Idee der Demokratie* und ihre strukturierte Umsetzung ausnahmslos in allen Altersgruppen eine überwältigende Zustimmung. Einzig die 13- bis 23-Jährigen liegen 1996 in der Beurteilung ein wenig unter dem Bevölke-rungsdurchschnitt, aber auch in dieser Gruppe unterstützt eine überwältigende Mehrheit die Idee der Demokratie. Daneben bestehen keine signifikanten alters-spezifischen Unterschiede. Es herrscht eine grundsätzliche, Generationen übergrei-fende Akzeptanz der Demokratie als Idee in Ost- und Westdeutschland.

Ein wenig anders ist das Resultat bei der Beurteilung der Demokratie als „die beste beziehungsweise angemessenste Regierungsform". Dort sind Unterschiede zwischen den alten und neuen Bundesländern festzustellen. Sie sind allerdings nicht an Generationen gebunden, sondern bleiben für alle in Tabelle 6 betrachteten Altersgruppen stabil. Wieder zeigt sich, dass die Unterschiede eher zwischen den neuen und den alten Bundesländern verlaufen als zwischen den Generationen. Zudem wird deutlich, dass in keinem Fall von einer übergreifenden, das politische System gefährdenden Politikverdrossenheit der Jugend gesprochen werden kann.

Allerdings stehen die jungen Bürger der Leistungsfähigkeit der aktuellen Demokratie skeptischer gegenüber als ihre älteren Mitbürger. Insbesondere die jungen Ostdeutschen scheinen ein hohes Ausmaß an Unzufriedenheit gegenüber der Performanz der Demokratie zu besitzen – ein Befund, der besonders bei den 18- bis 29-Jährigen sichtbar wird.

Die hohe Zustimmung zu Idee und Struktur der Demokratie bei den jungen Bürgern in West- wie in Ostdeutschland bestätigen Ergebnisse zu zentralen Rechten, die mit einer Demokratie verbunden sein sollten (Gille/Krüger/de Rijke 2000: 220ff.). Demonstrations- und Meinungsfreiheit, Oppositionsrecht und mit Einschränkungen Kompromissbereitschaft werden von klaren Mehrheiten der Jugendlichen und jungen Erwachsenen (16 bis 29 Jahre) in starkem Umfang befürwortet. Auch Ergebnisse Gabriels (2000: 198) verweisen für die Gesamtbevölkerung auf eine deutliche Zustimmung zu den Prinzipien der Demokratie und auf eine große Übereinstimmung zwischen West- und Ostdeutschland in Bezug auf freie Meinungsäußerung und Legitimität einer politischen Opposition. Der *Demokratie* an sich wird also seitens der Jugendlichen und jungen Erwachsenen sowie seitens der Gesamtbevölkerung keine Abneigung entgegen gebracht, sie ist *als Grundvorstellung der politischen Ordnung in West- wie in Ostdeutschland akzeptiert*. Dem Ideal der Demokratie steht somit auf den ersten Blick kein geeignetes Konkurrenzmodel entgegen. Eine globale Übersicht (Tabelle 7) bestätigt diese Ergebnisse.

Die Bewertung der Demokratieperformanz wird durch das Vertrauen in den Bundestag gestützt. Die wichtigste legislative Institution des deutschen Parteiensystems kann ebenfalls nur bei der Hälfte der deutschen Staatsbürger auf Vertrauen hoffen. Neben den üblichen Unterschieden zwischen den Bürgern der neuen und der alten Bundesländer fallen diesmal die Differenzen zwischen Jung und Alt nur geringfügig aus. Beachtlich ist das über alle Altersgruppen sowie über West- und Ostdeutschland hinweg gleich hohe Vertrauen in das Bundesverfassungsgericht, was darauf verweist, dass nicht so stark in die Tagespolitik involvierte Institutionen der Demokratie eher mit politischer Unterstützung rechnen können.

Bleibt noch als letztes die Einstellung zur politischen Gemeinschaft. Hier zeigt sich zwischen West- und Ostdeutschland ein uneinheitliches Bild. Existiert in den alten Bundesländern eine deutliche Diskrepanz zwischen Jung und Alt in dem Sinne, dass die jüngeren Bürger weit seltener bekennen, stolz auf ihre Nation zu sein, so zeigten sich bis 2002 in Ostdeutschland keinerlei Unterschiede (zudem auf einem etwas höheren Niveau). Erst zu diesem Zeitpunkt (2002) konnte erstmals eine entsprechende Differenz festgestellt werden. Führt der Umgang mit der Vergangenheit in den alten Bundesländern bei jungen Bürgern zu einer distanziert abwägenden Haltung gegenüber dem Begriff der Nation, schienen solche Berührungsängste in den neuen Bundesländern lange nicht in diesem Maße gegeben zu sein, was mittlerweile eine Änderung erfahren hat.

*Tabelle 7:* Unterschiede und Ähnlichkeiten in der Demokratie- und Staatsverdrossenheit zwischen Jugend und Gesamtbevölkerung (in Prozent)

| | Westdeutschland | | | Ostdeutschland | | |
|---|---|---|---|---|---|---|
| | Gesamt | 18-23 Jahre | Differenz | Gesamt | 18-23 Jahre | Differenz |
| Beurteilung der Regimeebene/Demokratieverdrossenheit | | | | | | |
| Ich bin mit der Demokratie, wie sie in der Bundesrepublik besteht, zufrieden. | | | | | | |
| 1998[a] | 66 | 55 | -11 | 48 | 35 | -13 |
| 2000[b] (2002)[c] | (62) | (71) | (+9) | 49 | 51 | +2 |
| Demokratie ist die angemessenste Regierungsform. | | | | | | |
| 1998[a] | 94 | 91 | -3 | 78 | 74 | -4 |
| | (97) | (91) | (-6) | 93 | 89 | -4 |
| Idee der Demokratie ist immer gut. | | | | | | |
| 1998[a] | 96 | 91 | -5 | 89 | 83 | -6 |
| 2000[b] (2002)[c] | (98) | (93) | (-5) | 95 | 92 | -3 |
| Vertrauen in den Bundestag. | | | | | | |
| 1998[a] | 55 | 47 | -8 | 46 | 48 | +2 |
| 2000[b] (2002)[c] | (44) | (52) | (+8) | 39 | 48 | +9 |
| Vertrauen in das Bundesverfassungsgericht. | | | | | | |
| 1998[a] | 80 | 81 | +1 | 71 | 81 | +10 |
| Beurteilung der politischen Gemeinschaft/Staatsverdrossenheit | | | | | | |
| Nationalstolz[d] | | | | | | |
| 2002 | 68 | 62 | -6 | 69 | 57 | -12 |
| 1998 | 69 | 53 | -16 | 70 | 68 | -2 |
| 1992 | 63 | 44 | -19 | 65 | 60 | -5 |

a Datenquelle: SoKuWa 1998.
b Datenquelle: PCE 2000 (Ostdeutschland).
c Datenquelle: PCND 2002 (Westdeutschland).
d Datenquellen: ALLBUS 2002, 1998, 1992.

Fazit: Es zeigt sich zwar in der Tat, dass Jugendliche und junge Erwachsene in der Bundesrepublik tendenziell etwas kritischer zu einzelnen Komponenten des politischen Systems stehen als ihre älteren Mitbürger. In der Regel sind aber die Bewertungen des politischen Systems und die Entwicklungstendenzen politischer Einstellungen bei jungen Staatsbürgern ähnlich zur Gesamtbevölkerung (Pickel 2002: 398). Abgesehen vom geringer ausgeprägten Stolz auf die Nation weichen die politischen Einstellungen der jungen Bürger oft nur marginal gegenüber dem Bevölkerungsdurchschnitt ab. Finden sich Differenzen zwischen Jung und Alt, so beziehen sich diese in der Regel nicht auf alle Dimensionen der politischen Orientierungen. Unterschiede existieren beispielsweise im Ausmaß des politischen Interesses, was aus der noch geringen politischen Erfahrung der jungen Bürger resultiert. Kleinere Unterschiede sind bei Kennzahlen der politischen Unterstützung zu finden. Diese sind überwiegend auf die in der Jugend verbreiteten Bedeutungslosigkeit des Lebensbereichs Politik für die noch nicht oder eingeschränkt politisch entscheidungsberechtigten, jungen Bürger zurückzuführen. Man hat es wahrscheinlich eher mit einem lebenszyklischen Unterschied als mit einem generationsspezifischen Befund zu tun. In einigen politischen Überzeugungen ist das Verhältnis der positiven Bewertungen in der Bevölkerung sogar günstig für die Jugendlichen und jungen Erwachsenen. So zeigen die jungen Bürger in beiden Gebieten Deutschlands eine höhere Bereitschaft, sich in die Politik einzubringen, als ältere Bürger.[14]

## 6. Sozialisations- oder Situationshypothese? Und ist die Jugend anders?

Nach der Kenntnis der Verteilung politischer Verdrossenheit, die eher auf eine Korrespondenz der Einstellungen in den Landesteilen als zwischen den Altersgruppen hinweist, ist die Frage zu beantworten, inwieweit in der Jugend ein gleiches oder aber ein von den Erwachsenen divergierendes Erklärungsmodell politischer Verdrossenheit vorliegt. Anhaltspunkte kann die Überprüfung der Frage geben, ob eher die Situation oder die Sozialisation für die Verteilung der politischen Verdrossenheit, deren Unterschiede zwischen den Betrachtungsgruppen (west- und ostdeutsche Erwachsene, west- und ostdeutsche Jugendliche) verantwortlich ist. Es bietet sich als erstes an, kurz die Operationalisierungen für die in Kapitel 3 präsentierten Hypothesen vorzustellen (Tabelle 8):

a.  Die Wirkung der divergierenden, ökonomischen Lage repräsentiert die Einschätzung der eigenen ökonomischen Situation (*Situationshypothese*).

b.  Den Effekt einer Beeinflussung aufgrund subjektiv empfundener Zurücksetzungen im Sinne der *Hypothese relativer Deprivation* bildet die subjektive Einschätzung ab, einen (un)gerechten Anteil am Lebensstandard zu erhalten.

c.  Der Effekt einer eigenständigen Ost-Identität als Abgrenzungsidentität gegenüber Westdeutschland wird durch die Variable „Vorteile für den Osten aus der Wiedervereinigung" abgebildet. Wie bereits an anderer Stelle nachgewiesen (Pickel 2002: 200f., 216ff.), handelt es sich bei dieser Aussage um ein Kennzeichen der *Identitätshypothese*.

d.  Den Einfluss einer Rückbindung an das sozialistische DDR-System erfasst die Befürwortung der Idee des Sozialismus. Zwar ist dieser Indikator in Teilen als suboptimal anzusehen (Begründung bei Pickel 2002: 209), in den meisten Studien steht aber kein besserer Indikator für die *Sozialisationshypo-*

---

14 Entsprechende Einstellungen wirken sich auf die *politische Partizipation* der jungen Staatsbürger aus. Sie sind eher als ältere Bürger bereit, an politischen Aktionen jeglicher Couleur aktiv teilzunehmen, wobei sich die höhere Bereitschaft aber auf individuelle Formen der politischen Beteiligung und weniger auf traditionelle Teilhabe an politischen Organisationen bezieht.

*these* zur Verfügung.[15] Entsprechend wird wie in anderen Schriften (vgl. Fuchs 1999; Pollack 2001) auf ihn zurückgegriffen.

Die Verteilungen der Erklärungsvariablen lässt noch keine konkreten Vermutungen über die Ursachen für Differenzen in den Dimensionen politischer Verdrossenheit zwischen den neuen und alten Bundesländern aufkommen. Die Einschätzung der wirtschaftlichen Lage (des Landes oder des Haushalts), die Vorstellungen, nicht den gerechten Anteil am Lebensstandard zu erhalten, und die Zustimmung zur Sozialismusidee variieren zwischen West- und Ostdeutschland erheblich.[16] Richtet man sein Augenmerk auf die jüngere Generation, so wird schnell erkennbar, dass die ostdeutschen Jugendlichen und jungen Erwachsenen in der Regel nur wenig von ihren älteren Mitbürgern abweichen. Dabei finden sich wie schon bei den Indikatoren der politischen Verdrossenheit weniger Unterschiede zwischen den jüngeren und den älteren Bürgern eines Gebiets als zwischen den Einwohnern beider Landesteile. Einzig bei den Fragen zur ostdeutschen Identität (Bürger zweiter Klasse) und zur Zustimmung zum real existierenden Sozialismus sowie zur Idee des Sozialismus zeigt sich über die Zeit hinweg eine langsame Distanzierung von der Elterngeneration.[17] Es wird deutlich, dass in vielen Einstellungen zur sozialen Situation, zu ihrer Bewertung und zur Identität zwischen den jungen Bürgern in West- und Ostdeutschland wesentliche Unterschiede bestehen. Hier erscheint es statthaft, von einem Ausbleiben der erhofften (und erwarteten) Angleichung der politischen Kultur zwischen West- und Ostdeutschland auf der Ebene der jungen Erwachsenen und Jugendlichen zu sprechen. Ein Zusammenwachsen der beiden politischen Kulturen über eine Angleichung der Folgegenerationen des Umbruchs könnte – in einigen Punkten – eher Wunsch als Wirklichkeit sein.

Da mit den Häufigkeiten der Prägefaktoren nicht ermittelt werden kann, welche der vorgestellten Hypothesen die bedeutendere Rolle für die Verteilung politischer Verdrossenheit spielt, kann einzig eine kausale Analyse weiterhelfen, die die verschiedenen Hypothesen gegeneinander testet. Um den Rahmen der Arbeit nicht zu sprengen, erfolgt eine Konzentration auf die für eine Demokratie wichtigste Dimension – die Unterstützung des demokratischen Systems in den neuen Bundesländern. Eine solche Konzentration scheint gerechtfertigt, handelt es sich doch dabei (a) um den wohl besten übergreifenden Indikator der Unzufriedenheit der Bürger mit der aktuellen Demokratie und (b) um den Indikator, in welchem die deutlichsten Differenzen zwischen den west- und ostdeutschen politischen Einstel-

---

15  Ein besserer Indikator als die Idee des Sozialismus ist die Beurteilung des real existierenden Sozialismus, wie er im Untersuchungsland bestand.

16  Treffsichere Indikatorfragen der ostdeutschen Identität (z.B. die Frage nach dem Gefühl, ein Bürger zweiter Klasse zu sein) finden in den meisten Erhebungen für Westdeutschland keine Anwendung, was eine Auskunft über entsprechende Differenzen stark behindert. Vertraut man auf die Brückenvariable „Vorteile für Osten" dürfte aber mit einiger Plausibilität von entsprechenden Unterschieden ausgegangen werden.

17  Interessant ist, dass noch 1997 die unter 18-jährigen Ostdeutschen ihren Eltern im Zustimmungsgrad der Idee des Sozialismus näher waren als die 18 bis 23-jährigen. Möglicherweise ist eine Ablösung vom Elternhaus ein notwendiger Prozess zur Ankunft in der bundesdeutschen aktuellen Realität, die eine Distanz zur ostdeutschen Identität wachsen lässt.

lungen bestehen. Zum Einsatz kommt eine ostdeutsche Stichprobe, die eine größere Zahl an themenrelevanten Indikatoren aufweist.

_Tabelle 8:_ Zentrale Variablen der vier Erklärungshypothesen (in Prozent)[a]

| | | Westdeutschland | | | Ostdeutschland | | |
|---|---|---|---|---|---|---|---|
| | Jahr | Gesamt | 18-23 Jahre | Differenz | Gesamt | 18-23 Jahre | Differenz |
| _Indikatoren der Situationshypothese_ | | | | | | | |
| Bewertung der allgemeinen ökonomischen Lage in der BRD als gut – heute[b] | 1990 | 72 | 72 | 0 | 89 | 88 | -1 |
| | 1994 | 12 | 9 | -3 | 12 | 10 | -2 |
| | 1998 | 21 | 21 | 0 | 15 | 17 | +2 |
| | 2000 | 37 | 45 | +8 | 24 | 24 | 0 |
| | 2002 | 18 | 23 | +5 | 10 | 13 | +3 |
| Bewertung der eigenen Haushaltssituation – heute[b] | 1990 | 63 | 43 | -20 | 17 | 16 | -1 |
| | 1994 | 57 | 55 | -2 | 48 | 60 | +12 |
| | 1998 | 49 | 42 | -7 | 43 | 39 | -4 |
| | 2000 | 58 | 52 | -6 | 44 | 38 | -6 |
| | 2002 | 52 | 47 | -5 | 41 | 33 | -8 |
| _Indikatoren für relative Deprivation_ | | | | | | | |
| (Un)gerechter Anteil am Lebensstandard[b] | 1990 | 35 | 46 | -11 | 64 | 70 | -6 |
| | 1991 | 28 | 30 (41) | -2 | 82 | 77 (65) | +5 |
| | 1996 | 33 | 27 (36) | +6 | 63 | 59 (65) | +4 |
| | 1998 | 32 | 31 | +1 | 52 | 45 | +7 |
| | 2000 | 32 | 35 | -3 | 64 | 60 | +4 |
| | 2002 | 32 | 23 | +9 | 60 | 44 | +16 |
| Bin auf dem Arbeitsmarkt benachteiligt.[c] | 1998 | – | – | – | 63 | 49 | +14 |
| _Indikatoren der Identitätshypothese_ | | | | | | | |
| Vorteile aus der Wiedervereinigung hat vor allem der Osten.[b] | 1991 | 72 | 72 | 0 | 38 | 39 | +1 |
| | 1994 | 79 | 72 | -7 | 46 | 55 | +9 |
| | 1998 | 93 | 76 | -17 | 61 | 48 | -13 |
| | 2000 | 85 | 88 | 3 | 61 | 58 | -3 |
| Bürger zweiter Klasse | 1998[c] | – | – | – | 77 | 61 (77) | +16 |
| | 2000[d] | – | – | – | 68 | 56 | +12 |
| Fühle mich als Ostdeutscher anerkannt.[c] | 1998 | – | – | – | 75 | 76 | +1 |
| _Indikatoren der Sozialisationshypothese_ | | | | | | | |
| Idee des Sozialismus[b] | 1991 | 40 | 39 | -1 | 76 | 77 | +1 |
| | 1992 | 43 | 43 (36) | 0 | 74 | 75 (57) | +1 |
| | 1998 | 43 | 41 (52) | -2 | 76 | 67 (68) | -9 |
| | 2000 | 51 | 46 | -5 | 76 | 70 | -6 |
| | 2002[d] | 38 | 31 | – | – | – | – |
| Real existierender Sozialismus | 1998[c] | – | – | – | 39 | 30 | -9 |
| | 2000[d] | – | – | – | 41 | 27 | -14 |

a  Werte in Klammern: 16- bis 17-Jährige.

b  Datenquellen: ALLBUS 1990-2002. Antworten zur ökonomischen Lage: Kategorien sehr gut und gut auf einer Skala mit fünf Ausprägungen (teils teils, schlecht, sehr schlecht).

c  Datenquelle: SoKuWa Ostdeutschland 1998 (Pickel 2002: 188 und 205).

d  Datenquellen: PCE 2000 (für Ostdeutschland) und PCND 2002 (für Westdeutschland).

Die Untersuchung mit den ostdeutschen Daten des Surveys „Political Culture in Central- and Eastern Europe 2000" in Tabelle 9 zeigt, dass analog zu den theoretischen Überlegungen das Urteil der Bürger über die Demokratie in ihrem derzeitigen Zustand hochgradig von der Perzeption der ökonomischen Lage und weniger stark von generelleren Faktoren der Gesellschaftsbeurteilung des demokratischen Systems abhängig ist. Zwar sind ein gewisses Vertrauen in die Judikative und die Politiker, die Umsetzung rechtsstaatlicher Prinzipien, politische Kompetenz und eine positive Haltung zur Idee der Marktwirtschaft förderlich für eine günstigere Evaluation der Demokratie, allerdings sind die Wirkungen dieser Orientierungen eher gering (Tabelle 9). Neben den ökonomischen Faktoren erscheint die Überzeugung, dass es in der heutigen Gesellschaftsordnung gerecht zugeht, für die Beurteilung der aktuellen Demokratie in der Bundesrepublik bedeutsam. Die Idee oder die Performanzbewertung des Sozialismus besitzen keinen signifikanten Einfluss auf die Bewertung der Demokratie. Ihr kann höchstens eine Wirkung über die Gerechtigkeitsbeurteilung der Gesellschaft zugestanden werden. Auffällig ist die mit $R^2 > 0,30$ für Individualdatenanalysen hohe Erklärungskraft des Modells.

Die 18- bis 29- sowie die 18- bis 23-jährigen Ostdeutschen sehen zwar ebenfalls die ökonomische Situation als zentralen Punkt der Bewertung der Demokratieperformanz an, gleiches gilt aber für die Aspekte der relativen Deprivation und die Beziehung zur politischen Gemeinschaft. Junge Bürger mit einer positiven Beziehung zur politischen Gemeinschaft finden zumindest in den neuen Bundesländern die aktuelle Demokratie seltener schlecht als Altersgenossen, die eine Distanzhaltung zur Nation aufweisen. Ansonsten bestehen kaum nennenswerte Unterschiede zwischen den Erwachsenen und den jungen Bürgern. Die Beurteilung der *Demokratie* als angemessenste Regierungsform, nach Fuchs (1999) der Strukturebene der Demokratie zuzuordnen, unterscheidet sich von der Beurteilung der Performanz der Demokratie dahingehend, dass den differenzierten Legitimitätsindikatoren eine höhere Bedeutung zukommt. Nicht nur die wiederum wichtige Beurteilung der Gesellschaft als gerecht, sondern auch die Evaluation der Gewährleistung von Bürger- und Freiheitsrechten (Pickel 2001; Pickel/Jacobs 2001; Jacobs 2000: 234) trägt maßgeblich zu einer positiven Beurteilung der Demokratie als genereller Regierungsform bei.[18]

Während es für die Gesamtbevölkerung eher die Relevanz dieser Rechte ist, gewinnt bei den jüngeren Bürgern die reale Gewährleistung – oder besser deren Wahrnehmung – eine stärkere Bedeutung. Die Idee des Sozialismus entwickelt für die Performanzbewertung der Demokratie in Relation zur ökonomischen Situation und der Einschätzung einer gerechten Gesellschaft keinen eigenständigen Effekt.[19]

---

18  Thomas Bulmahn arbeitet in einem Beitrag (2000: 263-264) Freiheit, soziale Gerechtigkeit und Gleichheit als Kernbestimmungsfaktoren der Demokratiezufriedenheit heraus. Allerdings berücksichtigt Bulmahn kaum alternative Erklärungsfaktoren, was eine endgültige Aussage über die Erklärungskraft dieser Prinzipien verhindert.

19  Die Einschätzung der aktuellen Gesellschaft „als gerecht" ist abhängig von Erfahrungen in der ehemaligen DDR. Personen, welche die heutige Gesellschaftsform als ungerecht bewerten, tendieren mit steigender Entfernung zu einer Verbesserung ihrer Sicht auf das vergangene System.

*Tabelle 9:* Erklärungsmuster der Demokratieverdrossenheit in Ostdeutschland [a]

| Ebene: Indikator(en) | Demokratieperformanz | | | Demokratie als Regierungsform | | |
|---|---|---|---|---|---|---|
| | Gesamt | 18-23 Jahre | 18-29 Jahre | Gesamt | 18-23 Jahre | 18-29 Jahre |
| | Erklärungsindikatoren der vorgegebenen Hypothesen | | | | | |
| Sozialismus: | | | | | | |
| Idee des Sozialismus ist gut. | – | – | – | +0,13 | – | – |
| Sozialismus, wie er in Ostdeutschland bestand, ist gut. | – | – | – | – | – | – |
| Situation: | | | | | | |
| Angst vor Arbeitslosigkeit | – | – | – | – | – | – |
| Beurteilung der wirtschaftlichen Lage des eigenen Haushaltes | +0,25 | + 0,31 | +0,25 | +0,07 | – | – |
| Beurteilung der wirtschaftlichen Lage des Landes | +0,10 | + 0,11 | +0,22 | – | – | – |
| Identität: | | | | | | |
| Ostdeutsche Bürger zweiter Klasse | – | – | – | – | – | – |
| Relative Deprivation: | | | | | | |
| Erhalte gerechten Anteil. | – | + 0,22 | +0,20 | – | +0,21 | – |
| In unserer Gesellschaftsordnung geht es gerecht zu. | +0,19 | + 0,27 | +0,26 | +0,08 | – | +0,13 |
| | Kontrollindikatoren: Weitere Verdrossenheitsdimensionen | | | | | |
| Diffuse politische Verdrossenheit: | | | | | | |
| Die meisten Politiker sind korrupt. | – | – | – | – | – | – |
| Politisches Interesse | – | – | – | – | – | – |
| Politische Kompetenz | +0,08 | + 0,15 | +0,16 | – | – | – |
| Involvierungsverdrossenheit: | | | | | | |
| Internal Political Efficacy | – | – | – | – | – | – |
| Politikerverdrossenheit: | | | | | | |
| External Political Efficacy | – | – | – | – | – | – |
| Vertrauen in Politiker | +0,07 | – | – | – | – | – |
| Staatsverdrossenheit: | | | | | | |
| Nationalstolz | – | – | +0,20 | – | – | – |
| | Kontrollindikatoren: Sozialstruktur und ideelle Variablen | | | | | |
| Sozialstruktur: | | | | | | |
| Alter (quadriert) | – | – | – | – | – | – |
| Bildungsniveau | – | – | – | – | – | – |
| Rechtsstaat: | | | | | | |
| Index: Gewährleistung rechtsstaatlicher Prinzipien | +0,06 | +0,19 | – | +0,07 | +0,19 | +0,23 |
| Index: Wichtigkeit rechtsstaatlicher Prinzipien | – | – | – | +0,14 | – | +0,09 |
| Marktwirtschaft: | | | | | | |
| Für Idee der Marktwirtschaft | +0,06 | – | – | +0,18 | – | +0,14 |
| $R^2$ | 0,35 | 0,27 | 0,41 | 0,18 | 0,22 | 0,31 |

a  $p < 0,05$ ($p < 0,10$ für 18- bis 29-Jährige sowie für 18- bis 23-Jährige aufgrund der Fallzahlproblematik). Leere Zellen: Indikatoren aufgrund hoher Binnenkorrelationen aus der Analyse ausgeschlossen (Binnenkorrelationen von 0,50 zwischen Demokratieidee und Demokratiestruktur).
Quelle: Eigene Berechnungen auf Basis des PCE-Projekts 2000, Teilstichprobe Ostdeutschland.

Eine Performanzbewertung des DDR-Sozialismus innerhalb des spezifizierten Modells erweist sich als bedeutungslos. Neben den angesprochenen Indikatoren sind es nur wenige andere Faktoren, die im Kontext der angesprochenen Einflussfaktoren eine eigenständige Wirkung auf die Beurteilung der Demokratie entfalten können. Zu nennen ist die politische Kompetenz des einzelnen Bürgers. Betrachtet man die Ergebnisse, so wird deutlich: Demokratische Legitimität besitzt ihre Fundierung nur begrenzt in situativen und ideologisch-sozialisatorischen (Sozialisationshypothese) Faktoren, sie basiert eher auf Prinzipien der generellen demokratischen Legitimität, des „rule of law", der Legitimität, der mit liberaler Demokratie verbunden angesehenen Marktwirtschaft und auf dem Grundgedanken sozialer Gerechtigkeit in einer Gesellschaft (Müller 2005). Einzelne Effekte der Performanzebene treten für die Verankerung der grundsätzlichen Systemlegitimität in der Bevölkerung in den Hintergrund.

Verdrossenheit mit demokratischer Performanz äußert sich dementsprechend in der Jugend wie auch bei älteren Personen nicht unbedingt in einer sofortigen Distanzhaltung zum demokratischen System, sondern erweist sich erst einmal nur als ungünstig für die Leistungsbewertung der Demokratie. Die Legitimität der Demokratie dagegen basiert vielmehr auf grundsätzlicheren Garantien des politischen Systems. Dies schützt es gegen kurzfristige Effekte der politischen Unzufriedenheit. Auf länger- oder mittelfristige Sicht kann aber von einem (ungünstigen) Effekt der Performanzebene ausgegangen werden, wenn es nicht gelingt, eine dauerhaft negative Beurteilung der Demokratieperformanz zu vermeiden.

Interessieren die Differenzen zwischen West- und Ostdeutschland, dann lohnt es sich, auf das Verfahren der partiellen Korrelation zurückzugreifen. Ausgangspunkte dieser Untersuchungen sind einfache Binnenkorrelationen zwischen den Indikatoren der politischen Verdrossenheit und einer eigens gebildeten „Dummy"-Variablen „Ostdeutsche Regionalität". Sie kennzeichnet Personen, die im Gebiet Ostdeutschland leben und als Ostdeutsche geboren wurden.[20] Eine empirische Korrelation zwischen einem Indikator politischer Verdrossenheit und dem „Ostdeutschlanddummy" bedeutet in der Folge einen substantiellen (linearen) Unterschied zwischen den ostdeutschen Bürgern und den westdeutschen Bürgern hinsichtlich eines Merkmals, wie er aus den Verteilungen bereits ersichtlich wurde. Das Prinzip der partiellen Korrelationen geht davon aus, dass durch die Kontrolle von Hintergrundfaktoren der wahre Zusammenhang zwischen zwei Indikatoren identifiziert werden kann. Für die vorliegende Analyse bedeutet dies: Verschwindet der Zusammenhang zwischen dem „Ostdeutschlanddummy" und der entsprechenden, politischen Verdrossenheit nach Einbezug verschiedener Variablen als Kontrollvariablen, so sind die Unterschiede zwischen West- und Ostdeutschland für diese Form politischer Verdrossenheit durch die einbezogenen Kontrollvariablen zu erklären. Bleibt ein Zusammenhang nach Einbezug der Kontrollvariablen erhalten, besteht ein aus den bisherigen Überlegungen empirisch nicht zu erklären-

---

20  „West-Migranten" wurden aufgrund ihrer geringen Bedeutung aus der Analyse ausgeschlossen.

der Unterschied zwischen beiden Gebieten fort.[21] Datenmaterial ist der ALLBUS 1991 und 2002, da allein in diesen Studien die benötigten Kontrollindikatoren verfügbar sind.

Nennenswerte Unterschiede zwischen den Bürgern beider Gebiete konzentrieren sich hauptsächlich auf stärker der politischen Performanz- oder Effektivitätsseite zuzuordnenden Formen politischer Verdrossenheit (oder politischer Unterstützung), weniger auf allgemeine politische Orientierungen (Tabelle 10). Dies zeigen entsprechende Korrelationen zwischen den Indikatoren für Verdrossenheit und dem Ost-West-Dummy. Um die Gründe für diese Unterschiede zu entschlüsseln, werden die potentiellen Erklärungsfaktoren Stück für Stück als Kontrollvariablen in die Korrelationsanalysen einbezogen. Besitzen diese Hintergrundfaktoren eine Bedeutung, so kommt es zu einer Reduktion der Korrelation oder im eher außergewöhnlichen Fall eines intervenierenden Effekts zu einer Steigerung des Zusammenhangs.

Der in den ALLBUS-Studien (einzige) Abbildungsindikator der sozialistischen Vergangenheit, die Befürwortung der Idee des Sozialismus, kann die Unterschiede zwischen West- und Ostdeutschland hinsichtlich der Demokratiezufriedenheit und des Vertrauens in den Bundestag beziehungsweise in die Gerichte tatsächlich reduzieren. Allerdings bleiben die Korrelationen weiterhin signifikant. Der Einfluss der ideologischen Bindung an den Sozialismus erklärt die Ost-West-Unterschiede nur in einem begrenzten Umfang. Testet man die Gegenthese der situativen Abhängigkeit der Ost-West-Unterschiede, so ist das Ergebnis nicht anders. Die West-Ost-Diskrepanz in den politischen Einstellungen kann durch die subjektiven Evaluationen der wirtschaftlichen Lage des Landes beziehungsweise der persönlichen Lage (jeweils in der gleichen Weise) verringert werden, zum Verschwinden können sie diese aber ebenfalls nicht bringen.[22] Bleiben die Abbildungen der objektiven Situation 1991 noch von begrenzter Erklärungskraft für die Differenzen der Demokratiezufriedenheit zwischen West- und Ostdeutschland, so ist ihr Effekt 2000 wesentlich geringer. Der Einbezug der Kontrollvariable (Osten hat Vorteile aus der Wiedervereinigung) kann ähnliche Effekte wie die beiden Repräsentationen der Sozialisations- und der Situationshypothese erzeugen.

Allerdings ist es inhaltlich schwierig, die verwendete Aussage als an Nostalgie oder an eine kritische Realitätsbeurteilung gebundene Äußerung zu klassifizieren. Am effektivsten für die Korrelationsreduktion ist das Gefühl, nicht den gerechten Anteil am Lebensstandard zu erhalten (relative Deprivation; auch Liebig/ Verwiebe 2000). Ein gleicher Erfolg ist mit den alternativ verwendbaren Indikatoren der Sozialisations- und der Situationshypothese weder 1991 noch 2000 zu er-

---

21 Vorteil des skizzierten Vorgehens ist die Konzentration auf die Untersuchung der Unterschiede zwischen West- und Ostdeutschland und nicht – wie bislang meist üblich – die Gegenüberstellung der Erklärungen in West- und Ostdeutschland.

22 Der Befund wird für die Anhänger einer situationsindizierten Differenz zwischen West- und Ostdeutschland noch ungünstiger, wenn – hier nicht ausgewiesen – objektive Merkmale der Situation (Haushaltseinkommen etc.) einbezogen werden. Sie bleiben ohne jeden Reduktionseffekt auf die Unterschiede in den politischen Überzeugungen.

zielen. Nun muss berücksichtigt werden, dass die sozialen Gerechtigkeitsvorstellungen durch die Sozialisation in der DDR geprägt sein können. Eher wahrscheinlich ist eine Verzahnung von situativen Aspekten, Vergleichsmomenten und nicht erfüllten Erwartungsstrukturen. Wenn man also von den die politischen Überzeugungen in der Bundesrepublik beeinflussenden Wertorientierungen des vorangegangenen DDR-Systems spricht, dann erscheint eine Konzentration auf die Aspekte sozialer Gleichheit tragfähiger als die Suche nach pauschalisierten sozialistischen Grundidealen. Das heißt aber auch, dass nicht von einer Nostalgie im Sinne einer Rückwendung zu sozialistischen Idealen der DDR ausgegangen werden kann, sondern eher ein stärkerer Wunsch nach der Umsetzung grundsätzlicher sozialer Ideale von Bedeutung ist. Dieser Wunsch wird maßgeblich durch das in den neuen Bundesländern stärker verbreitete Gefühl der relativen Deprivation und durch das Gefühl der Unterprivilegiertheit gegenüber den Westdeutschen geprägt.

Interessant ist die Situation bei den 18- bis 23-Jährigen, zeigen sich hier nun doch einige Unterschiede zu den Ergebnissen in der Gesamtbevölkerung. Zum einen ist der die Unterschiede zwischen West- und Ostdeutschland reduzierende Effekt der Kontrollvariablen in beiden Untersuchungsjahren stärker als in der Gesamtbevölkerung. Es gelingt sogar, alle eingangs noch vorhandenen Unterschiede mit den vier eingesetzten Erklärungsvariablen zu eliminieren. Die größte Bedeutung besitzt dabei wiederum die relative Deprivation. Zwar weisen auch alle anderen drei Variablen nachweisbare Reduktionswirkungen auf die Korrelationen auf, die relative Deprivation ist aber der zentrale Differenzfaktor zwischen den jungen Erwachsenen in West- und Ostdeutschland. Kombiniert man nur eine der drei Alternativen mit der relativen Deprivation, so gelingt es, die Unterschiede zwischen West- und Ostdeutschland vollständig aufzuklären.

Was bedeutet dies inhaltlich? Nichts anderes, als dass die Unterschiede zwischen der west- und der ostdeutschen Jugend hinsichtlich der Kernindikatoren der politischen Verdrossenheit (soweit hier abgebildet) hochgradig durch Unterschiede in der relativen Deprivation getragen werden. Diese reflektiert ein Konglomerat an verschiedenen Einstellungen (Gefühl der Benachteiligung des ostdeutschen Landesteils; ungünstigere, sozio-ökonomische Bedingungen; Einschränkungen der eigenen Identität), welches darauf hindeutet, dass dem sozialen Umfeld der ostdeutschen Jugend eine besondere Bedeutung für die teils ungünstigeren Bewertungen der Politik zukommt. Dies wird gestützt durch die Ansicht des einzigen alternativen Erklärungsmodells für die Unterschiede – die Kombination von wahrgenommener ökonomischer Lage und ostdeutscher Identität. Nicht die sozialistische Sozialisation, sondern die über Gefühle vermittelten objektiven Rahmenbedingungen sorgen unter den ostdeutschen jungen Bürgern für eine (etwas) größere Distanz zur Politik.

*Tabelle 10:* Partialkorrelationen zwischen Politikverdrossenheit und Ost-West-Differenzen[a]

| | Basis | Sozi | Wila | Gteil | Vost | Sozi Wila | Wila Vost | Sozi Gteil | Vost Gteil | Vost Sozi | Wila Gteil | Wila Sozi Gteil | Vost Wila | Vost Sozi Gteil | Alle |
|---|---|---|---|---|---|---|---|---|---|---|---|---|---|---|---|
| **ALLBUS 1991** | | | | | | | | | | | | | Gesamtbevölkerung | | |
| Demokratiezufriedenheit | -0,32 | -0,23 | -0,23 | -0,14 | -0,22 | -0,16 | -0,17 | -0,09 | -0,10 | -0,18 | -0,13 | -0,09 | -0,08 | -0,07 | -0,05 |
| Vertrauen in Bundestag | -0,16 | -0,08 | -0,08 | -0,04 | -0,07 | – | – | – | – | – | – | – | – | +0,05 | +0,06 |
| Vertrauen in Gerichte | -0,23 | -0,19 | -0,16 | -0,12 | -0,17 | -0,14 | -0,13 | -0,11 | -0,09 | -0,15 | -0,11 | -0,09 | -0,08 | -0,08 | -0,07 |
| Politisches Interesse | -0,08 | -0,08 | -0,04 | -0,04 | -0,06 | -0,06 | – | -0,05 | – | -0,06 | – | – | – | – | – |
| **ALLBUS 2000** | | | | | | | | | | | | | | | |
| Demokratiezufriedenheit | -0,33 | -0,30 | -0,30 | -0,26 | -0,28 | -0,27 | -0,24 | -0,24 | -0,19 | -0,24 | -0,24 | -0,24 | -0,20 | -0,19 | -0,17 |
| Vertrauen in Bundestag | -0,13 | -0,09 | -0,11 | -0,08 | -0,08 | -0,09 | -0,08 | -0,05 | -0,06 | -0,08 | -0,09 | -0,07 | -0,06 | – | – |
| Vertrauen in Gerichte | -0,20 | -0,15 | -0,18 | -0,15 | -0,15 | -0,16 | -0,16 | -0,11 | -0,12 | -0,14 | -0,16 | -0,12 | -0,12 | -0,10 | -0,05 |
| Politisches Interesse | -0,09 | -0,08 | -0,06 | -0,05 | -0,05 | -0,09 | -0,07 | – | -0,06 | -0,09 | -0,07 | -0,07 | -0,06 | -0,08 | – |
| **ALLBUS 1991** | | | | | | | | | | | | | 18- bis 23-Jährige | | |
| Demokratiezufriedenheit | -0,27 | -0,16 | -0,21 | -0,11 | -0,19 | -0,14 | -0,17 | – | – | -0,12 | – | – | – | – | – |
| Vertrauen in Bundestag | -0,12 | -0,09 | -0,10 | – | -0,06 | -0,08 | – | – | – | – | – | – | – | – | – |
| Vertrauen in Gerichte | -0,12 | – | -0,11 | – | -0,12 | – | – | – | – | – | – | – | – | – | – |
| Politisches Interesse | – | – | – | – | – | – | – | – | – | – | – | – | – | – | – |
| **ALLBUS 2000** | | | | | | | | | | | | | | | |
| Demokratiezufriedenheit | -0,28 | -0,17 | -0,14 | -0,09 | -0,14 | -0,12 | – | – | – | -0,16 | – | – | – | – | – |
| Vertrauen in Bundestag | -0,10 | -0,11 | – | – | – | – | – | – | – | – | – | – | – | – | – |
| Vertrauen in Gerichte | -0,23 | -0,27 | -0,20 | -0,18 | -0,16 | -0,24 | – | -0,19 | – | -0,19 | -0,17 | -0,19 | – | – | – |
| Politisches Interesse | -0,11 | – | – | – | – | – | – | – | – | – | – | – | – | – | – |

a Pearson's r. Leere Zellen: Werte sind nicht signifikant. Basis = Grundkorrelation ohne Kontrollvariablen. Weitere Werte: Partialkorrelationen unter Berücksichtigung der Kontrollvariablen: Sozi = Stellung zur Idee des Sozialismus. Wila = Beurteilung der persönlichen Wirtschaftslage. Gteil = gerechter Anteil am Lebensstandard. Vost = Vorteile für den Osten aus der Wiedervereinigung. Quelle: Eigene Zusammenstellung auf Basis verschiedener Berechnungen.

## 7. Fazit

Im Überblick verschiedener Indikatoren der Politikverdrossenheit[23] ist die *Jugend kaum politikverdrossener als der Rest der Bevölkerung.* Einzelne ungünstigere Werte in der Beurteilung verschiedener politischer Objekte werden durch eine in der Regel höhere Aktivitätsbereitschaft junger Bürger ausgeglichen. Eher als von einer „politikverdrossenen Jugend" könnte man von einer – nach bestimmten demokratietheoretischen Ansätzen sogar wünschenswerten – skeptischeren oder misstrauischeren Jugend reden. *Die ostdeutsche Bevölkerung unterscheidet sich in ihren politischen Überzeugungen stärker von der westdeutschen Bevölkerung als junge Bürger von älteren Bürgern.* Das heißt, die ostdeutsche Jugend differiert von ihren Altersgenossen im Westen Deutschlands in ähnlicher Weise wie die ostdeutsche von der westdeutschen Gesamtbevölkerung. Generationsspezifische Angleichungsprozesse in den politischen Einstellungen, ein immer wieder bemühtes Zukunftsszenario für Ost-West-Gegensätze, sind nur eingeschränkt zu erkennen. Praktisch gesagt: Bislang zeigt die ostdeutsche Jugend nur beschränkt das von ihnen erwartete „Auswachsen" der West-Ost-Unterschiede in den politischen Einstellungen. Zumindest kann über zehn Jahre nach dem Umbruch noch in vielen Aspekten von zwei getrennten politischen Kulturen in West- und Ostdeutschland gesprochen werden. Dabei muss allerdings berücksichtigt werden, dass diese Unterschiede (1) vornehmlich aus den sozio-ökonomischen Rahmenbedingungen und vergleichenden Wahrnehmungen der eigenen Lage begründbar sind und zudem (2) nicht auf alle politischen Einstellungen in gleicher Weise zutreffen.

Dieses Ergebnis geht einher mit der Feststellung einer *steigenden Bedeutung der Situationshypothese gegenüber der Sozialisationshypothese* für die Ausprägung der politischen Überzeugungen im innerdeutschen Vergleich. Zudem sind subjektive Bewertungen der Umstände und Vergleiche mit anderen Personengruppen für die Ausprägung der Zufriedenheit oder Unzufriedenheit mit Politik und den politischen Objekten bedeutsam: Die sozioökonomische Lage bewirkt eine Variation der politischen Verdrossenheit mit einzelnen Dimensionen der Politik, die aber erst über Vergleiche mit anderen Bevölkerungsgruppen (in Ostdeutschland insbesondere mit Westdeutschland) ein Gefühl relativer Deprivation erzeugen. Sehen sich die ostdeutschen Bürger im Nachteil gegenüber der westdeutschen Bevölkerung, so sinkt ihre Unterstützung der politischen Institutionen und der Demokratie merklich ab. Fühlen sich die jungen ostdeutschen Bürger angemessen behandelt, steigen die positiven Äußerungen merklich an. Aspekte der Sozialisation sind im Kontrast zu diesen Indikatoren von untergeordneter Bedeutung, können aber in bestimmten Personengruppen die Differenzen unterstützen.

Dabei sind diese Aussagen hinsichtlich der Zielobjekte der Verdrossenheit zu differenzieren. Dies wird bei einer Detailbetrachtung der Gründe für die Beurteilungen der Demokratie deutlich. Insbesondere die Aspekte „Rechtsstaatlichkeit",

---

23 Die Ergebnisse stützen die Annahme, dass Politikverdrossenheit ein multidimensionales Phänomen ist und eine Untersuchung ihrer Dimensionen ein nützliches Unterfangen darstellt.

„Gerechtigkeitsempfindungen" und das Gefühl relativer Deprivation tragen zur Erklärung der Einschätzungen von Demokratie in Deutschland bei. Da die Verteilungen dieser Indikatoren zwischen West- und Ostdeutschland stark variieren, sind sie entscheidend für die ermittelten Verdrossenheitsunterschiede. So lassen sich die Differenzen in der Demokratielegitimität eher durch die Sichtweise der relativen Deprivation und durch Gerechtigkeitsempfindungen der Gegenwart als durch Indikatoren der Sozialisation erklären, während Unterschiede in der Demokratieperformanz fast ausschließlich auf ökonomischen Beurteilungen der Bürger – also auf rein situativen Bewertungen – beruhen. Indikatoren für die Resistenz sozialistischer Wertorientierungen gewinnen, wenn überhaupt, nur vermittelt über Aspekte der Gerechtigkeitsbewertung des politischen Systems an Bedeutung (Pickel 2002: 285ff., 303ff.). Die Annahme der Sozialisationshypothese, dass die Sozialisation im früheren System für eine größere Demokratieverdrossenheit der Ostdeutschen verantwortlich sei, ist unter Berücksichtigung dieser Ergebnisse in Frage zu stellen.

Dabei zeigt sich, dass die kausalen Beziehungen in der Gruppe der Jugendlichen und der jungen Erwachsenen denen der Gesamtbevölkerungen in West- und Ostdeutschland überwiegend entsprechen. Die Einschätzung des früheren, sozialistischen Systems besitzt für die ostdeutsche Jugend sogar eine noch geringere Bedeutung, als sie schon in der Gesamtbevölkerung aufwies. Bedingen aber die (subjektiv verarbeiteten) Merkmale des Umfelds die meisten politischen Überzeugungen, ist es plausibel, dass sich die Jugendgeneration in Ostdeutschland bei den politischen Überzeugungen kaum an die Jugendgeneration in Westdeutschland annähert. Möglicherweise muss man von der Festlegung auf eine Generation als Zeitraum der Anpassung der politischen Kulturen weggehen und sich darüber klar werden, dass einzig eine Anpassung in den Lebensbedingungen die Ostdeutschen (Jung und Alt) zu gleichen politischen Unterstützungsraten führen kann. Die Hoffnung auf eine quasi automatische Angleichung zwischen West- und Ostdeutschland über das Nachwachsen neuer Generationen scheint eine verfehlte Annahme zu sein, die höchstens als Schutzargumentation für Politiker gegen kostenintensive Aktivitäten taugt und notwendige Maßnahmen zur Angleichung der Lebensverhältnisse behindert.

## Literatur

Almond, Gabriel/Verba, Sidney (1963): The Civic Culture. Political Attitudes and Democracy in Five Nations. Princeton: Princeton University Press.

Arzheimer, Kai (2002): Politikverdrossenheit. Bedeutung, Verwendung und empirische Relevanz eines politikwissenschaftlichen Begriffs. Wiesbaden: Westdeutscher Verlag.

Bauer, Petra (1991): Politische Orientierungen im Übergang. Eine Analyse politischer Einstellungen der Bürger in West- und Ostdeutschland 1990/1991. In: Kölner Zeitschrift für Soziologie und Sozialpsychologie 43/3, 433-453.

Brunner, Wolfram/Walz, Dieter (1998): Selbstidentifikation der Ostdeutschen 1990 – 1997. Warum sich die Ostdeutschen zwar als Bürger zweiter Klasse fühlen, wir aber nicht auf die innere Mauer treffen. In: Meulemann, Heiner (Hrsg.): Werte und nationale Identität im vereinten Deutschland. Erklärungsansätze der Umfrageforschung. Opladen: Leske + Budrich, 229-250.

Bulmahn, Thomas (2000): Das vereinte Deutschland – eine lebenswerte Gesellschaft? Zur Bewertung von Freiheit, Sicherheit und Gerechtigkeit in Ost und West. In: Kölner Zeitschrift für Soziologie und Sozialpsychologie 52/3, 405-427.

Deutsche Shell (Hrsg.) (1997): Jugend 1997. 12. Shell Jugendstudie. Opladen: Leske + Budrich.

Deutsche Shell (Hrsg.) (2000): Jugend 2000. 13. Shell Jugendstudie. Opladen: Leske + Budrich.

Easton, David (1975): A Re-Assessment of the Concept of Political Support. In: British Journal of Political Science 5/4, 435-457.

Easton, David (1979): A System Analysis of Political Life. New York: Wiley.

Ehrhardt, Christof/Sandschneider, Eberhard (1994): Politikverdrossenheit. Kritische Anmerkungen zur Empirie, Wahrnehmung und Interpretation abnehmender politischer Partizipation. In: Zeitschrift für Parlamentsfragen 25/3, 441-458.

Fischer, Arthur (2000): Jugendliche im Osten – Jugendliche im Westen. In: Deutsche Shell (Hrsg.): Jugend 2000. 13. Shell Jugendstudie. Opladen: Leske + Budrich, 283-304.

Fuchs, Dieter (1989): Die Unterstützung des politischen Systems der Bundesrepublik Deutschland. Opladen: Westdeutscher Verlag.

Fuchs, Dieter (1996): Wohin geht der Wandel der demokratischen Institutionen in Deutschland? Die Entwicklung der Demokratievorstellungen der Deutschen seit ihrer Vereinigung, WZB-Papers FS III 96-207. Berlin: Wissenschaftszentrum Berlin für Sozialforschung (WZB).

Fuchs, Dieter (1997): Wohin geht der Wandel der demokratischen Institutionen in Deutschland? Die Entwicklung der Demokratievorstellungen seit ihrer Vereinigung. In: Göhler, Gerhard (Hrsg.): Institutionenwandel. Sonderheft Leviathan 16, 253-284.

Fuchs, Dieter (2002): Das Konzept der politischen Kultur. Die Fortsetzung einer Kontroverse in konstruktiver Absicht. In: Fuchs, Dieter/Roller, Edeltraud/Weßels, Bernhard (Hrsg.): Bürger und Demokratie in Ost und West. Studien zur politischen Kultur und zum politischen Prozess. Wiesbaden: Westdeutscher Verlag, 27-50.

Fuchs, Dieter/Roller, Edeltraud/Weßels, Bernhard (1997): Die Akzeptanz der Demokratie des vereinten Deutschlands. Oder: Wann ist ein Unterschied ein Unterschied? In: Aus Politik und Zeitgeschichte. Beilage zur Wochenzeitung „Das Parlament" B51, 3-12.

Gabriel, Oscar W. (2000): Demokratische Einstellungen in einem Land ohne demokratische Traditionen. Die Unterstützung der Demokratie in den neuen Bundesländern im Ost-West-Vergleich. In: Falter, Jürgen/Gabriel, Oscar W./Rattinger, Hans (Hrsg.): Wirklich ein Volk? Die politischen Orientierungen von Ost- und Westdeutschen im Vergleich. Opladen: Leske + Budrich, 41-78.

Gabriel, Oscar W./Neller, Katja (2000): Stabilität und Wandel politischer Unterstützung im vereinigten Deutschland. In: Esser, Hartmut (Hrsg.): Der Wandel nach der Wende. Gesellschaft, Wirtschaft, Politik in Ostdeutschland. Wiesbaden: Westdeutscher Verlag, 67-90.

Gaiser, Wolfgang/Gille, Martina/Krüger, Winfried/Rijke, Johann de (2000): Politikverdrossenheit in Ost und West? Einstellungen von Jugendlichen und jungen Erwachsenen. In: Aus Politik und Zeitgeschichte. Beilage zur Wochenzeitung „Das Parlament" B19-20, 12-22.

Gensicke, Thomas (1998): Die neuen Bundesbürger. Eine Transformation ohne Integration. Opladen: Westdeutscher Verlag.

Gille, Martina/Krüger, Winfried/Rijke, Johann de (2000): Politische Orientierungen. In: Gille, Martina/Krüger, Winfried (Hrsg.): Unzufriedene Demokraten. Politische Orientierungen der 16-29jährigen im vereinigten Deutschland. Opladen: Leske + Budrich, 205-265.

Hurrelmann, Klaus (1994): Lebensphase Jugend. Eine Einführung in die sozialwissenschaftliche Jugendforschung. Weinheim/München: Juventa.

Jacobs, Jörg (2001): Alltag oder Vergangenheit? Einstellungen zur herrschenden politischen Ordnung in den Neuen Bundesländern, Polen, Tschechien und Ungarn. In: Politische Vierteljahresschrift 42/2, 223-246.

Juhasz, Zoltan (2000): Ost-West-Unterschiede. Bald ein Thema für die Vergangenheit? In: Deth, Jan van/Rattinger, Hans/Roller, Edeltraud (Hrsg.): Die Republik auf dem Weg in die Normalität? Wahlverhalten und politische Einstellungen nach acht Jahren Einheit. Opladen: Leske + Budrich, 333-359.

Keniston, Kenneth (1968): Young radicals. Notes on committed youth. New York: Harcourt, Brace & World.

Liebig, Stefan/Verwiebe, Roland (2000): Einstellungen zur sozialen Ungleichheit in Ostdeutschland. Plädoyer für eine doppelte Vergleichsperspektive. In: Zeitschrift für Soziologie 29/1, 3-26.

Lipset, Seymour M. (1959): Some Social Requisites of Democracy, Economic Development and Political Legitimacy. In: American Political Science Review 53/1, 69-105.

Lipset, Seymour M. (1981): Political Man. The Social Bases of Politics. Baltimore: John Hopkins University Press.

Maier, Jürgen (2000): Politikverdrossenheit in der Bundesrepublik Deutschland. Dimensionen – Determinanten – Konsequenzen. Opladen: Leske + Budrich.

Müller, Olaf (2005): East Germany. Democratization par excellence? In: Pollack, Detlef/Jacobs, Jörg/Müller, Olaf/Pickel, Gert (Hrsg.): Democratic Values in Central and Eastern Europe. Frankfurt/Oder: Research Report, 63-90.

Neller, Katja/Thaidigsmann, Isabell (2002): Das Vertretenheitsgefühl der Ostdeutschen durch die PDS. DDR- Nostalgie und andere Erklärungsfaktoren im Vergleich. In: Politische Vierteljahresschrift 43/3, 420-444.

Pickel, Gert (1996): Politisch verdrossen oder nur nicht richtig aktiviert? In: Silbereisen, Rainer K./Vaskovics, Laszlo A./Zinnecker, Jürgen (Hrsg.): Jungsein in Deutschland. Jugendliche und junge Erwachsene 1991 und 1996. Opladen: Leske+ Budrich, 85-98.

Pickel, Gert (1998): Eine ostdeutsche „Sonder"-mentalität acht Jahre nach der Vereinigung? Fazit einer Diskussion um Sozialisation und Situation. In: Pickel, Susanne/Pickel, Gert/Walz, Dieter (Hrsg.): Politische Einheit – kultureller Zwiespalt? Die Erklärung politischer und demokratischer Einstellungen in Ostdeutschland vor der Bundestagswahl 1998. Frankfurt a. M.: Peter Lang, 157-178.

Pickel, Gert (2000): Wählen die jungen Wähler anders? Jugendliche und junge Erwachsene bei der Bundestagswahl 1998. In: Pickel, Gert/Walz, Dieter/Brunner, Wolfram (Hrsg.): Deutschland nach den Wahlen. Befunde zur Bundestagswahl 1998 und zur Zukunft des deutschen Parteiensystems. Opladen: Leske + Budrich, 187-205.

Pickel, Gert (2001): Legitimität von Demokratie und Rechtsstaat in den osteuropäischen Transitionsstaaten 10 Jahre nach dem Umbruch. In: Becker, Michael/Lauth, Hans-Joachim/Pickel, Gert (Hrsg.): Rechtsstaat und Demokratie. Theoretische und empirische Studien zum Recht in der Demokratie. Wiesbaden: Westdeutscher Verlag, 299-326.

Pickel, Gert (2002): Jugend und Politikverdrossenheit. Zwei politische Kulturen im Deutschland nach der Vereinigung. Opladen: Leske + Budrich.

Pickel, Gert (2003): Die Verwendung von Individualdaten zum Nationenvergleich. Anmerkungen und Beispiele aus der vergleichenden Forschung. In: Pickel, Susanne/Pickel, Gert/Lauth, Hans-Joachim/Jahn, Detlef (Hrsg.): Vergleichende Politikwissenschaftliche Methoden. Neue Entwicklungen und Diskussionen. Wiesbaden: Westdeutscher Verlag, 151-178.

Pickel, Gert (2004): Jugend und Politikverdrossenheit im Deutschland nach der Vereinigung. In: Heinrich, Gudrun (Hrsg.): Jugend und Politik – Verdrossenheit? Rostock: Institut für Politik- und Verwaltungswissenschaften, 7-32.

Pickel, Gert/Pickel, Susanne (2000): Die Abkehr von der Politikverdrossenheit – bringt der Regierungswechsel 1998 die Rückkehr des Vertrauens in die Demokratie? In: Pickel, Gert/Walz, Dieter/Brunner, Wolfram (Hrsg.): Deutschland nach den Wahlen. Befunde zur Bundestagswahl 1998 und zur Zukunft des deutschen Parteiensystems. Opladen: Leske + Budrich, 165-186.

Pickel, Gert/Pickel, Susanne (2005): Einführung in die vergleichende politische Kultur- und Demokratieforschung. Opladen: Leske + Budrich (i.E.).

Pickel, Gert/Walz, Dieter (1997): Politische Einstellungen junger Erwachsener in den neuen und alten Ländern der Bundesrepublik Deutschland 1996. Nicht staatsverdrossen, aber desillusioniert. In: Zeitschrift für Parlamentsfragen 28/4, 592-604.

Pickel, Susanne (1998): Vom Totalitarismus zur Demokratie – zwei Transformationen in Deutschland. Die Bundesrepublik nach dem zweiten Weltkrieg (1949 – 1956) und die neuen Bundesländer nach der deutschen Vereinigung (1990 – 1996). In: Pickel, Susanne/Pickel, Gert/Walz, Dieter (Hrsg.): Politische Einheit – kultureller Zwiespalt? Die Erklärung politischer und demokratischer Einstellungen in Ostdeutschland vor der Bundestagswahl 1998. Frankfurt a. M.: Peter Lang, 19-58.

Pollack, Detlef (1997): Das Bedürfnis nach sozialer Anerkennung. Der Wandel der Akzeptanz von Demokratie und Marktwirtschaft in Ostdeutschland. In: Aus Politik und Zeitgeschichte. Beilage zur Wochenzeitung „Das Parlament" B13, 3-14.

Pollack, Detlef (2000): Wirtschaftlicher, sozialer und mentaler Wandel in Ostdeutschland. Eine Bilanz nach 10 Jahren. In: Aus Politik und Zeitgeschichte. Beilage zur Wochenzeitung „Das Parlament" B40, 13-21.

Pollack, Detlef (2001): Vollendung der Deutschen Einheit. Kognitive Aspekte. Arbeitspapier Frankfurt/Oder.

Pollack, Detlef/Pickel, Gert (1998): Die ostdeutsche Identität – Erbe des DDR-Sozialismus oder Produkt der Wiedervereinigung? Die Einstellung der Ostdeutschen zu sozialer Ungleichheit und Demokratie. In: Aus Politik und Zeitgeschichte. Beilage zur Wochenzeitung „Das Parlament" B41-42, 9-23.

Pollack, Detlef/Pickel, Gert (2000): Besonderheiten der politischen Kultur in Ostdeutschland als Erklärungsfaktoren der Bundestagswahl 1998 und die Rückwirkungen der Bundestagswahlen auf die politische Kultur Deutschlands. In: Deth, Jan van/Rattinger, Hans/Roller, Edeltraud (Hrsg.): Die Republik auf dem Weg in die Normalität? Wahlverhalten und politische Einstellungen nach acht Jahren Einheit. Opladen: Leske + Budrich, 117-144.

Schedler, Andreas (1993): Die demoskopische Konstruktion von „Politikverdrossenheit". In: Politische Vierteljahresschrift 34/3, 414-435.

Silbereisen, Rainer K./Vaskovics, Laszlo A./Zinnecker, Jürgen (Hrsg.) (1996): Jungsein in Deutschland. Jugendliche und junge Erwachsene 1991 und 1996. Opladen: Leske + Budrich.

Veen, Hans-Joachim (1997): Innere Einheit – aber wo liegt sie? Eine Bestandsaufnahme im siebten Jahr nach der Wiedervereinigung Deutschlands. In: Aus Politik und Zeitgeschichte. Beilage zur Wochenzeitung „Das Parlament" B40-41, 19-28.

Walz, Dieter/Brunner, Wolfram (1997): Das Sein bestimmt das Bewusstsein. Oder: Warum sich die Ostdeutschen als Bürger zweiter Klasse fühlen. In: Aus Politik und Zeitgeschichte. Beilage zur Wochenzeitung „Das Parlament" B51, 13-19.

Walz, Dieter/Brunner, Wolfram (1998): „It's the economy, stupid!" – revisited. Die Ostdeutschen als Bürger zweiter Klasse? Benachteiligungsgefühle in Ostdeutschland vor der Bundestagswahl 1998. In: Pickel, Susanne/Pickel, Gert/Walz, Dieter (Hrsg.): Politische Einheit – kultureller Zwiespalt? Die Erklärung politischer und demokratischer Einstellungen in Ostdeutschland vor der Bundestagswahl 1998. Frankfurt a. M.: Peter Lang, 113-130.

Westle, Bettina (1989): Politische Legitimität. Theorien, Konzepte, empirische Befunde. Baden-Baden: Nomos Verlagsgesellschaft.

Zelle, Carsten (1998): Soziale und liberale Wertorientierungen. Versuch einer situativen Erklärung der Unterschiede zwischen Ost- und Westdeutschen. In: Aus Politik und Zeitgeschichte. Beilage zur Wochenzeitung „Das Parlament" B41-42, 24-36.

# Parteiidentifikation und Einstellungen zur Gerechtigkeit – junge Erwachsene in Ost- und Westdeutschland 1991-2000[1]

*Kai Mühleck und Bernd Wegener*

## 1. Einleitung

Im Zentrum politischer und gesellschaftlicher Auseinandersetzungen steht die Verteilung materieller oder immaterieller Güter. Uneinigkeit kann dabei sowohl über das Verteilungsergebnis als auch über die Prinzipien, die dem Verteilungsprozess zu Grunde liegen, herrschen. Verteilungen können nach verschiedenen Kriterien vorgenommen werden (beispielsweise nach Leistung oder nach Bedarf), die alle gewisse Argumente für ihre Gerechtigkeit liefern und gleichwohl im Widerspruch zueinander stehen. Je nachdem, welchem Kriterium am meisten Gewicht zukommt, lassen sich verschiedene verteilungsideologische Grundpositionen oder *Gerechtigkeitsideologien* unterscheiden (Wegener/Liebig 1993, 1998). Gesellschaften können dann danach klassifiziert werden, in welchem Maß sie einer bestimmten Gerechtigkeitsideologie anhängen (Liebig/Wegener 1995). Gerechtigkeitsideologien sind insofern Bestandteil der politischen Kultur eines Landes. Auch die politischen Parteien sind mit unterschiedlichen Gerechtigkeitsideologien assoziiert. Die Positionen, die Parteien in politischen Auseinandersetzungen um distributive Prozesse einnehmen, sind nicht willkürlich. Parteien bevorzugen aus ihrer Programmatik heraus bestimmte Verteilungsprinzipien und neigen so zu bestimmten Gerechtigkeitsideologien.

Wir befassen uns mit der möglichen zeitlichen Veränderung der Zustimmung zu den verschiedenen Verteilungsnormen unter jungen Wahlberechtigten in Deutschland. Konkret unternehmen wir eine Trendanalyse über die Jahre 1991, 1996 und 2000. Diese Analyse über die Zeit wollen wir um eine intergenerationale und eine regionale Ost-West-Vergleichsperspektive erweitern, da Gerechtigkeitseinstellungen in deutlicher Weise sowohl altersabhängig sind als auch innerdeutsch variieren (Wegener/Liebig 1998, 2000). Das Analyseschema wird anschließend in identischer Form auf die Identifikation mit politischen Parteien angewendet, um den Zusammenhang zwischen Gerechtigkeitsideologien und der Parteiidentifikati-

1 Dieser Beitrag entstand im Rahmen des *International Social Justice Project* (ISJP), dessen deutscher Teil seit 1990 von der Deutschen Forschungsgemeinschaft gefördert wird. Für Anregungen und Kritik bedanken wir uns bei den Teilnehmern und Teilnehmerinnen des Forschungsseminars für empirische Sozialforschung an der Humboldt-Universität. Für seine nützlichen Hinweise zur Selektionsproblematik sind wir Martin Kroh zu Dank verpflichtet.

on von Jugendlichen zu überprüfen. Wir erhoffen uns daraus Antworten auf drei Fragenkomplexe:

1. Gerechtigkeitsideologien im Zeitverlauf: Kommt es bei den Jüngeren in den 1990er Jahren zu einem verteilungsideologischen Wertewandel?
2. Gerechtigkeitsideologien und Parteiidentifikation: Lassen sich Zusammenhänge zwischen Verteilungsnormen und der Identifikation mit einer bestimmten Partei feststellen?
3. Wandel der parteipolitischen Orientierung: Hat sich die Identifikation der Jüngeren mit den politischen Parteien verändert? Lassen sich ähnliche Trends wie für die Gerechtigkeitsideologien feststellen und stehen diese Veränderungen in einem Zusammenhang?

## 1.1 Die Entwicklung der Gerechtigkeitsideologien im Zeitverlauf

In Hinblick auf die Einstellungen Jugendlicher sind die spezifischen Unterschiede zu den Älteren und die Entwicklung dieser Unterschiede von Interesse. Die nachwachsende Generation ist „Träger des Wertewandels" (Gille 2000: 147). In ihren Einstellungen deuten sich die Werte der zukünftigen Gesellschaft an. Wir wissen, dass im Westteil Deutschlands sowie in anderen westlichen Ländern die jüngere Generation eher egalitären Verteilungsprinzipien zuneigt, während Ältere häufig individuelle Leistung als Belohnungskriterium bevorzugen (Lippl 2003; Wegener/Liebig 1995). Dieser Gegensatz lässt sich sowohl aus einer kulturalistischen als auch aus einer rationalistischen Sicht interpretieren.

Rational betrachtet präferieren die Jüngeren eine egalitaristische Verteilung, da sie weniger verdienen und so kurzfristig von größerer Umverteilung profitieren würden. Kulturalistisch gewendet wäre der jugendliche Hang zu mehr Gleichheit Ausdruck eines größeren Idealismus. In Übereinstimmung mit der Inglehart'schen Wertewandelhypothese vertreten die Jüngeren eher egalitäre und anti-hierarchische Einstellungen (Inglehart 1977, 1989). Dagegen sind die gesellschaftspolitischen Debatten in den 1990er Jahren geprägt vom Bemühen um weniger Umverteilung und mehr Eigenverantwortung. Die Jüngeren haben in der Diskussion um die Reform des Sozialstaats besondere Interessen, da sie die Folgen der Krise – höhere Kosten beziehungsweise geringere Leistungen – am längsten zu tragen haben.

Die Frage, die sich vor diesem Hintergrund stellt, ist: Bleibt der Gegensatz zwischen Jung und Alt in der Zeit der Reformdiskurse erhalten oder kommt es bei den Jüngeren zu einer Übernahme individualistischer Verteilungsnormen?

## 1.2 Einstellungsunterschiede zwischen Ost und West

Wir erwarten Unterschiede in den verteilungsideologischen Einstellungen zwischen Ost- und Westdeutschen aufgrund zweier Ursachenkomplexe: (1) der unterschiedlichen historischen Erfahrung und (2) der differierenden sozialen Lage in den beiden Landesteilen.

Gerechtigkeitsideologien hatten in der DDR und in der Bundesrepublik eine sehr unterschiedliche Gültigkeit. Die Staatswirtschaft der DDR und die im Vergleich zu westlichen Ländern geringeren sozialen Unterschiede[2] kommen egalitären Gerechtigkeitsvorstellungen näher. Die staatlich eingehegte Marktwirtschaft der Bundesrepublik lässt dagegen ein weit höheres Maß an sozialer Ungleichheit zu. Der marktwirtschaftliche Verteilungsprozess ist responsiver für die tatsächliche Leistung des Einzelnen und entspricht eher dem individualistischen Verteilungsprinzip. Neben der tatsächlichen Güterverteilung wirkt sich auch die vorherrschende Verteilungsideologie auf die Einstellungen zur sozialen Gerechtigkeit aus. Für die DDR steht hier das von staatlicher Seite propagierte Ideal der Gleichheit. Im Vergleich zur DDR wurde das Meinungsspektrum in der Bundesrepublik deutlich von individualistischen und marktwirtschaftlichen Gerechtigkeitsvorstellungen geprägt.

Trotz der erheblichen Anpassung des Lebensstandards zwischen Ost und West sind Einkommen und Vermögen im Ostteil Deutschlands nach wie vor niedriger. Die Ostdeutschen würden von größerer staatlicher Umverteilung eher profitieren, was eine Bevorzugung egalitaristischer Positionen plausibel erscheinen lässt. Vorangegangene Studien haben gezeigt, dass egalitäre Einstellungen in Ostdeutschland tatsächlich mehr Zustimmung erhalten als im Westen. Dieser Unterschied ist zum Teil auf die ökonomischen Unterschiede zwischen Ost und West zurückzuführen, bleibt aber auch bei Kontrolle sozialstruktureller Variablen erhalten (Mühleck 2003). Die Einstellungsunterschiede gehen folglich auch auf kulturelle Unterschiede zurück, die durch unterschiedliche Sozialisation bedingt sind.

In die kulturalistische Interpretation fügt sich eine weitere Beobachtung: Die Einstellungsdifferenzen zwischen Älteren und Jüngeren in Ostdeutschland folgen nicht dem westlichen Muster. In einer Umkehrung der Verhältnisse zeigen sich die Älteren als die egalitaristische Generation (Liebig/Wegener 1995; Wegener 2003; Wegener/Liebig 2000). Hintergrund ist der unterschiedliche Erfahrungshorizont. Die Erfahrung der jüngeren Generation mit der staatlich gelenkten Wirtschaft ist zunächst schlicht kürzer. Für die jüngsten Befragten unseres Samples umfasst das Erleben der DDR lediglich die Jahre vor ihrer Adoleszenz. Darüber hinaus sind die unterschiedlichen Altersgruppen von den sich verändernden Randbedingungen in der DDR geprägt, insbesondere von dem sehr veränderlichen ökonomischen Erfolg der ostdeutschen Planwirtschaft. Mayer (1994) spricht diesbezüglich von einer „Aufbaugeneration", die die Erfahrung relativ schnellen Wachstums und großer Aufstiegsmöglichkeiten in der DDR machte. Für die nachfolgenden Jahrgänge war eher das zunehmende ökonomische Zurückbleiben hinter der Bundesrepublik prägend. Daraus ergibt sich die interessante Frage, ob der Unterschied in den Einstellungen zwischen den jüngeren und den älteren Ostdeutschen über die 1990er Jahre erhalten bleibt, ob er sich aufhebt oder durch die schnellere Anpassung der Jüngeren sogar noch vergrößert?

---

2  Hauser (1995: 466) zeigt mit Hilfe von Daten aus dem Ostteil des sozioökonomischen Panels (SOEP-Ost), die schon vor der Währungsunion erhoben wurden, dass die Einkommen in der DDR 1990 weit weniger ungleich verteilt waren als in der Bundesrepublik und dass sich bis 1994 eine kontinuierliche Steigerung der Einkommensungleichheit in Ostdeutschland vollzog.

*1.3   Wandel der parteipolitischen Orientierungen und Zusammenhang mit
      Gerechtigkeitsideologien*

Mit der Untersuchung der Parteiidentifikation im Zeitverlauf wollen wir klären, ob
sich die parteipolitischen Orientierungen, die man typischerweise jungen Erwachsenen unterstellt (vor allem eine große Nähe zu den Grünen und eine geringe zur
Union), in einem Wandlungsprozess befinden.

Verbreitete Formen zur Erfassung parteipolitischer Einstellungen sind: (1) die
Wahlabsicht („Sonntags-Frage"), (2) die Parteisympathie, die meist mit Hilfe eines
elfstufigen „Thermometers" abgefragt wird, (3) die Parteipräferenz, die eine Annäherung an die Parteiidentifikation bietet und beispielsweise als gegeben gilt, wenn
auf dem Sympathiethermometer ausschließlich einer Partei der höchste Wert zugewiesen wird (Hoffmann-Lange 1995a: 184) und schließlich (4) die Parteiidentifikation. Wahlabsicht, Parteisympathie und mit Abstrichen auch Parteipräferenz
sind vergleichsweise instabile Konstrukte und vermutlich stärker von aktuellen
Ereignissen und Stimmungen abhängig als die Parteiidentifikation. Die Parteiidentifikation, sofern sie weitgehend unabhängig vom aktuellen politischen Geschehen
ist, wäre dann als „eine Art 'psychische Parteimitgliedschaft'" zu verstehen (Gabriel 1999: 429). Sie ist für die Erfassung langfristiger Bindungen an Parteien konzipiert und erweist sich auch empirisch als relativ stabil.[3] Die Parteiidentifikation
eignet sich damit von den genannten Konstrukten am besten, um einen anhaltenden
Wandel der parteipolitischen Orientierungen der Jüngeren zu untersuchen.

Die aktuelle Literatur der Jugendforschung bezieht sich zumeist auf die Konzepte Parteisympathie und Parteipräferenz (Gille/Krüger 2000; Hoffmann-Lange
1995b), Parteiaffinität („Welche politische Gruppierung steht dir am nächsten?"
Fischer 2000: 265) oder auf das konkrete Wahlverhalten (Hofmann-Göttig 2000).
Hofmann-Göttig kommt in seiner Beschreibung mehrerer Landtags- und Bürger-
schaftswahlen 1999 sowie der Europawahl 1999 zu dem Schluss, dass sich die
Jungwähler zunehmend von Bündnis'90/Die Grünen ab- und tendenziell den Unionsparteien zuwenden. Fischer kommt in seiner Untersuchung der Parteiaffinität in
den Shell-Jugendstudien von 1996 und 1999 zu einem ähnlichen Ergebnis (Fischer
2000: 265). Gille, Krüger und de Rijke untersuchen die Entwicklung der Parteipräferenz, die konzeptionell der Parteiidentifikation am nächsten kommt, von 1992
auf 1997. Ihre Ergebnisse sind weniger eindeutig, insgesamt stellen sie nur relativ
kleine Veränderungen fest. Die Union gewinnt leicht im Westen und verliert im
Osten. Die SPD verliert etwas im Westen und bleibt im Osten stabil. Die FDP
verliert in beiden Landesteilen. Die Grünen gewinnen im Westen und verlieren
leicht im Osten. Die PDS schließlich kann bei den ostdeutschen Jugendlichen Ge-

---

3   Schmitt-Beck und Weick (2001: 4f.) zeigen, dass sich unter Umständen eine differenziertere Be-
    trachtung lohnt. Sie weisen mit Hilfe von Daten des sozioökonomischen Panels (SOEP) nach, dass
    vor allem die politisch Interessierten Träger einer stabilen Parteiidentifikation sind. In ihrer Unter-
    suchung behielten rund 50 Prozent der politisch stark interessierten Westdeutschen ihre Parteiden-
    tifikation über 15 Jahre. Doch auch insgesamt kommen Schmitt-Beck und Weick zu der Einschät-
    zung, dass die Parteiidentifikation nach wie vor ein relativ stabiles Konstrukt ist.

winne verzeichnen (Gille/Krüger/de Rijke 2000: 252). Auch wenn Gille, Krüger und de Rijke einen früheren Zeitraum in den 1990er Jahren betrachten als Fischer und Hofmann-Göttig, scheint die Parteipräferenz weniger in Bewegung zu sein als Parteiaffinität und Wahlverhalten.

Wir wollen untersuchen, ob sich in unseren Daten, die mit drei Querschnitten nahezu die gesamten 1990er Jahre abdecken, signifikante Veränderungen der Parteiidentifikation der jungen Wahlberechtigten zeigen. Neben der zeitlichen Entwicklung interessiert uns, ob Parteiidentifikation und Gerechtigkeitsideologien verknüpft sind. Die Frage, welche Konsequenzen Einstellungen zur sozialen Gerechtigkeit haben, ist eine der Grundfragen der empirischen Gerechtigkeitsforschung (Jasso/Wegener 1997: 397). Zu den politischen Konsequenzen von Gerechtigkeitseinstellungen wurden bislang allerdings nur wenige Arbeiten vorgelegt (Lengfeld/Liebig/Märker 2000; Liebig/Wegener 1999), während beispielsweise die Entstehung von Gerechtigkeitswahrnehmungen als relativ gut untersucht gelten kann. Mit dem vorliegenden Aufsatz wollen wir auch einen Beitrag zur Erforschung der Konsequenzen von Gerechtigkeitsideologien leisten.

Generell liegt es nahe, Zusammenhänge zwischen Parteiidentifikation und den präferierten Verteilungsnormen zu vermuten. Im Vergleich zu CDU/CSU und FDP stehen SPD und Bündnis'90/Die Grünen tendenziell für mehr staatliche Eingriffe in den Markt und größere Umverteilung. Es erscheint daher plausibel, dass Anhänger von SPD und Grünen eher zu egalitaristischen Verteilungsnormen neigen, während Anhänger der bürgerlichen Parteien eher individuelle Leistung als Verteilungskriterium hervorheben und soziale Ungleichheit eher bewahren als einebnen wollen. Angesichts dieses Zusammenhangs ergibt sich die Frage, ob Veränderungen der Parteiidentifikation mit den Präferenzen für Gerechtigkeitsideologien in Verbindung stehen, das heißt, ob parteipolitische Trends bei den Jungen sich mit dem Wandel ihrer Vorstellungen von gerechten Verteilungen erklären lassen.

## 2. Gerechtigkeitsideologien und die *Grid-Group*-Theorie

Was sind Gerechtigkeitsideologien und welche Gerechtigkeitsideologien gibt es überhaupt? Um einen Anhaltspunkt für diese Fragen zu haben, ist der Rückgriff auf eine Theorie notwendig. Die Gerechtigkeitsforschung bedient sich hier der aus der Anthropologie stammenden *Grid-Group*-Theorie, die von Douglas (1982) entwickelt und als *Cultural Theory* unter anderem durch Wildavsky und Thompson für die Politikwissenschaft und die politische Kulturforschung fortgeschrieben wurde (Thompson/Wildavsky/Ellis 1990; Thompson/Grendstad/Selle 1999). Nach Douglas' Vorstellung entstehen die Überzeugungen und Werte eines Individuums in einem Austauschprozess mit seiner sozialen Umwelt. Die soziale Umwelt lässt sich nach der *Grid-Group*-Theorie anhand zweier Dimensionen beschreiben, auf denen das Individuum platziert ist: *grid* und *group*. Die *Grid*-Dimension erfasst, in welchem Maß ein Individuum Regeln und Vorschriften unterworfen ist, beschreibt also den Grad der Regulierung der sozialen Umwelt. Entsprechend stellt sich die soziale Umwelt als hierarchisch oder weniger hierarchisch dar. Die *Group*-

Dimension bildet ab, wie stark ein Individuum in Gruppen eingebunden ist und auf ihre Solidarität vertrauen kann. Ein hoher Wert auf der *Group*-Dimension bedeutet, dass ein Individuum seine Rechte und Pflichten in hohem Maße über die Mitgliedschaft in einer bestimmten Gruppe vermittelt bekommt.

*Grid* und *group* sind kontinuierliche Dimensionen sozialer Kontrolle. Berücksichtigt man jeweils nur die Extreme auf beiden Dimensionen, reduziert sich die potenzielle Vielfalt von Überzeugungen auf vier idealtypische „Kosmologien" (Douglas 1982: 205), die über vier „soziale Charaktere" definiert werden (Tabelle 1).

*Hierarchisten*: Die soziale Umwelt ist durch geschlossene Gruppen mit starker innerer Bindung in Kombination mit strengen Normen gekennzeichnet. Die Hierarchie besteht sowohl innerhalb als auch zwischen den Gruppen. Die soziale Stellung ist den Individuen deshalb in erster Linie über die Mitgliedschaft in einer Gruppe vermittelt. Ein anschauliches Beispiel wäre das Mitglied einer hohen Kaste in einer hinduistischen Gesellschaft, das seine Rechte und Pflichten aus seiner Kastenzugehörigkeit ableitet. Um die eigene Position zu bewahren, ist es aus dieser Sicht wichtig, sowohl die Geschlossenheit der Gruppe als auch die hierarchische Ordnung aufrecht zu erhalten.

*Enklavisten*: Im Vergleich zur hierarchistischen Kosmologie ist die Regulierungsdichte klein, die Hierarchien sind flach. Gruppenmitglieder und Gruppen sind weitgehend gleichgestellt. Gibt es herausgehobene soziale Positionen, so sind sie nicht mit besonderen Rechten verknüpft. Beispielhaft für eine soziale Umwelt diesen Musters wäre eine Kommune. Da Hierarchien als soziale Regelungsmechanismen wegfallen, übernimmt die Gruppe alle Normen setzenden und distributiven Aufgaben. Alle Mitglieder sind so auf solidarisches Verhalten der Gruppe angewiesen, was wiederum voraussetzt, dass materielle und symbolische Ungleichheiten auf niedrigstem Niveau gehalten werden.

*Individualisten*: Fallen Gruppenbindung und hierarchische Kontrolle weg, bleibt als maßgeblicher Akteur nur das Individuum selbst. Es besitzt ein Höchstmaß individueller Freiheit und Steuerungsfähigkeit. Prototyp ist der selbstständige Unternehmer. Er verdankt seinen Status den eigenen Leistungen. Gruppenbindungen und strikte Normen gelten als hinderlich, da sie den individuellen Handlungsspielraum, der als Quelle des Erfolgs betrachtet wird, beschränken.

*Isolierte*: Personen schließlich, die strengen Hierarchien unterworfen sind, ohne sich gleichzeitig auf die Solidarität einer Gruppe stützen zu können, besitzen besonders wenig eigenen Handlungsspielraum. Sie können ihre Situation weder individuell noch im Zusammenwirken mit anderen maßgeblich beeinflussen. Ihre Weltsicht ist entsprechend fatalistisch. Das zugewiesene Schicksal ist zu erdulden, weil man es doch nicht ändern kann. Als Repräsentant für diesen vergleichsweise unglücklichen Typus kann der nichtorganisierte Textilarbeiter im England des 19. Jahrhunderts gelten.

*Tabelle 1:* Kosmologien nach dem *Grid-Group*-Schema

| | Group | |
| Grid | Schwache Gruppenbindung | Starke Gruppenbindung |
| --- | --- | --- |
| Strenge Hierarchie | Isolierte | Hierarchisten |
| Schwache Hierarchie | Individualisten | Enklavisten |

Das *Grid-Group*-Paradigma ist aufgrund seines relationalen Charakters sehr flexibel (Wegener 2003: 208): Die jeweiligen *Grid-Group*-Kosmologien entwickeln sich in Relation zur Art der sozialen Umgebung. Daraus ergeben sich in zweifacher Hinsicht Erweiterungsmöglichkeiten des Vierfelder-Schemas von Tabelle 1: (1) Die soziale Umwelt besteht nicht nur aus der Kombination der extremen Ausprägungen von *grid* und *group*. Wir bewegen uns jeweils auf einem Kontinuum, was einen stetigen Wandel des sozialen Kontextes erzeugt. „There is no reason to expect sudden breaks in continuity from one context (and its supporting cosmology) to another" (Douglas 1982: 205). Damit kommt es nicht darauf an, ob die extremen Ausprägungen von Hierarchie und Gruppenbindung tatsächlich existieren. Wichtig ist der Gedanke, dass ein Mehr oder Weniger an Gruppenbindung oder Hierarchie eine Tendenz hin zu einem der Extremtypen erzeugt. (2) Die soziale Umwelt eines Individuums unterscheidet sich kontextabhängig. Wir bewegen uns nicht durchgängig in einer hierarchischen oder einer egalitären Umwelt. Die Art der sozialen Beziehungen verändert sich je nachdem, ob man sich am Arbeitsplatz, in der Familie, im Verein, im Freundeskreis oder in der U-Bahn befindet. Individuen sind also kontextabhängige Träger jeweils unterschiedlicher Kosmologien. Damit lässt sich das *Grid-Group*-Paradigma auf sehr unterschiedliche Fragestellungen anwenden – zum Beispiel auch auf Fragen der Verteilungsgerechtigkeit (Douglas 1982: 225).

*Tabelle 2:* Gerechtigkeitsideologien nach dem *Grid-Group*-Schema

| | Group | |
| Grid | Schwache Gruppenbindung | Starke Gruppenbindung |
| --- | --- | --- |
| Strenge Hierarchie | Fatalismus | Askriptivismus |
| Schwache Hierarchie | Individualismus | Egalitarismus |

Die empirische Gerechtigkeitsforschung hat in Analogie zum allgemeinen Schema vier Gerechtigkeitsideologien begrifflich gefasst und definiert (Wegener 1992; Wegener/ Liebig 1993). Die Typologie der vier Gerechtigkeitsideologien (Tabelle 2) kann in Anlehnung an die *Grid-Group*-Theorie als vollständig bezeichnet werden.[4] Gerechtigkeitsideologien sind umfassende Einstellungen zu gerechten Vertei-

---

4    Von der Position des „Eremiten", der in der *Cultural Theory* oft als fünfter Typus betrachtet wird, kann abgesehen werden, weil es sich hier um eine nicht sozial gebundene Konstruktion handelt, die

lungsprinzipien, indem sich in ihnen ein bestimmtes Verteilungskriterium mit einem bevorzugten Verteilungsakteur verbindet. Welches Kriterium als gerecht und welcher Akteur als Garant für eine gerechte Verteilung gilt, wird bestimmt durch die Beschaffenheit der sozialen Umwelt des Individuums.

Aus *askriptivistischer* Perspektive sollte die Verteilung anhand der existierenden Statuspositionen der Individuen erfolgen. Diese werden als quasi naturgegeben verteidigt und askriptiv überliefert. Es gibt keinen aktiven Verteilungsakteur. Bestehende Verteilungsungleichheiten werden dadurch fortgeschrieben und konserviert. Dies ist aus einer askriptivistischen Sicht auch wünschenswert, da die gesellschaftliche Stratifikation als wichtiger Ordnungsfaktor begriffen wird. *Egalitaristen* hingegen lehnen Ungleichheit ab. Gleichheit ist das gerechte Verteilungsprinzip und gleichzeitig erwünschtes Ergebnis. Da Gleichverteilung über den Markt nicht zu erzielen ist, kommt vor allem der Staat als geeigneter Verteilungsakteur in Betracht. Der Staat verfügt über die notwendigen Machtressourcen und soll die Interessen aller vertreten. Die egalitaristische Ideologie hat aus diesem Grund stets eine stark etatistische Komponente. *Individualismus* sieht einzig die individuelle Leistung als ausschlaggebend für den Güteranteil an. Die Verteilung soll deshalb über den freien Marktprozess erfolgen, der eine faire und effiziente Allokation garantiert. Staatliche Eingriffe sind abzulehnen, da sie das gerechte Verteilungsergebnis nur verzerren. *Fatalisten* schließlich erleben das Wirtschaftssystem als nicht rezeptiv für die eigenen Anstrengungen. Zwar wird die Ungerechtigkeit des Systems beklagt, es bleibt jedoch nur die Fügung in das Schicksal.

## 3.  Daten und Methode

Die Untersuchung basiert auf den Daten des *International Social Justice Project* (ISJP) für Deutschland aus den Jahren 1991, 1996 und 2000 (Kluegel/Mason/Wegener 1995; Mason u.a. 2000; Wegener 2000). Die Datensätze beziehen sich auf geschichtete Zufallsstichproben. In beiden Landesteilen wurden jeweils eigenständige Stichproben erhoben. 1991 wurden 2.856 vollständige Interviews geführt (Ostdeutschland: 1.019, Westdeutschland: 1.837), 1996 beläuft sich die Fallzahl auf 2.124 (Ostdeutschland: 1.137, Westdeutschland: 987) und im Jahr 2000 wurden nochmals 3.215 Interviews gesammelt (Ostdeutschland: 1.324, Westdeutschland: 1.891). Insgesamt stehen für die Analysen 8.195 Fälle zur Verfügung. Die Analyse vollzieht sich in fünf Schritten:

1.  Die Gerechtigkeitsideologien werden durch Regression auf zeitliche Veränderung geprüft. Das Hauptaugenmerk liegt dabei auf der Frage, ob es einen spezifischen Trend für die Jüngeren gibt (Tabelle 4).

2.  Im zweiten Schritt wenden wir uns der Parteiidentifikation im Allgemeinen zu, ohne nach Parteien zu unterscheiden. Verändert sie sich im Laufe der 1990er Jahre? Gibt es dabei Unterschiede zwischen Jüngeren und Älteren?

---

von Douglas lediglich als Gegenbegriff zu den Möglichkeiten der Vergesellschaftung eingeführt wurde (Thompson/Wildavsky/ Ellis 1990).

Neben Region, Geschlecht und Bildung werden in einem hierarchischen Modellaufbau auch die Gerechtigkeitsideologien als unabhängige Variablen eingeführt (Tabelle 5).

3. Der Zusammenhang von Gerechtigkeitsideologien und Identifikation mit den einzelnen Parteien wird per Regression getestet (Tabelle 6).

4. In Schritt vier prüfen wir die Identifikation mit einzelnen Parteien auf zeitliche Veränderung. Auch hier interessiert insbesondere, ob die jungen Erwachsenen ihre parteipolitischen Einstellungen verändert haben (Tabelle 7).

5. Schließlich wenden wir alle unabhängigen Variablen (Ideologien, Zeit- und Strukturvariablen) gemeinsam auf die Parteiidentifikation an. Verändern sich parteipolitische Trends, wenn Gerechtigkeitseinstellungen kontrolliert werden (Tabelle 8)?

Die Analyse der Gerechtigkeitsideologie beruht auf einem multivariaten Regressionsmodell, eine einfachere Form der *seemingly unrelated regression* (Breusch/ Pagan 1980; Wooldridge 2002; Zellner 1962).[5] Wie bei dieser werden simultan die Gleichungen für mehrere abhängige Variablen geschätzt. Damit ist es prinzipiell möglich, die Koeffizienten der Modelle gegeneinander zu testen. Im Gegensatz zu den *seemingly unrelated regressions* wird jedoch jede abhängige Variable mit einem identischen Set unabhängiger Variablen geschätzt.

Sowohl die allgemeine als auch die spezifische Parteiidentifikation liegen in dichotomer Form vor und werden mit Hilfe logistischer Modelle analysiert. Für die allgemeine Parteiidentifikation werden die Koeffizienten in Form von *odds-ratios* dargestellt, die als Wahrscheinlichkeit, sich mit einer Partei zu identifizieren, zu interpretieren sind. Für die Analyse der spezifischen Parteiidentifikation müssen wir ein zusätzliches Problem lösen. Die Parteiidentifikation wird in zwei Stufen abgefragt. Zunächst werden die Personen gefragt, ob sie einer bestimmten Partei zuneigen. Diese Frage dient als Filterfrage, nach der erfasst wird, welcher Partei die Befragungsperson zuneigt. Für die Analyse stehen damit nur jene Befragten zur Verfügung, die angegeben haben, generell einer Partei zuzuneigen. Entsprechend werden Koeffizienten, beispielsweise der Effekt von Alter auf die Identifikation mit den Grünen, lediglich für die Untergruppe des Samples berechnet, die über eine Parteiidentifikation verfügt. Tatsächlich sind wir jedoch am allgemeinen Effekt von Alter auf die Identifikation mit den Grünen interessiert – unabhängig davon, ob eine Parteiidentifikation vorliegt. Effekte können sich zwischen den Subsamples mit oder ohne Parteiidentifikation unterscheiden, das heißt, die berechneten Koeffizienten wären durch die Selektion der Filterfrage verzerrt.

Selektionsprobleme dieser Art lassen sich durch ein allgemeines Heckman-Modell bearbeiten (Heckman 1979). Im Heckman-Modell werden die inhaltliche Gleichung und eine Selektionsgleichung simultan geschätzt. Durch die Modellierung des Selektionsprozesses können die Koeffizienten des inhaltlichen Modells bereinigt werden. Ob die Effekte des inhaltlichen Modells durch den Selektions-

---

5  Wir orientieren uns hier am englischen Sprachgebrauch, nach dem Modelle mit mehreren abhängigen Variablen als multivariate Regressionen bezeichnet werden, Modelle mit einer abhängigen und mehreren unabhängigen Variablen dagegen als multiple Regressionen.

prozess beeinflusst werden, wird mit einem *Likelihood-Ratio*-Test für die Unabhängigkeit der beiden Gleichungen geprüft. Für die Hälfte unserer Modelle ergeben sich signifikante Tests, womit sich die Verwendung des für dichotome abhängige Variablen angepassten Heckman-Probit-Modells (van den Ven/van Praag 1981) empfiehlt.

Die Gerechtigkeitsideologien werden mit einem vierfaktoriellen Messinstrument operationalisiert, das mittlerweile in zahlreichen Veröffentlichungen verwendet wurde und als internationale Skala Eingang in das ZIS-Skalenhandbuch gefunden hat (Stark/Liebig/Wegener 2000). Dieses Messinstrument basiert auf zehn Items (Anhang). Die Befragten konnten den Grad ihrer Zustimmung mittels einer fünfstufigen Skala ausdrücken (1 = lehne ganz ab bis 5 = stimme voll zu). Die zu Grunde liegende Faktorstruktur auf der Basis des deutschen *ISJP*-Datensatzes ist in Tabelle 3 abgebildet. Die Gerechtigkeitsideologien gehen als Faktorscores in die Analysen ein. Gegenüber einer einfachen Indexbildung hat dies den Vorteil, dass die einzelnen Items mit dem faktoranalytisch berechneten Gewicht in die Variable eingehen.

*Tabelle 3:*  Faktorstruktur der Gerechtigkeitsideologien[a]

| | Egalitaris-mus | Individua-lismus | Fatalismus | Askriptivis-mus | $u^2$ |
|---|---|---|---|---|---|
| Garantierter Mindestlebensstandard | 63,89 | -3,63 | 0,88 | 1,24 | 0,590 |
| Staatliche Arbeitsplatzgarantie | 54,47 | -5,32 | 19,29 | 1,75 | 0,663 |
| Umverteilung für Bedarfsdeckung | 44,37 | -6,69 | 5,81 | 8,51 | 0,788 |
| Einkommensunterschiede sind Leistungsanreiz. | -5,48 | 70,33 | 2,29 | 11,12 | 0,489 |
| Hohe Unternehmensgewinne sind für alle gut. | 29,74 | 34,26 | -4,44 | 16,66 | 0,764 |
| Mehrverantwortung nur für Mehr-Bezahlung | 10,90 | 33,45 | 4,40 | 22,81 | 0,822 |
| Man weiß heute nicht mehr, was eigentlich gerecht ist. | 21,60 | -3,07 | 59,08 | -0,84 | 0,603 |
| Verhältnisse sind nicht zu ändern. | -5,71 | 7,49 | 57,83 | -2,14 | 0,656 |
| Es ist gerecht, Verdientes zu behalten. | 4,76 | 11,44 | -3,23 | 67,91 | 0,522 |
| Gerecht, Reichtum an Kinder weiterzugeben | -2,90 | 8,62 | 1,93 | 59,57 | 0,637 |

a Vollständige Formulierung der Items siehe Anhang; basiert auf über die Erhebungsjahre 1991, 1996 und 2000 gepoolten Daten: N = 7.179; Varimax-Rotation; Faktorladungen x 100; log likelihood (4 Faktoren): -74,338; LR-Test 4 versus 0 Faktoren: $\chi^2$ (40): 6779,08, $p\chi^2$: 0,000.

Weitere in den Analysen verwendete, unabhängige Variablen umfassen Dummy-Variablen für die Jahre 1996 und 2000 (1991 ist stets Referenzkategorie) sowie für die Region (Ostdeutschland = 1), das Geschlecht (weiblich = 1) und die Tatsache, jung zu sein. Unter „jung" werden die Befragten im Alter von 18 bis 30 Jahren subsumiert. Das entspricht in etwa der Kategorisierung üblicher Jugendstudien wie dem DJI-Jugendsurvey, dessen Befragte 16 bis 29 Jahre alt sind.[6] Die Variable für Bildung umfasst drei Kategorien für primäre, mittlere und höhere Bildung. Referenzkategorie ist die primäre Bildung. Die verwendete Bildungsvariable geht auf die im *ISJP* benutzte, für internationale Vergleiche konzipierte CASMIN-Kategorisierung zurück, die formale und berufliche Bildung in kombinierter Weise berücksichtigt.[7]

Als abhängige Variablen werden neben den Gerechtigkeitsideologien zwei Variablen zur Parteiidentifikation verwendet: eine allgemeine, die erfasst, ob die Befragungsperson über eine Parteiidentifikation verfügt (= 1) und je spezifische für die einzelnen Parteien, wobei Modelle für die vier Parteien CDU/CSU, SPD, Bündnis'90/Die Grünen und FDP präsentiert werden. Für die PDS ergaben sich keine analogen, konvergierenden Modelle, was unter anderem auf die geringe Fallzahl bei PDS-Anhängern zurückzuführen ist.

## 4. Ergebnisse

### 4.1 Veränderung der Gerechtigkeitsideologien

Zunächst wollen wir uns die Veränderung über die Zeit ansehen, mit der Frage, ob sich die verteilungsideologischen Einstellungen über die 1990er Jahre geändert haben. Darüber hinaus interessieren uns mögliche jugendspezifische Trends und Ost-West-Unterschiede. Bildung und Geschlecht werden als zusätzliche Kontrollvariablen verwendet.

Betrachten wir die Ideologien der Reihe nach (Tabelle 4). *Egalitaristische Einstellungen* sind stark rückläufig und sinken von 1991 auf 1996 und von 1996 auf 2000 noch einmal, wenn auch leichter. Die Jüngeren zeigen das erwartete verteilungsideologische Profil und sind egalitären Positionen gegenüber positiver eingestellt. Allerdings lässt sich über den allgemeinen Rückgang von Egalitarismus hinaus ein jugendspezifischer Trend feststellen. Bei den Jungen fällt Egalitarismus 2000 besonders stark ab. Betrachtet man die Größe der Koeffizienten, stellt man fest, dass der negative Effekt der Interaktion zwischen *jung* und dem Jahresdummy

---

6  Die Befragungen des *ISJP* erfassen, wie in allgemeinen Bevölkerungsumfragen üblich, erst Personen ab 18 Jahren. Um eine ausreichende Zellenbesetzung in den nach Alter, Landesteil und Parteiidentifikation differenzierten Analysen zu sichern, wurde die Gruppe der Jungen um die 30-Jährigen erweitert.

7  Kategorie 1 umfasst die CASMIN-Kategorien 1a (kein primärer Bildungsabschluss), 1b (primärer formaler Bildungsabschluss wie Volks- und Hauptschulabschluss) und 1c (zusätzliche berufliche Ausbildung). In Kategorie 2 fallen die CASMIN-Kategorien 2a und 2b (mittlere formale und berufliche Bildung wie mittlere Reife und zugehörige berufliche Ausbildung). Kategorie 3 entspricht den CASMIN-Kategorien 3a (sekundäre formale Bildung beispielsweise Abitur oder Fachhochschulreife), 3b und 3c (niedere und höhere tertiäre berufliche Ausbildung wie FH- und Universitätsabschlüsse) (zur CASMIN-Kategorisierung Erikson/Goldthorpe 1992; König/Lüttinger/Müller 1987).

2000 in etwa so groß ist wie der generelle Jugendeffekt. Das heißt, der Abstand zwischen den Generationen wurde durch ein noch schnelleres Absinken egalitaristischer Einstellungen bei den Jungen aufgehoben. Sie unterscheiden sich im Jahr 2000 nicht mehr von den Älteren.

Die Ostdeutschen sind weit egalitärer eingestellt. Für die Jüngeren im Osten gibt es jedoch einen gegenläufigen Effekt. Sie sind weniger egalitaristisch als die Älteren. Der generelle Ost-West-Unterschied wird dadurch nicht aufgewogen, das heißt, die jungen Ostdeutschen bleiben egalitärer eingestellt als ihre Altersgenossen im Westen. Die Frage, ob die für Ostdeutschland spezifische Differenz zwischen Älteren und Jüngeren anhält, sinkt oder zunimmt, lässt sich mit Dreifach-Interaktionen beantworten.[8] Es lässt sich jedoch keine statistisch signifikante Veränderung der Einstellungsdifferenzen zwischen Alten und Jungen im Osten feststellen.

*Individualistische Einstellungen* verlieren im Zeitverlauf ebenso an Zustimmung, wenngleich nur von 1991 auf 1996 statistisch signifikant. Die Jungen sind ursprünglich weniger individualistisch, allerdings mit einem positiven Trend. Der Jugendeffekt wird 1996 überkompensiert und 2000 ausgeglichen. Die Jüngeren verlieren im Lauf der 1990er Jahre ihre Skepsis gegenüber individualistischen Einstellungen und gleichen sich den Einstellungen der Älteren an. Wie erwartet sind die Menschen in Ostdeutschland weniger individualistisch orientiert, ohne dass sich hier ein Unterschied zwischen jüngeren und älteren Ostdeutschen zeigt.

*Askriptivismus* hat einen nahezu linearen, negativen Trend. Junge Menschen sind, wie zu erwarten, weniger askriptivistisch. Es gibt einen gegenläufigen Trend für das Jahr 2000, der den Jugendeffekt jedoch nicht vollständig kompensiert.

*Fatalismus* schließlich nimmt als einzige der vier Gerechtigkeitsideologien zu. Von 1991 zu 1996 und von 1996 zu 2000 steigt Fatalismus deutlich an. Fatalismus bringt die Einschätzung zum Ausdruck, dass sich soziale Ungerechtigkeit ohnehin nicht beheben lasse. Dass sich diese Einstellung verbreitet, könnte bedeuten, dass die politischen Akteure nicht als kompetent genug wahrgenommen werden, wenn es darum geht, soziale Ungerechtigkeit zu verringern. In Ostdeutschland sind fatalistische Einstellungen häufiger anzutreffen als im Westen (Wegener/Liebig 2000), was unter anderem durch die schlechtere wirtschaftliche Lage verursacht sein dürfte. Allerdings gilt der generelle Unterschied für die Jüngeren im Osten nur in leicht abgeschwächter Form.

Geschlecht und Bildung spielen für die verteilungsideologische Position eine nicht unbedeutende Rolle – was einerseits ihre Inklusion als Kontrollvariablen rechtfertigt, andererseits auch inhaltlich interessant ist. Dass Frauen eher zu egalitaristischen Einstellungen neigen, ist ein in der Gerechtigkeitsforschung wohl etablierter Befund (Davidson/Steinmann/Wegener 1995; Wegener/Liebig 1998). Weniger genau ist geklärt, auf welchen Faktoren dieser Geschlechtseffekt beruht. Er könnte einerseits Ausdruck eines geschlechtsabhängigen sozialen Status sein, andererseits könnten die Geschlechter auch durch Sozialisation systematisch unter-

---

8    Die entsprechenden Koeffizienten sind in Tabelle 4 nicht abgebildet und wurden im vorgestellten
     Modell auch nicht mitberechnet.

schiedliche Einstellungen haben. Gille (2000: 160; Gilligan 1982) stellt beispielsweise eine stärkere soziale Orientierung bei Frauen fest, was sich in der Neigung zu egalitären Verteilungsprinzipien widerspiegeln mag. Frauen sind etwas fatalistischer und halten weniger von individualistischen oder askriptivistischen Verteilungsnormen.

*Tabelle 4:* Gerechtigkeitsideologien nach Zeit, Alter und Sozialstruktur[a]

| | Egalitarismus | Individualismus | Askriptivismus | Fatalismus |
|---|---|---|---|---|
| 1996[b] | -0,22** | -0,10** | -0,12** | 0,20** |
| | (8,44) | (3,56) | (4,38) | (8,12) |
| 2000[b] | -0,26** | -0,03 | -0,21** | 0,36** |
| | (11,52) | (1,49) | (8,74) | (16,99) |
| Jung | 0,23** | -0,20** | -0,24** | 0,03 |
| | (5,73) | (5,06) | (5,75) | (0,89) |
| 1996*jung | -0,08 | 0,30** | 0,10 | -0,03 |
| | (1,30) | (5,06) | (1,65) | (0,47) |
| 2000*jung | -0,21** | 0,23** | 0,19** | -0,04 |
| | (3,85) | (4,14) | (3,30) | (0,73) |
| Ostdeutschland | 0,60** | -0,16** | 0,04 | 0,23** |
| | (30,24) | (7,62) | (1,88) | (12,39) |
| Ostdeutschland*jung | -0,26** | -0,02 | 0,12* | -0,12** |
| | (5,54) | (0,45) | (2,30) | (2,61) |
| Weiblich | 0,10** | -0,08** | -0,05** | 0,03* |
| | (5,47) | (4,48) | (2,86) | (1,98) |
| Mittlere Bildung[c] | -0,12** | -0,04 | 0,04 | -0,23** |
| | (5,87) | (1,92) | (1,63) | (11,93) |
| Höhere Bildung[c] | -0,09** | -0,10** | -0,01 | -0,50** |
| | (4,13) | (4,28) | (0,46) | (22,37) |
| Konstante | -0,08** | 0,20** | 0,14** | -0,11** |
| | (3,58) | (8,56) | (5,75) | (4,93) |
| $R^2$ | 0,155 | 0,025 | 0,018 | 0,150 |
| N | 6521 | 6521 | 6521 | 6521 |

* $p < 0,05$; ** $p < 0,01$.
a Multivariate Regression; unstandardisierte Koeffizienten; absolute t-Werte in Klammern.
b Referenzjahr ist 1991.
c Referenzkategorie ist primäre formale und berufliche Bildung.

Auch Bildungseffekte sind erkennbar. Menschen mit niedriger Bildung neigen eher zu egalitaristischen Vorstellungen als mittel und höher Gebildete. Sehr deutlich sind die Unterschiede zwischen den Bildungskategorien in Bezug auf Fatalismus. Je höher gebildet die Befragten sind, desto weniger fatalistisch sind sie eingestellt. Mit der Bildung scheint die Wahrnehmung von Steuerungsmöglichkeiten zuzunehmen. Auf den ersten Blick weniger einleuchtend ist der negative Zusammenhang zwischen höherer Bildung und Individualismus. Höher Gebildete profitieren eher von einem leistungsorientierten Verteilungsmodus. Das Ergebnis ist jedoch konsistent mit einer Beobachtung Kluegels (1989) sowie Wegeners und Liebigs (1995). Kluegel sowie Wegener und Liebig finden heraus, dass die höher Gebildeten in den USA beziehungsweise in Deutschland *challenging beliefs* halten – Einstellungen, die eigentlich gegen die Interessen der höheren sozialen Schichten sind, der sie selbst angehören.

## 4.2  Veränderung der Parteiidentifikation

Für die Untersuchung der Parteiidentifikation betrachten wir zunächst eine dichotome Variable, die erfasst, ob jemand überhaupt eine Parteiidentifikation hat oder nicht. Aus den drei hierarchischen Modellen (Tabelle 5), die wir untersucht haben,

*Tabelle 5:*  Parteiidentifikation nach Zeit, Alter, Sozialstruktur und Ideologie[a]

| | Parteiidentifikation Modell 1 | Parteiidentifikation Modell 2 | Parteiidentifikation Modell 3 |
|---|---|---|---|
| 1996[b] | 0,63** | 0,62** | 0,70** |
| | (-6,18) | (-6,19) | (-4,62) |
| 2000[b] | 0,57** | 0,58** | 0,70** |
| | (-8,58) | (-8,01) | (-5,03) |
| Jung | 0,66** | 0,57** | 0,58** |
| | (-3,57) | (-4,79) | (-4,58) |
| 1996*jung | 0,73 | 0,75 | 0,71* |
| | (-1,85) | (-1,72) | (-1,98) |
| 2000*jung | 1,04 | 1,03 | 1,00 |
| | (0,26) | (0,20) | (0,02) |
| Ostdeutschland | 0,50** | 0,48** | 0,50** |
| | (-12,09) | (-12,56) | (-10,91) |
| Ostdeutschland*jung | 1,06 | 1,13 | 1,10 |
| | (0,42) | (0,87) | (0,67) |
| Weiblich | – | 0,80** | 0,81** |
| | – | (-4,20) | (-3,94) |
| Mittlere Bildung[c] | – | 1,12 | 1,03 |
| | – | (1,90) | (0,48) |
| Höhere Bildung[c] | – | 2,16** | 1,80** |
| | – | (10,86) | (7,88) |
| Egalitarismus | – | – | 1,11** |
| | – | – | (2,82) |
| Individualismus | – | – | 1,13** |
| | – | – | (3,29) |
| Askriptivismus | – | – | 1,04 |
| | – | – | (1,18) |
| Fatalismus | – | – | 0,64** |
| | – | – | (-11,04) |
| Pseudo-$R^2$ | 0,037 | 0,054 | 0,069 |
| N | 6521 | 6521 | 6521 |

* $p < 0,05$; ** $p < 0,01$.
a  Logistische Regressionen; Koeffizienten sind odd-ratios; z-Werte in Klammern.
b  Referenzjahr ist 1991.
c  Referenzkategorie ist primäre formale und berufliche Bildung.

ist ersichtlich, dass die Parteiidentifikation in Deutschland seit 1991 deutlich abgenommen hat, wobei es keinen weiteren Rückgang zwischen 1996 und 2000 gegeben hat.[9]

Jüngere geben bei weitem seltener eine Parteiidentifikation an als Ältere. Mit Kontrolle der Gerechtigkeitsideologien (Modell 3) ergibt sich ein zusätzlicher, knapp signifikanter Rückgang der Parteiidentifikation der Jüngeren von 1991 auf 1996. Im Übergang auf das Jahr 2000 gibt es keinen solchen jugendspezifischen Trend.

Im Osten ist die Wahrscheinlichkeit, sich mit einer politischen Partei zu identifizieren, nur halb so groß wie im Westen, was unter anderem damit zusammenhängen dürfte, dass sich Parteiidentifikationen nur langfristig herausbilden. Die jüngeren Ostdeutschen unterscheiden sich in dieser Hinsicht nicht von den älteren. Dagegen kommen Gaiser u.a. (2000: 20ff.) zu dem Ergebnis, dass ostdeutsche Jugendliche seltener eine Parteibindung aufweisen. Gaiser u.a. kontrollieren jedoch nicht den allgemeinen Ost-West-Unterschied, der hier vermutlich zum Tragen kommt und so als Jugendeffekt erscheint.

Frauen geben seltener eine Parteiidentifikation an. Es lässt sich zeigen, dass Frauen ein geringeres politisches Interesse haben (Hoffmann-Lange 2001: 200f.) und dass sie ihre politische Kompetenz niedriger einschätzen (Gaiser u.a. 2000: 14). Beides wirkt sich vermutlich auf unser Ergebnis in Bezug auf die Parteiidentifikation aus. Bildungseffekte zeigen sich vor allem für die höher Gebildeten, die sich deutlich häufiger mit einer Partei identifizieren. Für die Gerechtigkeitsideologien schließlich lässt sich sagen, dass sowohl Individualismus als auch Egalitarismus positiv mit einer Parteiidentifikation zusammenhängen. Beide Ansichten stehen konträr zueinander, finden aber ihr Pendant in der Parteienlandschaft. Fatalismus dagegen ist stark negativ mit einer Parteiidentifikation verknüpft. Wer keine Hoffnung hat, dass soziale Gerechtigkeit irgendwie zu erreichen ist, wendet sich auch keiner Partei zur Lösung dieses Problems zu. Das Abschlussmodell 3 bildet in den nachfolgenden Regressionen das Modell, das wir für die Berechung des Selektionseffekts zu Grunde legen.

### 4.3 Parteiidentifikation nach Parteien – Zusammenhang mit Ideologien und Zeitverlauf

Zunächst prüfen wir, ob es überhaupt einen Zusammenhang zwischen der Identifikation mit einer bestimmten Partei und verteilungsideologischen Einstellungen gibt. Tatsächlich finden sich eine Reihe meist hoch signifikanter Effekte (Tabelle 6). Relativ zu den anderen Parteien lehnt die Anhängerschaft der Union egalitaristische Vorstellungen ganz klar ab und neigt konsequenterweise den beiden Ungleichheit rechtfertigenden Gerechtigkeitsideologien Individualismus und Askrip-

---

9   Die Entwicklung in der ersten Hälfte der Dekade deckt sich mit Ergebnissen Oscar W. Gabriels (1999: 430), der eine rückläufige Parteiidentifikation für 1991 bis 1995 (Ende seiner Datenreihe) feststellt. Allerdings zeigt Gabriels Trendanalyse, dass dieser Rückgang keine Besonderheit der 1990er Jahre ist, sondern Teil eines negativen Trends seit etwa 1980.

tivismus zu. Zusätzlich zeigt sich ein leichter Hang zu fatalistischen Einstellungen. Den Gegenpol dazu bilden Befragte, die sich mit den Grünen identifizieren: Sie bevorzugen gerade egalitaristische Einstellungen und lehnen den individualistischen Konkurrenzgedanken und die Weitergabe von sozialen Ungleichheiten ab. Von allen sind sie am wenigsten fatalistisch und vertrauen in die Möglichkeit, soziale Gerechtigkeit zu erreichen. Die Anhänger der SPD zeigen sehr ähnliche verteilungsideologische Präferenzen. Allerdings sind die SPD-Anhänger relativ fatalistisch, das heißt, der bevorzugte Verteilungsmodus paart sich mit Zweifeln an der Machbarkeit. Befragte schließlich, die sich mit der FDP identifizieren, zeigen ein ähnliches Muster wie die Unionsanhänger. Allerdings sind die Zusammenhänge weit weniger deutlich ausgeprägt. Insgesamt entsprechen die Gerechtigkeitseinstellungen den Erwartungen und spiegeln die parteipolitische Konstellation der 1990er Jahre wider – rot-grün steht dem bürgerlichen Lager aus Union und FDP gegenüber.

*Tabelle 6:*   Parteiidentifikation und Gerechtigkeitsideologien[a]

|                | CDU/CSU | SPD | Bündnis '90/ Die Grünen | FDP |
|----------------|---------|-----|-------------------------|-----|
| Egalitarismus  | -0,35** | 0,10** | 0,18** | -0,09* |
|                | (-12,03) | (3,83) | (4,57) | (-2,46) |
| Individualismus | 0,18** | -0,07* | -0,16** | 0,01 |
|                | (5,22) | (-2,57) | (-3,71) | (0,31) |
| Askriptivismus | 0,24** | -0,10** | -0,14** | 0,10* |
|                | (7,45) | (-3,92) | (-3,49) | (2,17) |
| Fatalismus     | 0,08* | 0,25** | -0,38** | 0,08 |
|                | (1,99) | (8,53) | (-8,86) | (1,58) |
| Konstante      | -0,28 | 0,33** | -1,64** | -0,95** |
|                | (-2,76) | (5,44) | (-17,85) | (-6,63) |
| Wald $\chi^2$  | 241,24** | 131,44** | 161,51** | 15,03** |
| LR Test $\chi^2$ | 4,43* | 31,28** | 2,98 | 19,20** |
| p-Wert         | (0,035) | (0,000) | (0,085) | (0,000) |
| N              | 6521 | 6521 | 6521 | 6521 |

* $p < 0,05$; ** $p < 0,01$.
a  Heckman-Probit-Modell; Koeffizienten unstandardisiert; absolute z-Werte in Klammern.

In Tabelle 8 wird sich zeigen, inwieweit sozialstrukturelle Variablen und Gerechtigkeitsideologien für diese Unterschiede verantwortlich sind. Doch zunächst wollen wir uns die zeitliche Entwicklung, Ost-West-Unterschiede, Alters-, Geschlechts- und die möglichen Bildungseffekte ansehen (Tabelle 7).

Der allgemeine Trend bildet den Hintergrund für die uns vornehmlich interessierende Entwicklung der Parteiidentifikation der jungen Erwachsenen. CDU/CSU haben im Vergleich zu 1991 sowohl 1996 als auch 2000 mehr Anhänger. Das Gegenteil gilt für die FDP, die ihr hohes Ausgangsniveau aus dem Jahr 1991 nicht halten kann. Für SPD und Grüne zeigt sich kein signifikanter Trend.

Die Grünen sind die Partei der Jungen. Die Frage ist, ob dies so bleibt und welche anderen, von der Entwicklung der Älteren abweichenden parteipolitischen Trends es gibt. Für Union, SPD und Grüne zeigen sich vor allem in Bezug auf 1996 spezifische Veränderungen. Die jungen Wahlberechtigten wenden sich von der SPD ab und sowohl der CDU/CSU als auch den Grünen zu. Im Jahr 2000 zeigt sich dieser Trend erneut, allerdings schon in schwächerer Form und unterhalb des Signifikanzniveaus.

*Tabelle 7:* Parteiidentifikation nach Zeit, Alter und Sozialstruktur [a]

|  | CDU/CSU | SPD | Bündnis '90/ Die Grünen | FDP |
|---|---|---|---|---|
| 1996[b] | 0,19** | -0,08 | 0,02 | -0,36** |
|  | (3,85) | (1,09) | (0,20) | (3,00) |
| 2000[b] | 0,18** | -0,09 | -0,07 | -0,48** |
|  | (4,27) | (1,35) | (0,76) | (4,18) |
| Jung | -0,12 | 0,10 | 0,55** | -0,29 |
|  | (1,52) | (0,93) | (5,80) | (1,82) |
| 1996*jung | 0,24* | -0,52** | 0,51** | -0,03 |
|  | (2,12) | (3,34) | (3,29) | (0,11) |
| 2000*jung | 0,15 | -0,17 | 0,27 | 0,28 |
|  | (1,43) | (1,29) | (1,84) | (1,16) |
| Ostdeutschland | 0,11* | -0,34** | 0,22** | -0,17 |
|  | (2,56) | (5,24) | (2,76) | (1,38) |
| Ostdeutschland*jung | 0,05 | -0,02 | -0,14 | 0,23 |
|  | (0,52) | (0,17) | (1,10) | (1,07) |
| Weiblich | 0,02 | -0,04 | 0,37** | -0,06 |
|  | (0,62) | (0,96) | (6,44) | (0,72) |
| Mittlere Bildung[c] | -0,02 | -0,33** | 0,44** | 0,24* |
|  | (0,53) | (5,66) | (4,38) | (2,52) |
| Höhere Bildung[c] | -0,37** | -0,43** | 0,57** | 0,41** |
|  | (8,13) | (4,28) | (3,50) | (3,09) |
| Konstante | 0,23** | -0,07 | -1,40** | -1,55** |
|  | (5,46) | (0,58) | (5,96) | (7,54) |
| Wald $\chi^2$ | 149,05** | 178,31** | 226,95** | 29,51** |
| LR Test $\chi^2$ | 41,05** | 2,76 | 9,41** | 0,01 |
| p-Wert | (0,000) | (0,097) | (0,002) | (0,918) |
| N | 6521 | 6521 | 6521 | 6521 |

* p < 0,05; ** p < 0,01.
a  Heckman-Probit-Modell; Koeffizienten unstandardisiert; absolute z-Werte in Klammern.
b  Referenzjahr ist 1991.
c  Referenzkategorie ist primäre formale und berufliche Bildung.

Hinzu kommen Regional- und Struktureffekte. Die SPD hat vergleichsweise weniger Anhänger im Osten Deutschlands, Union und Grüne dagegen relativ mehr. Diese Unterschiede gelten analog für die jüngeren Ostdeutschen. Auch der Bil-

dungsstand spielt eine gewichtige Rolle für die Parteiidentifikation. Die CDU/CSU
ist bei Befragten mit tertiären Bildungsabschlüssen unterrepräsentiert. Die SPD
findet ihre Anhängerschaft nach wie vor in besonderem Maße in der untersten
Bildungsschicht. Dagegen besteht sowohl bei der FDP als auch bei den Grünen mit
zunehmendem Bildungsstand eine höhere Wahrscheinlichkeit, Anhänger zu sein.

*Tabelle 8:*  Parteiidentifikation nach Zeit, Alter, Sozialstruktur und Ideologie [a]

| | CDU/CSU | SPD | Bündnis '90/ Die Grünen | FDP |
|---|---|---|---|---|
| 1996[b] | -0,01 | 0,13* | -0,04 | -0,39** |
| | (0,10) | (2,33) | (0,34) | (3,13) |
| 2000[b] | -0,05 | 0,11* | -0,14 | -0,49** |
| | (0,76) | (2,28) | (1,43) | (4,33) |
| Jung | -0,35** | 0,25** | 0,41** | -0,11 |
| | (3,42) | (3,50) | (4,00) | (0,81) |
| 1996*jung | 0,05 | -0,17 | 0,59** | -0,02 |
| | (0,30) | (1,28) | (3,40) | (0,08) |
| 2000*jung | 0,06 | -0,06 | 0,45** | 0,21 |
| | (0,37) | (0,53) | (2,71) | (0,88) |
| Weiblich | -0,03 | 0,03 | 0,36** | -0,01 |
| | (0,54) | (0,88) | (5,63) | (0,11) |
| Mittlere Bildung[c] | 0,08 | -0,25** | 0,56** | 0,22* |
| | (1,47) | (5,33) | (6,12) | (2,39) |
| Höhere Bildung[c] | -0,17* | -0,59** | 0,80** | 0,37** |
| | (2,58) | (11,47) | (6,49) | (3,15) |
| Egalitarismus | -0,35** | 0,10** | 0,16** | -0,16** |
| | (11,14) | (4,34) | (3,68) | (3,62) |
| Individualismus | 0,18** | -0,09** | -0,18** | 0,07 |
| | (4,93) | (3,44) | (4,49) | (1,23) |
| Askriptivismus | 0,23** | -0,08** | -0,12** | 0,11* |
| | (7,01) | (3,42) | (2,91) | (2,13) |
| Fatalismus | 0,05 | 0,17** | -0,10 | 0,06 |
| | (1,05) | (6,16) | (1,58) | (0,75) |
| Konstante | -0,12 | 0,53** | -1,31** | -1,50** |
| | (0,95) | (11,71) | (6,12) | (6,20) |
| Wald $\chi^2$ | 275,88** | 325,12** | 279,93** | 44,16** |
| LR Test $\chi^2$ | 1,86 | 55,68** | 1,92 | 0,18 |
| p-Wert | (0,173) | (0,000) | (0,166) | (0,669) |
| N | 6521 | 6521 | 6521 | 6521 |

*p < 0,05; **p < 0,01.
a  Heckman-Probit-Modell; Koeffizienten unstandardisiert; absolute z-Werte in Klammern.
b  Referenzjahr ist 1991.
c  Referenzkategorie ist primäre formale und berufliche Bildung.

Mit der Aufnahme der Gerechtigkeitsideologien (Tabelle 8) in das Modell lässt
sich testen, wie die Zeitvariablen mit den Gerechtigkeitseinstellungen in ihrer Wirkung auf die Parteiidentifikation interagieren. Insbesondere interessiert uns, ob

parteipolitische Trends und Veränderungen der Gerechtigkeitseinstellungen zusammenhängen.

Grüne und SPD entsprechen in ihrer verteilungsideologischen Ausrichtung am ehesten den Einstellungen der Jungen. Allerdings zeigen die jungen Wahlberechtigten in den 1990er Jahren eine überproportionale Abkehr von egalitären Verteilungsnormen und eine Hinwendung zu individualistischen Einstellungen. Führt dieser Einstellungswandel zu einer geringeren Identifikation mit SPD und Grünen und zur Präferenz von Union und FDP? Aussagen darüber lassen sich mit Hilfe eines Vergleichs der Interaktionseffekte von Zeit und Jugend zwischen den Tabellen 7 und 8 treffen. Wir hatten gesehen, dass die Union bei den Jüngeren im Vergleich 1991 und 1996 überproportional mehr Anhänger gewinnen kann, die SPD hingegen besonders viele Junge verliert. Beide Effekte verschwinden mit der Berücksichtigung der Gerechtigkeitsideologien, das heißt, der verteilungsideologische Wertewandel und die Veränderung des parteipolitischen Profils bedingen sich gegenseitig. Für die Grünen ergibt sich ein anderes Bild. Auch sie gewinnen in den ursprünglichen Analysen bei den jungen Wahlberechtigten besonders viele Anhänger hinzu. Dieser Zuwachs erfolgt jedoch gegen den verteilungsideologischen Trend, weshalb er nun bei Berücksichtigung der Gerechtigkeitsideologien noch deutlicher hervortritt.

Die Zusammenhänge zwischen Gerechtigkeitsideologien und Parteiidentifikation erweisen sich als sehr stabil. Eine Ausnahme bildet der Zusammenhang zwischen Identifikation mit den Grünen und Fatalismus. Im Modell ohne sozialstrukturelle und zeitliche Variablen war die Ablehnung von Fatalismus durch die Anhänger der Grünen noch überdeutlich. Dieser Effekt verschwindet nun, wofür unter anderem die Kontrolle von „jung sein" (Jüngere sind weniger fatalistisch) und Bildungsstand (höher Gebildete sind weniger fatalistisch) verantwortlich ist.

Abschließend noch eine methodische Bemerkung zu den Modellen in Tabelle 8: Der Regionaldummy für die Unterscheidung zwischen ost- und westdeutschen Befragten wurde aus der Reihe der unabhängigen Variablen, nicht jedoch aus dem Selektionsmodell herausgenommen. Für die Schätzung einer Regression mit Heckman-Korrektur ist es notwendig, dass das Selektionsmodell alle Variablen des inhaltlichen Modells und darüber hinaus mindestens eine Variable enthält, die nicht im inhaltlichen Modell vorkommt und gleichzeitig nicht mit dessen abhängiger Variablen korreliert (zur Ableitung dieser Bedingung Wooldridge 2003: 587ff.). Die Ost-West-Variable hat bei der Kontrolle von Gerechtigkeitsideologien, Zeit- und Strukturvariablen keinen signifikanten Einfluss mehr auf die Parteiidentifikation, womit sie diese Bedingung erfüllt.

## 5. Schlussbemerkung

Wir haben uns in diesem Beitrag drei Fragen gestellt: (1) Kommt es zu einem verteilungsideologischen Wertewandel bei den Jungen? (2) Hängen Gerechtigkeitsideologien und Parteiidentifikation zusammen? (3) Lässt sich ein Wandel der Parteiidentifikation bei den Jungen mit dem verteilungsideologischen Wertewandel erklären?

Auf die ersten beiden Fragen fanden sich eindeutige Antworten. Gleichheit verliert bei der jüngeren Generation als Ziel und Modus von Verteilungsprozessen an Popularität. Gleichzeitig gewinnen die Ungleichheit rechtfertigenden Gerechtigkeitsideologien Individualismus und Askriptivismus an Zustimmung. Man könnte von einer *individualistischen Wende* der jungen Erwachsenen sprechen. Der Wandlungsprozess bei Egalitarismus und Individualismus geht so weit, dass die ursprünglichen Unterschiede zwischen alt und jung aufgehoben werden. Das verteilungsideologische Profil der Jüngeren gleicht sich an und unterscheidet sich im Jahr 2000 kaum mehr von dem der Älteren.

Im Bezug auf die zweite Frage konnten wir eine Reihe meist hoch signifikanter und plausibler Zusammenhänge identifizieren. Egalitäre Einstellungen vertragen sich schlecht mit einem Hang zu den Unionsparteien. Dagegen haben die Anhänger von SPD und Grünen ein dezidiert egalitaristisches Profil und lehnen Individualismus und Askriptivismus eher ab. Menschen mit egalitaristischen Einstellungen neigen Parteien zu, die für mehr sozialstaatliche Eingriffe stehen. Der umgekehrte Zusammenhang zeigt sich zwischen individualistischen Einstellungen und der Identifikation mit den bürgerlichen Parteien. Daraus ergab sich die dritte Frage, ob es in Analogie zum verteilungsideologischen Wandel eine parteipolitische Umorientierung der jüngeren Generation gibt und wenn ja, ob beide Entwicklungen in Zusammenhang stehen.

Zunächst konnten wir feststellen, dass sich die langfristigen parteipolitischen Überzeugungen der Jungen tatsächlich signifikant verändern, jedoch weder durchgängig in der vermuteten Weise noch als linearer Trend über den Betrachtungszeitraum hinweg. Mehr Junge identifizierten sich 1996 im Vergleich zu 1991 mit der Union, während die SPD unter den Jungen überproportional viele Anhänger verliert. Diese Veränderungen passen in das Bild der individualistischen Wende. Beide Prozesse stehen auch im antizipierten Zusammenhang: Kontrolliert man den Einstellungswandel in Form der Gerechtigkeitsideologien, verschwindet der parteipolitische Trend. Die Entwicklung der Grünen passt dazu nicht. Offensichtlich gibt es noch weitere Faktoren, die auf die Identifikation mit einer Partei wirken. Die Grünen können bei den Jungen gegen den verteilungsideologischen Trend Anhänger hinzugewinnen, wie sich vor allem dann zeigt, wenn die Gerechtigkeitsideologien berücksichtigt werden.

Der Wandel der Gerechtigkeitseinstellungen der Jungen bleibt nicht ohne Konsequenz für ihr parteipolitisches Profil. Verlierer ist bislang vor allem die SPD, während die Union profitiert. Die Grünen dagegen scheinen andere Möglichkeiten gefunden zu haben, die jüngste Generation an sich zu binden, die sich nach wie vor in besonderem Maß mit ihnen identifiziert.

## Anhang

Die vollständige Formulierung der Items der Gerechtigkeitsideologien. Die Befragten konnten den Grad ihrer Zustimmung jeweils anhand fünfstufiger Skalen (1 = lehne ganz ab bis 5 = stimme voll zu) zum Ausdruck bringen.

*Egalitarismus:*
Der Staat sollte für alle einen Mindestlebensstandard garantieren.
Der Staat sollte für alle, die arbeiten wollen, einen Arbeitsplatz zur Verfügung stellen.
Am wichtigsten ist, dass die Menschen das bekommen, was sie zum Leben brauchen, auch wenn die besser Verdienenden dafür etwas von ihrem Einkommen abgeben müssen.

*Individualismus:*
Ein Anreiz für Leistung besteht nur dann, wenn die Unterschiede im Einkommen groß genug sind.
Es hat schon seine Richtigkeit, wenn Unternehmer große Gewinne machen, denn am Ende profitieren alle davon.
Die Leute sind nur dann bereit, in ihrem Beruf zusätzliche Verantwortung zu übernehmen, wenn sie dafür auch zusätzlich bezahlt werden.

*Askriptivismus:*
Es ist gerecht, dass man das, was man sich durch Arbeiten verdient hat, behält, auch wenn das heißt, dass einige reicher sind als andere.
Es ist gerecht, dass Eltern ihr Vermögen an ihre Kinder weitergeben, auch wenn das heißt, dass die Kinder reicher Eltern im Leben bessere Chancen haben.

*Fatalismus:*
So wie die Zustände heute sind, weiß man gar nicht mehr, was eigentlich gerecht ist.
Es ist zwecklos über soziale Gerechtigkeit zu streiten, weil sich die Verhältnisse doch nicht ändern lassen.

## Literatur

Breusch, Trevor/Pagan, Adrain (1980): The LM test and its applications to model specification in econometrics. In: Review of Econometrics Studies 47, 239-254.

Davidson, Pamela/Steinmann, Susanne/Wegener, Bernd (1995): The Caring But Unjust Woman? A Comparative Study of Gender Differences in Justice Perceptions. In: Kluegel, James R./Mason, David S./Wegener, Bernd (Hrsg.), Social Justice and Political Change. Public Opinion in Capitalist and Post-Communist States. New York: Aldine de Gruyter, 285-319.

Douglas, Mary (1982): Cultural bias. In: dies. (Hrsg.): In the Active Voice. London: Routledge & Kegan Paul, 183-254.

Erikson, Robert/Goldthorpe, John H. (1992): The Constant Flux. A Study of Class Mobility in Industrial Societies. Oxford: Clarendon.

Fischer, Arthur (2000): Jugend und Politik. In: Deutsche Shell (Hrsg.): Jugend 2000. 13. Shell-Jugendstudie. Band 1. Opladen: Leske + Budrich, 261-282.

Gabriel, Oscar W. (1999): Politische Einstellungen und politisches Verhalten. In: ders./Holtmann, Everhard (Hrsg.): Handbuch Politisches System der Bundesrepublik Deutschland. München/ Wien: Oldenbourg, 379-497.

Gaiser, Wolfgang/Gille, Martina/Krüger, Winfried/Rijke, Johann de (2000): Politikverdros-senheit in Ost und West. In: Aus Politik und Zeitgeschichte. Beilage zur Wochenzei-tung „Das Parlament" B19-20, 12-23.

Gille, Martina (2000): Werte, Rollenbilder und soziale Orientierungen. In: dies./Krüger, Winfried (Hrsg.): Unzufriedene Demokraten. Politische Orientierungen der 16- bis 29-Jährigen im vereinigten Deutschland. DJI-Jugendsurvey 2. Opladen: Leske + Budrich, 143-203.

Gille, Martina/Krüger, Winfried (Hrsg.) (2000): Unzufriedene Demokraten. Politische Ori-entierungen der 16- bis 29-Jährigen im vereinigten Deutschland. DJI-Jugendsurvey 2. Opladen: Leske + Budrich.

Gille, Martina/Krüger, Winfried/Rijke, Johann de (2000): Politische Orientierungen. In: Gille, Martina/Krüger, Winfried (Hrsg.): Unzufriedene Demokraten. Politische Orien-tierungen der 16- bis 29-Jährigen im vereinigten Deutschland. DJI-Jugendsurvey 2. Opladen: Leske + Budrich, 205-265.

Gilligan, Carol (1982): In a Different Voice. Psychological Theory and Women's Develop-ment. Cambridge, MA: Harvard University Press.

Hauser, Richard (1995): Die Verteilung der Einkommen in den neuen Bundesländern wird ungleicher! In: Berliner Journal für Soziologie 5, 463-474.

Heckman, James J. (1979): Sample Selection as a Specification Error. In: Econometrica 47, 153-162.

Hofmann-Göttig, Joachim (2000): Der Jugend eine Zukunft. In: Aus Politik und Zeitge-schichte. Beilage zur Wochenzeitung „Das Parlament" B19-20, 24-33.

Hoffmann-Lange, Ursula (1995a): Politische Grundorientierungen. In: dies. (Hrsg.): Jugend und Demokratie in Deutschland. DJI-Jugendsurvey 1. Opladen: Leske + Budrich, 159-193.

Hoffmann-Lange, Ursula (Hrsg.) (1995b): Jugend und Demokratie in Deutschland. DJI-Jugendsurvey 1. Opladen: Leske + Budrich.

Hoffmann-Lange, Ursula (2001): Der fragwürdige Beitrag von Jugendstudien zur Analyse von Trends in der politischen Kultur. In: Merkens, Hans/Zinnecker, Jürgen (Hrsg.): Jahrbuch Jugendforschung. Opladen: Leske + Budrich, 187-210.

Inglehart, Ronald (1977): The silent revolution. Changing values and political styles among western publics. Princeton, NJ: Princeton University Press.

Inglehart, Ronald (1989): Kultureller Umbruch. Wertwandel in der westlichen Welt. Frank-furt a.M.: Campus.

Jasso, Guillermina/Wegener, Bernd (1997): Methods for Empirical Justice Analysis. Part I. Framework, Models, and Quantities. In: Social Justice Research 10, 393-430.

Kluegel, James R. (1989): Perceptions of Justice in the U.S. Split Consciousness Among the American Public. International Social Justice Conference. Dubrovnik: Unveröffent-lichtes Manuskript.

Kluegel, James R./Mason, David S./Wegener, Bernd (Hrsg.) (1995): Social Justice and Political Change. Public Opinion in Capitalist and Post-Communist States. New Y-ork/Berlin: Aldine de Gruyter.

König, Wolfgang/Lüttinger, Paul/Müller, Walter (1987): Eine vergleichende Analyse der Entwicklung und Struktur von Bildungssystemen. Methodologische Grundlagen und Konstruktion einer vergleichenden Bildungsskala. CASMIN-Arbeitspapier Nr. 12.

Lengfeld, Holger/Liebig, Stefan/Märker, Alfredo (2000): Politisches Engagement, Protest und die Bedeutung sozialer Ungerechtigkeit. In: Aus Politik und Zeitgeschichte. Beila-ge zur Wochenzeitung „Das Parlament" B7-8, 22-31.

Liebig, Stefan/Wegener, Bernd (1995): Primäre und sekundäre Ideologien. Ein Vergleich von Gerechtigkeitsvorstellungen in Deutschland und den Vereinigten Staaten. In: Müller, Hans-Peter/Wegener, Bernd (Hrsg.): Soziale Ungleichheit und soziale Gerechtigkeit. Opladen: Leske + Budrich, 265-293.

Liebig, Stefan/Wegener, Bernd (1999): Protest und Verweigerung. Die Folgen sozialer Ungerechtigkeit in Deutschland. In: Schmitt, Manfred/Montada, Leo (Hrsg.): Gerechtigkeitserleben und Befindlichkeiten im wiedervereinigten Deutschland. Opladen: Leske + Budrich, 263-298.

Lippl, Bodo (2003): Sozialer Wandel, wohlfahrtsstaatliche Arrangements und Gerechtigkeitsäußerungen im internationalen Vergleich. Analysen in postkommunistischen und westlich-kapitalistischen Ländern. Humboldt-Universität Berlin: Dissertation.

Mason, David S./Kluegel, James R./Khakhulina, Ludmila/Mateju, Petr/Orkeny, Antal/Stoyanov, Alexander/Wegener, Bernd (Hrsg.) (2000): Marketing Democracy. Changing Opinion About Inequality and Politics in East Central Europe. Lanham, MD: Rowman & Littlefield.

Mayer, Karl Ulrich (1994): Wiedervereinigung, soziale Kontrolle und Generationen. Elemente einer Transformationstheorie. In: Bertels, Lothar (Hrsg.): Gesellschaft, Stadt und Lebensverläufe im Umbruch. Bad Bentheim: Gildehaus-Verlag Metta Metten, 49-66.

Mühleck, Kai (2003): Tut der Staat genug für soziale Gerechtigkeit? Ursachen von Einstellungen. In: Allmendinger, Jutta (Hrsg.): Entstaatlichung und soziale Sicherheit. Verhandlungen des 31. Kongresses der Deutschen Gesellschaft für Soziologie in Leipzig 2002. Opladen: Leske + Budrich. CD-ROM.

Schmitt-Beck, Rüdiger/Weick, Stefan (2001): Die dauerhafte Parteiidentifikation - nur noch ein Mythos? In: Informationsdienst Soziale Indikatoren (ISI) 26, 1-5.

Stark, Gunnar/Liebig, Stefan/Wegener, Bernd (2000): Justice Ideologies. An International Measurement Instrument for Social Justice Beliefs. In: ZUMA-Informationssystem (ZIS). Online Handbook of Social Science Measurement Instruments. Mannheim.

Thompson, Michael/Wildavsky, Aaron/Ellis, Robert (1990): Cultural Theory. Boulder: Westview Press.

Thompson, Michael/Grendstad, Gunnar/Selle, Per (1999): Cultural theory as political science. In: dies. (Hrsg.): Cultural theory as political science. London: Routledge, 1-25.

Ven, Wynand van den/Praag, Bernard van (1981): The Demand for Deductibles in Private Health Insurance. A Probit Model with Sample Selection. In: Journal of Econometrics 17, 229-252.

Wegener, Bernd (1992): Gerechtigkeitsforschung und Legitimationsnormen. In: Zeitschrift für Soziologie 21, 269-83.

Wegener, Bernd (Hrsg.) (2000): Social Justice Beliefs in Transition. Eastern and Central Europe 1991-1996. Special Volume Social Justice Research 13.

Wegener, Bernd (2003): Solidarity, Justice, and Social Change. Germany's Ten Years of Unification. In: Pollack, Detlef/Jacobs, Jörg/Müller, Olaf/Pickel, Gert (Hrsg.): Political Culture in Post-Communist Europe. Attitudes in New Democracies. Aldershot: Ashgate, 207-233.

Wegener, Bernd/Liebig, Stefan (1993): Eine Grid-Group-Analyse sozialer Gerechtigkeit. In: Kölner Zeitschrift für Soziologie und Sozialpsychologie 45, 668-690.

Wegener, Bernd/Liebig, Stefan (1995): Dominant Ideologies and the Variation of Distributive Justice Norms. A Comparison of East and West Germany, and the United States. In: Kluegel, James R./Mason, David S./Wegener, Bernd (Hrsg.): Social Justice and Political Change. Public Opinion in Capitalist and Post-Communist States. New York: Aldine de Gruyter, 239-259.

Wegener, Bernd/Liebig, Stefan (1998): Gerechtigkeitsideologien 1991-1996. In: Meulemann, Heiner (Hrsg.): Werte und nationale Identität im vereinten Deutschland. Erklärungsansätze der Umfrageforschung. Opladen: Leske + Budrich, 25-59.

Wegener, Bernd/Liebig, Stefan (2000): Is the 'Inner Wall' Here To Stay? Justice Ideologies in Unified Germany. In: Social Justice Research 13, 177-197.

Wooldridge, Jeffrey M. (2002): Econometric Analysis of Cross Section and Panel Data. Cambridge: The MIT Press.

Wooldridge, Jeffrey M. (2003): Introductory Econometrics. Mason, OH: South-Western.

Zellner, Arnold (1962): An efficient method of estimating seeming unrelated regressions and tests for aggregation bias. In: Journal of the American Statistical Association 57, 348-368.

# Verliert die „Stille Revolution" ihren Nachwuchs? Wertorientierungen in Deutschland im Kohorten- und Zeitvergleich

*Viktoria Kaina und Franziska Deutsch*

## 1. Warum die postmaterialistische Werterevolution Nachwuchsprobleme bekommen könnte

Vor mehr als drei Jahrzehnten unterzog Ronald Inglehart (1971) seine These der „silent revolution" zum ersten Mal einem umfassenden, empirischen Test. Auf der Basis von Umfragedaten aus sechs westeuropäischen Demokratien konnte er die ersten Belege für seine Behauptung präsentieren, dass sich in den entwickelten Industriegesellschaften eine allmähliche, über einen Generationenaustausch vermittelte Transformation der politischen Kultur und der grundlegenden, individuellen Wertprioritäten innerhalb der Bevölkerung jener Länder vollzieht (Inglehart 1971: 991).[1] Ausdruck finde dieser Wandel darin, dass *materialistische*, primär an ökonomischem Wohlergehen und physischer Sicherheit orientierte Werthaltungen immer mehr an Bedeutung verlieren und von *postmaterialistischen* Wertprioritäten verdrängt würden, die individuelle Entfaltungsmöglichkeiten, Selbstbestimmung und Lebensqualität betonen. Als Träger dieser Entwicklung identifizierte Inglehart (1971: 991f.) die nachwachsenden, in relativem Wohlstand sozialisierten Generationen. Die Jugend in der Bevölkerung westlicher Demokratien avancierte somit zum Träger eines postmaterialistischen Wertewandels, der sich – anhaltende wirtschaftliche Prosperität vorausgesetzt (Inglehart 1971: 992) – in den nächsten Jahrzehnten fortsetzen und nachhaltige Konsequenzen für Politik und Gesellschaft mit sich bringen sollte (Dalton 2002, 2004; Inglehart 1977, 1990, 1997).

Ingleharts Prognose der „silent revolution" sollte die deutsche und internationale sozialwissenschaftliche Werteforschung in den folgenden Jahrzehnten nachhaltig inspirieren. Eine breite Palette empirischer, oft auch international vergleichend angelegter Arbeiten konnte trotz anhaltender Kritik an Ingleharts Theorie des postmaterialistischen Wertewandels den empirisch gestützten Nachweis erbringen, dass sich die Wertprioritäten der Bürgerinnen und Bürger westlicher Demokratien in den 1970er und 1980er Jahren tatsächlich und zunehmend von materialistischen hin zu postmaterialistischen Werthaltungen entwickelten und die Jugend dabei die von Inglehart unterstellte Vorreiterrolle übernahm (Dalton 2002: 82ff.; Gabriel 1986; Inglehart 1977, 1990, 1997; Inglehart/Abramson 1994; van Deth/

---

[1] Dabei handelte es sich um Großbritannien, Deutschland, Belgien, die Niederlande, Frankreich und Italien (Inglehart 1971: 994).

Scarbrough 1995b).[2] Dabei können vor allem die 1980er Jahre als Jahrzehnt des postmaterialistischen Wertewandels bezeichnet werden (Klein/Pötschke 2000: 207; Scarbrough 1995: 131).

Doch die günstigen Bedingungen für sozialen und politischen Fortschritt in den liberalen Demokratien haben sich gewandelt und die Sozialisationsbedingungen junger Generationen verändert. Mit Übergang ins dritte Jahrtausend stehen die demokratischen Ordnungssysteme vor gewaltigen Herausforderungen, die sowohl aus dem Inneren der Gesellschaft als auch von veränderten, äußeren Rahmenbedingungen erwachsen. Die Jugend von heute sieht sich – nicht nur in Deutschland – mit anhaltend hoher Arbeitslosigkeit, eingeschränktem Wirtschaftswachstum und ungelösten Finanzierungsproblemen des Wohlfahrtsstaats konfrontiert. Hinzu kommen Probleme, die aus den Folgelasten der deutschen Einheit, der Überalterung der Gesellschaft, den Defiziten im Bildungs-, Ausbildungs- und Hochschulsystem oder ungelösten Fragen zur Einwanderung resultieren. Schließlich tragen auch negative Auswirkungen von Globalisierung und Internationalisierung sowie neue Bedrohungen eines globalen Terrorismus dazu bei, ein diffuses Klima von Unsicherheit und Zukunftsangst zu erzeugen. Auch wenn diese Situation mit den Entbehrungen und existenziellen Bedrohungen in Kriegs- und unmittelbaren Nachkriegszeiten nicht gleichgesetzt werden kann, lässt sich vor diesem Hintergrund dennoch annehmen, dass der vor allem in den 1980er Jahren zu beobachtende Wachstumsschub postmaterialistischer Wertprioritäten in der deutschen Jugend inzwischen gestoppt wurde.

Passend zu diesen Überlegungen legen Befunde jüngeren Datums sogar nahe, dass der postmaterialistische Wertewandel in Deutschland seit den 1990er Jahren nicht nur ins Stocken geraten ist, sondern sich möglicherweise sogar umkehrt (beispielsweise Gensicke 2002; Klein 2003; Klein/Ohr 2004; Meulemann 2001: 79ff.; Noelle-Neumann/Petersen 2001). Der Wertewandel scheint inzwischen selbst im Wandel begriffen (Hradil 2002: 40). Auslöser dieses Veränderungsprozesses sind die im Vergleich zu den Vorgängergenerationen aus der Zeit der „außerparlamentarischen Opposition" und der „Neuen Sozialen Bewegungen" veränderten Wertprioritäten junger Bevölkerungsgruppen, die sich heute wieder in zunehmendem Maße leistungs- und sicherheitsorientiert zeigen und materialistischen Werten damit neue Bedeutung beimessen (beispielsweise Gensicke 2002; Hradil 2002: 40; Hurrelmann 2004: 146f.). Diese Neuorientierung scheint jedoch weniger eine schlichte Rückbesinnung auf traditionelle Pflicht- und Anpassungswerte zu sein, sondern vielmehr Ausdruck einer pragmatisch orientierten Verknüpfung von materialistischen Werthaltungen der Selbstkontrolle mit Werten der Selbstentfaltung

---

2    Gegenstand der kontroversen und bis heute andauernden Debatte um Ingleharts Wertewandeltheorie sind sowohl die theoretischen Eckpunkte seines Konzepts als auch die empirische Erhebungsmethode. Vor allem die von Bauer-Kaase und Kaase (1998) sowie von Clarke, Dutt und Rapkin (1997) nachgewiesenen Defekte in der Validität der von Inglehart verwendeten Messinstrumente stellen ein ernsthaftes Problem dar, falls damit auch die inhaltlichen Schlussfolgerungen Ingleharts in Zweifel gezogen werden müssen (als weitere Belege der Kontroverse in ausschließlich neueren Arbeiten beispielsweise Davis/Davenport 1999; Inglehart/Abramson 1999; Klein 2003; Klein/Arzheimer 1999; Klein/Ohr 2004; Klein/Pötschke 2000, 2001; Thome 2001).

(Gensicke 2002: 140f.; Hradil 2002: 40). Insbesondere die auf Sicherheit konzentrierte Renaissance materialistischer Wertvorstellungen unter Jugendlichen und jungen Erwachsenen scheint eine Reaktion auf gesellschaftliche Umbruchprozesse zu sein, die sich seit Jahren unter anderem in wachsenden Finanzierungsproblemen des deutschen Wohlfahrtsstaats sowie anhaltend hoher Arbeitslosigkeit manifestieren und der individuellen Bewältigung konkreter Probleme neue Priorität verleihen (Hradil 2002; Hurrelmann 2004: 147; Klein 2003; Klein/Ohr 2004).

Seinen Anfang nahm der Rückgang postmaterialistischer Werthaltungen offenbar in der Kohorte der zwischen 1965 und 1975 Geborenen, denen Illies (2000) mit seinem Essay über die „Generation Golf" ein publizistisches Denkmal setzte und deren Abwendung vom Postmaterialismus inzwischen auch empirisch belegt ist (Klein 2003). Sollte sich diese Entwicklung in der Jugend von heute fortsetzen, drängt sich die Vermutung auf, dass der postmaterialistische Wertewandel ein Produkt seiner Zeit gewesen sein könnte, in der die westeuropäischen Demokratien im Wettbewerb der Ordnungssysteme zwei Dekaden lang besondere Erfolge in der Wohlstandsvermehrung ihrer Bevölkerungen und im Ausbau von individuellen Partizipations- und Entwicklungschancen vorweisen konnten.

Daraus lässt sich schließen, dass die Frage berechtigt ist, ob die „silent revolution" mit dem Übergang ins 21. Jahrhundert ihren Nachwuchs verliert. Dieses Erkenntnisinteresse ist jedoch weniger von der anhaltenden Kritik an der Inglehart'schen Wertewandeltheorie angeregt. Vielmehr betrachten wir empirisch fundierte Antworten auf diese Frage als einen soliden Ausgangspunkt für weiter gehende Forschungen politisch-kultureller Wandlungsprozesse, wenn die Werthaltungen eines Menschen Orientierung ermöglichen, erleichtern und strukturieren sowie individuelles Verhalten beeinflussen und steuern (Roßteutscher 2004).

Im Folgenden wollen wir Antworten auf diese Frage präsentieren, indem wir die Entwicklung des Postmaterialismus in der (west)deutschen Bevölkerung untersuchen und besonderes Augenmerk auf junge Menschen zwischen 18 und 29 Jahren richten. In einem ersten Schritt werden wir überprüfen, wie sich die von Inglehart beschriebenen Wertprioritäten seit 1980 in Westdeutschland entwickelt haben. Dafür stehen uns bis einschließlich 2002 zwölf Messzeitpunkte zur Verfügung. Da uns jedoch vor allem die jungen Bevölkerungsgruppen interessieren, werden wir die Aussagen über den langfristigen Entwicklungtrend um einen Kohortenvergleich ergänzen und die deskriptive Inspektion der Daten abschließen, indem wir die gesamte Gruppe der unter 30-Jährigen im Vergleich zu mittleren und älteren Altersgruppen betrachten. Die Tatsache, dass es dem Begriff „Jugend" sowohl im Alltagsgebrauch als auch in sozialwissenschaftlichen Zusammenhängen an Eindeutigkeit fehlt (beispielsweise Schäfers 2001: 17; Pickel 2002: 17 und 23), erlaubt auch uns eine gewisse, freilich stets begründete Flexibilität in der Festlegung der Untersuchungsgruppen. So werden wir die Gruppeneinteilung von 18 bis 29 Jahren zum einen aus forschungspraktischen Gründen (vor allem wegen einer sicheren Fallzahlgröße) zur Grundlage der weiteren Analysen machen.

Zum anderen können mit der „These von der *Entstrukturierung der Jugendphase*" (Gille 1995: 111; Hervorhebung im Originaltext) jedoch ebenso theoretische Argumente angeführt werden, warum es sinnvoll sein kann, die Altersgruppe der 18- bis 29-Jährigen in ihrer Gesamtheit als Teil der „Jugend" in den Blick zu nehmen. Strukturelle Veränderungsprozesse (vor allem die Bildungsexpansion und die damit verbundenen längeren Ausbildungswege) haben in entwickelten Gesellschaften dazu geführt, dass sich das Erwachsenwerden verlangsamt (Achatz u.a. 2000: 36; Gille 1995: 111; Gillis 1984; Hurrelmann 2004; Schäfers 2001: 18ff.) und dass mit der Phase der *Postadoleszenz* sogar eine neue, „gesellschaftlich regulierte Altersstufe" (Massing 2002: 5; Pickel 2002: 25; Tippelt/Pietraß 2002: 14) entstanden ist (Keniston 1968). In der deutschen Jugendforschung wird die Zeit der Postadoleszenz meist „zwischen 18 und 30 Lebensjahren angesiedelt" (Pickel 2002: 25; Schäfers 2001: 19). Auf dieser Grundlage werden wir in einem zweiten Schritt prüfen, wie sich Alter und formale Bildung als Bestimmungsfaktoren für postmaterialistische Werthaltungen über die Zeit entwickelt haben.

Abschließend wollen wir der Kritik an Ingleharts Operationalisierung von Werthaltungen und Wertewandel Rechnung tragen. Zu diesem Zweck werden wir unsere Befunde zur Entwicklung der Wert*prioritäten* in der (west)deutschen Jugend ergänzen und die *relative Wichtigkeit* von Werthaltungen untersuchen. Bedauerlicherweise stehen uns dafür nur zwei Messzeitpunkte (1995 und 2002) zur Verfügung. Dennoch erwarten wir, dass dieser Analyseteil das gewonnene Bild abrunden kann, weil er die Möglichkeit bietet, die Befunde der Inglehart'schen Ranking-Methode mit den Ergebnissen eines Rating-Verfahrens zu kontrastieren und in Beziehung zu setzen. Damit soll auch auf die Diskussion um die Dimensionalität des individuellen Werteraums Bezug genommen werden (Klages 1984, 1988; Maag 1991; van Deth/Scarbrough 1995a).

## 2.  Datenbasis und Operationalisierung der Alterskohorten

Als Datengrundlage unserer empirischen Untersuchung postmaterialistischer Wertorientierungen dienen der kumulierte ALLBUS 1980-2000 (ZA-Nr. 1795) und der ALLBUS 2002 (ZA-Nr. 3700).[3] Berücksichtigt wurden alle Befragten ab 18 Jahre, die westdeutscher Herkunft sind und ausschließlich die deutsche Staatsangehörigkeit besitzen. Ostdeutsche, Ausländer und Befragte mit doppelter Staatsangehörigkeit wurden dementsprechend aus der Analyse ausgeklammert. In Ergänzung dazu greifen wir für die Untersuchung der relativen Wichtigkeit von Werthaltungen auf eine repräsentative Bevölkerungsbefragung zurück, die 1995 im Rahmen der „Potsdamer Elitestudie 1995" (Bürklin u.a. 1997; Kaina 2002) durchgeführt wurde (ZA-Nr. 2882). Der ALLBUS 2002 enthält eine Teil-Replikation von Fragen zur

---

3   Die allgemeine Bevölkerungsumfrage der Sozialwissenschaften (ALLBUS) ist 1980-1986 und 1991 von der Deutschen Forschungsgemeinschaft (DFG) gefördert worden. Die weiteren Erhebungen wurden von Bund und Ländern über die Gesellschaft sozialwissenschaftlicher Infrastruktureinrichtungen (GESIS) finanziert. ALLBUS wird vom Zentrum für Umfragen, Methoden und Analysen e.V. in Mannheim (ZUMA) und vom Zentralarchiv für Empirische Sozialforschung in Köln (ZA) in Zusammenarbeit mit dem ALLBUS-Ausschuss realisiert. Die Daten sind beim ZA erhältlich. Die genannten Institutionen und Personen tragen keine Verantwortung für die Verwendung der Daten in diesem Beitrag.

relativen Wichtigkeit von Werthaltungen, wie sie in der Bevölkerungsumfrage 1995 erhoben worden sind, so dass ein entsprechender Vergleich mit einem zeitlichen Abstand von sieben Jahren möglich ist. Berücksichtigt wurden erneut nur Befragte westdeutscher Herkunft mit deutscher Staatsangehörigkeit, die mindestens 18 Jahre alt sind.

Indem wir die Daten repräsentativer Befragungen der Gesamtbevölkerung nutzen, werden wir zum Teil – nicht nur bei anspruchsvolleren statistischen Verfahren – mit Signifikanzproblemen konfrontiert, die aus einer zu geringen Fallzahl der untersuchten Altersgruppen resultieren. Andererseits bietet diese Datenbasis den Vorteil, dass wir auch Vergleiche mit anderen Alterskohorten anstellen können und nicht auf die Gruppe der jüngsten Befragten beschränkt sind, wie es dem Standardvorgehen in der Jugendforschung entspricht (beispielsweise Deutsche Shell 2002; Gille/Krüger 2000; Hoffmann-Lange 1995).[4]

Glücklicherweise verfügen wir mit dem ALLBUS auch über Daten, die hinsichtlich der postmaterialistischen Werthaltungen in der westdeutschen Bevölkerung inzwischen einen Zeitraum von mehr als zwei Jahrzehnten abdecken. Diese lange Zeitreihe erlaubt es auch, die generationalen und lebenszyklischen Veränderungen in den Werthaltungen verschiedener Alterskohorten mit akzeptabler Fallzahlgröße zu insgesamt vier Messzeitpunkten darzustellen.

Zu diesem Zweck haben wir eine Standardkohortentabelle gebildet (Glenn 1977: 10f.). Dabei korrespondiert die Anzahl der Jahre zwischen den Erhebungszeitpunkten mit den Jahresintervallen, die zur Beschreibung der jeweiligen Alterskohorten dienen. Mit Hilfe dieser Darstellung (Tabelle 1) wird es möglich, unterschiedliche Wandlungseffekte in einer einzigen Tabelle zu veranschaulichen. So können die Alterskohorten in ihrem Alterungsprozess beobachtet werden, wenn die Angaben diagonal von links oben nach rechts unten gelesen werden. Allerdings ist es im Folgenden nicht unser Ziel, zwischen der Relevanz generationaler und lebenszyklischer Effekte des Wertewandels zu entscheiden, wie es seit Jahren in der Auseinandersetzung um Ingleharts Wertewandeltheorie diskutiert wird (beispielsweise Hellevik 2002; Klein 2003; Klein/Ohr 2004; Klein/Pötschke 2004). Derartige Versuche sind ohnehin mit dem Problem konfrontiert, dass Generationen-, Lebenszyklus- und Periodeneffekte für den Wandel individueller Werthaltungen eng miteinander verflochten und selbst mit Hilfe elaborierter statistischer Verfahren kaum voneinander zu trennen sind (Dalton 1981; Glenn 1977; Mnich 1989; Scarbrough 1995). Wir konzentrieren uns stattdessen auf die Beschreibung veränderter Wertorientierungen von Jugendlichen und jungen Erwachsenen über die Zeit hinweg und im Vergleich zu älteren Alterskohorten.

Tabelle 1 dokumentiert unser Vorgehen bei der Bildung der Standardkohortentabelle, indem es die Geburtsjahrgänge der jeweiligen Alterskohorten in den Jahren 1982, 1988, 1994 und 2000 ausweist. Auf diese Weise können auch diverse

---

4    Außerdem weist Pickel (2002: 23) darauf hin, dass die Festlegung der jeweiligen Altersgrenzen in verschiedenen Arbeiten erheblich variiert. Damit werden empirisch gestützte Trendaussagen über Zeit erschwert. Die DJI-Jugendstudie will diesem Mangel begegnen, indem sie das Altersspektrum seiner Befragten seit der ersten Erhebungswelle 1992 (zweite Welle 1997, dritte Welle 2003) zwischen 16 und 29 Jahren konstant hält.

Generationen spezifiziert werden. Dabei orientieren wir uns an der Generationeneinteilung von Fogt (1982), die in unterschiedlichen Forschungskontexten wiederholt aufgegriffen wurde, ihre analytische Trennschärfe bereits mehrfach unter Be-
weis stellen konnte und von Klein (2003) weiterentwickelt wurde. Der Zeitraum, in
dem junge Menschen gleichermaßen durch bestimmte Ereignisse so geprägt werden können, dass sie im weiteren Lebensverlauf eine gemeinsame Generationsein-
heit bilden, ist in der Forschung nicht einheitlich definiert. Wir haben zur Berechnung jener Phase 18 Jahre als Referenzalter gewählt.

*Tabelle 1:*  Zusammensetzung von Alters- und Geburtskohorten und die nach
Sozialisationsphasen bestimmte Generationenzugehörigkeit

| Alterskohorte | 1982 | 1988 | 1994 | 2000 |
|---|---|---|---|---|
| 18-23 Jahre | 1959-1964 | 1965-1970 | 1971-1976 | 1977-1982 |
| 24-29 Jahre | 1953-1958 | 1959-1964 | 1965-1970 | 1971-1976 |
| 30-35 Jahre | 1947-1952 | 1953-1958 | 1959-1964 | 1965-1970 |
| 36-41 Jahre | 1941-1946 | 1947-1952 | 1953-1958 | 1959-1964 |
| 42-47 Jahre | 1935-1940 | 1941-1946 | 1947-1952 | 1953-1958 |
| 48-53 Jahre | 1929-1934 | 1935-1940 | 1941-1946 | 1947-1952 |
| 54-59 Jahre | 1923-1928 | 1929-1934 | 1935-1940 | 1941-1946 |
| 60-65 Jahre | 1917-1922 | 1923-1928 | 1929-1934 | 1935-1940 |
| 66+ Jahre | -1916 | -1922 | -1928 | -1934 |

Die Gruppe der bis 1922 Geborenen wird als *Vorkriegsgeneration* bezeichnet, weil
ihre Mitglieder in der Zeit des Nationalsozialismus' und der Weimarer Republik,
zum Teil sogar noch im Kaiserreich sozialisiert wurden. Geburtsjahrgänge zwischen 1923 und 1934 bilden die *Kriegs- und Nachkriegsgeneration,* die ihre Sozialisation während des Zweiten Weltkriegs und in den Jahren des Wiederaufbaus erfahren hat. Zwischen 1935 und 1946 Geborene, die während der Amtszeit des ersten deutschen Bundeskanzlers, Konrad Adenauer, und in der Zeit des Wirtschaftswunders sozialisiert wurden, werden der *Adenauer-Generation* zugeordnet. Mitglieder der *APO-Generation* sind in ihrer Sozialisationsphase durch die Erfahrungen der Studentenbewegung und der „außerparlamentarischen Opposition" (APO)
geprägt worden und zwischen 1947 und 1952 geboren. Das gesellschaftliche Klima
im Deutschland der späten 1960er Jahre bildete den Ausgangspunkt für eine „partizipatorische Revolution" (Kaase 1982) im Rahmen der „Neuen Sozialen Bewegungen" (NSB). Die in der Hochphase der Friedens-, Frauen- und Umweltschutzbewe-
gung sozialisierten Geburtsjahrgänge zwischen 1953 und 1964 werden entsprechend der *NSB-Generation* zugerechnet. In Anlehnung an Klein (2003) werden die
zwischen 1965 und 1976 Geborenen als *Generation Golf* bezeichnet.[5] Die Mitglie-

---

5   Bei Illies (2000) und Klein (2003) zählen die zwischen 1965 und 1975 Geborenen zur *Generation
    Golf.* Die Abweichung von einem Jahr ergibt sich aus der Bildung der Standardkohortentabelle.

der dieser Generation haben „ihre prägenden Erfahrungen nach der politischen Wende des Jahres 1982 und unter dem Eindruck eines sich zunehmend verengenden Arbeitsmarktes gemacht" (Klein/Ohr 2004: 168). Die nach 1976 Geborenen schließlich bezeichnen wir als *Jüngste Generation.* Die Geburtsjahrgänge dieser Gruppe erlebten ihre Sozialisationsphase auf Basis recht unterschiedlicher Erfahrungen wie der deutschen Wiedervereinigung, des Endes der Block-Konfrontation und des Kalten Krieges sowie einer fortschreitenden, europäischen Integration und vielfältiger Globalisierungsphänomene.[6]

In Tabelle 2 ist der prozentuale Anteil der jeweiligen Alterskohorten an der Gesamtbefragtenzahl zu allen vier Messzeitpunkten wiedergegeben. Da die Repräsentativerhebung im ALLBUS mit den Daten des Mikrozensus abgeglichen wird, lässt sich anhand dieser Zahlen die Alterung der bundesdeutschen Bevölkerung beobachten, deren Problematik für Politik und Gesellschaft in der öffentlichen und wissenschaftlichen Debatte zunehmend Aufmerksamkeit findet. Für unsere Untersuchung ist diese Entwicklung jedoch von zweitrangigem Interesse. Allerdings soll nicht unerwähnt bleiben, dass die „silent revolution" ihren Nachwuchs auch aus demographischen Gründen verlieren könnte.

*Tabelle 2:*   Anteil der Alterskohorten an der Gesamtbefragtenzahl[a]

| Alterskohorte | 1982 N | 1982 % | 1988 N | 1988 % | 1994 N | 1994 % | 2000 N | 2000 % |
|---|---|---|---|---|---|---|---|---|
| 18-23 Jahre | 335 | 11,2 | 440 | 14,4 | 167 | 7,6 | 169 | 7,5 |
| 24-29 Jahre | 316 | 10,6 | 408 | 13,4 | 293 | 13,4 | 188 | 8,3 |
| 30-35 Jahre | 328 | 11,0 | 318 | 10,4 | 289 | 13,2 | 239 | 10,6 |
| 36-41 Jahre | 323 | 10,8 | 311 | 10,2 | 250 | 11,4 | 306 | 13,6 |
| 42-47 Jahre | 393 | 13,1 | 296 | 9,7 | 212 | 9,7 | 250 | 11,1 |
| 48-53 Jahre | 329 | 11,0 | 364 | 11,9 | 204 | 9,3 | 224 | 9,9 |
| 54-59 Jahre | 314 | 10,5 | 257 | 8,4 | 256 | 11,7 | 224 | 9,9 |
| 60-65 Jahre | 241 | 8,1 | 254 | 8,3 | 181 | 8,3 | 256 | 11,3 |
| 66+ Jahre | 411 | 13,7 | 403 | 13,2 | 335 | 15,3 | 402 | 17,8 |
| Gesamt | 2991 | | 3051 | | 2187 | | 2258 | |

a  Alle Angaben sind mit einem Transformationsgewicht gewichtet, da die Stichproben des ALLBUS 1980-1992 und 1998 mit dem ADM-Design gezogen wurden. Bei diesem Design werden zunächst Haushalte ausgewählt, aus denen dann noch einmal Personen gezogen werden. Das verwendete Gewicht korrigiert die durch die unterschiedlichen Haushaltsgrößen verursachte Wahrscheinlichkeit, als Person in die Stichprobe zu gelangen.

---

6  Aufgrund dieser komplexen Rahmenbedingungen in der Sozialisationsphase der nach 1976 Geborenen folgen wir an dieser Stelle nicht dem Vorschlag von Klein (2003), Mitglieder dieser Geburtsjahrgänge als *Wiedervereinigungsgeneration* zu bezeichnen, und verzichten stattdessen auf eine inhaltliche Etikettierung.

Für ergänzende Analysen haben wir uns entschlossen, unsere Alterskategorien etwas gröber zu bilden, indem wir alle Personen, die zum Zeitpunkt der Befragung jünger als 30 Jahre alt waren, zu einer Gruppe der unter 30-Jährigen zusammen gefasst haben. Dieser Gruppierung stellen wir zwei weitere Altersgruppen gegenüber: die 30- bis 53-Jährigen sowie alle Befragten, die zum jeweiligen Erhebungszeitpunkt älter als 53 Jahre waren. Diese Gruppenbildung soll eine angemessene Fallzahlgröße sichern, wenn die relative Wichtigkeit von Werthaltungen in den Jahren 1995 und 2002 untersucht wird. Dementsprechend orientiert sich unser Entscheidungskriterium für die Gruppenbildung der über 30-Jährigen an der Generationszusammensetzung der ältesten Gruppe, die sich 2002 nahezu ausschließlich aus Angehörigen der *Kriegs-* und *Nachkriegs-* sowie der *Adenauer-Generation* zusammensetzt. Weil der postmaterialistische Wertewandel vor allem in den nachfolgenden Generationen Fuß fasste, erschien es uns plausibel, jene Altersgruppe von den mittleren Jahrgängen sowie den Jugendlichen und jungen Erwachsenen abzugrenzen.

Zunächst jedoch wollen wir prüfen, wie sich der Postmaterialismus in der westdeutschen Bevölkerung und innerhalb der Jugend seit 1980 entwickelt hat. Diese Ergebnisse bilden den Hintergrund für die darauf folgenden Analysen und stehen daher am Anfang unserer empirischen Untersuchung.

## 3. Die „Revolutionäre" kommen in die Jahre

Die Erhebung der Wertorientierungen basiert auf folgender Frage, die auf ein Ranking von je zwei Materialismus- und Postmaterialismus-Items abzielt: „Auch in der Politik kann man nicht alles auf einmal haben. Auf dieser Liste finden Sie einige Ziele, die man in der Politik verfolgen kann. Wenn Sie zwischen diesen verschiedenen Zielen wählen müssten, welches Ziel erschiene Ihnen persönlich am wichtigsten (zweitwichtigsten, an dritter Stelle, an vierter Stelle?):

A) Aufrechterhaltung von Ruhe und Ordnung in diesem Land
B) Mehr Einfluss der Bürger auf die Entscheidungen der Regierung
C) Kampf gegen die steigenden Preise
D) Schutz des Rechtes auf freie Meinungsäußerung."

Je nach Ranking der zwei Materialismus-Items (A und C) und der zwei Postmaterialismus-Items (B und D) weist der „Inglehart-Index" jeden Befragten als Materialisten (die Items A und C belegen die Plätze 1 und 2), als Postmaterialisten (die Items B und D belegen die Plätze 1 und 2) oder als Mischtypen (jeweils ein Materialismus- und ein Postmaterialismus-Item belegen die Plätze 1 und 2) aus. In der Gruppe der Mischtypen werden Befragte als postmaterialistische Materialisten bezeichnet, wenn sie ein postmaterialistisches Item auf dem ersten und ein materialistisches Item auf dem zweiten Rang platzieren. Für materialistische Postmaterialisten gilt, dass sie sich für ein materialistisches Item auf dem ersten und ein postmaterialistisches Item auf dem zweiten Platz entscheiden.

Ingleharts Annahmen über den postmaterialistischen Wertewandel in den westlichen Demokratien sagten einen allmählichen Anstieg des Anteils der Postmaterialisten in den Bevölkerungen dieser Länder voraus. Mit den ALLBUS-Daten kann bestätigt werden, dass diese Prognose offenbar auch für Westdeutschland zutreffend ist (Abbildung 1): Zwischen 1980 und 2002 hat sich der Anteil der Postmaterialisten in der westdeutschen Bevölkerung von 14 auf 28 Prozent verdoppelt, während der Anteil der Materialisten im gleichen Zeitraum um 20 Prozentpunkte von 37 auf 17 Prozent zurückgegangen ist.

*Abbildung 1:*     Entwicklung postmaterialistischer Wertorientierungen in der westdeutschen Bevölkerung von 1980 bis 2002 (Anteil in Prozent)

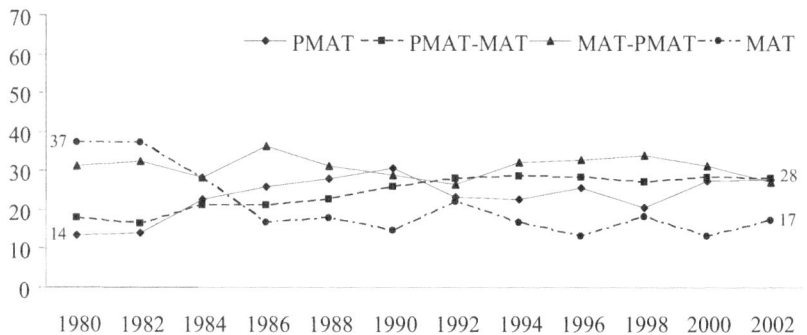

Allerdings ist ebenso festzustellen, dass die Mehrheit der Bevölkerung sich weder eindeutig als Materialisten noch als Postmaterialisten bezeichnen lässt und stattdessen eine Synthese von Werten beider Pole bevorzugt. Der Anteil dieser Mischtypen bewegt sich in Westdeutschland seit mehr als zwanzig Jahren auf zunehmend hohem Niveau und macht trotz eines leichten Rückgangs zu Beginn des dritten Jahrtausends mit 55 Prozent im Jahr 2002 die absolute Mehrheit der Bevölkerung der alten Bundesländer aus. Diese Ergebnisse stimmen auch mit Befunden aus anderen Untersuchungen überein (beispielsweise Dalton 2002: 85; Klein/Pötschke 2000, 2001).

Trotzdem bleibt zu konstatieren, dass postmaterialistische Wertprioritäten, wie von Inglehart vorhergesagt, an Bedeutung gewonnen haben. Dabei bestätigt sich anhand unserer Datenbasis, dass die 1980er Jahre als Jahrzehnt eines postmaterialistischen Wertewandelschubs angesehen werden können, der nach vorliegender Datenbasis 1984 einsetzte und im Jahr der deutschen Wiedervereinigung seinen vorläufigen Höhepunkt erreichte. In der Folgezeit ging der Anteil an Postmaterialisten in der westdeutschen Bevölkerung zurück, wuchs 2000 und 2002 aber wieder an. Ergänzend dazu zeigt Abbildung 1, dass der Mischtyp des „postmaterialistischen Materialisten" vor allem seit den 1990er Jahren an Bedeutung gewonnen hat. Insgesamt bestätigt also die langfristige, einen Zeitraum von mehr als 20 Jahren umspannende Entwicklung der Wertprioritäten in der westdeutschen Bevölkerung Ingleharts Prognose.

Ungeachtet dieses recht eindeutigen Befunds bleibt angesichts jüngerer Erkenntnisse der deutschen Jugendforschung die Frage zu beantworten, ob die jungen Bevölkerungsgruppen weiterhin die ihnen zugewiesene Vorreiterrolle im postmaterialistischen Wertewandel übernehmen.

*Tabelle 3:*   Anteil der Postmaterialisten in verschiedenen Alterskohorten der westdeutschen Bevölkerung von 1980 bis 2002 (in Prozent)[a]

| | Alterskohorten (Jahre) | | | | | | | | | |
|---|---|---|---|---|---|---|---|---|---|---|
| | 18-23 | 24-29 | 30-35 | 36-41 | 42-47 | 48-53 | 54-59 | 60-65 | 66+ | Gesamt |
| 1980 | 24,9 | 28,2 | 18,0 | 20,0 | 7,0 | 7,8 | 7,3 | 5,7 | 3,4 | 13,5 |
| 1982 | 32,9 | 27,0 | 21,6 | 16,4 | 11,9 | 8,4 | 5,1 | 3,4 | 1,1 | 14,1 |
| 1984 | 41,8 | 36,1 | 30,8 | 24,7 | 21,5 | 17,5 | 11,3 | 11,5 | 5,2 | 22,5 |
| 1986 | 39,1 | 38,6 | 36,5 | 30,7 | 22,9 | 19,8 | 16,7 | 15,7 | 7,6 | 25,9 |
| 1988 | 46,9 | 42,1 | 40,6 | 29,9 | 27,7 | 19,8 | 16,9 | 10,2 | 7,8 | 28,0 |
| 1990 | 44,3 | 48,6 | 43,9 | 37,3 | 32,5 | 17,8 | 22,6 | 19,6 | 10,2 | 30,8 |
| 1992 | 35,6 | 35,9 | 34,1 | 25,5 | 23,6 | 20,6 | 13,8 | 13,0 | 7,1 | 23,2 |
| 1994 | 28,4 | 30,4 | 31,9 | 29,7 | 31,2 | 20,2 | 13,8 | 13,5 | 7,4 | 22,6 |
| 1996 | 35,1 | 31,1 | 38,6 | 36,7 | 32,6 | 25,9 | 16,7 | 13,8 | 5,9 | 25,7 |
| 1998 | 21,2 | 29,5 | 29,8 | 30,2 | 23,3 | 18,2 | 19,6 | 13,2 | 9,6 | 20,6 |
| 2000 | 27,7 | 32,4 | 35,0 | 32,1 | 35,4 | 32,6 | 25,7 | 19,9 | 13,8 | 27,3 |
| 2002 | 32,1 | 30,7 | 33,5 | 36,2 | 31,5 | 31,0 | 27,7 | 22,1 | 13,0 | 27,7 |
| Δ 2002-1980[b] | +7 (1,3) | +3 (1,1) | +17 (1,9) | +16 (1,8) | +25 (4,6) | +23 (3,9) | +21 (4,0) | +16 (3,7) | +10 (4,3) | +14 (2,0) |
| Δ 2002-1984[b] | -10 (0,8) | -5 (0,9) | +3 (1,1) | +11 (1,4) | +10 (1,5) | +13 (1,7) | +17 (2,5) | +10 (1,8) | +8 (2,6) | +5 (1,2) |

a  Links von der Linie: überdurchschnittlicher Anteil an Postmaterialisten in der Alterskohorte.
b  Vervielfachungsfaktor in Klammern.

Die Zahlen in Tabelle 3 wecken diesbezüglich einige Zweifel. Werden zunächst die Prozentpunktdifferenzen über die gesamte Zeitreihe betrachtet, lässt sich feststellen, dass der Anteil der Postmaterialisten im Jahr 2002 in allen Alterskohorten im Vergleich zum ersten Erhebungsjahr 1980 zugenommen hat. Allerdings wird ebenso deutlich, dass diese Zunahme in der Jugend unterdurchschnittlich ausfällt und noch unterhalb der Zuwachsrate an Postmaterialisten in der ältesten Alterskohorte liegt. Noch deutlicher verändert sich das Bild bei Betrachtung der Prozentpunktdifferenzen zwischen 2002 und 1984, dem Erhebungsjahr, in dem der Postmaterialismus in Deutschland einen deutlichen Aufschwung nahm und der Anteil postmaterialistischer Werthaltungen im Vergleich zu den beiden vorhergehenden Erhebungszeitpunkten in *allen* Altersgruppen (in der Jugend jedoch deutlich überdurchschnittlich) angewachsen ist. Nach diesen Daten ist der Anteil der Postmaterialisten in den beiden jüngeren Altersgruppen zurückgegangen, besonders stark in der jüngsten Alterskohorte der 18- bis 23-Jährigen. Das bedeutet, dass die westdeutschen Jugendlichen zu Beginn des 21. Jahrhunderts weit weniger postmaterialistisch eingestellt sind als ihre Altersgenossen noch Mitte der 1980er Jahre. Demgegenüber verzeichnen die mittleren Altersjahrgänge ab 36 Jahren, die zu Beginn und Mitte der 1980er Jahre die jüngere Generation bildeten, eine überdurchschnittliche Zunahme an Postmaterialisten.

*Tabelle 4:*   Entwicklung des Anteils der Postmaterialisten in unterschiedlichen Alterskohorten der westdeutschen Bevölkerung (in Prozent)[a]

| | Alterskohorten (Jahre) | | | | | | | | |
| | 18-23 | 24-29 | 30-35 | 36-41 | 42-47 | 48-53 | 54-59 | 60-65 | 66+ | Gesamt |
|---|---|---|---|---|---|---|---|---|---|---|
| 1982 | 32,9 | 27,0 | *21,6* | 16,4 | 11,9 | 8,4 | 5,1 | 3,4 | 1,1 | 14,1 |
| 1988 | 46,9 | 42,1 | 40,6 | *29,9* | 27,7 | 19,8 | 16,9 | 10,2 | 7,8 | 28,0 |
| 1994 | 28,4 | 30,4 | 31,9 | 29,7 | *31,2* | 20,2 | 13,8 | 13,5 | 7,4 | 22,6 |
| 2000 | 27,7 | 32,4 | 35,0 | 32,1 | 35,4 | *32,6* | 25,7 | 19,9 | 13,8 | 27,3 |
| Δ 2000-1982[b] | -5 (0,8) | +5 (1,2) | +13 (1,6) | +16 (2,0) | +23 (2,9) | +25 (4,1) | +21 (5,2) | +17 (6,7) | +13 (14,0) | +13 (1,9) |

a  Standardkohortentabelle; links von der Linie: überdurchschnittlicher Anteil an Postmaterialisten in der Alterskohorte; kursiv: APO-Generation.
b  Vervielfachungsfaktor in Klammern.

Darüber hinaus zeigen sich in fast allen Altersgruppen lebenszyklische Schwankungen in den postmaterialistischen Werthaltungen (Tabelle 4). Allerdings kann ebenso wenig ausgeschlossen werden, dass es sich hierbei um einen Periodeneffekt handelt – möglicherweise ausgelöst durch das Ereignis der deutschen Wiedervereinigung. Werden nämlich die Zahlenreihen in Tabelle 4 von links oben nach rechts unten gelesen, lässt sich beobachten, dass der Anteil postmaterialistischer Werthaltungen zwischen 1988 und 1994 in beinahe allen Alterskohorten abnimmt, wenn ihre Mitglieder zum zweiten Befragungsdatum sechs Jahre älter geworden sind. Die einzige Ausnahme von diesem Trend bilden die Angehörigen jener Alterskohorte, die 1982 zwischen 30 und 35 Jahre alt waren. In dieser Gruppe hat sich der Anteil der Postmaterialisten kontinuierlich erhöht, je älter ihre Mitglieder wurden. Dabei handelt es sich um Befragte, die der so genannten *APO-Generation* angehören (Tabelle 1).

Abgesehen von diesen Relativierungen belegen die Daten in den Tabellen 3 und 4 in überraschender Deutlichkeit, dass postmaterialistische Werthaltungen in älteren Altersgruppen überproportional stark zugenommen haben. Die errechneten Prozentpunktdifferenzen zwischen den Erhebungszeitpunkten von 1982 und 2000 liegen in der Altersgruppe der 42- bis 59-Jährigen des Jahres 2000 bei über 20 Punkten und sind erneut in jener Alterskohorte am größten, deren Mitglieder zur

*APO-Generation* gezählt werden können. Demgegenüber scheint sich dieser Trend in den nachwachsenden Generationen, beginnend mit der *Generation Golf* der zwischen 1965 und 1976 Geborenen, nicht weiter fortzusetzen. Ob es sich dabei aber tatsächlich um eine Umkehr des Wertewandels handelt oder nur um eine vorübergehende Unterbrechung, die dem Inglehart'schen Postulat eines Generationen umfassenden Wandels nicht grundsätzlich widersprechen würde, lässt sich anhand dieser Daten nicht entscheiden. Dafür wären weitere Messzeitpunkte nötig, die eine umfassendere Beobachtung der beiden jüngsten Generationen erlauben würden.

*Abbildung 2:*   Entwicklung materialistischer und postmaterialistischer Werthaltungen in der Alterskohorte der 18- bis 23-Jährigen der westdeutschen Bevölkerung (Anteil in Prozent)

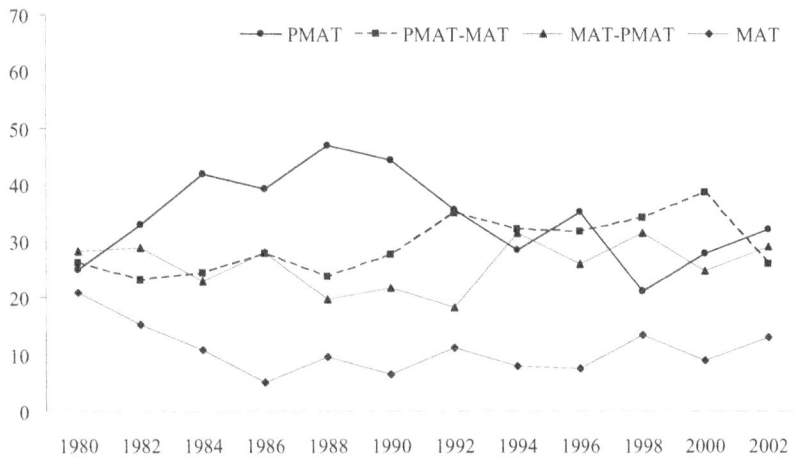

Betrachtet man die Alterskohorte der 18- bis 23-Jährigen differenziert nach allen Wertegruppen (Abbildung 2), bestätigen sich jedenfalls die Ergebnisse der jüngsten Shell-Jugendstudie (Deutsche Shell 2002). Zwar ist die Jugend von heute weniger postmaterialistisch orientiert als die in den 1980er Jahren. Allerdings kann keine Rede davon sein, dass im Gegenzug der Wertetyp des reinen Materialisten maßgeblich an Bedeutung gewonnen hätte. Stattdessen ist in den 1990er Jahren im Vergleich zum vorangegangenen Jahrzehnt der Anteil der postmaterialistischen Materialisten gewachsen, die Werte aus beiden Dimensionen zu ihren Prioritäten zählen. In den Jahren 1994 und 2000 dominierte dieser Typ mit einem Anteil von 32 bzw. 39 Prozent in dieser Alterskohorte, wurde 2002 allerdings vom Typen des Postmaterialisten (32 Prozent) auf den zweiten Platz verdrängt (26 Prozent) (tabellarisch nicht ausgewiesen). Ob es sich dabei schon um einen Umkehrkurs in Richtung einer Renaissance postmaterialistischer Wertorientierungen unter Jugendlichen handelt, bleibt abzuwarten. Der lineare Entwicklungstrend in den Werthaltungen der 18- bis 23-Jährigen unterstreicht jedenfalls den im Jahr der deutschen

Wiedervereinigung beginnenden Bedeutungszuwachs des postmaterialistischen Materialisten unter den 18- bis 23-Jährigen, der erst im Jahr 2002 wieder abbricht.

*Tabelle 5:* Anteil verschiedener Alterskohorten an den Postmaterialisten der westdeutschen Bevölkerung von 1980 bis 2002 (in Prozent)

| | Alterskohorten (Jahre) | | | | | | | | |
|---|---|---|---|---|---|---|---|---|---|
| | 18-23 | 24-29 | 30-35 | 36-41 | 42-47 | 48-53 | 54-59 | 60-65 | 66+ |
| 1980 | 20,3 | 23,4 | 13,5 | 17,8 | 6,3 | 6,2 | 5,8 | 3,0 | 3,9 |
| 1982 | 25,6 | 21,2 | 15,5 | 14,3 | 10,3 | 6,3 | 4,0 | 1,7 | 1,2 |
| 1984 | 21,0 | 18,4 | 14,1 | 13,7 | 11,8 | 8,3 | 5,5 | 3,6 | 3,6 |
| 1986 | 17,3 | 17,2 | 14,7 | 15,1 | 11,1 | 8,3 | 7,2 | 4,4 | 4,6 |
| 1988 | 19,4 | 17,3 | 15,2 | 13,7 | 12,6 | 7,8 | 6,8 | 2,7 | 4,5 |
| 1990 | 16,3 | 17,7 | 14,7 | 14,8 | 12,9 | 6,1 | 8,0 | 4,5 | 5,0 |
| 1992 | 17,0 | 17,3 | 14,9 | 13,6 | 12,5 | 9,4 | 6,4 | 4,0 | 4,7 |
| 1994 | 13,6 | 15,1 | 14,1 | 16,2 | 16,3 | 9,2 | 6,6 | 4,1 | 4,9 |
| 1996 | 15,0 | 13,2 | 14,9 | 17,0 | 15,3 | 10,5 | 7,0 | 3,7 | 3,4 |
| 1998 | 10,8 | 15,2 | 13,9 | 17,2 | 13,1 | 9,0 | 9,9 | 4,3 | 6,7 |
| 2000 | 10,8 | 12,9 | 12,7 | 14,0 | 15,0 | 12,3 | 10,0 | 5,0 | 7,4 |
| 2002 | 12,4 | 12,0 | 12,1 | 15,6 | 13,5 | 11,5 | 10,5 | 5,4 | 7,0 |
| Δ 1980-2002[a] | -7,9 (0,6) | -11,4 (0,5) | -1,4 (0,9) | -2,2 (0,8) | +7,2 (2,1) | +5,3 (1,8) | +4,7 (1,8) | +2,4 (1,8) | +3,1 (1,8) |

a Vervielfachungsfaktor in Klammern.

Obwohl diese Befunde zusammengenommen bereits darauf hindeuten, dass die Jugend von heute ihre Vorreiterrolle in dem von Inglehart vorausgesagten, postmaterialistischen Wertewandel verlieren könnte, wollen wir noch einen Schritt weitergehen. Dafür betrachten wir im Folgenden, wie sich der Anteil der jungen Bevölkerungsgruppen an den Postmaterialisten der westdeutschen Bevölkerung über die Zeit hinweg entwickelt hat. Sollte dieser Anteil immer mehr zurückgehen, wäre dies ein deutlicher Hinweis darauf, dass die „Stille Revolution" allmählich ihren Nachwuchs verlieren könnte. Dabei interessieren uns jedoch weniger demographische Effekte, die sich aus der anhaltenden Überalterung der deutschen Bevölkerung ergeben. Deshalb haben wir die relative Größe der jeweiligen Alterskohorten über alle zwölf Messzeitpunkte konstant gehalten, indem wir die ursprünglichen Anteile mit einem entsprechenden Gewichtungsfaktor versehen haben.[7]

---

7    Als Referenzjahr haben wir den ersten Messzeitpunkt (1980) gewählt. Die Anteile der Alterskohorten wurden zu allen weiteren Zeitpunkten so gewichtet, dass sie die Zusammensetzung der Kohorten zum Zeitpunkt 1980 widerspiegeln. Der jeweilige Gewichtungsfaktor ergibt sich demnach aus $x_{1980}/x_t$ , wobei x den relativen Anteil einer Alterskohorte und t den Messzeitpunkt darstellt. Auf diese Weise konnten wir die altersspezifische Zusammensetzung der Stichproben konstant halten.

Wie sich zeigt, ist der Anteil Jugendlicher und junger Erwachsener an den Postmaterialisten in der westdeutschen Bevölkerung zwischen 1980 und 2002 tatsächlich und sogar ziemlich deutlich zurückgegangen (Tabellen 5 und 6). Diese Beobachtung trifft nicht nur für die jüngste Altersgruppe der 18- bis 23-Jährigen zu, deren Anteil an den westdeutschen Postmaterialisten zwischen Beginn und Ende der Datenreihe um rund acht Prozentpunkte abgenommen hat. Auch der Part der nachfolgenden Altersgruppen zwischen 24 und 41 Jahren ist nach gut 20 Jahren kleiner geworden, besonders deutlich in der Gruppe der 24- bis 29-Jährigen.

*Tabelle 6:*   Anteil der unter 30-Jährigen an den Postmaterialisten der westdeutschen Bevölkerung von 1980 bis 2002 (in Prozent)

|  | Alterskohorten (Jahre) | | |
|---|---|---|---|
|  | < 30 | 30-53 | 54+ |
| 1980 | 43,7 | 43,8 | 12,7 |
| 1982 | 46,8 | 46,4 | 6,9 |
| 1984 | 39,4 | 47,9 | 12,7 |
| 1986 | 34,5 | 49,2 | 16,2 |
| 1988 | 36,7 | 49,3 | 14,0 |
| 1990 | 34,0 | 48,5 | 17,5 |
| 1992 | 34,3 | 50,4 | 15,1 |
| 1994 | 28,7 | 55,8 | 15,6 |
| 1996 | 28,2 | 57,7 | 14,1 |
| 1998 | 26,0 | 53,2 | 20,9 |
| 2000 | 23,7 | 54,0 | 22,4 |
| 2002 | 24,4 | 52,7 | 23,3 |
| Δ 2002-1980[a] | -19,3 (0,6) | +8,9 (1,2) | +10,6 (1,8) |
| Δ 2002-1982[a] | -22,4 (0,5) | +6,3 (1,1) | +6,4 (3,4) |

a  Vervielfachungsfaktor in Klammern.

Werden die unter 30-Jährigen als eine gemeinsame Gruppe betrachtet (Tabelle 6), so ist ihr Anteil an den Postmaterialisten zwischen 1982 und 2002 um fast die Hälfte zurückgegangen und liegt inzwischen nahezu gleich auf mit dem Anteil der über 54-Jährigen. Währenddessen ist der Anteil mittlerer und älterer Jahrgänge zwischen 1980 und 2002 gewachsen, bei den über 54-Jährigen sogar in zweistelliger Größenordnung. Noch augenscheinlicher ist der Bedeutungsverlust der westdeutschen Jugend zwischen 18 und 29 Jahren für die Verbreitung postmaterialistischer Werthaltungen in der westdeutschen Bevölkerung, wenn ihr Anteil aus dem Jahr 2002 mit dem des Jahres 1982 verglichen wird, als die relativ meisten Postmaterialisten jünger als 30 Jahre waren. In diesem Falle hat der Anteil der unter 30-Jährigen sogar um rund 22 Prozentpunkte ab- und der Part der über 54-Jährigen um etwa 16 Prozentpunkte zugenommen. Offensichtlich sind nicht nur die „Revolutionäre" von einst in die Jahre gekommen und heute wie damals die zentralen Figuren des postmaterialistischen Wertewandels. Darüber hinaus könnte der „silent revolution" mit der Zeit auch vor Altersschwäche der Atem ausgehen, wenn sich die auf unserer Datenbasis zu beobachtende Entwicklung nicht umkehrt und der Nachwuchs weiterhin ausbleibt.

In der Summe legen unsere Befunde die Schlussfolgerung nahe, dass der postmaterialistische Wertewandel in Westdeutschland nicht nur ins Stocken geraten ist, sondern dass seine Protagonisten auch grau geworden sind. Ursache dafür scheinen weniger lebenszyklisch bedingte Veränderungen zu sein. Denn die Jungen der 1980er Jahre, die als Mitglieder der *APO-* und *NSB-Generation* vor etwas mehr als 20 Jahren tatsächlich als Katalysatoren eines postmaterialistischen Wertewandels fungierten, sind älter geworden und haben ihre postmaterialistischen Werthaltungen im Großen und Ganzen beibehalten. Im Gegensatz dazu haben aber die Jugendlichen und jungen Erwachsenen rund 20 Jahre später andere Vorstellungen entwickelt und verknüpfen zunehmend materialistische Werte der Sicherheit mit postmaterialistischen Forderungen nach politischer Mitbestimmung.

Im Folgenden wollen wir prüfen, ob sich die bisherigen Befunde auch dann bestätigen, wenn das Alter als Bestimmungsfaktor postmaterialistischer Werthaltungen um den Einflussfaktor der formalen Bildung kontrolliert wird (Tabelle 7). Dieser Schritt erscheint uns folgerichtig, wenn in der Theorie des postmaterialistischen Wertewandels die Verbindung von Jugend und hoher, formaler Bildung als wichtigste Determinante postmaterialistischer Werthaltungen betrachtet wird (Inglehart 1977, 1989). Es interessiert uns also vor allem, wie sich die Merkmale Alter und Bildung in ihrer relativen Wichtigkeit für postmaterialistische Wertorientierungen über die Zeit hinweg verändert haben. Basierend auf unserer Standardkohortentabelle weist Tabelle 7 die Ergebnisse einer binärlogistischen Regression aus.[8] Ergänzt werden die vier Messzeitpunkte um Daten des ALLBUS 2002.

Im Einklang mit unseren bisherigen Befunden dokumentiert Tabelle 7 zum einen den Alterungsprozess der Protagonisten des postmaterialistischen Wertewandels. Auch nach Kontrolle durch den Grad an formaler Bildung zeigt sich, dass Jungsein als Bestimmungsgrund für postmaterialistische Wertorientierungen an Erklärungskraft deutlich verloren hat. Auch wenn über die Zeit betrachtet nahezu alle Merkmale von einem Bedeutungsverlust betroffen sind (Ausnahme: hohe Bildungsabschlüsse), birgt die Zugehörigkeit zur *APO-* und *NSB-Generation* noch immer die größte Wahrscheinlichkeit für postmaterialistische Wertorientierungen. Zwar belegen die über die Zeit geringer werdenden Effektkoeffizienten auch in diesen Gruppen einen erheblichen Rückgang an Erklärungskraft. Andererseits zeugen die Ergebnisse für diese Generationen auch von einer relativen zeitlichen Sta-

---

8   Dokumentiert werden in der Tabelle so genannte Effektkoeffizienten, die auch *odds ratios* genannt werden. Sie zeigen an, wie sich das Chancenverhältnis (odds) ändert, wenn sich ein unabhängiger Faktor um eine empirische Einheit verändert. Statistisch ist die Chance (odds) als Verhältnis zweier Wahrscheinlichkeiten definiert: die Wahrscheinlichkeit, dass ein Ereignis eintritt, dividiert durch seine Gegenwahrscheinlichkeit (1 minus Wahrscheinlichkeit). Interpretiert werden die *odds ratios* wie folgt: Werte über 1 bedeuten, dass die Chancen für das Ereignis zunehmen. Bei Werten unter 1 nehmen die Chancen ab. Effektkoeffizienten mit einem Wert von 1 lassen darauf schließen, dass die unabhängige Variable innerhalb des Modells keinen Erklärungsbeitrag leistet.

bilität ihrer Wertorientierungen. Zur Jahrtausendwende gilt dies jedoch auch eingeschränkt für Mitglieder der *Generation Golf*. Inwieweit diese Entwicklung in der Zukunft ihre Fortsetzung findet, kann auf Grundlage der Ergebnisse von 2002 noch nicht entschieden werden. Allerdings deuten die Befunde auf eine weitere Nivellierung der Unterschiede zwischen den Altersgruppen hin.

Zum anderen zeigen die Ergebnisse der Regression, dass eine höhere formale Bildung in den vergangenen 20 Jahren an Erklärungskraft für Postmaterialismus gewonnen hat. Der gleichzeitige Rückgang des Einflusses von Jugend lässt vermuten, dass wir es dabei mit einer Entkoppelung der Verbindung von Jugend und hoher formaler Bildung zu tun haben.

*Tabelle 7:* Soziodemographische Bestimmungsgründe für Postmaterialismus[a]

|  | 1982 | 1988 | 1994 | 2000 | 2002 |
|---|---|---|---|---|---|
| Alter (Referenzkategorie: 66+ Jahre) | | | | | |
| 18-23 Jahre | 26,60*** | 5,52*** | 3,31*** | 1,40 | 2,04** |
| 24-29 Jahre | 24,16*** | 6,02*** | 3,84*** | 1,80* | 1,74* |
| 30-35 Jahre | 19,61*** | 6,62*** | 4,13*** | 2,32*** | 2,25** |
| 36-41 Jahre | 17,82*** | 4,52*** | 3,86*** | 2,09*** | 2,81*** |
| 42-47 Jahre | 11,53*** | 4,02*** | 5,02*** | 2,72*** | 2,42*** |
| 48-53 Jahre | 8,86*** | 2,93*** | 3,02*** | 2,64*** | 2,42*** |
| 54-59 Jahre | 4,47** | 2,61*** | 2,04* | 1,81** | 2,48*** |
| 60-65 Jahre | 3,21 | 1,25 | 1,78 | 1,51 | 1,81* |
| Bildung (Referenzkategorie: kein Abschluss) | | | | | |
| Volks-/Hauptschule | 0,21*** | 0,66 | 1,52 | 3,20 | 1,98 |
| Realschule | 0,54 | 1,25 | 2,81 | 6,04* | 3,00* |
| Fachhochschulreife | 0,80 | 2,01 | 7,82** | 6,69* | 5,22** |
| Abitur | 2,24* | 3,42** | 5,77** | 12,70** | 6,91*** |
| Nagelkerkes R² | 0,29 | 0,21 | 0,16 | 0,12 | 0,11 |
| Gesamt N | 2.957 | 2.927 | 2.115 | 2.188 | 1.747 |

* p < 0,05; ** p < 0,01; *** p = 0,00.
a  Logistische Regression. Binäre Kodierung: 1 = Postmaterialisten; 0 = alle anderen Wertetypen.

## 4.  Pragmatisch und eigennutzorientiert – die Renaissance konventioneller Werte in der westdeutschen Jugend

In Ergänzung zu unseren bisherigen Befunden wollen wir abschließend die Wertorientierungen Jugendlicher und junger Erwachsener im Vergleich zu älteren Bevölkerungsgruppen untersuchen, wenn die Möglichkeit gegeben ist, Werten unabhängig voneinander eine bestimmte Wichtigkeit einzuräumen. Damit zollen wir auch der Kritik an Ingleharts Ranking-Methode zur Erfassung individueller Wertprioritäten Respekt, wie sie in Deutschland vor allem von der Forschergruppe um Klages in die Diskussion über die Dimensionalität des menschlichen Wertegefüges eingebracht wurde (beispielsweise Gensicke 2000; Herbert 1988; Klages 1984, 1988; Klages/Herbert 1983).

In Ingleharts eindimensionalem Konzept des Werteraums werden Werte als voneinander abhängig, unterschiedlich wichtig und hierarchisch organisiert angesehen (Inglehart 1971: 995; Maag 1991: 25), so dass materialistische Werte auf der einen und postmaterialistische Werte auf der anderen Seite die beiden Angelpunkte eines bipolaren Kontinuums bilden. Im Gegensatz dazu bezweifeln Vertreter multidimensionaler Wertekonzepte, dass die Werte eines Individuums tatsächlich in hierarchischer Form organisiert sind. Stattdessen wird davon ausgegangen, dass gleiche Werte in verschiedenen Lebensbereichen unterschiedlich wichtig beziehungsweise unterschiedliche Werte für bestimmte Lebensbereiche gleich wichtig sein können (Maag 1991: 18). Entsprechend dieser Annahme müssten sich dann mehrere, voneinander unabhängige, unipolare Wertkontinua eines Menschen identifizieren lassen, die über die Rating-Methode in angemessener Weise erhoben werden können (Bürklin/Klein/Ruß 1994: 582; Maag 1991: 25).[9] Theoretisch verbindet sich damit auch die Skepsis gegenüber Ingleharts Annahme, dass sich der Wertewandel in westlichen Demokratien über einen Werteaustausch von einem Pol zum anderen vollzieht (van Deth/Scarbrough 1995a: 536ff.).

In den auf der Rating-Methode basierenden Untersuchungen von Klages und seinen Kollegen Anfang der 1980er Jahre kristallisierten sich zwei grundlegende, voneinander relativ unabhängige Wertedimensionen heraus. Dabei wurde festgestellt, dass die Werte der einen Dimension, die als Pflicht- und Akzeptanzwerte (KON-Dimension) bezeichnet wurden, zugunsten von Selbstentfaltungs- und Engagementwerten (non-KON-Dimension) infolge eines Wertewandelschubs an Bedeutung verloren (Klages/Herbert 1983). Der Respekt vor Gesetz und Ordnung, das Streben nach Sicherheit und die konventionelle Leistungsethik sowie die Betonung eines hohen Lebensstandards gehörten danach zu den konstituierenden, teils heterogenen Elementen der Pflicht- und Akzeptanzdimension (Herbert 1988: 145). Hedonismus und Individualismus, Autonomie, Selbstentfaltung und idealistisches Engagement bildeten demgegenüber die Dimension der Selbstentfaltungs- und Engagementwerte (Herbert 1988: 145). Darüber hinaus wurde einige Jahre später auf der Basis einer inzwischen eigenständigen Wertedimension des Hedonismus ein Wertetyp entdeckt, der sich über die Neigung zu sowohl materialistischen als auch hedonistischen Werten identifizierte (Herbert 1988). Jene, vor allem jüngere Bevölkerungsgruppe entwickelte Wertvorstellungen, die individuelles Wohlergehen und Spaß am Leben in den Mittelpunkt rückten. Allerdings sollte beides durch ein gutes materielles Polster abgesichert sein. Dieser Typ des „sorglosen Materialisten" zeigte laut Herbert (1988: 152) zwar ein starkes Interesse für materielle Dinge, gleichzeitig jedoch wenig Einsatz für materielle und ideelle Ziele.

---

9   An dieser Stelle sei aber zumindest darauf hingewiesen, dass Inglehart (1971, 1977, 1989) selbst zwar die Existenz einer Wertedimension postulierte, ihre Bedeutung in modernisierungstheoretischer Perspektive begründete und darauf seine Theorie bezog, aber niemals bestritt, dass in modernen Gesellschaften auch noch andere Wertedimensionen existieren (Inglehart/Klingemann 1996: 2).

Mit der uns vorliegenden Datenbasis können wir im Anschluss an die Arbeiten der Forschungsgruppe um Klages die relative Wichtigkeit von Werthaltungen
in der westdeutschen Bevölkerung in den Jahren 1995 und 2002 untersuchen. Zu
diesem Zweck haben wir zunächst für beide Messzeitpunkte eine Faktoranalyse
durchgeführt, um die Dimensionen des individuellen Werteraums zu erfassen. Tabelle 8 enthält die Ergebnisse einer Hauptkomponentenanalyse (HCA) mit Varimax-Rotation.[10]

Unsere Befunde bestätigen grundsätzlich die in den späten 1980er Jahren ge-
fundene, dreidimensionale Struktur des individuellen Werteraums in der Bevölkerung der alten Bundesländer. In Anlehnung an Klages und Herbert haben wir Faktor 1 als „Pflicht- und Akzeptanzwerte" bezeichnet, Faktor 2 als „Hedonistische
Werte" und Faktor 3 als „Idealistisches Engagement". Dabei fällt auf, dass sowohl
1995 als auch sieben Jahre später die Dimension der Pflicht- und Akzeptanzwerte
am klarsten konturiert ist und dementsprechend auch die vergleichsweise größte
Erklärungskraft besitzt. Dabei hat das Streben nach Sicherheit insofern an Bedeutung gewonnen, als es dieser Dimension 2002 konstitutiv zu Grunde liegt. Auffällig ist darüber hinaus, dass Pflicht- und Akzeptanzwerte 2002 weniger als noch
sieben Jahre zuvor mit hedonistischen Genusswünschen in Verbindung gebracht
werden, stärker hingegen mit dem Wunsch nach einem hohen Lebensstandard und
mit egoistischen Vorstellungen über die Durchsetzung eigener Bedürfnisse. Diese
pragmatisch ausgerichtete Verknüpfung von Selbstentfaltungswerten auf der einen
sowie Pflicht- und Akzeptanzwerten auf der anderen Seite, die neben Anpassungs-
und Pflichtbereitschaft den eigenen Vorteil im Auge behält, scheint auch tendenziell zu Lasten des sozialen Engagements zu gehen, wie ein Vergleich der Faktorladungen zwischen 1995 und 2002 nahe legt.

Dass sich mit den jeweiligen Wertedimensionen offenbar recht unterschiedliche Motivlagen verbinden können, deuten auch die Zahlen in der letzten Zeile von
Tabelle 8 an. Hier haben wir die jeweiligen Alpha-Koeffizienten als Reliabilitätsmaß der auf Basis der Faktorstruktur berechneten Indizes dokumentiert. Während
Faktoranalysen die Unterschiede zwischen verschiedenen Dimensionen betonen,
gilt Cronbach's Alpha als Gütemaß für die interne Kohärenz von individuellen O-
rientierungsstrukturen (Brosius 2002: 765f.). Wie sich zeigt, kann lediglich die
Dimension der Pflicht- und Akzeptanzwerte ein akzeptables Reliabilitätsmaß vorweisen, das gleichwohl zwischen 1995 und 2002 an Qualität eingebüßt hat. Insbesondere scheinen jedoch politisches und soziales Engagement recht unterschiedlichen Wertvorstellungen zu entsprechen, obwohl sie sich in Abgrenzung zu anderen
Bereichen des individuellen Werteraums zu einer gemeinsamen Dimension zu-
sammenfügen. Dieses Ergebnis sollte in der künftigen Forschung genauer in den
Blick genommen werden.

---

10  Die Faktorenanalyse gilt als Struktur entdeckendes und Daten reduzierendes Analyseverfahren,
    dessen Ziel es ist, eine Vielzahl möglicher Erklärungsvariablen auf einige wenige aussagekräftige
    Einflussfaktoren zurückzuführen (Backhaus u.a. 1996: 190). Zur *Extraktion* der Faktoren wurde ei-
    ne Reihe von Verfahren entwickelt, unter denen die Hauptkomponentenanalyse (HCA) zu einer der
    wichtigsten zählt. Ihr Ziel „liegt in der möglichst umfassenden *Reproduktion* der Datenstruktur
    durch möglichst wenige Faktoren" (Backhaus u.a. 1996: 223; Hervorhebung im Originaltext).

*Tabelle 8:*   Werteraum der westdeutschen Bevölkerung 1995 und 2002[a]

| | 1995 | | | 2002 | | |
|---|---|---|---|---|---|---|
| | F I | F II | F III | F I | F II | F III |
| Gesetz und Ordnung respektieren | *0,85* | -0,03 | 0,09 | *0,73* | -0,15 | 0,24 |
| Nach Sicherheit streben | *0,76* | 0,28 | 0,01 | *0,75* | 0,25 | 0,02 |
| Fleißig und ehrgeizig sein | *0,67* | 0,34 | 0,06 | *0,73* | 0,29 | -0,09 |
| Einen hohen Lebensstandard haben | 0,09 | *0,73* | 0,04 | 0,17 | *0,67* | -0,18 |
| Die guten Dinge des Lebens genießen[b] | 0,19 | *0,68* | 0,05 | -0,02 | *0,70* | 0,20 |
| Sich und seine Bedürfnisse gegen andere durchsetzen | 0,11 | *0,68* | 0,09 | 0,16 | *0,66* | 0,10 |
| Sich politisch engagieren | -0,14 | 0,21 | *0,85* | -0,07 | 0,18 | *0,75* |
| Sich für sozial benachteiligte Gruppen einsetzen[c] | 0,39 | -0,03 | *0,74* | 0,19 | -0,05 | *0,78* |
| Eigenwerte | 2,64 | 1,20 | 1,13 | 2,19 | 1,28 | 1,17 |
| Varianzanteil in % | 24,7 | 21,3 | 16,2 | 21,6 | 19,8 | 16,7 |
| Erklärte Varianz kumuliert in % | 62,2 | | | 58,0 | | |
| KMO-Test | 0,747 | | | 0,675 | | |
| Cronbach's Alpha | 0,72 | 0,55 | 0,47 | 0,63 | 0,49 | 0,42 |

a Hauptkomponentenanalyse; Varimax-Rotation: Extraktion nach Kaiser-Kriterium; Rating-Skala von 1 = unwichtig bis 7 = sehr wichtig.
b Itemformulierung 2002: „Die guten Dinge des Lebens in vollen Zügen genießen".
c Itemformulierung 2002: „Sozial Benachteiligten und gesellschaftlichen Randgruppen helfen".

Im Anschluss an die Ergebnisse der Hauptkomponentenanalyse haben wir additive Indizes berechnet, wobei sich in zwei Fällen eine Skala mit Ausprägungen von 3 bis 21 ergab und in einem Fall eine Skala mit Ausprägungen von 2 bis 14. Nach einer Transformation aller drei Skalen auf einen Ausgangswert von 1 (bis 19 bzw. 13) haben wir trikategoriale Variablen gebildet und die Ausgangswerte recodiert.[11] Der Wert 1 bezeichnet ab sofort die Einschätzung der jeweiligen Wertedimension als „unwichtig", der Wert 2 als „teils wichtig/teils unwichtig" und der Wert 3 als „wichtig".

Tabelle 9 dokumentiert die Entwicklung der Werthaltungen der unter 30-Jährigen im Vergleich zu älteren Bevölkerungsgruppen und dem Bevölkerungsdurchschnitt zwischen 1995 und 2002. Betrachten wir zunächst nur die Werthaltungen zum ersten Messzeitpunkt Mitte der 1990er Jahre, so wird deutlich, dass junge Menschen Pflicht- und Akzeptanzwerten zwar mehrheitlich, aber dennoch deutlich

---

11  Recodierung für die Skalen mit Ausprägungen von 1 bis 19: Werte von 1 bis 6 zu 1, von 7 bis 13 zu 2 und von 14 bis 19 zu 3. Recodierung für die Skala mit Ausprägungen von 1 bis 13: Werte von 1 bis 4 zu 1, von 5 bis 9 zu 2 und von 10 bis 13 zu 3.

unterdurchschnittlich hohe Bedeutung beimessen. Demgegenüber sind sie kaum engagementorientierter als die Mitglieder älterer Bevölkerungsgruppen und der Bevölkerungsdurchschnitt, dafür aber nachweisbar hedonistischer. In Bezug auf die Wichtigkeit hedonistischer Wertorientierungen hat sich die Kluft zwischen den unter 30-Jährigen und dem Bevölkerungsdurchschnitt, vor allem aber zwischen den Jungen und den über 54-Jährigen, nach sieben Jahren sogar vergrößert. Zurückzuführen ist diese Entwicklung auf die Tatsache, dass ältere Bevölkerungsgruppen hedonistischen Werten 2002 weniger Relevanz beimessen als noch sieben Jahre zuvor, während sich diesbezüglich bei den jungen Erwachsenen nicht viel verändert hat.

*Tabelle 9:*  Werthaltungen in der westdeutschen Bevölkerung 1995 und 2002; Anteil der Befragten, die die jeweilige Wertedimension als wichtig ansehen (in Prozent)[a]

| Alterskohorte | 1995 | | | 2002 | | |
|---|---|---|---|---|---|---|
| | PA | H | IE | PA | H | IE |
| < 30 Jahre | 61,1 | 50,6 | 25,5 | 78,4 | 49,3 | 24,2 |
| 30-53 Jahre | 69,4 | 42,2 | 24,6 | 76,4 | 36,7 | 26,7 |
| 54+ Jahre | 77,2 | 35,1 | 23,7 | 87,3 | 29,7 | 27,5 |
| Gesamt | 71,2 | 40,8 | 24,4 | 80,6 | 36,3 | 26,5 |

a PA = „Pflicht- und Akzeptanzwerte"; H = „Hedonistische Werte"; IE = „Idealistisches Engagement".

Darüber hinaus ist interessant, dass sich das Verhältnis der Altersgruppen bei der Wichtigkeitseinschätzung von Engagementwerten zwischen 1995 und 2002 umgekehrt hat. Angesichts der insgesamt eher geringen Unterschiede zwischen den jeweiligen Altersgruppen sollte dieses Ergebnis zwar nicht überinterpretiert werden. Auffällig ist dennoch, dass Werte des idealistischen Engagements in der westdeutschen Bevölkerung zwischen 1995 und 2002 leicht an Bedeutung gewonnen haben – außer bei den Jugendlichen und jungen Erwachsenen, die dem allgemeinen Trend nicht gefolgt sind. Am deutlichsten aber sind die Veränderungen im Bereich der Pflicht- und Akzeptanzwerte, denen in allen Altersgruppen zu Beginn des 21. Jahrhunderts mehr Relevanz beigemessen wird als noch Mitte der 1990er Jahre. Dabei haben sich die Jugendlichen und jungen Erwachsenen besonders schnell umorientiert und sich dem Bevölkerungsdurchschnitt weitgehend angenähert.

## 5.   Die Geschichte geht weiter: neue Fragen an die Werteforschung

Ausgangspunkt unseres Beitrags war die Frage, ob die von Inglehart vor mehr als 30 Jahren vorhergesagte „silent revolution" mit Übergang ins 21. Jahrhundert ihren Nachwuchs verliert. Hintergrund dafür ist zum einen die Überlegung, dass sich die Sozialisationsbedingungen heutiger junger Generationen vom Sozialisationsumfeld junger Menschen vor 30 Jahren unterscheiden. Sowohl endogen als auch exogen erzeugte Herausforderungen in den gegenwärtigen liberalen Demokratien konfrontieren die Jugendlichen und jungen Erwachsenen dieser Länder mit wachsenden Unsicherheiten und gewaltigen Handlungsanforderungen für die Bewältigung von Lebens- und Zukunftsrisiken. Zum anderen stimmen mit dieser Beobachtung jüngste Forschungsergebnisse überein, die nicht nur eine Abwendung der zwischen 1965 und 1975 geborenen Alterskohorte der *Generation Golf* vom Postmaterialismus belegen (Klein 2003), sondern seit den 1990er Jahren auch eine Neuorientierung in den Wertvorstellungen Jugendlicher und junger Erwachsener nahe legen. Danach scheinen der postmaterialistische Wertewandel in Westdeutschland ins Stocken geraten zu sein und Zweifel an der anhaltenden Vorreiterrolle der Jugend in dieser Entwicklung mehr als berechtigt. Letzteres bestätigt sich übrigens auch in Untersuchungen aus Österreich und Norwegen, die zu vergleichbaren Ergebnissen gelangten (Hellevik 2002; Renner/Salem 2004).

Unsere eigenen empirischen Befunde geben diesen Zweifeln zusätzlich Nahrung. Obwohl es zu früh sein dürfte, von einer Umkehrung des postmaterialistischen Wertewandels zu sprechen, legen unsere Ergebnisse nahe, dass die „Stille Revolution" mit der Zeit ihren Nachwuchs verlieren könnte. Zwar stellen auch wir für die vergangenen 20 Jahre einen gestiegenen Anteil der Postmaterialisten in der (west)deutschen Bevölkerung fest. Allerdings trifft dieser Trend nicht auf alle Altersgruppen gleichermaßen zu. Insbesondere seit den späten 1980er Jahren verzeichnen wir für die unter 30-Jährigen einen Rückgang postmaterialistischer Wertprioritäten. Darüber hinaus sinkt der Anteil jüngerer Bevölkerungsgruppen an den westdeutschen Postmaterialisten. Diese Ergebnisse haben auch dann Bestand, wenn nach Einflüssen der demographischen Entwicklung, das heißt der zunehmenden Überalterung der Gesellschaft, kontrolliert wird. Gleichzeitig beobachten wir eine verringerte Erklärungskraft des Lebensalters für die Ausbildung postmaterialistischer Wertprioritäten. Während die Verbindung von Jugend und hoher formaler Bildung vor 20 Jahren die Wahrscheinlichkeit postmaterialistischer Werthaltungen zuverlässig vorhersagen konnte, hat sich diese Beziehung im Verlauf der letzten Jahre offenbar aufgelöst. Schließlich lassen unsere Befunde auch darauf schließen, dass insbesondere junge Altersgruppen die von Inglehart behauptete Wertehierarchie nicht teilen, sondern sich vielmehr durch eine Synthese von Pflicht- und Akzeptanzwerten auf der einen und Werten der Selbstentfaltung auf der anderen Seite auszeichnen. Junge Menschen sehen in der simultanen Realisierung heterogener Werte offenbar keinen Widerspruch und messen konventionellen Wertvorstellungen der Sicherheit und Leistungsethik ebenso wachsende Bedeutung bei wie eigennutzorientierten Wertorientierungen individueller Durchsetzungsfähigkeit und hedonistischer Bedürfnisbefriedigung.

Neben der Notwendigkeit weiterer Zeitreihenuntersuchungen sowie vergleichend angelegter Studien stellt sich für die zukünftige Werteforschung die Frage nach den Konsequenzen der von uns skizzierten Entwicklungen für den politischen Stil in den westlichen liberalen Demokratien (Dalton 2002, 2004). Das schließt Effekte für das Partizipations- und Wahlverhalten sowie die Parteibindungen von Jugendlichen und jungen Erwachsenen ebenso ein wie Auswirkungen auf ihre Zufriedenheit mit den demokratischen Strukturen und Akteuren im eigenen Land sowie auf ihr Vertrauen in die grundlegenden Institutionen der deutschen Demokratie.

## Literatur

Achatz, Juliane/Krüger, Winfried/Rainer, Manfred/Rijke, Johann de (2000): Heranwachsen
    im vereinigten Deutschland. Lebensverhältnisse und private Lebensformen. In: Gille,
    Martina/Krüger, Winfried (Hrsg.): Unzufriedene Demokraten. Politische Orientierungen der 16- bis 29jährigen im vereinigten Deutschland. Opladen: Leske + Budrich, 33-
    79.
Backhaus, Klaus/Erichson, Bernd/Plinke, Wulff/Weiber, Rolf (1996): Multivariate Analysemethoden. Eine anwendungsorientierte Einführung, 8., verbesserte Auflage, Berlin/Heidelberg: Springer.
Bauer-Kaase, Petra/Kaase, Max (1998): Werte und Wertewandel – ein altes Thema und eine
    neue Facette. In: Galler, Heinz P./Wagner, Gerd (Hrsg.): Empirische Forschung und
    wirtschaftspolitische Beratung. Festschrift für Hans-Jürgen Krupp zum 65. Geburtstag.
    Frankfurt a.M./New York: Campus, 256-274.
Brosius, Felix (2002): SPSS 11. Bonn: mitp-Verlag.
Bürklin, Wilhelm/Klein, Markus/Ruß, Achim (1994): Dimensionen des Wertewandels. Eine
    empirische Längsschnittanalyse zur Dimensionalität und der Wandlungsdynamik gesellschaftlicher Wertorientierungen. In: Politische Vierteljahresschrift 35, 579-606.
Bürklin, Wilhelm/Rebenstorf, Hilke u.a. (1997): Eliten in Deutschland. Rekrutierung und
    Integration. Opladen: Leske + Budrich.
Clarke, Harold D./Dutt, Nitish/Rapkin, Jonathan (1997): Conversations in Context. The
    (Mis)Measurement of Value Change in Advanced Industrial Societies. In: Political
    Behavior 19, 19-39.
Dalton, Russell J. (1981): The Persistence of Values and Life Cycle Changes. In: Klingemann, Hans-Dieter/Kaase, Max (Hrsg.): Politische Psychologie. Sonderheft 12 der Politischen Vierteljahresschrift. Opladen: Westdeutscher Verlag, 189-207.
Dalton, Russell J. (2002): Citizen Politics. Public Opinion and Political Parties in Advanced
    Industrial Democracies, 3. Auflage. New York/London: Chatham.
Dalton, Russell J. (2004): Democratic Challenges, Democratic Choices. The Erosion of Political Support in Advanced Industrial Democracies. Oxford/New York: Oxford University Press.
Davis, Darren W./Davenport, Christian (1999): Assessing the Validity of the Postmaterialism Index. In: American Political Science Review 93, 649-664.
Deth, Jan W. van/Scarbrough, Elinor (1995a): Perspectives on Value Change. In: dies.
    (Hrsg.): The Impact of Values. Beliefs in Government 4. Oxford/New York: Oxford
    University Press, 527-540.
Deth, Jan W. van/Scarbrough, Elinor (Hrsg.) (1995b): The Impact of Values. Beliefs in
    Government 4. Oxford/New York: Oxford University Press.
Deutsche Shell (Hrsg.) (2002): Jugend 2002. Zwischen pragmatischem Idealismus und robustem Materialismus. Frankfurt a.M.: Fischer Taschenbuch Verlag.
Fogt, Helmut (1982): Politische Generationen. Empirische Bedeutung und theoretisches
    Modell. Opladen: Westdeutscher Verlag.
Gabriel, Oscar W. (1986): Politische Kultur, Postmaterialismus und Materialismus in der
    Bundesrepublik Deutschland. Opladen: Westdeutscher Verlag.

Gensicke, Thomas (2000): Deutschland im Übergang. Lebensgefühl, Wertorientierungen, Bürgerengagement. Speyerer Forschungsberichte Nr. 124. Speyer: Forschungsinstitut für öffentliche Verwaltung.

Gensicke, Thomas (2002): Individualität und Sicherheit in neuer Synthese? Wertorientierungen und gesellschaftliche Aktivität. In: Deutsche Shell (Hrsg.): Jugend 2002. Zwischen pragmatischem Idealismus und robusterem Materialismus. Frankfurt a.M.: Fischer Taschenbuch Verlag, 139-212.

Gille, Martina (1995): Wertorientierungen und Geschlechtsrollenorientierungen im Wandel. In: Hoffmann-Lange, Ursula (Hrsg.): Jugend und Demokratie in Deutschland. DJI-Jugendsurvey 1. Opladen: Leske + Budrich, 109-158.

Gille, Martina/Krüger, Winfried (Hrsg.) (2000): Unzufriedene Demokraten: Politische Orientierungen der 16- bis 29jährigen im vereinten Deutschland. DJI-Jugendsurvey 2. Opladen: Leske + Budrich.

Gillis, John R. (1984 [1980]): Geschichte der Jugend. Tradition und Wandel der Altersgruppen und Generationen in Europa von der zweiten Hälfte des 18. Jahrhunderts bis zur Gegenwart. Weinheim/Basel: Beltz.

Glenn, Norval D. (1977): Cohort Analysis. Paper Series on Quantitative Applications in the Social Sciences Nr. 07-005. Beverly Hills/London: Sage University.

Hellevik, Ottar (2002): Age Differences in Value Orientation – Life Cycle or Cohort Effects? In: International Journal of Public Opinion Research 14, 286-302.

Herbert, Willi (1988): Wertwandel in den 1980er Jahren. Entwicklung eines neuen Wertmusters? In: Luthe, Heinz Otto/Meulemann, Heiner (Hrsg.): Wertwandel – Faktum oder Fiktion? Bestandsaufnahmen und Diagnosen aus kultursoziologischer Sicht. Frankfurt a.M./New York: Campus, 140-160.

Hoffmann-Lange, Ursula (Hrsg.) (1995): Jugend und Demokratie in Deutschland. DJI-Jugendsurvey 1. Opladen: Leske + Budrich.

Hradil, Stefan (2002): Vom Wandel des Wertewandels. Die Individualisierung und eine ihrer Gegenbewegungen. In: Glatzer, Wolfgang/Habich, Roland/Mayer, Karl Ulrich (Hrsg.): Sozialer Wandel und gesellschaftliche Dauerbeobachtung. Opladen: Leske + Budrich, 31-47.

Hurrelmann, Klaus (2004): Lebensphase Jugend. Eine Einführung in die sozialwissenschaftliche Jugendforschung, 7., vollständig überarbeitete Auflage. Weinheim/München: Juventa.

Illies, Florian (2000): Generation Golf. Eine Inspektion. Berlin: Argon.

Inglehart, Ronald (1971): The Silent Revolution in Europe. Intergenerational Change in Post-Industrial Societies. In: American Political Science Review 65, 991-1017.

Inglehart, Ronald (1977): The Silent Revolution. Changing Values and Political Styles Among Western Publics. Princeton: Princeton University Press.

Inglehart, Ronald (1989): Kultureller Umbruch. Wertwandel in der westlichen Welt. Frankfurt a. M./New York: Campus.

Inglehart, Ronald (1990): Culture Shift in Advanced Industrial Society. Princeton: Princeton University Press.

Inglehart, Ronald (1997): Modernization and Postmodernization. Cultural, Economic and Political Change in 43 Societies. Princeton: Princeton University Press.

Inglehart, Ronald/Abramson, Paul R. (1994): Economic Security and Value Change. In: American Political Science Review 88, 1-18.

Inglehart, Ronald/Abramson, Paul R. (1999): Measuring Postmaterialism. In: American Political Science Review 93, 665-677.

Inglehart, Ronald/Klingemann, Hans-Dieter (1996): Dimensionen des Wertewandels. Theoretische und methodische Reflexionen anlässlich der neuerlichen Kritik. In: Politische Vierteljahresschrift 37, 319-340.

Kaase, Max (1982): Partizipatorische Revolution – Ende der Parteien? In: Raschke, Joachim (Hrsg.): Bürger und Parteien. Ansichten und Analysen einer schwierigen Beziehung. Opladen: Westdeutscher Verlag, 173-189.

Kaina, Viktoria (2002): Elitenvertrauen und Demokratie. Zur Akzeptanz gesellschaftlicher Führungskräfte im vereinten Deutschland. Wiesbaden: Westdeutscher Verlag.

Keniston, Kenneth (1968): Young Radicals. Votes on Committed Youth. New York: Harvest.

Klages, Helmut (1984): Wertorientierungen im Wandel. Rückblick, Gegenwartsanalyse, Prognosen. Frankfurt a. M.: Campus.

Klages, Helmut (1988): Wertedynamik. Über die Wandelbarkeit des Selbstverständlichen. Texte und Thesen 212. Zürich: Edition Interfrom.

Klages, Helmut/Herbert, Willi (1983): Wertorientierung und Staatsbezug. Untersuchungen zur politischen Kultur in der Bundesrepublik Deutschland. Frankfurt a.M./New York: Campus.

Klein, Markus (2003): Gibt es die Generation Golf? Eine empirische Inspektion. In: Kölner Zeitschrift für Soziologie und Sozialpsychologie 55, 99-115.

Klein, Markus/Arzheimer, Kai (1999): Ranking- und Rating-Verfahren zur Messung von Wertorientierungen, untersucht am Beispiel des Inglehart-Index. Empirische Befunde eines Methoden-Experiments. In: Kölner Zeitschrift für Soziologie und Sozialpsychologie 51, 550-564.

Klein, Markus/Ohr, Dieter (2004): Ändert der Wertewandel seine Richtung? Die Entwicklung gesellschaftlicher Wertorientierungen in der Bundesrepublik Deutschland zwischen 1980 und 2000. In: Schmitt-Beck, Rüdiger/Wasmer, Martina/Koch, Achim (Hrsg.): Sozialer und politischer Wandel in Deutschland. Analysen mit ALLBUS-Daten aus zwei Jahrzehnten. Wiesbaden: VS Verlag für Sozialwissenschaften, 153-178.

Klein, Markus/Pötschke, Manuela (2000): Gibt es einen Wertewandel hin zum „reinen" Postmaterialismus? Eine Zeitreihenanalyse der Wertorientierungen der westdeutschen Bevölkerung zwischen 1970 und 1997. In: Zeitschrift für Soziologie 29, 202-216.

Klein, Markus/Pötschke, Manuela (2001): Wertewandel und kein Ende. Antwort auf die Replik von Helmut Thome. In: Zeitschrift für Soziologie 30, 489-493.

Klein, Markus/Pötschke, Manuela (2004): Die intra-individuelle Stabilität gesellschaftlicher Wertorientierungen. Eine Mehrebenenanalyse auf der Grundlage des Sozio-oekonomischen Panels (SOEP). In: Kölner Zeitschrift für Soziologie und Sozialpsychologie 56, 432-456.

Maag, Gisela (1991): Gesellschaftliche Werte. Strukturen, Stabilität und Funktion. Opladen: Westdeutscher Verlag.

Massing, Peter (2002): Einführung: Jugend und Politik. In: Massing, Peter (Hrsg.): Jugend und Politik. Jugenddebatten, Jugendforschung, Jugendpolitik. Schwalbach/Ts.: Wochenschau Verlag, 5-8.

Meulemann, Heiner (2001): Überdauernde Differenzen – fortwirkende Sozialisation? Werte in West- und Ostdeutschland ein Jahrzehnt nach der Wiedervereinigung. In: Oesterdiekhoff, Georg W./Jegelka, Norbert (Hrsg.): Werte und Wertewandel in westlichen Gesellschaften. Resultate und Perspektiven der Sozialwissenschaften. Opladen: Leske + Budrich, 69-90.

Mnich, Peter (1989): Wertewandel als Kohortenphänomen an Datenmaterial zum Postmaterialismus in der Bundesrepublik von 1974-1986. In: Falter, Jürgen W./Rattinger,

Hans/Troitzsch, Klaus G. (Hrsg.): Wahlen und politische Einstellungen in der Bundesrepublik Deutschland. Neuere Forschungsentwicklungen. Frankfurt a.m./Bern: Lang, 263-281.

Noelle-Neumann, Elisabeth/Petersen, Thomas (2001): Zeitenwende. Der Wertewandel 30 Jahre später. In: Aus Politik und Zeitgeschichte. Beilage zur Wochenzeitung „Das Parlament", B 29, 15-22.

Pickel, Gert (2002): Jugend und Politikverdrossenheit. Zwei politische Kulturen im Deutschland nach der Vereinigung? Opladen: Leske + Budrich.

Renner, Walter/Salem, Ingrid (2004): Unterschiede zwischen Wertorientierungen nach Geschlecht, Alter, Berufsgruppe, Parteienpräferenz und Bundesland. Ergebnisse der Standardisierung des Österreichischen Wertefragebogens. In: ZA-Information 54, 89-112.

Roßteutscher, Sigrid (2004): Von Realisten und Konformisten. Wider die Theorie der Wertsynthese. In: Kölner Zeitschrift für Soziologie und Sozialpsychologie 56, 407-431.

Scarbrough, Elinor (1995): Materialist-Postmaterialist Value Orientations. In: Deth, Jan W. van/Scarbrough, Elinor (Hrsg.): The Impact of Values. Beliefs in Government 4. Oxford/New York: Oxford University Press, 123-159.

Schäfers, Bernhard (2001): Jugendsoziologie. Einführung in Grundlagen und Theorien, 7. Auflage. Opladen: Leske + Budrich.

Thome, Helmut (2001): Mehr Postmaterialismus, mehr Wertsynthese – oder nur mehr Zufall? Kommentar zu Klein/Pötschke: Gibt es einen Wertewandel hin zum ,reinen' Postmaterialismus? In: Zeitschrift für Soziologie 30, 485-488.

Tippelt, Rudolf/Pietraß, Manuela (2002): Jugend und Gesellschaft. Etappen der Jugenddebatte in der Bundesrepublik Deutschland. In: Massing, Peter (Hrsg.): Jugend und Politik. Jugenddebatten, Jugendforschung, Jugendpolitik. Schwalbach/Ts.: Wochenschau Verlag, 9-24.

# III. Politisches Interesse und politische Partizipation

# Das politische Interesse Jugendlicher: Stabilität oder Wandel?

*Martin Kroh*

## 1. Problemstellung

Ein gewisses Maß an politischem Interesse gilt als Voraussetzung für die in Demokratien als zentral erachtete Teilhabe am politischen Willensbildungsprozess. In der öffentlichen und wissenschaftlichen Diskussion wird häufig die Meinung vertreten, insbesondere Jugendliche entfernten sich zunehmend vom politischen System der Bundesrepublik. Eine solche Abkehr Jugendlicher könnte sich durch den Austausch von Kohorten langfristig zu einem allgemeinen Legitimationsproblem des politischen Systems ausweiten. Die Analyse des politischen Interesses Jugendlicher ist somit nicht nur für die Jugendforschung von Interesse, sondern auch ein Indikator für zukünftige politische Orientierungen in der Bundesrepublik.

In der Diskussion um das Verhältnis Jugendlicher zur Politik wird ein erheblicher Wandel unterstellt, der auf zwei Ebenen verläuft. Erstens wird vermutet, dass sich das Politikinteresse Jugendlicher über einen längeren Zeitraum hinweg kontinuierlich verringert (Fischer 1997, 2000). Dabei wird implizit angenommen, dass diese Abnahme bei Jugendlichen stärker ausfällt als bei Erwachsenen (zur Kritik an diesem Vorgehen Hoffmann-Lange 2001). Ohne diese Annahme ließe sich eine Diskussion, die sich speziell auf Jugendliche bezieht, schwer rechtfertigen. Zweitens wird vermutet, dass auch die Erklärungsfaktoren für das politische Interesse bei Jugendlichen zeitlichem Wandel unterworfen sind. In früheren Jahrzehnten hätten Jugendliche einen anderen Zugang zu Politik gehabt als heute (Beck 1997; Hurrelmann u.a. 2002). In diesem Kapitel wird versucht, diesen beiden Formen der Veränderung – Unterschiede im Niveau und Unterschiede in den Faktoren des politischen Interesses – von in Deutschland lebenden Jugendlichen in einer Längsschnittuntersuchung zwischen 1985 und 2003 nachzugehen.

Das Kapitel ist in fünf Abschnitte unterteilt. Zuerst werden zentrale Argumente dargestellt, warum das politische Interesses bei Jugendlichen von Veränderungen betroffen sein könnte. Danach wird die Datenbasis der Analyse, das Sozioökonomische Panel, beschrieben. Im dritten Abschnitt wird die Frage untersucht, ob sich das *Niveau* des politischen Interesses zwischen 1985 und 2003 verändert hat. Insbesondere wird zu klären sein, inwieweit eine jugendspezifische Entwicklung des politischen Interesses nachweisbar ist, d.h. ob sich die Entwicklung bei Jugendlichen im Vergleich zu den Erwachsenen unterscheidet. In einem vierten Abschnitt wird geprüft, ob die *Effekte* verschiedener Erklärungsfaktoren des politischen Interesses Jugendlicher im Zeitvergleich konstant bleiben oder aber Veränderungen unterworfen sind, ob sich Jugendliche im Jahr 1985 aus einer anderen Motivation heraus für Politik interessierten, als dies im Jahr 2003 der Fall ist. Abschließend werden die Ergebnisse der Analysen diskutiert.

## 2.    Sind heutige Jugendliche unzufriedene Individualisten?

In der Diskussion um den vermeintlichen Wandel des politischen Interesses Jugendlicher werden zwei prominente Erklärungsansätze diskutiert. Zum einen wird dieser Wandel als Ausdruck einer zunehmend kritischen Beurteilung der Politik durch Jugendliche verstanden (Gille/Krüger/de Rijke 2000), zum anderen wird dieser als Folge eines allgemeinen gesellschaftlichen Wandels interpretiert (Beck 1997; Hurrelmann u.a. 2002).[1]

Die Vertreter der These einer enttäuschten Jugend vermuten, dass eine zunehmende Unzufriedenheit bei Jugendlichen zu einem Anstieg der politischen Apathie führt. Insbesondere ostdeutsche Jugendliche seien als Folge einer negativen Beurteilung des Transformationsprozesses politisch desinteressiert (Silbereisen/Vaskovics/Zinnecker 1996; Förster 2003). Die Autoren der Shell-Studien stellen bestätigend eine zunehmende Differenz zwischen ost- und westdeutschen Jugendlichen hinsichtlich der Höhe des politischen Interesses fest (Fischer 1997, 2000; Schneekloth 2002). Unklar bleibt in diesem Erklärungsansatz jedoch, ob und warum gerade heutige Jugendliche ihre individuelle Lage oder die allgemeine gesellschaftliche Situation negativer beurteilen als dies in den vergangenen Jahrzehnten der Fall war. Weiterhin ist empirisch nicht geklärt, ob politische Unzufriedenheit zwangsläufig demobilisierend wirkt. Das Gegenteil könnte der Fall sein (Gurr 1970).

Während sich die Unzufriedenheitsthese auf Veränderungen im *Niveau* des politischen Interesses Jugendlicher bezieht, beschreibt die Modernisierungsthese im Kern einen Wandel der *Faktoren* politischen Interesses. In dieser These werden gängige Theorien des gesellschaftlichen Wandels auf die Erklärung des politischen Interesses (Jugendlicher) bezogen. Der allgemeine gesellschaftliche Wandel zeichnet sich durch eine Abkehr von gruppenbezogenen hin zu individuellen Orientierungen wie Selbstverwirklichung und Pluralität von Lebensstilen aus (Heitmeyer/Olk 1990; für einen Überblick Weymann 1998). Solche Individualisierungsprozesse führen zu einem immer geringeren Einfluss sozialer Gruppenzugehörigkeiten auf die politische Sozialisation von Jugendlichen. Dies lässt sich zum einen auf die Zugehörigkeit zu sozialen Großgruppen beziehen. D.h. klassische Ungleichheitsmerkmale wie Bildung oder die Erwerbslage, die traditionell zur Erklärung von politischem Interesse herangezogen werden (Bennett/Klecka 1970), sind von zu-

---

1    Dieser gesellschaftliche Wandel zeigt sich nicht ausschließlich aber in besonderem Maße bei Jugendlichen. Entsprechend einer gängigen These neigen Individuen dazu, die in der Sozialisation erworbenen Orientierungen auch später beizubehalten (Mannheim 1928).

nehmend geringerer Bedeutung für die Erklärung des Politikinteresses (bei Jugendlichen) (van Deth/Elff 2000). Vertreter der These des gesellschaftlichen Wandels gehen weiterhin davon aus, dass sich Jugendliche immer früher von ihren Herkunftsfamilien ablösen. Dieser Prozess ist ebenfalls Ausdruck der Individualisierung von Lebensstilen und führt zu einem abnehmenden Einfluss des Elternhauses auf das Verhalten bzw. die Einstellungen Jugendlicher (Heitmeyer/Olk 1990; Beck 1997). Die zunehmende Selbständigkeit junger Menschen von ihren Familien[2] hat möglicherweise zur Folge, dass das politische Milieu des Elternhauses von abnehmender Bedeutung für deren politisches Interesse ist (Burdewick 2003).

Eine zweite Folge gesellschaftlicher Modernisierungsprozesse könnte neben der geringeren Bedeutung von sozialen Gruppen die Auflösung von Geschlechterunterschieden hinsichtlich des politischen Interesses (Jugendlicher) sein. Gängige Erklärungen des „gender gap" in der politischen Partizipation, d.h. der geringeren politischen Involvierung von Frauen, sind zum einen traditionelle Sozialisationsmuster, die Frauen verstärkt politikferne Rollen zuweisen (Barnes/Kaase u.a. 1979) und zum anderen die Benachteiligung von Frauen hinsichtlich sozioökonomischer Merkmale wie Erwerbsstatus und Einkommen, die relevant für die politische Beteiligung sind (Verba/Burns/Schlozman 1997). Beide Erklärungen führen zu der Erwartung, dass im Rahmen gesellschaftlicher Modernisierungsprozesse, wie der allmählichen Auflösung traditioneller Rollenvorstellungen und der schrittweisen Annäherung geschlechtsspezifischer Lebenslagen (Beck 1986), der Geschlechterunterschied in der politischen Beteiligung abnehmen sollte (Westle 2001).

## 3. Das Sozio-oekonomische Panel (SOEP)

Die Datenbasis der Analyse bildet das Sozio-oekonomische Panel, eine jährliche Wiederholungsbefragung von derzeit etwa 24.000 in Deutschland lebenden Personen aus 12.000 Haushalten (Kroh/Spieß 2005). Das SOEP, das seit 1984 besteht, erhebt seit 1985 in jedem Jahr Angaben zum politischen Interesse. Die verwendete Datenbasis bietet für die Fragestellung dieses Kapitels drei Vorteile gegenüber anderen Datensätzen. Erstens ist eine Längsschnittbetrachtung über einen Zeitraum von nahezu zwei Jahrzehnten möglich (1985 bis 2003). Zweitens findet im SOEP keine Beschränkung auf wahlberechtigte Bürger statt, sondern es verfügt über spezielle Immigrantenstichproben, die eine gesonderte Analyse des politischen Interesses dieser Bevölkerungsgruppe zulassen.[3] Drittens ist das SOEP als eine

---

2   Bei der abnehmenden Familienbindung kann es sich lediglich um eine mentale Ablösung handeln, denn faktisch steigt im Zeitverlauf die Verweildauer Jugendlicher in ihren Familien und somit deren ökonomische Abhängigkeit (Isengard/Schneider 2002).

3   Immerhin beträgt der Migrantenanteil in Deutschland etwa neun Prozent der Wohnbevölkerung und soll nach Schätzungen in den nächsten 25 Jahren auf 17 Prozent anwachsen (Münz/Seifert/Ulrich 1997). Somit handelt es sich bei Migranten um eine nicht zu vernachlässigende Bevölkerungsgruppe. Neben der ersten Immigrantenstichprobe aus dem Jahr 1984, die sogenannte „Gastarbeiterhaushalte" beinhaltet, wurde 1994/1995 eine zweite Immigrantenstichprobe aus der Gruppe der Perso-

Haushaltsbefragung konzipiert, d.h. alle Personen eines Haushalts nehmen ab dem 17. Lebensjahr an der jährlichen Befragung teil. Dies ist ein wichtiger Vorteil bezogen auf die Fragestellung des Kapitels, da nicht nur personenbezogene Informationen über Jugendliche, sondern auch über deren Eltern zur Verfügung stehen. Das SOEP ist somit einer der wenigen Datensätze mit denen man den Einfluss des Elternhauses auf die politischen Orientierungen Jugendlicher empirisch untersuchen kann.

Das SOEP besteht aus mittlerweile sieben Teilstichproben, die zu unterschiedlichen Zeitpunkten gezogen wurden. In den Analysen dieses Kapitels werden lediglich die ersten drei Stichproben verwendet, da für diese eine hinreichend lange Datenreihe besteht. In den multivariaten Analysen wird ein „gepoolter" Datensatz aller 19 Wiederholungsbefragungen verwendet. Ein unbalanciertes Panel-Design führt bei etwa 24.000 befragten Personen (davon etwa 7.000 Jugendlichen) zu einer Gesamtzahl von etwa 220.000 Beobachtungen.[4]

In der empirischen Analyse ist es notwendig, zwischen autochthonen West- bzw. Ostdeutschen und Immigranten zu unterscheiden, da diese nicht im gleichen Maße im politischen System der Bundesrepublik sozialisiert wurden und in unterschiedlichem Maße gesellschaftlich integriert sind.[5] Man kann von diesen Gruppen daher nicht unbedingt eine gleichförmige zeitliche Entwicklung des politischen Interesses erwarten. Zum einen ist es denkbar, dass sich bei jugendlichen Immigranten erst mit einer gewissen Verweildauer im Aufnahmeland ein Interesse an Politik entwickelt. Dieser positive zeitliche Trend läuft unter Umständen entgegen der allgemeinen Entwicklung, was für eine getrennte Betrachtung von zugewanderten Jugendlichen spricht. Zum anderen kann man erwarten, dass sich der Unterschied zwischen Jugendlichen und Erwachsenen bei Immigranten anders darstellt als in der restlichen Bevölkerung: Neu zugewanderte Personen haben oft keine Erfahrung mit dem politischen System bzw. treffen bei der Rezeption politischer Medien auf Sprachbarrieren. Dies trifft sowohl für jugendliche als auch erwachse-

---

nen gezogen, die zwischen 1984 und 1994 nach Westdeutschland gekommen sind. Auch bei der Ziehung der Auffrischungsstichprobe des SOEP im Jahr 2000 wurde besonderer Wert auf die Repräsentation von Immigranten gelegt.

4   Die Analysen in diesem Beitrags beruhen auf der Annahme, dass die Paneldaten des SOEP in jedem Untersuchungsjahr eine repräsentative Stichprobe der in Deutschland lebenden Personen darstellt. Weiterführende Analysen, die aus Platzgründen hier nicht dokumentiert werden können, zeigen, dass die Jugendpopulation der langlaufenden Panels A, B, C, die in den Analysen dieses Beitrags verwendet werden, auch im Jahr 2000 keine erkennbaren Unterschiede zu den repräsentativen Stichproben des Jahres 2000 (Auffrischungs-Stichproben E und F) bezüglich der für dieses Kapitel wichtigen Zusammenhänge aufweisen (Randverteilungen des politischen Interesses bei Jugendlichen, Verteilung von Geburtsjahrgängen und Erklärungsmodell des politischen Interesses). Daher scheint die Annahme begründet, dass die verwendeten Stichproben A bis C auch in den Jahren nach ihrer Ziehung eine hinreichende Annäherung an die Merkmale der in Deutschland lebenden Jugendlichen widerspiegeln.

5   Im Folgenden verwende ich die Kurzform West- und Ostdeutsche synonym für die jeweilige autochthone Bevölkerung. Immigranten bezeichnen „Gastarbeiter" unabhängig von ihrem Wohnort in West- oder Ostdeutschland. In diesem Beitrag werden nicht nur Personen als Immigranten bezeichnet, die zur ersten Generation von Zuwanderern gehören, sondern auch deren Kinder und Enkelkinder.

ne Zuwanderer in gleicher Weise zu. Erst mit einer gewissen Verweildauer kann sich ein politischer Erfahrungsvorsprung und somit auch ein Vorsprung im politischen Interesse Erwachsener gegenüber Jugendlichen herausbilden.

## 4. Die Höhe des politischen Interesses: Wandel durch Unzufriedenheit?

Die Entwicklung des politischen Interesses im Zeitverlauf wird zuerst deskriptiv dargestellt und anschließend in multivariaten Modellen untersucht. In beiden Fällen wird der Wandel des politischen Interesses Jugendlicher mit dem Erwachsener verglichen. In einem dritten Abschnitt wird die Unzufriedenheitshypothese getestet, die einen Zusammenhang zwischen politischer Unzufriedenheit und zunehmendem politischen Desinteresse unterstellt.

### 4.1 Univariate Analyse

Abbildung 1 gibt das durchschnittliche politische Interesse westdeutscher Erwachsener und Jugendlicher in den Untersuchungsjahren von 1985 bis 2003 wieder. Als Jugendliche gelten hier entsprechend der OECD-Definition Befragte zwischen 16 und 24 Jahren. Die Variable zum politischen Interesse hat vier Ausprägungen: überhaupt kein politisches Interesse, nicht so starkes politisches Interesse, starkes politisches Interesse und sehr starkes politisches Interesse. Der Wertebereich der 4-Punkte Skala wurde von 0 bis 1 normiert, so dass ein durchschnittliches Interesse von 0 überhaupt kein politisches Interesse bei allen Befragten bedeutet und ein durchschnittliches Interesse von 1 sehr starkes politisches Interesse.[6]

Abbildung 1 zeigt, dass das politische Interesse erwachsener Westdeutscher im gesamten Untersuchungszeitraum höher ist als das jugendlicher Westdeutscher. Die Schwankungen über die Zeit verlaufen sehr gleichmäßig zwischen Erwachsenen und Jugendlichen. So ist z.B. in den Jahren 1990/1991 ein hohes durchschnittliches politisches Interesse, vermutlich bedingt durch die deutsche Einheit, zu erkennen. Abgesehen von solchen periodischen Schwankungen scheint sich das mittlere politische Interesse sowohl in den 1980er Jahren als auch nach der Wiedervereinigung auf einem vergleichbaren Niveau zu bewegen. Die deskriptive Analyse deutet somit auf eine hohe Stabilität auf der Aggregatebene hin und nicht auf einen kontinuierlichen Rückgang des politischen Interesses bei westdeutschen Erwachsenen und Jugendlichen.

---

6  Da es sich beim politischen Interesse um eine ordinale Variable handelt, ließe sich einwenden, dass die Bildung von Mittelwerten problematisch ist. Untersucht man jedoch die Anteile der Befragten in einzelnen Kategorien (z.B. den Anteil der Befragten mit mindestens starkem politischen Interesse), führt dies zu inhaltlich ähnlichen Befunden.

*Abbildung 1:*   Durchschnittliches politisches Interesse erwachsener und
                 jugendlicher Westdeutscher zwischen 1985 und 2003
                 auf einer von 0 bis 1 normierten Skala (SOEP)

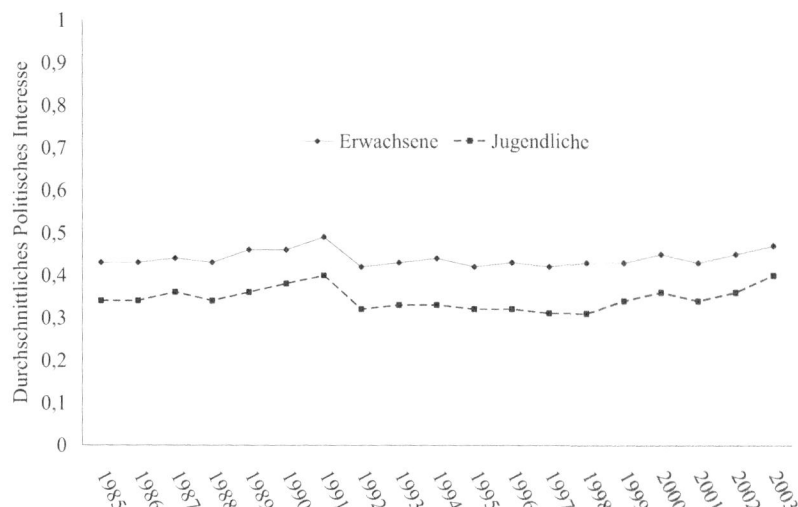

*Abbildung 2:*   Durchschnittliches politisches Interesse erwachsener und
                 jugendlicher Immigranten zwischen 1985 und 2003
                 auf einer von 0 bis 1 normierten Skala (SOEP)

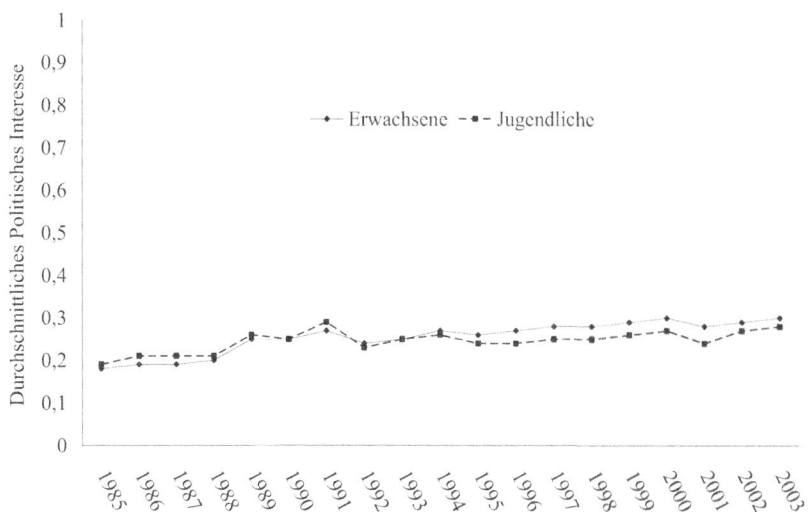

Abbildung 2 gibt die Entwicklung des mittleren politischen Interesses bei Immigranten wieder. Es zeigt sich, dass im Zeitverlauf zwischen 1985 und 2003 das Politikinteresse in dieser Gruppe zunimmt, wobei das Ausmaß wiederum zum Zeitpunkt der Wiedervereinigung besonders hoch ist. Im Gegensatz zu Westdeutschen besteht bei Immigranten kaum ein altersspezifischer Unterschied (Zuckerman/Kroh 2004). Im Vergleich zu Abbildung 1 wird deutlich, dass das Niveau des politischen Interesses von Immigranten geringer ist als das der restlichen Bevölkerung. Abbildung 3 spiegelt die Entwicklung des politischen Interesses jugendlicher und erwachsener Ostdeutscher zwischen 1990 und 2003 wieder. Wie in Westdeutschland besteht im gesamten Untersuchungszeitraum ein negativer Jugendeffekt, d.h. Jugendliche sind in einem geringerem Maße an Politik interessiert. Die Entwicklung verläuft in Ostdeutschland relativ gleichförmig zwischen Jugendlichen und Erwachsenen: Zu Beginn der 1990er Jahre nimmt das Politikinteresse deutlich ab, stabilisiert sich in den folgenden Jahren und nimmt seit dem Ende der 1990er Jahre langsam zu.

*Abbildung 3:*   Durchschnittliches politisches Interesse erwachsener und jugendlicher Ostdeutscher zwischen 1990 und 2003 auf einer von 0 bis 1 normierten Skala (SOEP)

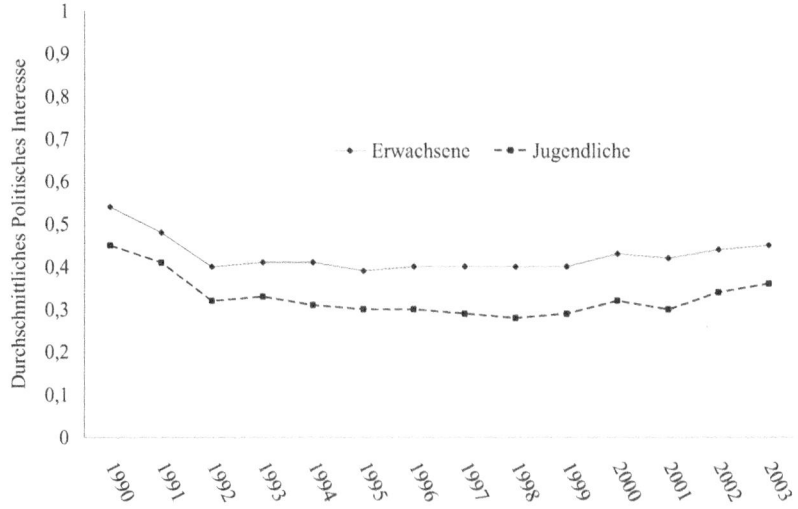

Die univariaten Befunde deuten darauf hin, dass man weder bei Westdeutschen noch bei Immigranten von einem Rückgang des politischen Interesses sprechen kann, sondern im Fall von westdeutschen Befragten von einer relativen Konstanz und im Fall der Immigranten von einem Anstieg. Was Ostdeutschland betrifft, so scheint auf den ersten Blick eine Abnahme feststellbar.[7] Weiterhin zeigen die univariaten Analysen keinen jugendspezifischen Verlauf des mittleren Politikinteresses in den drei Untersuchungsgruppen.

## 4.2 Multivariate Analyse

Die bisherigen univariaten Analysen deuten auf eine hohe Stabilität des politischen Interesses und des Unterschieds zwischen Jugendlichen und Erwachsenen hin, jedoch lassen die Abbildungen 1 bis 3 keine Aussagen über die Signifikanz von Unterschieden zu. Weiterhin bleiben intervenierende Einflüsse unberücksichtigt und es ließe sich streiten, ob man in den einzelnen Untersuchungsgruppen von einem langfristigen Wandel oder periodischen Schwankungen des politischen Interesses sprechen kann. Aus diesem Grund werden im Folgenden multivariate Regressionsmodelle des politischen Interesses geschätzt.

In Modell 1 (Tabelle 1) werden drei Periodeneffekte spezifiziert: Eine binäre Variable bildet einen Indikator für die Phase der Wiedervereinigung (September 1989 bis Januar 1991), eine Periode, die vermutlich zu einem deutlich höheren politischen Interesse der Befragten geführt hat (Abbildungen 1 bis 3). Daneben stellen Bundestagswahlen Ereignisse dar, die möglicherweise das politische Interesse von Befragten erhöhen. Politische Akteure versuchen insbesondere in Wahlkampfzeiten, ihre Wähler zu mobilisieren, und die Medien berichten verstärkt über Politik. Deshalb wird mit einer zweiten Zeitvariable der Abstand zwischen dem Befragungszeitpunkt und der nächstliegenden Bundestagswahl in Tagen erfasst.[8] Eine dritte zeitliche Variable misst den linearen Trend im Untersuchungszeitraum zwischen 1985 und 2003.[9]

Da sich Jugendliche von Erwachsenen hinsichtlich einiger Merkmale unterscheiden, die vermutlich auch für die Erklärung der Höhe des politischen Interesses

---

7   Dieser deskriptive Befund wird in der Literatur jedoch unterschiedlich interpretiert. Zum einen wird argumentiert, das politische Interesse Jugendlicher und Erwachsener sei im Vergleich zu den frühen 1990er Jahren in den neuen Bundesländern langfristig rückläufig (Silbereisen/Vaskovics/Zinnecker 1996; Förster 2003). Somit bestünde die begründete Erwartung, dass auch in Zukunft ein Anwachsen der politischen Apathie im Osten stattfindet. Zum anderen wird argumentiert, dass das abnehmende politische Interesse zu Beginn der 1990er Jahre durch den spezifischen Beobachtungszeitraum bedingt ist. Würde man für den periodischen Effekt der Wiedervereinigungsphase bei allen Befragten kontrollieren, so wäre denkbar, dass darüber hinaus kein negativer linearer Trend des politischen Interesses in Ostdeutschland feststellbar ist. Die Interpretation eines solchen Befundes wäre weitaus weniger spektakulär als im ersten Fall: Der Rückgang des politischen Interesses in Ostdeutschland zu Beginn der 1990er Jahre würde eine Normalisierung darstellen und man würde, ceteris paribus, keinen weiteren Rückgang erwarten (Schneider 1995; Gille u.a. 1998; Gille/Krüger/de Rijke 2000).

8   Eine Logarithmierung der Abstandsvariable führt dazu, dass die Bedeutung einzelner Tage bei großem Abstand zur nächsten Bundestagswahl geringer ist als direkt vor oder nach der Wahl.

9   Die Zeitvariable misst den Abstand des jeweiligen Interviewdatums zur ersten SOEP Befragung (01.01.1984) in Tagen. Anschließend wurde die Variable durch 365 geteilt und gibt somit den linearen Trend im Zeitraum von 1 bis 19 Jahren wieder.

relevant sind, ist es notwendig, für diese intervenierenden Einflüsse zu kontrollieren, um eine unverzerrte Schätzung des reinen Jugendeffekts zu erhalten. Das Modell zur Erklärung des politischen Interesses der in Deutschland lebenden Bevölkerung in den Jahren 1985 bis 2003 enthält daher erklärende Variablen zur sozialen Lage der Befragten. Diese Variablen beschreiben die Ressourcen, die für politisches Interesse und Engagement zur Verfügung stehen (Verba/Schlozman/Brady 1995). Dazu gehören der erreichte Schulabschluss, der Erwerbsstatus, das verfügbare Einkommen[10] und die verfügbare Freizeit.[11] Aufgrund eines häufig dokumentierten Geschlechterunterschieds hinsichtlich politischen Engagements wird das Geschlecht der Befragten ebenfalls in das Modell aufgenommen (Marsh/Kaase 1979; van Deth 1989; Westle 2001).

In Modell 1 (Tabelle 1) wird der Einfluss der oben beschriebenen Variablen auf das politische Interesse der Befragten mit einem ordinalen (Probit) Panel-Regressionsmodell geschätzt.[12] Die gefundenen Effekte der Ressourcen-Variablen entsprechen den Befunden früherer Studien: Bildung,[13] Einkommen und berufliche Stellung haben einen Einfluss auf das politische Interesse der Befragten (van Deth/Elff 2000). Die Analysen zeigen weiterhin einen Geschlechterunterschied im politischen Interesse. Entgegen den Erwartungen nimmt das politische Interesse mit der verfügbaren Freizeit ab.[14] Schließlich sind Immigranten deutlich und Ostdeutsche geringfügig weniger an Politik interessiert als die westdeutsche Referenzgruppe. Die spezifizierten Periodeneffekte deuten darauf hin, dass das politische Interesse der Befragten vom jeweiligen zeitlichen Kontext abhängt, denn sowohl die Wiedervereinigungsphase als auch Bundestagswahlen erhöhen das Interesse an Politik.

---

10  Das verfügbare Einkommen einer Person wird durch das logarithmierte, inflationsbereinigte Äquivalenzeinkommen in DM operationalisiert. Die Gewichtung des Nettohaushaltseinkommens entsprechend der Haushaltszusammensetzung richtet sich nach der (alten) OECD-Skala.

11  Im SOEP wir regelmäßig die Zeitverwendung der Befragten erhoben. Die zur Verfügung stehende Freizeit an einem durchschnittlichen Werktag ergibt sich aus der logarithmierten Anzahl der Stunden pro Wochentag, die nicht für Berufstätigkeit bzw. Lehre, Besorgungen, Hausarbeit, Kinderbetreuung oder Aus- und Weiterbildung bzw. Lernen aufgewendet werden.

12  Da die Höhe des politischen Interesses im SOEP durch eine ordinale 4-Punkte Skala erhoben wird, wird anstatt einer OLS Regression ein ordinales Probit Modell verwendet. Um für Abhängigkeiten in den wiederholten Beobachtungen zu kontrollieren, wird ein Panelmodell geschätzt (Greene 2000). Da einzelne inhaltlich interessante Variablen weitestgehend zeitinvariant sind (z.B. Geschlecht, Bevölkerungsgruppe u.a.), wird ein „random effects" Modell einem „fixed effets" Modell vorgezogen.

13  In den vergangenen Jahrzehnten haben sich die Ressourcen der Bevölkerung für politisches Interesse und Engagement fast durchweg positiv entwickelt: Der allgemeine Lebensstandard hat sich verbessert und das Bildungsniveau hat sich erhöht (Geißler 2002). Trotz der Zunahme an Ressourcen für politisches Interesse bleibt dieses eher konstant. Hoffmann-Lange (2000) deutet dies, bezogen auf die Bildung, als Folge einer Entwertung hoher Bildungsabschlüsse im Zuge der Bildungsexpansion.

14  Der bivariate Zusammenhang zwischen Politikinteresse und verfügbarer Freizeit ist positiv (nicht in Form einer Tabelle dokumentiert) und lediglich in einem Modell, in dem für konkurrierende Einflüsse kontrolliert wird, ist der Effekt negativ.

*Tabelle 1:* Ordinale Probit Panelmodelle (random effects) des politischen
Interesses 1985-2003[a]

| | Modell 1 | | Modell 2 | |
|---|---|---|---|---|
| Konstante 1 | 0,12 | (0,19) | 0,25 | (0,19) |
| Konstante 2 | 2,51*** | (0,19) | 2,66*** | (0,19) |
| Konstante 3 | 4,42*** | (0,19) | 4,56*** | (0,19) |
| Schulausbildung (Referenz: Hauptschule) | | | | |
| Realschule | 0,42*** | (0,02) | 0,42*** | (0,02) |
| (Fach-)Abitur | 0,70*** | (0,02) | 0,72*** | (0,02) |
| Kein Abschluss/in Schule | -0,04* | (0,02) | -0,00 | (0,02) |
| HH-Äquivalenzeinkommen (ln) | 0,14*** | (0,01) | 0,15*** | (0,01) |
| Berufliche Stellung (Referenz: Arbeiter) | | | | |
| Angestellte/Beamte | 0,13*** | (0,02) | 0,12*** | (0,02) |
| Selbständige/Freiberufler | 0,16*** | (0,01) | 0,13*** | (0,01) |
| Auszubildende | 0,15*** | (0,02) | 0,14*** | (0,02) |
| Rentner | 0,27*** | (0,02) | 0,27*** | (0,02) |
| Arbeitslose | 0,13*** | (0,02) | 0,13*** | (0,02) |
| Sonstige Nichterwerbstätige | 0,08*** | (0,02) | 0,08*** | (0,02) |
| Freizeit (ln) | -0,03** | (0,01) | -0,03** | (0,01) |
| Frauen | -0,85*** | (0,02) | -0,86*** | (0,02) |
| Jugendliche (bis 24 Jahre) | -0,30*** | (0,01) | -0,27*** | (0,03) |
| Bevölkerungsgruppen (Referenz: West) | | | | |
| Immigranten | -1,11*** | (0,03) | -1,48*** | (0,03) |
| Ost | -0,10*** | (0,02) | 0,21*** | (0,03) |
| Wende (01.09.1989-01.01.1991) | 0,36*** | (0,01) | 0,33*** | (0,01) |
| Abstand zu Bundestagswahl (ln(Tage)) | -0,07*** | (0,00) | -0,07*** | (0,00) |
| Trend (1985-2003) | 0,00 | (0,00) | 0,00 | (0,00) |
| Trend x Bevölkerungsgruppe (Referenz: West) | | | | |
| Trend x Immigration | – | – | 0,04*** | (0,00) |
| Trend x Ost | – | – | -0,02*** | (0,00) |
| Jugendliche x Bevölkerungsgruppe (Referenz: West) | | | | |
| Jugendliche x Immigration | – | – | 0,14** | (0,06) |
| Jugendliche x Ost | – | – | 0,08 | (0,08) |
| Trend x Jugendliche | – | – | -0,01 | (0,00) |
| Trend x Jugend. x Bevölkerungsgruppe (Referenz: West) | | | | |
| Trend x Jugendliche x Immigranten | – | – | 0,01 | (0,01) |
| Trend x Jugendliche x Ost | – | – | -0,01** | (0,01) |
| Varianz Personenebene | 1,36*** | (0,01) | 1,36 | (0,02) |
| N | 21810 | | 21810 | |
| Log Likelihood | -147048,03 | | -146713,84 | |

*** p < 0,01; ** p < 0,05; * p < 0,1.
a  Standardfehler in Klammern.
Quelle: SOEP.

Auch wenn der Einfluss verschiedener erklärender Variablen spezifiziert wird, um für möglicherweise intervenierende Einflüsse zu kontrollieren, bleiben die inhaltlich zentralen Größen die Jugendvariable und die Trendvariable. Es zeigt sich bei Jugendlichen ein deutlich geringeres Interesse an Politik als bei Erwachsenen (b = -0,30). Weiterhin bleibt das politische Interesse der gesamten Bevölkerung im Untersuchungszeitraum stabil (b = 0,00). Die Befunde aus Modell 1 lassen jedoch keinen Schluss darüber zu, ob die zeitliche Entwicklung des politischen Interesses jugendlicher Westdeutscher, Immigranten oder Ostdeutscher positiver oder negativer ausfällt als bei den Erwachsenen der entsprechenden Bevölkerungsgruppen. Deshalb werden in einem weiteren Modell Interaktionseffekte der Jugendvariable mit der Trend-Variable und mit der Bevölkerungsgruppe aufgenommen.

Die Zweiweginteraktion zwischen der Trend-Variable und der Variable der Bevölkerungsgruppe deutet darauf hin, dass im Untersuchungszeitraum ein Anstieg des politischen Interesses bei Immigranten feststellbar ist (b = 0,04), während sich Ostdeutsche zunehmend weniger für Politik interessieren als die westdeutsche Referenzgruppe (b = -0,02). Der insignifikante Interaktionseffekt zwischen der Trend- und der Jugendvariable deutet darauf hin, dass sich der Vorsprung der Erwachsenen gegenüber den Jugendlichen im politischen Interesse im gesamten Untersuchungszeitraum in Westdeutschland nicht in einer linearen Weise vergrößert oder verkleinert. Hinsichtlich der Höhe und der Entwicklung des Jugendeffekts unterscheiden sich Immigranten und Ostdeutsche signifikant von der westdeutschen Referenzkategorie. Zur Veranschaulichung der Interaktionsterme zwischen Jugend, Trend und Bevölkerungsgruppe gibt Tabelle 2 die vorhergesagten Effekte der Jugendvariable, getrennt für Westdeutsche, Immigranten und Ostdeutsche in Fünf-Jahres-Abständen zwischen 1985 und 2000 wieder. Die Standardfehler der vorhergesagten Effektkoeffizienten wurden mittels eines statistischen „posthoc probings" (Aiken/West 1991) errechnet.

*Tabelle 2:* Vorhergesagter Jugendeffekt für Westdeutsche, Immigranten und Ostdeutsche in den Jahren 1985, 1990, 1995 und 2000[a]

|  | Westdeutsche | | Immigranten | | Ostdeutsche | |
|---|---|---|---|---|---|---|
| 1985 | 0,28*** | (0,03) | 0,12* | (0,06) | – | |
| 1990 | 0,30*** | (0,02) | 0,10 | (0,07) | 0,32*** | (0,10) |
| 1995 | 0,33*** | (0,02) | 0,09 | (0,10) | 0,41*** | (0,12) |
| 2000 | 0,35*** | (0,04) | 0,07 | (0,12) | 0,51*** | (0,16) |

*** $p < 0,01$; ** $p < 0,05$; * $p < 0,10$.
a Standardfehler des „posthoc probings" in Klammern. Die Vorhersagewerte beziehen sich auf die Schätzung des Modells 2 (Tabelle 1).
Quelle: SOEP.

Die Werte der Tabelle 2 zeigen, dass sich der Niveau-Unterschied im politischen Interesse westdeutscher Jugendlicher und Erwachsener, der Jugendeffekt, im Zeitverlauf nur geringfügig verändert. In der Gruppe der Immigranten ist die Differenz fast durchweg insignifikant. Im Osten Deutschlands ist der Unterschied 1990 ähnlich hoch wie im Westen, nimmt im Zeitverlauf jedoch zu. Dies führt zu der Vermutung, dass sich das politische Interesse im Untersuchungszeitraum bei ostdeutschen Jugendlichen im Verhältnis zur restlichen Bevölkerung negativer entwickelt hat.

Den bisher verwendeten Regressionsmodellen liegt die Annahme zugrunde, dass der Effekt der erklärenden Variablen identisch für alle ordinalen Übergänge der abhängigen Variable ist, d.h. die Bildung ist z.B. genauso wichtig für den Übergang von keinem zu niedrigem politischen Interesse wie für den Übergang von starkem zu sehr starkem politischen Interesse. Für einige erklärende Variablen der Modelle 1 und 2 lässt sich jedoch argumentieren, dass diese Annahme zu restriktiv ist. Modell 3 in Tabelle 3 gibt die Ergebnisse eines Regressionsmodells getrennt für die drei Übergänge der ordinalen abhängigen Variable wieder. Dieses ausführlichere Modell macht deutlich, dass sich die Effekte einiger sozioökonomischer Merkmale besonders stark auf den Unterschied zwischen keinem und niedrigem politischen Interesse auswirken (z.B. Bildung und Einkommen), während periodische Ereignisse (Wende und Bundestagswahlen) besonders bereits politisch mobilisierte Befragte beeinflussen.

Der Unterschied zwischen Jugendlichen und Erwachsenen wirkt am stärksten auf den Übergang zwischen politischer Apathie und geringerem Interesse an Politik. Entsprechend treten auch die statistisch signifikanten Interaktionseffekte zwischen der Jugendvariable, der Trend-Variable und der Bevölkerungsgruppe am ehesten zwischen diesen Kategorien auf. So bezieht sich z.B. der zunehmende Jugendeffekt in den neuen Bundesländern speziell auf die Unterscheidung zwischen niedrigem politischen Interesse und politischer Apathie (b = -0,04). Die Richtung und somit die Interpretation der gefundenen Zwei- und Dreiweginteraktionen unterscheiden sich jedoch nicht von denen des restriktiveren Modells 2.[15]

Sowohl die univariaten Analysen als auch die multivariaten Regressionsmodelle deuten erstens darauf hin, dass das Interesse an Politik, abgesehen von kurzfristigen Periodeneffekten (Wiedervereinigung, Bundestagswahlen), langfristig recht stabil ist. Diese Konstanz trifft sowohl auf Westdeutsche als auch Ostdeutsche zu. Bei Immigranten zeigt sich sogar ein, von einem niedrigen Niveau ausgehender, langfristiger Trend des zunehmenden politischen Interesses. Zweitens deutet der zunehmende Jugendeffekt, der aber nur bei Ostdeutschen zu beobachten ist, auf eine jugendspezifische Entwicklung des politischen Interesses in den neuen Bundesländern hin. Der Jugendeffekt betrifft, drittens, insbesondere den Übergang von politischer Apathie zu geringem politischen Interesse. D.h. Jugendliche unterscheiden sich von Erwachsenen nicht nur im relativen Niveau des politischen Inte-

---

15 Zu Beginn des Untersuchungszeitraums besteht ein positiver Osteffekt, der sich insbesondere auf die Kategorie des sehr starken Interesses an Politik bezieht (b = 0,47). Der relative Rückgang des politischen Interesses in Ostdeutschland bezieht sich entsprechend auf den Übergang von starkem auf sehr starkes Politikinteresse (b = -0,04). Dies legt die Interpretation nahe, dass der im Vergleich zum Westen aufgetretene Rückgang des Interesses an Politik eine Normalisierung einer besonders hohen Mobilisierung durch die Wende darstellt, nicht jedoch eine zunehmende politische Apathie.

resses, sondern hinsichtlich der wichtigen Frage, ob Politik überhaupt wahrgenommen wird.

*Tabelle 3:* Sequentielles ordinales Probit Panelmodell (random effects) des politischen Interesses 1985-2003 (Modell 3)[a]

| | Politisches Interesse | | | | | |
|---|---|---|---|---|---|---|
| | kein → niedriges | | niedriges → hohes | | hohes → sehr hohes | |
| Konstante | -2,26*** | (0,24) | -2,76*** | (0,22) | 1,88*** | (0,31) |
| Schulbildung (Referenz Hauptschule) | | | | | | |
| Realschule | 0,38*** | (0,02) | 0,32*** | (0,02) | 0,16*** | (0,02) |
| (Fach-) Abitur | 0,75*** | (0,03) | 0,72*** | (0,02) | 0,40*** | (0,02) |
| Kein Abschluss / in Schule | -0,17*** | (0,02) | 0,06** | (0,02) | 0,02 | (0,04) |
| HH-Äquivalenzeinkommen | 0,27*** | (0,01) | 0,16*** | (0,01) | 0,02 | (0,02) |
| Berufliche Stellung (Referenz Arbeiter) | | | | | | |
| Angestellte / Beamte | 0,07** | (0,03) | 0,20*** | (0,03) | 0,02 | (0,04) |
| Selbstständige | 0,27*** | (0,02) | 0,18*** | (0,02) | -0,05** | (0,02) |
| Auszubildende | 0,15*** | (0,02) | 0,20*** | (0,02) | 0,08** | (0,04) |
| Rentner | 0,06*** | (0,02) | 0,41*** | (0,02) | 0,34*** | (0,03) |
| Arbeitslose | 0,10*** | (0,02) | 0,16*** | (0,02) | 0,16*** | (0,04) |
| Sonst. Nichterwerbstätige | 0,08*** | (0,02) | 0,12*** | (0,02) | 0,07* | (0,04) |
| Freizeit (ln) | -0,06*** | (0,02) | 0,01) | (0,02) | -0,03 | (0,03) |
| Frauen | -0,55*** | (0,02) | -0,77*** | (0,02) | -0,65*** | (0,02) |
| Jugendliche (bis 24 Jahre) | -0,43*** | (0,04) | -0,24*** | (0,04) | -0,05 | (0,06) |
| Bevölkerungsgruppen (Referenz West) | | | | | | |
| Immigranten | -1,89*** | (0,04) | -1,16*** | (0,04) | -0,71*** | (0,06) |
| Ost | -0,05 | (0,04) | 0,28*** | (0,03) | 0,47*** | (0,05) |
| Wende | 0,17*** | (0,02) | 0,36*** | (0,02) | 0,42*** | (0,02) |
| Abstand zu BTW (ln) | -0,05*** | (0,01) | -0,07*** | (0,01) | -0,08*** | (0,01) |
| Trend (1985 – 2003) | -0,00 | (0,00) | -0,00 | (0,00) | -0,01*** | (0,00) |
| Trend x Bevölkerungsgruppen (Referenz West) | | | | | | |
| Trend x Immigranten | 0,04*** | (0,00) | 0,01*** | (0,00) | 0,01** | (0,00) |
| Trend x Ost | -0,00 | (0,00) | -0,03*** | (0,00) | -0,04*** | (0,00) |
| Jugendliche x Bevölkerungsgruppen (Referenz West) | | | | | | |
| Jugendliche x Immigranten | 0,43*** | (0,07) | 0,20** | (0,08) | 0,05 | (0,13) |
| Jugendliche x Ost | 0,62*** | (0,10) | -0,04 | (0,10) | -0,46*** | (0,16) |
| Trend x Jugendliche | -0,01*** | (0,00) | -0,01*** | (0,00) | -0,01 | (0,01) |
| Trend x Jugendliche x Bevölkerungsgruppen (Referenz West) | | | | | | |
| Trend x Jugendl. x Immig. | 0,01 | (0,01) | 0,02** | (0,01) | 0,02 | (0,01) |
| Trend x Jugendl. x Ost | -0,04*** | (0,01) | -0,01 | (0,01) | 0,02 | (0,01) |
| Varianz Personenebene | | | 0,93*** | (0,01) | | |
| N | | | 21021 | | | |
| Log Likelihood | | | -147388,19 | | | |

*** p < 0,01; ** p < 0,05; * p < 0,10.
a  Standardfehler in Klammern.
Quelle: SOEP.

## 4.3 Unzufriedenheit als Ursache für politisches Desinteresse?

Die bisherigen Analysen dienten zur Klärung der Frage, ob sich die Höhe des politischen Interesses Jugendlicher, absolut oder relativ zu den Erwachsenen, in einer langfristigen Weise verändert hat. Dabei blieben substantielle Erklärungen eines vermuteten Rückgangs des politischen Interesses wie die Unzufriedenheitsthese unberücksichtigt. Trotz des bisherigen Befundes eines relativ stabilen Niveaus des politischen Interesses könnte die vermutete Unzufriedenheit unter Jugendlichen einen negativen Einfluss auf die relative Höhe des politischen Interesses haben.

Die Unzufriedenheitsthese besagt, dass bei Jugendlichen insbesondere im Osten eine Enttäuschung über die politische Lage eingetreten sei, die zu einem Rückgang des politischen Interesses geführt habe. Dies impliziert erstens, dass im Zeitverlauf die Unzufriedenheit mit der individuellen oder gesellschaftlichen Situation zugenommen hat und zweitens, dass zunehmende Unzufriedenheit einen negativen Einfluss auf die Höhe des politischen Interesses hat.

*Tabelle 4:* Entwicklung der durchschnittlichen Unzufriedenheit und der durchschnittlichen Sorge zwischen 1992 und 1997[a]

|  | 1992 | | | | 1997 | | | |
|  | Jugendliche | | Erwachsene | | Jugendliche | | Erwachsene | |
|  | West | Ost | West | Ost | West | Ost | West | Ost |
|---|---|---|---|---|---|---|---|---|
| Unzufriedenheit (0-1) | | | | | | | | |
| Leben allgemein | 0,25 | 0,36 | 0,27 | 0,39 | 0,27 | 0,31 | 0,31 | 0,37 |
| Lebensstandard | 0,27 | 0,39 | 0,28 | 0,42 | 0,28 | 0,32 | 0,31 | 0,38 |
| Soziale Sicherungssysteme | 0,34 | 0,45 | 0,33 | 0,48 | 0,44 | 0,51 | 0,45 | 0,55 |
| Sorgen (0-1) | | | | | | | | |
| Wirtschaftslage | 0,39 | 0,53 | 0,41 | 0,60 | 0,50 | 0,60 | 0,52 | 0,61 |
| Frieden/Umwelt | 0,72 | 0,71 | 0,70 | 0,75 | 0,62 | 0,65 | 0,57 | 0,64 |
| N | 705 | 436 | 4948 | 2281 | 482 | 433 | 5218 | 3033 |

a Die Unzufriedenheits- und Sorgen-Skalen wurden auf den Wertebereich von 0 bis 1 normiert.
Quelle: SOEP.

Um beide Erwartungen zu testen, werden zwei Zeitpunkte verglichen: 1992 und 1997. Frühere Studien weisen darauf hin, dass gerade in diesem Zeitraum, d.h. in den Jahren nach der deutschen Einheit, das politische Interesse bei Jugendlichen stark abgenommen hat (Fischer 1997).[16] Tabelle 4 gibt für Jugendliche und Erwachsene getrennt nach Ost und West sowie dem Erhebungsjahr 1992 und 1997 die mittlere Unzufriedenheit mit dem Leben im allgemeinen, mit dem individuellen Lebensstandard, mit den sozialen Sicherungssystemen, die mittleren Sorgen um die Wirtschaftslage sowie die Sorgen um Frieden und Umwelt wieder.[17]

---

16 Da die Unzufriedenheitsthese meist auf ostdeutsche im Verhältnis zu westdeutschen Jugendlichen formuliert wird und da die Fallzahlen für Jugendliche bereits recht gering ausfallen, wird auf eine zusätzliche Unterscheidung zwischen Immigranten und der restlichen Bevölkerung verzichtet.

17 Bei den Sorgen um die wirtschaftliche Lage handelt es sich um einen additiven Index aus Sorgen um die allgemeine wirtschaftliche Lage, die eigene wirtschaftliche Lage und den eigenen Arbeits-

Zu beiden Beobachtungszeitpunkten sind Jugendliche nicht deutlich unzufriedener bzw. machen sich nicht mehr Sorgen um ihre individuelle Lage oder die gesellschaftliche Situation als Erwachsene. Jedoch sind Ostdeutsche in der Regel unzufriedener als Westdeutsche. Im Zeitverlauf nimmt die Sorge um Frieden und Umwelt ab, dafür nimmt die Sorge um die wirtschaftliche Lage sowie die Unzufriedenheit mit den sozialen Sicherungssystemen zu.

*Tabelle 5:* Panelmodelle (fixed effects) des politischen Interesses 1992 und 1997[a]

|  | | | Geburtsjahrgänge | | |
|---|---|---|---|---|---|
|  | bis 1967 | | 1973 bis 1975 | | |
|  |  | | West | | Ost |
|  | Modell 4 | | Modell 5 | | Modell 6 |
| Konstante | 2,05*** | (0,03) | 2,14*** | (0,25) | 1,94*** | (0,33) |
| Befragungsjahr (Referenz: 1992) | | | | | |
| 1997 | 0,02** | (0,01) | 0,09 | (0,02) | -0,05 | (0,07) |
| Unzufriedenheit | | | | | |
| Leben allgemein | -0,01* | (0,00) | -0,05 | (0,04) | 0,01 | (0,04) |
| Lebensstandard | -0,00 | (0,00) | -0,04 | (0,03) | -0,02 | (0,03) |
| Soziale Sicherungssysteme | 0,01 | (0,00) | 0,03 | (0,03) | 0,01 | (0,03) |
| Sorgen | | | | | |
| Wirtschaftslage | 0,02*** | (0,01) | 0,05 | (0,04) | 0,07 | (0,04) |
| Frieden/Umwelt | 0,02*** | (0,01) | -0,09* | (0,05) | -0,06 | (0,07) |
| N | 8698 | | 175 | | 139 |
| $R^2$ | 0,00 | | 0,05 | | 0,00 |

\*\*\* $p < 0,01$; \*\* $p < 0,05$; \* $p < 0,10$.
a  Standardfehler in Klammern.
Quelle: SOEP.

Sollte ein negativer Zusammenhang zwischen Unzufriedenheit mit der Wirtschaftslage und den sozialen Sicherungssystemen auf der einen und dem politischen Interesse auf der anderen Seite bestehen, wäre die Zunahme von politischer Apathie eine plausible Folge. Da es sich bei den vorliegenden Daten um Wiederholungsbefragungen handelt, lässt sich testen, ob eine individuelle Veränderung der Unzufriedenheit zu einer Veränderung des politischen Interesses führt.[18] In anderen Worten, nicht die einfache Unzufriedenheit zu einem Messzeitpunkt, sondern die *Zunahme* von Unzufriedenheit zwischen beiden Zeitpunkten misst individuelle Enttäuschung. Tabelle 5 gibt den Einfluss der Indikatoren für Unzufriedenheit auf das politische Interesse getrennt für drei Gruppen wieder: für Befragte, die zu bei-

platz. Bei den Sorgen um Frieden/Umwelt handelt es sich ebenfalls um einen Summenindex der beiden Einzelitems „Sorgen um die Erhaltung des Friedens" und „Sorgen um den Schutz der Umwelt".

18  Durch die Verwendung eines Panelmodells, das lediglich individuelle Veränderungen über die Zeit, nicht jedoch Unterschiede zwischen Individuen betrachtet, kann auf Kontrollvariablen verzichtet werden. Ein „fixed effects" Modell kontrolliert für unbeobachtete Heterogenität (Greene 2000: 557ff.). Da die Überprüfung der Unzufriedenheitsthese nicht die Aufnahme von zeit-invarianten Variablen notwendig macht, wird ein „fixed effects" Modell dem bisher verwendeten „random effects" Modell vorgezogen.

den Beobachtungszeitpunkten als Erwachsene definiert sind, d.h. aus den Geburts-
jahrgängen bis 1967 stammen, und für Befragte, die sowohl 1992 als auch 1997 als
Jugendliche definiert sind, d.h. aus den Jahrgängen 1973, 1974 und 1975 stammen.
Letztere wurden für Ost- und Westbefragungsgebiet getrennt betrachtet, um die
vermutete ostspezifische Unzufriedenheit bei Jugendlichen zu berücksichtigen
(Förster 2003).

In keiner der betrachteten Gruppen hat Unzufriedenheit mit der eigenen oder
der allgemeinen Situation einen deutlichen Effekt auf die Höhe des politischen
Interesses. Im Gegensatz zu der Unzufriedenheitsthese fördern Sorgen um die
Wirtschaftslage oder Frieden und Umwelt bei Erwachsenen das Interesse an Politik. Insgesamt sprechen die empirischen Befunde gegen die Unzufriedenheitsthese.
Weder sind Jugendliche besonders durch eine Zunahme von Unzufriedenheit betroffen, noch hat diese einen negativen Einfluss auf das politische Interesse.

## 5.  Der Zugang Jugendlicher zur Politik: Wandel durch Modernisierung?

Die bisherigen Ergebnisse deuten darauf hin, dass das Niveau des politischen Interesses in der Bundesrepublik auch unter Jugendlichen langfristig recht stabil ist.
Dies schließt jedoch nicht die Möglichkeit aus, dass die Motive Jugendlicher, sich
für Politik zu interessieren, im Untersuchungszeitraum Veränderungen unterworfen
sind. Es ist denkbar, dass bei einem vergleichbaren Niveau des politischen Interesses am Anfang des Untersuchungszeitraums andere Erklärungsfaktoren eine Rolle
spielen, als dies am Ende der Fall ist. Der abnehmende Einfluss des Elternhauses
oder sozioökonomischer Merkmale auf das politische Interesse Jugendlicher (Beck
1997; Burdewick 2003) wären Beispiele für solche Veränderungen. Neben den
Folgen von Individualisierungsprozessen kann man auch einen abnehmenden Ge-
schlechtereffekt im Laufe der gesellschaftlichen Modernisierung erwarten. In dem
Maße, in dem sich traditionelle Rollenvorstellungen auflösen und Lebenslagen
zwischen den Geschlechtern annähern, sollte der Geschlechterunterschied im politischen Interesse abnehmen (Westle 2001).

Abweichend vom bisherigen Vorgehen wird in diesem Abschnitt ein jugendspezifisches Modell geschätzt, da einige Faktoren für das politische Interesse Jugendlicher (z.B. Einfluss des Elternhauses) nicht auf Erwachsene zutreffen. Anzu-
merken ist, dass die alleinige Betrachtung von Jugendlichen nicht zur Lösung der
Frage beitragen kann, ob es sich bei Veränderungen der Faktoren des politischen
Interesses um jugendspezifische Phänomene handelt oder ob diese Veränderungen
nicht auch Erwachsene betreffen.

Ähnlich wie die Modelle 1 bis 3, in denen alle Befragten analysiert wurden,
zeigt das jugendspezifische Modell 7 (Tabelle 6), dass das Interesse für Politik
ressourcenabhängig ist.[19] Bildung und Berufstätigkeit fördern das politische Inte-

---

19  In Modell 7 wird im Gegensatz zu den Modellen 1 bis 3 nicht der Effekt des Haushaltseinkommens
    auf die Höhe des politischen Interesses spezifiziert, da die Verfügbarkeit über das Haushaltsein-

resse Jugendlicher. Darüber hinaus ist das politische Interesse von jugendlichen Frauen niedriger als das jugendlicher Männer. Wie in der Gesamtbevölkerung fällt das politische Interesse von jugendlichen Immigranten deutlich geringer aus als das der Referenzkategorie (Gille/Krüger 2000; Diehl/Blohm 2001). Ebenfalls sind ostdeutsche Jugendliche im Durchschnitt aller Untersuchungsjahre weniger an Politik interessiert als ihre westdeutschen Altersgenossen (b = -0,15).

Eine Variable des Modells 7, die in den Modellen 1 bis 3 nicht spezifiziert wurde, ist der Einfluss des politischen Interesses der Eltern auf das Jugendlicher. Aufgrund der Konstruktion des SOEP als Haushaltsbefragung stehen für die meisten[20] Jugendlichen nicht nur ihre eigenen Antworten zur Frage nach dem politischen Interesse zur Verfügung, sondern auch die entsprechenden personenbezogenen Informationen der Eltern.[21] Die verwendete Variable zum politischen Interesse des Elternhauses enthält den höchsten Wert des politischen Interesses, wenn die Eltern sich diesbezüglich unterscheiden. Entsprechend den Erwartungen ist das politische Interesse Jugendlicher umso höher, je höher das der Eltern ist. Das Interesse für Politik scheint somit zum Teil durch das Elternhaus weitergegeben zu werden.

Die zeitlichen Veränderungen der Effekte von erklärenden Variablen werden in Modell 8 in Form von Interaktionen untersucht. Durch eine Interaktion zwischen der Trend-Variable und den anderen erklärenden Variablen lässt sich testen, ob die Effekte dieser Variablen auf das politische Interesse Jugendlicher zwischen 1985 und 2003 linear zunehmen, abnehmen oder konstant bleiben. Betrachtet man den Effekt der Variable „Bevölkerungsgruppe" im Zeitverlauf, dann stellt man fest, dass das politische Interesse Jugendlicher in der westdeutschen Referenzkategorie mit der Zeit leicht ansteigt (b = 0,07) und dass Jugendliche aus Zuwandererhaushalten sich von diesem Trend nicht signifikant unterscheiden (b = 0,00). Lediglich bei ostdeutschen Jugendlichen fällt der Anstieg des politischen Interesses im Zeitverlauf geringer aus (b = 0,07 - 0,03 = 0,04).

Modell 8 weist für die Bildung zwischen 1985 und 2003 einen linear abnehmenden Effekt aus. Der Unterschied zwischen Abitur und Realschulabschluss auf der einen Seite und Hauptschulabschluss und Befragter ohne Schulabschluss auf der anderen Seite ist von geringer werdender Bedeutung (Hoffmann-Lange 2000).

---

kommen nicht über alle Jugendlichen gleich verteilt ist. Einige Personen haben ein von den Eltern unabhängiges Einkommen, andere sind noch ökonomisch von ihren Eltern abhängig.

20 Für Jugendliche, die zum Zeitpunkt der Stichprobenziehung nicht mehr im elterlichen Haushalt leben, stehen beispielsweise keine personenbezogenen Informationen zu den Eltern zur Verfügung.

21 Bereits in der Shell-Studie 2002 wird gezeigt, dass sich das politische Interesse der Eltern teilweise auf deren Kinder überträgt (Schneekloth 2002). Der Unterschied zwischen den Daten der Shell Studie und der vorliegenden Untersuchung besteht darin, dass das SOEP die Analyse des tatsächlichen politischen Interesses der Eltern erlaubt, während in der Shell Studie das durch die Jugendlichen perzipierte politische Interesse der Eltern erhoben wird.

*Tabelle 6:* Ordinale Probit Panelmodelle (random effects) des politischen
Interesses 1985-2003[a]

|  | Modell 7 | | Modell 8 | |
|---|---|---|---|---|
| Konstante 1 | -1,59*** | (0,12) | -1,02*** | (0,21) |
| Konstante 2 | 0,75*** | (0,12) | 1,32*** | (0,21) |
| Konstante 3 | 2,43*** | (0,12) | 3,00*** | (0,21) |
| Schulbildung (Referenz: Hauptschule) | | | | |
| Realschule | 0,55*** | (0,04) | 0,69*** | (0,07) |
| (Fach-) Abitur | 0,88*** | (0,04) | 1,05*** | (0,08) |
| Kein Abschluss / in Schule | 0,30*** | (0,04) | 0,18** | (0,07) |
| Berufliche Stellung (Referenz: Berufstätige) | | | | |
| Auszubildende | -0,05** | (0,02) | 0,05 | (0,05) |
| Nichterwerbstätige | -0,15*** | (0,04) | -0,26*** | (0,08) |
| Freizeit (ln) | -0,03 | (0,04) | 0,19*** | (0,07) |
| Frauen | -0,70*** | (0,03) | -0,71*** | (0,06) |
| Bevölkerungsgruppen (Referenz: West) | | | | |
| Immigranten | -0,44*** | (0,04) | -0,45*** | (0,07) |
| Ost | -0,15*** | (0,04) | 0,20** | (0,09) |
| Politisches Interesse der Eltern (Referenz: keine Informationen) | | | | |
| Kein politisches Interesse | -0,70*** | (0,05) | -0,96*** | (0,10) |
| Niedriges politisches Interesse | -0,12** | (0,04) | -0,32*** | (0,08) |
| Hohes politisches Interesse | 0,20*** | (0,04) | 0,10 | (0,08) |
| Sehr hohes politisches Interesse | 0,51*** | (0,05) | 0,41*** | (0,10) |
| Wende (01.09.1989 – 01.01.1991) | 0,24*** | (0,03) | 0,21*** | (0,03) |
| Abstand zu Bundestagswahl (ln) | -0,08*** | (0,02) | -0,08*** | (0,02) |
| Trend (1985 – 2003) | 0,01** | (0,00) | 0,07*** | (0,02) |
| Trend x Schulbildung (Referenz: Hauptschule) | | | | |
| Trend x Realschule | – | – | -0,02*** | (0,01) |
| Trend x (Fach-) Abitur | – | – | -0,02** | (0,01) |
| Trend x kein Abschluss | – | – | 0,01 | (0,01) |
| Trend x Berufliche Stellung (Referenz: Berufstätige) | | | | |
| Trend x Auszubildende | – | – | -0,01** | (0,01) |
| Trend x Nichterwerbstätige | – | – | 0,01 | (0,01) |
| Trend x Freizeit | – | – | -0,02*** | (0,01) |
| Trend x Geschlecht | – | – | 0,00 | (0,01) |
| Trend x Bevölkerungsgruppe (Referenz: West) | | | | |
| Trend x Immigranten | – | – | 0,00 | (0,01) |
| Trend x Ost | – | – | -0,03*** | (0,01) |
| Trend x politisches Interesse der Eltern (Referenz: keine Informationen) | | | | |
| Trend x Kein politisches Interesse | – | – | 0,03*** | (0,01) |
| Trend x Niedriges politisches Interesse | – | – | 0,02*** | (0,01) |
| Trend x Hohes politisches Interesse | – | – | 0,01 | (0,01) |
| Trend x Sehr hohes politisches Interesse | – | – | 0,01 | (0,01) |
| Varianz Personenebene | 1,19*** | (0,04) | 1,18*** | (0,04) |
| N | 6992 | | 6992 | |
| Log Likelihood | -22589,51 | | -22547,93 | |

*** p < 0,01; ** p < 0,05; * p < 0,10.
a  Standardfehler in Klammern.
Quelle: SOEP.

Auch der Einfluss des politischen Interesses der Eltern auf das ihrer Kinder ist teilweise Veränderungen unterworfen. Politische Apathie des Elternhauses überträgt sich in zunehmend geringerem Maße auf Jugendliche, während der positive Effekt politisch interessierter Eltern auf das politische Interesse Jugendlicher in konstanter Form bestehen bleibt. Der leicht abnehmende Einfluss von Bildung und Elternhaus auf das politische Interesse Jugendlicher entspricht den Erwartungen der Modernisierungsthese. Schließlich verändert sich der Einfluss der verfügbaren Freizeit auf das politische Interesse nachhaltig. Dieser ist 1985 noch positiv, wandelt sich jedoch ins Negative,[22] wodurch am Ende des Untersuchungszeitraums gilt: Je mehr Freizeit Jugendliche haben, desto geringer ist deren Interesse an Politik.

Entgegen den Erwartungen bleibt der Geschlechterunterschied in der Höhe des politischen Interesses stabil. Es zeigt sich keine modernisierungsbedingte Auflösung des „gender gap". Dieser Befund, der sich lediglich auf Jugendliche bezieht, steht jedoch im Gegensatz zu den Ergebnissen anderer Studien (van Deth/Elff 2000).[23]

## 6. Fazit

In der öffentlichen Diskussion wird oft die Meinung vertreten, dass insbesondere Jugendliche zunehmend politisch desinteressiert seien. Die Längsschnittdaten des SOEP deuten darauf hin, dass das Niveau des politischen Interesses zwar periodischen Schwankungen unterworfen ist (Wende, Bundestagswahlen), dass dieses jedoch nicht in einem langfristigen Trend zwischen 1985 und 2003 deutlich abnimmt. Für Immigranten kann sogar ein Anwachsen des Politikinteresses im Zeitverlauf beobachtet werden, was auf eine allmähliche Integration hindeutet.

Die univariaten Analyse des politischen Interesses zeigt zwar einen Rückgang zu Beginn der 1990er Jahre u.a. in Ostdeutschland, die Interpretation dieses Befundes ist jedoch in der Literatur umstritten. Zum einen wird die Meinung vertreten,

---

22  Modell 8 weist zu Beginn des Untersuchungszeitraums einen signifikant positiven Effekt der verfügbaren Freizeit aus (b = 0,19), der sich im Laufe der Zeit jedoch signifikant negativ entwickelt (b = -0,02). Für das Jahr 2003 sagt das Modell somit einen negativen Freizeiteffekt voraus (b = 0,19 + (2003-1985) x (-0,02) = -0,18).

23  Gegen die Ergebnisse der Modelle 7 und 8 ließe sich ähnlich wie im Fall der Modelle 1 und 2 zur Gesamtbevölkerung einwenden, dass die verwendeten ordinalen Regressionsmodelle mit ihrer Annahme der identischen Effekte in allen Kategorien der abhängigen Variable zu restriktiv sind. Schätzt man die Effekte sequentiell (aus Platzgründen nicht in Form einer Tabelle dokumentiert), zeigt sich, dass neben sozioökonomischen Merkmalen wie Bildung und beruflicher Stellung insbesondere die Bevölkerungsgruppe (Migranten, West und Ost) politisches Desinteresse erklärt. Das politische Interesse im Elterhaus wirkt sich hingegen auf alle Kategorien des politischen Interesses Jugendlicher aus, und periodische Ereignisse wie Bundestagswahlen mobilisieren insbesondere politisch bereits interessierte Jugendliche. Entsprechend lässt sich ein signifikantes Nachlassen der Effektstärke des Elternhauses im Untersuchungszeitraum sowohl bezogen auf den Unterschied zwischen keinem und niedrigem als auch zwischen niedrigem und starkem politischen Interesse feststellen.

dass es sich um die langfristige Folge einer ostspezifischen Enttäuschung handelt (Silbereisen/Vaskovics/Zinnecker 1996; Förster 2003), zum anderen wird der Rückgang des politischen Interesses im Vergleich zu 1990 als Normalisierung nach der politischen Hochmotivationsphase der Wiedervereinigung verstanden (Schneider 1995; Gille u.a. 1998; Gille/Krüger/de Rijke 2000). Die Ergebnisse der Analyse stützen die zweite Interpretation. Der Rückgang des Politikinteresses in Ostdeutschland zu Beginn der 1990er Jahre bezieht sich lediglich auf die Kategorien des (sehr) starken Interesses, nicht jedoch auf eine Zunahme politischer Apathie (Tabelle 3). Weiterhin nimmt das Politikinteresse seit Ende der 1990er Jahre in Ost- und Westdeutschland wieder zu (Abbildungen 1 bis 3). Schließlich besteht kein negativer Zusammenhang zwischen objektiven (z.b. Arbeitslosigkeit) oder subjektiven Indikatoren für Unzufriedenheit (z.B. Unzufriedenheit mit den sozialen Sicherungssystemen) und der Höhe des politischen Interesses.[24] Dies trifft sowohl für Erwachsene als auch Jugendliche in Ost- und Westdeutschland zu.[25]

Eine detaillierte Betrachtung von zeitlichen Veränderungen führt allerdings zu dem Schluss, dass sich das politische Interesse ostdeutscher Jugendlicher zwar nicht absolut, aber relativ zu ostdeutschen Erwachsenen und westdeutschen Jugendlichen negativ entwickelt. Ob dies Ausdruck der spezifischen Lage in den neuen Bundesländern oder eine Normalisierung einer bei Jugendlichen besonders ausgeprägten Mobilisierung durch die Wiedervereinigung ist, bleibt unklar.

Im Gegensatz zu den neuen Bundesländern, wo der Jugendeffekt zwischen 1990 und 2003 zunimmt, deuten die Ergebnisse dieses Beitrags für Westdeutsche darauf hin, dass Erwachsene zwar deutlich stärker an Politik interessiert sind als Jugendliche, dieser Abstand zwischen 1985 und 2003 jedoch nahezu unverändert bestehen bleibt (Gille/Krüger/de Rijke 2000). Der Unterschied zwischen Jugendlichen und Erwachsenen besteht insbesondere darin, dass Jugendliche häufiger als Erwachsene politisch apathisch sind, d.h. überhaupt kein Interesse an Politik haben.

Jugendliche und erwachsene Immigranten unterscheiden sich hinsichtlich der Höhe des politischen Interesses kaum voneinander. Dies widerspricht der Erwartung, dass sich mit einer gewissen Verweildauer im Aufnahmeland ein politischer Erfahrungsvorsprung und somit auch ein Vorsprung im politischen Interesse Erwachsener gegenüber Jugendlichen herausbildet. Das auch heute noch kein deutlicher negativer Jugendeffekt bei Immigranten erkennbar ist, obwohl diese teilweise

---

24  Weiterhin zeigen die empirischen Analysen dieses Beitrags keine erhöhte Unzufriedenheit bei Jugendlichen im Vergleich zu Erwachsenen (Tabelle 5). Auch bei objektiven Indikatoren für Unzufriedenheit sind ostdeutsche Jugendliche nicht deutlich stärker betroffen als ostdeutsche Erwachsene. So ist die ostdeutsche Jugendarbeitslosigkeit nicht höher als die Arbeitslosigkeit in anderen Altersgruppen (Statistisches Bundesamt 2002: 104).

25  Das Ausbleiben eines Zusammenhangs zwischen Unzufriedenheit und politischem Desinteresse sagt jedoch nichts darüber aus, ob Ostdeutsche in gleichem Maße wie Westdeutsche das politische System der Bundesrepublik positiv oder negativ beurteilen. Diesbezüglich zeigen Hoffmann-Lange u.a. (1995), dass der Typ des mobilisierten Skeptikers, d.h. Personen mit hoher kognitiver Mobilisierung und niedrigem politischem Vertrauen in demokratische Institutionen, unter ostdeutschen Jugendlichen häufiger zu finden ist als unter westdeutschen Jugendlichen.

seit vielen Jahren in der Bundesrepublik leben, deutet darauf hin, dass die erste „Gastarbeitergeneration" ihre distanzierte Haltung gegenüber dem politischen System der Bundesrepublik kaum abgelegt hat und der Anstieg des politischen Interesses unter Immigranten (Abbildung 2) vermutlich durch den Kohortenaustausch von erster zu zweiter (und dritter) „Gastarbeitergeneration" erklärt werden kann. Die Klärung dieses Problems erfordert jedoch eine detailliertere Analyse kohorten- und lebenszyklischer Effekte.

Auch wenn die häufig geäußerte Vermutung, das Niveau des politischen Interesses Jugendlicher sei langfristig rückläufig, im Untersuchungszeitraum 1985 bis 2003 nicht bestätigt werden kann, zeigt sich ein begrenzter Wandel der Motivation politischen Interesses. Die Modernisierungsthese besagt zum einen, dass sich aufgrund von Individualisierungsprozessen der Einfluss sozioökonomischer Merkmale und des familiären Hintergrundes auf das politische Interesse reduziert. Die Ergebnisse liefern tatsächlich Hinweise auf einen solchen Wandel. So verringert sich der Effekt des Elternhauses auf die Höhe des politischen Interesses Jugendlicher. Weiterhin nimmt der Einfuß der Bildung als Indikator für die soziale Lage der Befragten leicht ab. Schließlich scheint auch das Freizeitverhalten einen veränderten Einfluss auf das politische Interesse zu haben. Während in den 1980er Jahren ein hohes Maß an Freizeit das Politikinteresse verstärkt hat, führt es 2003 zu politischem Desinteresse.

Entgegen der Modernisierungsthese bleibt der Geschlechterunterschied bei Jugendlichen jedoch im Untersuchungszeitraum konstant bestehen. Auch wenn im Zuge gesellschaftlicher Modernisierungsprozesse geschlechtsspezifische Lebenslagen zunehmend ähnlicher werden und sich traditionelle Rollenvorstellungen auflösen (Beck 1997), wird dadurch nicht der „gender gap" im politischen Interesse reduziert (Westle 2001).

Trotz einzelner Veränderungen im Sinne der Modernisierungsthese bleiben im gesamten Untersuchungszeitraum Bildung, Elternhaus und Geschlecht signifikante Erklärungsgrößen des politischen Interesses Jugendlicher. Es handelt sich also nicht um einen fundamentalen, sondern einen graduellen Wandel des Zugangs Jugendlicher zur Politik.

## Literatur

Aiken, Leona S./West, Stephen G. (1991): Multiple Regression. Testing and Interpreting Interactions. Newbury Park: Sage.

Albert, Mathias/Linssen, Ruth/Hurrelmann, Klaus (2003): Jugend und Politik. Politisches Interesse und Engagement Jugendlicher im Lichte der 14. Shell Jugendstudie. In: Aus Politik und Zeitgeschichte. Beilage zur Wochenzeitung „Das Parlament" B15, 3-5.

Barnes, Samuel H./Kaase, Max/Allerbeck, Klaus R./Farah, Barbara G./Heunks, Felix/Inglehart, Ronald/Jennings, M. Kent/Klingemann, Hans-Dieter/Marsh, Alan/Rosenmayr, Leopold (Hrsg.) (1979): Political Action. Mass Participation in Five Western Democracies. Beverly Hills: Sage.

Beck, Ulrich (1986): Risikogesellschaft. Auf dem Weg in eine andere Moderne. Frankfurt a.m.: Suhrkamp.
Beck, Ulrich (1997): Demokratisierung der Familie. In: Ders. (Hrsg.): Kinder der Freiheit. Frankfurt a.m.: Suhrkamp, 195-216.
Bennett, S.E./Klecka, W.R. (1970): Social Status and Political Participation. A Multivariate Analysis of Predictive Power. In: Midwest Journal of Political Science 14, 355-382.
Burdewick, Ingrid (2003): Jugend – Politik – Anerkennung. Eine qualitative empirische Studie zur politischen Partizipation 11- bis 18-Jähriger. Bonn: Bundeszentrale für politische Bildung.
Deth, Jan W. van (1989): Interest in Politics. In: Jennings, M. Kent/Deth, Jan W. van/ Barnes, Samuel H./Fuchs, Dieter/Heunks, Felix J./Inglehart, Ronald/Kaase, Max/ Klingemann, Hans-Dieter/Thomassen, Jacques J. A. (Hrsg.): Continuities in Political Action. Berlin: Walter de Gruyter, 275-312.
Deth, Jan W. van/Elff, Martin (2000): Political Involvement and Apathy in Europe 1973-1998. Mannheim: Arbeitspapiere des MZES.
Diehl, Claudia/Blohm, Michael (2001): Apathy, Adaptation or Ethnic Mobilisation? On the Attitudes of a Politically Excluded Group. In: Journal of Ethnic and Migration Studies 3, 401-420.
Fischer, Arthur (1997): Engagement und Politik. In: Deutsche Shell (Hrsg.): Jugend '97. Zukunftsperspektiven. Gesellschaftliches Engagement. Politische Orientierungen. Opladen: Leske und Budrich, 303-341.
Fischer, Arthur (2000): Jugend und Politik. Deutsche Shell (Hrsg.) (2000): Jugend 2000. Opladen: Leske und Budrich, 261-282.
Förster, Peter (2003): Junge Ostdeutsche heute: doppelt enttäuscht. In: Aus Politik und Zeitgeschichte. Beilage zur Wochenzeitung „Das Parlament" B15, 6-17.
Geißler, Rainer (2002): Die Sozialstruktur Deutschlands. 3. Auflage. Bonn: Bundeszentrale für politische Bildung.
Gille, Martina/Krüger, Winfried (2000): Die Bedeutung des Politischen bei jungen Migranten und jungen Deutschen. In: Gille, Martina/Krüger, Winfried (Hrsg.): Unzufriedene Demokraten. Politische Orientierungen der 16- bis 29jährigen im vereinigten Deutschland. Opladen: Leske und Budrich, 399-422.
Gille, Martina/Krüger, Winfried/Rijke, Johann de (2000): Politische Orientierungen. In: Gille, Martina/Krüger, Winfried (Hrsg.): Unzufriedene Demokraten: politische Orientierungen der 16- bis 29jährigen im vereinigten Deutschland. Opladen: Leske und Budrich, 205-265.
Gille, Martina/Krüger, Winfried/Rijke, Johann de/Willems, Helmut (1998): Politische Orientierungen, Wertehaltungen und die Partizipation Jugendlicher. Veränderungen und Trends in den 90er Jahren. In: Palentien, Christian/Hurrelmann, Klaus (Hrsg.): Jugend und Politik. 2. Auflage. Neuwied: Luchterhand, 148-177.
Greene, William H. (2000): Econometric Analysis. 4. Auflage. London: Prentice Hall.
Gurr, Ted R. (1970): Why Men Rebel. Princeton: Princeton University Press.
Heitmeyer, Wilhelm/Olk, Thomas (Hrsg.) (1990): Individualisierung von Jugend. Gesellschaftliche Prozesse, subjektive Verbreitungsformen, jugendpolitische Konsequenzen. Weinheim: Juventa.
Hoffmann-Lange, Ursula (2000): Bildungsexpansion, politisches Interesse und politisches Engagement in den alten Bundesländern. In: Niedermayer, Oskar/Westle, Bettina (Hrsg.): Demokratie und Partizipation. Festschrift für Max Kaase. Opladen: Westdeutscher Verlag, 46-64.

Hoffmann-Lange, Ursula (2001): Der fragwürdige Beitrag von Jugendstudien zur Analyse von Trends in der politischen Kultur. In: Merkens, Hans/Zinnecker, Jürgen (Hrsg.): Jahrbuch für Jugendforschung. Band 1. Opladen: Leske und Budrich, 187-210.

Hoffmann-Lange, Ursula/Krebs, Dagmar/Rijke, Johann de (1995): Kognitive politische Mobilisierung und politisches Vertrauen. In: Hoffmann-Lange, Ursula (Hrsg.): Jugend und Demokratie in Deutschland. Opladen: Leske und Budrich, 359-387.

Hurrelmann, Klaus/Linssen, Ruth/Albert, Mathias/Quellenberg, Holger (2002): Eine Generation von Egotaktikern? Ergebnisse der bisherigen Jugendforschung. Deutsche Shell (Hrsg.): Jugend 2002. Opladen: Leske und Budrich, 31-51.

Isengard, Bettina/Schneider, Thorsten (2002): Die Lebenssituation von Jugendlichen und jungen Erwachsenen in Deutschland. In: Statistisches Bundesamt (Hrsg.): Datenreport 2002. Bonn: Bundeszentrale für politische Bildung, 541-550.

Kroh, Martin/Spieß, Martin (2005): Documentation of Sample Sizes and Panel Attrition in the German Socio Economic Panel (SOEP) 1984-2004. Berlin: DIW Data Documentation 6.

Mannheim, Karl (1928): Das Problem der Generation. In: Kölner Vierteljahreshefte für Soziologie 7, 157-185.

Marsh, Alan/Kaase, Max (1979): Background of Political Action. In: Barnes, Samuel H./Kaase, Max et al. (Hrsg.): Political Action. Mass Participation in Five Western Democracies. Beverly Hills: Sage, 97-136.

Münz, Rainer/Seifert, Wolfgang/Ulrich, Ralf (1997): Zuwanderung nach Deutschland. Strukturen, Wirkungen, Perspektiven. Frankfurt a. M.: Campus Verlag.

Schneekloth, Ulrich (2002): Demokratie, ja – Politik, nein? Einstellungen Jugendlicher zur Politik. In: Deutsche Shell (Hrsg.): Jugend 2002. Opladen: Leske und Budrich, 91-137.

Schneider, Helmut (1995): Politische Partizipation – zwischen Krise und Wandel. In: Hoffmann-Lange, Ursula (Hrsg.): Jugend und Demokratie in Deutschland. Opladen: Leske und Budrich, 257-335.

Silbereisen, Rainer K./Vaskovics, Laszlo A./Zinnecker, Jürgen (Hrsg.) (1996): Jungsein in Deutschland: Jugendliche und junge Erwachsene 1991 und 1996. Opladen: Leske und Budrich.

Statistisches Bundesamt (2002): Erwerbstätigkeit und Arbeitslosigkeit. In: Statistisches Bundesamt (Hrsg.): Datenreport 2002. Bonn: Bundeszentrale für politische Bildung, 85-110.

Verba, Sidney/Schlozman, Kay Lehman/Brady, Henry E. (1995). Voice and Equality: Civic Voluntarism in American Politics. Cambridge: Harvard University Press.

Verba, Sidney/Burns, Nancy/Schlozman, Kay Lehman (1997): Knowing and Caring about Politics: Gender and Political Engagement. In: Journal of Politics 59, 1051-1072.

Westle, Bettina (2001): Politische Partizipation und Geschlecht. In: Koch, Achim/Wasmer, Martina/Schmidt, Peter (Hrsg.): Politische Partizipation in der Bundesrepublik Deutschland. Empirische Befunde und theoretische Erklärungen. Opladen: Leske und Budrich, 131-168.

Weymann, Ansgar (1998): Sozialer Wandel: Theorien zur Dynamik der modernen Gesellschaft. Weinheim: Juventa.

Zuckerman, Alan/Kroh, Martin (2004): The Social Logic of Bounded Partisanship in Germany. A Comparison of Veteran Citizens (West Germans), New Citizens (East Germans) and Immigrants. Berlin: DIW Discussion Paper 450.

# Politisches Interesse, subjektive politische Kompetenz und politisches Wissen – Eine Fallstudie mit Jugendlichen im Nürnberger Raum

*Bettina Westle*

## 1. Einleitung: Thema und Studienskizze

Interesse an Politik – definiert als Aufmerksamkeit gegenüber Angelegenheiten staatlicher Gemeinwesen – bildet eine zentrale Voraussetzung für den Erwerb subjektiver politischer Kompetenz und objektiver Kenntnisse über politische Phänomene und Prozesse und stellt eine wichtige Determinante von Handlungsbereitschaften sowie kompetentem Handeln in der Politik dar. Angesichts des wiederholt beobachteten Zusammenhangs zwischen Bildung und politischem Interesse ließ die Bildungsexpansion sowohl eine Steigerung des Interesses an Politik als auch eine Schließung der Kluft zwischen den Geschlechtern besonders in den jüngeren Generationen erwarten. Beide Erwartungen sind jedoch nicht eingetreten. Insgesamt stagniert das politische Interesse und für jüngere Altersgruppen mehren sich sogar Hinweise auf ein rückläufiges Interesse an Politik sowie auf eine erneute Weitung des sich in Vorgängergenerationen bereits minimal schließenden gender gap (Hoffmann-Lange 1992; Gabriel/van Deth 1995; Fischer 2000; van Deth 2000).

In neueren Arbeiten wird die Stagnation des politischen Interesses darauf zurückgeführt, dass mit der Bildungsexpansion eine Entwertung der höheren Schulabschlüsse hinsichtlich ihrer Qualität in der Vermittlung von Motivation, Kenntnissen und Kompetenzen und/oder im Hinblick auf ihre Funktion als Eingangstür für gehobene gesellschaftliche Statuspositionen und damit für weitere partizipationsrelevante Ressourcen einherging (Hoffmann-Lange 2000; Westle 2001a). Weitere Interpretationen thematisieren die zunehmende Pluralisierung und Individualisierung als Ursachen für stagnierendes oder rückläufiges Interesse an Politik unter Jugendlichen (Heitmeyer/Olk 1990; Hurrelmann u.a. 2002). Besonders populär sind gegenwärtig jedoch Ansätze, die Politikabstinenz mit Unzufriedenheit und Verdruss über die Politik verknüpft sehen und als Abwendung von der etablierten, institutionalisierten Politik deuten (Fischer 1997; Reinhardt/Tillmann 2001; Schneekloth 2002; Förster 2003). Konträr zur Erklärung mittels Politikverdrossenheit finden sich allerdings auch Beschreibungen der Jugend als relativ saturiert und politisch pragmatisch (Gensicke 2002).

Ähnlich differieren Annahmen über die Entwicklung des gender gap. Einige vermuten, dass sich inzwischen in der Jugend eine vollständige Angleichung entwickelt habe, während andere von einer Aufrechterhaltung des gender gap reden und wieder andere eine erneut wachsende Lücke in der Politikaffinität zwischen den Geschlechtern thematisieren. Erklärungsversuche richten sich dabei zum einen auf die Frage, inwieweit immer noch oder erneut eine geschlechtsspezifisch unterschiedliche Sozialisation vorliegt und damit verknüpft weiblichen und männlichen Kindern und Jugendlichen verschieden politiknahe Rollenbilder vermittelt werden. Allerdings gründen diese Annahmen primär auf Spekulationen und wenigen qualitativen Studien, während aus quantitativen Jugendstudien nur wenig zu politikrelevanten Geschlechtsrollenbildern bekannt ist. Andere Erklärungsversuche für den gender gap (bei Erwachsenen und/oder Jugendlichen) halten die Sozialisation für irrelevant und konzentrieren sich auf eine erst im Erwachsenenleben differierende Lebenssituation vor allem in den für politische Involvierung relevanten Ressourcen (wie dem sozioökonomischen Status und der Einbindung in mobilisierende Netzwerke) sowie auf eine spezifische Politikverdrossenheit von Frauen infolge wahrgenommener geschlechtsspezifischer Benachteiligung und Marginalisierung durch die Politik (mit unterschiedlichen Positionen und Befunden Jacobi 1991; Fischer 1997; Blättel-Mink/Mischau/Kramer 1998; Westle 2001b).

Die vorliegende Arbeit geht von der Annahme aus, dass für die Entwicklung politischen Interesses und Wissens Sozialisationsfaktoren nach wie vor eine Rolle einnehmen, nicht zuletzt auch weil sich die situativen Rahmenbedingungen des Lebens der Elterngeneration auf deren Gestaltung politischer und allgemeiner Bildung auswirken dürften, von der Kinder-/Jugendgeneration wahrgenommen und ggf. als Bedingungen des künftigen eigenen Lebens antizipiert werden. Vor diesem Hintergrund wurde ein Projekt zu politischem Interesse, Wissen und Einstellungen der gegenwärtigen Jugend entwickelt. Neben explorativ-deskriptiven Fragestellungen nach Niveau und Inhalten politischen Interesses, subjektiver und objektiver politischer Kompetenz sowie methodischen Fragen nach der Messbarkeit solcher Konstrukte mit standardisierten Instrumenten bei einer jungen Population interessierten dabei vor allem alters-, schultyp- und geschlechtsspezifische Unterschiede, die auf Sozialisationseffekte schließen lassen. Im Mittelpunkt des vorliegenden Beitrags stehen das Interesse an Politik im Allgemeinen sowie seine Unterfütterung durch ausgewählte Politikbereiche und politische Institutionen, das politische Selbstwertgefühl als Korrelat politischen Interesses und (späterer) politischer Handlungsbereitschaft sowie subjektive und objektive Faktenkenntnisse zu Politik und Aspekte des Demokratieverständnisses, insbesondere im Vergleich der verschiedenen Alters- und Bildungsstufen von Mädchen und Jungen sowie unterschiedlicher Geschlechtsrollenorientierungen.

Bei der Studie handelt es sich um eine standardisierte schriftliche Befragung, die von März bis Mitte Juni 2002 in den Schulklassen 5 bis 12 an Haupt-, Realund Berufsschulen sowie an Gymnasien im Raum Nürnberg/Fürth/Erlangen mit insgesamt 3.534 Befragten durchgeführt wurde (Tabelle 1). Die Studie unterscheidet sich von den meisten Jugendstudien mit politischen Themen darin, dass sie mit etwa 12 Jahren in recht jungem Alter der Probanden ansetzt sowie verschiedene Schultypen erfasst und infolge der großen Befragtenzahl dennoch differenzierte Teilgruppenanalysen ermöglicht. Die Aufteilung in Alters- bzw. Klassenstufen sowie Bildungsgänge soll als Proxy für Sozialisations- und Bildungsphasen stehen,

*Tabelle 1:* Befragtenzahlen der Studie „Politisches Interesse, subjektive politische Kompetenz und diskursive politische Involvierung – Zur Genese geschlechtsspezifischer Differenzen"

| | | Klassen | | | | | | | | | | | | | |
|---|---|---|---|---|---|---|---|---|---|---|---|---|---|---|---|
| | 5 | | 6 | | 7 | | 8 | | 9 | | 10 | | 11 | | 12 | |
| | M[a] | W[a] | M | W | M | W | M | W | M | W | M | W | M | W | M | W |
| Hauptschule | 89 | 93 | 100 | 84 | 69 | 59 | 81 | 69 | 140 | 106 | – | – | – | – | – | – |
| Realschule | – | – | – | – | 91 | 86 | 66 | 71 | 81 | 114 | 82 | 81 | – | – | – | – |
| Berufsschule | – | – | – | – | – | – | – | – | – | – | 150 | 97 | 76 | 78 | 102 | 80 |
| Gymnasium | 89 | 89 | 88 | 115 | 81 | 57 | 60 | 56 | 70 | 84 | 79 | 113 | 91 | 139 | 86 | 92 |
| Gesamt | 178 | 182 | 188 | 199 | 241 | 202 | 207 | 196 | 291 | 304 | 311 | 291 | 167 | 217 | 188 | 172 |

a M = männlich, W = weiblich.

da kein Längsschnittdesign vorliegt. Sie trägt zudem der häufig thematisierten, empirisch aber nur selten explizit berücksichtigten „Entstrukturierung der Jugendphase" (Münchmeier 1998) Rechnung, also der zunehmend kontingenten Differenzierung der Jugend entlang von Sozialräumen, Bildungsformen, Geschlechtern. Der Fallstudiencharakter, die Momentaufnahme und die Beschränkung auf Jugendliche (ohne Befragung von Eltern und Lehrern) setzen der Reichweite der Aussagekraft der Studie offensichtlich enge Grenzen. Dennoch bietet das Material interessante zusätzliche Einsichten zu vorliegenden Forschungsbefunden sowie Anregungen für die Generierung weiterer Hypothesen. Wegen der unterschiedlichen Befragtenzahlen in den verschiedenen Schultypen und Altersstufen werden keine Gesamtanalysen vorgelegt, sondern ausschließlich die interessierenden Teilgruppen verglichen.[1]

## 2. Allgemeines Interesse an Politik und an Privatem

Überwiegend deuten aktuelle Studien auf ein geringes Interesse der Jugendlichen an Politik, wobei die randständige Stellung der Politik im Vergleich mit anderen Lebensbereichen auch in der erwachsenen Bevölkerung seit Jahrzehnten besteht. Dass die Jugend insgesamt noch weniger als Erwachsene an Politik interessiert ist, kann zumindest teilweise als alterstypisches Phänomen gedeutet werden, da sich Interesse an Politik erfahrungsgemäß erst allmählich in der Adoleszenzphase entwickelt (Gille u.a. 1998; Oswald u.a. 1999; Fischer 2000; Gille/Krüger 2000).

Aussagen über Geschlechtsspezifika des politischen Interesses widersprechen sich jedoch. So ist beispielsweise von einer Identität des politischen Interesses bei weiblichen und männlichen Jugendlichen die Rede, von einer nur geringen Lücke oder aber von gravierenden Unterschieden (Baacke/Sander 1991; Fischer 2000; Hurrelmann u.a. 2002). Solche differierenden Befunde liegen eventuell an Abweichungen in den erfassten Altersgruppen, deren Angabe in den Publikationen zum

---

1 Die Studie wurde von der Hans-Frisch-Stiftung im Umfang von DM 13.000 unterstützt und vom Bayerischen Ministerium für Kultus genehmigt. Eine ausführliche Studienbeschreibung ist von der Autorin erhältlich.

gender gap oft vernachlässigt wird. Jedoch ist denkbar, dass sich Interessen bei Mädchen und Jungen in verschiedenen Altersstufen zeitversetzt unterschiedlich entwickeln (für spätere Lebensphasen Institut für Demoskopie 1993). Erst eine multivariate Aufsplittung nach Geschlecht und Alter kann darüber Aufschluss geben.

In der vorliegenden Studie zeigen sich zu dem allgemeinen Interesse an Politik insgesamt ganz ähnliche Verteilungen wie in anderen Jugendstudien (Tabelle 2). Im Vergleich zum Interesse am Privatleben ist das Interesse an Politik deutlich geringer, und zwar in allen Teilgruppierungen. Während sich die Intensität des Interesses am Privatleben nicht nach Schultypen unterscheidet, zeigen die Gymnasiasten schon in den Klassenstufen 5-6 ein etwas größeres Interesse an Politik als Hauptschüler. Obwohl beide Lebensbereiche mit zunehmendem Lebensalter verstärkte Aufmerksamkeit erfahren, wird nur der Unterschied im politischen Interesse mit zunehmendem Alter bzw. längerem Aufenthalt im Schulsystem noch etwas größer, wobei der Zuwachs – anders als bei dem Interesse am Privatleben – nicht kontinuierlich erfolgt, sondern vor allem in den höheren Altersklassen. Zu vermuten ist, dass dafür sowohl allgemeine Entwicklungen eine Rolle spielen, wie etwa das Einsetzen der Pubertät (Alter 14-15 in der 7./8. Klasse), als auch die schulischen Lehrpläne, die den Politikunterricht als Schwerpunktpflichtfach nur in den Klassen 9 (Hauptschule) bzw. 10 (Realschule und Gymnasium) vorsehen. Insgesamt deuten diese Strukturen darauf hin, dass für das Interesse an Politik – deutlich stärker als für das am Privatleben – neben lebenszyklischen Entwicklungsphasen die kognitiven Kompetenzen und die Bildungsformen eine wichtige Rolle einnehmen.

*Tabelle 2:*   Allgemeines Interesse an Politik und an Privatleben[a]

| | Politik | | | | Privatleben | | | |
|---|---|---|---|---|---|---|---|---|
| | Haupt-/Real-/Berufsschule | | Gymnasium | | Haupt-/Real-/Berufsschule | | Gymnasium | |
| Klassenstufen | M[b] | W[b] | M | W | M | W | M | W |
| 5-6 | 2,12 | 2,14 | 2,55 | 2,26 | 3,65 | 3,86 | 3,75 | 3,65 |
| 7-9 | 2,29 | 2,13 | 2,66 | 2,39 | 3,88 | 4,06 | 3,85 | 3,88 |
| 10-12 | 2,66 | 2,37 | 3,38 | 2,73 | 4,22 | 4,23 | 4,20 | 4,22 |

Pearson's r zwischen Politik und Privatleben

| | Haupt-/Real-/Berufsschule | | Gymnasium | |
| --- | --- | --- | --- | --- |
| | M | M | M | W |
| 5-6 | 0,28 | 0,38 | 0,21 | 0,22 |
| 7-9 | 0,16 | 0,18 | 0,33 | 0,15 |
| 10-12 | 0,17 | 0,11 | 0,10 | 0,14 |

a Generell: In der 5. bis 7. Klasse Ansprache mit "du", ab der 8. Klasse mit "Sie". Wie stark interessieren Sie sich für Politik? Überhaupt nicht, wenig, mittel, stark, sehr stark, (weiß nicht). Wie stark interessieren Sie sich dafür, wie man sein Privatleben gestalten kann? Überhaupt nicht, wenig, mittel, stark, sehr stark, (weiß nicht); bei Politik n = 3.458, fehlende Werte n = 76, bei Privatleben n = 3375, fehlende Werte = 159. Mittelwerte 1 = überhaupt nicht bis 5 = sehr stark interessiert.
b M = männlich, W = weiblich.

Mädchen bzw. junge Frauen sind im Durchschnitt in allen Altersstufen und Schultypen etwas weniger an Politik interessiert als ihre männlichen Mitschüler. Einzige Ausnahme bilden die 5.-6.-Klässler in der Hauptschule. Dies kann ein zufälliger Befund sein oder aber darauf deuten, dass sich der gender gap gerade erst in bzw. kurz vor dieser Altersphase und in den niedrigeren Bildungsgruppen mit zeitlicher Verzögerung im Vergleich zu den höheren Bildungsstrata herauskristallisiert. Auffällig ist jedoch besonders, dass der Zuwachs an politischem Interesse mit steigendem Alter bei Mädchen schwächer als bei Jungen ausfällt, und zwar besonders im Gymnasium, nicht etwa in den anderen Schultypen.

Umgekehrt zeigen sich die weiblichen Befragten etwas stärker an der Gestaltung des Privatlebens interessiert, wobei dieser Unterschied in den höheren Altersklassen aller Schultypen nicht ebenfalls wächst, sondern verschwindet. Dies widerspricht der häufig angeführten Annahme, das unter Mädchen und Frauen ausgeprägtere Interesse für den Privatbereich behindere ihr Interesse für Öffentlichkeit und Politik. Dieser These widersprechen ferner auch die sowohl bei männlichen als auch bei weiblichen Befragten schwach positiven Zusammenhänge zwischen den beiden Interessenssphären.

*Tabelle 3:* Kombination des Interesses an Privatem und an Politik (Zeilenprozente)[a]

| | an beidem nicht interessiert | | an Politik weniger interessiert | | an beidem mittel interessiert | | an Politik stärker interessiert | | an beidem stark interessiert | |
|---|---|---|---|---|---|---|---|---|---|---|
| | M[b] | W[b] | M | W | M | W | M | W | M | W |
| 5.-6. Klasse Gymnasium | 8 | 2 | 70 | 87 | 6 | 7 | 6 | 2 | 10 | 2 |
| 5.-6. Klasse andere Schulen | 13 | 14 | 72 | 94 | 5 | 4 | 5 | 2 | 5 | 6 |
| 7.-9. Klasse Gymnasium | 4 | 1 | 71 | 93 | 8 | 5 | 5 | 1 | 12 | 0 |
| 7.-9. Klasse andere Schulen | 4 | 3 | 79 | 91 | 6 | 3 | 5 | 1 | 6 | 2 |
| 10.-12. Klasse Gymnasium | 0 | 0 | 51 | 83 | 6 | 4 | 10 | 2 | 33 | 11 |
| 10.-12. Klasse andere Schulen | 2 | 1 | 76 | 89 | 5 | 4 | 3 | 2 | 14 | 4 |

a Kombinationsindex: Recodierung beider Variablen auf jeweils drei Kategorien: 1+2 = nicht interessiert (-1), 3 = mittel (0), 4+5 = interessiert (1); dann Kombination: Politik = -1 und Privat = -1 = an beidem nicht interessiert; Politik = 0 und Privat = 0 = an beidem mittel interessiert, Politik = 1 und Privat = 1 = an beidem stark interessiert; Politik = -1 und Privat = 0 oder 1 = an Politik schwächer interessiert, Politik = 1 und Privat = 0 oder -1 = an Politik stärker interessiert; n = 3.315, fehlende Werte = 219.

b M = männlich, W = weiblich.

Die Kombination der Interessensbereiche auf individueller Ebene (Tabelle 3) zeigt, dass an beiden Lebenssphären uninteressierte „Null Bock"-Jugendliche eine kleine Minderheit sind, die allenfalls in den unteren Klassen der Hauptschule in nennenswertem Umfang vorkommt. Die bei weitem größte Mehrheit in allen Gruppierungen sind die an Privatem mehr als an Politik Interessierten. Dieser Typus ist bei Mädchen nochmals stärker als bei Jungen und in den mittleren Klassen am häufigsten. Die größte Diskrepanz zwischen den Geschlechtern findet sich erneut in den höheren Klassen des Gymnasiums, und zwar vor allem auf Kosten derjenigen, die an beiden Lebenssphären gleich stark interessiert sind. Damit stützt auch diese Perspektive den Befund, dass sich geschlechtsspezifische Diskrepanzen im politischen Interesse zu Ungunsten der Mädchen erst im Bildungsverlauf und erstaunlicherweise besonders bei höherer Schulbildung stärker entwickeln.

Insgesamt ist also ein gender gap im Interesse an Politik teilweise schon in dem recht frühen Alter von 12-13 Jahren zu beobachten und wächst mit zunehmendem Alter noch, insbesondere in den Jahren verstärkter schulischer Bemühungen um politische Bildung sowie im Gymnasium. Das politische Interesse junger Frauen wächst also generell und überraschenderweise besonders im Gymnasium unterproportional im Verlauf des Erwachsenwerdens. Zu vermuten ist, dass dies sowohl an der Gestaltung des Politikunterrichts liegt als auch außerschulische Ursachen hat. In jedem Fall aber deuten diese Befunde darauf, dass nach wie vor geschlechtsspezifisch unterschiedliche Sozialisationserfahrungen vorliegen, die sich negativ auf die Herausbildung des Interesses an öffentlichen Angelegenheiten bei der weiblichen Bevölkerung auswirken.

## 3. Wichtigkeit von Politik für das eigene Leben

Während der Indikator zum Interesse an Politik auf eine motivationale Einstellungskomponente zielt, soll mit einer Frage zur Wichtigkeit von Politik für das eigene Leben die kognitive Komponente angesprochen werden, also das Verständnis für die Bedeutsamkeit von Politik. Beide Komponenten zeigen Ähnlichkeiten, aber auch Unterschiede (Tabelle 4). So wird Politik in höherem Lebensalter, bei

*Tabelle 4:* Wichtigkeit von Politik - insgesamt (Zeilenprozente) und in Abhängigkeit von allgemeinem Interesse an Politik (Prozentanteile „wichtig")[a]

| Klassen-stufen | Haupt-/Real-/Berufsschule | | | | | | Gymnasium | | | | | |
| | männlich | | | weiblich | | | männlich | | | weiblich | | |
| | egal | wn/kA | wichtig | egal | wn/kA | wichtig | egal | wn/kA | wichtig | egal | wn/kA | wichtig |
| 5-6 | 28 | 15 | 57 | 28 | 16 | 56 | 25 | 11 | 64 | 30 | 20 | 50 |
| 7-9 | 37 | 6 | 57 | 42 | 16 | 42 | 37 | 7 | 56 | 39 | 20 | 41 |
| 10-12 | 29 | 7 | 64 | 36 | 16 | 48 | 20 | 6 | 74 | 26 | 15 | 59 |

Prozentanteile "wichtig" in Abhängigkeit von Interesse an Politik[b]

| | 1 | 2 | 3 | 4 | 5 | 1 | 2 | 3 | 4 | 5 | 1 | 2 | 3 | 4 | 5 | 1 | 2 | 3 | 4 | 5 |
|---|---|---|---|---|---|---|---|---|---|---|---|---|---|---|---|---|---|---|---|---|
| 5-6 | 34 | 59 | 71 | 100 | 100 | 38 | 51 | 80 | 86 | 100 | 59 | 53 | 63 | 83 | 100 | 22 | 39 | 79 | 100 | – |
| 7-9 | 26 | 52 | 74 | 86 | 100 | 19 | 36 | 64 | 91 | 100 | 15 | 44 | 65 | 80 | 100 | 13 | 30 | 56 | 50 | – |
| 10-12 | 28 | 56 | 71 | 87 | 89 | 11 | 38 | 68 | 80 | 100 | 25 | 55 | 70 | 87 | 88 | 29 | 42 | 68 | 80 | 83 |

a  Hier sind zwei Meinungen über den Einfluss der Politik auf unser Leben. Welche dieser beiden Meinungen kommt Ihrer persönlichen Ansicht am nächsten? A – Was in der Politik vorgeht, ist sehr wichtig. Davon hängt ab, wie es mir geht. B – Was in der Politik vorgeht, ist ziemlich egal. Für mich ändert sich dadurch doch nichts (weiß nicht); n = 3.534.

b  1 = überhaupt nicht interessiert bis 5 = sehr stark interessiert.

höherer Schulbildung und von männlichen Befragten etwas häufiger als von den jeweils anderen Befragten für relevant angesehen. Allerdings zeigen sich diese Unterschiede erst im höheren Alter und es gibt keine dem allgemeinen Interesse an Politik vergleichbare unterproportionale Steigerung der Wichtigkeitswahrnehmung bei den Gymnasiastinnen. D.h. die jungen Frauen jedes Bildungsganges wissen etwa ebenso wie die jungen Männer um mögliche Einflüsse der Politik auf das eigene Leben, interessieren sich aber dennoch deutlich weniger für diese Politik.

## 4. Bereichsspezifische Politikinteressen

Bei dem allgemeinen Interesse an Politik bleibt offen, was die Befragten mit dem Begriff Politik assoziieren und wofür sie sich im Bereich der Politik interessieren oder aber nicht. Die Forschung hat gezeigt, dass geografische Nähe und individuelle oder gruppenspezifische Betroffenheiten wesentliche Motivationsfaktoren für unterschiedliche Interessen sein können, wobei manche situativen Großereignisse jedoch in der Lage sind, in der gesamten Gesellschaft starke, wenn auch meist nur kurzzeitige Aufmerksamkeit auf sich zu ziehen. Laut jüngeren Studien interessieren sich Jugendliche vor allem für Umweltschutz und Friedenssicherung, während andere Politikbereiche für sie eher randständig erscheinen (Oswald u.a. 1999).

Außerdem scheinen sich Jungen mehr für klassische Politikbereiche wie Wirtschaftspolitik, Mädchen dagegen mehr für „weiche" Politikfelder wie Soziales zu interessieren (Jacobi 1991; Kuhn/Uhlendorff/Krappmann 2000). Auch dies erweckt den Eindruck einer Verknüpfung mit traditionellen Rollen und Betroffenheiten. Andererseits wird aber auch angenommen, dass beide Geschlechter mit dem Stimulus „Interesse an Politik" primär die etablierte Politik im engeren Sinn und deren Institutionen (Regierung, Parteien) assoziieren (Rubart 1988; Meyer 1994; Cornelissen 1993; Sauer 1994). Angesichts des Wissens um Benachteiligungen in diesen Institutionen würden weibliche Befragte ein geringeres allgemeines Interesse an Politik artikulieren, jedoch durchaus an einzelnen Inhalten, mit denen diese Politik sich beschäftigt, interessiert sein und sich darüber hinaus verstärkt für Politik außerhalb dieser Strukturen wie etwa in Gruppen der Neuen Sozialen Bewegung interessieren (zu dieser Debatte Westle 2001a; b; Westle/Schoen 2002). Dieses Einstellungsmuster deutet sich in jüngeren Studien aber nicht nur für Frauen, sondern generell für die gegenwärtige Jugend an (Schneider 1995; Fischer 1997; Gille u.a. 1998; Reinhardt/Tillmann 2001).

In die vorliegende Studie wurde daher eine Fragebatterie zu bereichsspezifischem Interesse an Politik integriert. Dabei wurden sowohl solche Bereiche aufgenommen, die traditionell infolge der herkömmlichen geschlechtsspezifischen Arbeitsteilung in westlichen Demokratien männertypisch erscheinen (z.B. Verteidigung), wie auch solche, die frauentypisch erscheinen (z.B. Gleichberechtigung), und solche, die generell für jugendliche Befragte von besonderem Interesse sein könnten (z.B. Bildung). Darüber hinaus wurde diese Fragebatterie in zwei Varianten formuliert und im Split-Half-Verfahren (jeweils pro Klasse) erhoben. In Variante A wurde explizit mit dem Begriff „Politik" operiert, während dieser Begriff in

Variante B vermieden und stattdessen versucht wurde, dieselben Inhalte bzw. denselben Problembereich zu umschreiben. Ziel dieser Variation ist es zu untersuchen, ob Jugendliche generell und/oder geschlechtsspezifisch auf diese Stimuli unterschiedlich reagieren, also infolge einer vermuteten allgemeinen oder einer spezifisch weiblichen Politikverdrossenheit zwar an bestimmten gesellschaftlichen Problemen interessiert sind, dieses Interesse aber nicht als „politisch" artikulieren.

*Tabelle 5:*   Bereichsspezifische Interessen an Politik (Mittelwerte)[a]

| Klassen-stufen | Haupt-/Real-/Berufsschule | | | | | | Gymnasium | | | | | |
| | männlich | | | weiblich | | | männlich | | | weiblich | | |
| | 5-6 | 7-9 | 10-12 | 5-6 | 7-9 | 10-12 | 5-6 | 7-9 | 10-12 | 5-6 | 7-9 | 10-12 |
|---|---|---|---|---|---|---|---|---|---|---|---|---|
| Umwelt | 3,03 | 2,80 | 2,81 | 3,21 | 3,01 | 3,13 | 3,27 | 2,79 | 2,96 | 3,32 | 3,26 | 3,05 |
|  | 3,88 | 3,69 | 3,55 | 4,04 | 3,68 | 3,75 | 4,00 | 3,69 | 3,43 | 4,12 | 3,77 | 3,69 |
| Familie/ | 3,44 | 3,26 | 3,20 | 3,69 | 3,67 | 3,49 | 3,18 | 3,07 | 3,30 | 3,47 | 3,75 | 3,59 |
| Jugend | 3,83 | 3,81 | 3,71 | 3,76 | 4,02 | 4,12 | 3,94 | 3,70 | 3,85 | 3,81 | 3,96 | 4,08 |
| Aus- | 2,82 | 2,86 | 3,02 | 3,05 | 3,03 | 3,08 | 2,88 | 2,97 | 3,41 | 2,99 | 3,34 | 3,31 |
| länder | 3,35 | 2,94 | 2,50 | 3,23 | 3,20 | 2,88 | 3,43 | 3,07 | 3,17 | 3,46 | 3,19 | 3,18 |
| Bildung | 2,81 | 2,97 | 3,00 | 2,83 | 3,08 | 2,97 | 3,12 | 3,16 | 3,57 | 2,79 | 2,89 | 3,42 |
|  | 3,84 | 4,01 | 3,86 | 3,99 | 4,04 | 4,12 | 3,86 | 3,68 | 4,20 | 3,76 | 3,85 | 4,20 |
| Gleich-ber. | 3,09 | 2,71 | 2,34 | 3,03 | 3,65 | 3,36 | 2,90 | 2,72 | 2,15 | 3,48 | 3,61 | 3,17 |
|  | 2,98 | 3,09 | 3,01 | 3,51 | 4,00 | 4,28 | 3,14 | 3,05 | 2,54 | 3,86 | 4,09 | 3,98 |
| Außen-bezieh. | 2,26 | 2,61 | 2,98 | 2,26 | 2,24 | 2,41 | 2,78 | 2,99 | 3,79 | 2,17 | 2,41 | 3,01 |
|  | 3,25 | 3,26 | 3,16 | 3,35 | 3,17 | 3,30 | 3,64 | 3,19 | 3,70 | 3,25 | 3,06 | 3,40 |
| Wirt-schaft | 3,05 | 3,16 | 3,37 | 2,88 | 2,78 | 2,96 | 2,63 | 2,84 | 3,52 | 2,29 | 2,32 | 2,59 |
|  | 2,92 | 3,04 | 3,38 | 2,60 | 2,80 | 3,25 | 2,78 | 2,85 | 3,72 | 2,45 | 2,45 | 2,96 |
| Vertei-digung | 3,36 | 3,18 | 2,91 | 3,03 | 2,66 | 2,57 | 3,27 | 3,05 | 3,07 | 2,93 | 2,43 | 2,36 |
|  | 3,62 | 3,90 | 3,21 | 3,68 | 3,36 | 3,09 | 3,88 | 3,44 | 3,05 | 3,31 | 2,90 | 2,91 |

a  1 = überhaupt nicht bis 5 = sehr stark interessiert (Zeile 1 = Split A, Zeile 2 = Split B). Geben Sie bitte bei den folgenden Themen jeweils an, in welchem Maß Sie sich dafür interessieren: Umweltpolitik/Herstellung und Wahrung einer gesunden, sauberen Umwelt, Familien-, Kinder- und Jugendpolitik/Gestaltung der Lebensbedingungen von Familien, Kindern und Jugendlichen, Ausländerpolitik/Gestaltung der Lebensbedingungen von Ausländern bei uns in Deutschland, Bildungspolitik/Gestaltung von schulischer Bildung und beruflicher Ausbildung, Politik zur Gleichberechtigung/ Gleichstellung von Frauen und Männern/Herstellung der Gleichberechtigung/Gleichstellung von Frauen und Männern, Außenpolitik/Gestaltung der Beziehungen Deutschlands zu anderen Staaten, Wirtschafts- und Arbeitsmarktpolitik/Gestaltung der Rahmenbedingungen für die Wirtschaft und für den Arbeitsmarkt, Verteidigungspolitik/Verteidigung des Landes gegen eventuelle militärische Angriffe; jeweils: überhaupt nicht, wenig, mittel, stark, sehr stark, (weiß nicht genau, um was es dabei geht). Bei Split A wurden 1.797, bei Split B 1.737 Schüler/innen befragt; fehlende Werte bei Split A/B Umwelt n = 50/23, Familie/Jugend 55/25, Ausländer 63/39, Bildung 96/30, Gleichberechtigung 82/74, Außenbeziehungen 245/74, Wirtschaft 110/193, Verteidigung 155/38.

Die Befunde (Tabelle 5) stützen frühere Beobachtungen, dass die Wahrnehmung von Betroffenheit eine wichtige Rolle für die Politikinteressen einnimmt, denn in beiden Fragevarianten liegen die Familien-/Kinder- und Jugendpolitik sowie die Bildungspolitik auf den beiden ersten Rangplätzen; dies trifft (mit Ausnahme der 5.-6.-Klässler, für die die Umweltpolitik ganz vorne rangiert, sowie ferner einigen unsystematischen Ausnahmen) für alle Klassenstufen in allen Schultypen zu. Besonders wenig Interesse wird dagegen der Außenpolitik/den Außenbeziehungen Deutschlands von Hauptschülern (Split A) und der Wirtschafts- sowie Arbeitsmarktpolitik von Gymnasiasten (Split A und B) entgegengebracht, während die anderen erfragten Bereiche (Umwelt, Ausländer, Gleichberechtigung und Verteidigung) im Mittelfeld variierende Positionen einnehmen.

Der bei dem allgemeinen Interesse deutliche Unterschied zwischen den Schultypen findet sich bei den bereichsspezifischen Interessen nicht systematisch wieder. Vielmehr artikulieren die Hauptschüler bei Split-A in den Bereichen Familie/Jugend, Gleichberechtigung und Wirtschaft/Arbeit und bei Split-B in den Bereichen Bildung, Gleichberechtigung, Wirtschaft/Arbeit und Verteidigung größeres oder ebenso großes Interesse wie die Gymnasiasten. Auch mit steigendem Alter lässt sich überwiegend keine einheitliche Zu- oder Abnahme aller Interessen beobachten und die Veränderungen variieren zudem zwischen den Versionen A und B.

Dagegen bestehen klare geschlechtsspezifische Schwerpunkte. So artikulieren die männlichen Jugendlichen (mit nur wenigen, unsystematischen Ausnahmen) bei beiden Fragevarianten ein größeres Interesse in den Bereichen Verteidigung und Außenbeziehungen Deutschlands sowie Wirtschaft/Arbeitsmarkt, die weiblichen Befragten dagegen in den Bereichen Umwelt, Familie/Jugend, Ausländer sowie Gleichberechtigung. Diese Unterschiede finden sich durchgehend. Schultyp- und altersspezifische Unterschiede sind dabei eher marginal, allenfalls lässt sich beobachten, dass die Differenz in den traditionellen Männerdomänen im Gymnasium etwas stärker als in den anderen Schultypen ausfällt und bei der politischen Formulierung deutlicher als bei der unpolitischen Formulierungsvariante.

Überwiegend wird aber bei der unpolitischen Formulierung von allen Teilgruppen größeres Interesse als bei der politischen Variante geäußert. Dabei weist die Größe der Diskrepanz keine durchgehende Geschlechtstypik auf. Allerdings artikulieren Jungen in den traditionell männlichen Politikbereichen bei politischer Formulierung tendenziell ein intensiveres Interesse, Mädchen dagegen bei unpolitischer Formulierung. Das trägt dazu bei, dass die geschlechtsspezifischen Unterschiede bei den politischen Formulierungen häufiger größer ausfallen als bei den unpolitischen. Vermutlich ist Version B also für Jugendliche leichter verständlich und ruft weniger negative Assoziationen hervor als die politische Variante A, die zudem stärker mit dem Image einer klassischen Männerdomäne verknüpft wird.[2]

Allerdings ist fraglich, inwieweit Variante B überhaupt mit Politik assoziiert wird, denn diese Variante kovariiert zwar positiv, aber erheblich schwächer mit dem allgemeinen Interesse an Politik als Variante A (nicht als Tabelle ausgewiesen). Am stärksten sind die bivariaten Zusammenhänge zum allgemeinen Politikinteresse in den meisten Klassen und Schultypen sowohl bei Mädchen als auch bei Jungen bei den Bereichen Außenbeziehungen und Wirtschaft, also den Bereichen,

---

2   Die bei diesem Instrument teilweise recht hohen Anteile fehlender Angaben („kenne ich nicht, kann mir darunter nichts Genaues vorstellen") sind primär auf die jüngsten Alterskategorien zurückzuführen (vor allem bei Wirtschafts-, Außen-, Bildungs- und Gleichberechtigungspolitik); ferner häufiger bei niedriger als bei hoher Bildung und bei weiblichen mehr als bei männlichen Befragten.

*Tabelle 6:* Multivariate Zusammenhänge bereichsspezifischer Interessen mit dem allgemeinen Interesse an Politik (multiple Regressionen)

| Klassen-stufen | Split A | | | | | | Split B | | | | | |
|---|---|---|---|---|---|---|---|---|---|---|---|---|
| | 5-6 | | 7-9 | | 10-11 | | 5-6 | | 7-9 | | 10-11 | |
| | b | beta | b | beta | b | beta | b | beta | b | beta | b | beta |
| *Männlich: Haupt-/Real-/Berufsschule* | | | | | | | | | | | | |
| Umwelt | -0,03 | -0,03 | -0,08 | -0,10 | 0,14 | 0,16 | 0,06 | 0,08 | 0,01 | 0,01 | 0,06 | 0,06 |
| Familie | -0,08 | -0,10 | 0,07 | 0,08 | -0,07 | -0,08 | -0,02 | -0,03 | -0,01 | -0,01 | 0,00 | 0,00 |
| Ausländer | -0,04 | -0,05 | 0,05 | 0,07 | 0,11 | 0,14* | -0,12 | -0,17 | 0,14 | 0,20 | 0,15 | 0,19* |
| Bildung | 0,26 | 0,32* | 0,05 | 0,07 | 0,10 | 0,10 | -0,04 | -0,05 | -0,01 | -0,01 | 0,01 | 0,01 |
| Gleichber. | 0,02 | 0,03 | 0,01 | 0,01 | -0,05 | -0,06 | 0,07 | 0,09 | 0,01 | 0,02 | -0,04 | -0,05 |
| Außenbez. | 0,46 | 0,55* | 0,25 | 0,37* | 0,33 | 0,42* | 0,19 | 0,27 | 0,09 | 0,12 | 0,26 | 0,30* |
| Wirtschaft | 0,04 | 0,05 | 0,14 | 0,19* | 0,09 | 0,11 | 0,05 | 0,07 | 0,17 | 0,22* | 0,17 | 0,19* |
| Verteidigung | 0,06 | 0,09 | 0,02 | 0,03 | 0,02 | 0,03 | -0,09 | -0,14 | 0,04 | 0,06 | -0,03 | -0,04 |
| Adj. $R^2$ | 0,54 | | 0,28 | | 0,44 | | 0,01 | | 0,11 | | 0,20 | |
| *Männlich: Gymnasium* | | | | | | | | | | | | |
| Umwelt | 0,02 | 0,02 | -0,05 | -0,06 | -0,04 | -0,04 | -0,16 | -0,16 | 0,09 | 0,10 | -0,02 | -0,02 |
| Familie | 0,13 | 0,15 | 0,16 | 0,17 | 0,02 | 0,02 | 0,27 | 0,25 | -0,00 | -0,00 | 0,07 | 0,06 |
| Ausländer | 0,08 | 0,09 | 0,13 | 0,16 | 0,19 | 0,24* | -0,03 | -0,03 | -0,05 | -0,07 | 0,02 | 0,02 |
| Bildung | 0,13 | 0,16 | 0,04 | 0,04 | 0,09 | 0,09 | 0,30 | 0,32* | 0,11 | 0,13 | -0,15 | -0,12 |
| Gleichber. | -0,01 | -0,02 | 0,09 | 0,13 | -0,01 | -0,01 | -0,23 | -0,30* | 0,20 | 0,32* | 0,01 | 0,01 |
| Außenbez. | 0,26 | 0,33* | 0,30 | 0,40* | 0,39 | 0,51* | 0,03 | 0,04 | -0,11 | -0,16 | 0,30 | 0,33* |
| Wirtschaft | -0,19 | -0,23 | -0,01 | -0,01 | 0,02 | 0,03 | 0,32 | 0,38* | 0,25 | 0,35* | 0,31 | 0,34* |
| Verteidigung | 0,35 | 0,44* | 0,13 | 0,16 | -0,08 | -0,11 | -0,03 | -0,04 | -0,04 | -0,06 | -0,02 | -0,03 |
| Adj. $R^2$ | 0,44 | | 0,47 | | 0,35 | | 0,26 | | 0,21 | | 0,23 | |
| *Weiblich: Haupt-/Real-/Berufsschule* | | | | | | | | | | | | |
| Umwelt | 0,02 | 0,02 | -0,04 | -0,06 | 0,05 | 0,06 | -0,06 | -0,06 | 0,12 | 0,15 | 0,17 | 0,19* |
| Familie | -0,20 | -0,25 | 0,06 | 0,08 | 0,06 | 0,07 | 0,18 | 0,19 | 0,06 | 0,07 | -0,15 | -0,16 |
| Ausländer | -0,05 | -0,08 | -0,03 | -0,05 | 0,03 | 0,05 | 0,03 | 0,03 | -0,01 | -0,01 | -0,04 | -0,06 |
| Bildung | 0,06 | 0,08 | 0,05 | 0,08 | 0,04 | 0,05 | 0,24 | 0,25 | -0,01 | -0,01 | 0,14 | 0,16 |
| Gleichber. | 0,25 | 0,35* | -0,01 | -0,00 | 0,01 | 0,01 | -0,14 | -0,19 | 0,02 | 0,02 | 0,04 | 0,05 |
| Außenbez. | 0,12 | 0,12 | 0,19 | 0,25 | 0,22 | 0,31* | 0,29 | 0,38* | 0,07 | 0,11 | 0,06 | 0,07 |
| Wirtschaft | 0,15 | 0,19 | 0,25 | 0,39* | 0,09 | 0,14 | 0,30 | 0,30 | 0,12 | 0,18 | 0,22 | 0,32* |
| Verteidigung | 0,24 | 0,32* | -0,13 | -0,18* | 0,02 | 0,03 | -0,11 | -0,15 | -0,02 | -0,03 | -0,09 | -0,13 |
| Adj. $R^2$ | 0,34 | | 0,23 | | 0,24 | | 0,37 | | 0,10 | | 0,16 | |
| *Weiblich: Gymnasium* | | | | | | | | | | | | |
| Umwelt | -0,04 | -0,06 | 0,11 | 0,18 | 0,04 | 0,04 | 0,04 | 0,06 | 0,20 | 0,23* | -0,10 | -0,12 |
| Familie | 0,14 | 0,20 | 0,15 | 0,24 | -0,03 | -0,04 | 0,04 | 0,05 | -0,18 | -0,23 | -0,05 | -0,05 |
| Ausländer | 0,15 | 0,26 | 0,01 | 0,02 | 0,17 | 0,22* | 0,15 | 0,24 | 0,11 | 0,16 | 0,23 | 0,32* |
| Bildung | -0,04 | -0,06 | 0,07 | 0,12 | 0,07 | 0,09 | -0,21 | -0,28 | 0,05 | 0,06 | 0,12 | 0,12 |
| Gleichber. | -0,01 | -0,02 | -0,08 | -0,15 | 0,06 | 0,09 | 0,10 | 0,15 | -0,08 | -0,12 | -0,03 | -0,04 |
| Außenbez. | 0,35 | 0,48* | 0,19 | 0,30* | 0,19 | 0,29* | 0,02 | 0,03 | 0,06 | 0,09 | 0,19 | 0,25* |
| Wirtschaft | 0,12 | 0,17 | -0,04 | -0,06 | 0,05 | 0,07 | 0,23 | 0,30* | 0,17 | 0,27 | -0,04 | -0,05 |
| Verteidigung | -0,13 | -0,19 | 0,10 | 0,18 | 0,13 | 0,17* | 0,08 | 0,12 | -0,02 | -0,05 | -0,04 | -0,05 |
| Adj. $R^2$ | 0,45 | | 0,26 | | 0,33 | | 0,22 | | 0,08 | | 0,14 | |

\* $p < 0,05$.

die stärker von Jungen als Interessensbereiche angeführt werden. Dazu kann angenommen werden, dass neben dem Dauerthema der Arbeitslosigkeit die zum Erhebungszeitpunkt aktuelle Afghanistan-Krise eine Rolle eingenommen hat. Zwischen den Geschlechtern ist bei keiner der Fragevarianten ein regelmäßiges Muster größerer oder geringerer Zusammenhänge zum allgemeinen Indikator zu erkennen, was gegen die Annahme spricht, dass beide Geschlechter mit dem allgemeinen Indikator zum politischen Interesse systematisch unterschiedliche Inhalte assoziieren. Die vor allem in Version B häufiger vorkommenden geringen oder gar negativen Korrelationen sind erratisch verteilt und erlauben daher keine weitergehende Interpretation.

In der multivariaten Betrachtung (Tabelle 6) wird noch deutlicher, dass das Interesse in die erfragten Politikbereiche nicht hinreichend in der Lage ist, das allgemeine Interesse an Politik zu erklären, wobei Version A bei beiden Geschlechtern in allen Schultypen und Klassenstufen noch etwas besser abschneidet als Version B. Darüber hinaus zeigt sich, dass bei Version A für die Jungen eine deutlich größere Varianzaufklärung erreicht wird als für die Mädchen. Dies ist ganz wesentlich auf die bei den männlichen Befragten deutlich stärkeren Effekte des Bereichs Wirtschaft/Arbeit zurückzuführen. Daneben spielen für die Jungen in der Version A noch die Bereiche Verteidigung und Ausländer, in der Version B der Bereich Bildung eine eigenständige, nennenswerte Rolle. Bei Mädchen stehen in Version A die Außenbeziehungen an erster Stelle, gefolgt von der Wirtschaft, in Version B die Verteidigung und die Außenbeziehungen. Die Bereiche, bei denen Mädchen verstärktes Interesse artikulieren, tragen dagegen weder bei ihnen selbst noch bei Jungen zur Erklärung des allgemeinen Politikinteresses bei.

Anders als in der Literatur zunehmend üblich, lässt sich aus diesen Befunden jedoch nicht zweifelsfrei folgern, dass Jugendliche und besonders die weiblichen durchaus politisch dächten, dies jedoch lediglich selbst nicht als politisch wahrnähmen. Vielmehr eröffnen die skizzierten Antwortstrukturen für künftige Forschung die Frage, ob tatsächlich nur das Begriffsfeld von Politik eng begrenzt ist, oder ob zwar die gesellschaftlichen Probleme durchaus Interesse wecken, nicht aber deren politische Bearbeitung.

## 5. Ebenen- und organisationsspezifische Politikinteressen

Bei dem Interesse an der Arbeit verschiedener politischer Organisationen, das erst ab der 8. Klasse erhoben wurde, wurde vor dem Hintergrund des aus anderen Jugendstudien bekannten Befundes, dass soziale Bewegungen und alternative Gruppierungen besser als die klassischen politischen Institutionen bewertet werden, erwartet, dass diese auch größeres Interesse erfahren würden. Dies ist jedoch nicht durchgehend der Fall (Tabelle 7). Zwar sind die Jugendlichen besonders ausgeprägt an der Umweltbewegung, die Gymnasiasten auch an der Menschenrechtsbewegung interessiert, aber zur Bundesregierung wird besonders von den Gymnasiasten und zur NATO von den anderen Schülern ebenfalls größeres Interesse artikuliert. Das starke Interesse an der NATO und Menschenrechtsgruppen dürfte u.a. auf Situationseffekte (Berichte über Bin Laden, über einen Bundeswehr-Einsatz in Afghanistan und die wieder aufflammende Nahost-Krise) zurückzuführen sein. Geographische Nähe ist dagegen offenbar für die Jugendlichen irrelevant, denn die untergeordneten Regierungen des Nahbereiches, d.h. Landes- und Kommunalregierung, erscheinen in ihrem Interesse weit abgeschlagen – und dies trotz (oder wegen?) der während der Befragungszeit laufenden Kommunalwahlen in Bayern und der Oberbürgermeisterwahl in Nürnberg (die vielen Jugendlichen bei Assoziationen zu einer offenen Nachfrage nach dem Interesse an Politik präsent war).

Die Gymnasiasten/innen zeigen etwas überproportionales Interesse an allen Organisationen (Ausnahme 8.-9. Klasse Kommunalregierung), während überraschend nur bei den Institutionen der nationalen Ebene eine Zunahme des Interesses mit steigendem Alter beobachtbar ist, bei den supranationalen Institutionen und den sozialen Bewegungen jedoch die mittleren Altersgruppen größeres Interesse als die höheren bekunden. Die weiblichen Befragten zeigen sich etwas weniger an den etablierten Institutionen interessiert als die männlichen, aber stärker als diese an den sozialen Bewegungen. Dabei ist anders als bei dem allgemeinen Interesse an Politik keine Zunahme der Unterschiede zwischen den Geschlechtern mit höheren Klassenstufen zu beobachten, jedoch gibt es überwiegend wiederum größere Differenzen auf dem Gymnasium als bei den anderen Schultypen.

*Tabelle 7:*  Organisationsspezifische politische Interessen (Mittelwerte)[a]

| | Kommu-nalreg. | | Landes-regierung | | Bundes-regierung | | EU | | NATO | | Menschen-rechtsgr. | | Umwelt-bewegung | | Friedens-beweg. | |
|---|---|---|---|---|---|---|---|---|---|---|---|---|---|---|---|---|
| | M[b] | W[b] | M | W | M | W | M | W | M | W | M | W | M | W | M | W |
| | *Haupt-/Real-/Berufsschule* | | | | | | | | | | | | | | | |
| 8-9 | 2,41 | 2,37 | 2,52 | 2,36 | 2,76 | 2,51 | 2,88 | 2,72 | 3,27 | 2,64 | 2,53 | 3,10 | 3,03 | 3,41 | 2,65 | 3,03 |
| 10-12 | 2,23 | 2,06 | 2,50 | 2,37 | 2,90 | 2,70 | 2,66 | 2,58 | 2,85 | 2,68 | 2,48 | 2,96 | 2,64 | 3,02 | 2,53 | 2,89 |
| | *Gymnasium* | | | | | | | | | | | | | | | |
| 8-9 | 2,42 | 2,20 | 2,50 | 2,22 | 3,01 | 2,56 | 3,09 | 2,75 | 3,27 | 2,64 | 2,53 | 3,10 | 3,03 | 3,41 | 2,65 | 3,03 |
| 10-12 | 2,86 | 2,57 | 2,92 | 2,45 | 3,75 | 3,00 | 3,03 | 2,80 | 2,85 | 2,68 | 2,48 | 2,96 | 2,64 | 3,02 | 2,53 | 2,89 |

a  1 = überhaupt nicht bis 5 = sehr stark interessiert. Wie ist das mit der Arbeit der folgenden Organisationen und Gruppen: Wie stark interessieren Sie sich dafür? (A) die Arbeit der Kommunalregierung in Nürnberg/Fürth/Erlangen, (B) die Arbeit der Landesregierung in Bayern, (C) die Arbeit der Bundesregierung, (D) die Arbeit der Europäischen Union, (E) die Arbeit der NATO, (F) die Arbeit von Menschenrechtsgruppen (z.B. Amnesty International), (G) die Arbeit der Friedensbewegung, (H) die Arbeit der Umweltbewegung (z.B. Greenpeace). Dafür interessiere ich mich: überhaupt nicht, wenig, mittel, stark, sehr stark, (kann mir darunter nichts vorstellen). Befragte n = 2.344, davon haben 1.709 alle Organisationen bewertet, 55 keine; die fehlenden Werte variieren zwischen n = 455 bei der Kommunalregierung und n = 107 bei der Friedensbewegung.
b  M = Männlich, W = weiblich.

Die bivariaten Zusammenhänge dieser Interessen mit dem allgemeinen Interesse an Politik (Tabelle 8) zeigen für alle Gruppierungen die höchsten Werte bei der Bundesregierung, gefolgt von den klassischen Institutionen der untergeordneten Ebenen oder den supranationalen Ebenen, während die Neuen Sozialen Bewegungen deutlich geringer mit dem allgemeinen Interesse an Politik assoziiert werden. Dabei ist kein durchgehender Unterschied zwischen den Geschlechtern zu verzeichnen. Vielmehr assoziieren im Gymnasium und den mittleren Klassen der anderen Schultypen die Mädchen diese alternativen Gruppen noch etwas stärker mit Politik als die Jungen (Ausnahme Friedensbewegung in den höchsten Klassen), in den höheren Klassen von Haupt-/Real- und Berufsschule dagegen die Jungen. Diese Zusammenhangsstrukturen stützen somit die Annahme, dass Jugendliche beiderlei Geschlechts bei dem Indikator zum allgemeinen Interesse an Politik vor allem an die traditionellen Institutionen der Demokratie und Politik denken; sie widersprechen jedoch der Vermutung, weibliche Befragte würden ihr stärkeres Interesse an alternativen Politikformen weniger als männliche Befragte in die Artikulation ihres allgemeinen Interesses an Politik einfließen lassen.[3]

*Tabelle 8:* Zusammenhänge der organisationsspezifischen Interessen mit dem allgemeinen politische Interesse (Pearson's r)

| Klassenstufen | Haupt-/Real-/Berufsschule | | | | Gymnasium | | | |
| | 8-9 | | 10-12 | | 8-9 | | 10-12 | |
| | $M^a$ | $W^a$ | M | W | M | W | M | W |
|---|---|---|---|---|---|---|---|---|
| Kommunalregierung | 0,24 | 0,27 | 0,36 | 0,24 | 0,33 | 0,27 | 0,34 | 0,23 |
| Landesregierung | 0,31 | 0,30 | 0,44 | 0,41 | 0,50 | 0,37 | 0,48 | 0,30 |
| Bundesregierung | 0,41 | 0,48 | 0,63 | 0,52 | 0,65 | 0,55 | 0,67 | 0,52 |
| EU | 0,34 | 0,32 | 0,47 | 0,39 | 0,44 | 0,35 | 0,27 | 0,32 |
| NATO | 0,25 | 0,37 | 0,32 | 0,29 | 0,34 | 0,37 | 0,17 | 0,35 |
| Menschenrechtsgruppen | 0,22 | 0,27 | 0,39 | 0,29 | 0,21 | 0,36 | 0,07 | 0,17 |
| Umweltbewegung | 0,04 | 0,31 | 0,34 | 0,21 | 0,08 | 0,21 | 0,01 | 0,10 |
| Friedensbewegung | 0,10 | 0,21 | 0,25 | 0,16 | 0,05 | 0,20 | 0,02 | -0,08 |

a  M = männlich, W = weiblich.

Auch diese Befunde werfen die Frage auf, warum trotz des Interesses an spezifischen Bereichen von Öffentlichkeit und Politik dieses nicht in allgemeinem Politikinteresse resultiert. Möglicherweise fehlt es innerhalb der politischen Bildung und Sozialisation an einer Vermittlung dessen, was Politik alles umfasst.

## 6.  Selbstwertgefühl

Subjektive politische Kompetenz kann definiert werden als Einschätzung der eigenen Fähigkeit, Politik zu verstehen und infolge der eigenen Fähigkeiten Einfluss auf Politik nehmen zu können. Diese internale politische Effektivität gilt als psychologische Voraussetzung für politische Beteiligung des Individuums einerseits und als „Drohpotenzial" gegenüber den politischen Herrschaftsträgern andererseits, da deren Reaktionsbereitschaft auf die Wünsche der Bürger durch eine sich kompetent fühlende Wahlbevölkerung besser gesichert wird als bei einer politisch unsicheren, apathischen Bürgerschaft (Campbell/Gurin/Miller 1954; Gamson 1968; Craig/Niemi/Silver 1990).

Ähnlich wie das politische Interesse ist die subjektive politische Kompetenz in der Bevölkerung in den letzten Jahrzehnten, besonders in den 1970er Jahren, bis zum Beginn der 1990er Jahre deutlich gestiegen, stagniert seither aber (Vetter 1997; Gabriel/Vetter 1999). Zudem ist sie bei Frauen im Durchschnitt geringer als

---

3   Infolge starker Multikollinearität wird hier keine zusätzliche multivariate Analyse vorgenommen.

bei Männern geblieben. In der Literatur wird am häufigsten angenommen, dass das geringe Interesse Ursache für die schwache subjektive Kompetenz sei. Da jedoch selbst bei identischer Bildung und identischem politischem Interesse ein gender gap in der subjektiven politischen Kompetenz verbleibt, wurde darüber hinaus auch vermutet, dass Frauen sich bereits im vorpolitischen, aber öffentlichen Raum geringere Kompetenzen zuschreiben, besonders was den politischen Diskurs angeht, und/oder sogar generell selbstkritischer seien als Männer, was sich dann auch im politischen Raum zeige (Nissen 1998; Westle 2001a, b).

Hier wurde versucht, diese Aspekte des Selbstwertgefühls bei Jugendlichen in knapper Form zu ermitteln.[4] Vergleicht man die vier Indizes (Tabelle 9), so zeigt sich in allen Gruppierungen der Jugendlichen das größte Selbstwertgefühl bei der allgemeinen Diskursfähigkeit, das geringste überwiegend bei der subjektiven politischen Kompetenz, während die politische Diskursfähigkeit und das allgemeine Selbstwertgefühl mittlere Positionen einnehmen. Politik rangiert also nicht bei der Einschätzung der eigenen Diskussionsfähigkeiten, wohl aber bei der Einschätzung der eigenen Kenntnisse an letzter Position. Dies scheint für eine gewisse selbstkritische Wahrnehmung der Jugendlichen zu sprechen.

Von dem Besuch einer höheren Schule können für das Selbstwertgefühl mehrere, durchaus unterschiedliche Effekte erwartet werden. So sollte Bildung einerseits Grundlagenwissen fördern und die Fähigkeit steigern, komplexe Sachverhalte zu verstehen, zu verarbeiten und sich zu orientieren; des Weiteren könnte allein die Tatsache, in der Lage zu sein, die Anforderungen einer höheren Schule zu bewältigen, das Selbstwertgefühl steigern. Andererseits ist denkbar, dass größere kognitive Kompetenzen, die als Voraussetzung des Besuchs einer höheren Schule gelten, zu einer selbstkritischeren Sicht beitragen. Im vorliegenden Fall sprechen die Daten dafür, dass der Besuch einer höheren Schule bei beiden Geschlechtern das allgemeine Selbstwertgefühl in den jüngeren und mittleren Klassenstufen und bei Mädchen noch etwas stärker als bei Jungen fördert, während sich dieser Vorsprung später weitgehend nivelliert. Bei der allgemeinen und der politischen Diskursfähigkeit sowie der subjektiven politischen Kompetenz sind die Verteilungen entgegen der Erwartung jedoch uneinheitlicher; besonders auffällig ist allerdings der Kompetenzvorsprung der männlichen Gymnasiasten im politischen Bereich. Ebenfalls wenig einheitlich ist der lebenszyklische Verlauf, d.h. er zeigt in manchen

---

4    Dafür mussten neue Messinstrumente entwickelt werden, die sich nur in Teilen an Vorbilder aus Befragungen für Erwachsene anlehnen können (Tabelle 9). Insbesondere für die jüngeren Befragten erscheint der Aspekt der „effektiven Einflussnahme auf Politik" wenig passend und eine Beschränkung auf den Aspekt des „Verständnisses von Politik" angebracht . Die Items C und H sollten jugendgerecht das allgemeine Selbstwertgefühl erfassen; die Items B und E die subjektive Diskurskompetenz im öffentlichen Raum, die Items I und G die politische Diskurskompetenz und die Items A, D und F die subjektive politische Kompetenz. Überwiegend ergeben sich bei den Teilgruppierungen der Befragten in explorativen Faktorenanalysen (nicht als Tabelle ausgewiesen) jedoch nur drei Dimensionen, da die Items zur politischen Diskursfähigkeit keinen separaten Faktor bilden. Die Verteilungen zeigen aber deutliche Unterschiede zwischen den Items zur allgemeinen und denen zur politischen Diskursfähigkeit, so dass die theoretisch fundierte Indexbildung gerechtfertigt ist.

Gruppierungen Zu-, in anderen aber Abnahmen in einzelnen Aspekten des Selbstwertgefühls, jedoch nie übergreifend in allen Aspekten.

*Tabelle 9:* Selbstwertgefühl: einzelne Items und Indizes und Zusammenhänge zwischen den Indizes[a]

| Klassenstufen | Haupt-/Real-/Berufsschule | | | | | | Gymnasium | | | | | |
| | 5-6 | | 7-9 | | 10-12 | | 5-6 | | 7-9 | | 10-12 | |
| | M[b] | W[b] | M | W | M | W | M | W | M | W | M | W |
|---|---|---|---|---|---|---|---|---|---|---|---|---|
| **Items** | | | | | | | | | | | | |
| C  Leistungen in Schule | 2,67 | 2,60 | 2,48 | 2,53 | 2,71 | 2,73 | 3,00 | 2,99 | 2,61 | 2,61 | 2,61 | 2,76 |
| H  Vieles an mir ändern (-) | 2,23 | 2,11 | 2,54 | 2,26 | 2,77 | 2,58 | 2,45 | 2,56 | 2,57 | 2,48 | 2,93 | 2,60 |
| B  Hemmungen, Meinung sagen (-) | 3,08 | 2,67 | 3,14 | 3,14 | 3,12 | 3,14 | 3,05 | 2,86 | 3,01 | 3,13 | 3,24 | 3,09 |
| E  Bei Diskussionen durchsetzen | 2,61 | 2,74 | 2,85 | 2,92 | 2,89 | 2,84 | 2,83 | 2,79 | 2,91 | 2,94 | 2,94 | 2,79 |
| I  In öff. Disk. über Pol. trauen | 2,28 | 2,43 | 2,54 | 2,44 | 2,48 | 2,24 | 2,66 | 2,38 | 2,54 | 2,56 | 2,85 | 2,31 |
| G  Pol. Disk. keine Argumente (-) | 2,61 | 2,52 | 2,44 | 2,19 | 2,58 | 2,32 | 2,46 | 2,20 | 2,43 | 2,40 | 2,91 | 2,32 |
| A  Weiß viel über Politik | 1,88 | 2,01 | 2,17 | 1,89 | 2,34 | 1,99 | 2,44 | 2,01 | 2,40 | 2,01 | 2,88 | 2,16 |
| D  Pol. Fragen schwer (-) | 2,55 | 2,17 | 2,57 | 2,19 | 2,75 | 2,24 | 2,72 | 2,25 | 2,74 | 2,41 | 3,08 | 2,50 |
| F  Zu Politik keine Meinung (-) | 2,62 | 2,56 | 2,42 | 2,16 | 2,58 | 2,35 | 2,36 | 2,24 | 2,50 | 2,34 | 2,94 | 2,41 |
| **Indizes** | | | | | | | | | | | | |
| Ego allgemein (CH) | 2,45 | 2,36 | 2,52 | 2,40 | 2,74 | 2,65 | 2,73 | 2,78 | 2,59 | 2,55 | 2,77 | 2,68 |
| Öffentlicher Diskurs (BE) | 2,84 | 2,70 | 2,99 | 3,03 | 3,01 | 3,01 | 2,95 | 2,85 | 2,97 | 3,05 | 3,10 | 2,94 |
| Politischer Diskurs (IG) | 2,44 | 2,46 | 2,51 | 2,33 | 2,54 | 2,29 | 2,56 | 2,31 | 2,48 | 2,52 | 2,89 | 2,32 |
| Politik (ADF) | 2,35 | 2,25 | 2,40 | 2,08 | 2,56 | 2,19 | 2,52 | 2,19 | 2,57 | 2,24 | 2,97 | 2,36 |
| | *Zusammenhänge zwischen den Indizes (Pearson's r)* | | | | | | | | | | | |
| **Ego allg. und** | | | | | | | | | | | | |
| Öff. Diskurs | 0,10 | 0,18 | 0,20 | 0,20 | 0,25 | 0,24 | 0,04 | 0,28 | 0,09 | 0,22 | 0,20 | 0,16 |
| Pol. Diskurs | 0,13 | 0,14 | 0,10 | 0,17 | 0,10 | 0,30 | -0,07 | 0,20 | 0,05 | 0,17 | 0,26 | 0,14 |
| politisch | 0,16 | 0,23 | 0,07 | 0,14 | 0,26 | 0,26 | 0,09 | 0,16 | 0,13 | 0,18 | 0,18 | 0,12 |
| **Öff. Diskurs und** | | | | | | | | | | | | |
| Pol. Diskurs | 0,25 | 0,17 | 0,35 | 0,36 | 0,51 | 0,55 | 0,31 | 0,48 | 0,39 | 0,44 | 0,48 | 0,47 |
| Politisch | 0,11 | 0,05 | 0,15 | 0,16 | 0,35 | 0,32 | 0,22 | 0,22 | 0,09 | 0,27 | 0,29 | 0,29 |
| **Pol. Diskurs und** | | | | | | | | | | | | |
| Politisch | 0,53 | 0,48 | 0,51 | 0,53 | 0,61 | 0,65 | 0,57 | 0,60 | 0,54 | 0,55 | 0,68 | 0,68 |

a  Mittelwerte: 1 = geringes bis 4 = starkes Selbstwertgefühl, (-) = umgepolt. Bitte kreuzen Sie zu jeder der folgenden Aussagen an, inwieweit das auf Sie selbst zutrifft: (A) Im Allgemeinen weiß ich recht viel über Politik, (B) Ich habe Hemmungen, vor vielen Menschen meine Meinung zu sagen, (C) Mit meinen Leistungen in der Schule bin ich zufrieden, (D) Politische Fragen sind für mich oft schwer zu verstehen, (E) Bei Diskussionen kann ich mich meistens gut durchsetzen, (F) Zu vielen Dingen in der Politik habe ich eigentlich gar keine Meinung, (G) Ich glaube, dass mir bei Diskussionen über Politik meistens keine guten Argumente einfallen würden, (H) Wenn ich könnte, würde ich vieles an mir ändern, (I) In öffentlichen Diskussionen über Politik würde ich mich durchaus trauen, meine Meinung zu sagen. Trifft überhaupt nicht zu, trifft eher nicht zu, trifft eher zu, trifft voll und ganz zu. Die fehlenden Werte variieren bei den Items zwischen n = 67 bis n = 266, bei den Indizes betragen sie für Ego n = 189, öffentlicher Diskurs n = 314, politischer Diskurs n = 407, Politik n = 315.
b  M = männlich, W = weiblich.

Dagegen zeigen die weiblichen Befragten in der großen Mehrzahl der Gruppierungen ein geringeres Selbstwertgefühl als die männlichen, wobei die Differenz mit der Politiknähe der Dimensionen des Selbstwertgefühls zunimmt und – entgegen landläufiger Erwartungen – bei höherer Bildung größer ausfällt als bei geringer Bildung. Die Daten widersprechen allerdings der Vermutung, die geringere subjek-

tive politische Kompetenz der Mädchen bzw. jungen Frauen könne eine Folge ihres allgemeinen Selbstwertgefühls sein, denn dieses ist nur geringfügig schwächer
als das ihrer männlichen Mitschüler und zudem variieren die überwiegend schwachen Zusammenhänge mit der subjektiven politischen Kompetenz zwischen den
untersuchten Gruppierungen unsystematisch.

*Tabelle 10:* Zusammenhänge zwischen Interesse an Politik mit Aspekten des
Selbstwertgefühls (Pearson's r)

| Klassenstufen | Haupt-/Real-/Berufsschule | | | | | | Gymnasium | | | | | |
|---|---|---|---|---|---|---|---|---|---|---|---|---|
| | 5-6 | | 7-9 | | 10-12 | | 5-6 | | 7-9 | | 10-12 | |
| | M[a] | W[a] | M | W | M | W | M | W | M | W | M | W |
| Swg: Ego allg. | 0,13 | 0,07 | 0,02 | 0,09 | 0,18* | 0,08 | 0,08 | 0,12 | 0,07 | 0,12 | 0,12 | 0,09 |
| Swg: öff. Diskurs | 0,23 | -0,01 | 0,09 | 0,03 | 0,22* | 0,16* | 0,12 | 0,08 | 0,03 | 0,16 | 0,25* | 0,14 |
| Swg: pol. Diskurs | 0,32* | 0,41* | 0,31* | 0,28* | 0,40* | 0,40* | 0,45* | 0,36* | 0,46* | 0,33* | 0,57* | 0,47* |
| Swg: Politik | 0,34* | 0,39* | 0,51* | 0,47* | 0,58* | 0,60* | 0,64* | 0,58* | 0,63* | 0,54* | 0,75* | 0,63* |

* $p < 0,05$.
a M = männlich, W = weiblich.

Der Befund einer Irrelevanz des allgemeinen Selbstwertgefühls für den politischen
Kontext wird auch durch die Zusammenhänge zwischen den Aspekten des Selbstwertgefühls und dem Interesse an Politik gestützt (Tabelle 10), wenn in allen Teilgruppierungen das politische Interesse eng mit der subjektiven politischen Kompetenz und politischen Diskursfähigkeit zusammenhängt, aber kaum nennenswert mit
der subjektiven öffentlichen Diskursfähigkeit und dem allgemeinen Selbstwertgefühl.

*Tabelle 11:* Interesse an Politik und politisches Selbstwertgefühl (Spaltenprozent)[a]

| Klassenstufen | Haupt-/Real-/Berufsschule | | | | | | Gymnasium | | | | | |
|---|---|---|---|---|---|---|---|---|---|---|---|---|
| | 5-6 | | 7-9 | | 10-11 | | 5-6 | | 7-9 | | 10-11 | |
| | M[b] | W[b] | M | W | M | W | M | W | M | W | M | W |
| Selbstwertgefühl größer als Interesse | 51 | 49 | 48 | 34 | 47 | 34 | 47 | 38 | 47 | 38 | 41 | 28 |
| Selbstwertgefühl = Interesse | 35 | 28 | 38 | 47 | 39 | 45 | 43 | 45 | 36 | 44 | 47 | 49 |
| Selbstwertgefühl geringer als Interesse | 14 | 23 | 14 | 19 | 14 | 21 | 10 | 17 | 17 | 18 | 12 | 23 |

a Der Index zum Politischen Selbstwertgefühl wurde symmetrisch auf 5 Kategorien recodiert und mit
dem 5-kategorialen Interesse an Politik kombiniert. N = 3.171, fehlende Werte = 363.
b M = männlich, W = weiblich.

Eine bei der Wahlpopulation beobachtete Asymmetrie zwischen politischem Interesse und subjektiver politischer Kompetenz (Westle 2001b) findet sich in Ansätzen bereits bei der Jugend (Tabelle 11). So schätzen zwar alle untersuchten Teilgruppierungen ihre eigene politische Kompetenz häufiger größer ein als ihr Interesse an Politik, jedoch ist diese Asymmetrie bei männlichen Befragten stärker

ausgeprägt, während weibliche Befragte häufiger ein vergleichsweise zu ihrem Interesse an Politik geringeres Kompetenzbewusstsein äußern. Dieser Unterschied scheint zudem tendenziell in höherem Alter zuzunehmen und im Gymnasium stärker ausgeprägt zu sein als in den anderen Schultypen (Ausnahme: Gymnasium 7.-9. Klasse). Ob dieser Strukturunterschied in der Selbsteinschätzung mit dem objektiven Kenntnisstand korrespondiert oder aber auf ein überzogen großes bzw. überzogen unsicheres Selbstbewusstsein deutet, ist nachfolgend zu prüfen.

## 7. Politische Faktenkenntnis

Um einen Eindruck zum objektiven politischen Wissen zu gewinnen und überprüfen zu können, inwieweit subjektive und objektive politische Kompetenz korrespondieren, wurde in die Erhebung auch eine Fragebatterie zu politischen Faktenkenntnissen integriert.[5] Dazu wurden neue Items in Form eines Multiple-Choice-Quiz entwickelt. Die Fragen zielen auf reines Faktenwissen, nicht auf das Verständnis politischer Vorgänge oder Strukturen. Es sind jeweils zwei bis vier inhaltliche Antwortmöglichkeiten und die Kategorie „weiß nicht/kenne ich nicht" angegeben. Dabei wurde auf unterschiedliche Schwierigkeitsgrade geachtet, um den verschiedenen Klassenstufen gerecht zu werden, und auf „Geschlechter-Neutralität" der Fragen selbst bzw. auf die gleiche Anzahl von Fragen, die jeweils eher geschlechtsspezifische Interessen ansprechen könnten. Tabelle 12 zeigt die Mittelwerte von Zählindizes über alle 13 Items hinweg. Dabei wurden nicht nur – wie meist bei der Analyse von Wissensfragen – die richtigen Antworten berücksichtigt, sondern auch die falschen Antworten sowie die Anzahl von weiß nicht/keine Angabe. Grund dafür ist, dass die ausschließliche Berücksichtigung richtiger Antworten fehlende und falsche Faktenkenntnis gleichsetzt. Für eventuelle politische Handlungskonsequenzen dürfte es jedoch einen bedeutsamen Unterschied ausmachen, ob Bürger sich über ihre fehlenden Kenntnisse bewusst sind oder aber von einer objektiv falschen Faktenkenntnis überzeugt sind. Zudem begünstigt das Multiple-Choice-Format „mutige Rater" bzw. benachteiligt vorsichtigere Respondenten.[6]

---

5   Ursprünglich war daran gedacht, Fragen aus dem internationalen Projekt der „Civic Education Study" (Torney-Purta u.a. 2001; zu Deutschland Oesterreich 2002) zu übernehmen, um Vergleichsmöglichkeiten zu schaffen. Jedoch stehen deren Erhebungsinstrumente unter Nutzungs-Embargo.

6   Im amerikanischen Kontext gibt es eine intensive Debatte zu Erhebungsformaten im Bereich politischer Faktenkenntnisse, wobei weniger die Fragethemen kontrovers sind als vielmehr die Frage, ob die Bekundung fehlenden Wissens ermutigt werden soll (Delli Carpini/Keeter 1996) oder aber vor dem Hintergrund psychologischer, lerntheoretischer Befunde die Befragten zu inhaltlichen Antworten gedrängt werden sollen (Mondak 2001). Nur bei letzterem Vorgehen erhalte man valide Informationen über den Wissenstand, während ersteres Vorgehen Mut prämiere bzw. Unsicherheit bestrafe, also durch kognitionsfremde Elemente gestört werde. Diese Argumentation ist zwar überzeugend, für viele politikwissenschaftliche Fragestellung jedoch wenig relevant, da es hierbei nicht um die Ermittlung des „wahren Wissens" der Befragten geht, sondern um das potenziell politisch verhaltensrelevante Wissen, und dazu gehört auch die Fähigkeit, dieses öffentlich zu bekunden.

*Tabelle 12:*  Politisches Faktenwissen: Zählindizes (Mittelwerte)[a]

| Klassenstufen | Haupt-/Real-/Berufsschule | | | | | | Gymnasium | | | | | |
|---|---|---|---|---|---|---|---|---|---|---|---|---|
| | 5-6 | | 7-9 | | 10-12 | | 5-6 | | 7-9 | | 10-12 | |
| | M[b] | W[b] | M | W | M | W | M | W | M | W | M | W |
| Falsch (0-13) | 3,20 | 3,14 | 2,86 | 2,81 | 1,62 | 1,75 | 2,63 | 2,63 | 2,03 | 2,27 | 0,73 | 1,17 |
| Weiß nicht (0-13) | 4,78 | 5,29 | 2,31 | 3,69 | 1,71 | 2,10 | 2,60 | 4,33 | 1,84 | 2,53 | 0,60 | 1,25 |
| Richtig (0-13) | 5,02 | 4,58 | 7,83 | 6,50 | 9,66 | 9,15 | 7,77 | 6,04 | 9,12 | 8,19 | 11,67 | 10,58 |
| Richtig minus falsch (-13-13) | 1,83 | 1,44 | 4,98 | 3,68 | 8,03 | 7,41 | 5,14 | 3,42 | 7,09 | 5,91 | 10,94 | 9,41 |

a Im Folgenden haben wir so eine Art Quiz zusammengestellt. Es gibt zu jeder Frage nur eine richtige Antwort. Bitte versuchen Sie bei jeder Frage den Kennbuchstaben der richtigen Antwort einzutragen. Wenn Sie nicht wissen, um was es in einer Frage geht oder welche Antwort richtig ist, raten Sie bitte nicht herum, sondern kreuzen Sie das Feld „weiß nicht/kenne ich nicht" an. (Es geht hier nicht um eine Schulaufgabe und die Fragebögen werden sowieso anonym, also ohne Ihre Namen, ausgewertet. Deshalb: Schreiben Sie bitte nicht von den Sitz-Nachbarn ab und verständigen Sie sich auch nicht mit ihnen.) (A) Wann hat ein Land eine Demokratie? (a) wenn die Leute ihre Parlamentsabgeordneten oder ihre Regierung selbst wählen (r), (b) wenn die Leute viel Geld haben, (B) Welche politische Form hat die Bundesrepublik Deutschland? (a) Demokratie (r), (b) Diktatur, (C) Wer darf in der Bundesrepublik Deutschland zum Militär? (a) nur Männer, (b) Männer und Frauen (r), (D) Wo ist Deutschland Mitglied? (a) in der GUS (Gemeinschaft unabhängiger Staaten), (b) in der EU (Europäische Union) (r), (E) Bei welchen Wahlen dürfen Ausländer/innen aus der EU in Deutschland nicht wählen? (a) bei Kommunalwahlen, (b) bei Bundestagswahlen (r), (G) Was macht der Deutsche Bundestag? (a) Gesetze (r), (b) Wirtschaftsplanung, (H) Was bedeutet NATO? (a) Staatenbündnis zur militärischen Verteidigung (r), (b) Staatenbündnis zur wirtschaftlichen Zusammenarbeit, (I) Was bedeutet Föderalismus? (a) dass ein Staat nicht nur eine Regierung hat, sondern mehrere Länder mit eigenen Regierungen hat (r), (b) dass der Staat sich bemüht, jeden Bürger und jede Bürgerin so gut wie möglich zu fördern, (J) Wie heißt unser jetziger Bundeskanzler? (a) Helmut Kohl, (b) Gerhard Schröder (r), (c) Joschka Fischer, (d) Edmund Stoiber, (K) Aus welchen Parteien besteht zur Zeit die Bundesregierung? (a) aus SPD und CDU, (b) aus SPD und Bündnis90/Die Grünen (r), (c) aus CDU und FDP, (d) aus CDU und Bündnis90/Die Grünen, (L) Welche Partei regiert zur Zeit in Bayern? (a) SPD, (b) CSU (r), (d) FDP, (d) CDU, (M) Ab welchem Alter darf man bei Bundestagswahlen wählen? (a) ab 10 Jahren, (b) ab 15 Jahren, (c) ab 18 Jahren (r), (d) ab 21 Jahren, (N) Wie viele Stimmen hat jeder Wähler und jede Wählerin bei Bundestagswahlen? (a) eine Stimme, (b) zwei Stimmen (r), (c) drei Stimmen, (d) vier Stimmen [r = richtige Antwort].
b M = männlich, W = weiblich.

Erwartungsgemäß variiert der Kenntnisstand sowohl in Abhängigkeit der Schultypen als auch des Alters und des Geschlechts, wobei eine enorme Spreizung zwischen gerade mal 1,44 und 10,94 auf einer Skala von -13 bis +13 deutlich wird. Sowohl bei Mädchen als auch bei Jungen geben die Gymnasialschüler der jeweils gleichen Klassenstufen seltener falsche und Weiß-nicht-Antworten sowie dementsprechend häufiger richtige Antworten als ihre jeweilige Vergleichsgruppe in den anderen Schultypen; wenn man die Anzahl falscher von der richtiger Antworten subtrahiert, verstärkt sich die Differenz zwischen den Schultypen noch.

Daneben werden auch klassenstufenabhängige Unterschiede deutlich, d.h. das Faktenwissen wächst mit steigendem Alter. So nimmt die Anzahl falscher Antworten – vor allem ab der 10. Klasse – deutlich ab, die Anzahl der Weiß-nicht-Antworten nimmt in der Hauptschule besonders in den mittleren, im Gymnasium in den oberen Stufen ab, und entsprechend zeigen sich bei den richtigen Antworten bzw. dem Index richtiger minus falscher Antworten Zuwächse.

Die geschlechtsspezifischen Unterschiede sind durchgehend etwas geringer als die zwischen den Schultypen und den Altersstufen. Die Mädchen weisen aber fast durchgehend etwas geringere Anteile an richtigen Antworten auf als die Jungen. Dabei geben sie aber kaum häufiger falsche Antworten, sondern geben sehr viel öfter als die Jungen fehlendes Wissen an.[7] Dieser Überhang an Weiß-nicht-Antworten ohne gleichzeitigen Überhang an fehlerhaften Antworten entspricht der Antwortstruktur bei der Wahlpopulation (Westle 2005). Berücksichtigt man die Anzahl richtiger minus falscher Antworten, so zeigt sich der unerwartete Befund, dass die Kluft zwischen den Geschlechtern nicht etwa bei geringer Bildung, sondern im Gymnasium zu Beginn, besonders aber am Ende der Ausbildung am stärksten ist. Folglich trägt die Gymnasialausbildung zwar bei beiden Geschlechtern deutlich zur Steigerung des politischen Wissens bei, scheint aber geschlechtsspezifisch unausgewogener als die anderen schulischen Ausbildungsgänge zu sein.

## 8. Demokratieverständnis

In einem weiteren Schritt wurde versucht, Aspekte des Demokratieverständnisses zu ermitteln (Tabelle 13). Anders als in amerikanischen Studien (Zaller 1992; Delli Carpini/Keeter 1996), wird hier nicht davon ausgegangen, dass mittels Faktenwissen bereits das Verständnis demokratischer Werte, Strukturen und Prozesse eindeutig prognostizierbar ist. Dieser Zweifel gilt umso mehr für die Jugend, bei der das Faktenwissen weniger als bei Erwachsenen von intrinsisch motiviertem Informationsverhalten, sondern auch von schulischen Anforderungen abhängen dürfte. Dabei ist zudem die Gleichzeitigkeit der Vermittlung eines intensiveren Demokratieverständnisses fraglich. Auch könnte die latente Sozialisation bei dem Verständnis eine größere Rolle einnehmen als bei dem Faktenwissen, für das die manifeste politische Bildung wesentlicher sein dürfte.

Der Begriff „Verständnis" ist dabei durchaus in seiner Ambiguität gemeint, denn die Fragen zielen einerseits auf ein inhaltliches Verständnis dessen, was Demokratie bedeutet. Andererseits ist dieses Verständnis nicht immer einfach als falsch oder richtig zu werten, sondern impliziert interpretative Momente. Jedoch sind solche Antworten vorgegeben, bei denen mindestens eine als demokratieinadäquat gelten kann, während eine oder mehrere als richtig gewertet werden können. Die Fragen selbst sind neue Entwicklungen, lehnen sich aber teilweise an vorhandene Instrumente an. Hier können erneut nur die Verteilungen bei den Summenindizes behandelt werden.

Auch bei diesen Indikatoren besteht eine große Spreizung – von einem leichten Überhang falscher Antworten bei den männlichen 5.-6.-Klässlern der Haupt-

---

7 Über zehn Prozentpunkte Unterschied finden sich nur bei vier Fragen, nämlich zum Wahlrecht für Ausländer, zur Bedeutung der NATO sowie zu den in Bundesregierung und bayerischer Landesregierung vertretenen Parteien. Warum gerade hierbei eine größere Geschlechterkluft besteht, ist bislang nicht erkennbar.

schule bis hin zu einem Überhang von knapp fünf richtigen Antworten bei den Gymnasialschülern. Ähnlich wie bei dem Faktenwissen sind falsche und Weiß-nicht-Antworten im Gymnasium seltener als in den anderen Schultypen und sinken pro Schultyp mit höheren Klassenstufen, während richtige Antworten zunehmen.

*Tabelle 13:* Demokratieverständnis: Zählindizes (Mittelwerte)[a]

| Klassenstufen | Haupt-/Real-/Berufsschule | | | | | | Gymnasium | | | | | |
|---|---|---|---|---|---|---|---|---|---|---|---|---|
| | 5-6 | | 7-9 | | 10-12 | | 5-6 | | 7-9 | | 10-12 | |
| | M[b] | W[b] | M | W | M | W | M | W | M | W | M | W |
| Falsch (0-7) | 2,40 | 1,98 | 2,01 | 1,62 | 1,27 | 1,06 | 1,90 | 1,65 | 1,40 | 1,34 | 1,00 | 0,84 |
| Weiß nicht (0-7) | 2,27 | 2,77 | 1,23 | 1,82 | 0,85 | 1,13 | 1,38 | 1,97 | 0,88 | 1,06 | 0,20 | 0,40 |
| Richtig (0-7) | 2,33 | 2,24 | 3,77 | 3,56 | 4,88 | 4,81 | 3,72 | 3,38 | 4,72 | 4,61 | 5,81 | 5,76 |
| Richtig minus falsch (-7-7) | -0,07 | 0,27 | 1,76 | 1,94 | 3,60 | 3,75 | 1,82 | 1,72 | 3,32 | 3,27 | 4,81 | 4,92 |

a  (-7 bis +7). (A) Wer soll Ihrer Meinung nach ein Land regieren? (a) moralische oder religiöse Führer (b) eine kleine Gruppe gebildeter Personen (c) von allen gewählte Abgeordnete (d) Experten für Regierungsaufgaben und politische Angelegenheiten. (B) Was soll Ihrer Meinung nach erlaubt sein, wenn man gegen die Regierungspolitik protestieren will? (a) Man soll überhaupt nicht gegen die Regierungspolitik protestieren dürfen, denn die Regierung ist ja von der Mehrheit der Bürger gewählt worden (b) Man soll z.B. mit Briefen und Unterschriftensammlungen gegen die Regierungspolitik protestieren dürfen, solange dadurch niemand belästigt wird (c) Man soll z.B. mit Demonstrationen auf die Straße gegen die Regierungspolitik protestieren dürfen, selbst wenn dadurch die öffentliche Ordnung beeinträchtigt wird. (C) Welche der beiden folgenden Aussagen kommt Ihrer persönlichen Meinung am nächsten? (a) Wenn man nur genug darüber nachdenkt, ist es meistens ganz klar, welche Politik für alle Menschen in einem Land gut wäre (b) Meistens kann man gar nicht sagen, welche Politik für alle Menschen in einem Land gut wäre, weil für verschiedene Menschen unterschiedliche Politik gut sein kann. (D) Was soll die politische Opposition Ihrer Meinung nach in der Demokratie tun? (a) Die Opposition soll die Regierung in ihrer Arbeit unterstützen (b) Die Opposition soll die Arbeit der Regierung kontrollieren und kritisieren (c) Die Opposition soll gar nichts tun, sondern sich ruhig verhalten. (E) Welche der beiden folgenden Aussagen kommt Ihrer persönlichen Meinung am nächsten? (a) Auseinandersetzungen zwischen verschiedenen Interessengruppen in einer Demokratie sind berechtigt und gehören einfach zur Freiheit (b) Auseinandersetzungen zwischen verschiedenen Interessengruppen in einer Demokratie schaden dem Allgemeinwohl. (F) Wie sollen sich Ihrer Meinung nach in einer Demokratie die Menschen verhalten können, die mit ihrer Meinung bei einer Wahl oder Abstimmung in der Minderheit sind? (a) Die Minderheit soll sich nach der Meinung der Mehrheit richten und deren Meinung übernehmen (b) Die Minderheit soll sich nach der Meinung der Mehrheit richten, aber darf im Geheimen ihre eigene Meinung behalten (c) Die Minderheit soll sich nach der Meinung der Mehrheit richten, aber darf trotzdem laut und öffentlich für ihre eigene Meinung eintreten, um andere davon zu überzeugen. (G) In einer Demokratie gibt es manchmal auch Parteien, die gegen die Demokratie sind und sie abschaffen wollen. Wie soll man Ihrer Meinung nach damit umgehen? (a) Solche Parteien sollen verboten werden (b) Solche Parteien sollen von den anderen Parteien einfach nicht akzeptiert werden (c) Solche Parteien sollen auch eine Chance haben, an die Regierung zu kommen; jeweils zusätzlich: "weiß nicht".
b  M = männlich, W = weiblich.

Die geschlechtsspezifischen Antwortstrukturen weichen jedoch deutlich von denen bei den Faktenkenntnissen ab. So geben hier die männlichen Befragten in allen Kategorien eindeutig häufiger falsche Antworten als die weiblichen, die aber erneut häufiger „weiß nicht" antworten. Dies resultiert zwar in einem Vorsprung der Jungen bei den richtigen Antworten, der sich jedoch bei Berücksichtigung der falschen Antworten reduziert oder in einen Vorsprung der Schülerinnen umkehrt.

*Tabelle 14:* Zusammenhänge zwischen politischem Faktenwissen und Demokratieverständnis (Pearson's r)

| Fakten-wissen | Demokratie-verständnis | Haupt-/Real-/Berufsschule | | | | | | Gymnasium | | | | | |
|---|---|---|---|---|---|---|---|---|---|---|---|---|---|
| | | 5-6 | | 7-9 | | 10-12 | | 5-6 | | 7-9 | | 10-12 | |
| | | M[a] | W[a] | M | W | M | W | M | W | M | W | M | W |
| Falsch | falsch | 0,43 | 0,45 | 0,28 | 0,25 | 0,28 | 0,25 | 0,22 | 0,25 | 0,28 | 0,26 | 0,12 | 0,15 |
| | weiß nicht | -0,45 | -0,42 | -0,12 | -0,20 | -0,05 | -0,02 | -0,12 | -0,29 | -0,15 | -0,17 | 0,02 | 0,07 |
| | richtig | 0,22 | 0,18 | -0,11 | 0,01 | -0,17 | -0,14 | -0,07 | 0,14 | -0,08 | -0,07 | -0,12 | -0,17 |
| Weiß nicht | falsch | -0,44 | -0,42 | -0,13 | -0,21 | -0,04 | -0,10 | -0,19 | -0,25 | -0,14 | -0,19 | 0,00 | 0,02 |
| | weiß nicht | 0,57 | 0,43 | 0,38 | 0,50 | 0,52 | 0,48 | 0,46 | 0,47 | 0,57 | 0,44 | 0,10 | 0,17 |
| | richtig | -0,38 | -0,22 | -0,25 | -0,37 | -0,40 | -0,39 | -0,29 | -0,35 | -0,38 | -0,20 | -0,05 | -0,13 |
| Richtig | falsch | 0,34 | 0,27 | -0,04 | 0,09 | -0,13 | -0,06 | 0,04 | 0,14 | -0,05 | 0,01 | -0,08 | -0,13 |
| | weiß nicht | -0,53 | -0,31 | -0,35 | -0,50 | -0,49 | -0,48 | -0,43 | -0,42 | -0,47 | -0,34 | -0,10 | -0,20 |
| | richtig | 0,41 | 0,19 | 0,37 | 0,47 | 0,50 | 0,50 | 0,37 | 0,37 | 0,43 | 0,28 | 0,11 | 0,24 |

a  M = männlich, W = weiblich.

Die Zusammenhänge zwischen Faktenwissen und Demokratieverständnis (Tabelle 14) zeigen: Wer bei den Faktenfragen besonders häufig richtig antwortet, gibt zwar bei den Demokratieverständnisfragen auch überproportional häufig zutreffende Antworten, jedoch (besonders in den jüngeren Jahrgängen) auch gehäuft falsche Antworten statt auf eine Antwort zu verzichten. Diejenigen mit überproportional fehlerhafter Faktenkenntnis neigen bei den Demokratiefragen auch zu falschen Vorstellungen auf Kosten des Zugebens von Nicht-Wissen und richtigen Antworten. Und die in Faktenfragen Unsicheren wissen auch gehäuft subjektiv und objektiv über die Demokratie nicht Bescheid. Insgesamt sind diese Zusammenhänge erwartet nicht so eng, als dass das eine Instrument das andere ersetzen könnte.

## 9.  Zur Konsonanz subjektiver und objektiver politischer Kompetenz

Die Parallelität der Unterschiede im Interesse an Politik, dem politischen Kompetenzgefühl und dem Fakten-Wissen (jedoch nur bedingt dem Demokratieverständnis) deutet darauf hin, dass diese Phänomene einander bedingen. Ähnliche Befunde zur Erwachsenenpopulation haben wiederholt zu einer normativ gewendeten Bestätigung traditioneller Rollenmuster beigetragen. Allerdings sind auch immer wieder Zweifel an der Validität bzw. an der geschlechtsneutralen Äquivalenz der Indikatoren geäußert worden. Insbesondere wird vermutet, dass weibliche Befragte häufiger dazu neigen, das eigene Interesse an Politik und die eigene politische Kompetenz zu untertreiben, männliche dagegen eher zur Übertreibung tendieren. An empirischen Überprüfungen dieser Annahmen fehlt es bislang jedoch.

*Tabelle 15:* Zusammenhänge zwischen Interesse an Politik und subjektiver politischer Kompetenz mit politischem Faktenwissen und Demokratieverständnis (Pearson's r)

| Klassenstufen | Haupt-/Real-/Berufsschule | | | | | | Gymnasium | | | | | |
|---|---|---|---|---|---|---|---|---|---|---|---|---|
| | 5-6 | | 7-9 | | 10-11 | | 5-6 | | 7-9 | | 10-11 | |
| | M[a] | W[a] | M | W | M | W | M | W | M | W | M | W |
| | Interesse an Politik | | | | | | | | | | | |
| Faktenwissen | | | | | | | | | | | | |
| Falsch | 0,23 | 0,15 | -0,05 | 0,02 | -0,10 | -0,10 | -0,02 | 0,07 | -0,14 | -0,05 | -0,16 | -0,13 |
| Weiß nicht/kA | -0,34 | -0,18 | -0,19 | -0,28 | -0,32 | -0,30 | -0,41 | -0,26 | -0,24 | -0,29 | -0,24 | -0,29 |
| Richtig | 0,34 | 0,15 | 0,25 | 0,34 | 0,38 | 0,37 | 0,48 | 0,31 | 0,33 | 0,35 | 0,30 | 0,35 |
| Demokratieverständnis | | | | | | | | | | | | |
| Falsch | 0,33 | 0,19 | 0,01 | 0,08 | -0,11 | -0,01 | 0,08 | 0,14 | -0,07 | -0,15 | -0,04 | -0,06 |
| Weiß nicht/kA | -0,40 | -0,23 | -0,32 | -0,38 | -0,33 | -0,32 | -0,44 | -0,37 | -0,33 | -0,11 | -0,05 | -0,26 |
| Richtig | 0,23 | 0,14 | 0,29 | 0,35 | 0,35 | 0,31 | 0,35 | 0,31 | 0,33 | 0,22 | 0,05 | 0,23 |
| | Subjektive politische Kompetenz | | | | | | | | | | | |
| Faktenwissen | | | | | | | | | | | | |
| Falsch | 0,02 | 0,31 | -0,07 | 0,05 | -0,14 | -0,04 | -0,01 | 0,17 | -0,14 | 0,03 | -0,23 | -0,07 |
| Weiß nicht/kA | -0,06 | -0,32 | -0,16 | -0,23 | -0,23 | -0,35 | -0,44 | -0,35 | -0,23 | -0,31 | -0,37 | -0,35 |
| Richtig | 0,08 | 0,22 | 0,23 | 0,25 | 0,31 | 0,39 | 0,48 | 0,35 | 0,32 | 0,32 | 0,44 | 0,36 |
| Demokratieverständnis | | | | | | | | | | | | |
| Falsch | 0,10 | 0,22 | 0,01 | 0,06 | -0,04 | 0,02 | 0,03 | 0,06 | -0,10 | 0,02 | -0,04 | -0,01 |
| Weiß nicht/kA | -0,07 | -0,26 | -0,24 | -0,31 | -0,33 | -0,30 | -0,44 | -0,35 | -0,39 | -0,28 | -0,13 | -0,28 |
| Richtig | 0,01 | 0,16 | 0,21 | 0,27 | 0,30 | 0,27 | 0,37 | 0,34 | 0,38 | 0,21 | 0,09 | 0,20 |

a  M = männlich, W = weiblich.

Hier kann dies jedoch überprüft werden, indem Interesse und subjektive Kompetenz mit objektivem Wissen in Beziehung gesetzt werden. Dabei zeigt sich zunächst das von Erwachsenen bekannte Bild auch bei den Jugendlichen aller Altersklassen und Schultypen sowie beider Geschlechter, dass bei einer Zunahme des politischen Interesses bzw. der subjektiven Kompetenz auch objektiv größeres Wissen über Politik vorliegt, insofern als häufiger richtige Antworten und seltener „weiß nicht" erfolgen. Allerdings neigen die jüngeren Altersstufen bei größerem politischen Interesse auch gleichzeitig häufiger zu falschen Antworten, und bei der subjektiven politischen Kompetenz sind die Korrelationen teilweise so gering, dass ein Spielraum für Abweichungen bleibt (Tabelle 15).

Es könnte also durchaus der Fall sein, dass weibliche Befragte ihre politische Kompetenz vergleichsweise zu männlichen Befragten unterschätzen. Um dies zu prüfen, wird die Perspektive nun gedreht, d.h. die Angaben zum politischen Interesse und Selbstwertgefühl werden in Abhängigkeit vom objektiven Wissen betrachtet. Dafür sollten die Wissenskategorien zwischen den Geschlechtern sehr ähnlich sein, also jeweils ein nur kleines Spektrum an korrekt minus falsch beantworteten Fragen umfassen. Dies resultiert jedoch in dem Problem, dass bei der bisherigen Teilgruppenaufteilung zu geringe Häufigkeiten für die Analyse verbleiben. Deshalb wurde diese Analyse ausnahmsweise in einer Zweiteilung ausgeführt, wobei die erste Variante neben der Geschlechterdifferenzierung nur die Schultypen enthält, aber auf die Klassenaufteilung verzichtet, während die zweite Variante die Klassenaufteilung ohne die Schultypunterteilung enthält (Tabelle 16).

*Tabelle 16:* Interesse an Politik und subjektive politische Kompetenz in Abhängigkeit von politischem Faktenwissen und von Demokratieverständnis (Indizes richtige minus falsche Antworten)

| | alle Klassen | | | alle Schultypen | | | | | |
|---|---|---|---|---|---|---|---|---|---|
| | Haupt-/Real-/ Berufsschule | | Gymnasium | | 5-6 | | 7-9 | | 10-11 | |
| | $M^a$ | $W^a$ | M | W | M | W | M | W | M | W |
| | Faktenwissen | | | | | | | | | |
| Interesse an Politik[b] | | | | | | | | | | |
| -7 bis 0 | 2,04 | 1,91 | 2,23 | 2,00 | 1,95 | 2,08 | 2,20 | 1,81 | 2,00 | 1,70 |
| 1 bis 4 | 2,09 | 2,05 | 2,23 | 2,18 | 2,19 | 2,17 | 2,08 | 2,05 | 2,10 | 2,01 |
| 5 bis 7 | 2,36 | 2,30 | 2,58 | 2,45 | 2,53 | 2,35 | 2,35 | 2,38 | 2,50 | 2,35 |
| 8 bis 10 | 2,67 | 2,51 | 2,94 | 2,60 | 2,97 | 2,64 | 2,71 | 2,47 | 2,81 | 2,59 |
| 11 bis 13 | 3,06 | 2,67 | 3,51 | 3,01 | 3,57 | - | 3,06 | 2,78 | 3,38 | 2,91 |
| Subjektive politische Kompetenz[c] | | | | | | | | | | |
| -7 bis 0 | 2,38 | 2,04 | 2,33 | 2,17 | 2,33 | 2,22 | 2,46 | 1,96 | 2,24 | 1,63 |
| 1 bis 4 | 2,22 | 2,06 | 2,30 | 2,10 | 2,33 | 2,17 | 2,19 | 2,02 | 2,19 | 1,98 |
| 5 bis 7 | 2,39 | 2,14 | 2,46 | 2,20 | 2,52 | 2,30 | 2,38 | 2,19 | 2,40 | 2,07 |
| 8 bis 10 | 2,64 | 2,31 | 2,68 | 2,31 | 2,73 | 2,52 | 2,70 | 2,37 | 2,62 | 2,28 |
| 11 bis 13 | 2,82 | 2,51 | 3,13 | 2,61 | 3,43 | - | 2,94 | 2,56 | 3,02 | 2,58 |
| | Demokratieverständnis | | | | | | | | | |
| Interesse an Politik[b] | | | | | | | | | | |
| -7 bis 0 | 2,20 | 2,17 | 2,55 | 2,24 | 2,24 | 2,28 | 2,19 | 2,13 | 2,62 | 2,00 |
| 1 bis 4 | 2,18 | 2,01 | 2,39 | 2,26 | 2,20 | 2,03 | 2,19 | 2,01 | 2,42 | 2,35 |
| 5 bis 7 | 2,37 | 2,12 | 2,91 | 2,35 | 2,45 | 2,20 | 2,49 | 2,12 | 2,78 | 2,37 |
| 8 bis 10 | 2,58 | 2,40 | 3,07 | 2,64 | 2,74 | 2,67 | 2,50 | 2,39 | 3,05 | 2,58 |
| 11 bis 13 | 2,94 | 2,63 | 3,23 | 2,77 | 2,50 | 2,30 | 2,87 | 2,64 | 3,21 | 2,77 |
| Subjektive politische Kompetenz[c] | | | | | | | | | | |
| -7 bis 0 | 2,36 | 2,17 | 2,48 | 2,07 | 2,41 | 2,23 | 2,33 | 2,06 | 2,48 | 2,15 |
| 1 bis 4 | 2,39 | 2,06 | 2,41 | 2,21 | 2,39 | 2,14 | 2,38 | 2,03 | 2,43 | 2,19 |
| 5 bis 7 | 2,41 | 2,08 | 2,64 | 2,20 | 2,37 | 2,17 | 2,41 | 2,10 | 2,69 | 2,14 |
| 8 bis 10 | 2,50 | 2,17 | 2,71 | 2,34 | 2,74 | 2,53 | 2,49 | 2,18 | 2,74 | 2,26 |
| 11 bis 13 | 2,72 | 2,47 | 2,99 | 2,40 | 2,78 | 2,33 | 2,81 | 2,43 | 2,88 | 2,43 |

a  M = männlich, W = weiblich.
b  Mittelwerte 1 = überhaupt nicht bis 5 = sehr stark.
c  Mittelwerte 1 = gering bis 4 = groß.

Der Befund ist eindeutig: Bei identischem Wissen zu politischen Fakten sowie zur Demokratie artikulieren männliche Befragte aller Schultypen und Altersstufen größeres allgemeines Interesse an Politik und größeres politisches Selbstbewusstsein als weibliche. Ferner erscheinen „weibliche Untertreibungen" etwas stärker als die „männlichen Übertreibungen". Dabei bleibt aber offen, wie solche Über- und Untertreibungen zu interpretieren sind: als substantiell in das Selbstbild der Geschlechter integrierte Eigenschaften oder aber als Effekte sozialer Wünschbarkeit.

10. **Geschlechtsrollenorientierungen und familiäre Geschlechterrollen sowie ihre Zusammenhänge mit Interesse an Politik**

Die vorgelegten Befunde deuten auf Effekte der politischen Bildung in den Schulen, die hier jedoch nicht weiter analysiert werden können. Aber die durchgängigen Unterschiede zwischen den Geschlechtern deuten darüber hinaus darauf hin, dass auch im außerschulischen Bereich nach wie vor eine geschlechtsspezifisch differente politische bzw. politikrelevante Sozialisation erfolgt. Dieser Vermutung soll nun abschließend nachgegangen werden. Zwei Aspekte scheinen hierfür besonders von Interesse, nämlich manifeste und latente Geschlechterrollensozialisation in der Familie und Geschlechterrollenorientierungen der Befragten selbst. Die hierzu verfolgte Annahme besagt, dass Kinder (nach wie vor oder erneut) geschlechtsspezifisch unterschiedlich entlang traditioneller Muster erzogen werden und/oder diese Muster ihnen durch traditionelles Rollenverhalten der Eltern vermittelt werden.

*Tabelle 17:* Merkmale geschlechtsspezifischer Sozialisation im familiären Kontext

| Klassenstufen | Haupt-/Real-/Berufsschule | | | | | | Gymnasium | | | | | |
|---|---|---|---|---|---|---|---|---|---|---|---|---|
| | 5-6 | | 7-9 | | 10-12 | | 5-6 | | 7-9 | | 10-12 | |
| | $M^a$ | $W^a$ | M | W | M | W | M | W | M | W | M | W |
| Gesprächs-Index[b] | | | | | | | | | | | | |
| Mit keinem | 56 | 49 | 51 | 44 | 32 | 31 | 36 | 42 | 32 | 27 | 13 | 17 |
| Nur mit Vater | 15 | 11 | 16 | 17 | 19 | 17 | 25 | 17 | 23 | 19 | 22 | 17 |
| Nur mit Mutter | 12 | 17 | 10 | 14 | 9 | 10 | 10 | 15 | 6 | 15 | 8 | 13 |
| Mit beiden | 17 | 23 | 23 | 25 | 41 | 42 | 29 | 26 | 39 | 39 | 57 | 53 |
| Hausarbeiten-Indizes[c] | | | | | | | | | | | | |
| Selbst | 0,92 | 1,27 | 1,18 | 1,63 | 1,95 | 2,48 | 0,97 | 0,97 | 1,10 | 1,22 | 1,23 | 1,44 |
| Mutter | 3,44 | 3,52 | 3,53 | 3,36 | 3,12 | 2,95 | 3,39 | 3,35 | 3,03 | 3,33 | 3,35 | 3,35 |
| Vater | 1,31 | 1,19 | 1,31 | 1,23 | 1,11 | 1,00 | 1,49 | 1,34 | 1,40 | 1,24 | 1,13 | 1,08 |
| Mutter+Vater | 0,75 | 0,84 | 0,79 | 0,66 | 0,75 | 0,57 | 0,87 | 0,95 | 0,91 | 0,93 | 0,83 | 0,85 |
| Relativer-Hausarbeiten-Index[d] | 2,14 | 2,33 | 2,23 | 2,13 | 2,00 | 1,95 | 1,90 | 2,01 | 1,90 | 2,01 | 2,22 | 2,26 |
| Relativer-Spielzeug-Index[e] | -2,01 | 1,59 | -2,26 | 1,68 | -2,22 | 1,68 | -1,87 | 1,70 | -2,00 | 1,41 | -2,06 | 1,65 |
| Relativer-Fertigkeiten-Index[f] | -0,30 | 0,90 | -1,04 | 0,25 | -1,15 | -0,08 | -0,41 | 0,99 | -0,83 | 0,42 | -1,02 | 0,47 |

a  M = männlich, W = weiblich.
b  Spaltenprozente.
c  Mittelwerte: 0 bis 8.
d  Mittelwerte: -8 = mehr männlich bis 8 = mehr weiblich.
e  Mittelwerte: -4 = mehr männlich bis 4 = mehr weiblich.
f  Mittelwerte: -3 = mehr männlich bis 3 = mehr weiblich.

Die Befunde (Tabelle 17)[8] zeigen für den manifest politischen Bereich keine geschlechtsspezifischen Muster, insoweit die Unterschiede in der Gesprächshäufigkeit mit den Eltern (Mutter, Vater oder beiden) über Politik zwischen Jungen und Mädchen weder groß noch systematisch ausfallen. Die latente Sozialisation bietet jedoch ein völlig anderes Bild. So wird ein geradezu frappierend traditionelles Muster der heimischen Arbeitsverteilung zwischen den Elternteilen berichtet. Die

---

8    Wegen des Beitragsumfangs sind hier und nachfolgend nur Indizes ausgewiesen und es wird auf die Abbildung der Fragetexte verzichtet.

Mütter sind durchgehend in größerem Umfang als die Väter für Wohnungssäuberung, Wäsche, Kochen und Kleidungsreparatur zuständig, die Väter für die Reparatur des Autos, in begrenztem Umfang auch noch für den Verkehr mit Behörden und das Hofkehren. Generell werden die Jugendlichen nur wenig zu diesen Arbeiten herangezogen – wenn aber doch, dann die Mädchen vor allem mit zunehmendem Alter und in den unteren Bildungsschichten stärker als die Jungen – und zwar erneut in traditioneller Aufteilung, d.h. bei der Zimmersäuberung, der Wäsche, dem Kochen und Nähen, während die jungen Männer lediglich bei der Autoreparatur mitarbeiten. Auch der Besitz von Spielzeug zeigt traditionelle Verteilungen. So geben die Mädchen in erheblich größerem Maß als die Jungen den Besitz typisch weiblichen Spielzeugs (z.B. Puppen) an, während die Jungen viel stärker als die Mädchen über das klassische männliche Spielzeugrepertoire (z.B. Technisches) verfügen – und zudem ausschließlicher. Ebenfalls zeigen die Berichte der Jugendlichen über eigene Fertigkeiten traditionelle Gender-Muster, d.h. die Mädchen können nähen, kochen und musizieren, die Jungen mit einer Bohrmaschine umgehen, Regale anbringen und im Internet surfen.

Im Gegensatz zu diesen klaren traditionellen Gender-Mustern fallen die Orientierungen der Jugendlichen gegenüber Gender-Fragen weniger systematisch aus (Tabelle 18). So zeigen sich zwar weibliche Befragte unzufriedener mit der Politik zur Gleichberechtigung als die männlichen; ebenso lehnen sie negative Charakterisierungen der politischen Fähigkeiten und Rolle von Frauen in der Politik stärker ab und stimmen positiv diskriminierenden Aussagen etwas mehr zu (wobei beide Geschlechter der positiven Diskriminierung von Frauen skeptischer gegenüberstehen, die Ablehnung negativer Diskriminierung dagegen eher unterstützen) (Tabelle 18). Jedoch gibt es bei diesen Items im Vergleich zu den anderen Einstellungs-Indikatoren der Studie sehr hohe Anteile an fehlenden Werten.

*Tabelle 18:* Diverse Orientierungen gegenüber Gender-Fragen (Mittelwerte)[a]

| Klassenstufen | Haupt-/Real-/Berufsschule | | | | Gymnasium | | | |
| | 8-9 | | 10-12 | | 8-9 | | 10-12 | |
| | M[b] | W[b] | M | W | M | W | M | W |
|---|---|---|---|---|---|---|---|---|
| Zufrieden Polit. Gleichberechtigung[c] | 3,90 | 3,66 | 3,91 | 3,88 | 4,13 | 3,85 | 4,01 | 3,96 |
| Politik vernachlässigt Frauen[d] | 1,38 | 1,60 | 1,85 | 2,31 | 1,10 | 1,58 | 1,69 | 2,19 |
| Neg. Diskriminierung von Frauen[e] | 2,84 | 3,65 | 3,22 | 3,68 | 3,18 | 3,78 | 3,26 | 3,72 |
| Pos. Diskriminierung von Frauen[d] | 1,90 | 2,55 | 1,80 | 2,43 | 1,79 | 2,50 | 1,55 | 2,23 |

a Bei „Zufriedenheit" n = 1.876, fehlende Werte = 468, bei „Vernachlässigt" n = 1.937, fehlende Werte = 407, bei „negativer Diskriminierung" n = 2.058, fehlende Werte = 386 und bei positiver Diskriminierung n = 1.717, fehlend Werte = 627.
b M = männlich, W = weiblich.
c 1-6 = zufrieden.
d 1 = Ablehnung 4 = Zustimmung.
e 1 = Zustimmung 4 = Ablehnung.

Auch zeigen Vergleiche von Realitätswahrnehmung und normativer Vorstellung wenig Sensibilität der Jugendlichen – bei männlichen noch weniger als bei weiblichen – gegenüber dem Problem der Benachteiligung von Frauen. So plädieren große Mehrheiten zwar abstrakt für gleiche Rechte der Geschlechter und weibliche nur etwas stärker als männliche. In konkreten Lebensbereichen fällt dieses Gleichheitsplädoyer jedoch zögerlicher aus, besonders bei den Jüngeren in der Hauptschule und geschlechtstypisch differenziert; dies betrifft die Arbeitsplätze mit dem Wunsch nach Bevorzugung von Männern noch in geringem Ausmaß, aber in ganz erheblichem Ausmaß die Vorstellung, dass Frauen die Hausarbeit erledigen sollen, und auch die Vorstellung, dass es in der Politik mehr Männer als Frauen geben soll, wobei hierzu allerdings auch viel Gleichgültigkeit geäußert wird. In der Wahrnehmung der Realität gehen bei allgemeinen Rechten Mehrheiten zudem von bereits gegebener Gleichstellung aus. Bei den Arbeitsplätzen ist die Wahrnehmung einer Vorherrschaft von Männern etwas stärker, und umgekehrt bei der Hausarbeit, dass Frauen diese überwiegend verrichten. Im politischen Bereich herrscht bei allen die Wahrnehmung einer Männerdominanz vor. Aus den Normvorstellungen und den Realitätswahrnehmungen resultieren schließlich Indizes, die überwiegend entweder Zufriedenheit mit bzw. Gleichgültigkeit zum Ausmaß der Gleichstellung anzeigen, gefolgt von der Auffassung, dass Frauen benachteiligt sind, wobei letztere bei den Mädchen stärker als bei den Jungen vertreten ist, aber auch bei ihnen nicht die häufigste Kategorie darstellt (Tabelle 19).

*Tabelle 19:* Wunsch und Realitätswahrnehmung zu Gender-Fragen (Spaltenprozente)[a]

| Klassenstufen | Haupt-/Real-/Berufsschule | | | | | | Gymnasium | | | | | |
| | 5-6 | | 7-9 | | 10-12 | | 5-6 | | 7-9 | | 10-12 | |
| | M[b] | W[b] | M | W | M | W | M | W | M | W | M | W |
| **Rechte** | | | | | | | | | | | | |
| Geht zu weit | 5 | 2 | 10 | 2 | 12 | 4 | 5 | 1 | 11 | 1 | 17 | 2 |
| Gut verwirklicht, wn, egal | 78 | 78 | 75 | 70 | 77 | 74 | 68 | 74 | 72 | 75 | 75 | 82 |
| Nicht genügend verwirklicht | 17 | 20 | 15 | 28 | 11 | 22 | 27 | 25 | 17 | 24 | 8 | 16 |
| **Arbeitsplätze** | | | | | | | | | | | | |
| Geht zu weit | 10 | 4 | 11 | 4 | 8 | 2 | 8 | 2 | 7 | 1 | 12 | 2 |
| Gut verwirklicht, wn, egal | 78 | 83 | 64 | 67 | 55 | 40 | 56 | 68 | 58 | 50 | 45 | 23 |
| Nicht genügend verwirklicht | 12 | 13 | 25 | 29 | 37 | 58 | 36 | 30 | 35 | 49 | 43 | 75 |
| **Hausarbeit** | | | | | | | | | | | | |
| Geht zu weit | 5 | 1 | 6 | 1 | 3 | 1 | 5 | 1 | 2 | 1 | 2 | <1 |
| Gut verwirklicht, wn, egal | 56 | 35 | 55 | 20 | 51 | 16 | 43 | 25 | 48 | 12 | 50 | 13 |
| Nicht genügend verwirklicht | 39 | 64 | 39 | 79 | 46 | 83 | 52 | 74 | 50 | 87 | 48 | 87 |
| **Politische Positionen** | | | | | | | | | | | | |
| Geht zu weit | 5 | 4 | 3 | 1 | 2 | 1 | 4 | 3 | 2 | 2 | 1 | 1 |
| Gut verwirklicht, wn, egal | 66 | 72 | 60 | 40 | 53 | 26 | 40 | 33 | 45 | 22 | 45 | 17 |
| Nicht genügend verwirklicht | 29 | 24 | 37 | 59 | 45 | 73 | 56 | 64 | 53 | 76 | 54 | 82 |

a  Fehlende Werte „Rechte" n = 23, „Arbeitsplätze" n = 39, „Hausarbeit" n = 37, „politische Positionen" n = 39.
b  M = männlich, W = weiblich.

Abschließend ist zu fragen, in welcher Weise sich die Geschlechtsrollenorientierungen und die Sozialisationsmerkmale nun bei dem Interesse für Politik bemerkbar machen. Vor dem Hintergrund von Befunden zur Erwachsenenpopulation wäre anzunehmen, dass Frauen und Männer mit modernen Geschlechtsrollenorientierungen ein größeres Interesse an Politik äußern als solche mit traditionellen Vorstellungen zur Rollenverteilung (Westle 2001a).

*Tabelle 20:* Interesse an Politik in Abhängigkeit von Haltungen zu Gender-Fragen und Aspekten familialer Sozialisation[a]

| Klassenstufen | Haupt-/Real-/Berufsschule | | | | | | Gymnasium | | | | | |
| | 5-6 | | 7/8-9 | | 10-12 | | 5-6 | | 7/8-9 | | 10-12 | |
| | M[b] | W[b] | M | W | M | W | M | W | M | W | M | W |
|---|---|---|---|---|---|---|---|---|---|---|---|---|
| **Politik vernachlässigt Frauen** | | | | | | | | | | | | |
| Ja | – | – | 2,22 | 2,11 | 2,69 | 2,32 | – | – | 2,95 | 2,48 | 3,74 | 2,97 |
| Nein | – | – | 2,43 | 2,32 | 2,73 | 2,50 | – | – | 2,87 | 2,53 | 3,38 | 2,70 |
| **Politik zur Gleichberechtigung** | | | | | | | | | | | | |
| Unzufrieden | – | – | 2,24 | 2,15 | 2,51 | 2,35 | – | – | 3,04 | 2,47 | 3,39 | 2,85 |
| Zufrieden | – | – | 2,43 | 2,29 | 2,77 | 2,48 | – | – | 2,79 | 2,49 | 3,46 | 2,79 |
| **Negative Diskriminierung** | | | | | | | | | | | | |
| Gering (1-2,9) | – | – | 2,23 | 1,96 | 2,61 | (2,60) | – | – | 2,75 | (2,75) | 3,29 | (2,33) |
| Groß (3-4) | – | – | 2,53 | 2,21 | 2,74 | 2,41 | – | – | 2,97 | 2,45 | 3,44 | 2,75 |
| **Positive Diskriminierung** | | | | | | | | | | | | |
| Gering (1-2) | – | – | 2,41 | 2,42 | 2,70 | 2,48 | – | – | 2,89 | 2,66 | 3,47 | 2,80 |
| Groß (2,1-4) | – | – | 2,34 | 2,15 | 2,64 | 2,50 | – | – | 2,83 | 2,40 | 3,08 | 2,75 |
| **Verwirklichung der Gleichberechtigung** | | | | | | | | | | | | |
| Nicht weit genug | 2,19 | 2,52 | 2,44 | 2,24 | 2,58 | 2,46 | 2,59 | 2,53 | 2,84 | 2,42 | 3,50 | 2,84 |
| Gut, wn | 2,13 | 2,05 | 2,28 | 2,06 | 2,72 | 2,25 | 2,52 | 2,13 | 2,57 | 2,36 | 3,35 | 2,62 |
| Geht schon zu weit | (2,00) | (2,18) | 2,19 | (2,09) | 2,60 | (2,67) | (2,43) | (2,75) | (2,77) | (3,00) | 3,30 | (2,75) |
| **Rechte Soll-Ist-Index** | | | | | | | | | | | | |
| Nicht weit genug | 2,00 | 2,50 | 2,29 | 2,20 | 2,68 | 2,31 | 2,54 | 2,32 | 2,69 | 2,32 | 3,30 | 2,68 |
| Gut, wn, egal | 2,12 | 2,04 | 2,29 | 2,10 | 2,67 | 2,39 | 2,54 | 2,23 | 2,65 | 2,42 | 3,39 | 2,74 |
| Geht schon zu weit | (2,75) | (2,00) | 2,29 | (2,18) | 2,63 | (2,50) | (2,44) | (3,00) | 2,70 | (2,00) | 3,37 | (2,83) |
| **Arbeitsplätze Soll-Ist-Index** | | | | | | | | | | | | |
| Nicht weit genug | 2,41 | 2,09 | 2,47 | 2,26 | 2,95 | 2,49 | 2,63 | 2,20 | 2,84 | 2,47 | 3,40 | 2,77 |
| Gut, wn, egal | 2,12 | 2,11 | 2,25 | 2,08 | 2,49 | 2,23 | 2,52 | 2,27 | 2,58 | 2,32 | 3,42 | 2,59 |
| Geht schon zu weit | (2,00) | (3,00) | 2,14 | (2,11) | 2,58 | (1,75) | (2,43) | (2,67) | (2,47) | (2,66) | 3,20 | (3,00) |
| **Haushaltsarbeit Soll-Ist-Index** | | | | | | | | | | | | |
| Nicht weit genug | 2,24 | 2,09 | 2,46 | 2,14 | 2,80 | 2,40 | 2,66 | 2,32 | 2,70 | 2,37 | 3,42 | 2,75 |
| Gut, wn, egal | 2,04 | 2,23 | 2,18 | 2,05 | 2,54 | 2,25 | 2,50 | 2,06 | 2,64 | 2,58 | 3,33 | 2,61 |
| Geht schon zu weit | (2,00) | (1,00) | 2,27 | (2,29) | (2,70) | (2,00) | (2,22) | (2,00) | (2,60) | (1,00) | (3,25) | (3,00) |
| **Politische Positionen Soll-Ist-Index** | | | | | | | | | | | | |
| Nicht weit genug | 2,26 | 2,33 | 2,48 | 2,30 | 2,86 | 2,45 | 2,72 | 2,36 | 2,75 | 2,40 | 3,41 | 2,77 |
| Gut, wn, egal | 2,05 | 2,09 | 2,19 | 1,88 | 2,51 | 2,14 | 2,33 | 2,05 | 2,61 | 2,39 | 3,35 | 2,57 |
| Geht schon zu weit | (2,67) | (1,67) | (2,27) | (2,00) | (2,20) | (2,40) | (2,00) | (2,17) | (1,80) | (2,33) | (3,00) | (3,00) |
| **Haushaltsarbeiten-Vorbild-Index** | | | | | | | | | | | | |
| Bis gleich (-8 bis 0) | 2,35 | 2,42 | 2,23 | 2,19 | 2,67 | 2,41 | 2,64 | 2,36 | 2,88 | 2,39 | 3,47 | 2,81 |
| Mehr weibl. (+1 bis +2) | 2,14 | 2,04 | 2,30 | 2,12 | 2,71 | 2,45 | 2,52 | 2,31 | 2,67 | 2,34 | 3,37 | 2,78 |
| Mehr weibl. (+3 bis +8) | 2,00 | 2,12 | 2,31 | 2,11 | 2,62 | 2,28 | 2,51 | 2,16 | 2,46 | 2,44 | 3,34 | 2,66 |
| **Spielzeug-Index** | | | | | | | | | | | | |
| Mehr männl. (-4 bis -2) | 2,12 | (2,00) | 2,32 | (2,00) | 2,67 | (2,50) | 2,46 | - | 2,66 | (2,86) | 3,38 | (2,29) |
| Gleich (-1 bis +1) | 2,12 | 2,40 | 2,23 | 2,23 | 2,64 | 2,48 | 2,73 | 2,26 | 2,68 | 2,41 | 3,38 | 2,75 |
| Mehr weibl. (+2 bis +4) | (2,33) | 1,95 | (2,00) | 2,06 | (2,67) | 2,30 | (2,33) | 1,26 | (2,50) | 2,35 | (3,33) | 2,74 |

Fortsetzung von Tabelle 20

| Klassenstufen | Haupt-/Real-/Berufsschule | | | | | | Gymnasium | | | | | |
|---|---|---|---|---|---|---|---|---|---|---|---|---|
| | 5-6 | | 7/8-9 | | 10-12 | | 5-6 | | 7/8-9 | | 10-12 | |
| | M$^b$ | W$^b$ | M | W | M | W | M | W | M | W | M | W |
| Fertigkeiten-Index | | | | | | | | | | | | |
| Mehr männl. (-3 bis -1) | 2,17 | (2,09) | 2,30 | 2,14 | 2,63 | 2,40 | 2,60 | (2,06) | 2,52 | 2,41 | 3,35 | 2,81 |
| Gleich (0) | 2,03 | 2,15 | 2,23 | 2,08 | 2,81 | 2,37 | 2,62 | 2,38 | 3,00 | 2,47 | 3,48 | 2,75 |
| Mehr weibl. (+1 bis +3) | 2,25 | 2,15 | 2,43 | 2,16 | (2,57) | 2,34 | 2,27 | 2,23 | (2,64) | 2,30 | (3,17) | 2,70 |

a Da bei den Indikatoren zu den Gender-Fragen teilweise extreme schiefe Antwortverteilungen bestehen, ergeben sich gelegentlich in den einzelnen Zellen sehr geringe Häufigkeiten; alle Zellen-Häufigkeiten mit n < 20 sind mittels Klammern gekennzeichnet. Leere Zellen = Indikator in den Klassen nicht erhoben.
b M = männlich, W = weiblich.

Die Befunde hierzu sind widersprüchlich (Tabelle 20). So ist bei Ablehnung der Auffassung, die Politik vernachlässige Frauen, bei Zufriedenheit mit der Gleichberechtigungspolitik und auch bei Ablehnung positiver Diskriminierung von Frauen das Interesse an Politik größer als bei den kritischen Haltungen. Andererseits äußern diejenigen, die negative Diskriminierung von Frauen ablehnen und die Gleichstellung in den Bereichen der Erwerbs- und Hausarbeit, der Rechte sowie in der Politik für ungenügend halten, zumeist größeres Interesse an Politik als diejenigen, die damit zufrieden sind. Dieser Widerspruch kann hier nicht mit Sicherheit aufgeklärt werden. Vor dem Hintergrund des nur schwach ausgeprägten kritischen Bewusstseins zu Geschlechterfragen scheinen die Befunde aber darauf hinzudeuten, dass geschlechteregalitäre normative Positionen und/oder entsprechende Realitätskritik – anders als bei der Erwachsenenpopulation – bei der Jugend kaum mit der Politik verknüpft werden und folglich nicht systematisch mit stärkerem politischen Bewusstsein einhergehen.

Schließlich ist bei den Indizes zur familiären Sozialisation bei den weiblichen Befragten in der Mehrzahl der Teilgruppen ein Anstieg des Interesses an Politik mit zunehmend egalitären oder männlichen Erziehungselementen (bei Spielzeug, Fertigkeiten und elterlichem Vorbild) zu beobachten. Für die männlichen findet sich dagegen keine konsistente Antwortstruktur. Allerdings könnte dies auch an dem Problem der äußerst geringen Häufigkeiten von egalitären und weiblichen Sozialisationselementen bei den Jungen liegen. Insgesamt ist aber auch festzuhalten, dass in allen Vergleichskategorien der gender gap im allgemeinen Interesse an Politik erhalten bleibt.

## 11. Ausblick

Die Genese politischen Interesses und politischen Kompetenzgefühls stellen wesentliche Faktoren der staatsbürgerlichen Entwicklung dar. Die staatsbürgerliche Rolle kann als Erwachsener nur dann effektiv ausgefüllt werden, wenn der Bürger/ die Bürgerin über hinreichendes politisches Wissen und Verständnis politischer Vorgänge in der Demokratie verfügt. Eine wesentliche Grundlage dieses Wissens und der Motivation für den weiteren Wissenserwerb werden bereits in der Jugend, in Sozialisationsprozessen in der Familie, Schule und Gesellschaft gelegt. Interesse an Politik, politisches Selbstwertgefühl und politisches Wissen sowie Verständnis sind sicher keine im Lebensverlauf völlig unveränderlichen Konstanten. Jedoch deutet eine Vielzahl von Befunden darauf hin, dass sich die grundsätzliche Appetenz oder aber Abneigung gegenüber der Beschäftigung mit Politik bereits in Jugendjahren formt.

Hier konnte zudem gezeigt werden, dass sowohl dem Interesse an Politik als auch dem politischen Selbstbewusstsein eine Motivatorfunktion für den Wissenserwerb zugeschrieben werden kann. Und umgekehrt erlaubt und fördert vorhandenes Wissen den Erwerb neuen Wissens und Verständnisses und kann somit wiederum motivierend auf das Interesse und das Selbstbewusstsein wirken. Es handelt sich also um ein kreislaufähnliches Zusammenhangsgeflecht, in dem Defizite an irgendeiner Stelle zu weiteren Defiziten an einer anderen Stelle beitragen, die wiederum mit anderen Aspekten in diesem Geflecht korrespondieren – mithin eine Zusammenhangsstruktur, die zu einer sich selbst verstärkenden Spirale tendiert: Fehlt einem jungen Menschen, gleichgültig aus welchen Gründen, jegliches Interesse an Politik, wird er sich allenfalls gezwungenermaßen damit auseinandersetzen und Erlerntes vermutlich nur unzureichend verstehen und/oder schnell wieder vergessen und infolge des fehlenden Wissensfundamentes auch kein weiteres Wissen darauf aufbauen können. Über soziale Vergleichsprozesse wird ihm jedoch bewusst sein, dass seine politischen Kenntnisse schlechter als die anderer sind, was wiederum in Frustration und Demotivation bezüglich der Auseinandersetzung mit politischen Fragen mündet, also in fehlendem Interesse.

Vor diesem Hintergrund stimmen vor allem zwei weitere Befunde der vorliegenden Studie bedenklich, nämlich der bei mehreren hier analysierten Konzepten beobachtete gender gap und seine bildungsdifferentiellen Proportionen sowie das in der gesamten Jugend schwache Bewusstsein des „Politischen".

Die geschlechterspezifischen Unterschiede sind mit dem demokratischen Gleichheitspostulat nur schwer vereinbar. Die vorgelegte Studie beobachtet solche Unterschiede bereits bei recht frühen Altersstufen. Während der Schulausbildung reduzieren sich diese Unterschiede aber nicht; im Gegenteil, insbesondere bei höherer Bildung scheinen sie sich noch zu verstärken. Dies deutet darauf hin, dass für die geschlechtsspezifischen Diskrepanzen in den politischen Orientierungen sowohl frühe, vorschulische als auch schulische Sozialisationsfaktoren von Bedeutung sind und nicht ausschließlich spätere situative Faktoren im Erwachsenenleben. Traditionelle familiäre Rollenvorbilder, eine nach wie vor ebenso recht traditionelle gesellschaftliche Rollenverteilung und ein bei den Jugendlichen im Vergleich zur frauenbewegten Vorgängergeneration erstaunlich geringes Ungerechtigkeitsbewusstsein zur defizitären Gleichstellung der Geschlechter in der deutschen Gesellschaft sowie der Bedeutung der Politik für diesen Zustand spielen hierfür ihre Rolle. Auch die Schule scheint hier keineswegs ein kritisches Bewusstsein zu fördern. Vielmehr gewinnt man den Eindruck, die Gender-Thematik sei den Jugendlichen, auch den negativ betroffenen Mädchen, weitgehend fremd.

Fremd ist den Jugendlichen vielfach auch die Politik. Der Befund, dass die Jugendlichen Politik nur mit wenigen, eher fernen, nur aus den abendlichen Nachrichtensendungen bekannten Themen assoziieren und zwischen ihrem persönlichen und dem gesellschaftlichen Alltag sowie deren angenehmen Seiten und Problemen und der „fremden Welt der Politik" kaum Verbindungen herstellen, deutet nicht zuletzt auf Defizite der politischen Bildung in unseren Schulen. Nicht nur die Mathe-, Deutsch- und Fremdsprachenkenntnisse können in „Pisa-Peinlichkeit" enden, sondern auch die Politikkenntnisse. Die Reduktion politischer Bildung auf ein „schulisches Spurenelement" beginnt offenbar bereits, sich zu rächen. Im Interesse einer funktionsfähigen Demokratie, die ihren Namen ernst nimmt, muss es jedoch sein, einen politisch bewussten Demos zu fördern.

## Literatur

Baacke, Dieter/Sander, Uwe (1991): Jugendkulturen und politische Kultur. In: Heitmeyer, Wilhelm/Jacobi, Juliane (Hrsg.): Politische Sozialisation und Individualisierung: Perspektiven und Chancen. Weinheim: Juventa, 169-198.

Blättel-Mink, Birgit/Mischau, Anina/Kramer, Caroline (1998): Politische Partizipation von Frauen – Nullsummenspiele im Modernisierungsprozeß? In: Politische Vierteljahresschrift 39, 775-796.

Campbell, Angus/Gurin, Gerald/Miller, Warren E. (1954): The Voter Decides. Evanston (Ill.)/White Plains (NY): Row, Peterson and Company.

Cornelissen, Waltraud (1993): Politische Partizipation von Frauen in der alten Bundesrepublik und im vereinten Deutschland. In: Helwig, Gisela/Nickel, Hildegard M. (Hrsg.): Frauen in Deutschland. Bonn: Bundeszentrale für politische Bildung, 321-349.

Craig, Stephen C./Niemi, Richard C./Silver, Glenn E. (1990): Political Efficacy and Trust: A Report on the NES Pilot Study Items. In: Political Behavior 12, 289-314.

Delli Carpini, Michael X./Keeter, Scott (1996): What Americans Know about Politics and Why it Matters. New Haven (CT): Yale University Press.

Deth, Jan W. van (2000): Political Interest and Apathy: The Decline of a Gender Gap? In: Acta Politica 35, 247-274.

Fischer, Arthur (1997): Engagement und Politik. In: Jugendwerk der Deutschen Shell (Hrsg.): Jugend '97: Zukunftsperspektiven. Gesellschaftliches Engagement. Politische Orientierungen. Opladen: Leske + Budrich, 303-341.

Fischer, Arthur (2000): Jugend und Politik. In: Deutsche Shell (Hrsg.): Jugend 2000. Opladen: Leske + Budrich, 261-282.

Förster, Peter (2003): Junge Ostdeutsche heute: doppelt enttäuscht. In: Aus Politik und Zeitgeschichte. Beilage zur Wochenzeitung „Das Parlament" B15, 6-17.

Gabriel, Oscar W./Deth, Jan W. van (1995): Political Interest. In: Deth, Jan W. van/Scarbrough, Elinor (Hrsg.): The Impact of Values. Oxford: Oxford University Press, 390-411.

Gabriel, Oscar W./Vetter, Angelika (1999): Politische Involvierung und politische Unterstützung im vereinigten Deutschland – Eine Zwischenbilanz. In: Plasser, Fritz/Gabriel, Oscar W./Falter, Jürgen W./Ulram, Peter A. (Hrsg.): Wahlen und politische Einstellungen in Deutschland und Österreich. Frankfurt u.a.: Peter Lang, 191-239.

Gamson, William A. (1968): Power and Discontent. Homewood (Ill.): The Dorsey Press.

Gensicke, Thomas (2002): Individualität und Sicherheit in neuer Synthese? Wertorientierungen und gesellschaftliche Aktivität. In: Deutsche Shell (Hrsg.): Jugend 2002. Zwischen pragmatischem Idealismus und robustem Materialismus. Frankfurt a.m.: Fischer Taschenbuch Verlag, 139-212.

Gille, Martina/Krüger, Winfried (2000): Die Bedeutung des Politischen bei jungen Migranten und Deutschen. In: Gille, Martina/Krüger, Winfried (Hrsg.): Unzufriedene Demokraten. Opladen: Leske + Budrich, 399-422.

Gille, Martina/Krüger, Winfried/Rijke, Johann de/Willems, Helmut (1998): Politische Orientierungen, Werthaltungen und die Partizipation Jugendlicher: Veränderungen und Trends in den 90er Jahren. In: Palentien, Christian/Hurrelmann, Klaus (Hrsg.): Jugend und Politik. Neuwied u.a.: Luchterhand, 148-177.

Heitmeyer, Wilhelm/Olk, Thomas (Hrsg.) (1990): Individualisierung von Jugend. Gesellschaftliche Prozesse, subjektive Verbreitungsformen, jugendpolitische Konsequenzen. Weinheim: Juventa.

Hoffmann-Lange, Ursula (1992): Politisches Interesse. In: Deutsches Jugendinstitut (Hrsg.): Schüler an der Schwelle zur Deutschen Einheit. Politische und persönliche Orientierungen in Ost- und West. Opladen: Leske + Budrich, 42-45.

Hoffmann-Lange, Ursula (2000): Bildungsexpansion, politisches Interesse und politisches Engagement in den alten Bundesländern. In: Niedermayer, Oskar/Westle, Bettina (Hrsg.): Demokratie und Partizipation. Opladen: Westdeutscher Verlag, 46-64.

Hurrelmann, Klaus/Linssen, Ruth/Albert, Mathias/Quellenberg, Holger (2002): Eine Generation von Egotaktikern? Ergebnisse der bisherigen Jugendforschung. In: Deutsche Shell (Hrsg.): Jugend 2002. Opladen: Leske + Budrich, 31-51.

Institut für Demoskopie Allensbach (1993): Politisches Interesse und Entwicklung des Interessenspektrums zwischen dem 20. und 30. Lebensjahr. Dokumentation des Bundesministeriums für Frauen und Jugend. Bonn.

Jacobi, Juliane (1991): Sind Mädchen unpolitischer als Jungen? In: Heitmeyer, Wilhelm/Jacobi, Juliane (Hrsg.): Politische Sozialisation und Individualisierung: Perspektiven und Chancen. Weinheim: Juventa, 99-116.

Kuhn, Hans-Peter/Uhlendorff, Harald/Krappmann, Lothar (Hrsg.) (2000): Sozialisation zur Mitbürgerlichkeit. Opladen: Leske + Budrich.

Meyer, Birgit (1994): „Wenn man politisch aktiv ist, muss man sich ja noch lange nicht für Politik interessieren." Zum Politikverständnis von Mädchen. In: Zeitschrift für Frauenforschung 12, 64-76.

Mondak, Jeffrey J. (2001): Developing Valid Knowledge Scales. American Journal of Political Science 45, 224-238.

Münchmeier, Richard (1998): „Entstrukturierung" der Jugendphase. Zum Strukturwandel des Aufwachsens und zu den Konsequenzen für Jugendforschung und Jugendtheorie. In: Aus Politik und Zeitgeschichte. Beilage zur Wochenzeitung „Das Parlament" B31, 3-13.

Nissen, Ursula (1998): Zur Theorie (geschlechtsspezifischer) politischer Sozialisation. In: Nissen, Ursula: Kindheit, Geschlecht und Raum. Sozialisationstheoretische Zusammenhänge geschlechtsspezifischer Raumaneignung. Weinheim: Juventa, 109-127.

Oesterreich, Detlef (2002): Politische Bildung von 14-Jährigen in Deutschland. Studien aus dem Projekt Civic Education. Opladen: Leske + Budrich.

Oswald, Hans/Kuhn, Hans-Peter/Rebenstorf, Hilke et al. (1999): Brandenburger Jugendlängsschnitt. Politische Sozialisation von Gymnasiasten in Brandenburg (Teilprojekt B). Ausgewählte Bereiche politischer Identitätsbildung: Entwicklungsverläufe, Skalenvergleiche und Übereinstimmungen von Jugendlichen, Eltern und gleichaltrigen Freunden. Arbeitspapier B2/1999, Unveröffentlichtes Manuskript. Universität Potsdam.

Reinhardt, Sibylle/Tillmann, Frank (2001): Politische Orientierungen Jugendlicher. Ergebnisse und Interpretationen der Sachsen-Anhalt-Studie „Jugend und Demokratie". In: Aus Politik und Zeitgeschichte. Beilage zur Wochenzeitung „Das Parlament" B45, 3-13.

Rubart, Frauke (1988): Partizipation von Frauen in neuen sozialen Bewegungen. In: Aus Politik und Zeitgeschichte. Beilage zur Wochenzeitung „Das Parlament" B 42, 30-42.

Sauer, Birgit (1994): Was heißt und zu welchem Zwecke partizipieren wir? Kritische Anmerkungen zur Partizipationsforschung. In: Biester, Elke/Holland-Cunz, Barbara/Sauer, Birgit (Hrsg.): Demokratie oder Androkratie? Theorie und Praxis demokratischer Herrschaft in der feministischen Diskussion. Frankfurt a. M./New York: Campus, 99-130.

Schneekloth, Ulrich (2002): Demokratie, ja – Politik, nein? Einstellungen Jugendlicher zur Politik. In: Deutsche Shell (Hrsg.): Jugend 2002. Opladen: Leske + Budrich, 91-137.

Schneider, Helmut (1995): Politische Partizipation – zwischen Krise und Wandel. In: Hoffmann-Lange, Ursula (Hrsg.): Jugend und Demokratie in Deutschland. DJI-Jugendsurvey 1. Opladen: Leske + Budrich, 275-335.

Torney-Purta, Judith/Lehmann, Rainer/Oswald, Hans/Schulz, Wolfram (2001): Citizenship and Education in Twenty-Eight Countries. Civic Knowledge and Engagement at Age Fourteen. Amsterdam: IEA.

Vetter, Angelika (1997): Political Efficacy – Reliabilität und Validität. Wiesbaden: Deutscher Universitätsverlag.

Westle, Bettina (2001a): Politische Partizipation und Geschlecht. In: Koch, Achim/Wasmer, Martina/Schmidt, Peter (Hrsg.): Politische Partizipation in der Bundesrepublik Deutschland – Empirische Befunde und theoretische Entwicklungen. Blickpunkt Gesellschaft 6. Opladen: Leske + Budrich, 131-168.

Westle, Bettina (2001b): Gender-Asymmetrien zwischen politischem Interesse, subjektiver politischer Kompetenz und politischer Partizipation? In: femina politica 10, 15-29.

Westle, Bettina (2005): Politisches Wissen und Wahlen. In: Falter, Jürgen W./Gabriel, Oscar W./Weßels, Bernhard (Hrsg.): Wahlen und Wähler. Analysen aus Anlass der Bundestagswahl 2002. Wiesbaden: Verlag für Sozialwissenschaften, (i. E.).

Westle, Bettina/Schoen, Harald (2002): Ein neues Argument in einer alten Diskussion: „Politikverdrossenheit" als Ursache des gender gap im politischen Interesse. In: Brettschneider, Frank/Deth, Jan W. van/Roller, Edeltraud (Hrsg.): Das Ende der politisierten Sozialstruktur? Opladen: Leske + Budrich, 215-244.

Zaller, John (1992): The Nature and Origins of Mass Opinion. Cambridge: Cambridge University Press.

# Jugend und ihre subjektive politische Kompetenz

*Angelika Vetter*

## 1. Junge Erwachsene und Politik: Entfremdung – ein Klischee oder Realität?

Die einen reden von „Generation X" (Coupland 1994). Andere beschwören das Aufkommen einer „Generation @" (Opaschowski 1999). Wieder andere amüsieren sich über die Eigenheiten der „Generation Golf" (Illies 2000). Aber egal welche Klischees einer Jugendgeneration in den Vordergrund gerückt werden, sie lassen – wenn überhaupt – auf ein distanziertes Verhältnis der Jugendlichen zur Politik schließen.

Ähnliche Befunde thematisiert zum Teil auch die wissenschaftliche Literatur. Als Ursachen werden verschiedene Aspekte genannt: Als erstes gehören hierzu die Bildungsexpansion und die damit zusammenhängende Individualisierung und Pluralisierung von Lebensstilen und -erfahrungen bzw. die damit verbundene Verschiebung der Prioritäten, von materialistischen Orientierungen hin zu wesentlich stärker auf Freiheit und Individualismus hin ausgerichteten Werten (Palentien/Hurrelmann 1997: 12 mit weiterer Literatur). Für ähnlich wichtig wird die Auflösung der traditionellen sozio-politischen Milieus gehalten. Mit ihnen verschwinden altbekannte, gesellschaftsstabilisierende Orientierungshilfen, die es dem Einzelnen zuvor erleichtert haben, sich in seiner (auch politischen) Umwelt zurechtzufinden. Diese Entwicklung wird verstärkt durch den steigenden Medienkonsum, der spätestens seit der Einführung der privat-kommerziellen Sender mit einer Informationsverflachung einhergeht: Politiknachrichten werden häufig als Infotainment verpackt. Skandalisierung und Negativismus dominieren in den neuen Medienformaten, die besonders jüngere Menschen ansprechen sollen. Als weitere Ursache wird die zunehmende Komplexität gesellschaftlicher und politischer Prozesse angeführt, deren Verständnis immer schwieriger wird. Hierzu zählen nicht nur die Internationalisierungsprozesse der Finanz-, der Wirtschaftsmärkte und der Politik (z.B. EU). Auch nationale Problemlagen werden unübersichtlicher (z.B. Renten-, Gesundheits-, Steuerpolitik). Schließlich trügen auch die politischen Akteure zur Distanzierung der Bevölkerung von der Politik bei: Bürger und Jugendliche wendeten sich zunehmend von der Politik ab auf Grund der zum Teil wenig Vertrauen erweckenden Verhaltensmuster der politischen Akteure sowie auf Grund von Zweifeln an ihrer Problemlösungsfähigkeit.

Diese Veränderungen betreffen zwar insgesamt das Verhältnis zwischen Gesellschaft und Politik. Sie werden häufig aber gerade an der Beziehung der Jugendlichen zur Politik aufgezeigt: Junge Menschen litten trotz zunehmender Bildungsmöglichkeiten unter „Ohnmachtserfahrungen" (Ebbinghausen u.a. 1988). Politische Orientierungssicherheiten würden „labilisiert" (Heitmeyer/Möller/Siller 1990). Jugendliche hätten „(k)eine Lust mehr auf Parteien" (Wiesendahl 2001) oder andere gesellschaftliche Großorganisationen (Niedermayer 2001: 205). Ihr politisches Interesse nähme ab (Gille u.a. 1997: 152 mit weiterer Literatur), ganz zu schweigen von ihrer geringeren Parteiidentifikation und Wahlbeteiligung (u.a. Hoffmann-Lange 2003: 265; Kleinhenz 1995: 100; Niedermayer 2001: 169).

Diese Befunde stützen das häufig geäußerte Klischee über die Jugend, besonders ihr zunehmend schlechter werdendes Verhältnis gegenüber der Politik. Allerdings sind die wissenschaftlichen Befunde zum Verhältnis Jugendlicher und junger Erwachsener zur Politik nicht so eindeutig wie oben dargestellt. So spielt Politik nicht nur bei Jugendlichen, sondern auch bei Älteren eine untergeordnete Rolle im eigenen Leben. Ein Rückgang des Vertrauens in politische Institutionen zeigt sich nicht nur bei Jugendlichen, sondern auch bei älteren Bürgern. Von einer generellen Politikverdrossenheit bzw. einer dramatischen Verschlechterung des Verhältnisses von Jugendlichen zur Politik ist daher nicht auszugehen (Gille u.a. 1997: 173f.; Hoffmann-Lange 1995b, 1997a: 178). Und selbst wenn sich entsprechende Befunde empirisch nachweisen lassen, ist häufig unklar, wie diese zu interpretieren sind. Handelt es sich um typische Orientierungen von Jugendlichen, die durch ihre aktuelle Phase im Lebenszyklus bestimmt werden, sich im Laufe des individuellen Alterungsprozesses jedoch den Orientierungen der Älteren angleichen? Oder stehen wir tatsächlich am Beginn einer „Erosion des institutionellen Bewusstseins" (Veen 1986)? Oder handelt es sich um die demokratietheoretisch unbedenkliche Zunahme eines aufgeklärten Demokratiebewusstseins, das in Zeiten zunehmender Komplexität sogar wünschenswert wäre (Krüger 1992: 101 mit Verweis auf Döring 1990)?

Der folgende Beitrag konzentriert sich auf die Untersuchung des subjektiven politischen Kompetenzgefühls der Jugendlichen und jungen Erwachsenen, d.h. ihr Gefühl, auf Grund der eigenen Fähigkeiten politisch Einfluss ausüben und Dinge verändern zu können. Dieses ist besonders in Demokratien für das Verhältnis der Bürger zur Politik von Bedeutung.[1] Es spiegelt nicht nur für sich genommen eine wichtige Dimension der demokratischen politischen Kultur eines Landes wider. Vielmehr beeinflusst es andere politische Einstellungen ebenso wie das politische Verhalten der Bürger. Konkret geht es um die Frage, ob das subjektive politische Kompetenzgefühl der heutigen Jugend tatsächlich Anlass zur Sorge um die Demokratie gibt. Um dies zu klären, werden die Einstellungen der Jugendlichen und jungen Erwachsenen mit den Einstellungen anderer Altersgruppen und mit den Einstellungen früherer Jugendgenerationen verglichen:

- Unterscheidet sich 2002 das interne Effektivitätsgefühl junger Menschen tatsächlich signifikant von dem älterer Bürger?
- Wenn ja, sind diese Unterschiede auf lebenszyklische Veränderungen zurückzuführen, so dass sich die Einstellungen der Jugendlichen im Laufe ihres Lebens den Einstellungen ihrer Eltern und Großeltern angleichen werden?

---

1   Das subjektive politische Kompetenzgefühl wird im Folgenden auch als internes Effektivitätsgefühl oder „Internal Efficacy" bezeichnet.

- Lassen sich Veränderungen im politischen Kompetenzgefühl zwischen verschiedenen Jugendgenerationen seit den 70er Jahren feststellen?
- Wenn ja, worauf sind diese zurückzuführen und welche Konsequenzen lassen sich daraus für die Zukunft der Demokratie in der Bundesrepublik Deutschland ableiten?

Zur Beantwortung der beiden letzten Fragen wird die Entwicklung des politischen Kompetenzgefühls von 1969 bis 2002 untersucht. Zwar lassen die hierfür verwendeten Querschnittsdaten keine eindeutige Trennung zwischen Generations-, Perioden- und Lebenszykluseffekten zu. Sie erlauben aber immerhin über bisherige Studien hinausgehende Schlüsse, so dass es nicht bei einer „methodisch unbedarften Interpretation einiger Querschnittsbefunde" (Rattinger 1994: 74) bleibt. Die Untersuchungen erfolgen primär auf der Datenbasis der DFG-Studien „Politische Einstellungen, politische Partizipation und Wählerverhalten im vereinten Deutschland" von 1994, 1998 und 2002 (Querschnitt und Panel). Sie werden für den Längsschnittvergleich von 1969 bis 2002 um weitere Daten ergänzt, auf die bei den jeweiligen Analysen verwiesen wird.[2]

## 2. Theoretische und methodische Anmerkungen zu den zentralen Untersuchungskonzepten

### 2.1 Subjektive politische Kompetenz

Demokratien unterscheiden sich u.a. dadurch von anderen politischen Ordnungen, dass Bürger durch periodisch wiederkehrende Wahlen, z.T. auch durch direkte Partizipationsmöglichkeiten, an der politischen Entscheidungsfindung teilnehmen. Hierfür benötigen die Bürger einen gewissen Grad an politischer Kompetenz bzw. Fähigkeiten, die ihre Beteiligung fördern. Seit Anfang der 1950er Jahre wird dieses staatsbürgerliche Kompetenzgefühl in der politikwissenschaftlichen Einstellungsforschung systematisch untersucht. Dabei wird das Gefühl des Einzelnen, den politischen Prozess auf Grund seiner eigenen Fähigkeiten beeinflussen zu können, als „subjektives politisches Kompetenzgefühl", „Internal Efficacy" oder „internes politisches Effektivitätsgefühl" bezeichnet (Campbell/Gurin/Miller 1954: 187; Almond/Verba 1965; Balch 1974; Vetter 1997).

Nach Almond und Verba (1965) zeichnen sich stabile Demokratien durch das Vorliegen einer Staatsbürgerkultur („Civic Culture") aus. Diese ist gekennzeichnet durch positive Einstellungen der Bürger gegenüber dem politischen Inputbereich bzw. der eigenen Rolle im politischen Prozess. Hierzu zählen neben dem politi-

---

2  Die Daten, die in diesem Beitrag benutzt werden, wurden vom Zentralarchiv für empirische Sozialforschung an der Universität zu Köln für die Analyse aufbereitet, dokumentiert und zugänglich gemacht. Sie wurden von verschiedenen Primärforschern und -forschergruppen erhoben (die drei DFG-Studien von Falter (Universität Mainz), Gabriel (Universität Stuttgart), Rattinger (Universität Bamberg)). Weder die Primärforscher noch das Zentralarchiv tragen irgendeine Verantwortung für die Analyse oder Interpretation der Daten in diesem Beitrag.

schen Kompetenzbewusstsein der Bürger auch ihr politisches Wissen, ihr politisches Interesse, ihr Mediennutzungsverhalten, ihre interpersonale Kommunikation oder ihre Nähe zu einer politischen Partei (Parteiidentifikation). Aus drei Gründen ist das subjektive Kompetenzbewusstsein gerade für Demokratien besonders wichtig. Erstens stellt es die psychologische Grundlage der politischen Beteiligung dar. Zweitens dürfte allein das Vorliegen eines hohen Maßes an politischer Kompetenz innerhalb der Bevölkerung die Rücksichtnahme der Regierenden auf die Wünsche der Bürger verstärken, ohne dass tatsächlicher Druck auf die Vertreter des Volkes ausgeübt werden muss (Almond/Verba 1965: 139; Gamson 1968: 42ff.). Drittens hat das politische Kompetenzgefühl systemlegitimierende Folgen. Glaubt ein Bürger, selbst auf politische Vorgänge Einfluss ausüben zu können, akzeptiert er in der Regel auch eher solche Entscheidungen, die ohne seine aktive Beteiligung erfolgen. Denn ein hohes Kompetenzgefühl ist zumeist mit einer hohen Unterstützung demokratischer Werte verbunden (Almond/Verba 1965: 207).[3]

In den DFG-Studien „Politische Einstellungen, politische Partizipation und Wählerverhalten im vereinten Deutschland" von 1994, 1998 und 2002 sind jeweils drei Indikatoren enthalten, mit deren Hilfe das interne Effektivitätsgefühl der Deutschen in den Abschnitten 3 und 4 dieses Beitrags operationalisiert wird.[4] Die Befragten können zu diesen Aussagen auf einer 5er-Skala von „stimme überhaupt nicht zu" bis „stimme voll und ganz zu" Stellung nehmen. Aus ihrer Zustimmung zu bzw. ihrer Ablehnung der Aussagen „Die ganze Politik ist so kompliziert, dass jemand wie ich nicht versteht, was vorgeht", „Ich traue mir zu, in einer Gruppe, die sich mit politischen Fragen befasst, eine aktive Rolle zu übernehmen" und „Wichtige politische Fragen kann ich gut verstehen und einschätzen" wurde ein Mittelwertindex gebildet.[5] Vor der Indexbildung wurden die einzelnen Aussagen so codiert, dass ein hoher Wert (+2) jeweils ein starkes, ein niedriger Wert (-2) ein geringes Kompetenzbewusstsein impliziert. Der abschließende Index umfasst ebenfalls den Wertebereich von -2 (geringes) bis +2 (starkes Kompetenzbewusstsein). Für die Längsschnittuntersuchungen in Abschnitt 5 wird zur Operationalisierung des Kompetenzbewusstseins lediglich ein Indikator verwendet, der über die verschiedenen Zeitpunkte hinweg die Vergleichbarkeit gewährleistet. Dabei handelt es sich um die Beurteilung der Aussage „Die ganze Politik ist so kompliziert, dass jemand wie ich nicht versteht, was vorgeht". Die zur Messung verwendeten Antworten umfassten dabei sowohl eine gerade als auch eine ungerade Anzahl von Kategorien. Diese wurden einheitlich umcodiert zu -2 (geringes) bis +2 (starkes Kompetenzbewusstsein). Damit wird auch diesbezüglich die Vergleichbarkeit hergestellt.

---

3  Dieser letzte Punkt ist allerdings strittig (vgl. u.a. die Befunde bei Hoffmann-Lange 1997b: 226).
4  Zu Operationalisierungsfragen und -problemen von Political Efficacy vgl. Vetter (1997).
5  Getrennte Faktorenanalysen für Ost- und Westdeutschland bestätigten die Indexbildung.

## 2.2 Jugend bzw. Generation

Der Versuch, „Jugend" über die Zugehörigkeit zu einer bestimmten Altersgruppe zu definieren, offenbart relativ schnell seine Unzulänglichkeit – wie bereits im Einleitungskapitel zum Konzept „Jugend" ausgeführt. Trotzdem wird „Jugend" in diesem Beitrag vereinfachend über die Zugehörigkeit zu der Altersgruppe der 16- bis 30-Jährigen definiert. Diese Operationalisierung vernachlässigt zwar die unterschiedlichen Herausforderungen, denen Jugendliche und junge Erwachsene in diesem Altersabschnitt gegenüberstehen können. Sie folgt damit aber bisherigen Jugendstudien (Shell- und DJI-Jugendstudien) und gewährleistet auf diese Weise die Vergleichbarkeit mit deren Befunden. Dennoch sollte man sich der möglichen theoretischen Unzulänglichkeit und der damit verbundenen Validitätsproblematik der Operationalisierung bei der Interpretation der Befunde bewusst sein.

Dieselben Vorbehalte gelten für die Definition der verbleibenden Altersgruppen, besonders diejenige der „Älteren". Auch diese Gruppe dürfte über die Zeit hinweg heterogener geworden sein, so dass sie nur unzureichend mittels der Zusammenfassung der über 65-Jährigen erfasst wird. Heute verlassen zahlreiche Berufstätige schon mit 50 bis 60 Jahren – freiwillig oder unfreiwillig – ihren Arbeitsplatz. Andere, vermutlich höher Gebildete, bleiben jedoch auch weit über das gesetzliche Renteneintrittsalter hinaus in ihre beruflichen und gesellschaftlichen Netzwerke integriert – mit den entsprechenden Folgen für ihr politisches Kompetenzbewusstsein. Auf Grund des häufig „vorzeitigen" Ruhestandbeginns und wegen möglichen Fallzahlenproblemen werden die „Älteren" in diesem Beitrag dennoch vereinfachend definiert als die über 60-Jährigen.[6]

Eine letzte Bemerkung gilt der Bildung der Generationen im Zusammenhang mit den Längsschnittanalysen im letzten Abschnitt. In der Forschungsliteratur finden sich hierzu unterschiedliche Vorgehensweisen. In diesem Beitrag wird versucht, die untersuchten Generationen mit unterschiedlichen politisch-gesellschaftlichen Situationen in Übereinstimmung zu bringen, die für die Ausprägung spezifischer politischer Orientierungen in der jeweiligen Generation von Bedeutung sein und damit eine Gefühlsgemeinschaft generiert haben könnten. Für Ostdeutschland existieren keine entsprechenden Daten aus den 1970er und 1980er Jahren. Daher basiert die Generationseinteilung nur auf Überlegungen im Hinblick auf die Sozialisation junger Menschen in den alten Bundesländern. Eine Generation auf einen Zeitraum von etwa 15 Jahren festzulegen, ist geläufig. Dies erleichtert die hier durchgeführten Kohortenanalysen, da die zur Messung des politischen Kompetenzbewusstseins verwendeten Indikatoren in drei Studien enthalten sind, die ebenfalls etwa 15 Jahre auseinander liegen: die Studie zur Bundestagswahl 1972, die Allbus-Studie 1988 und die Deutsche Nationale Wahlstudie 2002 (ZA-Nrn. 0635, 1670, 3861). Die Tatsache, dass zwischen den Studien nicht genau 15 Jahre liegen, beeinträchtigt das Untersuchungsdesign nur unwesentlich.[7]

---

6  In den Panelanalysen ist diese Altersgruppe auf Grund der geringeren Fallzahlen definiert als die über 56-Jährigen.

7  Die Konsequenz ist einmal die Überschneidung bzw. einmal die Auslassungen eines Geburtsjahrgangs (1957 und 1972) an den Generationsgrenzen.

*Abbildung 1:* Übersicht über die Kohorten- bzw. Generationsbildung

| Alter im Jahr | 1972 | 1988 | 2002 |
|---|---|---|---|
| 16-30 Jahre Geburtsjahrgang | Protestgeneration 1942-1956 | „Nach-Protestler" 1958-1972 | Komplexitätsgeneration 1972-1986 |
| 31-45 Jahre Geburtsjahrgang | Nachkriegsgeneration 1927-1941 | Protestgeneration 1942-1956 | „Nach-Protestler" 1958-1972 |
| 46-60 Jahre Geburtsjahrgang | Kriegsgeneration 1912-1926 | Nachkriegsgeneration 1927-1941 | Protestgeneration 1942-1956 |
| > 60 Jahre Geburtsjahrgang | Kriegs-/Vorkriegsgen. vor 1912 | Kriegsgeneration 1912-1926 | Nachkriegsgeneration 1927-1941 |

Quelle: eigene Darstellung.

Aus den theoretischen Überlegungen und den methodischen Anforderungen an das Design ergibt sich, dass bei den Längsschnittanalysen die Protestgeneration der 1960er Jahre im Jahr 2002 durch die Alterskohorte der 46- bis 60-Jährigen erfasst wird (Abbildung 1). Die 2002 31- bis 45-Jährigen gehören dagegen bereits zur Generation der „Nach-Protestler", deren politisch prägende Sozialisation in den 1970ern und 1980ern stattfand. Die 2002 15- bis 30-Jährigen bilden hier die „Komplexitätsgeneration". Sie haben und hatten in der für sie politisch prägenden Zeit mit einer zunehmenden Vielfalt und Unübersichtlichkeit politischer Fragen auf Grund der deutschen Wiedervereinigung und ihrer Folgen, der fortschreitenden Internationalisierung sowie der Zuspitzung der wirtschaftlichen und sozialen Probleme umzugehen. Diese drei Generationen werden ergänzt um die „Nachkriegsgeneration", die im Jahr 2002 60 Jahre und älter ist. Die Daten von 1988 und 1972 enthalten zudem noch Informationen über die „Kriegs"- bzw. die „Vorkriegsgeneration".

## 3. Subjektive politische Kompetenz im Jahr 2002

Wie steht es nun mit den Jugendlichen und ihrem subjektiven politischen Kompetenzbewusstsein, wenn sie mit Befragten anderer Altersgruppen verglichen werden? Und wie lassen sich diese Befunde interpretieren? Die bisherigen Ergebnisse der Jugendstudien sind vergleichsweise eindeutig (Gille u.a. 1997; Gille/Krüger/de Rijke 2000; Gaiser u.a. 2000; Hoffmann-Lange 2003): Erstens gilt, dass Jugendliche heutzutage ein geringeres politisches Kompetenzgefühl als ältere Befragte haben, da das Effektivitätsgefühl einer Person stark von ihrem Alter abhängt. Dies erstaunt nicht weiter, da „das Verständnis für und das Interesse an Politik das Ergebnis eines längeren Sozialisationsprozesses darstellt, in dessen Verlauf sich junge Menschen zunehmend Wissen aneignen, öffentliche Räume erschließen und Verantwortung in familiären, beruflichen und öffentlichen Rollen übernehmen" (Gaiser u.a. 2000: 21). Diese zunehmende Übernahme von Verantwortungsrollen wiederum stimuliere die Auseinandersetzung mit Politik und die Wahrnehmung der eigenen Rolle im politischen Umfeld. Darüber hinaus ist bekannt, dass das politische Kompetenzbewusstsein der ostdeutschen Jugendlichen seit Mitte der 90er Jahre etwas schwächer ist als das der Westdeutschen. Dieser Befund gilt jedoch nicht nur für Jugendliche sondern für alle Altersgruppen in Ostdeutschland gleichermaßen.

*Tabelle 1:* Subjektives Kompetenzgefühl nach Alter und Bildungsgrad 2002 (Mittelwerte)[a]

| | | | | Alter | | | | Gesamt | |
|---|---|---|---|---|---|---|---|---|---|
| | | | bis 30 Jahre | 31-45 Jahre | 46-60 Jahre | > 60 Jahre | MW | Eta | r |
| West | Gesamt | MW | 0,19 | 0,40 | 0,43 | 0,18 | 0,31 | 0,27 | -0,02 |
| | | N | 409 | 652 | 458 | 560 | 2.078 | | |
| Ost | Gesamt | MW | 0,04 | 0,30 | 0,18 | -0,11 | 0,11 | 0,35 | -0,08* |
| | | N | 213 | 289 | 233 | 269 | 1.004 | | |
| Differenz West-Ost | | | 0,15 | 0,10 | 0,25 | 0,29 | 0,20 | | |
| West mit Abitur | | MW | 0,33 | 0,82 | 0,91 | 0,84 | 0,68 | 0,48 | 0,22** |
| | | N | 194 | 172 | 123 | 95 | 585 | | |
| West ohne Abitur | | MW | 0,08 | 0,25 | 0,25 | 0,05 | 0,16 | 0,28 | -0,04 |
| | | N | 215 | 479 | 335 | 464 | 1.493 | | |
| Ost mit Abitur | | MW | 0,07 | 0,77 | 0,82 | 0,59 | 0,52 | 0,66 | 0,26** |
| | | N | 87 | 77 | 60 | 42 | 266 | | |
| Ost ohne Abitur | | MW | 0,01 | 0,13 | -0,04 | -0,24 | -0,04 | 0,33 | -0,13** |
| | | N | 126 | 212 | 173 | 227 | 739 | | |

a  Der Index des subjektiven Kompetenzgefühls reicht von -2 (geringes) bis +2 (starkes Kompetenzgefühl).
Quelle: DNW 2002 mit Gewichtung (vgges: Repräsentativgewicht für getrennte Ost-West-Analysen der Vor- und Nachwahlbefragung); eigene Berechnungen.

Diese Ergebnisse werden durch die Daten von 2002 prinzipiell gestützt. Allerdings sind sie ergänzungsbedürftig (Tabelle 1 und Abbildung 2). Zunächst lässt das Niveau des internen Effektivitätsgefühls in West- ebenso wie in Ostdeutschland keine problematische Beziehung der Bürger zur Politik erkennen: Die Indexwerte sind im Gesamtdurchschnitt in beiden Landesteilen positiv, wenngleich – wie bereits festgestellt – das Kompetenzgefühl der Ostdeutschen auch im Wahljahr 2002 etwas geringer ist als das der Westdeutschen. Ebenso halten sich die jungen Erwachsenen bis 30 Jahre verglichen mit den 31- bis 60-Jährigen in politischen Fragen für weniger kompetent. Allerdings verhält sich die Beziehung zwischen Alter und subjektivem Kompetenzbewusstsein *nicht linear*. Vielmehr besteht diesbezüglich eine große Ähnlichkeit zwischen den jungen Erwachsenen bis 20 Jahren und den älteren Befragten ab 60 Jahren (Abbildung 2). Das politische Kompetenzgefühl ist in beiden Gruppen vergleichsweise gering.[8] Auf der Basis von sozialisationstheoretischen (bzw. lebenszyklischen) Überlegungen könnte die Ursache für dieses Ergebnisses sein, dass jüngere Menschen noch nicht vollständig in die beruflichen, ge-

---

8   Auf den in Tabelle 1 ebenfalls dargestellten Bildungseffekt wird weiter unten ausführlicher eingegangen.

sellschaftlichen und familiären Verantwortungsrollen des mittleren Lebensabschnitts integriert sind. Umgekehrt könnte der Rückzug der älteren Befragten aus
dem beruflichen, gesellschaftlichen und familiären Umfeld für deren geringes
Kompetenzgefühl verantwortlich sein. Entsprechende lebenszyklisch bedingte
„start-up"- und „slow-down"-Entwicklungen sind in der bisherigen Wahl- und
Partizipationsforschung bezogen auf politisches Verhalten vielfach belegt (Metje
1991; Kaase 1989: 610ff.; Verba/Nie 1972).

*Abbildung 2:*    Subjektives Kompetenzgefühl nach Alter 2002 (Abweichungen
                  vom Mittelwert)[a]

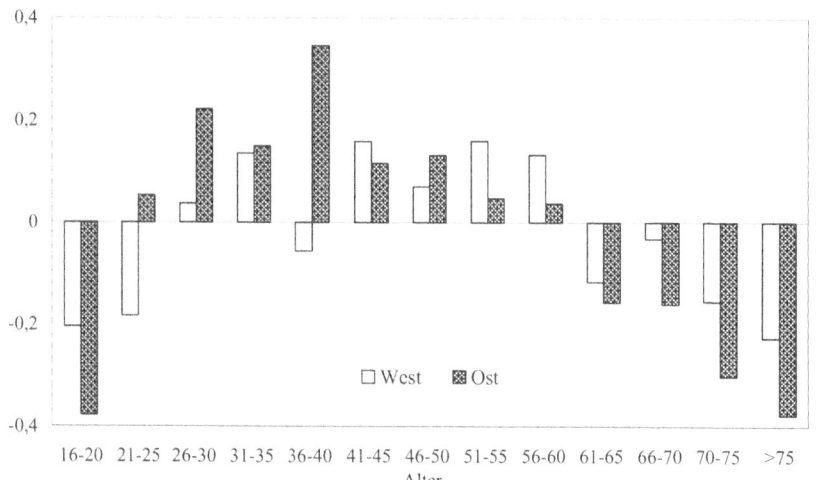

a  N West gesamt: 2.078; in den einzelnen Gruppen zwischen 112 und 229. N Ost gesamt: 1.004; in den
   einzelnen Gruppen zwischen 44 und 108.
Quelle: DNW 2002 mit Gewichtung (vgges); eigene Berechnungen.

Wie beständig ist dieser Alterseffekt nun, wenn noch andere Faktoren bei der Erklärung des subjektiven Kompetenzbewusstseins berücksichtigt werden? Neben
dem Alter wurden bei den folgenden Analysen das Bildungsniveau und die Wertorientierungen der Befragten sowie verschiedene Indikatoren der familiären, beruflichen, politischen und gesellschaftlichen Integration zur Erklärung des Kompetenzgefühls herangezogen (Tabelle 2, Modell 1).[9] Dabei zeigt sich ein Ergebnis,
das aus der vorliegenden Forschungsliteratur schon bekannt ist: Das jeweilige Bildungsniveau ist die mit Abstand wichtigste Ursache für das subjektive Kompetenzgefühl der Befragten (u.a. Campbell/Gurin/Miller 1954: 191; Hoffmann-Lange
1997a; Gabriel/Vetter 1999: 221ff.). Bildung steigert die Fähigkeit einer Person,
komplizierte Sachverhalte verstehen und verarbeiten zu können. Sie erleichtert die

---

9   Die Partizipationsbereitschaft und das tatsächliche politische Verhalten werden hier nicht als unab-
    hängige Variablen betrachtet, da sie theoretisch in der Regel als Konsequenzen des internen Kom-
    petenzgefühls angesehen werden.

Orientierung in einer relativ komplexen politischen Umwelt. Aber auch die anderen Erklärungsgrößen erwiesen sich bis auf die Kirchgangshäufigkeit und die familiäre Integration als erklärungskräftig (adj. $R^2_{West} = 0,22$; adj. $R^2_{Ost} = 0,24$), bei nur marginalen Unterschieden zwischen Ost- und Westdeutschland.[10]

Ein linearer Alterseffekt, wie in Modell 1 unterstellt, scheint auf Grund der bisherigen Ergebnisse jedoch nicht angemessen zur Beschreibung des Verhältnisses zwischen Alter und politischer Kompetenz (Tabelle 1). Wird stattdessen eine kurvilineare Beziehung (umgekehrte U-Kurve) zwischen den beiden Variablen modelliert, steigt die Gesamterklärungskraft des Modells signifikant an (Modell 2; zu Details der nichtlinearen Regression Kühnel/Krebs 2001: 564 ff.). Das Alter der Befragten hat demnach unterschiedliche Effekte auf das subjektive Kompetenzgefühl, je nach Altersbereich, in dem der Zusammenhang zwischen den beiden Variablen untersucht wird. Dies lässt sich aus der kurvilinearen Regressionsgleichung (1) ableiten, die Modell 2 zugrunde liegt und die originäre Altersvariable sowie deren Quadratterm enthält. Die erste Ableitung aus Gleichung (1) (vgl. Gleichung (2)) entspricht nun dem eigentlichen Steigungseffekt, der von der Altersvariablen ausgeht.

(1)   $Y = a + b1 \, Alter + b2 \, Alter^2 + ....$

(2)   $Y' = b_1 + 2b_2 \, Alter + .... = 0$, wenn $Alter = -b_1/2b_2$

Dieser Effekt ist nach Gleichung (2) und dem Einsetzen der Koeffizienten aus Modell 2 gleich null (keine Steigung der Kurve), wenn das Alter der Westdeutschen bei 5,5 (ca. 40-Jährige) und das der Ostdeutschen bei 7 (46- bis 50-Jährige) liegt. Nimmt das Alter bei diesen Werten um eine Einheit zu, verändert sich das Kompetenzgefühl so gut wie nicht. Wird die Altersvariable dagegen bei 2 fixiert (21- bis 25-Jährige), ergibt sich nach Gleichung (2) ein positiver Steigungskoeffizient ($b_{West} = 0,07$; $b_{Ost} = 0,10$). Umgekehrt sinkt das interne Effektivitätsgefühl mit zunehmendem Alter bei einer Fixierung des Alters auf 11 (66- bis 70-Jährige) ($b_{West} = -0,11$; $b_{Ost} = -0,08$).

---

10 Dies entspricht in etwa den Ergebnissen der bisherigen Forschung. So stellte Hoffmann-Lange (1995a, 1997a) bezogen auf Jugendliche und junge Erwachsene fest, dass ohne nennenswerte Unterschiede zwischen Ost- und Westdeutschen höher Gebildete, Männer, Postmaterialisten, eher links orientierte Befragte sowie Befragte mit hohem Partizipationspotenzial ein stärkeres Kompetenzgefühl haben als andere.

*Tabelle 2:*   Alterseffekte bei Kontrolle weiterer Erklärungsgrößen 2002[a]

|  | Linear-additives Modell 1 | | Kurvilineares Modell 2 | | Interaktions- modell 3 | |
|---|---|---|---|---|---|---|
|  | b | beta | b | beta | B | beta |
| | Westdeutschland | | | | | |
| Konstante | 2,42** | | 2,23** | | 2,91** | |
| Alter | n.s. | n.s. | 0,11** | 0,38 | -0,06** | -0,23 |
| Alter² | – | – | -0,01** | -0,38 | – | – |
| Alter*Bildung | – | – | – | – | 0,02** | 0,25 |
| Bildung | 0,27** | 0,23 | 0,28** | 0,24 | 0,11* | 0,10 |
| MPM | 0,07** | 0,10 | 0,07** | 0,10 | 0,07** | 0,10 |
| Polit. Integration: PI | 0,07** | 0,13 | 0,07** | 0,14 | 0,07** | 0,13 |
| Berufl. Integration | 0,06** | 0,08 | n.s. | n.s. | 0,05* | 0,06 |
| Gesells. Integration: | | | | | | |
| Geschlecht | -0,36** | -0,19 | -0,37** | -0,19 | -0,36** | -0,19 |
| Mediennutzung | 0,07** | 0,16 | 0,06** | 0,15 | 0,07** | 0,16 |
| Kirchgangshäufigk. | n.s. | n.s. | n.s. | n.s. | n.s. | n.s. |
| Mitgliedschaften | 0,15** | 0,12 | 0,14** | 0,11 | 0,14** | 0,11 |
| R²/adj. R² | 0,224/0,220** | | 0,230/0,226** | | 0,228/0,224** | |
| N | 1.961 | | 1.961 | | 1.961 | |
| F-Wert[b] bei Vergleich mit Modell 1 | | | 15,19 | | 10,10 | |
| | Ostdeutschland | | | | | |
| Konstante | 2,03** | | 1,86** | | 3,06** | |
| Alter | 0,03* | 0,09 | 0,14** | 0,50 | -0,11** | -0,39 |
| Alter² | – | – | -0,01** | -0,43 | – | – |
| Alter*Bildung | – | – | – | – | 0,05** | 0,44 |
| Bildung | 0,33** | 0,27 | 0,32** | 0,26 | 0,00 | 0,00 |
| MPM | 0,17** | 0,24 | 0,17** | 0,24 | 0,17** | 0,24 |
| Polit. Integration: PI | 0,05** | 0,09 | 0,05** | 0,09 | 0,05** | 0,09 |
| Berufl. Integration | 0,07* | 0,09 | n.s. | n.s. | 0,06* | 0,07 |
| Gesells. Integration: | | | | | | |
| Geschlecht | -0,29** | -0,15 | -0,30** | -0,16 | -0,29** | -0,15 |
| Mediennutzung | 0,05** | 0,12 | 0,05** | 0,11 | 0,04** | 0,11 |
| Kirchgangshäufigk. | n.s. | n.s. | n.s. | n.s. | n.s. | n.s. |
| Mitgliedschaften | 0,16** | 0,09 | 0,16** | 0,09 | 0,15* | 0,08 |
| R²/adj. R² | 0,245/0,237** | | 0,255/0,246** | | 0,261/0,252** | |
| N | 902 | | 902 | | 902 | |
| F-Wert bei Vergleich mit Modell 1 | | | 11,96 | | 19,29 | |

\* p < 0,05; \*\* p < 0,005; n.s. = nicht signifikant.
a   Zur Codierung der unabhängigen Variablen vgl. Anhang.
b   Die Berechnung des F-Wertes erfolgte nach: $\dfrac{(R_{M1}{}^2 - R_{M0}{}^2)/(k_1 - k_0)}{(1 - R_{M1}{}^2)/(N - k_1 - 1)}$, wobei $R_{M0}$ die Erklärungsleistung des Ausgangsmodells ist und $R_{M1}$ die Erklärungsleistung des erweiterten Modells (hier Modell 2 bzw. Modell 3), k die Zahl der verwendeten unabhängigen Variablen in den jeweiligen Modellen und N die Fallzahl ist.
Quelle: DNW 2002 mit Gewichtung (vgges); eigene Berechnungen.

Darüber hinaus zeigten allerdings schon die Befunde in Tabelle 1, dass das Alter in Abhängigkeit vom Bildungsgrad unterschiedliche Effekte auf das Kompetenzbewusstsein hat (Hoffmann-Lange 2003; zu Details von Interaktionseffekten Kühnel/ Krebs 2001: 559ff.). Der signifikante Anstieg in der Erklärungsleistung von Modell 3 (mit Interaktionsterm „Alter*Bildung") bestätigt dies. Gleichung (3) ist die verkürzte Regressionsgleichung, die zur Berechnung von Modell 3 verwendet wurde:

(3)   $Y = a + b_1$ Alter $+ b_2$ Bildung $+ b_3$ (Alter*Bildung) $+ .....$

Durch Umformung von Gleichung (3) und das Einsetzen unterschiedlicher Werte für den Bildungsgrad ergeben sich die Gleichungen (4) und (5).

(4)   $Y = a + b_2$ Bildung $+ (b_1 + 1*b_3)$ Alter $+ ....$

(5)   $Y = a + b_2$ Bildung $+ (b_1 + 4*b_3)$ Alter $+ .....$

Sie zeigen, dass bei Befragten ohne Schulabschluss (Bildung = 1; Gleichung (4)) das Effektivitätsgefühl mit zunehmendem Alter sinkt ($b_{\text{Alter West}}$ = -0,04; $b_{\text{Alter Ost}}$ = -0,06). Anders dagegen bei den Befragten mit Abitur (Bildung = 4; Gleichung (5)). Hier fühlen  sich die älteren Befragten deutlich kompetenter als die jüngeren ($b_{\text{Alter West}}$ = 0,02; $b_{\text{Alter Ost}}$ = 0,09). Auf einen entsprechenden Effekt beim politischen Verhalten verwies Allerbeck bereits 1976 (zit. nach Kaase 1989: 615): Ein positiver Alterseffekte trat vor allem in der oberen Mittelschicht auf – vermutlich als Folge „lebenslanger Lernprozesse", die in unteren Bildungsgruppen seltener „zum Alltag" gehören.

Zusammenfassend gilt: Das Alter einer Person hat durchaus einen Effekt auf das Kompetenzbewusstsein. Jugendliche und junge Erwachsene fühlen sich weniger kompetent als Personen im mittleren Lebensabschnitt. Dies gilt allerdings ebenso für ältere Befragte, wobei das Bildungsniveau die Kompetenzunterschiede zwischen den Älteren noch verstärkt. Der kurvilineare Alterseffekt lässt sich plausibel als lebenszyklische Veränderung begründen. Damit hätten die schwächeren Orientierungen der Jüngeren keine gravierenden Folgen für das politische System. Im Laufe des Lebens würde ihr politisches Kompetenzgefühl quasi „automatisch" zunehmen – mit den entsprechend positiven Folgen vor allem für ihre politische Beteiligung. Diese lebenszyklische Entwicklung ist auf der Grundlage der bisherigen Analysen allerdings nicht eindeutig belegbar. Ebenso könnten Generationeneffekte die Unterschiede zwischen den Altersgruppen verursachen. In diesem Fall wäre nicht von einer „automatischen" Kompetenzangleichung auszugehen. Vielmehr könnte es in Folge dessen zu einer generellen Abnahme der politischen Beteiligungsbereitschaft sowie zu einer verstärkten Apathie innerhalb der Bevölkerung kommen – mit den entsprechenden negativen Auswirkungen für den politischen Prozess und die Demokratie insgesamt. Für welche der beiden Erklärungen sich mehr empirische Belege finden lassen, wird in den folgenden Abschnitten untersucht.

## 4.  Interne politische Effektivität als Lebenszykluseffekt?

Die bisherigen Befunde legen die Vermutung nahe, dass sich das subjektive Kompetenzgefühl im Lebenszyklus verändert. Das bedeutet, unterschiedliche Phasen des Lebens haben auf Grund ihrer speziellen Anforderungen an das Individuum einen Einfluss auf diese Orientierung. Solche Effekte sind aus der Partizipations-, vor allem aber der Wahlverhaltensforschung, bekannt. Auf der Grundlage von Querschnittsdaten unterschiedlicher Altersgruppen sind solche Lebenszyklus- oder Alterseffekte jedoch nicht überprüfbar. Sie lassen sich nur durch individuelle Einstellungsveränderungen auf Mikroebene nachweisen, die über verschiedene Lebensphasen hinweg verfolgt werden. Das Panel der Deutschen Nationalen Wahlstudie bietet Ansätze für ein entsprechendes Längsschnittdesign. Es gibt Auskunft über individuelle Einstellungsveränderungen, die in verschiedenen Altersgruppen von 1994 bis 2002 auftreten.

Unter der Annahme lebenszyklischer Veränderungen lassen sich dabei folgende Annahmen formulieren: Das politische Kompetenzgefühl entwickelt sich – außer in Abhängigkeit vom Bildungsniveau – mit der Sozialisation im primären und sekundären Umfeld, d.h. mit den eigenen Erfahrungen in der jeweiligen Umgebung. Diese verändert sich im Laufe des Lebens durch die Übernahme von familiären, beruflichen und/oder gesellschaftlichen Verantwortungsrollen sowie durch die damit verbundenen Erfahrungen ihrer Bewältigung. Der Umgang innerhalb dieser Verantwortungsnetzwerke sollte mit einem generellen Gefühl von Kompetenz einhergehen, das sich auch im Umgang mit politischen Fragen widerspiegelt. Dementsprechend sollte das Kompetenzgefühl sowohl bei jungen als auch bei älteren Personen – die weniger in die genannten Verantwortungsrollen integriert sind – geringer sein als bei Befragten im mittleren Lebensabschnitt. Es dürfte also gelten, dass bei jungen Erwachsenen eine Zunahme des subjektiven Kompetenzgefühls von 1994 bis 2002 überwiegt, da sie zunehmend in Verantwortungsrollen hineinwachsen, die ihr Kompetenzgefühl stärken. Bei älteren Bürgern, die sich zunehmend aus Verantwortungsrollen zurückziehen, sollte das Kompetenzgefühl von 1994 bis 2002 dagegen eher abnehmen. Entsprechend sollte das Kompetenzgefühl der mittleren Altersgruppe am stabilsten sein.

Die empirischen Befunde für den Zeitraum von 1994 bis 2002 unterstützen diese Annahmen (Tabelle 3). Insgesamt bleibt das Kompetenzgefühl bei etwas mehr als 80 Prozent der Befragten stabil (keine Veränderungen von 1994-2002). Dies entspricht der theoretischen Annahme, dass das interne Effektivitätsgefühl eine vergleichsweise tief in die Persönlichkeitsstruktur verankerte Orientierung ist, die sich kurzfristig kaum ändert. Diejenigen Veränderungen, die sich im genannten Zeitraum dennoch belegen lassen, vollziehen sich sowohl in Ost- als auch in Westdeutschland am stärksten bei den jungen Erwachsenen und den älteren Personen ab 56 Jahren. Während bei den jüngeren Befragten eine Zunahme des internen Effektivitätsgefühls überwiegt, dominiert bei den älteren Befragten die Abnahme.

*Tabelle 3:* Individuelle Veränderungen des subjektiven Kompetenzbewusstseins 1994-2002 in Ost- und Westdeutschland (in Prozent aller Befragten)[a]

| | Abnahme | Keine Veränd. | Zunahme | Veränd. gesamt | Veränd. saldo | N |
|---|---|---|---|---|---|---|
| **Westdeutschland** | | | | | | |
| 14-30 Jahre | 5,9 | 80,9 | 13,3 | 19,2 | +7,5 | 256 |
| 31-55 Jahre | 5,4 | 85,3 | 9,3 | 14,7 | +3,9 | 354 |
| 56 u.m. Jahre | 13,2 | 76,4 | 10,5 | 23,7 | -2,7 | 152 |
| **Ostdeutschland** | | | | | | |
| 14-30 Jahre | 7,2 | 84,5 | 8,5 | 15,7 | +1,3 | 357 |
| 31-55 Jahre | 7,6 | 86,1 | 6,2 | 13,8 | -1,4 | 448 |
| 56 u.m. Jahre | 10,6 | 84,0 | 5,3 | 15,9 | -5,3 | 245 |

a Die Einstellungsveränderungen wurden aus der Differenz der Kompetenzwerte 2002 und 1994 berechnet. Sie reichen von -4 = starke Abnahme bis +4 = starke Zunahme. Abnahme = -4 bis -2, keine Veränderung = -1 bis 1, Zunahme = 2 bis 4.
Quelle: DNW Panel 1994-2.002; N = 2.008 (Befragte in den Wellen 1994 und 2002); Gewichtung mit cgges (Repräsentativgewicht bezogen auf das Jahr 2002 für getrennte Analysen nach Ost- und Westdeutschland); Ost-West-Trennung mit asplitwo (Trennungsvariable bezogen auf das Jahr 1994); eigene Berechnungen.

Allerdings sind die lebenszyklischen Effekte nicht besonders stark. Dies kann einerseits daran liegen, dass sie tatsächlich nur schwach ausgeprägt sind. Andererseits aber beruht ihre theoretische Begründung auf der Annahme der Integration in unterschiedlichen Verantwortungsrollen, welche jedoch – wie bereits erwähnt –

*Tabelle 4:* Individuelle Veränderungen des subjektiven Kompetenzbewusstseins nach Bildungsgruppen 1994-2002 für Gesamtdeutschland (in Prozent aller Befragten)[a]

| | Abnahme | Keine Veränd. | Zunahme | Veränd. gesamt | Veränd. saldo | N |
|---|---|---|---|---|---|---|
| **Mit Abitur** | | | | | | |
| 14-30 Jahre | 6,6 | 86,1 | 7,3 | 13,9 | +0,7 | 302 |
| 31-55 Jahre | 7,1 | 86,9 | 6,0 | 13,1 | -1,1 | 268 |
| 56 u.m. Jahre | 4,9 | 87,8 | 7,3 | 12,2 | +2,4 | 82 |
| **Ohne Abitur** | | | | | | |
| 14-30 Jahre | 4,3 | 77,0 | 18,7 | 23,0 | +14,4 | 326 |
| 31-55 Jahre | 5,4 | 84,8 | 9,9 | 15,3 | +4,5 | 563 |
| 56 u.m. Jahre | 14,2 | 77,0 | 8,8 | 23,0 | -5,4 | 282 |

a Die Einstellungsveränderungen wurden aus der Differenz der Kompetenzwerte 2002 und 1994 berechnet. Sie reichen von -4 = starke Abnahme bis +4 = starke Zunahme. Abnahme = -4 bis -2, keine Veränderung = -1 bis 1, Zunahme = 2 bis 4.
Quelle: DNW Panel 1994-2002; N = 2.008 (Befragte in den Wellen 1994 und 2002); Gewichtung mit cggesow (Repräsentativgewicht für gemeinsame Analysen Ost- und Westdeutschlands bezogen auf das Jahr 2002); eigene Berechnungen.

nur grob durch die verwendete Operationalisierung mittels Altersgruppen abgebildet wird. Außerdem müssten lebenszyklische Effekte – wie aus den Analysen in Abschnitt 3 hervorgeht – nach Bildungsgrad variieren. Besonders ausgeprägt dürften sie in niedrigen Bildungsgruppen sein, während sie in höheren Bildungsgruppen durch die Folgen des „lebenslangen Lernens" abgemildert werden müssten. Um vorhandene Lebenszykluseffekte nicht zu unterschätzen, wird der letzte Aspekt nochmals genauer untersucht. Tatsächlich verändert sich das Kompetenzgefühl innerhalb der verschiedenen Altersgruppen unterschiedlich, wenn zwischen Befragen mit bzw. ohne Abitur unterschieden wird (Tabelle 4). Bei weniger gebildeten Personen lassen sich die oben formulierten Hypothesen zu den individuellen Veränderungen des politischen Kompetenzgefühls deutlicher erkennen als bei höher Gebildeten. Tatsächlich sind es bei den weniger Gebildeten vor allem die jüngeren und die älteren Befragten, bei denen sich das Kompetenzgefühl stark verändert. Es steigt bei den unter 30-Jährigen überproportional stark an und nimmt bei den über 56-Jährigen entsprechend der Hypothese deutlich ab. Diese Befunde verstärken den Beleg für die Existenz lebenszyklischer Veränderungen des politischen Kompetenzgefühls. Diese treten allerdings nicht gleichmäßig über alle Befragten hinweg auf, sondern primär in Gruppen mit geringer Bildung.

## 5. Subjektives politisches Kompetenzgefühl als Generationsphänomen?

Die für 2002 ermittelten Unterschiede im subjektiven politischen Kompetenzgefühl zwischen Personen unterschiedlichen Alters können auf zwei Ursachen zurückzuführen sein. Belege für lebenszyklische Ursachen wurden in Abschnitt 4 bereits ermittelt. Darüber hinaus könnten jedoch auch Generationseinflüsse für die genannten Unterschiede verantwortlich sein. Solche Effekte sind plausibel, da die politische Sozialisation junger Menschen in der Nachkriegszeit (primär 1950er Jahre), in den 1960er und den 1980er Jahren unter verschiedenen sozialen und politischen Bedingungen stattfand. Diese Bedingungen könnten wiederum unterschiedliche Konsequenzen für die Entwicklung des politischen Kompetenzgefühls in den jeweiligen Generationen gehabt haben.[11] Trifft dies zu, sollten entsprechende Differenzen im Kompetenzgefühl durch einen Vergleich der Generationen im Längsschnitt sichtbar werden.

Sollten darüber hinaus auch noch Periodeneffekte die Höhe des politischen Kompetenzgefühls beeinflussen, müssten diese ebenfalls bei der Längsschnittbetrachtung erkennbar sein. Unter einem Periodeneffekt wird der Einfluss eines mehr oder weniger „einmaligen" Ereignisses verstanden, das alle Individuen beeinflusst – unabhängig von ihrer Kohortenzugehörigkeit und ihrer aktuellen Position im individuellen Lebenszyklus (Schumann 1997: 114).

Im Folgenden wird zunächst auf die Entwicklung des politischen Kompetenzgefühls in verschiedenen Altersgruppen eingegangen. Danach geht es um die empi-

---

11  Dabei wird unter Generation eine Bevölkerungsgruppe verstanden, deren politische Sozialisation in einem Zeitraum stattgefunden hat, der das Kompetenzgefühl der gesamten Gruppe geprägt hat.

rische Ermittlung von Generationseffekten unter der Berücksichtigung möglicher Periodeneffekte. Eine methodische Bemerkung vorweg soll die Erwartungen an die folgenden Analysen auf eine realistische Basis stellen. Die empirische Trennung von Generations- (Kohorten-), Lebenszyklus- (Alters-) und Periodeneffekten ist methodisch wie theoretisch problematisch. Das theoretische Problem besteht in der angemessenen Identifikation von Alterskohorten bzw. Generationen (Fogt 1982). Bisherige Studien nehmen sehr unterschiedliche Generationsdefinitionen vor, was sich sowohl auf die Zahl der Generationen als auch auf deren zeitliche Abgrenzung auswirkt.[12] Das zweite Problem ist methodischer Art. So lassen nur längere Zeitreihen adäquate Schlüsse über die drei genannten Effekte zu. Anderenfalls besteht die Gefahr einer „methodisch unbedarften Interpretation einiger Querschnittsbefunde" (Rattinger 1994: 74). Die hier verwendeten Querschnittserhebungen zum internen Effektivitätsgefühl der Deutschen seit Ende der 1960er Jahre erlauben zwar keine quantitative Bestimmung der genannten Effekte, die sich auch überlagern können. Sie lassen aber Vermutungen über ihr Zusammenspiel zu.

### 5.1 Die Entwicklung des subjektiven Kompetenzgefühls von 1969 bis 2002

Noch zu Beginn der 1960er Jahre stellten Almond und Verba (1965) im Hinblick auf die Deutschen fest, dass diese zwar über ein erstaunlich hohes politisches Interesse verfügten, das mit der im internationalen Vergleich hohen Wahlbeteiligung korrespondierte. Ihr politisches Kompetenzgefühl aber war verglichen mit demjenigen der Amerikaner oder Briten äußerst gering.[13] In Folge der nationalsozialistischen Herrschaft und der "entpolitisierten" Nachkriegszeit erstaunt dieser Befund für die 1950er Jahre nicht. Außerdem kam es in den folgenden Jahren zu deutlichen Veränderungen, die im Zuge der Bildungsexpansion Ende der 1960er Jahre und den damit verbundenen gesellschaftlichen Veränderungen einhergingen. Die positive Entwicklung des politischen Kompetenzgefühls in Deutschland lässt sich mit Hilfe von Umfragedaten nachzeichnen.[14] 1969 lehnten nur 21 Prozent aller Befragten die Aussage ab „Die ganze Politik ist so kompliziert, dass jemand wie ich gar nicht versteht, was vorgeht". 1988 war es schon über die Hälfte der Westdeut-

---

12  Zur Begründung der Generationsabgrenzung in diesem Beitrag vgl. Abschnitt 2.1.

13  Auf die Frage „Angenommen, ein Gesetz würde im Bundestag in Erwägung gezogen, das Sie als sehr ungerecht und nachteilig ansähen. Was meinen Sie, könnten Sie dagegen etwas unternehmen?" antworteten nur 38 Prozent der Deutschen, dagegen aktiv werden zu können. In den Vereinigten Staaten betrug der entsprechende Anteil 75 Prozent, in Großbritannien 62 Prozent.

14  Längsschnittvergleiche haben das Problem, dass sich von Studie zu Studie in der Regel der Wortlaut der verwendeten Indikatoren sowie die vorgegebenen Antwortkategorien verändern. Aus diesem Grund beruhen die folgenden Analysen des subjektiven Kompetenzgefühls nicht mehr auf dem bislang verwendeten Mittelwertindex. Vielmehr wird nur noch die Beurteilung der Aussage „Die ganze Politik ist so kompliziert, dass jemand wie ich nicht versteht, was vorgeht" zur Messung des Kompetenzgefühls verwendet. Dadurch ist eine gewisse Vergleichbarkeit über die Jahre hinweg gewährleistet. Über die Zeit hat sich bei diesem Item lediglich die Zahl der vorgegebenen Antwortkategorien verändert (statt einer geraden Zahl von Antwortvorgaben werden seit Beginn der 1990er Jahre fünf Antwortmöglichkeiten vorgegeben). Durch die Verwendung von Mittelwerten und eine entsprechende Codierung der Antworten wird dieses Problem im Folgenden jedoch gelöst.

schen. Nach diesem starken Anstieg in den 1970er und 1980er Jahren stabilisierte sich das Kompetenzgefühl der Deutschen Anfang der 1990er Jahre auf hohem Niveau. Größere Veränderungen lassen sich seither nicht ausmachen. Noch Anfang der 1990er Jahre hatten die Bürger in den neuen Bundesländern ein stärkeres Kompetenzgefühl als die Westdeutschen. Dies wird zumeist auf die von den Ostdeutschen auf den Weg gebrachte friedliche Revolution zurückgeführt. Seit 1994 allerdings liegen die Werte im Osten etwas niedriger als im Westen.

Bei der nach Altersgruppen getrennten Analyse zeigen sich dieselben, relativ einheitlich verlaufenden Muster (Abbildung 3 und Tabelle A1 im Anhang). Dabei haben die 15- bis 30-Jährigen bis Mitte der 1970er Jahre mit Abstand das höchste Kompetenzgefühl – ein Befund der heutzutage definitiv nicht mehr zutrifft. Noch Mitte der 90er Jahre gehörten die jungen Menschen zwischen 15 und 30 Jahren zu denjenigen Personen mit dem ausgeprägtesten Kompetenzbewusstsein, auch wenn sie sich nicht mehr von anderen unter 60-Jährigen unterschieden. Die wichtigste Veränderung, die zu den in Abschnitt 3 beschrieben Befunden führt, deutet sich seit Mitte der 90er Jahre an: Ab 1998 ist das politische Kompetenzgefühl junger Menschen zwischen 15 und 30 Jahren deutlich geringer als das Kompetenzbewusstsein der mittleren Altersgruppen. Junge Menschen ähneln in ihrer Einstellung nun zunehmend der ältesten Befragtengruppe. Dieser Befund gilt für West- und Ostdeutschland gleichermaßen. Allerdings lässt sich seine Dauerhaftigkeit und Bedeutung bislang noch nicht abschätzen.

*Abbildung 3:*  Subjektive politische Kompetenz 1969-2002 nach Altersgruppen (Mittelwerte)[a]

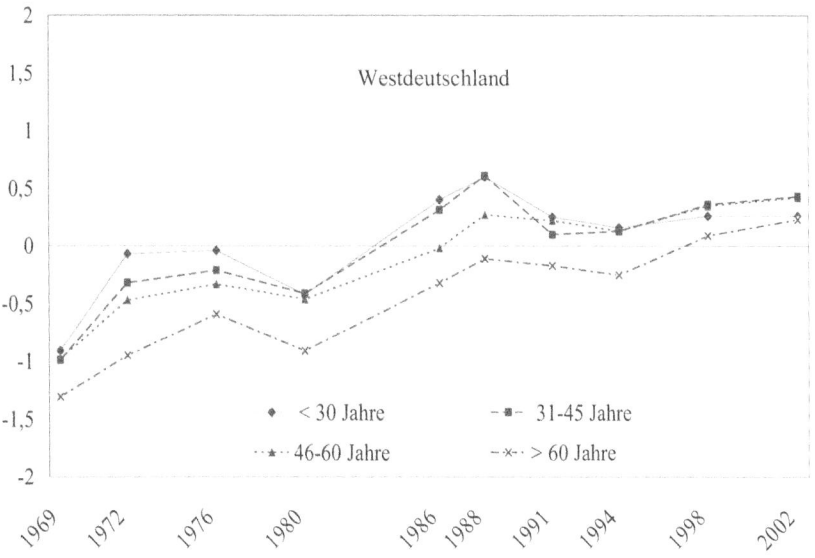

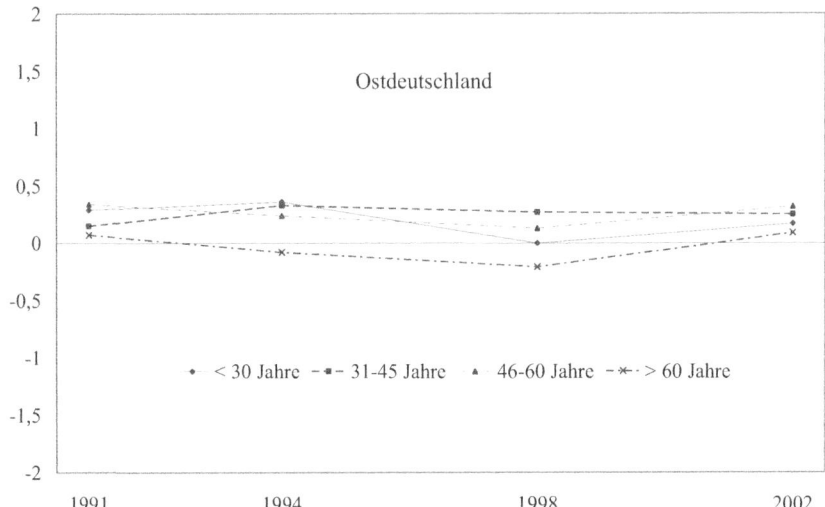

a Das subjektive politische Kompetenzgefühl wurde operationalisiert über den Indikator „Die ganze Politik ist so kompliziert, dass jemand wie ich nicht versteht, was vorgeht". Zu weiteren Details vgl. Angaben in Tabelle A1 im Anhang.
Quellen: vgl. Tabelle A1 im Anhang; eigene Berechnungen.

## 5.2 Generations- und/oder Periodeneffekte?

Unterschiede im Kompetenzgefühl, wie sie in den Querschnittsanalysen ermittelt wurden, ebenso wie die Veränderungen über die Zeit, können ihre Ursache in Generationseffekten haben.[15] Diese werden nun mit Hilfe von Längsschnittdaten auf der Basis verschiedener Querschnittserhebungen untersucht. Wegen der fehlenden Daten für Ostdeutschland für die Jahre vor 1990 beziehen sich die folgenden Analysen ausschließlich auf Westdeutschland. Die in diesem Beitrag definierten Generationen umfassen jeweils 15 Geburtsjahrgänge. Entsprechend basieren die folgenden Kohortenanalysen auf drei Querschnittserhebungen aus den Jahren 1972, 1988 und 2002, die ebenfalls etwa 15 Jahre auseinander liegen. Auch wenn damit nur drei Datenpunkte für die Untersuchung zur Verfügung stehen, können so zum einen Kompetenzunterschiede zwischen verschiedenen Generationen untersucht werden (Generationseffekte). Zum anderen können aber auch Entwicklungen innerhalb verschiedener Generationen miteinander verglichen werden, was wiederum Rückschlüsse auf Periodeneffekte (letztlich auch Lebenszykluseffekte) zulässt.

---

15 Lebenszyklische Effekte könnten allenfalls bei deutlichen demographischen Altersstrukturveränderungen zu gesamtgesellschaftlichen Einstellungsveränderungen führen. Solche liegen im vorliegenden Fall aber nicht vor. Sie bieten für den starken Anstieg des Kompetenzgefühls zwischen 1970 und 1990 daher keine Erklärung.

*Abbildung 4:*   Vergleichsstrategien zur Ermittlung von Alters-, Generations- und
Periodeneffekten (Mittelwerte auf einer Skala von -2 bis +2)[a]

| Alter | 1972 | 1988 | 2002 | |
|---|---|---|---|---|
| 16-30 Jahre | -0,07 | 0,60 | 0,26 | b |
| 31-45 Jahre | -0,32 | 0,61 | 0,43 | |
| 46-60 Jahre | -0,47 | 0,27 | 0,42 | |
| > 60 Jahre | -0,95  c | -0,11 | 0,23 | a |

a Erklärung: (a) Einstellungsveränderungen innerhalb einer Generation können sich auf Grund von
Lebenszyklus- und/oder Periodeneffekten ergeben; (b) Einstellungsunterschiede zwischen denselben
Altersgruppen zu verschiedenen Zeitpunkten können durch Generations- und/oder Periodeneffekte
verursacht sein; (c) Unterschiede zwischen verschiedenen Generationen zu einem Zeitpunkt können
auf Lebenszyklus- und/oder Generationseffekte zurückgeführt werden.
Quellen: vgl. Angaben in Tabelle A1 im Anhang; eigene Darstellung.

Abbildung 4 zeigt, welche Vergleichsstrategien auf der Basis der vorliegenden
Daten möglich sind. Die Unterschiede, die sich aus dem diagonalen (a), dem hori-
zontalen (b) oder dem vertikalen Vergleich (c) der politischen Einstellungen in den
verschiedenen Altersgruppen/Generationen ermitteln lassen, könnten theoretisch
allerdings immer auf zwei Effekte zurückgeführt werden. Innerhalb einer Generation (a) können lebenszyklische und/oder Periodeneffekte zu Einstellungsveränderungen führen. Unterschiede zwischen denselben Lebensaltersgruppen zu verschiedenen Erhebungszeitpunkten (b) lassen sich theoretisch auf Generations-
und/oder Periodeneffekte zurückführen. Zeitgleich festgestellte Unterschiede zwischen verschiedenen Generationen (c) können schließlich als lebenszyklische
und/oder generationsbedingte Differenzen interpretiert werden (Klein 1991).

Mit Hilfe der hier vorliegenden Daten können entsprechend Strategie a) vier
Generationen miteinander verglichen werden, für die Einstellungswerte zu jeweils
mindestens zwei Zeitpunkten vorliegen. Ein erster Blick auf Abbildung 5 zeigt
augenscheinliche Unterschiede, die auf einen Generationseffekt hinweisen. Die
Kompetenzgefühle der Kriegs-, der Nachkriegs- und der Protestgeneration entwickeln sich über die untersuchten Jahre hinweg zwar parallel zueinander. Sie liegen
aber – wie zu erwarten – auf unterschiedlichen Niveaus. Die Nachkriegsgeneration
hat ein stärkeres politisches Kompetenzbewusstsein als die Kriegsgeneration. Und
das Effektivitätsgefühl der Protestgeneration liegt nochmals deutlich über demjenigen der Nachkriegsgeneration. Dieser Generationseffekt lässt sich auf drei Ursachen zurückführen: die Sozialisation in einem zunehmend demokratischeren Umfeld, die Bildungsexpansion und die verstärkte Mediennutzung. Alle drei Ursachen
tragen zur Erklärung des Unterschiedes zwischen der Kriegs- und der Nachkriegs-
sowie der Nachkriegs- und der Protestgeneration bei.

*Abbildung 5:* Subjektive politische Kompetenz im Generationenvergleich 1972, 1988 und 2002 (Mittelwerte auf einer Skala von -2 bis +2)[a]

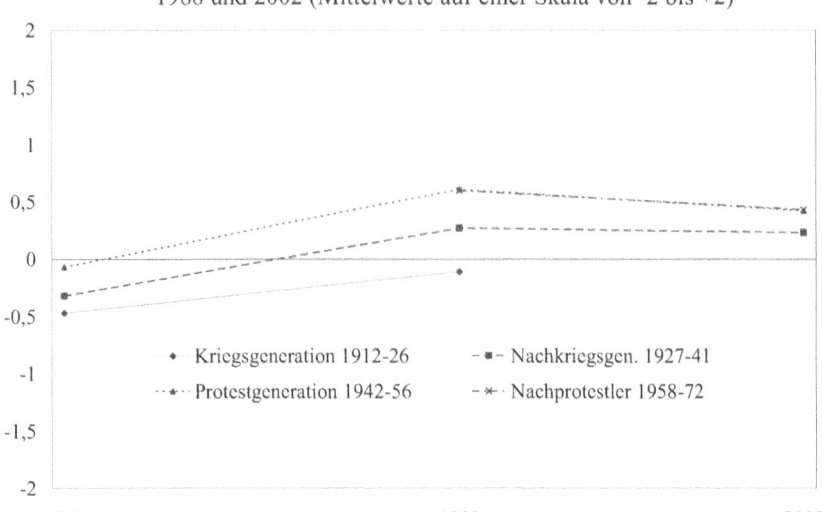

a Die „Komplexitätsgeneration" wird in dieser Abbildung nicht dargestellt. Sie würde lediglich ein Punkt im Jahr 2002 darstellen, der bei 0,26 liegt. Das subjektive politische Kompetenzgefühl wurde operationalisiert über den Indikator „Die ganze Politik ist so kompliziert, dass jemand wie ich nicht versteht, was vorgeht". Zu weiteren Details vgl. Angaben in Tabelle A1 im Anhang.
Quellen: vgl. Angaben in Tabelle A1 im Anhang; eigene Berechnungen.

Die Protestgeneration erlebte ihre politische Sozialisation während der Zeit der Studentenunruhen, der großen Koalition mit ihren umfassenden politischen Reformen sowie der Regierungsübernahme durch die sozial-liberale Koalition nach fast 23 Jahren konservativer Regierungsdominanz. Die damals jungen Erwachsenen haben vermutlich in Folge der starken Politisierung dieser Zeit ein deutlich höheres Kompetenzgefühl als ihre Eltern und Großeltern entwickelt. Außerdem begann zu dieser Zeit die Bildungsexpansion, die nicht nur auf individueller Ebene zu einem Anstieg des Kompetenzgefühls geführt hat. Auch die quantitative Zunahme an höheren Bildungsabschlüssen ist verantwortlich für das durchschnittlich höhere Kompetenzgefühl dieser Generation. Entsprechende empirische Belege hierfür lieferten Anfang der 1980er Jahre unter anderem Baker, Dalton und Hildebrandt (1981: 23). Nach ihren Ergebnissen wiesen Kindergenerationen schichtunabhängig ein durchschnittlich höheres Gefühl politischer Kompetenz auf als ihre Eltern.

Erstaunlicherweise ist dieser bildungs- und sozialisationsbedingte Generationseffekt für die beiden jüngsten Kohorten, die Generation der „Nachprotestler" und die „Komplexitätsgeneration", nicht mehr belegbar. Das Kompetenzgefühl der „Nachprotestler" entwickelte sich über die letzten Jahre hinweg zwar parallel zu demjenigen der anderen Generationen. Ein positiver Niveauunterschied – wie er für den Generationseffekt typisch ist – fehlt hier jedoch. Und die jüngste Generation ähnelt in ihrem Kompetenzniveau sogar eher der Nachkriegsgeneration mit einem geringeren Kompetenzgefühl als die beiden dazwischen liegenden Generationen. Dies erstaunt besonders vor dem Hintergrund der Bildungsexpansionsthese und der damit verbundenen Erwartung einer kontinuierlichen Kompetenzzunahme in der Bevölkerung, vor allem bei jungen Menschen (Kaase 1989: 610). Ob sich hier ein neuer – diesmal negativer – Generationseffekt abzeichnet, lässt sich auf Basis der Daten noch nicht abschätzen.

Vermutungen im Hinblick auf die Ursachen für das mögliche Ende des bildungs- und sozialisationsbedingten Kompetenzanstiegs von Generation zu Generation gibt es verschiedene: Erstens könnte es sein, dass sich die Zahl der höher Gebildeten allmählich auf einem bestimmten Niveau eingependelt hat und nicht weiter zunimmt (ceiling-Effekt). Zweitens könnte sich in den letzten Jahren das Bildungsniveau qualitativ verschlechtert haben, wie es durch die PISA-Studien angedeutet wird. Drittens könnten sich aktuelle Bildungsinhalte (quantitative Informationsverarbeitung, Umgang mit Informationstechnik und Wissen) weniger als früher zum Verständnis politischer Zusammenhänge eignen. Viertens könnte der Rückgang traditioneller politischer Orientierungshilfen (z.B. der Parteiidentifikation), die das Verständnis von Politik vereinfachen, dafür verantwortlich sein. Welcher dieser Gründe auch immer für die Erklärung des zuletzt genannten Phänomens zutrifft – ein gesamtgesellschaftlicher Kompetenzanstieg ist in den kommenden Jahren damit kaum noch zu erwarten. Ein solcher wird sich nur noch dadurch bemerkbar machen, dass die älteste Generation mit dem niedrigsten Kompetenzgefühl allmählich durch die nachfolgenden „mittleren" Generationen mit höherem Kompetenzgefühl „ersetzt" werden.

Über diesen Generationseffekt zwischen der Kriegs-, der Nachkriegs- und der Protestgeneration hinaus ist jedoch zusätzlich ein Periodeneffekt bis Ende der 1980er Jahre erkennbar an dem gleichzeitigen Anstieg des Kompetenzgefühls in allen drei Generationen (Abbildung 5) bzw. über alle Altersgruppen hinweg (Abbildung 6).[16] Dieser Periodeneffekt bricht 1988 allerdings ab. Zum einen sinkt das Kompetenzgefühl ab diesem Zeitpunkt in fast allen Altersgruppen. Zum zweiten verändert sich das Ausmaß des Kompetenzgefühls zwischen den verschiedenen Altersgruppen. Die 15- bis 30-Jährigen, die bislang immer zu den Personen mit dem höchsten Effektivitätsgefühl gehörten, verlieren ihren Kompetenzvorsprung, so dass es ab 1998 zu dem weiter oben beschriebenen Muster einer kurvilinearen Alters-Kompetenzbeziehung kommt. Nicht nur der Generationseffekt, sondern auch ein alle Generationen gleichermaßen mobilisierender Periodeneffekt sind folglich für den Anstieg im Kompetenzgefühl von Ende der 1960er bis Ende der 1980er Jahre verantwortlich. Letzterer dürfte vor allem mit der Modernisierung, dem Wertewandel und vor allem der Mediatisierung der Gesellschaft seit Mitte der 1960er zusammenhängen, die auf alle Altersgruppen gleichermaßen wirkte.

---

16  Auf den kurzfristigen Periodeneffekt, der von der Mobilisierung im Zusammenhang mit der deutschen Wiedervereinigung ausging, wird im Folgenden nicht eingegangen, da hier keine Daten für 1990 vorliegen. Ein solcher Effekt wird in der Literatur jedoch häufig beschrieben (z.B. Hoffmann-Lange 2003).

*Abbildung 6:* Periodeneffekte bei der Entwicklung des subjektiven Kompetenzgefühls 1969-2002 in Westdeutschland (Mittelwerte auf einer Skala von -2 bis +2)[a]

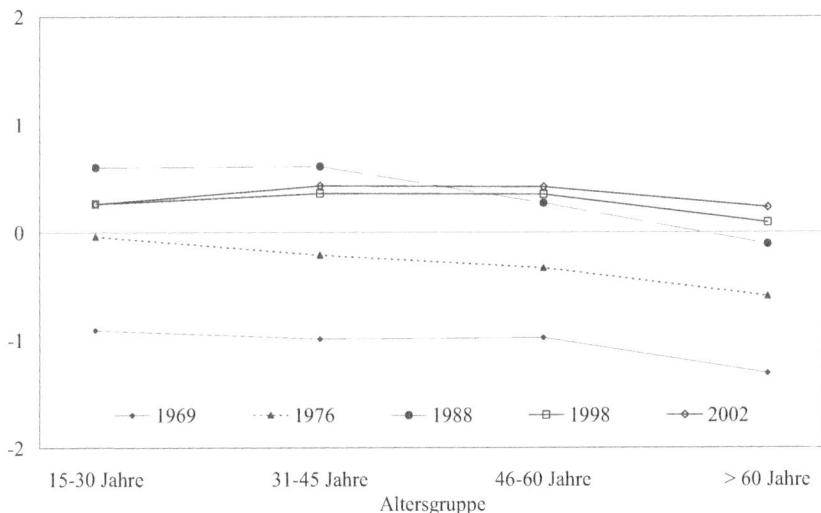

a Das subjektive Kompetenzgefühl wurde operationalisiert über den Indikator „Die ganze Politik ist so kompliziert, dass jemand wie ich nicht versteht, was vorgeht".
Quellen: vgl. Angaben in Tabelle A1 im Anhang; eigene Berechnungen.

Zusammenfassend lässt sich festhalten: Die Veränderungen im politischen Kompetenzgefühl der Deutschen zwischen Ende der 1960er und Ende der 1980er Jahre lassen sich sowohl auf Generationseffekte als auch auf einen Periodeneffekt zurückführen. Der Periodeneffekt mobilisierte alle Altersgruppen bzw. Generationen gleichermaßen. Dieser umfassende Kompetenzschub wurde vermutlich durch die zunehmenden Informationsangebote der Medien ausgelöst, kam aber Ende der 1980er Jahre zu einem Stillstand. Auch der einst starke Generationseffekt, der primär bildungsbedingt war, verlor bereits bei der „Nachprotestler"-Generation seine Wirkung. Erstens haben sich damit seit Beginn der 1990er Jahre die einzelnen Generationen im Niveau ihres Kompetenzgefühls aneinander angeglichen. Die Unterschiede zwischen Jung und Alt sind – verglichen mit den frühen 1970er Jahren – nur noch marginal. Zweitens sind keine großen Veränderungen des Kompetenzgefühls mehr erkennbar. Beunruhigend ist allerdings, dass die jungen Erwachsenen spätestens seit 1998 ihren Kompetenzvorsprung gegenüber den anderen Altersgruppen eingebüßt haben, der vermutlich auch durch Lebenszykluseffekte kaum ausgeglichen werden kann. Dies könnte der Beginn eines neuen – diesmal negativen – Generationseffektes sein, der mit der zunehmenden Komplexität der politischen Realität und dem fortschreitenden Verlust politischer Orientierungshilfen in Verbindung steht. Für eindeutige Belege eines solchen Effektes ist der Untersuchungszeitraum jedoch noch zu kurz.

## 6. Befunde, Konsequenzen, Handlungsoptionen

Eine dramatische Entfremdung der Jugend von der Politik in Form eines gesunkenen politischen Kompetenzgefühls lässt sich auf der Grundlage der hier präsentierten Befunde nicht konstatieren. Verglichen mit dem Ende der 1960er Jahre gehen
Jugendliche und junge Erwachsene heute um ein Vielfaches selbstbewusster mit
politischen Fragen um als damals. Verantwortlich hierfür ist zum einen ein genereller kognitiver Mobilisierungsschub in den späten 1960er, 1970er und frühen
1980er Jahren, der vermutlich durch die zunehmenden Informationsangebote der
Medien, die erstmalige Ablösung der seit 1949 regierenden konservativ-liberalen
Regierung im Jahr 1972 und die politischen Unruhen in zahlreichen westlichen
Demokratien zu jener Zeit ausgelöst wurde und alle Generationen gleichermaßen
erfasste. Dieser Periodeneffekt ebbte allerdings Ende der 1980er Jahre ab, so dass
sich das Kompetenzgefühl mit Beginn der 1990er Jahre in allen Altersgruppen
stabilisierte (entsprechend für die 15- bis 30-Jährigen Gille/Krüger/de Rijke 2000:
217).

Darüber hinaus lässt sich ein vermutlich bildungsbedingter Generationeneffekt feststellen, der zu deutlichen Unterschieden zwischen dem Kompetenzgefühl
der Kriegs- und Nachkriegs-, sowie der Nachkriegs- und der Protestgeneration
geführt hat, der für die „Nach-Protestgeneration" aber schon keine Rolle mehr
spielte. Im Gegenteil: Das politische Kompetenzbewusstsein der jüngsten Generation, die in den 1990er Jahren ihre prägende politische Sozialisationsphase durch-
lebte, ist verglichen mit demjenigen ihrer Vorgängergeneration geringer. Die 15-
bis 30-Jährigen des Jahres 2002 sind politisch weniger selbstbewusst als die zum
selben Zeitpunkt 31- bis 60-Jährigen. Sie fühlen sich auch weniger kompetent als
dieselbe Altersgruppe im Jahr 1988. Dies könnte ein Anzeichen für einen weiteren
Generationeneffekt sein, der sich auf der Basis der zunehmenden Komplexität
politischer Problemlagen, der Unfähigkeit der Akteure seit Beginn der 1990er Jahre, diese Probleme zu lösen, sowie einem parallel verlaufenden Rückgang traditioneller politischer Orientierungshilfen entwickelt. Selbst die durch die individuellen
Lebenszyklen zu erwartenden Veränderungen des internen Effektivitätsgefühls
lassen kein generelles „Aufholen" dieser Generation erwarten. Ein gesamtgesellschaftlicher Kompetenzanstieg ist in den folgenden Jahren daher nur noch deshalb
zu erwarten, weil die über 60-Jährigen mit ihrem vergleichsweise niedrigen Kompetenzgefühl allmählich durch nachfolgende mittlere Generationen mit höherem
Kompetenzgefühl verdrängt werden. Ein darüber hinaus gehender Anstieg des
Kompetenzgefühls, der von der jüngsten Generation ausgeht, ist jedoch unwahrscheinlich.

Folgen könnte dies vor allem für die politische Beteiligungsbereitschaft der
jungen Deutschen haben. Das politische Kompetenzgefühl ist eine wesentliche
Determinante politischer Aktivität. Dass in naher Zukunft mehr Bürger auf kon-
ventionellem Weg ihrer Meinung Ausdruck verschaffen als heute, ist auf Grund
der vorliegenden Befunde nicht anzunehmen. Parallel zu den hier dargestellten
Befunden gehen auch andere partizipationsfördernde Orientierungen wie die
Wahlnorm oder die Parteiidentifikation zurück. Damit könnte das vergleichsweise

geringe Kompetenzgefühl bei den heute 15- bis 30-Jährigen den sich bereits andeutenden Rückgang der Wahlbeteiligung verstärken. Inwieweit unkonventionelle Partizipationsformen von einem abnehmenden Kompetenzbewusstsein betroffen sein werden, lässt sich nur schwer abschätzen. Grundsätzlich ist aber auch hier eher von einer Stagnation oder Abnahme auszugehen. Dabei sind die Befunde sicherlich noch nicht als dramatisch anzusehen. So haben die Deutschen im europäischen Vergleich weiterhin ein überdurchschnittlich hohes politisches Kompetenzbewusstsein, wie die Daten des European Social Survey zeigen (Vetter 2004). Allerdings sollten Wissenschaft und Politik den Befund ernst genug nehmen, um – falls notwendig – rechtzeitig zu reagieren.

Möglichkeiten, dem vermeintlichen Kompetenzverlust besonders der jungen Menschen zu begegnen, werden vielfältig diskutiert. Entsprechende Vorschläge fordern unter anderem die stärkere Integration der Jugendlichen in die Politik durch die Senkung des Wahlalters, die Erweiterung der Partizipationsmöglichkeiten bzw. die verstärkte Interessenvertretung junger Menschen in der Politik (hierzu u.a. die Beiträge in Palentien/Hurrelmann 1997). Solche Maßnahmen werden jedoch immer nur einen kleinen Ausschnitt der Jugendlichen aktivieren und deren Einstellungen gegenüber der Politik positiv beeinflussen können, vornehmlich die Einstellungen derjenigen, die ohnehin aktiv würden. Sollte das abnehmende Kompetenzbewusstsein aber tatsächlich mit der zunehmenden Komplexität der politischen Realität zusammenhängen, würden transparentere politische Prozesse sowie deren entsprechende Vermittlung meines Erachtens mehr Erfolg versprechen, um das politische Selbstbewusstsein der Bürger insgesamt – nicht nur der Jugendlichen – zu stärken.

## Anhang

*Bildung: Schulabschluss*
Frage: Welchen allgemeinbildenden Schulabschluss haben Sie? (Falls Angabe „Schüler", wurde weiter gefragt, welcher Schulabschluss angestrebt wird).
Skala: 1 = kein Abschluss, 2 = Volksschul-, Hauptschul-, Polytechnischer Oberschulabschluss in den Klassen 8 oder 9, 3 = Realschul-, Polytechnischer Oberschulabschluss in der Klasse 10, 4 = Abitur/Fachhochschulreife/Hochschulabschluss.

*Wertorientierungen „materialistisch/postmaterialistisch"*
Frage: Auch in der Politik kann man nicht alles auf einmal haben. Auf dieser Liste finden Sie einige Ziele, die man in der Politik verfolgen kann. Wenn Sie zwischen diesen verschiedenen Zielen wählen müssten, welches Ziel erschiene Ihnen persönlich am wichtigsten? Und welches Ziel erschiene Ihnen am zweitwichtigsten? Und welches Ziel käme an dritter Stelle? A: Aufrechterhaltung von Ruhe und Ordnung in diesem Land; B: Mehr Einfluss der Bürger auf die Entscheidungen der Regierung; C: Kampf gegen steigende Preise; D: Schutz des Rechts auf freie Meinungsäußerung.
Skala: -2 = stark materialistisch, -1 = schwach materialistisch, 0 = neutral, 1 = schwach postmaterialistisch, 2 = stark postmaterialistisch. Wer den Antworten A und C die 1. und 2. Priorität gab, wurde als stark materialistisch kategorisiert. Wer als erste und dritte Priorität die Antworten A bzw. C wählte, wurde als schwach materialistisch kategorisiert. Analoges

gilt für die Wahl der postmaterialistischen Antwortalternativen B und D. Alle übrigen Befragten wurden der Kategorie '0' zugeordnet.

*Politische Integration: Stärke der Parteiidentifikation*
Frage: Viele Leute neigen in der Bundesrepublik längere Zeit einer bestimmten Partei zu, obwohl sie auch ab und zu eine andere Partei wählen. Wie ist das bei Ihnen: Neigen Sie – ganz allgemein gesprochen – einer bestimmten Partei zu? Wenn ja, welcher?
Falls eine Partei genannt wurde: Wie stark oder wie schwach neigen Sie, alles zusammengenommen, dieser Partei zu? Neigen Sie ihr sehr stark, stark, mittelmäßig, schwach oder sehr schwach zu?
Skala: 0 = keine PI, 1 = sehr schwache PI, 2 = schwache PI, 3 = mittelmäßige PI, 4 = starke PI, 5 = sehr starke PI.

*Gesellschaftliche Integration:*
*a) Mediennutzung*
Frage: Wie oft in der Woche sehen Sie sich Nachrichtensendungen im Ersten oder Zweiten Programm im Fernsehen an? Gemeint sind hier nur die Nachrichtensendungen von ARD oder ZDF, also Tagesschau, Tagesthemen, Heute und Heute-Journal.
Skala: 0 = an keinem Tag der Woche, 1 = an einem Tag der Woche ... bis 7 = an sieben Tagen in der Woche.
*b) Kirchgangshäufigkeit*
Frage: Wie oft gehen Sie im allgemeinen zur Kirche?
Skala: 1 = nie, 2 = seltener als einmal im Jahr, 3 = einmal im Jahr, 4 = mehrmals im Jahr, 5 = mindestens einmal im Monat, 6 = einmal in der Woche, 7 = mehrmals in der Woche.
*c) Mitgliedschaft*
Frage: Sind Sie persönlich in einer Bürgerinitiative, in einer Partei, in einer Berufsvereinigung oder einer Gewerkschaft? Und falls ja, haben Sie dort ein Amt?
Aus den Antworten wurde ein Mittelwertindex gebildet; von 0 = bin nirgends Mitglied bis 8 = übe überall ein Amt aus.

*Berufliche Integration*
Frage: Sind Sie gegenwärtig vollzeit- oder teilzeiterwerbstätig?
Skala: 0 = nicht ins Berufsleben integriert bis 3 = voll integriert (Die Kategorie 0 enthält alle Befragten, die angaben arbeitslos, Hausfrau/-mann oder im (Vor-)Ruhestand, in Pension zu sein, die Kategorie 2 alle Teilzeit-Erwerbstätigen, die Kategorie 3 alle Vollzeit-Erwerbstätigen, die Kategorie 1 alle übrigen Antworten).

*Familiäre Integration*
Frage: Wie viele Personen leben ständig in Ihrem Haushalt, Sie selbst und Ihre Kinder mit eingeschlossen?
Skala: 1 = eine Person über 16 Jahre im Haushalt, 2 = zwei Personen über 16 Jahre im Haushalt, 3 = drei Personen über 16 Jahre im Haushalt, 4 = vier und mehr Personen über 16 Jahre im Haushalt.

*Tabelle A1:* Subjektive politische Kompetenz 1969-2002 in West- und Ostdeutschland nach Altersgruppen (Mittelwerte)[a]

| | Westdeutschland | | | | | | | | | | | Ostdeutschland | | | | |
|---|---|---|---|---|---|---|---|---|---|---|---|---|---|---|---|---|
| | 1969 | 1972 | 1976 | 1980 | 1986 | 1988 | 1991 | 1994 | 1998 | 2002 | r | 1991 | 1994 | 1998 | 2002 | r |
| 16-30 J. | -0,91 | -0,07 | -0,04 | -0,42 | 0,40 | 0,60 | 0,25 | 0,16 | 0,26 | 0,26 | +0,7 | 0,29 | 0,36 | 0,00 | 0,17 | -0,6 |
| N | 232 | 261 | 451 | 250 | 416 | 804 | 243 | 456 | 466 | 441 | | 141 | 393 | 210 | 224 | |
| 31-45 J. | -0,99 | -0,32 | -0,21 | -0,41 | 0,31 | 0,61 | 0,10 | 0,13 | 0,36 | 0,43 | +0,8 | 0,15 | 0,33 | 0,27 | 0,25 | +0,4 |
| N | 583 | 434 | 625 | 292 | 490 | 719 | 312 | 565 | 634 | 665 | | 188 | 624 | 348 | 302 | |
| 46-60 J. | -0,98 | -0,47 | -0,33 | -0,46 | -0,02 | 0,27 | 0,22 | 0,13 | 0,35 | 0,42 | +0,9 | 0,34 | 0,24 | 0,13 | 0,32 | -0,2 |
| N | 492 | 382 | 480 | 239 | 444 | 673 | 213 | 482 | 530 | 470 | | 167 | 505 | 270 | 244 | |
| > 60 J. | -1,31 | -0,95 | -0,59 | -0,91 | -0,32 | -0,11 | -0,17 | -0,25 | 0,09 | 0,23 | +0,9 | 0,07 | -0,08 | -0,21 | 0,09 | 0,0 |
| N | 464 | 403 | 508 | 264 | 458 | 721 | 155 | 446 | 568 | 588 | | 105 | 457 | 269 | 279 | |
| Gesamt | -1,06 | -0,49 | -0,30 | -0,55 | 0,09 | 0,35 | 0,12 | 0,05 | 0,27 | 0,34 | +0,9 | 0,22 | 0,22 | 0,07 | 0,20 | -0,4 |
| N | 1.771 | 1.480 | 2.064 | 1.045 | 1.808 | 2.917 | 923 | 1.949 | 2.198 | 2.163 | | 601 | 1.979 | 1.097 | 1.049 | |
| r | -0,08 | -0,16 | -0,13 | -0,09 | -0,19 | -0,20 | -0,10 | -0,10 | -0,05 | -0,02 | | -0,03 | -0,11 | -0,08 | -0,02 | |
| Eta | 0,09 | 0,16 | 0,13 | 0,11 | 0,20 | 0,21 | 0,13 | 0,13 | 0,09 | 0,08 | | 0,08 | 0,13 | 0,15 | 0,07 | |

a  Das subjektive politische Kompetenzgefühl wurde über die folgenden Aussagen operationalisiert: 1969, 1972, 1980: Wahlstudien (ZA-Nr. 0525, 0635, 1053): „Manchmal ist die ganze Politik so kompliziert, dass jemand wie ich gar nicht versteht, was vorgeht." 1 = stimme zu; 2 = lehne ab; 1976: Wahlstudie (ZA-Nr. 0823) dieselbe Aussage mit vier Antwortkategorien: 1 = stimme voll und ganz zu; 2 = stimme weitgehend zu; 3 = stimme überhaupt nicht zu; 4 = stimme überhaupt nicht zu; 1986 Ansprüche der Bürger an den Staat (ZA-Nr. 1487) und 1988 Allbus (ZA-Nr. 1670): „Die ganze Politik ist so kompliziert, dass jemand wie ich gar nicht versteht, was vorgeht." 1 = trifft bzw. stimme voll und ganz zu; 2. trifft bzw. stimme eher zu; 3. trifft bzw. stimme eher nicht zu; 4. trifft bzw. stimme überhaupt nicht zu; 1991: DFG-Panelstudie Falter/Rattinger; 1994, 1998 und 2002 Deutsche Nationale Wahlstudie (gepoolter Datensatz 1994-2002); gleicher Itemwortlaut, 1 = stimme überhaupt nicht zu; 2 = stimme eher nicht zu; 3 = stimme teils zu/teils nicht zu; 4 = stimme eher zu; 5 = stimme voll und ganz zu. Der höchste Effektivitätswert wurde immer mit +2, der niedrigste mit -2 vercodet. Eigene Berechnungen.

## Literatur

Allerbeck, Klaus (1976): Demokratisierung und sozialer Wandel in der Bundesrepublik Deutschland. Opladen: Westdeutscher Verlag.

Almond, Gabriel A./Verba, Sidney (1965): The Civic Culture. Political Attitudes and Democracy in Five Nations. Princeton: Princeton University Press.

Baker, Kendall L./Dalton, Russell J./Hildebrandt, Kai (1981): Germany Transformed. Cambridge, Mass./London: Harvard University Press.

Balch George I. (1974): Multiple Indicators in Survey Research: The Concept 'Sense of Political Efficacy'. In: Political Methodology 1, 1-43.

Campbell, Angus/Gurin, Gerald/Miller, Warren E. (1954): The Voter Decides. Evanston, Ill./White Plains, NY: Row, Peterson and Co.

Coupland, Douglas (1994): Generation X. Geschichten für eine immer schneller werdende Kultur. München: Goldmann.

Döring, Herbert (1990): Aspekte des Vertrauens in Institutionen. Westeuropa im Querschnitt der internationalen Wertestudie 1981. In: Zeitschrift für Soziologie 19, 73-89.

Ebbinghausen, Rolf/Tiemann, Friedrich/Cadel, Georg/Grahn, Thomas (1988): Mündigkeitspathos, Ohnmachtserfahrung und der Rückzug in die Clique. Ergebnisse einer Studie über die „schweigende Mehrheit" unter den Jugendlichen heute. In: Journal für Sozialforschung 28, 233-243.

Fogt, Helmut (1982): Politische Generationen. Empirische Bedeutung und theoretisches Modell. Opladen: Westdeutscher Verlag.

Gabriel, Oscar W./Vetter, Angelika (1999): Politische Involvierung und politische Unterstützung im vereinigten Deutschland – Eine Zwischenbilanz. In: Plasser, Fritz/Gabriel Oscar W./Falter, Jürgen W./Ulram, Peter A. (Hrsg.): Wahlen und politische Einstellungen in Deutschland und Österreich. Frankfurt u.a.: Peter Lang, 191-239.

Gaiser, Wolfgang/Gille, Martina/Krüger, Winfried/de Rijke, Johann (2000): Politikverdrossenheit in Ost- und West? Einstellungen von Jugendlichen und jungen Erwachsenen. In: Aus Politik und Zeitgeschichte. Beilage zur Wochenzeitung „Das Parlament" B19-20, 12-22.

Gamson, William A. (1968): Power and Discontent. Homewood, Ill.: Dorsey.

Gille, Martina/Krüger, Winfried/Rijke, Johann de (2000): Politische Orientierungen. In: Gille, Martina/Krüger, Winfried (Hrsg.): Unzufriedene Demokraten. Politische Orientierungen der 16-29jährigen im vereinigten Deutschland. DJI-Jugendsurvey 2. Opladen: Leske + Budrich, 205-265.

Gille, Martina/Krüger, Winfried/Rijke, Johann de/Willems, Helmut (1997): Politische Orientierungen, Werthaltungen und die Partizipation Jugendlicher: Veränderungen und Trends in den 90er Jahren. In: Palentien, Christian/Hurrelmann, Klaus (Hrsg.): Jugend und Politik. Neuwied u.a.: Luchterhand, 148-177.

Heitmeyer, Wilhelm/Möller, Kurt/Siller, Gertrud (1990): Jugend und Politik. Chancen und Belastungen der Labilisierung politischer Orientierungssicherheiten. In: Heitmeyer, Wilhelm/Olk, Thomas (Hrsg.): Individualisierung und Jugend. Gesellschaftliche Prozesse, subjektive Verarbeitungsformen, jugendpolitische Konsequenzen. Weinheim: Juventa, 195-217.

Hoffmann-Lange, Ursula (1995a): Kognitive politische Mobilisierung. In: Hoffmann-Lange, Ursula (Hrsg.): Jugend und Demokratie in Deutschland. DJI-Jugendsurvey 1. Opladen: Leske + Budrich, 359-387.

Hoffmann-Lange, Ursula (1995b): Jugend und Demokratie in Deutschland: Versuch einer Bilanz. In: Hoffmann-Lange, Ursula (Hrsg.): Jugend und Demokratie in Deutschland. DJI-Jugendsurvey 1. Opladen: Leske + Budrich, 389-396.

Hoffmann-Lange, Ursula (1997a): Jugend zwischen politischer Teilnahmebereitschaft und Politikverdrossenheit. In: Palentien, Christian/Hurrelmann, Klaus (Hrsg.): Jugend und Politik. Neuwied u.a.: Luchterhand, 178-205.

Hoffmann-Lange, Ursula (1997b): Einstellungen zur Rolle der Bürger im politischen Prozeß. In: Gabriel, Oscar W. (Hrsg.): Politische Orientierungen und Verhaltensweisen im vereinigten Deutschland. Opladen: Leske + Budrich, 211-234.

Hoffmann-Lange, Ursula (2003): Stichwort „Jugend und Politik". In: Andersen, Uwe/ Woyke, Wichard (Hrsg.): Handwörterbuch des politischen Systems der Bundesrepublik Deutschland. 3. überarb. Auflage. Opladen: Leske + Budrich, 262-266.

Illies, Florian (2000): Generation Golf. Eine Inspektion. 14. Auflage. Berlin: Argon.

Kaase, Max (1989): Politische Einstellungen der Jugend. In: Markewka, Manfred/Nave-Herz, Rosemarie (Hrsg.): Handbuch der Familien- und Jugendforschung. Bd. 2. Neuwied u.a.: Luchterhand, 607-624.

Klein, Thomas (1991): Zur Bedeutung von Alters-, Perioden- und Generationseinflüssen für den Wandel politischer Werte in der Bundesrepublik. In: Zeitschrift für Soziologie 20, 138-146.

Kleinhenz, Thomas (1995): Die Nichtwähler. Opladen: Westdeutscher Verlag.

Krüger, Winfried (1992): Vertrauen in Institutionen. In: Deutsches Jugendinstitut (Hrsg.): Schüler an der Schwelle zur Deutschen Einheit. Politische und persönliche Orientierungen in Ost- und West. Opladen: Leske + Budrich, 100-113.

Kühnel, Steffen-M./Krebs, Dagmar (2001): Statistik für die Sozialwissenschaften. Grundlagen, Methoden, Anwendungen. Reinbek: Rowohlt.

Metje, Matthias (1991): Die Beteiligung von Frauen und Männern an Bundestagswahlen. Eine Untersuchung der Alters- und Generationseffekte. In: Zeitschrift für Parlamentsfragen 22, 358-376.

Niedermayer, Oskar (2001): Bürger und Politik. Politische Orientierungen und Verhaltensweisen der Deutschen. Wiesbaden: Westdeutscher Verlag.

Opaschowski, Horst W. (1999): Von der Generation X zur Generation @. Leben im Informationszeitalter. In: Aus Politik und Zeitgeschichte. Beilage zur Wochenzeitung „Das Parlament" B41, 10-16.

Palentien, Christian/Hurrelmann, Klaus (1997): Veränderte Jugend – veränderte Formen der Beteiligung Jugendlicher? In: Palentien, Christian/Hurrelmann, Klaus (Hrsg.): Jugend und Politik. Neuwied u.a.: Luchterhand, 11-29.

Rattinger, Hans (1994): Demographie und Politik in Deutschland: Befunde der repräsentativen Wahlstatistik 1953-1990. In: Kaase, Max/Klingemann, Hans-Dieter (Hrsg.): Analysen aus Anlaß der Bundestagswahl 1990. Opladen: Westdeutscher Verlag, 73-122.

Schumann, Siegfried (1997): Repräsentative Umfrage. München/Wien: Oldenbourg.

Veen, Hans-Joachim (1986): Die neue Spontaneität – Empirische Ergebnisse zur Erosion des institutionellen Bewusstseins bei Jüngeren. In: Oberreuter, Heinrich (Hrsg.): Wahrheit statt Mehrheit? München: Olzog, 105-123.

Verba, Sidney/Nie, Norman J. (1972): Participation in America. New York: Harper Row.

Vetter, Angelika (1997): Political Efficacy – Reliabilität und Validität. Wiesbaden: Deutscher Universitäts Verlag.

Vetter, Angelika (2004): Politische Effektivität. In: Politikon, http://www.politikon.org/inhalt.

Wiesendahl, Elmar (2001): Keine Lust mehr auf Parteien. Zur Abwendung Jugendlicher von den Parteien. In: Aus Politik und Zeitgeschichte. Beilage zur Wochenzeitung „Das Parlament", B10, 7-19.

# Jugend und Parteien

*Oskar Niedermayer*

## 1. Einleitung

Jugendstudien erfreuen sich in Deutschland hoher Aufmerksamkeit, insbesondere wenn sie mit Ergebnissen aufwarten, die als demokratiegefährdend interpretiert werden können. Die öffentliche Kommentierung solcher Ergebnisse in Form allgemeiner „Vermutungen, Aufgeregtheiten, Dramatisierungen und Empörungen" (Hafeneger 1995: 14) berücksichtigt allerdings meist nicht, dass pädagogisch orientierte Jugendstudien in Bezug auf die Ermittlung politischer Orientierungstrends bei Jugendlichen oft „von eingeschränkter Zuverlässigkeit" (Hoffmann-Lange 1999: 365) sind, da die empirische Basis für Generalisierungen nicht ausreichend ist und die Jugendforscher zudem dazu tendieren, die gefundenen Orientierungen an unrealistischen Idealbildern zu messen, aus Querschnittsuntersuchungen zumindest implizit Trendaussagen abzuleiten sowie ungeprüft zu unterstellen, dass die politischen Orientierungen der Erwachsenen anders aussehen (Hoffmann-Lange 1999: 365f.; vgl. auch Hoffmann-Lange in diesem Band).

Für die Analyse des im Mittelpunkt der folgenden Ausführungen stehenden Verhältnisses zwischen Jugend und Parteien wird die Brauchbarkeit der meisten Studien dadurch zusätzlich eingeschränkt, dass Pauschalurteile abgefragt werden, die eine parteispezifisch differenzierte Argumentation nicht zulassen. Hinzu kommt, dass die meisten Studien allein auf Umfragen basieren und somit entweder gänzlich auf politische Orientierungen beschränkt bleiben oder die Verhaltensebene nur in Form des berichteten, nicht aber des tatsächlichen Verhaltens erfassen können.

Das letzte Beispiel für dramatische Aussagen ohne jeglichen empirischen Beleg bildet die viel zitierte 14. Shell-Jugendstudie von 2002 (Deutsche Shell 2002). Laut ihren Koordinatoren bestätigt die Studie „einen sich fortsetzenden und zum Teil beschleunigenden Trend der so genannten ‚Politikverdrossenheit' unter Jugendlichen", der sich „bei näherem Hinsehen vor allem als eine PolitikerInnen- und Parteienverdrossenheit" erweist (Albert/Linssen/Hurrelmann 2003: 3). Nach überzeugenden empirischen Belegen für die Behauptung eines sich fortsetzenden Trends der Parteienverdrossenheit der Jugend sucht man allerdings vergebens.

Den Orientierungen der Jugendlichen gegenüber Parteien waren in der gesamten Studie drei Fragen gewidmet. Mit der Frage „Welche politische Gruppierung steht Ihnen alles in allem genommen am nächsten?" sollte ermittelt werden, „ob sich Jugendliche überhaupt noch zu Parteien hingezogen fühlen" (Fischer 2000: 265). Dabei lässt sich der Anteil derjenigen, denen keine Partei am nächsten steht, nicht einfach als Indikator für eine allgemeine Parteienverdrossenheit interpretieren, da er genauso gut Indifferenz beziehungsweise Gleichgültigkeit gegenüber Parteien anzeigen kann. Zudem lassen die Daten für die drei Zeitpunkte, die für Gesamtdeutschland zur Verfügung stehen, keinen zunehmenden Trend allgemeiner Parteiendistanz beziehungsweise -verdrossenheit erkennen. 1996 gaben 33 Prozent an, ihnen stünde keine Partei am nächsten. 1999 waren es 36 Prozent, wobei die Zunahme ausschließlich auf einen dramatischen Rückgang der Affinität zu den Grünen zurückzuführen war, während die Affinität zu den Großparteien zunahm.[1] 2002 fiel der Anteil unter dem mobilisierenden Einfluss der bevorstehenden Bundestagswahl auf 27 Prozent zurück. Die zweite Frage lautete: „Welche der folgenden Parteien kann Ihrer Meinung nach die Probleme in Deutschland am besten lösen?" Hier gaben 37 Prozent der Jugendlichen „keine Partei" an. Vergleichsdaten aus früheren Shell-Jugendstudien existieren nicht.[2] Wie aus diesen Ergebnissen die Schlussfolgerung gezogen werden kann, dass „die Distanz [von Verdrossenheit ist keine Rede, Anmerkung des Verfassers] der Jugendlichen zu den politischen Parteien und Gruppierungen in Deutschland weiter zugenommen hat" (Schneekloth 2002: 98), bleibt ein Rätsel. Auch die Ergebnisse der dritten Frage, bei der das Ausmaß des den Parteien entgegen gebrachten Vertrauens erhoben wurde, lassen sich nicht im Sinne einer zunehmenden Parteienverdrossenheit interpretieren. Von den großen methodischen Problemen abgesehen, die die Einbeziehung der Parteien in die Erhebung des Institutionenvertrauens aufwirft,[3] hat das Misstrauen der Jugendlichen gegenüber den Parteien im Zeitablauf eher etwas ab- als zugenommen.[4]

Der folgende Beitrag versucht, diese unbefriedigende Forschungslage durch eine differenzierte, sowohl die Verhaltens- als auch die Orientierungsebene einbeziehende Längsschnittanalyse bezüglich des Verhältnisses der Jugend zu den Parteien zu verbessern. Auf der zunächst analysierten Verhaltensebene steht die Organisationsbereitschaft der Jugendlichen in Bezug auf politische Parteien im Vordergrund. Hier geht es um die Frage, ob es unter den Jugendlichen eine gravierende und sich im Zeitverlauf verstärkende organisationsspezifische beziehungsweise allgemeine Parteienabstinenz gibt.

Parteienabstinenz muss jedoch nicht Parteienverdrossenheit bedeuten. In einem zweiten Schritt wird daher auf der Orientierungsebene analysiert, ob die Urteile der Jugendlichen über die politischen Parteien parteispezifisch differenziert ausfallen oder auf eine weit verbreitete und im Zeitverlauf zunehmende allgemeine

---

1   Die Affinität zur Union nahm von 15 auf 22 Prozent, die zur SPD von 20 auf 21 Prozent zu, die anderen Parteiaffinitäten blieben gleich. Zur Begründung des drastischen Abfalls der Affinität zu den Grünen vgl. die Ausführungen im vierten Abschnitt.

2   Allerdings lassen sich die Ergebnisse der von Anfang März bis Mitte April 2002 durchgeführten Jugendbefragung recht gut mit den Ergebnissen allgemeiner Bevölkerungsumfragen vergleichen, die in diesem Zeitraum wöchentlich von forsa durchgeführt wurden. Auf die Frage, welche Partei mit den Problemen in Deutschland am besten fertig würde, antworteten im Schnitt 53 Prozent der Befragten mit „keine Partei". Das heißt, das Vertrauen in die Problemlösungskompetenz der Parteien war unter den Jugendlichen deutlich höher als in der Gesamtbevölkerung.

3   Vgl. die Ausführungen im vierten Abschnitt.

4   Das Vertrauen in die verschiedenen politischen Institutionen wurde mittels einer Fünf-Punkte-Skala von 1 (= sehr wenig Vertrauen) bis 5 (= sehr viel Vertrauen) erhoben. Der Mittelwert liegt 1996 bei 2,4 und 1999 bei 2,5. Im Jahr 2002 liegt der Mittelwert in Westdeutschland bei 2,6 und in Ostdeutschland bei 2,5 (Fischer 2000: 271; Schneekloth 2002: 105).

Parteienverdrossenheit hindeuten. Außen vor bleiben wahlbezogene Orientierungen und Verhaltensweisen, das heißt die Entwicklung der Parteiidentifikation und der Wahlbeteiligung der Jugend, da diese in anderen Kapiteln dieses Bandes analysiert werden.

## 2. Untersuchungsdesign und verwendete Daten

Berücksichtigt man die methodologische Kritik an der bisherigen Forschung, so erfordert eine umfassende empirische Analyse des Verhältnisses der Jugend zu den Parteien ein Untersuchungsdesign, das

- sowohl die Orientierungs- als auch die Verhaltensebene umfasst,
- eine nach einzelnen Parteien differenzierte Analyse erlaubt,
- genügend Untersuchungszeitpunkte einschließt, um empirisch gesicherte Aussagen über Trends machen zu können, und
- einen Vergleich von Jugendlichen und Erwachsenen ermöglicht.

Dieses Untersuchungsdesign lässt sich empirisch durchaus umsetzen, da für den Verhaltensbereich Daten aus den Mitgliederkarteien der Parteien beziehungsweise ihrer Jugendorganisationen zur Verfügung stehen und für den Orientierungsbereich auf die Politbarometer-Studien der Forschungsgruppe Wahlen e.V. zurückgegriffen werden kann.[5]

Der sekundäranalytische Zugang hat allerdings Folgen für die Abgrenzung der Untersuchungspopulation: Da die Daten nur in gruppierter Form vorliegen und sich die Altersgruppeneinteilung zwischen den einzelnen Parteien sowie zwischen den Partei- und Bevölkerungsdaten unterscheidet, wird unter dem Terminus „Jugendliche" im Folgenden bei den Parteidaten die Altersgruppe zwischen 14 beziehungsweise 16 Jahren[6] und 24 beziehungsweise 25 Jahren, bei den Bevölkerungsdaten die Altersgruppe zwischen 18 und 24 Jahren verstanden. Untersuchungszeitraum ist die Zeit nach der deutschen Wiedervereinigung, da zum einen durch dieses Ereignis sowohl die Untersuchungspopulation als auch das Parteiensystem so weit verändert wurden, dass ein Vergleich mit der alten Bundesrepublik vor der Wiedervereinigung nur eingeschränkt möglich ist, und da zum anderen die Parteidaten erst in neuerer Zeit hinreichend vollständig zur Verfügung stehen, um eine nicht nur auf die beiden großen Parteien begrenzte Analyse durchführen zu können.

---

5  Der Verfasser dankt den Bundesgeschäftsstellen der SPD, CDU, FDP und PDS sowie der Landesgeschäftsstelle der CSU für die Bereitstellung der Parteimitgliederdaten. Die Politbarometer-Daten wurden vom Zentralarchiv für empirische Sozialforschung der Universität zu Köln bereitgestellt. Selbstverständlich trägt der Verfasser für die Analyse und Interpretation der Daten die alleinige Verantwortung.

6  Generell ist eine Parteimitgliedschaft in Deutschland ab 16 Jahren möglich. Die SPD hat jedoch durch eine vom Parteitag in Hannover am 4. Dezember 1997 beschlossene Änderung ihres Organisationsstatuts das Eintrittsalter ab 1998 auf 14 Jahre herabgesetzt.

## 3. Gibt es unter den Jugendlichen eine zunehmende allgemeine Parteienabstinenz?

### 3.1 Mitgliedschaft in den Jugendorganisationen der Parteien

Wenn man die Organisationsbereitschaft der Jugend in Bezug auf politische Parteien untersuchen will, denkt man zunächst an deren Jugendorganisationen, denen neben vielen anderen Funktionen „die Heranführung politisch interessierter Jugendlicher an die Partei" (Grotz 1983: 25) zukommt.[7] Jugendorganisation der SPD ist die 1946 gegründete Arbeitsgemeinschaft der Jungsozialisten und Jungsozialistinnen in der SPD (Jusos), der automatisch alle SPD-Mitglieder bis zur Vollendung des 35. Lebensjahres, das heißt längstens bis zum 35. Geburtstag, angehören, wobei der Parteibeitritt seit 1998 ab 14 Jahren möglich ist. Darüber hinaus kann man ohne Parteibeitritt Juso-Mitglied werden. Diese Mitglieder (nach Auskunft der Juso-Bundesgeschäftsstelle sind es momentan etwa 10.000) zahlen keinen Beitrag, können an allen Juso-Aktivitäten teilnehmen und in Vorständen beziehungsweise Gremien mitarbeiten, dürfen aber nicht in SPD-Gremien gewählt werden. Gemeinsame Jugendorganisation der CDU und CSU ist die Junge Union (JU), deren Landesverbände sich 1947 organisatorisch zusammenschlossen und in der heute unabhängig von einer CDU/CSU-Mitgliedschaft Jugendliche und junge Erwachsene von 14 Jahren bis zur Vollendung des 35. Lebensjahres organisiert sind.

Bei der FDP fungierten zunächst die 1947 (neu-)gegründeten Deutschen Jungdemokraten als Jugendorganisation. Ende der 1960er Jahre fanden „antiautoritär-libertäre und undogmatisch-sozialistische Elemente stärkeren Eingang in Selbstverständnis und Programmatik" des Verbandes. In den 1970er Jahren versuchten die Jungdemokraten als Teil des linksliberalen Flügels „die Instrumentalisierung der F.D.P. für ihre Ziele". Als die FDP nach ihrer Meinung 1982 „zu ihren konservativ-reaktionären Ursprüngen zurückkehrte", trennten sie sich von der Partei.[8] Auf dem Bundesparteitag der FDP im Januar 1983 erfolgten dann die Streichung der Jungdemokraten und die Aufnahme der 1980 gegründeten Jungen Liberalen (JuLis) als offizielle Jugendorganisation der FDP. Auch die JuLi-Mitgliedschaft ist unabhängig von einer FDP-Mitgliedschaft von 14 Jahren bis zur Vollendung des 35. Lebensjahres möglich. Dies gilt ebenso für den PDS-nahen Jugendverband „['solid] – die sozialistische Jugend", der 1999 in Hannover gegründet wurde. Jugendgruppen im Umfeld der Grünen schlossen sich 1994 auf Bundesebene zum Grün-alternativen Jugendbündnis zusammen, das sich im Jahr 2000 in GRÜNE JUGEND umbenannte und seit 2001 Teilorganisation der Grünen ist, die lange nicht wahrhaben wollten, dass sie nicht mehr ihr eigener Jugendverband sind. Als einzige der Jugendorganisationen hat die GRÜNE JUGEND für ihre par-

---

7  Gesamtdarstellungen der Jugendorganisationen der Parteien liefern Fedke (1996), Krabbe (2002) und Müller (1978).

8  Die Zitate stammen aus einer Eigendarstellung des sich seit seiner Vereinigung mit dem während der Wende in der DDR entstandenen MJV-„Junge Linke" JungdemokratInnen/Junge Linke nennenden Verbandes im Internet (http://www.jdjl.org/verband/verband.html).

teiunabhängige Mitgliedschaft kein Mindestalter festgesetzt, das Höchstalter beträgt 27 Jahre.

Die Mitgliedschaftsentwicklung der Jugendorganisationen verlief im Untersuchungszeitraum sehr uneinheitlich. Die Jusos, die in ihrer Blütezeit in der ersten Hälfte der 1970er Jahre über 300.000 Mitglieder hatten, seither aber einen kontinuierlichen Mitgliederschwund verzeichnen und seit Anfang der 1980er Jahre weniger Mitglieder aufweisen als die JU, mussten einen weiteren dramatischen Aderlass hinnehmen. Sie verloren seit 1990 mehr als zwei Drittel ihrer Mitglieder. Auch bei der JU war ein deutlicher Rückgang zu verzeichnen, der jedoch mit gut einem Drittel Mitgliederverlust bei weitem nicht die Ausmaße der Konkurrenzorganisation erreichte und in neuester Zeit gestoppt werden konnte (Abbildung 1).[9]

*Abbildung 1:* Mitgliederentwicklung von Jusos und JU (in absoluten Zahlen)

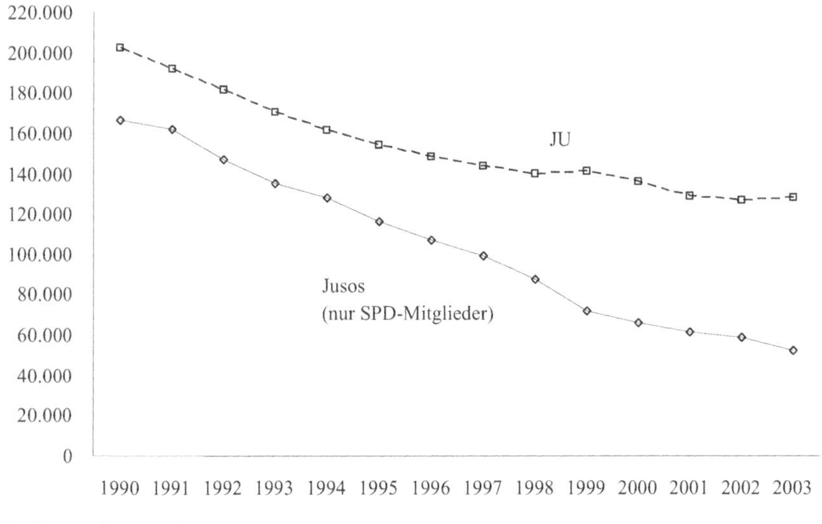

Quelle: Bundesgeschäftsstellen der Jugendorganisationen.

Die Jugendorganisationen der kleinen Parteien hingegen, haben (allerdings auf wesentlich niedrigerem Ausgangsniveau) im Untersuchungszeitraum Mitgliederzuwächse zu verzeichnen (Abbildung 2). Die Mitgliedschaft bei den JuLis, die lange Zeit stagnierte, nahm in den letzten drei Jahren um über 40 Prozent zu. Die GRÜNE JUGEND konnte in den ersten vier Jahren ihres Bestehens ihre Mitgliederzahlen fast verdreifachen, musste nach eigener Aussage vor allem wegen der heftigen Diskussion um die Beteiligung der Bundeswehr am Militäreinsatz im Kosovo im Frühjahr 1999 Einbußen hinnehmen, konnte sich danach jedoch wieder erholen.

---

9    Die Mitgliederzahlen in den folgenden Abbildungen geben den Stand am jeweiligen Jahresende wieder.

*Abbildung 2:*   Mitgliederentwicklung von JuLis, GRÜNE JUGEND und ['solid]
(in absoluten Zahlen)

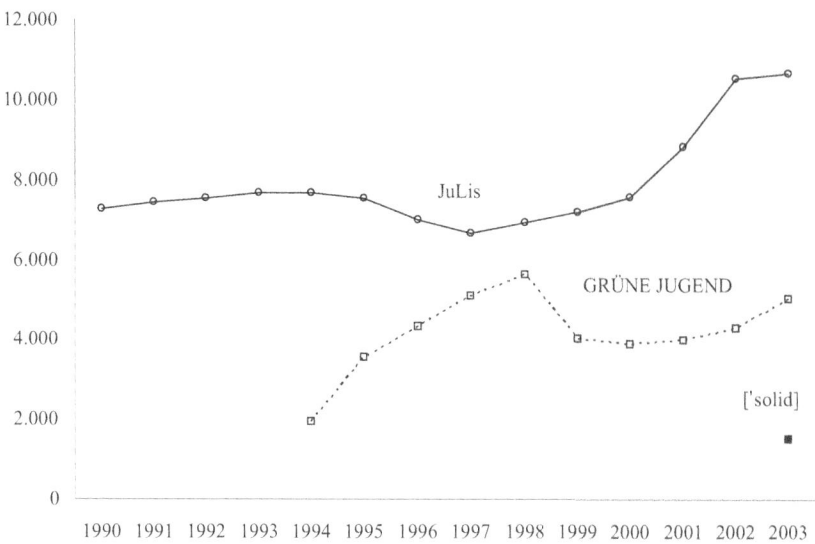

Quelle: Bundesgeschäftsstellen der Jugendorganisationen.

Eine Betrachtung allein der Jugendorganisationen ist für eine Analyse der Organisationsbereitschaft der Jugend in Bezug auf Parteien jedoch aus zwei Gründen unzureichend. Zum einen ist mit Ausnahme der GRÜNEN JUGEND bei allen Jugendorganisationen eine Mitgliedschaft bis zur Vollendung des 35. Lebensjahres möglich – ein Alter, das über eine sinnvolle Obergrenze des Konzepts „Jugend" weit hinausgeht. Zum anderen ermöglichen alle Jugendorganisationen eine Mitgliedschaft auch ohne Parteimitgliedschaft, so dass aus der Mitgliedschaftsentwicklung der Jugendorganisation nicht ohne weiteres auf die Rekrutierungsfähigkeit der jeweiligen Mutterpartei geschlossen werden kann. Notwendig ist daher eine Analyse der Altersstruktur der Parteimitgliedschaften und ihrer zeitlichen Entwicklung. Eine solche Analyse ist für die kleinen Parteien nur eingeschränkt möglich. Für die FDP liegen Daten erst ab 1996, für die PDS erst ab 1999 vor. Über die Altersstruktur der Grünen-Mitgliedschaft gibt es keinerlei Informationen.

## 3.2   Rekrutierungsfähigkeit der Parteien in Bezug auf die Jugend

Wie schon bei den Jugendorganisationen lässt sich auch in Bezug auf die Entwicklung der Anzahl der Jugendlichen unter den Parteimitgliedern im Untersuchungszeitraum keine einheitliche Tendenz über alle Parteien hinweg feststellen (Abbildung 3). Bei der SPD verminderte sich die Anzahl der 16- bis 24-Jährigen von

1990 bis 1997 um über die Hälfte. Danach trat eine gewisse Stabilisierung ein, wobei betont werden muss, dass die Zahlen infolge der Herabsetzung des Eintrittsalters und einer neuen Altersgruppeneinteilung ab 1998 drei zusätzliche Jahrgänge umfassen (14- bis 25-Jährige). Die CDU musste Anfang der 1990er Jahre[10] weniger Einbußen hinnehmen, konnte die Zahl der 16- bis 24-jährigen Parteimitglieder Ende der 1990er Jahre sogar um ein Drittel steigern, liegt aber nach einem erneuten Rückgang immer noch unter den SPD-Zahlen.

Bei der CSU, für die in der zweiten Hälfte der 1990er Jahre keine vollständigen Jahresdaten vorliegen, verlief die Jungmitgliederentwicklung (16- bis 25-Jährige) in ähnlicher Weise wie bei der CDU. Für die PDS liegen erst seit 1999 Daten über die Altersstruktur der Mitglieder vor. Die PDS-Zahlen für die 16- bis 25-Jährigen blieben in den fünf Berichtsjahren mit Ausnahme eines Abfalls im Jahre 2000 in etwa gleich. Die FDP konnte jedoch von 1997 bis 2002 jedes Jahr eine positive Entwicklung verbuchen und trotz eines Rückgangs im Jahre 2003 die Anzahl ihrer Jungmitglieder von 16 bis 24 Jahre seit 1996 um 62 Prozent steigern.

*Abbildung 3:*  Entwicklung der Anzahl junger Parteimitglieder (in absoluten Zahlen)

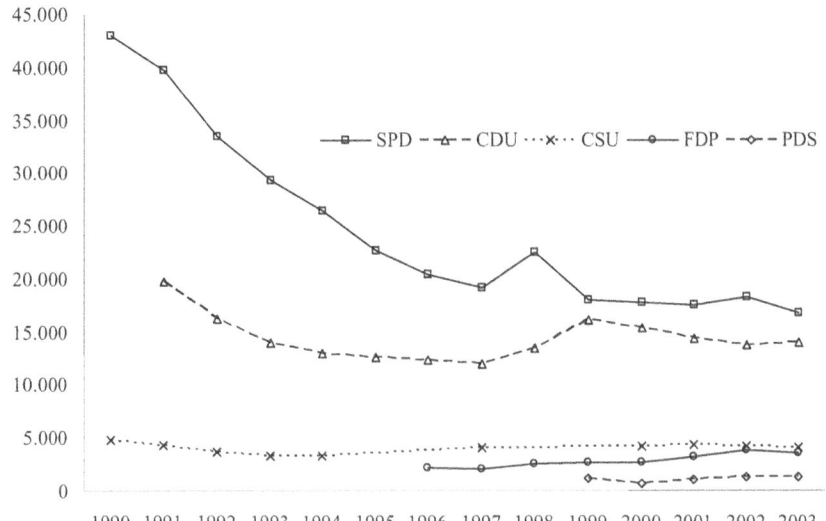

Quelle: Eigene Berechnungen mit Daten der Parteigeschäftsstellen.

Zur Beantwortung der Fragen, ob es eine auf bestimmte Parteien bezogene beziehungsweise allgemeine Parteienabstinenz der Jugend gibt und ob diese Abstinenz

---

10  In dieser und in den folgenden Abbildungen werden die CDU-Daten erst ab Ende 1991 wiedergegeben, da Ende 1990 erst wenige ostdeutsche Mitglieder in der Zentralen Mitgliederkartei der CDU erfasst waren und deshalb verlässliche Zahlen erst ab Ende 1991 vorliegen.

mit der Zeit zunimmt, ist eine vergleichende Analyse der absoluten Zahlen der jungen Parteimitglieder jedoch wenig geeignet, weil

- sich die Mitgliederzahlen bei den verschiedenen Parteien auf unterschiedliche Altersklassen beziehen, wobei sich die Klassifizierung bei der SPD im Untersuchungszeitraum auch noch geändert hat,
- die Grundgesamtheiten, aus denen Parteimitglieder rekrutiert werden können, bei den einzelnen Parteien unterschiedlich sind, da die CDU nur außerhalb Bayerns und die CSU nur in Bayern agiert, während für die anderen Parteien die Wohnbevölkerung der gesamten Bundesrepublik als Rekrutierungsbasis dient, und
- diese unterschiedlichen Grundgesamtheiten durch den demographischen Wandel, der den Altersaufbau der Bevölkerung verändert, im Zeitablauf variieren.

Um die Vergleichbarkeit sowohl zwischen den Parteien als auch über die Zeit hinweg annähernd herzustellen, ist es daher notwendig, die absoluten Mitgliederzahlen auf die durch die einzelnen Parteien zu einem bestimmten Zeitpunkt erreichbare Bevölkerungsgruppe zu beziehen, also die Rekrutierungsfähigkeit der einzelnen Parteien in Bezug auf die Jugend zu berechnen, indem die jungen Parteimitglieder als Prozentsatz der jeweils Parteibeitrittsberechtigten ausgedrückt werden.[11]

Abbildung 4[12] zeigt, dass nur ein sehr geringer, sich im Promillebereich bewegender Anteil der jeweiligen Altersgruppen in den einzelnen Parteien organisiert ist. Ein exakter Gesamtwert, der angeben würde, wie viel Prozent der Jugendlichen in Deutschland insgesamt Mitglieder politischer Parteien sind, kann wegen der unterschiedlichen Altersgruppeneinteilung und des Fehlens der Grünen nicht berechnet werden. Es ist jedoch davon auszugehen, dass der Anteil der in durch die im Bundestag vertretenen Parteien organisierten Jugendlichen in der Kerngruppe der 16- bis 24-Jährigen Anfang der 1990er Jahre unter 0,75 Prozent lag und heutzutage weniger als 0,5 Prozent der Jugendlichen parteipolitisch organisiert sind.

Der Rückgang des in Parteien organisierten Anteils der Jugendlichen im Untersuchungszeitraum ist fast ausschließlich auf den deutlichen Rückgang der Rekrutierungsfähigkeit der SPD zurückzuführen. Im Jahre 1990 waren noch 0,43 Prozent der 16- bis 24-Jährigen in der SPD. 1997 hatte sich dieser Prozentsatz fast halbiert. Auch die Herabsetzung des Parteibeitrittsalters auf 14 Jahre brachte zunächst keine Besserung. Seit der Jahrtausendwende hat sich der Anteil der rekrutierten 14- bis 25-Jährigen jedoch bei etwa 0,16 Prozent stabilisiert.

---

11   Bei der SPD ist diese Bezugsgröße die Gruppe der 16- bis 24-Jährigen, ab 1998 die Gruppe der 14- bis 25-Jährigen in der Bevölkerung der gesamten Bundesrepublik, bei der FDP die Gruppe der 16- bis 24-Jährigen, bei der PDS die Gruppe der 16- bis 25-Jährigen. Für die CDU gilt als Bezugsgröße die Gruppe der 16- bis 24-Jährigen außerhalb Bayerns, für die CSU die Gruppe der 16- bis 25-Jährigen in Bayern.

12   Die Bevölkerungszahlen nach Alter für die Bundesrepublik insgesamt und für die einzelnen Bundesländer wurden dem Verfasser vom Statistischen Bundesamt zur Verfügung gestellt. Daten für Ende 2003 lagen noch nicht vor. Die absoluten Parteimitgliederzahlen für 2003 machen jedoch deutlich, dass sich die Relationen der einzelnen Parteien zueinander in Bezug auf ihre Rekrutierungsfähigkeit 2003 gegenüber 2002 nicht verändert haben.

Im Vergleich mit Abbildung 3 zeigt sich, dass die Einbeziehung der jeweiligen Rekrutierungsbasis die durch die absoluten Mitgliederzahlen vorgegebene Relation zwischen SPD und CDU/CSU deutlich verändert. Die CDU hat die SPD in Bezug auf die Rekrutierungsfähigkeit von Jugendlichen seit 1999 überholt. Die CSU lag während des gesamten Beobachtungszeitraums über der CDU und überholte die SPD schon früher. Seit der Jahrtausendwende ist in Bayern ein etwa doppelt so hoher Anteil von Jugendlichen in der CSU organisiert wie in der SPD in Gesamtdeutschland. Insgesamt besitzt die Union somit seit Ende der 1990er Jahre in Bezug auf die Jugend eine höhere Rekrutierungsfähigkeit als die SPD. Die beiden übrigen Parteien rekrutieren noch deutlich weniger Jugendliche. Allerdings konnte die FDP den Anteil der in der Partei organisierten 16- bis 24-Jährigen von 1996 bis 2002 verdoppeln, während die Rekrutierungsfähigkeit der das Schlusslicht bildenden PDS sich nicht veränderte.

*Abbildung 4:* Rekrutierungsfähigkeit der Parteien in Bezug auf Jugendliche (in Prozent)

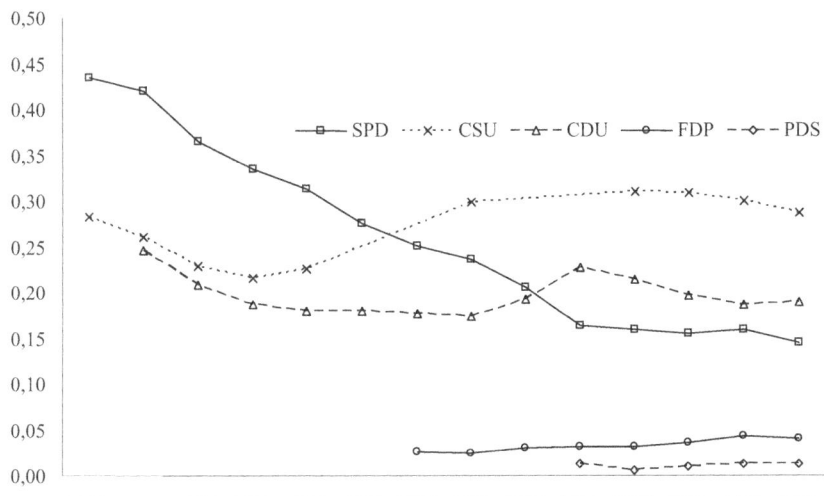

Quelle: Eigene Berechnungen mit Daten der Parteigeschäftsstellen und Bevölkerungsdaten des Statistischen Bundesamts.

Bei der Interpretation dieser Ergebnisse darf nicht vergessen werden, dass Parteiarbeit „wie jede organisationsgebundene politische Beteiligung seit eh und je nur eine kleine, überschaubare Zahl höher gebildeter, kognitiv ressourcenstarker Mittelschichtangehörige" anzieht (Wiesendahl 2001: 9). Allerdings waren 1991 noch über 3,3 Prozent der parteibeitrittsberechtigten Bevölkerung Mitglied in einer der Bundestagsparteien und 2002 immerhin noch fast 2,4 Prozent (Niedermayer 2004). Es kann daher nicht nur aufgrund des äußerst geringen Prozentsatzes der parteipolitisch organisierten Jugendlichen, sondern auch aufgrund des wesentlich höheren

Rekrutierungsgrades der Gesamtbevölkerung durchaus von einer deutlichen Parteienabstinenz der Jugendlichen gesprochen werden, die sich parallel zur Entwicklung in der Gesamtbevölkerung während des Beobachtungszeitraums noch verschärft hat. Zu betonen ist jedoch, dass von einer allgemeinen, alle Parteien gleichermaßen betreffenden Zunahme der Parteienabstinenz der Jugendlichen im Beobachtungszeitraum nicht die Rede sein kann. Die Gesamtentwicklung ist zum al-
lergrößten Teil auf die sich bis Ende der 1990er Jahre dramatisch verschlechternde
Rekrutierungsfähigkeit der SPD zurückzuführen, während die CDU hiervon weit
weniger betroffen war und die PDS in etwa konstant blieb. Die CSU hingegen
konnte nach einem zwischenzeitlichen Rückgang ihre Rekrutierungsfähigkeit in
neuerer Zeit leicht steigern und bei der FDP hat sich der Anteil der in der Partei
organisierten Jugendlichen innerhalb der letzten sieben Jahre sogar verdoppelt.

Angesichts dieser deutlichen Unterschiede zwischen den einzelnen Parteien
sind für den Parteienbereich an der generellen These von der „nachlassende(n)
Integrationskraft traditioneller Institutionen" (Gaiser/de Rijke 2001: 10) erhebliche
Zweifel angebracht.

## 3.3  Bedeutung der Abstinenz der Jugendlichen für die Parteien

Was bedeutet die Abstinenz der Jugendlichen nun für die Parteien? Diese Frage
besitzt zwei unterschiedliche Dimensionen. Zum einen ist nach der Altersstruktur
der Parteimitgliedschaften und damit nach dem Gewicht, das Jugendliche unter den
Parteimitgliedern haben, zu fragen. Zum anderen ist zu ermitteln, wie stark die
Altersstruktur der Parteimitgliedschaften von der Altersstruktur der parteibeitrittsberechtigten Bevölkerung abweicht oder – spezifisch auf die Jugend bezogen – wie
sehr die Jugendlichen in den Parteimitgliedschaften gegenüber der Bevölkerung
unterrepräsentiert sind.

Abbildung 5 gibt die Entwicklung des Anteils der Jugendlichen an den Parteimitgliedschaften wieder. Damit wird von der unterschiedlichen Größe der Parteien abstrahiert. Es zeigt sich, dass sich die FDP seit den späten 1990er Jahren zur
mit Abstand „jüngsten" der untersuchten Parteien entwickelt hat. Der Anteil der
Jugendlichen an der FDP-Mitgliedschaft ist mittlerweile trotz eines leichten Rückgangs im Nachwahljahr 2003 mehr als doppelt so hoch wie in der SPD, der CDU
und CSU, die sich infolge des „Alterungsprozesses" der SPD seit 1999 fast vollständig angeglichen haben. Die PDS bildet trotz eines Angleichungsprozesses an
die anderen drei Parteien immer noch das Schlusslicht.[13]

Im Vergleich zur Gesamtbevölkerung sind die Jugendlichen jedoch auch in
der FDP noch deutlich unterrepräsentiert. Dies zeigen die Werte des Proportionali-
tätsquotienten, bei dem der Anteil der Jugendlichen an den Parteimitgliedern zum
Anteil derselben Altersgruppe an der parteibeitrittsberechtigten Gesamtbevölke-

---

13  Der prekäre Altersaufbau der PDS-Mitgliedschaft wird noch deutlicher, wenn man den Anteil der
    älteren Parteimitglieder betrachtet: Mehr als zwei Drittel der PDS-Mitglieder sind älter als 60 Jahre.
    Bei der FDP liegt der Anteil der über 59-Jährigen bei einem Drittel. Bei den anderen Parteien
    schwankt der Anteil dieser Altersgruppe zwischen 40 und 45 Prozent (Niedermayer 2004).

*Abbildung 5:* Anteil der Jugendlichen an den Parteimitgliedschaften (in Prozent)

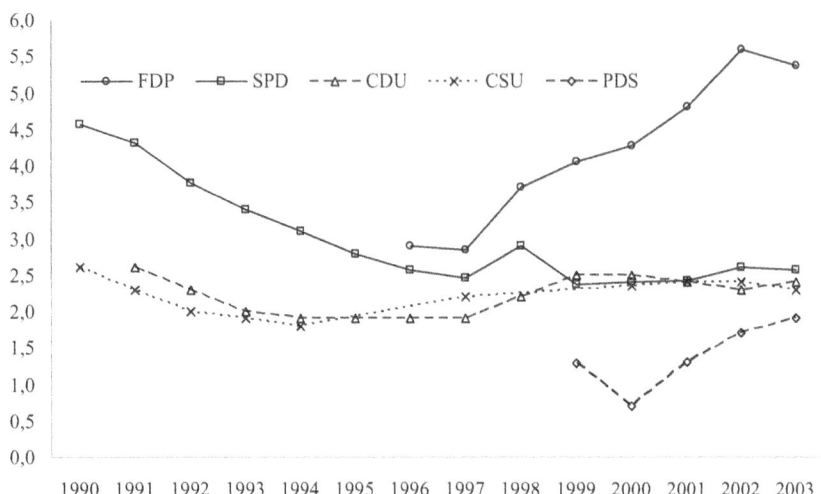

Quelle: Eigene Berechnungen mit Daten der Parteigeschäftsstellen.

*Abbildung 6:* Unterrepräsentation der Jugendlichen in den Parteimitgliedschaften (als Proportionalitätsquotient)

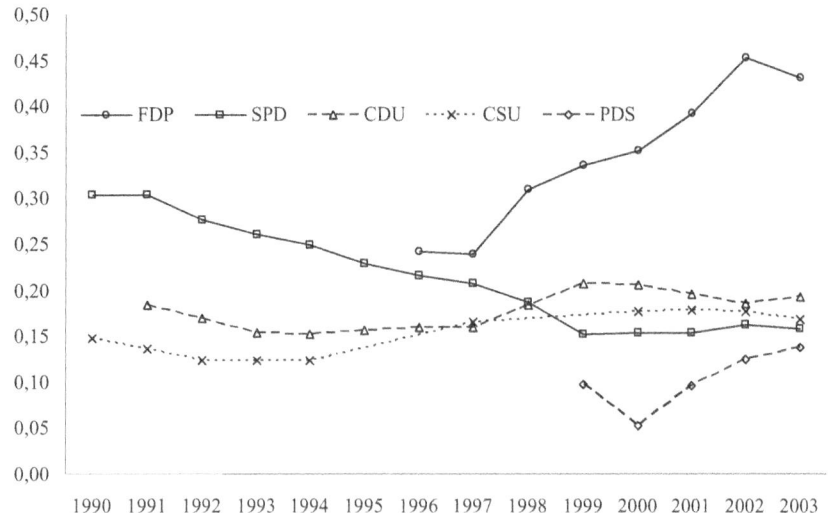

Quelle: Eigene Berechnungen mit Daten der Parteigeschäftsstellen und Bevölkerungsdaten des Statistischen Bundesamts.

rung in Beziehung gesetzt wird (Abbildung 6).[14] In der FDP-Mitgliedschaft beträgt der Anteil der 16- bis 24-Jährigen 2002 knapp die Hälfte des Anteils der 16- bis 24-Jährigen an der Gesamtbevölkerung ab 16 Jahren. Bei der Union und der SPD liegen die Mitgliedschaftsanteile der Jugendlichen bei weniger als einem Sechstel des Anteils der jeweiligen Altersgruppe an der parteibeitrittsberechtigten Bevölkerung, bei der PDS sogar nur bei etwa einem Siebtel.

Als generelles Fazit bleibt festzuhalten: Die Altersstruktur der verschiedenen Parteimitgliedschaften weist deutliche Unterschiede auf. Die SPD ist im Zeitablauf „älter", die FDP „jünger" geworden. In allen Parteien ist die Jugend im Vergleich zur Bevölkerung deutlich, wenn auch in unterschiedlichem Maße unterrepräsentiert.

## 4. Gibt es unter den Jugendlichen eine zunehmende, allgemeine Parteienverdrossenheit?

Die Parteienabstinenz der Jugendlichen (ihre deutliche Unterrepräsentation in den Parteiorganisationen) ist noch kein Indikator für Parteienverdrossenheit, da aus dem Mangel an Organisationsbereitschaft nicht auf die Motivation für dieses Verhalten geschlossen werden kann. Wenn Parteienverdrossenheit als sozialwissenschaftliches Konzept einen Sinn machen soll, dann muss es als evaluative Orientierung gegenüber den Parteien konzipiert werden. Normalerweise wird in empirischen Analysen das geringe Vertrauen, das Jugendliche (und Erwachsene!) den politischen Parteien entgegen bringen, als Indikator für Verdrossenheit angesehen (beispielsweise Hoffmann-Lange 1999: 371ff.; Pickel 1996: 92f., 2002: 130f.). Das Instrument des Institutionenvertrauens, bei dem die Befragten um eine Beurteilung einer Reihe politischer Institutionen gebeten werden, hat jedoch in Bezug auf die Messung von Parteienverdrossenheit einen gravierenden methodischen Nachteil. Die Befragten werden aufgefordert, das Ausmaß ihres Vertrauens in „die politischen Parteien" anzugeben, also ein Pauschalurteil über alle Parteien hinweg zu fällen. Was soll ein glühender Anhänger der PDS, der allen anderen Parteien misstrauisch gegenüber steht, auf diese Frage antworten? Er vertraue den Parteien, weil er dabei an die PDS denkt? Oder er vertraue den Parteien nicht, weil er an die anderen Parteien denkt? Oder er könne darauf keine Antwort geben, weil er nicht wisse, wie er das unterschiedliche Vertrauen in die verschiedenen Parteien gegeneinander aufrechnen soll? Zudem ist die Dimension des „Vertrauens" keine allgemeine, sondern eine affektiv-wertbezogene Orientierung gegenüber einem politischen Objekt.

---

14 Der Proportionalitätsquotient (PQ) gibt das Ausmaß wieder, in dem eine sozialstrukturelle Gruppe unter den Parteimitgliedern im Vergleich zur parteibeitrittsberechtigten Bevölkerung unter- oder überproportional vertreten, also unter- oder überrepräsentiert ist. Werte unter 1 bedeuten Unterrepräsentation. Bei einem Wert von genau 1 ist die jeweilige Gruppe unter den Parteimitgliedern exakt mit demselben Prozentanteil vertreten wie in der beitrittsberechtigten Bevölkerung. Werte über 1 bedeuten Überrepräsentation.

*Abbildung 7:* Allgemeine Beurteilung der SPD, der Grünen und der PDS durch die Jugendlichen (Mittelwerte)

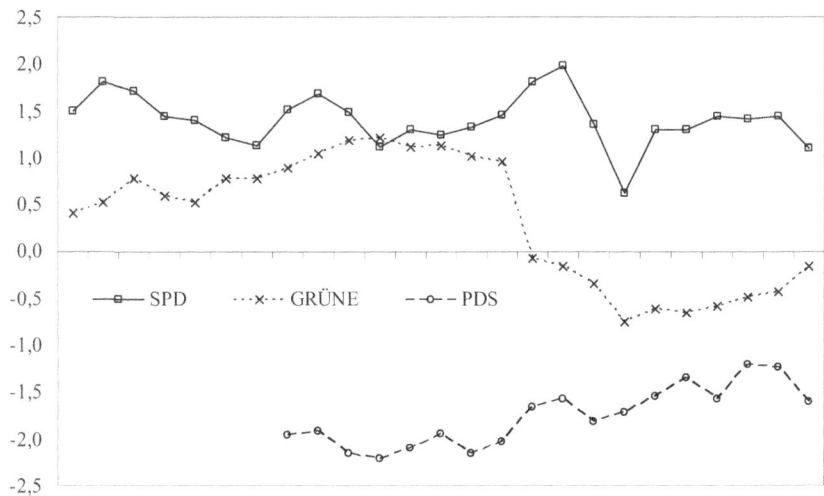

90/II  91/II  92/II  93/II  94/II  95/II  96/II  97/II  98/II  99/II  00/II  01/II  02/II

Quelle: Eigene Berechnungen mit Daten der Forschungsgruppe Wahlen.

Um dieses Problem zu vermeiden, muss eine Operationalisierung von Parteienverdrossenheit gefunden werden, die zum einen differenzierte Urteile über die einzelnen Parteien erlaubt, so dass es zu einer empirisch beantwortbaren Frage wird, ob und in welchem Ausmaß Pauschalurteile über „die Parteien" abgeben werden, und die zum anderen nicht nur auf die affektiv-wertbezogene Orientierung gegenüber den Parteien abstellt. Als geeignete Basis erscheinen die von der Forschungsgruppe Wahlen e.V. im Rahmen der monatlichen Politbarometer-Umfragen erhobenen Partei-Skalometer. Dort werden die Befragten gebeten, eine allgemeine Beurteilung jeder Partei abzugeben, wobei sie ihre Meinung in Form einer Elf-Punkte-Skala von -5 bis +5 sehr fein abstufen können.[15] Die Abbildungen 7 und 8 geben die Mittelwerte der Beurteilungen der einzelnen Parteien durch die 18- bis 24-Jährigen wieder.[16] Es zeigt sich, dass die SPD über den gesamten Beobachtungszeitraum hinweg[17] positiv beurteilt wird, allerdings nach dem auf die Machtwechseleuphorie folgenden Absturz etwas weniger positiv als vorher. Die Grünen wurden in der ersten Hälfte der 1990er Jahre zunehmend positiv beurteilt. Im ers-

---

15  Die Frageformulierung lautet: „Und nun noch etwas genauer zu den Parteien. Stellen Sie sich einmal ein Thermometer vor, das aber lediglich von plus 5 bis minus 5 geht, mit einem Nullpunkt dazwischen. Sagen Sie es bitte mit diesem Thermometer, was Sie von den einzelnen Parteien halten: +5 bedeutet, dass Sie sehr viel von der Partei halten, -5 bedeutet, dass Sie überhaupt nichts von der Partei halten. Mit den Werten dazwischen können Sie Ihre Meinung abgestuft sagen."
16  Die monatlichen Befragungen wurden zu Halbjahreswerten kumuliert.
17  Daten für 2003 lagen dem Verfasser noch nicht vor.

ten Halbjahr 1998 erfolgte jedoch ein dramatischer Umschwung in eine negative Bewertung, von dem sie sich erst allmählich erholen. Die PDS, von der erst ab 1994 Daten existieren, wird mit abnehmender Tendenz negativ bewertet.

Der Umschwung in der Beurteilung der Grünen erfolgte schon vor der Bundestagswahl 1998 und kann daher nicht auf den Machtwechsel und die Übernahme der Regierungsrolle durch die Partei zurückgeführt werden. Als Erklärung für die Entwicklung der Orientierungen der Jugendlichen über den gesamten Beobachtungszeitraum hinweg bietet sich die These an, dass der Übergang der Grünen in die Phase der „realpolitischen Dominanz" (Klein/Arzheimer 1997: 658) nach 1990 dazu führte, dass jüngere Menschen den Grünen in stärkerem Maße zuneigten, wie dies Kohler (1998: 553) anhand der Parteiidentifikation empirisch nachgewiesen hat. Im März 1998 trafen die Grünen auf ihrer Bundesdelegiertenkonferenz in Magdeburg im Rahmen der Verabschiedung ihres Wahlprogramms jedoch zwei politische Entscheidungen, die auf dem Hintergrund eines verheerenden Medienechos von vielen Bürgern „als eine Rückkehr zum grünen Fundamentalismus vergangener Jahre" (Arzheimer/Klein 1999: 21) wahrgenommen wurden – die Ablehnung einer Beteiligung der Bundeswehr am SFOR-Einsatz in Bosnien und die Forderung nach einer Erhöhung des Benzinpreises auf fünf Mark. Diese Forderung wurde kurze Zeit später noch dadurch verschärft, dass die grüne Bundestagsabgeordnete Halo Saibold verkündete, man könne auch den Preis für Flugbenzin auf fünf Mark pro Liter erhöhen, da es ausreichend sei, wenn die Deutschen nur alle fünf Jahre mit dem Flugzeug in Urlaub fliegen würden. Dass diese Ereignisse zu dem dramatischen Absturz der Grünen in der Beurteilung durch die Jugendlichen geführt haben, ist angesichts der Daten von hoher Plausibilität. Im Januar und Februar 1998 lag der Mittelwert der Grünen-Beurteilung noch bei +0,36, im April 1998 bei -0,33.

Die Beurteilung der bürgerlichen Parteien verschlechterte sich anfangs der 1990er Jahre. Danach erfolgte jedoch ein Aufwärtstrend, so dass Ende der 1990er Jahre bei beiden Parteien die positiven Beurteilungen überwogen (Abbildung 8).

Die Analyse der allgemeinen Beurteilung der verschiedenen Parteien durch die Jugendlichen liefert bisher noch keine schlagenden Beweise für eine gravierende und sich im Zeitverlauf verschärfende Parteienverdrossenheit der Jugend. Die beiden Großparteien SPD und CDU werden im Schnitt fast durchgängig positiv beurteilt. Die Grünen erholen sich seit einigen Jahren wieder von ihrem jähen Absturz in die negative Beurteilung. Die in der ersten Hälfte der 1990er Jahre in die negative Bewertung abgerutschte FDP kann seither einen kontinuierlichen Aufwärtstrend verbuchen und Gleiches gilt für die CSU, die Ende der 1990er Jahre erstmals im Schnitt eher positiv bewertet wird.

*Abbildung 8:* Allgemeine Beurteilung der CDU, der CSU und der FDP durch die Jugendlichen (Mittelwerte)

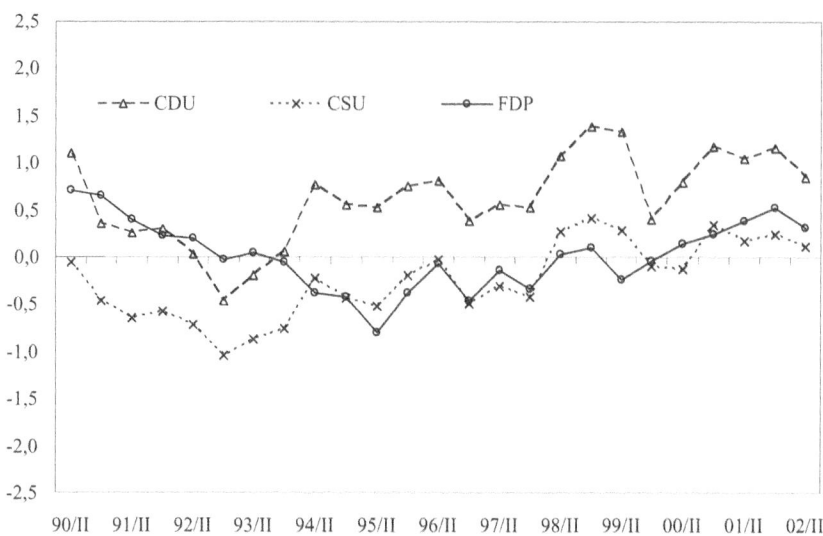

Quelle: Eigene Berechnungen mit Daten der Forschungsgruppe Wahlen.

Eine alleinige Betrachtung der Orientierungen der Jugendlichen könnte jedoch möglicherweise verdecken, dass die Jugend gegenüber einigen oder sogar allen politischen Parteien deutlich negativer eingestellt ist als die Erwachsenen. Die nächsten beiden Abbildungen, die die Differenzen zwischen den Beurteilungsmittelwerten der 18- bis 24-Jährigen und der übrigen Bevölkerung angeben, zeigen jedoch, dass dies nicht der Fall ist. SPD, Grüne und PDS werden von den Jugendlichen über den gesamten Beobachtungszeitraum hinweg fast durchweg positiver beurteilt als von den Erwachsenen (Abbildung 9).

Die Beurteilung der Grünen durch die Jugendlichen und Erwachsenen gleicht sich im Zeitverlauf jedoch an. Das heißt, die Grünen verlieren allmählich ihren Bonus bei der jungen Generation. Die PDS wird von den Erwachsenen deutlich negativer beurteilt als von den Jugendlichen, wobei sich die Differenz im Zeitverlauf vergrößert. Wie sich das Scheitern der PDS bei der Bundestagswahl 2002 auf die Orientierungen gegenüber der Partei auswirken, bleibt abzuwarten. Die Unionsparteien wurden in der ersten Hälfte der 1990er Jahre von den Jugendlichen fast durchweg negativer beurteilt als von den Erwachsenen. Seither hat sich das Blatt für die CDU jedoch gewendet und sie besitzt bei der Jugend einen Vorsprung. Dies gilt seit 1992 auch für die FDP (Abbildung 10).

*Abbildung 9:*  Beurteilungsunterschiede zwischen Jugendlichen und Erwachsenen
              bezüglich SPD, Grüne und PDS (Mittelwertdifferenzen)

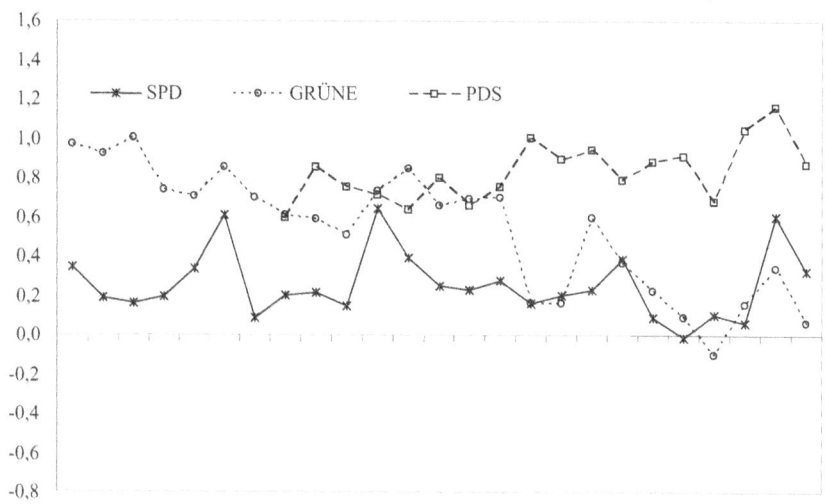

Quelle: Eigene Berechnungen mit Daten der Forschungsgruppe Wahlen.

*Abbildung 10:*  Beurteilungsunterschiede zwischen Jugendlichen und Erwachsenen
               bezüglich CDU, CSU und FDP (Mittelwertdifferenzen)

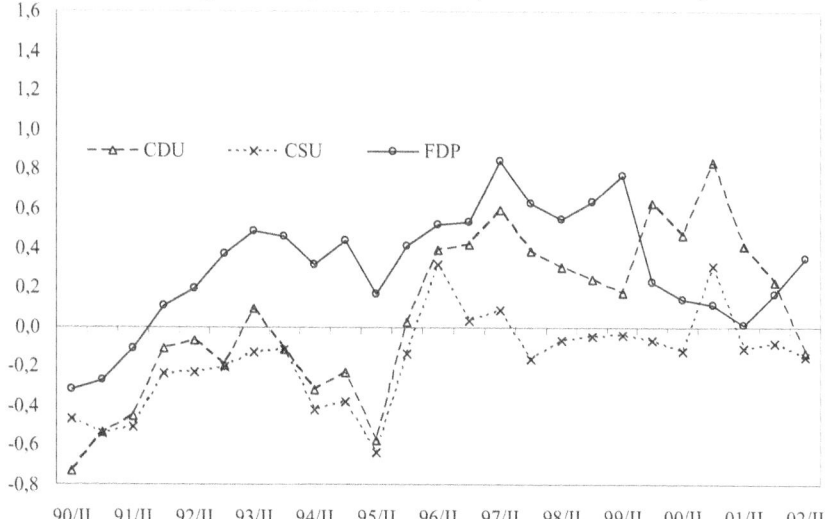

Quelle: Eigene Berechnungen mit Daten der Forschungsgruppe Wahlen.

Damit ist jedoch immer noch nichts über das Ausmaß von Parteienverdrossenheit unter den Jugendlichen ausgesagt. Um dies tun zu können, haben wir eine Typologie genereller Orientierungen gegenüber den relevanten, das heißt im Bundestag vertretenen Parteien gebildet, die vier Orientierungstypen unterscheidet:

- Begeisterung liegt vor, wenn ausnahmslos alle im Bundestag vertretenen politischen Parteien positiv beurteilt werden.
- Wohlwollen liegt vor, wenn die Beurteilung im Durchschnitt positiv ausfällt.
- Skepsis liegt vor, wenn die Beurteilung der Parteien im Durchschnitt nicht positiv ausfällt. Das heißt, in diese Kategorie wird neben einer negativen auch der Grenzfall einer exakt neutralen Durchschnittsbewertung eingeordnet.
- Verdrossenheit liegt vor, wenn keine einzige der im Bundestag vertretenen Parteien positiv beurteilt wird.

Betrachtet man die Verteilung der 18- bis 24-Jährigen auf diese vier Orientierungstypen im Zeitverlauf, so wird deutlich, dass von einer verbreiteten und tendenziell zunehmenden Parteienverdrossenheit unter den Jugendlichen keine Rede sein kann. Parteienverdrossen in unserem Sinne sind zwischen drei und fünf Prozent der Jugendlichen und es ist im Zeitverlauf kein zunehmender Trend zu erkennen. Insgesamt fällt nur ein sehr geringer Teil der Jugend (noch nicht einmal jeder Zehnte) ein Pauschalurteil über die Gesamtheit der Parteien, sei es in Form von Begeisterung oder in Form von Verdrossenheit. Die meisten geben differenzierte Urteile ab, wobei diese Urteile etwas mehr in Richtung Wohlwollen als in Richtung Skepsis gehen (Abbildung 11).[18]

Hinzu kommt, dass die generellen Orientierungen der Jugend gegenüber den politischen Parteien im Vergleich zu den Erwachsenen insgesamt deutlich positiver ausfallen. Der Prozentsatz an Parteienverdrossenen bei den Erwachsenen lag im gesamten Beobachtungszeitraum über dem der Jugendlichen und war zeitweise doppelt so hoch (Abbildung 12), wobei zu betonen ist, dass unter den Erwachsenen der Anteil der Parteienverdrossenen im gesamten Beobachtungszeitraum zwischen vier und neun Prozent lag und kein positiver Trend zu erkennen ist, so dass auch bei den Erwachsenen bis 2002 weder von einer gravierenden noch von einer zunehmenden Parteienverdrossenheit gesprochen werden kann.

Auch die Skeptiker sind unter den Erwachsenen stärker vertreten (Abbildung 13). Der Anteil der Wohlwollenden liegt bei den Erwachsenen dagegen stets um etwa ein Fünftel niedriger als unter den Jugendlichen.

Zudem beträgt der Anteil der Befragten, die mindestens eine der parlamentarisch vertretenen Parteien nicht beurteilen können oder wollen, bei den Jugendlichen durchschnittlich zwölf, bei den Erwachsenen 16 Prozent, so dass den Jugendlichen noch nicht einmal eine größere Distanz zum Orientierungsobjekt „Partei" im Sinne von Indifferenz, Desinteresse oder Gleichgültigkeit zugesprochen werden kann.

---

18  In der Abbildung wurde auf die Gesamtheit der Befragten prozentuiert.

*Abbildung 11:* Typen von Parteiorientierungen bei Jugendlichen (in %)

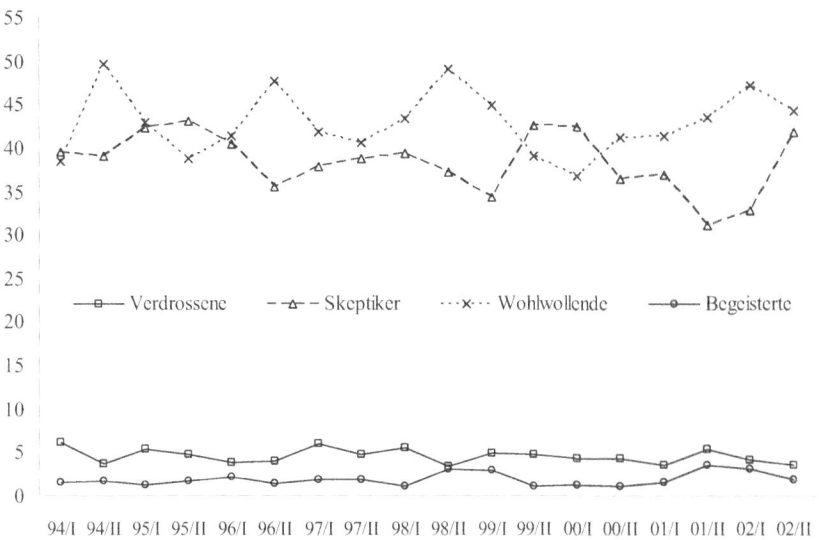

Quelle: Eigene Berechnungen mit Daten der Forschungsgruppe Wahlen.

*Abbildung 12:* Parteienverdrossenheit bei Jugendlichen und Erwachsenen (in %)

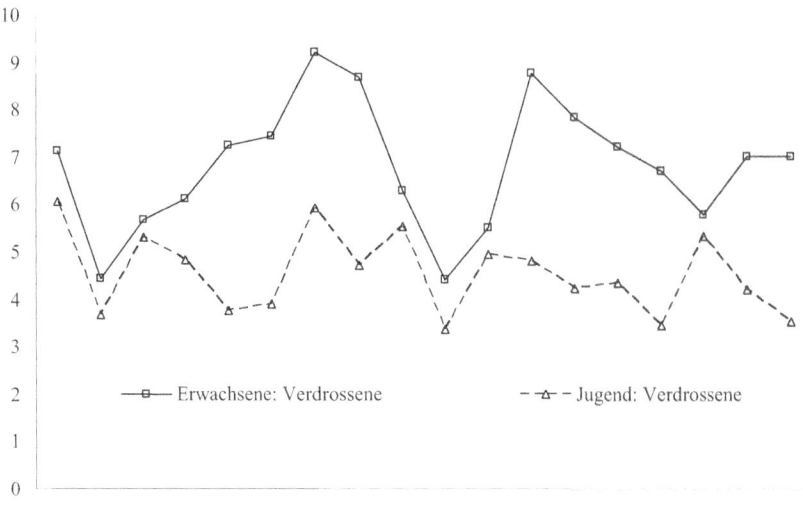

Quelle: Eigene Berechnungen mit Daten der Forschungsgruppe Wahlen.

*Abbildung 13:* Parteienskepsis bei Jugendlichen und Erwachsenen (in Prozent)

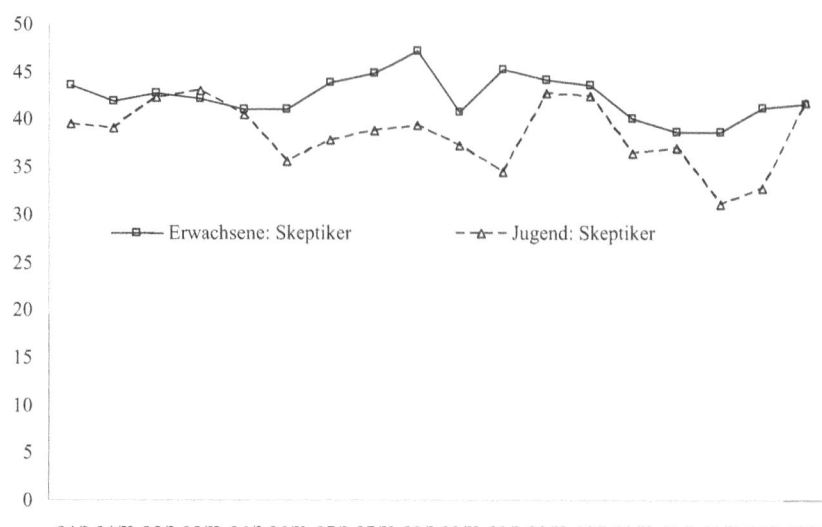

Quelle: Eigene Berechnungen mit Daten der Forschungsgruppe Wahlen.

## 5. Fazit

Im Gegensatz zu vielen vorschnellen Pauschalurteilen über das Verhältnis der Jugend zu den Parteien ergab unsere Analyse ein sehr differenziertes Bild. Die wesentliche Unterscheidung, die getroffen werden muss, ist die zwischen Verhalten und Orientierungen. Im Verhaltensbereich kann aufgrund des äußerst geringen Prozentsatzes der parteipolitisch organisierten Jugendlichen und des wesentlich höheren Rekrutierungsgrades der Gesamtbevölkerung durchaus von einer deutlichen Parteienabstinenz der Jugend gesprochen werden, die sich im Zeitverlauf noch verschärft hat. Allerdings betrifft dies die einzelnen Parteien in recht unterschiedlichem Maße. Es wäre daher für die Jugendforschung an der Zeit, sich neben den generellen Erklärungsmustern für die Parteienabstinenz der Jugend[19] auch den parteispezifischen Faktoren zuzuwenden. Dass die Abstinenz der Jugend gegenüber den Parteiorganisationen nicht mit Parteienverdrossenheit gleichgesetzt werden darf, hat die Analyse der Parteienorientierungen eindrucksvoll gezeigt. Von einer weit verbreiteten und zunehmenden Parteienverdrossenheit der Jugend kann

---

19 Hierzu gehören beispielsweise die allgemeine Abnahme sozialer Integration, die Erosion traditioneller Milieus, die Ausdifferenzierung des Repertoires politischer Beteiligung, der Widerspruch zwischen der auf thematisch begrenzten, temporären und mit Spaß verbundenen Partizipationsformen basierenden Beteiligungskultur der Jugend und einer anachronistischen, verkrusteten und auf längerfristige Mitwirkung angelegten Organisationskultur in den Parteien sowie die nicht abreißende Kette von Affären und Skandalen, die potenzielle Mitglieder abschreckt.

keine Rede sein. Parteienverdrossen ist nur ein verschwindend geringer und sich im Zeitverlauf nicht verändernder Anteil der Jugendlichen. Zudem fallen die generellen Orientierungen der Jugend gegenüber den politischen Parteien im Vergleich zu den Erwachsenen insgesamt deutlich positiver aus.

Für die viel beschworene Krise der deutschen Parteiendemokratie durch die Parteienverdrossenheit weiter Kreise der Bevölkerung und insbesondere der Jugend konnte unsere Analyse keine empirischen Belege finden. Vielmehr zeichnet sich die deutsche Bevölkerung durch eine in Teilen durchaus kritische, aber nicht pauschalisierend-negative Einstellung gegenüber den Parteien aus. Allerdings sind nur wenige Erwachsene und noch viel weniger Jugendliche dazu bereit, sich durch eine Mitgliedschaft dauerhaft an eine der Parteien zu binden. Die deutliche Unterrepräsentation der Jugend in den Parteien birgt die Gefahr einer inadäquaten Berücksichtigung ihrer Interessen im Rahmen der innerparteilichen Willensbildung. Da die Parteien immer noch im Zentrum des politischen Prozesses stehen, wäre die Jugend gut beraten, ihre durchaus vorhandene Partizipationsbereitschaft wieder stärker an den Parteien auszurichten, und die Parteien selbst sollten, um ihre gesellschaftliche Anbindung nicht zu verlieren, alles tun, um die Jugend wieder verstärkt an sich zu binden.

## Literatur

Albert, Mathias/Linssen, Ruth/Hurrelmann, Klaus (2003): Jugend und Politik. Politisches Interesse und Engagement Jugendlicher im Lichte der 14. Shell-Jugendstudie. In: Aus Politik und Zeitgeschichte. Beilage zur Wochenzeitung „Das Parlament" B 15, 3-5.

Arzheimer, Kai/Klein, Markus (1999): Die GRÜNEN und der Benzinpreis. Die Wählerschaft von Bündnis '90/Die Grünen im Vorfeld der Bundestagswahl 1998. In: ZA-Information 45, 20-43.

Deutsche Shell (Hrsg.) (2002): Jugend 2002. 14. Shell-Jugendstudie. Frankfurt a. M.: Fischer.

Fedke, Christoph (1996): Jugend als politische Herausforderung. Strategie- und Akzeptanzprobleme der Parteien bei Jugendlichen. Idstein: Schulz-Kirchner.

Fischer, Arthur (2000): Jugend und Politik. In: Deutsche Shell (Hrsg.): Jugend 2000. 13. Shell-Jugendstudie. Band 1. Opladen: Leske + Budrich, 261-282.

Gaiser, Wolfgang/Rijke, Johann de (2001): Gesellschaftliche Beteiligung der Jugend. In: Aus Politik und Zeitgeschichte. Beilage zur Wochenzeitung „Das Parlament" B 44, 8-15.

Grotz, Claus-Peter (Hrsg.) (1983): Die Junge Union. Struktur - Funktion - Entwicklung der Jugendorganisation von CDU und CSU seit 1969. Kehl a.R./Straßburg: Engel.

Hafeneger, Benno (1995): Jugendbilder. Zwischen Hoffnung, Kontrolle, Erziehung und Dialog. Opladen: Leske + Budrich.

Hoffmann-Lange, Ursula (1999): Trends in der politischen Kultur Deutschlands. Sind Organisationsmüdigkeit, Politikverdrossenheit und Rechtsextremismus typisch für die deutsche Jugend? In: Gegenwartskunde 48, 365-390.

JungdemokratInnen/Junge Linke (o.J.): JungdemokratInnen/Junge Linke – ein Verband mit Geschichte. Berlin. http://www.jdjl.org/verband/verband.html.

Klein, Markus/Arzheimer, Kai (1997): Grau in Grau. Die Grünen und ihre Wähler nach eineinhalb Jahrzehnten. In: Kölner Zeitschrift für Soziologie und Sozialpsychologie 49,
650-673.

Kohler, Ulrich (1998): Zur Attraktivität der GRÜNEN bei älteren Wählern. In: Kölner Zeitschrift für Soziologie und Sozialpsychologie 50, 536-559.

Krabbe, Wolfgang R. (2002): Parteijugend in Deutschland. Junge Union, Jungsozialisten
und Jungdemokraten 1945-1980. Wiesbaden: Westdeutscher Verlag.

Müller, Emil-Peter (1978): Die Jugendorganisationen der politischen Parteien. Köln: Deutscher Instituts-Verlag.

Niedermayer, Oskar (2004): Parteimitgliedschaften im Jahre 2003. In: Zeitschrift für Parlamentsfragen 35, 314-321.

Pickel, Gert (1996): Politisch verdrossen oder nur nicht richtig aktiviert? In: Silbereisen,
Rainer K./Vaskovics, Laszlo A./Zinnecker, Jürgen (Hrsg.): Jungsein in Deutschland.
Jugendliche und junge Erwachsene 1991 und 1996. Opladen: Leske + Budrich, 85-98.

Pickel, Gert (2002): Jugend und Politikverdrossenheit. Zwei politische Kulturen im
Deutschland nach der Vereinigung. Opladen: Leske + Budrich.

Schneekloth, Ulrich (2002): Demokratie, ja – Politik, nein? Einstellungen Jugendlicher zur
Politik. In: Deutsche Shell (Hrsg.): Jugend 2002. 14. Shell-Jugendstudie. Frankfurt a.
M.: Fischer, 91-137.

Wiesendahl, Elmar (2001): Keine Lust mehr auf Parteien. Zur Abwendung Jugendlicher von
den Parteien. In: Aus Politik und Zeitgeschichte. Beilage zur Wochenzeitung „Das Parlament" B 10, 7-19.

# Jugend und politischer Protest.
# Eine Analyse im Kontext aller Partizipationsformen

*Markus Klein*

## 1. Einleitung und Problemstellung

Das Thema Jugend und politischer Protest war in der Bundesrepublik Deutschland dereinst von so großer Brisanz, dass der Deutsche Bundestag dem „Jugendprotest im demokratischen Staat" eine eigene Enquete-Kommission widmete (hierzu die Überblicksdarstellung von Böhr und Busch 1984). Diese Kommission wurde auf Antrag der Bundestagsfraktionen von SPD und FDP im Mai 1981 eingesetzt. Unmittelbarer Anlass war die große Zahl gewaltsamer Hausbesetzungen in Berlin (Wissmann/Hauck 1983: 23). Den allgemeinen Hintergrund bildete die seit Mitte der 1960er Jahre zu beobachtende Unzufriedenheit junger Menschen mit der Politik, die in der Studentenbewegung der ausgehenden 1960er Jahre und den Neuen Sozialen Bewegungen der späten 1970er, beginnenden 1980er Jahre ihren augenfälligsten Niederschlag fand. Der Bundestag konkretisierte den Arbeitsauftrag der Kommission „Jugendprotest im demokratischen Staat" wie folgt: „Die Enquete-Kommission hat die Aufgabe, Ursachen, Formen und Ziele der Proteste junger Menschen, der sich beispielsweise in Demonstrationen, Gewaltanwendung, bewusstem Hinwenden zu alternativen Lebensformen oder teilweise auch in der resignativen Abwendung von der Gesellschaft äußert, zu untersuchen" (Bundestags-Drucksache 7/5924: 58 zitiert nach Wissmann/Hauck 1983: 19). Der Abschluß-bericht der Kommission wurde dem Präsidenten des deutschen Bundestags Anfang Februar 1983 übergeben (Böhr/Busch 1984: 89). Ergänzt um zusätzliche Materialien wurde er unter der Herausgeberschaft der beiden Ausschussvorsitzenden auch der Öffentlichkeit zugänglich gemacht (Wissmann/Hauck 1983).

Enquete-Kommissionen haben die Aufgabe, die ihnen vom Bundestag zugewiesenen Themen fachlich aufzubereiten (Böhr/Busch 1984: 37ff.). Sie kooperieren dabei eng mit externen wissenschaftlichen Sachverständigen, die auch einen Teil der Mitglieder solcher Kommissionen stellen (Kreutz 1988). In den Abschluß-bericht der Kommission „Jugendprotest im demokratischen Staat" fanden demzufolge auch die Erkenntnisse der Empirischen Sozialforschung Eingang. Diese hatte sich unter dem Eindruck der Studentenbewegung bereits früh der Erforschung des politischen Protestverhaltens zugewandt und in diesem Zusammenhang ein besonderes Augenmerk auf die nachwachsende Generation gelegt. Die Erkenntnis leitenden Fragestellungen entsprachen dabei weitgehend den in der Aufgabenbeschreibung der Enquete-Kommission formulierten Zielen. Die wohl bedeutsamste Forschungsanstrengung in diesem Kontext war die so genannte „Political Action"-Studie (Barnes/Kaase u.a. 1979). Mit Max Kaase wurde dementsprechend auch einer der deutschen Primärforscher dieses Projekts im Rahmen der Enquete-Kommission als Sachverständiger gehört (Wissmann/Hauck 1983: 276ff.).

Der Zeitpunkt der Veröffentlichung des Abschlußberichts der Kommission „Jugendprotest im demokratischen Staat" markiert einen ersten Höhepunkt des politischen und wissenschaftlichen Interesses an der Erforschung des politischen Protests Jugendlicher. Kurz zuvor und kurz danach erschienen eine Reihe wichtiger Arbeiten zum Thema (Barnes/Kaase u.a. 1979; Infratest Wirtschaftsforschung 1978, 1980; Schmidtchen 1983; Uehlinger 1988). In den Folgejahren ließen die Forschungsanstrengungen dann allerdings merklich nach. Dies kann zwanglos durch einen schwindenden realweltlichen Problemdruck erklärt werden.

Einen neuen Aufschwung erlebte die Auseinandersetzung mit dem Thema Jugend und politischer Protest dann zu Beginn der 1990er Jahre, diesmal allerdings in anderer Gestalt: Eine Welle von Gewalttaten gegen Ausländer und Asylanten, deren Schwerpunkt vor allem in den neuen Bundesländern lag, erregte die Aufmerksamkeit der Öffentlichkeit (Willems 1997: 396ff.). Die überwiegende Zahl dieser Gewalttaten wurde von Jugendlichen und jungen Erwachsenen verübt (Willems 1997: 407). Die Jugendforschung wandte sich vor dem Hintergrund dieser Ereignisse in den Folgejahren verstärkt den Ursachen und Erscheinungsformen ethnozentristisch motivierten gewaltsamen politischen Protests zu (Heitmeyer/ Collmann/Conrads 1998).

Das Anliegen der vorliegenden Abhandlung besteht darin, die politische Protestbereitschaft der deutschen Jugend auf der Grundlage der neuesten verfügbaren empirischen Daten zu beschreiben. Der politische Protest wird dabei nicht isoliert analysiert, sondern vielmehr in den Kontext des gesamten Spektrums möglicher Partizipationsformen gestellt. Dadurch können auch Aussagen über die relative Bedeutsamkeit der verschiedenen Partizipationsformen getroffen werden. Um die Spezifika der Partizipationsbereitschaft Jugendlicher im Vergleich zu älteren Bevölkerungsgruppen herausarbeiten zu können, wird zunächst ein Bevölkerungssurvey herangezogen. Für Detailanalysen wird außerdem auf die Daten eines Jugendsurvey zurückgegriffen. Gleichzeitig wird in einer Längsschnittperspektive der oben beschriebene Strukturwandel des Jugendprotests nachzuzeichnen versucht. Im Folgenden wird dabei zunächst der Begriff des politischen Protests konkretisiert und in den Kontext der verschiedenen anderen untersuchten Formen politischer Partizipation gestellt (2.1). Darüber hinaus wird die wichtigste Theorie politischen Protestverhaltens dahingehend befragt, welchen Beitrag sie zur Erklärung des politischen Protests Jugendlicher zu leisten vermag. In diesem Zusammenhang wird insbesondere die Frage thematisiert, welche Gemeinsamkeiten und Unterschiede zwischen den beiden in Deutschland in den letzten Jahrzehnten zu beobachtenden Varianten des Jugendprotests linker und rechter Provenienz bestehen (4.2) Es folgt eine Beschreibung der in diesem Beitrag verwendeten Daten und Messinstrumente (3). Im Anschluss an die Präsentation der Ergebnisse der empirischen Analysen (4) schließt eine kurze Zusammenfassung der wichtigsten Untersuchungsergebnisse den Aufsatz ab (5).

## 2. Theoretische Vorüberlegungen

### 2.1 Politischer Protest als spezifische Erscheinungsform politischer Partizipation

Unter dem Begriff der politischen Partizipation versteht man in der klassischen Definition der „Political Action"-Studie „all voluntary activities by individual citizens intended to influence either directly or indirectly political choices at various levels of the political system" (Kaase/Marsh 1979: 42). Die vielfältigen möglichen politischen Beteiligungsformen lassen sich nach unterschiedlichen Kriterien systematisieren. In der vorliegenden Abhandlung wird in Anlehnung an die für die empirische Partizipationsforschung zentrale Arbeit von Uehlinger (1988) zwischen der Staatsbürgerrolle, der problemspezifischen Partizipation, der parteiorientierten Partizipation, dem zivilen Ungehorsam und der politischen Gewalt unterschieden. Die Staatsbürgerrolle umfasst dabei vor allem das sich Informieren und Diskutieren über Politik sowie die Wahlteilnahme. Die problemspezifische Partizipation umfasst „diejenigen Aktivitätsformen, deren Ziel es ist, die Entscheidung über ein spezifisches Problem zu beeinflussen" (Uehlinger 1988: 130) – z.B. die Teilnahme an Unterschriftensammlungen und genehmigten Demonstrationen, die Mitarbeit in Bürgerinitiativen und die Beteiligung an öffentlichen Diskussionen. Die parteiorientierte Partizipation umfasst alle Aktivitäten, die mit dem Engagement innerhalb einer politischen Partei in Zusammenhang stehen. Als ziviler Ungehorsam wird die Teilnahme an illegalen aber gewaltfreien Beteiligungsformen wie zum Beispiel die Teilnahme an nicht genehmigten Demonstrationen, Hausbesetzungen und wilden Streiks verstanden. Als politische Gewalt werden schließlich all diejenigen Aktivitäten bezeichnet, die die Anwendung von Gewalt gegen Sachen und Personen aus politischen Motiven beinhalten. Die letzten beiden Beteiligungsformen werden im Rahmen des vorliegenden Aufsatzes unter dem Etikett des politischen Protests zusammengefasst. Sie zeichnen sich insbesondere dadurch aus, dass sie als nichtlegale Aktivitäten die Normen des bestehenden Gesellschaftssystems verletzen.

### 2.2 Theoretische Erklärung politischen Protestverhaltens Jugendlicher

Der Theorie der relativen Deprivation kommt bei der Erklärung politischen Protestverhaltens eine herausgehobene Bedeutung zu. Unter relativer Deprivation wird subjektive Unzufriedenheit verstanden, die aus Wertdiskrepanzen, also dem Auseinanderklaffen von Werterwartungen und wahrgenommener Wertverwirklichung resultiert. Sind bestimmte Nebenbedingungen erfüllt – darunter zum Beispiel geringe Demokratiezufriedenheit und ein nur geringes Vertrauen in das politische System (Kaase 1976: 184) – übersetzt sich relative Deprivation in politisches Protestverhalten. Im Rahmen der maßgeblich auf Arbeiten von Gurr (1970) zurückgehenden Theorie der relativen Deprivation werden dabei materielle *und* immaterielle Wertdiskrepanzen zugelassen. Am häufigsten wird die Theorie aber im Sinne nicht erfüllter materieller Ansprüche interpretiert. Menschen neigen demnach immer dann zum politischen Protest, wenn sie im Leben nicht das erhalten, was ihnen ihrer Ansicht nach gerechterweise zusteht. Übertragen auf das Protestverhalten Jugendlicher kommt dieser Interpretation der Theorie relativer Deprivation eine besondere Bedeutung zu, da junge Menschen beruflich und sozial noch nicht etabliert sind und sich bereits von daher gegenüber älteren Gesellschaftsmitgliedern benachteiligt fühlen können. Ein solches Benachteiligungsgefühl sollte allerdings im Lebensverlauf wieder nachlassen. Materielle Deprivation ist aber auch in jeweils situationsspezifischen Varianten zur Interpretation des Jugendprotests in Deutschland herangezogen worden: Die Studentenbewegung wurde mit einer durch die Finanzkrise der öffentlichen Haushalte verbundenen Aufstiegsblockade der damaligen Studentengeneration in Verbindung gebracht (Bürklin 1984), ethnozentristische Gewalttaten gegen Ausländern und Asylanten mit den beruflichen Etablierungsproblemen und Zukunftsängsten niedrig gebildeter Jugendlicher vor allem in Ostdeutschland (Heitmeyer u.a. 1993; Heitmeyer 1995).

Der Theorie der relativen Deprivation kommt aber auch im Hinblick auf nicht-materielle Wertdiskrepanzen Erklärungskraft für den Jugendprotest zu: Politisches Protestverhalten ist aus dieser Perspektive immer dann wahrscheinlich, wenn die von den politischen Herrschaftsträgern verfolgten politischen Zielvorstellungen von den gesellschaftspolitischen Wertorientierungen des Individuums abweichen. Geht man von der Prämisse aus, dass die offiziellen politischen Werte eher gemäßigter Natur sind (nicht zuletzt, da sie auf der Basis von Mehrheitsentscheidungen formuliert werden), sollte folglich auf individueller Ebene ideologische Radikalität politisches Protestverhalten begünstigen. Entwicklungspsychologisch wird jungen Menschen aufgrund ihrer geringen Integration in das jeweils bestehende Gesellschaftssystem eine größere Affinität zu radikalen politischen Utopien zugesprochen (Bürklin 1984). Im Falle der Studentenbewegung wurde zudem häufig der Wertewandel von materialistischen zu postmaterialistischen Werten (hierzu ausführlich Kaina/Deutsch in diesem Band) für ideelle Wertdiskrepanzen bei der nachwachsenden Generation verantwortlich gemacht. Im Hinblick auf die fremdenfeindlichen Gewalttaten Jugendlicher zu Beginn der 1990er Jahre wurde eine Affinität dieser Jugendlichen zu rechtsextremen Weltbildern behauptet, die sich in Reaktion auf einen als bedrohlich empfundenen raschen sozialen Wandel und die Herausforderungen der Globalisierung herausgebildet hätten (Heitmeyer 1995). Auch dem Jugendprotest der 1990er Jahre hätten dementsprechend ideelle Wertdiskrepanzen zu den offiziellen Systemwerten zugrunde gelegen. In diesem Zusammenhang ist außerdem nicht auszuschließen, dass soziale Anomie, die häufig als Ursache extremistischer Weltbilder betrachtet wird (Scheuch 1967), einen direkten Einfluss auf die Bereitschaft zu politischem Protest, insbesondere aber zur politischen Gewalt ausübt.

## 3.  Datenbasis

Ursula Hoffmann-Lange hat in diesem Band den Beitrag der Jugendforschung zur politischen Kulturforschung kritisch bilanziert und in diesem Zusammenhang einige wichtige methodische Empfehlungen formuliert. In der vorliegenden Abhandlung wurde versucht, diese Empfehlungen so weit als irgend möglich umzusetzen. Hoffmann-Lange empfiehlt insbesondere die simultane Auswertung einer repräsentativen Bevölkerungsumfrage und einer Jugendstudie sowie die Einbeziehung von jeweils mindestens zwei Erhebungszeitpunkten. Sie betont außerdem die besondere Bedeutung vergleichbarer Frage- und Itemformulierungen sowie die Notwendigkeit der Verwendung etablierter Instrumente der politischen Kulturforschung. Bei der Auswahl der zu analysierenden Datenquellen wurde versucht, diesen Anforderungen weitgehend zu entsprechen.

Bei der Suche nach einer für die Zwecke dieser Studie brauchbaren Bevölkerungsumfrage fiel die Entscheidung zugunsten der Allgemeinen Bevölkerungsumfrage der Sozialwissenschaften (ALLBUS) aus. Diese enthielt im Jahr 1988 einige den etablierten Erhebungsinstrumenten der akademischen Sozialforschung entsprechende Indikatoren zur politischen Partizipation, die in identischer Form im Jahr 1998 repliziert wurden.[1]

Bei der im Folgenden analysierten Jugendstudie handelt es sich um den Jugendsurvey des Deutschen Jugendinstituts (DJI) (hierzu Hoffmann-Lange 1995; Gille/Krüger 2000), da nur in dieser Jugendstudie Indikatoren zur politischen Partizipation enthalten waren, die den etablierten Instrumenten der akademischen Sozialforschung entsprachen und den im ALLBUS verwendeten vergleichbar waren. Außerdem sind sie wiederholt erhoben wurden. In die Analyse wurden die ersten beiden Wellen des DJI-Jugendsurvey einbezogen, die in den Jahren 1992 und 1997 erhoben wurden. Die dritte Welle aus dem Jahr 2003 war zum Zeitpunkt der Abfassung dieses Beitrags über das Zentralarchiv für Empirische Sozialforschung leider noch nicht verfügbar. Die Stichproben des DJI-Jugendsurveys sind hinreichend umfangreich, um auch innerhalb der Gruppe der Jugendlichen und jungen Erwachsenen noch Differenzierungen vornehmen zu können.[2]

Sowohl vom ALLBUS als auch vom DJI-Jugendsurvey werden also zwei Erhebungszeitpunkte herangezogen. Um diese simultan auswerten zu können, erfolgt die Analyse jeweils auf der Grundlage kumulierter Datensätze, die vom Zentralarchiv für Empirische Sozialforschung an der Universität zu Köln (ZA) zur Verfü-

---

1   Der ALLBUS wurde in den genannten Jahren jeweils als mehrstufig geschichtete Zufallsauswahl (ADM-Mastersample) von volljährigen Personen in Privathaushalten der Bundesrepublik Deutschland durchgeführt. Im Jahr 1988 wurden dabei nur Personen deutscher Staatsangehörigkeit berücksichtigt, 1998 hingegen alle deutschsprachigen Personen. Die im Folgenden präsentierten Analysen können sich aus Gründen der Vergleichbarkeit folglich nur auf Befragte deutscher Staatsangehörigkeit beziehen. 1998 kam im Rahmen des ALLBUS ein disproportionaler Stichprobenansatz zur Anwendung, der zu einer überproportionalen Berücksichtigung ostdeutscher Befragter führte. 1988 wurden insgesamt 3.052 Personen befragt, im Jahr 1998 waren es 3.234 (2.212 in den alten Bundesländern, 1.022 in den neuen Bundesländern).

2   Die DJI- Jugendsurveys „wurden als mehrstufig geschichtete Zufallsauswahl (ADM-Mastersample) von deutschen Personen im Alter von 16-29 Jahren mit Wohnsitz in der Bundesrepublik realisiert. Es wurde ein disproportionaler Stichprobenansatz gewählt: In den neuen Bundesländern wurden mehr 16- bis 29-Jährige befragt, als es dem eigentlichen Anteil an der Gesamtbevölkerung entsprach. 1992 wurden insgesamt 7.090 Jugendliche und junge Erwachsene befragt (4.526 in den alten Bundesländern, 2.564 in den neuen Bundesländern). 1997 wurden 6.919 Befragte (4.426 in den alten Bundesländern, 2.493 in den neuen Bundesländern) in die Untersuchung einbezogen" (Brislinger 2002: 95).

gung gestellt werden (ZA-Nr. 1795 bzw. ZA-Nr. 3608). Es soll an dieser Stelle nicht verschwiegen werden, dass die ausgewählten Daten auch einige Probleme aufweisen: So stimmen die Erhebungszeitpunkte des Bevölkerungs- und des Jugendsurvey leider nicht überein. Im Fall der Bevölkerungsumfrage können Veränderungsprozesse über einen Zeitraum von immerhin zehn Jahren analysiert werden, im Falle des Jugendsurvey nur über fünf Jahre. Im Falle des ALLBUS kann sich der Vergleich allerdings nur auf die alten Bundesländer beziehen, da die erste Erhebung noch vor der Wiedervereinigung stattfand.

*Tabelle 1:* Die im Rahmen der Studie verwendeten Indikatoren zur Erfassung der Bereitschaft zur Ausübung verschiedener Formen politischer Partizipation

|  | ALLBUS | DJI-Jugendsurvey |
|---|---|---|
|  | Wenn Sie politisch in einer Sache, die Ihnen wichtig ist, Einfluss nehmen, Ihren Standpunkt zur Geltung bringen wollten: Welche der Möglichkeiten auf diesen Karten würden Sie dann nutzen, was davon käme für Sie in Frage? | Angenommen Sie möchten politisch in einer Sache, die Ihnen wichtig ist, Einfluss nehmen bzw. Ihren Standpunkt zur Geltung bringen. Welche der Möglichkeiten kommen für Sie in Frage und welche nicht? |
| Staatsbürgerrolle | Sich an Wahlen beteiligen | Sich an Wahlen beteiligen |
| Problemspezifische Partizipation | Sich in Versammlungen an öffentlichen Diskussion beteiligen | Sich in öffentlichen Versammlungen an Diskussionen beteiligen |
|  | Mitarbeit in einer Bürgerinitiative | Mitarbeit in einer Bürgerinitiative |
| Parteiorientierte Partizipation | In einer Partei aktiv mitarbeiten. | In eine Partei eintreten und dort aktiv mitarbeiten |
| Ziviler Ungehorsam | Teilnahme an einer nicht genehmigten Demonstration | Teilnahme an einer nicht genehmigten Demonstration |
|  | Hausbesetzung, Besetzung von Fabriken, Ämtern | Hausbesetzung, Besetzung von Fabriken, Ämtern |
| Politische Gewalt | Bei einer Demonstration mal richtig Krach schlagen, auch wenn dabei einiges zu Bruch geht. | Teilnahme an Aktionen, bei denen es schon einmal zu Sachbeschädigungen kommen kann. |
|  | Für eine Sache kämpfen, auch wenn dazu Gewalt gegen Personen notwendig ist. | Teilnahme an wichtigen Aktionen, auch wenn nicht völlig auszuschließen ist, dass dabei Personen zu Schaden kommen können. |

Sowohl im Rahmen des ALLBUS als auch im Rahmen des DJI-Jugendsurvey wird hinsichtlich der politischen Partizipation neben dem tatsächlichen Verhalten auch die Verhaltensbereitschaft erhoben. Für die empirischen Analysen dieser Abhandlung wird allerdings nur die Verhaltensbereitschaft herangezogen. Ausschlaggebend hierfür waren die folgenden Gründe: Zum Einen wird das Spektrum der tatsächlich ausgeübten Partizipationsformen bei Jugendlichen und jungen Erwachsenen schon allein aufgrund mangelnder situativer Gelegenheiten im bisherigen Lebensverlauf tendenziell kleiner ausfallen (Schneider 1995: 302f.). Zum Zweiten können die Verhaltensbereitschaften ein besseres Bild davon vermitteln, welche Vorstellungen die Befragten von sich selbst als politischen Akteuren haben (Gaiser/de Rijke 2000: 319). Zum Dritten „übersteigt das Ausmaß der Verhaltensbereitschaften das der tatsächlichen Aktivitäten" (Gaiser/de Rijke 2000: 271), was bei extrem selten ausgeübten Partizipationsformen wie der politischen Gewalt überhaupt erst zu hinreichend großen Fallzahlen führt. Schließlich ist die Verhaltensbereitschaft einer der wichtigsten Prädiktoren des tatsächlichen Verhaltens.

Hinsichtlich der Formulierung der Fragestimuli und der Items sowie hinsichtlich Art und Zahl der jeweils abgefragten Partizipationsformen treten zwischen ALLBUS und DJI-Jugendsurvey Abweichungen auf. Im Rahmen der nachfolgend berichteten empirischen Analysen werden daher nur diejenigen Items berücksichtigt, die sowohl im ALLBUS als auch im DJI-Jugendsurvey mit vergleichbarem Wortlaut erhoben wurden. Diese sind in Tabelle 1 überblicksartig dokumentiert. Sie sind dort nach Maßgabe der fünf von Uehlinger (1988) unterschiedenen Partizipationsformen systematisiert.[3] Für die Zwecke der empirischen Analyse wurde für jede der fünf Partizipationsformen ein einfacher Index gebildet. Kommt für einen Befragten *mindestens* eine der zu einer Dimension gehörenden Partizipationsformen in Frage, dann nimmt dieser den Wert „1" an, andernfalls den Wert „0".

## 4. Empirische Analysen

*4.1 Analysen auf der Grundlage des ALLBUS 1988 und 1998*

In einem ersten Schritt der empirischen Analysen werden zunächst die Daten der ALLBUS-Erhebungen der Jahre 1988 und 1998 ausgewertet. Im Zentrum des Interesses steht hierbei die Frage, wie sich die Gruppe der Jugendlichen und jungen Erwachsenen vom Rest der Bevölkerung unterscheidet, welche Veränderungen sich diesbezüglich beobachten lassen und wie sich Lebenszyklus- und Generationseffekte relativ zueinander gewichten. Um die Vergleichbarkeit mit der DJI-Jugendstudie zu gewährleisten und außerdem die Analysen auf hinreichend große Fallzahlen stützen zu können, umfasst die jüngste Altersgruppe Befragte im Alter zwischen 18 und 29 Jahren.

In Tabelle 2 ist die Bereitschaft zur Ausübung der verschiedenen Formen politischer Partizipation zu den beiden Erhebungszeitpunkten dargestellt, jeweils zusätzlich auch differenziert nach dem Alter der Befragten. Betrachtet man zunächst die Werte für die Bevölkerung insgesamt, so zeigt sich im Jahr 1988 in Westdeutschland die vielfach beschriebene Hierarchie der Beteiligungsformen (Kaase 1976; Uehlinger 1988): Am größten ist die Bereitschaft zur Ausübung der Staatsbürgerrolle (88 Prozent), gefolgt von der problemspezifischen (57 Prozent) und der parteiorientierten Partizipation (19 Prozent). Die Bereitschaft zum politischen Pro-

---

3 Größere Zugeständnisse mussten dabei im Falle der politischen Gewalt gemacht werden. Hier treten zwar deutliche Unterschiede in der Itemformulierung auf. Der Verzicht auf diese Items hätte allerdings zur vollständigen Ausblendung des Phänomens der politischen Gewalt aus der Analyse geführt, was im Rahmen einer Arbeit über politischen Protest kaum zu rechtfertigen gewesen wäre.

test liegt bei neun (Ziviler Ungehorsam) bzw. zwei Prozent (Politische Gewalt). Zwischen 1988 und 1998 war die Bereitschaft zur problem- und parteiorientierten Partizipation in Westdeutschland leicht rückläufig, während die Bereitschaft zum politischen Protest geringfügig anstieg. Im Ergebnis hat sich die Bereitschaft zur parteiorientierten Partizipation (13 Prozent) weitestgehend an die Bereitschaft zum zivilen Ungehorsam (11 Prozent) angenähert. In Ostdeutschland liegen die beiden genannten Beteiligungsformen 1998 bereits gleichauf.

*Tabelle 2:*  Die Bereitschaft zur Ausübung verschiedener Formen politischer Partizipation nach dem Alter 1988 und 1998 (Angaben in Prozent)

| Altersgruppen | 1988 West | 1998 West | | Ost |
|---|---|---|---|---|
| **Staatsbürgerrolle** | | | | |
| Gesamt | 88 | 89 | (+1) | 78 |
| 18-29 Jahre | 86 | 85 | (-1) | 74 |
| 30-44 Jahre | 88 | 89 | (+1) | 80 |
| 45-59 Jahre | 89 | 93 | (+4) | 82 |
| 60 + Jahre | 88 | 87 | (-1) | 75 |
| Gamma | 0,07 | 0,04 | | -0,01 |
| **Problemspezifische Partizipation** | | | | |
| Gesamt | 57 | 50 | (-7) | 39 |
| 18-29 Jahre | 66 | 51 | (-15) | 36 |
| 30-44 Jahre | 64 | 55 | (-9) | 44 |
| 45-59 Jahre | 54 | 59 | (+5) | 43 |
| 60 + Jahre | 40 | 36 | (-4) | 32 |
| Gamma | -0,28** | -0,18** | | -0,08 |
| **Parteiorientierte Partizipation** | | | | |
| Gesamt | 19 | 13 | (-6) | 7 |
| 18-29 Jahre | 24 | 15 | (-9) | 9 |
| 30-44 Jahre | 24 | 13 | (-11) | 7 |
| 45-59 Jahre | 16 | 15 | (-1) | 8 |
| 60 + Jahre | 12 | 8 | (-4) | 6 |
| Gamma | -0,24** | -0,15** | | -0,08 |
| **Ziviler Ungehorsam** | | | | |
| Gesamt | 9 | 11 | (+2) | 7 |
| 18-29 Jahre | 20 | 20 | (±0) | 15 |
| 30-44 Jahre | 10 | 15 | (+5) | 7 |
| 45-59 Jahre | 4 | 9 | (+5) | 9 |
| 60 + Jahre | 2 | 2 | (±0) | 1 |
| Gamma | -0,62** | -0,50** | | -0,38** |
| **Politische Gewalt** | | | | |
| Gesamt | 2 | 4 | (+2) | 3 |
| 18-29 Jahre | 5 | 8 | (+3) | 7 |
| 30-44 Jahre | 2 | 4 | (+2) | 3 |
| 45-59 Jahre | 2 | 4 | (+2) | 2 |
| 60 + Jahre | 1 | 1 | (±0) | 1 |
| Gamma | -0,44** | -0,42** | | -0,57** |

** $p < 0,01$; * $p < 0,05$.

In der Gruppe der Jugendlichen und jungen Erwachsenen lässt sich zwischen 1988 und 1998 ein besonders deutlicher Rückgang der Bereitschaft zur problem- und parteiorientierten Partizipation beobachten (-15 bzw. -9 Prozentpunkte), währen die Bereitschaft zur Ausübung der Staatsbürgerrolle und zum Zivilen Ungehorsam weitgehend unverändert blieb. Zugenommen hat allein die Bereitschaft zur politischen Gewalt (+3 Prozentpunkte). Die übliche Hierarchie der Beteiligungsformen ist unter den Jugendlichen und jungen Erwachsenen im Jahr 1998 nicht mehr gegeben: Sowohl in West- als auch in Ostdeutschland liegt in der Gruppe der 18- bis 29-Jährigen die Bereitschaft zum zivilen Ungehorsam (20 bzw. 15 Prozent) höher als die Bereitschaft zur parteiorientierten Partizipation (15 bzw. 9 Prozent).

Aus den in Tabelle 2 ebenfalls ausgewiesenen Assoziationskoeffizienten Gamma lässt sich ablesen, dass – mit Ausnahme der Staatsbürgerrolle – die Bereitschaft zur Ausübung aller untersuchten Formen politischer Partizipation in einer negativen Beziehung zum Alter steht. Im Fall der problem- und parteiorientierten Partizipation schwächt sich dieser Zusammenhang zwischen 1988 und 1998 allerdings merklich ab und ist in Ostdeutschland zudem statistisch nicht signifikant. Besonders stark und durchgängig statistisch signifikant ist der Zusammenhang mit dem Alter jeweils beim zivilen Ungehorsam und bei der politischen Gewalt. Die Bereitschaft zum politischen Protest ist unter jungen Menschen folglich besonders ausgeprägt.

Nun kann ein auf der Grundlage einer isolierten Querschnittsstudie festgestellter negativer Alterseffekt aber durchaus unterschiedliche substanzielle Wirkmechanismen reflektieren: Er kann entweder auf eine lebenszyklische oder aber auf eine über die Generationensukzession vermittelte Wandlungsdynamik des untersuchten Konstrukts zurückzuführen sein. Auch ist eine Überlagerung der beiden Mechanismen möglich. Um einen Eindruck davon gewinnen zu können, welche dieser Mechanismen hinter der Bereitschaft zur Ausübung der verschiedenen Formen politischer Partizipation wirksam sind, wurden die beiden Erhebungszeitpunkte im Rahmen einfacher APK-Modelle simultan ausgewertet. Solche Modelle ermöglichen die statistische Separierung der Effekte von Alter (A), historischer Periode (P) und Generations- bzw. Kohortenzugehörigkeit (K) (zur Logik und den Problemen solcher Modelle ausführlich Klein/Ohr 2004 und Klein/Pötschke 2004).

In Tabelle 3 sind die Ergebnisse der APK-Modelle für die fünf untersuchten Formen politischer Partizipation dokumentiert (die verwendete Generationeneinteilung orientiert sich an der Abhandlung von Kaina/Deutsch in diesem Band). Die größte Bedeutung kommt dabei der Generationszugehörigkeit zu. Bei vier der fünf Partizipationsformen treten hier signifikante Effekte auf. Erklärt werden kann dies durch das in den jüngeren Generationseinheiten höhere Bildungsniveau, das die Bereitschaft zur politischen Beteiligung generell erhöht. Darüber hinaus treten aber bezüglich der verschiedenen Partizipationsformen noch spezifische Variationen auf. Besonders auffällig ist dabei, dass die Bereitschaft zur parteiorientierten Partizipation in der Geburtskohorte der zwischen 1953 und 1964 geborenen Befragten am höchsten ist und in den jüngeren Generationseinheiten wieder zurückgeht.

*Tabelle 3:* Logistische APK-Regressionsmodelle der Bereitschaft zur Ausübung verschiedener Formen politischer Partizipation 1988 und 1998 (einfache Logitkoeffizienten)

| | Staatsbürger- rolle | Problemspezifische Partizipation | Parteiorientierte Partizipation | Ziviler Ungehorsam | Politische Gewalt |
|---|---|---|---|---|---|
| Konstante | 1,77** | -0,69** | -2,33** | -4,54** | -4,62** |
| Periode (Referenz: 1988) | | | | | |
| 1998 | -0,05 | -0,44** | -0,64** | 0,13 | 0,46* |
| Altersgruppe (Referenz: 60 + ) | | | | | |
| 18-29 Jahre | -0,98** | -0,28 | -0,53 | 0,97* | 1,19 |
| 30-44 Jahre | -0,68* | -0,16 | -0,52* | 0,58 | 0,69 |
| 45-59 Jahre | -0,16 | 0,04 | -0,35 | 0,57 | 1,07 |
| Generation (Referenz: bis 1922) | | | | | |
| 1923-1934 | 0,44* | 0,61** | 0,55** | 0,72 | -0,45 |
| 1935-1946 | 0,69** | 1,12** | 1,23** | 1,04 | -0,56 |
| 1947-1952 | 0,89** | 1,44** | 1,67** | 1,59** | 0,38 |
| 1953-1964 | 1,12** | 1,51** | 1,74** | 2,10** | 0,26 |
| 1965-1976 | 0,92* | 1,60** | 1,71** | 2,22** | 0,48 |
| 1977-1980 | 1,38* | 1,55** | 1,59** | 1,96** | 0,91 |
| Pseudo R² (Nagelkerke) | 0,01 | 0,06 | 0,05 | 0,13 | 0,06 |

** p < 0,01; * p < 0,05.

*Tabelle 4:* Die Bereitschaft zur Ausübung verschiedener Formen politischer Partizipation in der Altersgruppe der 18- bis 29-Jährigen nach Bildung 1988 und 1998 (Angaben in Prozent)[a]

| | 1988 | 1998 | | |
|---|---|---|---|---|
| Formale Bildung | West | West | | Ost |
| **Staatsbürgerrolle** | | | | |
| Niedrig | 82 | 78 | (-4) | 60 |
| Mittel | 81 | 89 | (+8) | 77 |
| Hoch | 95 | 88 | (-7) | 74 |
| Gamma | 0,35** | 0,24 | | 0,14 |
| **Problemspezifische Partizipation** | | | | |
| Niedrig | 48 | 34 | (-14) | 13 |
| Mittel | 59 | 54 | (-5) | 38 |
| Hoch | 83 | 65 | (-18) | 41 |
| Gamma | 0,49** | 0,38** | | 0,29 |
| **Parteiorientierte Partizipation** | | | | |
| Niedrig | 14 | 4 | (-10) | 7 |
| Mittel | 22 | 17 | (-5) | 5 |
| Hoch | 36 | 22 | (-14) | 18 |
| Gamma | 0,39** | 0,46** | | 0,42 |
| **Ziviler Ungehorsam** | | | | |
| Niedrig | 13 | 14 | (+1) | 40 |
| Mittel | 14 | 17 | (+3) | 8 |
| Hoch | 32 | 29 | (-3) | 36 |
| Gamma | 0,40** | 0,30* | | 0,08 |
| **Politische Gewalt** | | | | |
| Niedrig | 3 | 13 | (+10) | 20 |
| Mittel | 2 | 9 | (+7) | 4 |
| Hoch | 10 | 3 | (-7) | 5 |
| Gamma | 0,52** | -0,43** | | -0,47 |

** p < 0,01; * p < 0,05.
a Kodierung der Bildung: Niedrig: ohne Abschluss, Hauptschulabschluss, 8. Klasse POS. Mittel: Mittlere Reife, 10. Klasse POS. Hoch: Fachhochschulreife, Abitur, EOS.

Lebenszykluseffekte bestehen vor allem hinsichtlich der Staatsbürgerrolle. Hier zeigt sich eine zur Lebensmitte hin zunehmende Bereitschaft zur Teilname an demokratischen Wahlen, wie sie wiederholt beschrieben wurde und auch von Kai Arzheimer in diesem Band festgestellt wird. Darüber hinaus weist die Gruppe der 30- bis 44-Jährigen eine leicht erhöhte Bereitschaft zur parteiorientierten Partizipation auf, während die 18- bis 29-Jährigen eine etwas höhere Bereitschaft zum zivilen Ungehorsam aufweisen. Auch Periodeneffekte lassen sich feststellen: So ist die Bereitschaft zur problem- und parteiorientierten Partizipation quer durch alle Altersgruppen und Generationseinheiten zwischen 1988 und 1998 zurückgegangen, während die Bereitschaft zur politischen Gewalt im gleichen Zeitraum zugenommen zu haben scheint.

Das APK-Modell für die politische Gewalt ist allerdings insgesamt eher kritisch zu betrachten. Obgleich in Tabelle 2 ein starker Zusammenhang zwischen dem Alter und der Bereitschaft zur Ausübung politischer Gewalt zu beobachten ist, kann im Rahmen des APK-Modells weder ein Lebenszyklus- noch ein Generationseffekt nachgewiesen werden. Dies ist aller Wahrscheinlichkeit nach auf die extrem schiefe Verteilung der abhängigen Variablen zurückzuführen.

In der Einleitung dieser Abhandlung ist argumentiert worden, dass das politische Protestverhalten der deutschen Jugend in den letzten Jahrzehnten einem fundamentalen Wandel unterlag. Während dieser Protest in den 1960er und 1970er Jahren vorwiegend von Studenten getragen und in der Regel aus linken Ideologien gespeist war, ist jugendliches Protestverhalten in den 1990er Jahren vorrangig unter dem Aspekt rechter Gewalttaten sozial benachteiligter Jugendlicher gegen Ausländer und Asylanten diskutiert worden. Auch wenn die hier analysierten Daten den genannten Zeitraum nur teilweise überspannen, so sollten sich aber doch wenigstens empirische Spuren dieses Strukturwandels auffinden lassen. In Tabelle 4 wurde deshalb die Partizipationsbereitschaft der 18- bis 29-Jährigen nach der formalen Bildung aufgeschlüsselt. Im Regelfall zeigt sich dabei der erwartete positive Zusammenhang (in den Neuen Bundesländern sind die in den einzelnen Bildungsgruppen verbleibenden Fallzahlen allerdings derart gering, dass sich keiner der Assoziationskoeffizienten signifikant von Null unterscheidet). Im Falle der politischen Gewalt kehrt sich der Zusammenhang mit der formalen Bildung zwischen 1988 und 1998 allerdings um: Bestand zu Beginn des Untersuchungszeitraums noch ein starker positiver Zusammenhang, so ist er an dessen Ende stark negativ und in beiden Fällen statistisch hochsignifikant. Der oben beschriebene Strukturwandel – zumindest des *gewaltsamen* politischen Protests – schlägt sich folglich auch in den Daten der ALLBUS-Erhebungen nieder.

*Tabelle 5:* Die Bereitschaft zur Ausübung verschiedener Formen politischer Partizipation in der Altersgruppe der 18 bis 29-Jährigen in Abhängigkeit von der Bereitschaft zu zivilem Ungehorsam und politischer Gewalt 1988 und 1998 (Angaben in Prozent)

| Partizipationsform | 1988 West | 1998 West | | Ost |
|---|---|---|---|---|
| | Bereitschaft zu zivilem Ungehorsam gegeben | | | |
| Staatsbürgerrolle | 96 | 90 | (-6) | 84 |
| Problemspezifische Partizipation | 93 | 72 | (-21) | 38 |
| Parteiorientierte Partizipation | 50 | 27 | (-23) | 24 |
| | Bereitschaft zur politischen Gewalt gegeben | | | |
| Staatsbürgerrolle | 83 | 82 | (-1) | 81 |
| Problemspezifische Partizipation | 90 | 61 | (-29) | 44 |
| Parteiorientierte Partizipation | 56 | 29 | (-27) | 0 |
| Ziviler Ungehorsam | 79 | 57 | (-22) | 56 |

Eine weitere mögliche Veränderung im Partizipationsverhalten Jugendlicher und junger Erwachsener kann schließlich darin bestehen, dass sich neue *Muster* politischer Partizipation herausbilden, d.h., dass neuartige Kombinationen der fünf untersuchten Partizipationsformen entstehen. Uehlinger (1988: 157ff.) hat in seiner Arbeit aus dem Jahr 1988 in der bundesdeutschen Bevölkerung sieben wesentliche Partizipationsmuster ausgemacht: Inaktive, Staatsbürger, Problemzentrierte, Parteiaktive, gewaltlose Aktivisten, Protestierer und Aktivisten. Politische Gewalt gehört dabei nur zum Repertoire der Aktivisten, die gleichzeitig auch alle anderen vier Partizipationsformen auszuüben bereit sind. Diese Typologie wurde auf die Daten der ALLBUS-Erhebungen übertragen. Dabei zeigte sich, dass unter den 18 bis 29-jährigen Befragten der Anteil derjenigen, die keinem der sieben Partizipationsmuster zugeordnet werden konnten, zwischen 1988 und 1998 von 8,5 auf 18 Prozent anstieg (in Ostdeutschland betrug er 1998 gar 23 Prozent). Tabelle 5 zeigt in diesem Zusammenhang, dass insbesondere die in der Typologie Uehlingers enthaltene Einschränkung, dass politische Gewalt nur im Verbund mit allen anderen Partizipationsformen auftauchen kann, der Realität nicht länger angemessen ist. Unter denjenigen Jugendlichen, bei denen die Bereitschaft zur politischen Gewalt gegeben war, ging der Anteil derjenigen, der gleichzeitig auch zur Ausübung der anderen Beteiligungsformen bereit war – teilweise deutlich – zurück. Vergleichbares lässt sich auch im Hinblick auf den zivilen Ungehorsam beobachten. Es scheint folglich, als ob sich politisches Protestverhalten zunehmend als eigenständiges Partizipationsmuster herauskristallisiert, das immer schwächere Bezüge zu den konventionellen Formen politischer Beteiligung aufweist.

## 4.2 Analysen auf der Grundlage des DJI-Jugendsurvey 1992 und 1997

Im Rahmen der Analysen der Daten des DJI-Jugendsurvey werden zwei Anliegen verfolgt: Zum einen sollen die auf der Grundlage des ALLBUS erzielten Befunde so weit als möglich extern validiert werden, zum anderen soll eine differenzierte Analyse der Gruppe der Jugendlichen und jungen Erwachsenen erfolgen, die auf der Grundlage des ALLBUS wegen zu geringer Fallzahlen bislang nicht möglich gewesen war. Auf die Schätzung von APK-Modellen wurde in diesem Zusammenhang allerdings verzichtet, da die mit solchen Modellen verbundenen Multikollinearitätsprobleme aufgrund des zu geringen zeitlichen Abstands der beiden Erhebungszeitpunkte gravierend gewesen wären.

In Tabelle 6 ist zunächst die Bereitschaft zur Ausübung der verschiedenen untersuchten Formen politischer Partizipation dokumentiert, wie sie im Rahmen der DJI-Jugendsurveys 1992 und 1997 gemessen wurde. Angegeben sind dabei – jeweils nach West- und Ostdeutschland getrennt – die Zahlen für die Gesamtstichprobe der 16- bis 29-Jährigen sowie außerdem für die Gruppe der 18- bis 29-Jährigen, was einen Vergleich mit den auf der Grundlage des ALLBUS ermittelten Zahlen ermöglicht. Betrachtet man die Zahlen für die Gesamtstichprobe, dann bestätigt sich die oben festgestellte Auflösung der Hierarchie der Beteiligungsformen: Zu allen Zeitpunkten ist in West- und Ostdeutschland die Bereitschaft zum Zivilen

Ungehorsam größer als die Bereitschaft zur parteiorientierten Partizipation. In Ostdeutschland übersteigt im Jahr 1997 sogar die Bereitschaft zur politischen Gewalt die Bereitschaft zur parteibezogenen Partizipation.

*Tabelle 6:* Die Bereitschaft zur Ausübung verschiedener Formen politischer Partizipation unter Jugendlichen und jungen Erwachsenen nach dem Alter 1992 und 1997 (Angaben in Prozent)

| Altersgruppen | West | | | Ost | | |
|---|---|---|---|---|---|---|
| | 1992 | 1997 | | 1992 | 1997 | |
| **Staatsbürgerrolle** | | | | | | |
| Gesamt | 94 | 93 | (-1) | 91 | 89 | (-2) |
| (18-29) Jahre | 96 | 94 | (-2) | 93 | 91 | (-2) |
| 16-17 Jahre | 80 | 85 | (+5) | 80 | 82 | (+2) |
| 18-21 Jahre | 94 | 92 | (-2) | 92 | 88 | (-4) |
| 22-25 Jahre | 97 | 94 | (-3) | 92 | 92 | (±0) |
| 26-29 Jahre | 97 | 94 | (-3) | 95 | 92 | (-3) |
| Gamma | 0,50** | 0,25** | | 0,40** | 0,28** | |
| **Problemspezifische Partizipation** | | | | | | |
| Gesamt | 62 | 63 | (+1) | 64 | 62 | (-2) |
| (18-29) Jahre | 62 | 64 | (+2) | 64 | 62 | (±0) |
| 16-17 Jahre | 59 | 56 | (-3) | 63 | 62 | (-1) |
| 18-21 Jahre | 64 | 60 | (-4) | 64 | 58 | (-6) |
| 22-25 Jahre | 62 | 64 | (+2) | 62 | 63 | (+1) |
| 26-29 Jahre | 60 | 66 | (+6) | 65 | 65 | (±0) |
| Gamma | -0,02 | 0,10** | | 0,02 | 0,07* | |
| **Parteiorientierte Partizipation** | | | | | | |
| Gesamt | 24 | 23 | (-1) | 21 | 15 | (-6) |
| (18-29) Jahre | 24 | 24 | (±0) | 20 | 15 | (-5) |
| 16-17 Jahre | 21 | 19 | (-2) | 27 | 15 | (-12) |
| 18-21 Jahre | 25 | 23 | (-2) | 22 | 16 | (-6) |
| 22-25 Jahre | 25 | 24 | (-1) | 15 | 14 | (-1) |
| 26-29 Jahre | 22 | 24 | (+2) | 22 | 15 | (-7) |
| Gamma | -0,02 | 0,05 | | -0,08* | -0,02 | |
| **Ziviler Ungehorsam** | | | | | | |
| Gesamt | 28 | 29 | (+1) | 41 | 33 | (-8) |
| (18-29) Jahre | 28 | 29 | (+1) | 39 | 33 | (-6) |
| 16-17 Jahre | 31 | 33 | (+2) | 48 | 38 | (-10) |
| 18-21 Jahre | 30 | 31 | (+1) | 43 | 33 | (-10) |
| 22-25 Jahre | 28 | 29 | (+1) | 38 | 37 | (-1) |
| 26-29 Jahre | 27 | 27 | (±0) | 37 | 28 | (-9) |
| Gamma | -0,06* | -0,08** | | -0,13** | -0,09** | |
| **Politische Gewalt** | | | | | | |
| Gesamt | 10 | 13 | (+3) | 16 | 16 | (±0) |
| (18-29) Jahre | 10 | 12 | (+2) | 14 | 14 | (±0) |
| 16-17 Jahre | 12 | 19 | (+7) | 27 | 22 | (-5) |
| 18-21 Jahre | 13 | 14 | (+1) | 19 | 18 | (-1) |
| 22-25 Jahre | 10 | 10 | (±0) | 14 | 13 | (-1) |
| 26-29 Jahre | 9 | 11 | (+2) | 9 | 12 | (+3) |
| Gamma | -0,13** | -0,14** | | -0,32** | -0,19** | |

** p < 0,01; * p < 0,05.

In Tabelle 6 ist die Partizipationsbereitschaft zudem altersmäßig weiter differenziert. Als ein wichtiger Befund kann dabei gelten, dass die Bereitschaft zur politischen Gewalt selbst innerhalb der Gruppe der Jugendlichen und jungen Erwachsenen in einer klaren negativen Beziehung zum Alter steht. Aufgrund der fein ziselierten Alterseinteilung ist es dabei eher unwahrscheinlich, dass diese Beziehung einen Generationseffekt reflektiert. Vielmehr scheint beim Übergang vom Jugendlichen- ins Erwachsenenalter die Bereitschaft zur politischen Gewalt spürbar nachzulassen. Dass auf der Grundlage des DJI-Jugendsurvey eine deutlich höhere Gewaltbereitschaft der Jugend festgestellt wird als auf der Grundlage des ALLBUS, ist dabei in erster Linie auf die weicher formulierten Stimuli zurückzuführen (Tabelle 1). Eine negative Beziehung zum Alter besteht des Weiteren hinsichtlich der Bereitschaft zum zivilen Ungehorsam, allerdings fällt diese deutlich schwächer aus. Ein starker positiver Zusammenhang mit dem Alter lässt sich bei der Bereitschaft zur Ausübung der Staatsbürgerrolle beobachten. Dieser ist allerdings in erster Linie auf den starken Anstieg der Bereitschaft zur Beteiligung an Wahlen nach der Vollendung des 18. Lebensjahres zurückzuführen, was vor allem darauf zurückzuführen sein dürfte, dass diese Form politischer Partizipation den Befragten auch dann erst möglich ist.

Aufgrund der hohen Fallzahlen des DJI-Jugendsurvey können die Determinanten der Bereitschaft zur Ausübung der verschiedenen Formen politischer Partizipation nun für die Gruppe der Jugendlichen und jungen Erwachsenen im Rahmen komplexer multivariater Modelle untersucht werden. Diese Modelle werden jeweils für West- (Tabelle 7) und Ostdeutschland (Tabelle 8) getrennt geschätzt, wobei die Daten der beiden Erhebungszeitpunkte 1992 und 1997 für die Analyse zusammengefasst werden. Als Prädiktoren finden dabei neben dem Erhebungszeitpunkt, dem Alter, dem Geschlecht und der formalen Bildung[4] auch einige sozialpsychologische Variablen Berücksichtigung, die vor dem Hintergrund der theoretischen Vorüberlegungen ausgewählt wurden. Es handelt sich dabei um die Demokratiezufriedenheit[5], das politische Interesse[6], die ideologische Radikalität[7], die relative Deprivation[8] und um die Anomie[9].

---

4  Für Befragte, die noch Schüler waren, wurde die Frage „Welchen Schulabschluss streben Sie an" herangezogen, für Befragte, die keine Schüler mehr waren, die Frage „Welchen höchsten allgemeinbildenden Schulabschluss haben Sie?" Für Schüler ist damit der angestrebte Schulabschluss, für Befragte, die keine Schüler mehr sind, der tatsächliche Schulabschluss berücksichtigt. Die Antwortkategorien waren jeweils: ohne Abschluss, Hauptschulabschluss, 8. Klasse POS (niedrig), Mittlere Reife, 10. Klasse POS (mittel) sowie Fachhochschulreife, Abitur, EOS (hoch).

5  Die zugrunde liegende Frage lautete: „Kommen wir nun zu der Demokratie in der Bundesrepublik Deutschland. Wie zufrieden oder wie unzufrieden sind Sie – alles in allem – mit der Demokratie, so wie sie in der Bundesrepublik besteht?" Die Antwortkategorien waren: sehr zufrieden = 6, ziemlich zufrieden = 5, etwas zufrieden = 4, etwas unzufrieden = 3, ziemlich unzufrieden = 2, sehr unzufrieden = 1.

6  Die zugrunde liegende Frage lautete: „Wie stark interessieren Sie sich für Politik?". Die Antwortkategorien waren: sehr stark = 5, stark = 4, mittel = 3, wenig = 2, überhaupt nicht = 1.

7  Die zugrunde liegende Frage lautete: „Viele Leute verwenden die Begriffe LINKS und RECHTS, wenn es darum geht, unterschiedliche politische Einstellungen zu kennzeichnen. Wir haben hier einen Maßstab, der von links nach rechts verläuft. Wenn Sie an Ihre eigenen politischen Ansichten denken, wo würden Sie diese Ansichten auf dieser Skala einstufen? Machen Sie bitte ein Kreuz in

Bei der Interpretation der Ergebnisse der multivariaten Modelle wird aus Platzgründen eine Fokussierung auf die beiden Formen politischen Protests erfolgen. Die anderen Partizipationsformen werden in erster Linie als Vergleichsfolie dienen. In einem ersten Schritt werden zunächst außerdem nur diejenigen Befunde berichtet, die auf West- und Ostdeutschland in gleicher Weise zutreffen. Regionalspezifische Besonderheiten werden erst im Anschluss daran diskutiert.

Prinzipiell gilt, dass relative Deprivation die Bereitschaft zu politischem Protestverhalten erhöht, nicht aber die Bereitschaft zur Ausübung der anderen Formen politischer Partizipation. Der beteiligungssteigernde Effekt ideologischer Radikalität fällt beim zivilen Ungehorsam und der politischen Gewalt jeweils stärker aus als bei den anderen Partizipationsformen. Demokratiezufriedenheit senkt die Bereitschaft zu politischem Protestverhalten. Die drei bislang genannten Variablen wirken sich auf die Bereitschaft zur Ausübung der Staatsbürgerrolle zudem jeweils gegensinnig zum politischen Protestverhalten aus. Der durchgängig positive Effekt des politischen Interesses ist bei den Protestformen deutlich schwächer als bei allen anderen Aktivitätsformen. Anomie senkt die Bereitschaft zur Ausübung aller fünf Formen politischer Partizipation. Schließlich lässt sich bei den beiden untersuchten Protestformen jeweils noch ein negativer Alterseffekt beobachten.

Im Fall der politischen Gewalt gilt, dass Männer eine deutlich höhere Bereitschaft zur Ausübung derselben aufweisen. Die Bildung hingegen hat keinen signifikanten Effekt auf die Bereitschaft zur Ausübung politischer Gewalt. Im West-Ost-Vergleich fällt insbesondere auf, dass im Westen Studenten und Auszubildende eine höhere Bereitschaft zur Ausübung politischer Gewalt haben, während dies im Osten nur für die Arbeitslosen gilt. Ein signifikanter Periodeneffekt lässt sich nur für die neuen Bundesländer beobachten. Hier scheint die Gewaltbereitschaft nach Kontrolle der mit den verschiedenen Prädiktoren verbundenen Kompositionseffekte zwischen 1992 und 1997 zugenommen zu haben.

---

eines der Kästchen". Die Antwort erfolgte auf einer 10-stufigen Skala von links (1) bis rechts (10). Von den Skalenwerten wurde jeweils der Wert 5,5 abgezogen, um die Skala zu zentrieren und anschließend der Betrag berechnet.

8 Die zugrunde liegende Frage lautete: „Im Vergleich dazu, wie andere hier in der Bundesrepublik leben: Glauben Sie, dass Sie Ihren gerechten Anteil erhalten, mehr als Ihren gerechten Anteil, etwas weniger oder sehr viel weniger?" Befragte, die angaben, ihren gerechten Anteil oder mehr als ihren gerechten Anteil zu erhalten, bekamen den Wert 0 zugewiesen. Befragte, die angaben etwas oder sehr viel weniger als ihren gerechten Anteil zu erhalten, bekamen die Werte 1 bzw. 2 zugewiesen.

9 In die Skala gingen die folgenden drei Items ein: „Heutzutage ist alles so unsicher geworden, dass man auf alles gefasst sein muss", „Heute ändert sich alles so schnell, dass man nicht weiß, woran man sich halten soll" sowie „Früher waren die Leute besser dran, weil jeder wusste, was er zu tun hatte". Diese wurden jeweils über die folgende Antwortskala erhoben: Trifft überhaupt nicht zu = 1, trifft eher nicht zu = 2, trifft eher zu = 3, trifft voll und ganz zu = 4. Für die Zwecke der empirischen Analyse wurde ein einfacher additiver Index aus den drei Items gebildet.

Tabelle 7: Logistisches Regressionsmodell der Determinanten der Bereitschaft zur Ausübung verschiedener Formen politischer Partizipation unter Jugendlichen und jungen Erwachsenen (Westdeutschland 1992 und 1997)

| | Staatsbürger-rolle | Problemspezifische Partizipation | Parteiorientierte Partizipation | Ziviler Ungehorsam | Politische Gewalt |
|---|---|---|---|---|---|
| Kostante | -0,76 | -1,63** | -3,71** | 0,54 | -0,18 |
| Periode (Referenz 1992) | | | | | |
| 1997 | -0,06 | -0,11 | -0,33** | -0,49** | -0,06 |
| Geschlecht (Referenz: Frau) | | | | | |
| Mann | -0,16 | -0,40** | 0,37** | 0,36** | 0,87** |
| Alter in Jahren | 0,05* | 0,03* | -0,03* | -0,03** | -0,10** |
| Bildung (Referenz: Niedrig) | | | | | |
| Mittel | 0,49** | 0,33** | -0,19 | -0,16 | -0,26 |
| Hoch | 0,57** | 0,55** | 0,14 | -0,12 | -0,08 |
| Status (Referenz: nicht Erwerbstätig) | | | | | |
| Schüler | -0,38 | 0,65** | 0,29 | 0,53** | 0,41 |
| Student | 1,06* | 0,54** | -0,22 | 0,60** | 0,55* |
| In Ausbildung | -0,22 | 0,19 | 0,11 | 0,34 | 0,53* |
| Erwerbstätig | 0,36 | 0,08 | 0,08 | 0,25 | 0,37 |
| Arbeitslos | 0,32 | -0,01 | 0,22 | 0,32 | 0,38 |
| Demokratiezufriedenheit | 0,24* | -0,08* | 0,01 | -0,28* | -0,26* |
| Politisches Interesse | 0,64** | 0,69** | 0,86** | 0,25** | 0,22** |
| Ideologische Radikaliät | -0,13* | 0,13** | 0,31** | 0,36** | 0,52** |
| Relative Deprivation | -0,13 | -0,06 | -0,02 | 0,17** | 0,18* |
| Anomie | -0,07* | -0,04* | -0,03 | -0,10** | -0,10** |
| Pseudo $R^2$ (Nagelkerke) | 0,16 | 0,17 | 0,23 | 0,18 | 0,24 |

** $p < 0,01$; * $p < 0,05$.

Tabelle 8: Logistisches Regressionsmodell der Determinanten der Bereitschaft zur Ausübung verschiedener Formen politischer Partizipation unter Jugendlichen und jungen Erwachsenen (Ostdeutschland 1992 und 1997)

| | Staatsbürger-rolle | Problemspezifische Partizipation | Parteiorientierte Partizipation | Ziviler Ungehorsam | Politische Gewalt |
|---|---|---|---|---|---|
| Kostante | 0,77 | -0,38 | -3,44** | 0,44 | -0,75 |
| **Periode (Referenz 1992)** | | | | | |
| 1997 | -0,20 | -0,07 | -0,12* | -0,03 | 0,23** |
| **Geschlecht (Referenz: Frau)** | | | | | |
| Mann | -0,03 | -0,22** | 0,14* | 0,12* | 0,54** |
| Alter in Jahren | 0,08** | 0,01 | -0,02 | -0,04** | -0,06** |
| **Bildung (Referenz: Niedrig)** | | | | | |
| Mittel | 0,23 | 0,37** | 0,25** | 0,24** | -0,07 |
| Hoch | 0,57** | 0,67** | 0,55** | 0,51** | 0,07 |
| **Status (Referenz: nicht Erwerbstätig)** | | | | | |
| Schüler | -0,79** | 0,24 | 0,22 | 0,08 | 0,17 |
| Student | 0,63 | 0,45** | 0,36** | 0,32** | 0,22 |
| In Ausbildung | -0,11 | 0,13 | 0,31* | -0,07 | 0,28 |
| Erwerbstätig | 0,03 | -0,15 | 0,16 | -0,23* | 0,04 |
| Arbeitslos | -0,17 | -0,10 | 0,23 | 0,22 | 0,41* |
| Demokratiezufriedenheit | 0,12* | -0,20** | -0,02 | -0,37** | -0,43** |
| Politisches Interesse | 0,44** | 0,69** | 0,87** | 0,30** | 0,25** |
| Ideologische Radikalität | -0,17** | 0,09** | 0,08** | 0,38** | 0,36** |
| Relative Deprivation | -0,29** | 0,01 | 0,01 | 0,28** | 0,35** |
| Anomie | -0,11** | -0,11** | -0,07** | -0,10** | -0,05* |
| Pseudo $R^2$ (Nagelkerke) | 0,14 | 0,21 | 0,21 | 0,21 | 0,18 |

** $p < 0,01$; * $p < 0,05$.

*Tabelle 9:* Die Bereitschaft zur Ausübung verschiedener Formen politischer Partizipation unter Jugendlichen und jungen Erwachsenen nach der Bildung 1988 und 1998 (Angaben in Prozent)

| | West | | | Ost | | |
|---|---|---|---|---|---|---|
| | 1992 | 1997 | | 1992 | 1997 | |
| Staatsbürgerrolle | | | | | | |
| Niedrig | 93 | 87 | (-6) | 79 | 79 | (±0) |
| Mittel | 94 | 92 | (-2) | 92 | 88 | (-4) |
| Hoch | 95 | 96 | (+1) | 91 | 95 | (+4) |
| Gamma | 0,16** | 0,40** | | 0,16* | 0,43** | |
| Problemspezifische Partizipation | | | | | | |
| Niedrig | 44 | 45 | (+1) | 44 | 42 | (-2) |
| Mittel | 58 | 59 | (+1) | 60 | 58 | (-2) |
| Hoch | 78 | 72 | (-6) | 76 | 75 | (-1) |
| Gamma | 0,45** | 0,37** | | 0,37** | 0,40** | |
| Parteiorientierte Partizipation | | | | | | |
| Niedrig | 15 | 13 | (-2) | 21 | 11 | (-10) |
| Mittel | 19 | 18 | (-1) | 18 | 11 | (-7) |
| Hoch | 34 | 31 | (-3) | 28 | 22 | (-6) |
| Gamma | 0,36** | 0,37** | | 0,21** | 0,31** | |
| Ziviler Ungehorsam | | | | | | |
| Niedrig | 20 | 22 | (-2) | 46 | 31 | (-15) |
| Mittel | 23 | 24 | (+1) | 37 | 30 | (-7) |
| Hoch | 39 | 36 | (-3) | 46 | 40 | (-6) |
| Gamma | 0,33** | 0,26** | | 0,10* | 0,16** | |
| Politische Gewalt | | | | | | |
| Niedrig | 9 | 14 | (+4) | 27 | 19 | |
| Mittel | 8 | 11 | (+3) | 13 | 13 | |
| Hoch | 13 | 13 | (±0) | 20 | 18 | |
| Gamma | 0,15** | 0,01 | | 0,05 | 0,08 | |

** p < 0,01; * p < 0,05.

Bei den Analysen auf der Grundlage des ALLBUS war festgestellt worden, dass sich die Richtung des Zusammenhangs der Bereitschaft zur politischen Gewalt mit der formalen Bildung im Beobachtungszeitraum umkehrt. Es soll nun auf der Grundlage des DJI-Jugendsurvey geprüft werden, inwieweit dieser Befund stabil ist, oder aber womöglich auf die geringen Fallzahlen der 18- bis 29-Jährigen im ALLBUS zurückzuführen ist. In Tabelle 9 ist daher noch einmal die Bereitschaft zur Ausübung verschiedener Formen politischer Partizipation unter Jugendlichen und jungen Erwachsenen nach der formalen Bildung aufgeschlüsselt. Dabei zeigt sich, dass in Westdeutschland noch 1992 ein positiver Zusammenhang zwischen der formalen Bildung und der Bereitschaft zur politischen Gewalt bestand, der 1997 nicht mehr zu beobachten ist. 1997 ist die Gewaltbereitschaft in der Gruppe der Niedriggebildeten am höchsten. In Ostdeutschland scheint der Zusammenhang zwischen Bildung und Bereitschaft zur politischen Gewalt nicht-linearer Natur zu sein. Bei den Personen mit mittlerer Bildung ist die Bereitschaft zur politischen

Gewalt am geringsten. Allerdings findet sich auch hier die höchste Gewaltbereitschaft unter den Niedriggebildeten. Darüber hinaus kann beobachtet werden, dass
die Stärke des Zusammenhangs der Bildung mit der Bereitschaft zur Ausübung der
Staatsbürgerrolle zwischen 1992 und 1997 in West- und Ostdeutschland deutlich
zunimmt.

*Tabelle 10:* Die Bereitschaft zur Ausübung verschiedener Formen politischer
Partizipation in Abhängigkeit von der Bereitschaft zu zivilem
Ungehorsam und politischer Gewalt unter Jugendlichen und jungen
Erwachsenen 1992 und 1997 (Angaben in Prozent)

| Partizipationsform | West | | | Ost | | |
|---|---|---|---|---|---|---|
| | 1992 | 1997 | | 1992 | 1997 | |
| *Bereitschaft zu zivilem Ungehorsam gegeben* | | | | | | |
| Staatsbürgerrolle | 95 | 94 | (-1) | 91 | 89 | (-2) |
| Problemspezifische Partizipation | 87 | 80 | (-7) | 75 | 80 | (+5) |
| Parteiorientierte Partizipation | 42 | 35 | (-7) | 33 | 25 | (-8) |
| *Bereitschaft zur politischen Gewalt gegeben* | | | | | | |
| Staatsbürgerrolle | 95 | 90 | (-5) | 87 | 86 | (-1) |
| Problemspezifische Partizipation | 88 | 77 | (-11) | 76 | 78 | (+2) |
| Parteiorientierte Partizipation | 43 | 38 | (-5) | 43 | 28 | (-15) |
| Ziviler Ungehorsam | 81 | 79 | (-2) | 91 | 79 | (-12) |

Im Rahmen der Analysen der ALLBUS-Daten war außerdem der Frage nachgegangen worden, ob und inwieweit sich die Bereitschaft zu politischem Protestverhalten aus ihren Bezügen zu den anderen Partizipationsformen herauslöst. Auch
diese Analyse soll nun noch einmal auf der Grundlage der Daten des DJI-Jugendsurvey repliziert werden. In Tabelle 10 ist daher erneut die Bereitschaft zur Ausübung verschiedener Formen politischer Partizipation in Abhängigkeit von der
Bereitschaft zu zivilem Ungehorsam und politischer Gewalt dargestellt. In Westdeutschland lässt sich der behauptete Herauslösungsprozess in der Tat beobachten,
wenn auch im Vergleich zu den Analysen auf ALLBUS-Basis in deutlich schwächerer Form, was aller Wahrscheinlichkeit nach auf den kürzeren Beobachtungszeitraum zurückzuführen ist. In Ostdeutschland lässt sich dieser Prozess in Ansätzen zumindest für die parteiorientierte Partizipation beobachten.

In den oben berichteten multivariaten Modellen der Determinanten der Bereitschaft zur Ausübung der verschiedenen Formen politischer Partizipation war zwar
die ideologische Radikalität als ein wichtiger Prädiktor berücksichtigt worden,
nicht aber die inhaltliche Färbung der ideologische Orientierung. Vor dem Hintergrund der Ausführungen in der Einleitung dieses Aufsatzes sollte man aber erwarten, dass in den letzten Jahren der Jugendprotest in zunehmendem Maße durch
rechte Ideologien motiviert sein sollte. Um die Gültigkeit dieser Vermutung untersuchen zu können, ist in Abbildung 1 am Beispiel der Bereitschaft zur Ausübung

*Abbildung 1:* Die Bereitschaft zur Ausübung politischer Gewalt unter Jugendlichen und jungen Erwachsenen nach der ideologischen Selbsteinstufung auf der Links-Rechts-Skala 1992 und 1997 (in Prozent)

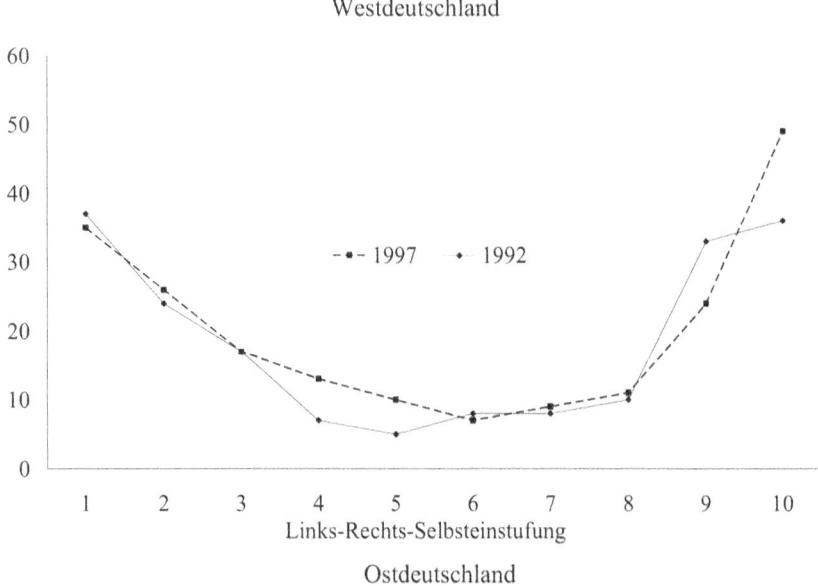

Westdeutschland

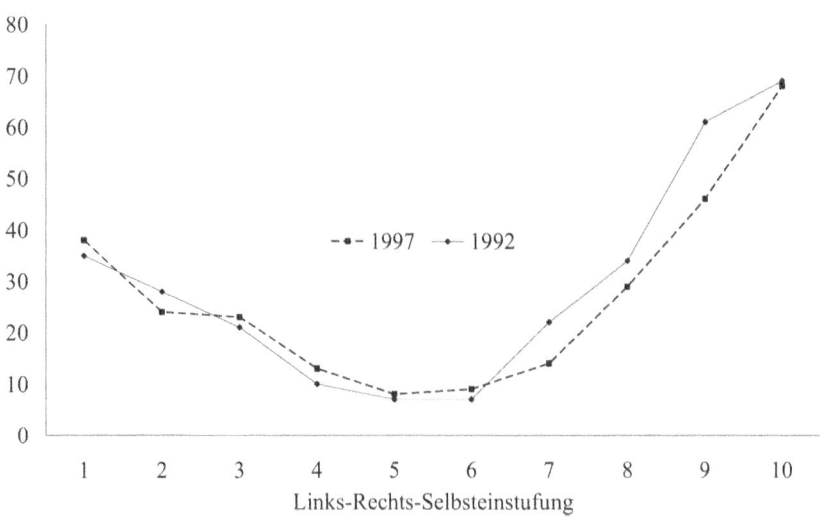

Ostdeutschland

politischer Gewalt deren Abhängigkeit von der ideologischen Selbsteinstufung auf der Links-Rechts-Skala dargestellt. Dabei zeigt sich, dass in Westdeutschland zwischen 1992 und 1997 die Gewaltbereitschaft der ideologischen Rechten erkennbar angewachsen ist, während die Verteilung in Ostdeutschland zu beiden Zeitpunkten eine deutliche Asymmetrie dahingehend aufweist, dass die Gewaltbereitschaft politisch rechter Jugendlicher deutlich höher ist als diejenige der linken.

## 5.  Zusammenfassung und Schlussfolgerungen

Den politischen Einstellungen und Verhaltensdispositionen Jugendlicher und junger Erwachsener wird häufig deswegen besondere Aufmerksamkeit entgegengebracht, weil man davon ausgeht, dass sich an diesen zukünftige gesellschaftliche Entwicklungstrends zuverlässig erkennen lassen würden. Die Ergebnisse der in dieser Abhandlung dokumentierten Analyse der Partizipationsbereitschaft deutscher Jugendlicher und junger Erwachsener würden dann aber durchaus Anlass zur Besorgnis geben: Die Bereitschaft zur parteibezogenen politischen Partizipation fällt hinter die Bereitschaft zum zivilen Ungehorsam zurück, die Bereitschaft zu politischem Protestverhalten löst sich zunehmend aus seinen Bezügen zu den verschiedenen Formen konventioneller politischer Partizipation heraus, und in Westdeutschland steigt die Bereitschaft zur politischen Gewalt tendenziell an. In Ostdeutschland liegt 1997 die Bereitschaft zur politischen Gewalt sogar mit der Bereitschaft zur parteibezogenen Partizipation gleichauf.

Nun sind diese Befunde zwar beunruhigend, sie würden aber nur dann eine taugliche Basis für eine gesamtgesellschaftliche Zukunftsprognose darstellen, wenn man davon ausgehen könnte, dass sich die Verhaltensdispositionen der heutigen Jugend im weiteren Lebensverlauf nicht mehr verändern. Davon aber kann nicht ohne weiteres ausgegangen werden. Bezüglich der Bereitschaft zur politischen Gewalt gelangen die hier berichteten Analysen aufgrund der extrem schiefen Verteilung dieses Merkmals nicht zu eindeutigen Befunden bezüglich der relativen Gewichtung von Lebenszyklus- und Generationseffekten. Die Analyse des DJI-Jugendsurvey deutet aber darauf hin, dass diese beim Übergang vom Jugend- in das Erwachsenenalter lebenszyklisch deutlich sinkt. Die Bereitschaft zum zivilen Ungehorsam breitet sich zwar über die Generationensukzession aus, wird aber gleichzeitig durch einen lebenszyklischen Effekt dahingehend modifiziert, dass Jugendliche und junge Erwachsene eine höhere Bereitschaft zur Ausübung dieser Beteiligungsform aufweisen, die im weiteren Lebensverlauf wieder zurückgeht. Das Einzige, was auf der Grundlage der hier berichteten Befunde für die Zukunft relativ sicher prognostiziert werden kann, ist eine rückläufige Bedeutung parteibezogener politischer Partizipation. Zu verlässlicheren Aussagen wird man erst dann gelangen können, wenn die dritte Welle des DJI-Jugendsurvey öffentlich zugänglich sein wird und die hier berichteten Analysen auf einer dann wesentlich verbreiterten Datenbasis repliziert werden können.

Vergleichsweise eindeutig lässt sich unter westdeutschen Jugendlichen und jungen Erwachsenen auf der Grundlage der hier berichteten Analysen ein tief grei-

fender Strukturwandel der Bereitschaft zu gewalttätigem politischen Protest nachzeichnen: War diese in der Vergangenheit vor allem bei Hochgebildeten und Studenten zu finden, so verlagert sie sich zunehmend hin zu den Niedriggebildeten,
Auszubildenden und Arbeitslosen. Ideologisch verlagert sie sich parallel dazu von
der politischen Linken zur politischen Rechten. In Westdeutschland findet in dieser
Hinsicht eine sukzessive Annäherung an die in Ostdeutschland bereits bestehenden
Strukturen statt.

## Literatur

Barnes, Samuel H./Kaase, Max/Allerbeck, Klaus R./Farah, Barbara G./Heunks, Felix/Ingle-
hart, Ronald/Jennings, M. Kent/Klingemann, Hans-Dieter/Marsh, Alan/Rosenmayr,
Leopold (Hrsg.) (1979): Political Action. Mass Participation in Five Western Democracies. Beverly Hills/London: Sage.

Böhr, Christoph/Busch, Eckart (1984): Politischer Protest und parlamentarische Bewältigung. Zu den Beratungen und Ergebnissen der Enquete-Kommission „Jugendprotest
im demokratischen Staat". Baden-Baden: Nomos.

Bürklin, Wilhelm P. (1984): Grüne Politik. Ideologische Zyklen, Wähler und Parteiensystem. Opladen: Westdeutscher Verlag.

Brislinger, Evelyn (2002): Der DJI- Jugendsurvey 1992/1997/2000 auf CD-ROM. In: ZA-
Information 50, 94-100.

Gaiser, Wolfgang/Rijke, Johann de (2000): Partizipation und politisches Engagement. In:
Gille, Martina/Krüger, Winfried (Hrsg.) (2000): Unzufriedene Demokraten. Politische
Orientierungen der 16- bis 29jährigen im vereinigten Deutschland. DJI-Jugendsurvey
2. Opladen: Leske+Budrich, 267-324.

Gille, Martina/Krüger, Winfried (Hrsg.) (2000): Unzufriedene Demokraten. Politische Orientierungen der 16- bis 29jährigen im vereinigten Deutschland. DJI-Jugendsurvey 2.
Opladen: Leske+Budrich.

Gurr, Ted R. (1970): Why Men Rebell. Princeton: Princeton University Press.

Heitmeyer, Wilhelm (1995): Rechtsextremistische Orientierungen bei Jugendlichen. Wein-
heim/München: Juventa.

Heitmeyer, Wilhelm/Buse, Heike/Liebe-Freund, Joachim (1993): Die Bielefelder Rechtsex-
tremismus-Studie. Erste Langzeituntersuchung zur politischen Sozialisation männlicher Jugendlicher. Weinheim/München: Juventa.

Heitmeyer, Wilhelm/Collmann, Birgit/Conrads, Jutta (1998): Gewalt. Schattenseiten der
Individualisierung bei Jugendlichen aus unterschiedlichen Milieus. Weinheim/Mün-
chen: Juventa.

Hoffmann-Lange, Ursula (Hrsg.) (1995): Jugend und Demokratie in Deutschland. DJI-
Jugendsurvey 1. Opladen: Leske+Budrich.

Hoffmann-Lange, Ursula (2005): Was kann die Jugendforschung zur politischen Kulturforschung beitragen? (in diesem Band).

Literatur. Stuttgart u.a.: Kohlhammer.

Infratest Wirtschaftsforschung (1980): Politischer Protest in der Bundesrepublik Deutschland. Beiträge zur sozialempirischen Untersuchung des Extremismus. Stuttgart u.a.:
Kohlhammer.

Kaase, Max (1976): Bedingungen unkonventionellen politischen Verhaltens in der Bundesrepublik Deutschland. In: Politische Vierteljahresschrift 17, 179-216.

Kaase, Max/Marsh, Alan (1979): Political Action. A theoretical perspective. In: Barnes, Samuel H./Kaase, Max/Farah, Barbara G./Heunks, Felix/Inglehart, Ronald/Jennings, M. Kent/Klingemann, Hans-Dieter/Marsh, Alan/Rosenmayr, Leopold (Hrsg.) (1979): Political Action. Mass Participation in Five Western Democracies: Beverly Hills/London: Sage, 27-56.

Klein, Markus/Ohr, Dieter (2004): Ändert der Wertewandel seine Richtung? Die Entwicklung gesellschaftlicher Wertorientierungen in der Bundesrepublik Deutschland zwischen 1980 und 2000. In: Schmitt-Beck, Rüdiger/Wasmer, Martina/Koch, Achim (Hrsg.) (2004): Blickpunkt Gesellschaft 7: Sozialer und politischer Wandel in der Bundesrepublik Deutschland. Analysen mit ALLBUS-Daten aus zwei Jahrzehnten. Opladen: Leske und Budrich, 153-178

Klein, Markus/Pötschke, Manuela (2004): Die intra-individuelle Stabilität gesellschaftlicher Wertorientierungen. Eine Mehrebenenanalyse auf der Grundlage des sozio-oekonomischen Panels (SOEP). In: Kölner Zeitschrift für Soziologie und Sozialpsychologie 56, 432-456.

Kreutz, Henrik (1988): Jugendprotest im demokratischen Staat: Erfahrungen in einer Enquete-Kommission des 9. Deutschen Bundestages. In: Kreutz, Henrik (Hrsg.): Pragmatische Soziologie. Opladen: Leske und Budrich, 407-410.

Scheuch, Erwin K. (1967): Theorie des Rechtsradikalismus in westlichen Industriegesellschaften. In: Hamburger Jahrbuch für Wirtschafts- und Gesellschaftspolitik 12, 11-29.

Schmidtchen, Gerhard in Zusammenarbeit mit Hans-Martin Uehlinger (1983): Jugend und Staat. Übergänge von der Bürger-Aktivität zur Illegalität. In: Matz, Ulrich/Schmidtchen, Gerhard unter Mitarbeit von Hans Martin Uehlinger (Hrsg.) (1983): Gewalt und Legitimität. Analysen zum Terrorismus. Opladen: Westdeutscher Verlag, 105-437.

Schneider, Helmut (1995): Politische Partizipation – zwischen Krise und Wandel. In: Hoffmann-Lange, Ursula (Hrsg.) (1995): Jugend und Demokratie in Deutschland. DJI-Jugendsurvey 1. Opladen: Leske+Budrich, 275-335.

Uehlinger, Hans-Martin (1988): Politische Partizipation in Deutschland. Strukturen und Erklärungsmodelle. Opladen: Westdeutscher Verlag.

Willems, Helmut (1997): Jugendunruhen und Protestbewegungen. Eine Studie zur Dynamik innergesellschaftlicher Konflikte in vier europäischen Ländern. Opladen: Leske+Budrich.

Wissmann, Matthias/Hauck, Rudolf (Hrsg.) (1983): Jugendprotest im demokratischen Staat. Enquete-Kommission des Deutschen Bundestags. Stuttgart: Edition Weitbrecht.

# IV. Wahlbeteiligung und Wahlentscheidung

# Jung, dynamisch, Nichtwähler?
# Der Einfluss von Lebensalter und
# Kohortenzugehörigkeit auf die Wahlbereitschaft

*Kai Arzheimer*

## 1. Einleitung und Fragestellung

„In vielen Gesprächen mit jungen Menschen (...) wird die mangelnde Bereitschaft zur aktiven Mitarbeit im öffentlichen Leben von der jungen Generation wie folgt begründet: Die Schalthebel der Macht seien mit zu vielen alten Politikern besetzt [und] (...) die gegenwärtige Parteienpolitik habe noch nicht den der Jugend gemäßen Stil gefunden" (Hessenauer 1961 [1957]: 4).

Die Kernaussage dieses Zitats von Hessenauer, in dem er seine Erfahrungen aus der politischen Jugendarbeit nach dem Zweiten Weltkrieg zusammenfasst, könnte sich in ähnlicher Weise auch ohne weiteres in einer zeitgenössischen Jugendstudie finden – sowohl, was die Tatsachenbeschreibung, als auch, was deren Interpretation betrifft. Ältere Menschen zweifeln offenbar seit jeher an der Bereitschaft (und oft auch an der Befähigung) der Jugend, sich in gebührender Form in das politische Leben einzufügen, das heißt in der repräsentativen Demokratie vor allem: in Parteien mitzuarbeiten und sich an Wahlen zu beteiligen. Dieser Argwohn wird in gewisser Weise von der Empirie gedeckt: Nichtwählerstudien auf der Grundlage von Umfragedaten kommen ebenso wie Untersuchungen, die auf der repräsentativen Wahlstatistik basieren (vor allem Rattinger 1994), zu dem Schluss, dass junge Menschen, die zum ersten oder zweiten Mal an einer Bundestagswahl teilnehmen dürfen, etwas seltener von ihrem Wahlrecht Gebrauch machen als Bürger mittleren Alters (Abbildung 1). Aus Gründen, die im folgenden Abschnitt dargelegt werden, scheint ein (kurvilinearer) Zusammenhang zwischen dem Lebensalter und der Wahlbeteiligung bzw. der in Umfragen geäußerten Absicht, sich an einer Wahl zu beteiligen, zu bestehen. Insbesondere seit Beginn der Debatte um die so genannte „Politikverdrossenheit" in den frühen 1980er Jahren galt es deshalb für viele Forscher und politische Beobachter als ausgemacht, dass sich Jugendliche und junge Erwachsene entweder überhaupt nicht für Politik interessierten oder aber Partizipationsformen bevorzugten, die in Konkurrenz zur repräsentativen Parteiendemokratie stünden (unter anderem Förster 1994; Pickel 1996, 2002; Pickel/Walz 1997).

Einem bekannten Bonmot zufolge ist jung zu sein der einzige Charakterfehler, der irgendwann ohne eigenes Bemühen verschwindet. Ginge man dazu analog davon aus, dass die Wahlbereitschaft junger Erwachsener im Laufe des Lebens quasi automatisch zunimmt, wäre es für die Wahlforschung relativ uninteressant, sich mit dem Thema „Jugend und Wahlbeteiligung" auseinanderzusetzen. Eine zweite

Argumentationslinie behauptet nun allerdings, dass die Wahlbeteiligung junger Erwachsener nicht allein wegen ihres geringen Lebensalters niedriger sei als die ihrer älteren Mitbürger. Vielmehr unterscheide sich die „Jugend von heute" grundsätzlich von der Jugend früherer Zeiten. Auch dieses Argument hat in der politischen Diskussion eine lange und ehrwürdige Ahnenreihe, wie das folgende Zitat belegt, das Aristoteles zugeschrieben wird: „Ich habe überhaupt keine Hoffnung mehr in die Zukunft unseres Landes, wenn einmal *unsere Jugend die Männer von morgen* stellt. Unsere Jugend ist unerträglich, unverantwortlich und entsetzlich anzusehen."

Übersetzt in die Sprache der modernen Sozialforschung würde dies bedeuten, dass neben dem Lebenszyklus- auch noch ein Kohorteneffekt auftritt. Von den Angehörigen der jüngeren Generation(en) wären dementsprechend auch in Zukunft niedrigere Partizipationsraten zu erwarten.

*Abbildung 1:*    Wahlbeteiligung bei Bundestagswahlen von 1972 bis 2002: Jugend versus mittleres Alter (in Prozent)[a]

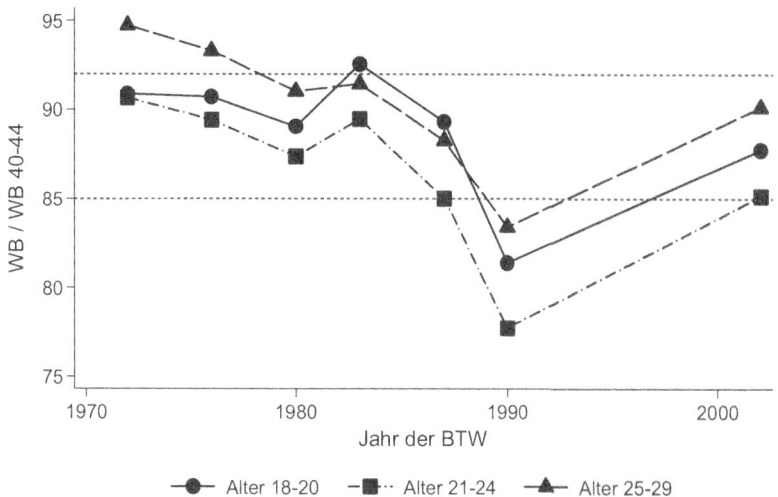

a  Von 1990 an gesamtdeutsche Werte; Lesehilfe: Die Wahlbeteiligung in den Gruppen der 18- bis
   20-Jährigen sowie der 21- bis 24-Jährigen entsprach bei der Bundestagswahl von 1972 in etwa
   91 Prozent der Wahlbeteiligung, die unter den 40- bis 44-Jährigen erreicht wurde.
Quelle: Repräsentative Wahlstatistik, zitiert nach Jesse (1987, 2003).

Auch für diese Behauptung finden sich in Nichtwählerstudien und insbesondere in der bereits erwähnten Untersuchung von Rattinger (1994) deutliche Hinweise. Allerdings erlaubt die repräsentative Wahlstatistik keine Aussagen zu individuellen Merkmalen wie etwa dem politischen Interesse, der formalen Bildung oder der sozialen Einbindung, die hinter diesen Mustern stehen dürften. Zudem wurde die gesonderte Auszählung nach Alter und Geschlecht zwischen 1990 und 2002 bekanntermaßen ausgesetzt, so dass für die 1990er Jahre, in denen die angebliche „Politikmüdigkeit" oder „Politikverdrossenheit" der Jugend besonders intensiv diskutiert wurde, ohnehin auf Individualdaten zurückgegriffen werden muss.

Ziel dieses Beitrags ist es deshalb, auf der Grundlage der kumulierten ALLBUS-Daten einen Überblick darüber zu geben, in welchem Umfang Alters- und Kohorteneffekte während der letzten zweieinhalb Jahrzehnte die Wahlbeteiligung beziehungsweise die berichtete Wahlabsicht beeinflusst haben und welche inhaltliche Bedeutung diese Wirkungen haben. Zu diesem Zweck muss im folgenden Abschnitt aber zunächst geklärt werden, *warum* es überhaupt zu solchen Effekten kommen könnte.

## 2. Lebensalter, Kohortenzugehörigkeit und Wahlbeteiligung

Wer erklären möchte, warum bestimmte Personengruppen sich seltener an Wahlen beteiligen als andere, muss umgekehrt zunächst einmal fragen, warum sich Menschen überhaupt die Mühe machen, zu wählen. Üblicherweise werden dabei zunächst die zur Wahlbeteiligung *motivierenden* Faktoren betrachtet. Im Wesentlichen kommen hier vier Gruppen von (möglicherweise miteinander verflochtenen) Motiven in Frage: instrumentelle Motive, expressive Motive, evaluative und normative Überlegungen sowie habituelle Verhaltensmuster. Diesen je nach Ausprägung motivierenden Faktoren steht eine Reihe von monetären und vor allem nichtmonetären Informations-, Entscheidungs- und Opportunitätskosten gegenüber, die ceteris paribus die Wahrscheinlichkeit der Wahlbeteiligung sinken lassen. Individuelle Merkmale, die diese Kosten der Wahlbeteiligung reduzieren, werden in der Nichtwählerforschung häufig als *erleichternde* Faktoren bezeichnet.

Sowohl die motivierenden als auch die erleichternden Faktoren stehen mit sozialen Merkmalen in Zusammenhang, zu denen auch das Alter und die Kohortenzugehörigkeit gehören. So finden sich in der Partizipationsliteratur zahlreiche Hinweise darauf, dass das politische Interesse, das als motivierender Faktor die Wahrscheinlichkeit der Wahlbeteiligung bekanntlich in erheblichem Umfang beeinflusst, mit zunehmendem Lebensalter zunächst relativ stark ansteigt, um dann wieder abzusinken (Abbildung 2). Ein ähnlicher Zusammenhang besteht zwischen dem Lebensalter und dem Grad der Integration in das unmittelbare soziale Umfeld, das hier mit dem – zugegebenermaßen sehr grobschlächtigen – Indikator des Einpersonenhaushalts erfasst wurde (Abbildung 3).[1] Verglichen mit Personen mittleren Alters sind junge Erwachsene deshalb nicht nur seltener an Politik interessiert, sondern leben zudem auch häufiger alleine. Infolgedessen unterliegen sie einem geringeren Maß an sozialer Kontrolle und können sich deshalb ihrer Bürgerpflicht leichter entziehen.

---

1  Da die Bandbreite für die Lowess-Schätzungen relativ groß gewählt wurde, lässt sich der starke Anstieg/Abfall der Kurven in der Gruppe der 80- bis 100-Jährigen *nicht* durch die in diesem Bereich sehr geringen Fallzahlen erklären. Parametrische Schätzungen beziehungsweise eine Beschränkung auf das Sub-Sample der bis 75-Jährigen führen dementsprechend zu sehr ähnlichen Kurven.

*Abbildung 2:*    Lebensalter und politisches Interesse[a]

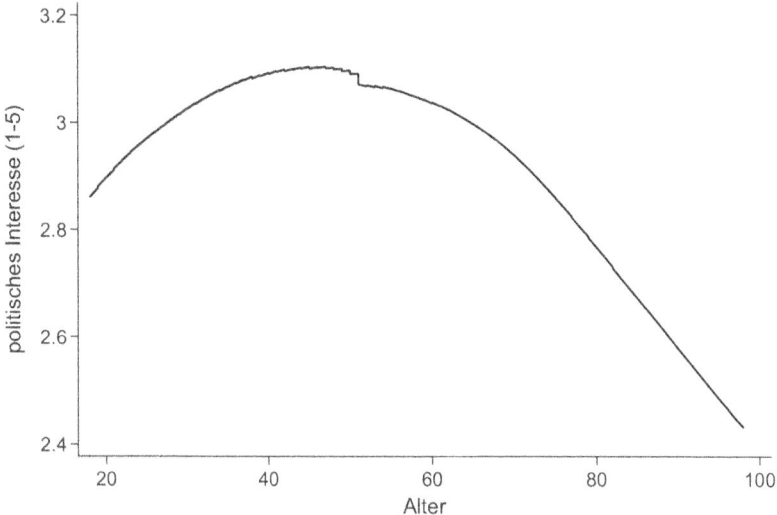

a  Non-parametrisch geglättete Darstellung (Lowess, bw = 0.8) auf der Grundlage der westdeutschen ALLBUS-Befragungen von 1980 bis 2002 (ZA-Nr. 1795); N = 32.344.

*Abbildung 3:*    Lebensalter und Haushaltsgröße[a]

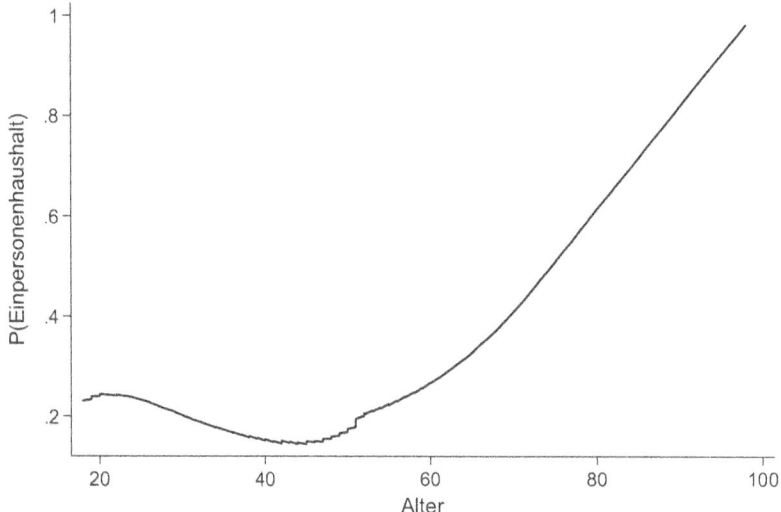

a  Non-parametrisch geglättete Darstellung (Lowess, bw = 0.8) auf der Grundlage der westdeutschen
   ALLBUS-Befragungen von 1980-2002 (ZA-Nr. 1795), N = 32.161.

Hinzu kommt ein weiterer Faktor: Die Teilnahme an Wahlen ist für die Mehrzahl der Bürger eine habitualisierte Handlung, das heißt, die Wahrscheinlichkeit der aktuellen Wahlbeteiligung wird stark von der Zahl der Wahlen beeinflusst, an der sie sich in der Vergangenheit beteiligt haben (Plutzer 2002). Bei jüngeren Wahlberechtigten kann sich aber ein solches Verhaltensmuster naturgemäß noch nicht herausgebildet haben. Last, not least steigt mit dem Lebensalter beziehungsweise mit der Summe der politischen Erfahrungen, die sich im Lebensalter widerspiegeln, auch die Wahrscheinlichkeit, dass ein Befragter eine Parteiidentifikation erwirbt und beibehält, woraus sich ebenfalls ein motivierender Einfluss auf die Wahlbeteiligung ergibt (für eine grundlegende Darstellung Converse 1969).

Neben dem Lebensalter kann aber auch die Zugehörigkeit zu einer bestimmten Geburtskohorte die Chancen der Wahlteilnahme beeinflussen. Beispielsweise ist der Anteil der Abiturienten bei den nach 1980 geborenen Bürgern rund vier Mal so groß wie unter denjenigen, die vor 1931 geboren wurden. Eine hohe formale Bildung wiederum erleichtert die Aufnahme und Verarbeitung politischer Informationen und reduziert damit die mit der Wahlentscheidung verbundenen Entscheidungskosten, die Wahlteilnahme wird also erleichtert. Zudem steht formale Bildung in einem engen Zusammenhang mit dem politischen Interesse und der Übernahme demokratischer Werte und Normen (Warwick 1998; Weakliem 2002), die zur Teilnahme an Wahlen motivieren müssten. Umgekehrt ist der Anteil der Bürger, die der Großgruppe der Arbeiter oder Katholiken angehören, die traditionell eine Bindung an die SPD beziehungsweise an die Unionsparteien aufweisen, in den älteren Kohorten deutlich höher als in den jüngeren.

Von derartigen Kompositionseffekten einmal abgesehen ist die Kohortenzugehörigkeit in erster Linie deshalb von Interesse, weil sie für bestimmte Sozialisationserfahrungen während einer *formativen Phase* steht, in der die für das spätere Leben zentralen, weitgehend stabilen Grundorientierungen erworben werden.[2] Folgt man den Überlegungen Ingleharts (unter anderem 1971, 1977, 1989), dann sollten die Angehörigen der jüngeren Kohorten darüber hinaus unabhängig von ihrem höheren Bildungsniveau in größerem Umfang postmaterialistische Wertorientierungen vertreten, da sie unter den Bedingungen des materiellen Überflusses sozialisiert wurden. Prima facie sollten derartige Orientierungen die Wahrscheinlichkeit der Wahlteilnahme reduzieren, da sie ihre stark individualistisch eingestellten Träger zur Ablehnung traditioneller Normen und Gruppenbindungen disponieren. Stattdessen sollten Postmaterialisten ihre politischen Anliegen mittels direkter und punktueller Handlungsformen vertreten. Nicht umsonst wurde deshalb immer wieder ein Zusammenhang zwischen dem postmaterialistischen Wertewandel und der Ausbreitung der „unkonventionellen" Partizipationsformen hergestellt.

Bereits sehr früh wurde allerdings darauf hingewiesen, dass diese „neuen" Partizipationsformen für viele Bürger das Repertoire der politischen Teilhabe erweitert haben, ohne dass dadurch die konventionellen Partizipationsformen verdrängt worden wären. Hinzu kommt, dass in Deutschland in Gestalt von Bündnis

---

2  Die Überbetonung der „formativen Phase" gegenüber anderen Einflüssen, denen das Individuum im Laufe seines Lebens ausgesetzt ist, kritisieren unter anderem Bürklin, Klein und Ruß (1994).

'90/Die Grünen eine Partei existiert, die zumindest in der Vergangenheit postmaterialistische Ziele in der elektoralen Arena vertreten hat. Deshalb scheint es durchaus plausibel, dass postmaterialistische Wertorientierungen einen positiven Einfluss auf die Wahrscheinlichkeit der Wahlbeteiligung haben können beziehungsweise dass sich positive und negative Effekte des Postmaterialismus ausgleichen (für ein ähnliches Argument Borg 1995).

*Abbildung 4:* Determinanten der Wahlbeteiligung

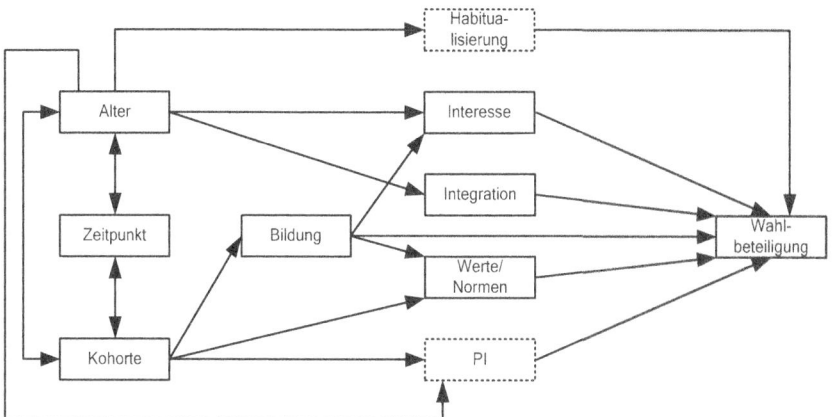

Postmaterialismus im Sinne Ingleharts ist allerdings nicht die einzige und vermutlich nicht einmal die wichtigste Orientierung, die für den Zusammenhang zwischen Kohortenzugehörigkeit und Wahlbeteiligung von Interesse ist. Als bedeutsamer könnten sich hier auf einer allgemeinen Ebene die von Klages (1988, 1993) postulierten Pflicht- und Akzeptanzwerte sowie die spezifischeren Orientierungen an einer generellen Wahlnorm (Rattinger/Krämer 1995) erweisen, die vermutlich ebenfalls primär während der formativen Phase internalisiert werden. Beide Konstrukte scheinen während der letzten Jahrzehnte an Bedeutung verloren zu haben,[3] was in erster Linie durch generationale Wandlungsprozesse zu erklären wäre. Diese Wandlungsprozesse werden aber leider fast nie in Umfragen erfasst, so dass sie in die empirischen Analysen dieses Beitrags nicht miteinbezogen werden können. Hinzu kommt, dass der in den letzten Jahrzehnten zu beobachtende Rückgang von Parteiidentifikationen, mit denen sich entsprechende gruppen- beziehungsweise parteibezogene Wahlnormen verbinden, ebenfalls vor allem die jüngeren Kohorten zu betreffen scheint (Beitrag von Alexandra Mößner in diesem Band).

---

3   Ein häufig zitierter Beleg für diesen generationalen Wandel findet sich in den Zeitreihen des Instituts für Demoskopie Allensbach: 1967 nannten noch 61 Prozent der Befragten als besonders wichtiges Ziel bei der Kindererziehung „sich in eine Ordnung einfügen, sich anpassen". 1996 war dieser Wert auf 40 Prozent gesunken (Noelle-Neumann/Köcher 1997: 119).

Fasst man diese Überlegungen zusammen, so ergibt sich bezüglich der Wahlbeteiligung der „Jugend von heute" ein höchst komplexes Bild (Abbildung 4): Junge Menschen sollten sich per se in geringerem Umfang an politischen Wahlen beteiligen, da sie weniger stark integriert sind und ein niedrigeres politisches Interesse aufweisen (negativer Alterseffekt). Dieser Zusammenhang müsste jedoch dadurch konterkariert werden, dass die Jugendlichen im Mittel ein erheblich höheres Bildungsniveau aufweisen als die Angehörigen älterer Generationen, was die Wahrscheinlichkeit der Wahlbeteiligung erhöhen müsste (positiver Kohorteneffekt). Zugleich ist davon auszugehen, dass traditionelle Werte und Normen (und damit auch die Wahlnorm) für diese Generationen von geringerer Bedeutung sind (negativer Kohorteneffekt). Diese Alters- und Kohorteneffekte sollten sich schließlich erkennbar abschwächen, sobald die hinter ihnen stehenden inhaltlichen Variablen selbst in das Modell aufgenommen werden.

## 3. Datenbasis, Operationalisierung, Analysedesign

Für eine Kohortenanalyse werden Trend- oder Panel-Daten benötigt, die während eines längeren Zeitraums möglichst häufig erhoben wurden und neben präzisen Angaben zu Alter und Geburtsjahr der Befragten Informationen zu relevanten Hintergrundvariablen enthalten. Grundlage der im nächsten Abschnitt vorgestellten Analysen sind die Daten der westdeutschen ALLBUS-Studien[4] seit 1980, die mit rund 32.000 Fällen aus ihren 13 Erhebungswellen praktisch den gesamten Zeitraum seit Beginn der jüngsten Debatte um die „Politikverdrossenheit" der Deutschen im Allgemeinen und der Jugendlichen im Besonderen abdecken.[5] Auf eine Analyse der ostdeutschen Teildatensätze wurde verzichtet, da dort aufgrund des vergleichsweise kurzen Analysezeitraums Alters-, Kohorten- und Periodeneffekte noch schwerer zu trennen sind als in den alten Ländern.

Als Indikator für die Wahrscheinlichkeit der Wahlbeteiligung wurde die Sonntagsfrage[6] verwendet. Befragte, die als Antwort eine beliebige Partei nannten, wurden als Wähler eingestuft und mit dem Wert 1 kodiert. Diejenigen, die angaben, dass sie nicht wählen würden, wurden dementsprechend als Nichtwähler behandelt, denen der Wert 0 zugewiesen wurde. Befragte, die mit „weiß nicht" antworteten oder die Antwort ganz verweigerten, wurden aus der Analyse ausgeschlossen, weil nicht zu klären ist, ob es sich hier um echte Nichtwähler, Unent-

---

4    Aufgrund der großen Fallzahlen und zahlreichen Erhebungswellen wäre das Politbarometer prinzipiell noch besser für eine Kohortenanalyse geeignet. Leider wurde darin aber seit August 1988 das Alter nur noch kategorial erhoben. Damit ist es nicht mehr möglich, die Befragten eindeutig in nicht überlappende Geburtskohorten einzuteilen.

5    Für den Zeitraum von 1980 bis 2000 wurde der kumulierte Datensatz (ZA-Nr. 1795) verwendet. Diesem wurden die bei der ALLBUS-Welle 2002 interviewten Befragten (ZA-Nr. 3700) zugespielt.

6    Sonntagsfrage im Wortlaut: „Wenn am nächsten Sonntag Bundestagswahl wäre, welche Partei würden Sie dann mit Ihrer Zweitstimme wählen?"

schlossene, Wähler nicht etablierter Parteien oder zufällige Ausfälle handelt.[7] Inhaltlich bedeutet dies zum einen, dass der Anteil der Nichtwähler in der Stichprobe (rund sieben Prozent) den tatsächlichen Anteil der Nichtwähler bei Bundestagswahlen erheblich unterschätzt. Zum anderen beziehen sich die Aussagen nur auf solche Nichtwähler, die sich an Meinungsumfragen beteiligen und sich dort auch als solche zu erkennen geben. Diese Befragten unterscheiden sich mit einiger Sicherheit von der Gesamtgruppe der Nichtwähler. Beide Probleme sind in Nichtwählerstudien, die auf Umfragedaten basieren, jedoch unvermeidlich.

In einem ersten Analyseschritt wurde zunächst ein reines APK-Modell[8] geschätzt, das heißt, die Wahrscheinlichkeit der Wahlbeteiligung wurde auf Alter und Geburtskohorte der Befragten sowie auf den Befragungszeitpunkt zurückgeführt. Solche Modelle bereiten bekanntlich erhebliche Probleme, da jede der drei unabhängigen Variablen eine lineare Kombination der beiden übrigen darstellt (Alter = Befragungsjahr - Geburtsjahr; Befragungsjahr = Geburtsjahr + Alter; Geburtsjahr = Befragungsjahr - Alter). Aufgrund dieser perfekten Multikollinearität zwischen den unabhängigen Variablen existiert keine eindeutige Lösung für die lineare Schätzgleichung.

Zur Lösung dieses Identifikationsproblems wurde in der Vergangenheit eine ganze Reihe von Vorschlägen gemacht, die alle darauf hinauslaufen, das Ausmaß der Multikollinearität zu reduzieren. Am einfachsten ließe sich dies realisieren, indem der für die Fragestellung irrelevante Periodeneffekt willkürlich auf null gesetzt beziehungsweise gar nicht erst geschätzt würde. Angesichts der relativ geringen Schwankungen in der realen Wahlbeteiligung, die zwischen 1980 und 2002 zu verzeichnen waren, ließe sich diese Vorgehensweise durchaus rechtfertigen. Allerdings wäre es denkbar, wenn auch nicht sehr wahrscheinlich, dass diese scheinbare Konstanz das Ergebnis von (noch zu bestimmenden) Alters- und Kohorteneffekten darstellt, die die Wirkung etwaiger Periodeneffekte neutralisieren. Zudem schwankt die für das zu schätzende Modell relevante *Wahlabsicht* etwas stärker als die realen Beteiligungsraten (Abbildung 5).

Deshalb wurden anstelle des Befragungsjahrs solche Variablen in das Modell aufgenommen, die erklären können, warum es überhaupt zu Periodeneffekten kommt. Dabei handelt es sich zum einen um eine Reihe von Indikator-Variablen (Dummies), an denen abzulesen ist, welches Institut die jeweilige Befragung durchgeführt hat. Als Referenzkategorie dient Infratest. Zum anderen handelt es sich um eine Dummy-Variable, die den Wert 1 annimmt, wenn die Befragungswelle in ein Wahljahr[9] fällt, weil mit Mobilisierungseffekten zu rechnen ist. Ersetzt

---

7   Ebenfalls aus der Analyse ausgeschlossen wurden solche Befragte, die auf Grund ihrer Staatsangehörigkeit oder ihres Wohnorts (West-Berlin bis 1990) nicht an Bundestagswahlen teilnehmen konnten. Infolgedessen reduziert sich die Zahl der verwendbaren Fälle auf rund 25.000.

8   Die Abkürzung APK steht für drei temporale Faktoren, die das Verhalten und die Einstellungen der untersuchten Personen beeinflussen können: das Alter, die Periode (das heißt, der Zeitpunkt, zu dem die Untersuchung stattfindet) und die (Geburts-)Kohortenzugehörigkeit der Befragten.

9   Da die Länge der Legislaturperiode – vom Fall der vorzeitigen Parlamentsauflösung 1982/83 einmal abgesehen – in der Verfassung geregelt ist, steht der Wahltermin normalerweise lange im Voraus fest. Der Dummy wurde deshalb immer dann auf den Wert 1 gesetzt, wenn der Bundestag in-

man auf diese Weise eine oder mehrere der drei unabhängigen Variablen durch Indikatoren, die die inhaltliche Bedeutung von Alter, Periode oder Kohorte erfassen, lässt sich das Identifikationsproblem entschärfen, da zwischen diesen inhaltlichen Variablen keine perfekte Multikollinearität existiert (Hagenaars 1994: 329).

*Abbildung 5:*   Wahlbeteiligung bei Bundestagswahlen und Wahlbeteiligungsabsicht im ALLBUS von 1980 bis 2002 in den alten
Bundesländern (in Prozent)

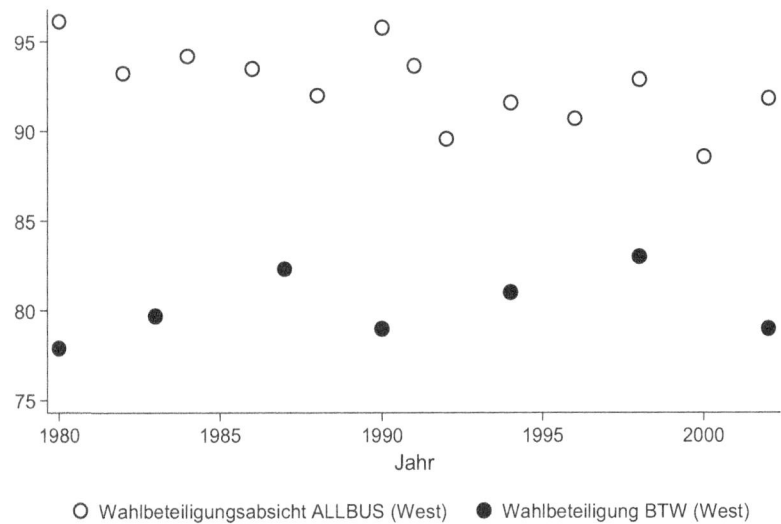

Quelle: Amtliche Wahlergebnisse und ALLBUS-Befragungen in Westdeutschland von 1980 bis 2002 (ZA-Nr. 1795).

Im Falle der Kohortenzugehörigkeit wäre es ebenfalls wünschenswert, die numerische Größe „Geburtsjahr" durch die dahinter stehenden inhaltlichen Variablen zu ersetzen – also durch Informationen über Sozialisationserfahrungen. Variablen, die Aufschluss über die individuelle Vermittlung von Werten und Normen durch Eltern, Schule und Peergroup geben, stehen allerdings so gut wie nie zur Verfügung. In der Praxis geht man deshalb davon aus, dass Angehörige eines Geburtsjahrgangs oder mehrerer aufeinander folgender Geburtsjahrgänge während ihrer formativen Phase in gleicher Weise sozialisiert wurden, und gelangt auf diese Weise zum Konzept der „politischen Generationen". Darüber, welche (Wahl-) Normen und Werte zu einem gegebenen Zeitpunkt sozialisiert wurden, lässt sich allerdings bestenfalls plausibel spekulieren. Anders als im Falle der Periodeneffekte kann das Geburtsjahr deshalb nicht ohne weiteres durch inhaltliche Variablen ersetzt wer-

---

nerhalb von 12 Monaten nach dem Ende der Feldphase neu gewählt wurde. Dies betrifft die Befragungswellen 1980, 1986, 1990, 1994, 1998 und 2002.

den. Stattdessen wurden die Befragten nach einem ursprünglich von Fogt (1982) vorgeschlagenen Schema zu relativ großen Geburtskohorten zusammengefasst, für die jeweils ein separater Effekt geschätzt wird. Die präzise Abgrenzung dieser Gruppen ist dabei von untergeordneter Bedeutung; eine rein mechanische Abgrenzung in Zehnjahresschritten führt zu sehr ähnlichen Ergebnissen. Die älteste dieser Kohorten dient als Referenzkategorie.[10]

Auch das in Jahren gemessene Lebensalter der Befragten lässt sich nicht ohne weiteres durch inhaltliche Variablen ersetzen. Private und politische Erfahrungen, die Einfluss auf das Partizipationsverhalten haben können, machen unterschiedliche Bürger zu je unterschiedlichen Zeitpunkten in ihrem Leben. Durch Individualisierungsprozesse sollten sich diese Unterschiede noch verstärken. Deshalb wurde hier ebenfalls eine pragmatische Entscheidung getroffen: Die 18- bis 24-jährigen Befragten wurden zur Altersgruppe der Jung- und Erstwähler zusammengefasst. Die zweite Altersgruppe bilden die 25- bis 29-jährigen Befragten, die in der Vergangenheit mindestens schon einmal die Gelegenheit hatten, an einer Bundestagswahl teilzunehmen, aber nach der Definition vieler Jugendstudien immer noch als „jung" gelten. Vom 30. bis zum 69. Lebensjahr wurden die Befragten dann in Fünfjahresgruppen eingeteilt. Die Befragten über 69 Jahre wurden schließlich zu einer Gruppe zusammengefasst. Für jede dieser Gruppen wird ein separater Effekt geschätzt. Dabei wird die relativ wahlfreudige Gruppe der 35- bis 39-jährigen Bürger als Referenzkategorie verwendet.[11]

In einem zweiten Analyseschritt wurde das APK-Modell um die vermittelnden Variablen aus Abbildung 4 ergänzt, soweit Indikatoren für diese zur Verfügung stehen. Da diese Faktoren, wie oben dargelegt, ihrerseits von Alter und Kohortenzugehörigkeit beeinflusst werden beziehungsweise sich die Altersgruppen und Geburtskohorten bezüglich der mittleren Ausprägung dieser Variablen unterscheiden, steht zu erwarten, dass sich die direkten Effekte dieser beiden Größen abschwächen oder zumindest verändern, sobald diese zusätzlichen Variablen berücksichtigt werden. Auf diese Weise lässt sich nachvollziehen, wie sich Alter und Kohortenzugehörigkeit direkt und indirekt auf die Wahrscheinlichkeit der Wahlbeteiligung auswirken.

In den meisten Fällen ist die Operationalisierung dieser zusätzlichen Variablen relativ unkompliziert. Das *politische Interesse* wird im ALLBUS auf einer

---

10  Problematisch ist hier in erster Linie die Abgrenzung der ältesten und der jüngsten Generation, die in einer Trendstudie naturgemäß nur relativ schwach vertreten sind. Werden hier zu kleine Gruppen gebildet, korrelieren die geschätzten Koeffizienten stark mit den Schätzungen für die entsprechenden Alterseffekte.

11  Auf Grund dieser relativ feinen Einteilung beider Variablen sind die linearen Zusammenhänge zwischen Altersgruppe und Generation nach wie vor vergleichsweise eng. Infolge dieser hohen Multikollinearität sind die Schätzungen der Alters- und Generationeneffekte mit relativ großen Standardfehlern behaftet und tendenziell weniger stabil, als es wünschenswert ist. Nach den gängigen Faustregeln kommt es aber in keinem Fall zu ernsthaften Problemen bei der Modellschätzung. Die maximalen *Variance Inflation Factors* (VIF) liegen mit 13,6 und 10,2 (Kohorten von 1954 bis 1964 und von 1965 bis 1975; Modell 1) beziehungsweise 13,7 und 10,3 (Modell 2) nur knapp oberhalb der häufig genannten Schwelle von 10, ab der überhaupt erst von ernster Multikollinearität gesprochen werden kann. Nach anderen Quellen sind für den VIF sogar Werte bis 30 hinnehmbar, die hier nicht annähernd erreicht werden.

fünfstufigen Rating-Skala erfasst, die für die Analyse so umkodiert wurde, dass hohe Werte für ein großes Interesse stehen. 1988 und 1982 (Split-Gruppe 2) wurde versuchsweise eine Skala mit zehn Abstufungen eingesetzt, deren Werte auf das Niveau der fünfstufigen Variablen umgerechnet werden mussten.

Die *Integration in das unmittelbare soziale Umfeld* wurde, wie oben bereits erwähnt, durch das dichotome Merkmal „Einpersonenhaushalt" operationalisiert. Für den Faktor *Normen und Werte* steht der Inglehart-Index, dessen Ausprägung „Mischtyp" als Referenzkategorie verwendet wurde.

Die *formale Bildung* der Befragten schließlich wird im ALLBUS in sehr differenzierter Form erhoben. Für die Analyse wurden diese Schulabschlüsse in drei Kategorien zusammengefasst. Der Realschulabschluss, die Mittlere Reife und der Abschluss der Polytechnischen Oberschule nach der zehnten Klasse bilden die mittlere Kategorie. Abitur, Fachabitur und der Abschluss der Erweiterten Oberschule nach der zwölften Klasse wurden als Indikator für eine hohe formale Bildung eingestuft.[12] Jene Befragten, die keinen dieser Abschlüsse erworben haben, wurden in der Referenzkategorie zusammengefasst.

Als zusätzliche Kontrollvariable, der in diesem Kontext keine besondere theoretische Bedeutung zukommt, wurde außerdem das *Geschlecht* der Befragten in die erweiterte Analyse aufgenommen.[13] Dabei wurden Frauen mit 0, Männer mit 1 kodiert.

Die *Parteiidentifikation* schließlich wurde im ALLBUS leider nur sehr unregelmäßig (1982, 1990, 2000, 2002) erhoben und kann deshalb nicht in die Analyse einbezogen werden. Auch für die *Habitualisierung des Wahlverhaltens* existiert im Datensatz kein geeigneter Indikator.

## 4.  Ergebnisse

Der linke Teil von Tabelle 1 (1) zeigt die Schätzungen für das reine APK-Modell.[14] Bemerkenswert sind dabei zunächst die Periodeneffekte. So ist die Wahrscheinlichkeit dafür, dass ein Befragter angibt, sich an der nächsten Bundestagswahl beteiligen zu wollen, gegenüber der Referenzkategorie (Infratest) signifikant höher, wenn er beziehungsweise sie von GETAS oder INFAS befragt wurde.[15] Vergleichbar starke Effekte ergaben sich, wenn die betreffende ALLBUS-Welle in ein Wahl-

---

12  Die verschwindend kleine Gruppe von volljährigen Befragten, die zum Zeitpunkt der Befragung noch Schüler waren, wurde ebenfalls dieser Kategorie zugeordnet.

13  In erster Linie sollen dadurch mögliche Verzerrungen ausgeschlossen werden, die sich daraus ergeben, dass in den älteren Generationen ein deutlicher Zusammenhang zwischen Geschlecht und formaler Bildung besteht.

14  Zur Schätzung des zweiten Modells wurden nur solche Fälle verwendet, die keine fehlenden Werte aufweisen (*listwise deletion*). Aus Gründen der besseren Vergleichbarkeit wurden auch die Parameter für das erste Modell auf der Grundlage dieser Teilstichprobe geschätzt.

15  Genauer gesagt sind nicht die Unterschiede in den Wahrscheinlichkeiten, sondern die Differenzen in den logarithmierten *Odds* (*Logits*) signifikant voneinander verschieden. Aus Gründen der Sprachökonomie wird hier und im Folgenden auf diese Differenzierung verzichtet.

*Tabelle 1:*  Logistische Regressionsmodelle der Wahlbeteiligung[a]

| | Wahlbeteiligung (1) | | (2) | |
|---|---|---|---|---|
| **Periode** | | | | |
| Umfrageinstitut GETAS | 0,240** | (0,080) | 0,387** | (0,082) |
| Umfrageinstitut IPSOS | 0,115 | (0,073) | 0,256** | (0,075) |
| Umfrageinstitut INFAS | 0,336** | (0,090) | 0,290** | (0,091) |
| Wahljahr | 0,283** | (0,058) | 0,299** | (0,059) |
| **Alter (Referenzkategorie: 35-39 Jahre)** | | | | |
| 18-24 Jahre | -0,005 | (0,131) | 0,051 | (0,135) |
| 25-29 Jahre | 0,120 | (0,121) | 0,166 | (0,124) |
| 30-34 Jahre | 0,089 | (0,114) | 0,122 | (0,116) |
| 45-49 Jahre | -0,166 | (0,142) | -0,172 | (0,145) |
| 50-54 Jahre | -0,336* | (0,160) | -0,326* | (0,164) |
| 55-59 Jahre | -0,424* | (0,178) | -0,402* | (0,182) |
| 60-64 Jahre | -0,660** | (0,189) | -0,652** | (0,193) |
| 65-69 Jahre | -0,684** | (0,210) | -0,624** | (0,215) |
| 70+ Jahre | -1,043** | (0,221) | -0,877** | (0,228) |
| **Kohorte (Referenzkategorie: -1921)** | | | | |
| 1922-1934 | -0,061 | (0,121) | -0,276* | (0,127) |
| 1935-1945 | -0,375* | (0,167) | -0,658** | (0,174) |
| 1946-1953 | -0,665** | (0,208) | -0,994** | (0,215) |
| 1954-1964 | -1,109** | (0,233) | -1,391** | (0,240) |
| 1965-1975 | -1,487** | (0,264) | -1,754** | (0,272) |
| 1976-1983 | -1,173** | (0,327) | -1,478** | (0,337) |
| **Kontrollvariablen** | | | | |
| Geschlecht: männlich | – | – | -0,110* | (0,054) |
| Einpersonenhaushalt | – | – | -0,398** | (0,061) |
| Bildung: mittel | – | – | 0,107 | (0,066) |
| Bildung: hoch | – | – | 0,441** | (0,085) |
| Inglehart: Postmaterialismus | – | – | -0,126 | (0,069) |
| Inglehart: Materialismus | – | – | -0,091 | (0,064) |
| Politisches Interesse (Werte von 1 bis 5) | – | – | 0,659** | (0,028) |
| Konstante | 3,237** | (0,240) | 1,647** | (0,256) |
| N | 24.712 | | 24.712 | |
| Adjusted Pseudo-R² (McFadden) | 0,02 | | 0,08 | |
| BIC'[b] | -46,60 | | -828,10 | |

* p < 0,05; ** p < 0,01.
a  Logit-Koeffizienten; Standardfehler in Klammern.
b  Das Anpassungsmaß BIC' ist eine Variante des „Bayesian Information Criterion", das aus der Fall-zahl, der Devianz und der Zahl der Freiheitsgrade berechnet wird. Das BIC' ermöglicht es, konkurrie-rende Modelle miteinander zu vergleichen und dabei sowohl die Anpassung an die Daten als auch die Sparsamkeit der Modellierung zu berücksichtigen. Bereits eine Differenz von mehr als zehn Punkten wird als sehr starker Hinweis auf die Überlegenheit des Modells mit dem niedrigeren Wert betrachtet (Long/Freese 2001: 86f.). Die Differenz von mehr als 780 Punkten zwischen Modell (1) und Modell (2) zeigt, dass die Berücksichtigung der zusätzlichen Kontrollvariable zu einer dramatischen Verbes-serung der Modellanpassung führt.
Quelle: ALLBUS-Befragungen in Westdeutschland von 1980 bis 2002, ZA-Nr. 1795, 3700.

jahr fällt. Die Logit-Koeffizienten zwischen 0,26 und 0,33 entsprechen einem Anstieg der Chancen (*Odds*) für die Teilnahme an der Wahl um 30 bis 40 Prozent. Leider ist die inhaltliche Bedeutung einer Veränderung der Odds nur unwesentlich leichter nachzuvollziehen als der entsprechende Logit-Koeffizient. Einen anschaulicheren Eindruck von der Effektstärke vermittelt hingegen die in Prozentpunkten ausgedrückte Veränderung der Wahlbeteiligungsabsicht. Wegen der nicht-linearen Struktur des Modells hängt diese allerdings vom Wert *aller* unabhängigen Variablen ab und kann deshalb nur für typische Fälle berechnet werden. Tabelle 2 zeigt, wie die berichtete Absicht, sich an einer hypothetischen Bundestagswahl zu beteiligen, in Abhängigkeit von den Variablen „Umfrageunternehmen" und „Wahljahr" variiert. Aus ihr geht hervor, dass die substantielle Bedeutung der Effekte relativ gering ist, da die Wahlabsicht jeweils nur um einen Prozentpunkt schwankt.

*Tabelle 2:* Prognostizierte Wahlbeteiligungsraten (in Prozent) in Abhängigkeit von Umfrageinstitut und zeitlicher Nähe zur Bundestagswahl[a]

| | Wahljahr | |
| --- | --- | --- |
| Umfrageunternehmen | Nein | Ja |
| Infratest | 94 | 95 |
| IPSOS | 94 | 96 |
| GETAS | 95 | 96 |
| INFAS | 95 | 96 |

a Die Werte beziehen sich auf Personen, die zwischen 1935 und 1945 geboren wurden und zum Zeitpunkt der Befragung zwischen 45 und 49 Jahre alt waren. Die Eintragungen basieren auf den Schätzungen des reinen APK-Modells (Modell 1 in Tabelle 1).

Für die Fragestellung dieses Beitrags von größerer Bedeutung sind selbstverständlich die Alters- und die Kohorteneffekte. Anders, als man vermuten könnte, unterscheiden sich die drei jüngsten Altersgruppen jedoch kaum von der Referenzkategorie der 35- bis 39-jährigen Befragten. Die entsprechenden Effekte sind schwach und nicht signifikant von null verschieden. Damit ist bereits ein wichtiger Beitrag zur Beantwortung der Ausgangsfrage geleistet: Wenn Kohorten- und Periodeneffekte kontrolliert werden, reduziert die bloße Eigenschaft, jung zu sein, die Wahrscheinlichkeit der Wahlteilnahme nicht signifikant. Vom vollendeten fünften Lebensjahrzehnt an ist jedoch eine signifikant *negative* Wirkung des Alters auf die Wahlteilnahme zu beobachten. Besonders stark ausgeprägt ist dieser Effekt bei den Befragten, die 70 Jahre oder älter sind. Überlagert wird dieses Muster von einer ganzen Reihe signifikanter Kohorteneffekte, die teils deutlich stärker ausgeprägt sind als die Alterseffekte.

Substantiell etwas stärkere Effekte des Lebensalters auf die Wahlbeteiligung sind nach dem reinen APK-Modell für die später geborenen Kohorten zu erwarten. Dies erklärt sich aus dem nicht-linearen Charakter des Modells und dem deutlich niedrigeren Ausgangsniveau der Wahlbeteiligung, was für diese Generationen charakteristisch ist. Während, wie oben dargelegt, ein niedrigeres Lebensalter die Wahlbeteiligung nicht nennenswert reduziert, hat die Zugehörigkeit zu den *jünge-*

*ren Kohorten* sehr wohl einen signifikanten, deutlich negativen Einfluss auf die Wahrscheinlichkeit der Wahlbeteiligung.

Diese Tendenz zur „Wahlmüdigkeit" setzt allerdings deutlich früher ein, als man vielleicht erwarten könnte: Schon in der Gruppe der zwischen 1935 und 1945 Geborenen ist die Wahrscheinlichkeit, dass sich ein Befragter an einer Bundestagswahl beteiligen möchte, signifikant niedriger als in der Referenzgruppe.[16] In den folgenden Kohorten sinkt diese Wahrscheinlichkeit weiter ab. Ihren Tiefpunkt scheint die Wahlbereitschaft in der von Klein (2003) (in Anlehnung an das gleichnamige Buch von Illies) unlängst als „Generation Golf" bezeichneten Gruppe der zwischen 1965 und 1975 geborenen Bürger zu erreichen, während der Logit-Koeffizient für die (bislang sehr kleine) Gruppe der ab 1976 geborenen Befragten wieder etwas weniger negativ ist. Ein Wald- und ein Likelihood-Ratio-Test zeigen allerdings übereinstimmend, dass sich die Koeffizienten für die beiden jüngsten Kohorten nicht signifikant unterscheiden (p = 0,10). Belastbare Indizien für eine Umkehr des generationalen Trends gibt es somit bislang noch nicht.

*Tabelle 3:*  Prognostizierte Wahlbeteiligungsraten (in Prozent) in Abhängigkeit von Alter und Kohortenzugehörigkeit[a]

| Geburtsjahr | Lebensalter (Jahre) | | | |
|---|---|---|---|---|
| | 40-45 | 50-54 | 65-69 | 70+ |
| 1922-1934 | 96 | 94 | 92 | 89 |
| 1946-1953 | 93 | 90 | 87 | 82 |
| 1965-1975 | 86 | 80 | 74 | 67 |
| 1976- | 89 | 85 | 80 | 74 |

a Die Werte beziehen sich auf Personen, die mehr als ein Jahr vor der nächsten Bundestagswahl von Infratest befragt wurden. Für die umrandeten Zellen gibt es (noch) keine empirischen Beobachtungen. Die Eintragungen basieren auf den Schätzungen des reinen APK-Modells (Modell 1 in Tabelle 1). Konfidenzintervall für die erste Zelle in der ersten Zeile 94-97 Prozent; Konfidenzintervall für die letzte Zelle in der letzten Zeile 60-84 Prozent.

Wie sich das Zusammenspiel von Alters- und Kohorteneffekten auf die erwartete Wahlbeteiligung auswirkt, ist in den übrigen Zeilen von Tabelle 3 zu erkennen. Im Ergebnis lässt sich festhalten, dass sich die heutigen Jugendlichen (aber auch die heutigen Bürger mittleren Alters) tatsächlich seltener an Wahlen beteiligen als die älteren Kohorten. Dabei ist allerdings zu berücksichtigen, dass ein Zeitraum von 23 Jahren für eine Kohortenanalyse eher knapp bemessen ist und viele der Tabelle eingetragenen Kombinationen von Altersgruppe und Geburtskohorte deshalb nicht mehr beziehungsweise derzeit noch nicht empirisch beobachtet werden können

---

16  Dies deckt sich mit den Analysen von Rattinger (1994), der für einen früheren Zeitraum und auf einer anderen Datengrundlage (repräsentative Wahlstatistik) zu sehr ähnlichen Ergebnissen kommt. Auch Becker (2002), der mit Hilfe von retrospektiv erhobenen Längsschnittdaten die Bundestagswahlen von 1953 bis 1987 untersucht, berichtet, dass (1) der Rückgang der Wahlbeteiligung bereits die Nachkriegskohorten betrifft und (2) diese Kohorteneffekte weitaus bedeutsamer sind als Alters- und Periodeneffekte.

(umrandete Zellen). Bedenkt man überdies, dass es selbst beim ALLBUS zu beträchtlichen Stichprobenausfällen kommt und dass sich vermutlich nur ein Teil der Nichtwähler in der Stichprobe als solcher zu erkennen gibt, dann sollten die Prozentwerte in der Tabelle nicht als exakte Prognose, sondern eher als Illustration einer Tendenz interpretiert werden, die vor allem im Bereich der niedrigen Wahlbeteiligung außerdem mit beträchtlichen Stichprobenfehlern behaftet ist.

Welchen Einfluss aber haben nun die klassischen motivierenden und erleichternden Faktoren und wie wirkt sich deren Berücksichtigung auf die Alters- und Kohorteneffekte aus? Die entsprechenden Koeffizienten finden sich im rechten unteren Teil (2) von Tabelle 1 und entsprechen weitgehend den oben formulierten Erwartungen.

Das Geschlecht hat einen signifikanten, aber recht schwachen Effekt auf die Wahlbeteiligung, das heißt, Männer geben ceteris paribus etwas seltener an, sich an der nächsten Bundestagswahl beteiligen zu wollen, als Frauen mit ansonsten gleichen Eigenschaften. Auch für Befragte, die in Einpersonenhaushalten leben, errechnet sich eine signifikant niedrigere Wahrscheinlichkeit der Wahlbeteiligung. Entsprechend der Logik des nicht-linearen Modells wirkt sich der Effekt dieser Variable vor allem bei solchen Personengruppen aus, deren Wahlbeteiligungsrate ohnehin vergleichsweise niedrig ist. So wird sich ein in einem Mehrpersonenhaushalt lebender 30- bis 34-jähriger männlicher Befragter mit niedriger formaler Bildung und durchschnittlichem Politikinteresse, der zwischen 1965 und 1975 geboren wurde, der im Sinne der Postmaterialismus-Theorie als Mischtyp gilt und mindestens zwölf Monate vor der nächsten Bundestagswahl von Infratest befragt wurde, nach eigenen Angaben mit einer Wahrscheinlichkeit von knapp 87 Prozent an der nächsten Wahl beteiligen. Wohnt die betreffende Person hingegen alleine, beträgt die Wahrscheinlichkeit der Wahlteilnahme nur etwa 82 Prozent.

Hohe formale Bildung hat einen vergleichsweise starken, erwartungsgemäß aber positiven Effekt auf die Wahlbeteiligung. Personen mit mittlerer formaler Bildung hingegen unterscheiden sich bezüglich ihrer Beteiligungsraten nicht signifikant von Befragten mit niedrigen Bildungsabschlüssen.

Postmaterialismus indessen hat *keinen* Effekt auf die Wahrscheinlichkeit der Wahlteilnahme. Verglichen mit den Mischtypen geben zwar sowohl Materialisten als auch Postmaterialisten etwas seltener an, sich an der nächsten Wahl beteiligen zu wollen. Diese Effekte sind jedoch sehr schwach und nicht signifikant von null verschieden. Allerdings wäre es, wie in Abschnitt 2 dargelegt, denkbar, dass von postmaterialistischen Wertorientierungen sowohl positive als auch negative Einflüsse auf die Wahlbeteiligung ausgehen, die sich wechselseitig neutralisieren.

Die mit Abstand stärkste Wirkung auf die Wahlbeteiligung hat schließlich das politische Interesse. Dabei ist zu berücksichtigen, dass es sich hierbei um eine Variable handelt, die mit einer beträchtlichen Streuung von 1,1 Punkten auf einer fünfstufigen Skala gemessen wurde, während alle anderen Variablen als Dummies kodiert sind. Dementsprechend liegt beispielsweise der *maximale* Effekt hoher formaler Bildung bei 1 * 0,441. Der maximale Effekt des politischen Interesses hingegen beträgt (5 - 1) * 0,659 = 2,636.

Auch hier ist es sinnvoll, zur Illustration die geschätzten Wahrscheinlichkeiten der Wahlbeteiligung zu errechnen. Tabelle 4 zeigt deshalb den gemeinsamen Einfluss von politischem Interesse und der Eigenschaft, in einem Einpersonenhaushalt zu leben. Aus ihr geht klar hervor, wie stark die Wirkung des politischen Interesses ist: Die Differenz zwischen den geschätzten Beteiligungsraten für die Gruppe der eher Desinteressierten (zwei Punkte, dies entspricht dem unteren Quartil) und der eher Interessierten (vier Punkte, dies entspricht dem oberen Quartil) beträgt 16 beziehungsweise 21 Prozentpunkte. Noch größer sind mit 32 beziehungsweise 40 Prozentpunkten selbstverständlich die Differenzen zwischen den gänzlich desinteressierten Befragten und jenen, die sich in höchstem Maße für Politik interessieren.

*Tabelle 4:*  Prognostizierte Wahlbeteiligungsraten (in Prozent) in Abhängigkeit von politischem Interesse und Haushaltsgröße[a]

|                       | Einpersonenhaushalt | |
| --------------------- | :-----------------: | :-: |
| Politisches Interesse | Nein                | Ja |
| 1                     | 64                  | 54 |
| 2                     | 77                  | 69 |
| 3                     | 87                  | 82 |
| 4                     | 93                  | 90 |
| 5                     | 96                  | 94 |

a  Die Werte beziehen sich auf männliche Personen mit niedrigen Bildungsabschlüssen im Alter zwischen 30 und 34 Jahren, die zwischen 1965 und 1975 geboren wurden, nach dem Inglehart-Index als Mischtypen zu klassifizieren sind und mehr als ein Jahr vor der nächsten Bundestagswahl von Infratest befragt wurden. Die Eintragungen basieren auf den Schätzungen des vollständigen Modells (Modell 2 in Tabelle 1).

Welchen Einfluss hat nun die Aufnahme der zusätzlichen Variablen auf die Schätzung von Alters-, Kohorten- und Periodeneffekten? Ein Blick auf den rechten Teil (2) von Tabelle 1 zeigt zunächst, dass drei der vier Variablen, die Periodeneffekte erfassen, nun einen marginal stärkeren Effekt haben. Auf die Interpretation der Effekte haben diese geringfügigen Veränderungen jedoch keinen Einfluss.[17] Auch die für die Fragestellung dieses Beitrags relevanteren Effekte des Lebensalters variieren zwischen beiden Modellen nur unwesentlich.[18] Inhaltlich bedeutet dies, dass das Nachlassen der Wahlbereitschaft in höherem Alter nicht auf die im Modell spezifizierten sozialen und politischen Merkmale zurückgeführt werden kann, sondern andere Gründe wie beispielsweise einen im Mittel schlechteren Gesundheitszustand haben muss.

---

17  In allen vier Fällen sind die Veränderungen substantiell ohne Bedeutung und liegen innerhalb der durch Stichprobenfehler zu erklärenden Schwankungsbreite: Mit einer Reihe von Wald-Tests lässt sich zeigen, dass sich die Koeffizienten nicht signifikant von den Werten des ersten Modells unterscheiden.

18  Auch hier liegen die geringfügigen Schwankungen im Bereich dessen, was durch Stichprobenfehler zu erklären ist.

Substantiellere Verschiebungen zeigen sich hingegen bei den Kohorteneffekten. Diese schwächen sich aber keineswegs ab, sondern sind durchweg noch stärker negativ als im reinen APK-Modell. Dies erklärt sich in erster Linie dadurch, dass die Kohorteneffekte nun um den Einfluss der formalen Bildung bereinigt sind, deren mittleres Niveau in der Generationenfolge bekanntermaßen beträchtlich ansteigt. Anders gewendet zeigt sich in dieser Veränderung der Koeffizienten, dass die Wahlbereitschaft der jüngeren Generationen vermutlich noch weitaus geringer wäre, wenn die Kohorteneffekte nicht partiell durch das im Mittel höhere Bildungsniveau ausgeglichen würden. Wegen der relativ großen Standardfehler, mit denen Alters- und Kohorteneffekte behaftet sind, erreichen aber selbst diese vergleichsweise großen, einheitlichen und theoretisch plausiblen Veränderungen der Parameter nicht die Schwelle der statistischen Signifikanz.

Wichtiger als die Frage, ob sich die Kohorteneffekte tatsächlich noch einmal verstärken, ist jedoch die Feststellung, dass substantielle Unterschiede in den Wahlbeteiligungsraten der Kohorten auch dann nachzuweisen sind, wenn wichtige Determinanten der Wahlbeteiligung wie das politische Interesse, die formale Bildung und nicht zuletzt die postmaterialistischen Wertorientierungen konstant gehalten werden. Dieses Muster ist ein klarer Hinweis darauf, dass es einen generationalen Werte- beziehungsweise Einstellungswandel gegenüber der Wahlbeteiligung gibt, der mit dem Inglehart-Instrument nicht erfasst werden kann.[19]

## 5. Zusammenfassung und Diskussion

Ziel dieses Beitrags war es, zu klären, ob und wie sich die Wahlbeteiligung der Jugend von den Wahlbeteiligungsraten der älteren Bürger unterscheidet. Mit solchen Effekten ist deshalb zu rechnen, weil sowohl das Alter als auch die Generationenzugehörigkeit einen Einfluss auf jene Variablen haben sollten, die als wichtige Determinanten der Wahlbeteiligung gelten. Mit einer Kohortenanalyse der kumulierten ALLBUS-Daten für Westdeutschland konnte gezeigt werden, dass ein geringes Lebensalter, anders als häufig vermutet, per se *keinen* signifikant negativen Einfluss auf die Wahlbeteiligung hat. Entscheidend ist vielmehr die Zugehörigkeit zu den jüngeren Kohorten, die weitaus seltener als die Angehörigen älterer Jahrgänge angeben, sich an der nächsten Bundestagswahl beteiligen zu wollen.

Dabei handelt es sich aber um alles andere als um ein neues Phänomen: Die Tendenz zur rückläufigen Wahlbeteiligung ist bereits in den ersten Generationen, die nach dem Zweiten Weltkrieg geboren wurden, deutlich zu erkennen, und zeigt sich in der Gruppe der von 1954 bis 1964 Geborenen ebenso stark wie in allen späteren „Null Bock"-, „No Future"-, „1980er"- und „Wende"-Generationen, die von

---

19 Als ein (sehr grober) Indikator für *gruppenspezifische* Wahlnormen und Parteiidentifikationen wurden in ein drittes Modell (nicht tabellarisch ausgewiesen) zusätzlich die Konfession (katholisch versus nicht-katholisch) und die Stellung im Beruf (Arbeiter versus andere) aufgenommen. Erwartungsgemäß führte dies zu einer (leichten) Abschwächung der Kohorteneffekte, deren Grundmuster jedoch erhalten blieb. Dies ist ein weiterer Hinweis darauf, dass hinter den Kohorteneffekten ein allgemeiner Wandel der Einstellungen gegenüber der Wahlteilnahme steht.

der Jugendforschung beschrieben wurden. Dieser auf den ersten Blick überraschende Befund stimmt sehr gut mit zwei anderen Studien (Rattinger 1994; Becker 2002) überein, die für einen früheren Zeitraum, eine andere Einteilung der Kohorten und eine jeweils gänzlich andere Datengrundlage zu substantiell identischen Ergebnissen kommen.

Vor diesem Hintergrund relativieren sich die Klagen über den angeblich rasant verlaufenden Einbruch der Wahlbeteiligung bei der „heutigen Jugend" doch etwas. Auch auf die zuweilen etwas krampfhaft wirkenden Bemühungen der Parteien, für Jung- und Erstwähler attraktiver zu erscheinen, wirft dieser Befund ein Schlaglicht. Um es plakativ auszudrücken: Wenn der Rückgang der Wahlbereitschaft nicht nur die Generation der derzeit jüngsten Bundestagsabgeordneten Anna Lührmann, sondern in gleichem Umfang auch die Altersgenossen von Katrin Göring-Eckardt, Renate Künast, Fritz Kuhn, Monika Griefahn, Ute Vogt, Guido Westerwelle, Christian Wulff oder Angela Merkel betrifft, sind die Parteien vermutlich schlecht beraten, mit vermeintlicher Jugendsprache, Streetball-Turnieren oder Bildern von Discofox tanzenden Spitzenpolitikern um Wähler zu werben.

Das oben skizzierte generationale Muster bleibt selbst dann erhalten, wenn zusätzlich eine Reihe von Variablen berücksichtigt wird, die einen zentralen Einfluss auf die Wahlbeteiligung haben und ihrerseits mit Alter und Kohortenzugehörigkeit in Beziehung stehen. Bei aller angesichts der relativ kurzen Zeitreihe und der grundsätzlichen Probleme von Kohortenanalysen gebotenen Vorsicht deuten diese Ergebnisse darauf hin, dass sich über die Generationen hinweg das Verhältnis zur Wahlbeteiligung grundlegend verändert hat.

Dieser Wandel ist unabhängig von den mit dem Inglehart-Index erhobenen Orientierungen. Die Ausbreitung postmaterialistischer Wertorientierungen in der Bundesrepublik ist also *nicht* für den relativen Bedeutungsverlust der Wahlbeteiligung als Partizipationsform verantwortlich. Vielmehr geht die vergleichsweise niedrige Wahlbeteiligung der jüngeren Kohorten aller Wahrscheinlichkeit nach auf den von Klages beschriebenen Rückgang der Bedeutung von „Pflicht- und Akzeptanzwerten" im Allgemeinen und den Niedergang einer als verbindlich betrachteten Wahlnorm im Besonderen zurück.

## Literatur

Becker, Rolf (2002): Wahlbeteiligung im Lebensverlauf. A-P-K-Analysen für die Bundesrepublik Deutschland in der Zeit von 1953 bis 1987. In: Kölner Zeitschrift für Soziologie und Sozialpsychologie 54, 246-263.

Borg, Sami (1995): Electoral participation. In: Deth, Jan van/Scarbrough, Elinor (Hrsg.): The impact of values. Oxford: Oxford University Press, 441-460.

Bürklin, Wilhelm/Klein, Markus/Ruß, Achim (1994): Dimensionen des Wertewandels. Eine empirische Längsschnittanalyse zur Dimensionalität und der Wandlungsdynamik gesellschaftlicher Wertorientierungen. In: Politische Vierteljahresschrift 35, 579-606.

Converse, Philip (1969): Of time and partisan stability. In: Comparative Political Studies 2, 139-171.

Fogt, Helmut (1982): Politische Generationen. Empirische Bedeutung und theoretisches Modell. Opladen: Westdeutscher Verlag.

Förster, Peter (1994): Jungwähler Ost – das unbekannte Wesen. Erkenntnisse der Studie „Jugendliche in Sachsen". In: Media-Spectrum 15/1, 45-50.

Hagenaars, Jacques (1994): Categorical longitudinal data. Log-linear panel, trend, and cohort analysis. Newbury Park: Sage.

Hessenauer, Ernst (1961) [1957]: Überforderung des Staates und Staatsverdrossenheit. Politik und Erziehung vor neuen Herausforderungen. Vortrag vom 18. Januar 1957 im Bonner Bundeshaus vor einem Kreis von Bundestagsabgeordneten und Erziehern der Bundesrepublik. Zweite, unveränderte Auflage mit einem Nachwort von 1961. Kiel: Landesbeauftragter für staatsbürgerliche Bildung in Schleswig-Holstein.

Inglehart, Ronald (1971): The silent revolution in Europe. Intergenerational change in post-industrial societies. In: American Political Science Review 65, 991-1017.

Inglehart, Ronald (1977): The silent revolution. Changing values and political styles among Western publics. Princeton: Princeton University Press.

Inglehart, Ronald (1989): Kultureller Umbruch. Wertewandel in der westlichen Welt. Frankfurt a. M.: Campus.

Jesse, Eckhard (1987): Die Bundestagswahlen von 1972 bis 1987 im Spiegel der repräsentativen Wahlstatistik. In: Zeitschrift für Parlamentsfragen 18, 232-242.

Jesse, Eckhard (2003): Die Bundestagswahlen von 1990 und 2002 im Spiegel der repräsentativen Wahlstatistik. In: Zeitschrift für Parlamentsfragen 34, 645-656.

Klages, Helmut (1988): Wertedynamik. Über die Wandelbarkeit des Selbstverständlichen. Zürich: Edition Interfrom.

Klages, Helmut (1993): Traditionsbruch als Herausforderung. Perspektiven der Wertewandelsgesellschaft. Frankfurt a. M./New York: Campus.

Klein, Markus (2003): Gibt es eine Generation Golf? Eine empirische Inspektion. In: Kölner Zeitschrift für Soziologie und Sozialpsychologie 55, 99-115.

Long, J. Scott/Freese, Jeremy (2001): Regression Models for Categorical Dependent Variables Using Stata. College Station, Texas: Stata Press.

Noelle-Neumann, Elisabeth/Köcher, Renate (Hrsg.) (1997): Allensbacher Jahrbuch der Demoskopie 1993-1997. München: Saur.

Pickel, Gert (1996): Politisch verdrossen oder nur nicht richtig aktiviert? In: Silbereisen, Rainer K./Vaskovics, Lazlo A./Zinnecker, Jürgen (Hrsg.): Jungsein in Deutschland. Jugendliche und junge Erwachsene 1991 und 1996. Opladen: Leske + Budrich, 85-98.

Pickel, Gert (2002): Jugend und Politikverdrossenheit. Opladen: Leske + Budrich.

Pickel, Gert/Walz, Dieter (1997): Politische Einstellungen junger Erwachsener in den neuen und alten Bundesländern der Bundesrepublik 1996. Nicht staatsverdrossen, aber desillusioniert. In: Zeitschrift für Parlamentsfragen 28, 592-604.

Plutzer, Eric (2002): Becoming a habitual voter. Inertia, resources, and growth in young adulthood. In: American Political Science Review 96, 41-56.

Rattinger, Hans (1994): Demographie und Politik in Deutschland. In: Klingemann, Hans-Dieter/Kaase, Max (Hrsg.): Wahlen und Wähler. Analysen aus Anlaß der Bundestagswahl 1990. Opladen: Westdeutscher Verlag, 73-122.

Rattinger, Hans/Krämer, Jürgen (1995): Wahlnorm und Wahlbeteiligung in der Bundesrepublik Deutschland. Eine Kausalanalyse. In: Politische Vierteljahresschrift 36, 267-285.

Warwick, Paul (1998): Disputed cause, disputed effect. The postmaterialist thesis re-examined. In: Public Opinion Quarterly 62, 583-609.

Weakliem, David (2002): The effects of education on political opinions. An international study. In: International Journal of Public Opinion Research 14, 141-157.

# Jung und ungebunden?
# Parteiidentifikation von jungen Erwachsenen

*Alexandra Mößner*

## 1. Parteiidentifikation und Jugendliche

Seit den 1980er Jahren wird für zahlreiche westliche Demokratien ein Rückgang des Anteils der Parteiidentifizierer sowie eine Abschwächung der Intensität der Parteineigung diagnostiziert (Dalton 1996; Klingemann/Wattenberg 1990). Als einer langfristig stabilen, psychologischen Bindung an eine Partei wird der Partei-identifikation ein stabilisierender Einfluss auf das Wahlverhalten aber auch sys-temstabilisierende Wirkung zugeschrieben: Dauerhafte Bindungen an etablierte Parteien in weiten Teilen der Bevölkerung verhinderten, dass Protestparteien in Krisenzeiten relativ schnell einen großen Anteil des Elektorats für sich gewinnen können. Neben den Auswirkungen auf das Wahlverhalten der Bürgerinnen und Bürger wird sich das Dealignment auch auf das Verhalten der Parteien auswirken. Während sie bei ihren Parteianhängern auch dann auf Unterstützung hoffen dürfen, wenn deren Erwartungen kurzfristig enttäuscht werden, müssen sie damit rechnen, von Parteiungebundenen schneller „abgestraft" zu werden. Die Parteien müssen darauf in mehrerlei Hinsicht reagieren: Zum einen in der Formulierung der Politik-inhalte, was optimistisch gesehen zu einer steigenden Responsivität der Parteien und politischen Eliten führen könnte, jedoch auch die Gefahr immer schnellerer Politikwechsel und der Verzögerung oder Aufhebung unpopulärer Entscheidungen in sich birgt. Zum anderen in ihren Wahlkämpfen, die immer stärker darauf ausge-richtet sein müssen, sowohl die eigenen Parteianhänger als auch die größer wer-dende Zahl der Parteiungebundenen anzusprechen.

Eine Parteiidentifikation in einem Großteil der Bevölkerung ist langfristig nur möglich, wenn bei den nachwachsenden Generationen eine Parteibindung sozial-isiert wird.[1] Wie steht es nun um die Parteibindungen der nachwachsenden Genera-tionen? In der Literatur wird häufig eine Entfremdung der Jugendlichen von der Politik postuliert: Demnach interessierten sich Jugendliche seltener für Politik, engagierten sich seltener in Parteien und blieben Wahlen häufiger fern (Gille u.a. 1997; Hoffmann-Lange 1992: 42, 2003: 265; Hoffmann-Lange/Gille/Schneider 1993; Kürten/Heiliger/Hofmann 1995; Werner 2003). So kommt Wiesendahl (2001: 16) zu dem Ergebnis: „der Trend der politischen Partizipation [von Jugend-lichen, Anm. d. Verf.] geht zur Schonhaltung und leichten Kost, während man sich

---

[1] Diese Bedingung ist zwar notwendig, jedoch nicht hinreichend, denn der Rückgang der Parteibin-dungen kann verursacht werden durch eine geringere Parteiidentifikation in den jüngeren Altersko-horten oder/und durch eine Entfernung der Bürger aller Altersgruppen von den Parteien.

die schweren Brocken des ernsthaften, längerfristigen Auseinandersetzens mit Politik nicht mehr antun möchte". Ähnliche Befunde lieferten verschiedene Jugendsurveys für die Parteibindungen, die bei Jugendlichen und jungen Erwachsenen seltener und in schwächerer Form aufträten als in der Gesamtbevölkerung (Hoffmann-Lange 1995a: 185f.; Kürten/Heiliger/Hofmann 1995). Verantwortlich für die Veränderung der politischen Orientierungen der Jugendlichen, so argumentieren zahlreiche Autoren, seien gesellschaftliche Wandlungsprozesse, die häufig mit den Schlagworten „Bildungsexpansion", „Individualisierung", „Wertewandel" und „Mediengesellschaft" belegt werden (Hoffmann-Lange 1995b; Palentien/Hurrelmann 1997 mit weiterer Literatur; vgl. den Beitrag von Vetter in diesem Band).

Im vorliegenden Beitrag wird nun der Frage nachgegangen, inwieweit sich junge und alte Menschen in ihrer Parteiidentifikation unterscheiden, und ob sich diese Unterschiede in den letzten 30 Jahren verändert haben bzw. ob sich die Generationen angenähert oder weiter voneinander entfernt haben. Im Einzelnen lauten die Fragen:

1. Unterscheiden sich Jugendliche und junge Erwachsene im Niveau und in der Stärke der Parteiidentifikation von älteren Bürgern?
2. Falls Unterschiede zwischen den Alterskohorten auftreten:
   a. Haben sich diese Unterschiede in den vergangenen 30 Jahren verändert oder sind die Unterschiede über den untersuchten Zeitraum hinweg gleich groß geblieben?
   b. Nähern sich die Einstellungen der Jüngeren im Lebensverlauf an die der früheren Alterskohorten an, lassen sich die Unterschiede also auf Lebenszykluseffekte zurückführen?
3. Wie setzt sich die Parteiidentifikation in den verschiedenen Altersgruppen zusammen – beruht sie eher auf affektiven, situativen oder habituellen Aspekten?
4. Unterscheiden sich jüngere und ältere Bürger hinsichtlich der Stabilität ihrer Parteiidentifikation?

In den Analysen werden nur das Niveau (Welcher Anteil der jeweiligen Alterskohorte verfügt über eine Parteiidentifikation?) und die Intensität der Parteineigung berücksichtigt. Die Frage, ob sich die Jüngeren mit anderen Parteien identifizieren als die Älteren – ob sich also Generationenunterschiede bezüglich der Richtung der Parteiidentifikation ergeben – wird in diesem Beitrag ausgeklammert.

## 2.   Das Konzept der Parteiidentifikation

Das Konzept der Parteiidentifikation wurde in den späten 1940er und den 1950er Jahren am Survey Research Center an der University of Michigan in Ann Arbor entwickelt und spielt die zentrale Rolle im sozialpsychologischen Modell zur Erklärung von Wahlverhalten (Belknap/Campbell 1952; Campbell/Gurin/Miller 1954; Campbell u.a. 1960). Die Autoren charakterisieren die Parteiidentifikation als eine langfristig stabile affektive Bindung an eine politische Partei, die innerhalb des individuellen Orientierungssystems eine zentrale Position einnimmt. In den ersten Arbeiten thematisieren Campbell u.a. auch die Entstehung und Entwicklung von Parteibindungen, wonach diese bereits vor Eintritt ins Wahlalter erworben würden. Der Erwerb vollziehe sich über die grundlegenden Prozesse „association, reinforcement, and imitation" (Taylor/Peplau/Sears 1994: 519f.), weshalb das soziale Umfeld – bei Kindern und Jugendlichen vor allem die Eltern – großen Einfluss auf die Herausbildung der Parteiidentifikation hätten. Kinder übernähmen bzw. „erlernten" ihre Parteiidentifikation in hohem Maße von ihren Eltern (Campbell u.a. 1960: 147; Jennings/Stoker/Bowers 2001) – oder anders: Die Parteiidentifikation wird von einer Generation an die nächste „vererbt".

Die Parteiidentifikation vereinfacht für den Bürger die Orientierung im politischen Raum. Sie wirkt als Wahrnehmungsfilter und ist damit ein Mittel zur Reduzierung politischer Komplexität: Sie hilft bei der Auswahl (z.B. welche Themen als wichtig angesehen werden) und Bewertung der zu verarbeitenden Informationen. So werden z.B. die Kandidaten der eigenen Partei positiver bewertet als die der anderen Parteien, und die Problemlösungsvorschläge der eigenen Partei werden eher wahrgenommen und positiver bewertet als die der politischen Konkurrenz (Campbell u.a. 1960: 130). Je stärker die Parteiidentifikation, desto stärker steuert sie den Prozess der Selektion und Perzeption, und desto konsistenter wird das System der politischen Einstellungen eines Individuums sein. Darüber hinaus führen diese Wechselwirkungen zu einer Intensivierung und Stabilisierung der Parteibindung im Lebensverlauf (Campbell u.a. 1960: 147).

## 2.1 Alter im Konzept der Parteiidentifikation

Bereits die Autoren des *American Voter* trafen klare Annahmen über die Parteiidentifikation von jüngeren und älteren Bürgern. Sie konnten zeigen, dass junge Erwachsene schwächere Parteibindungen aufweisen als ältere, und dass insbesondere der Anteil der starken Identifizierer mit dem Alter ansteigt (Campbell u.a. 1960: 161). Für diese Unterschiede können grundsätzlich sowohl Generationeneffekte als auch Lebenszykluseffekte „verantwortlich" sein.

Spricht man von Generationeneffekten, geht man davon aus, dass „age may mark an historical epoch in which the person has matured or undergone some special variety of experience that has left an imprint on his attitudes and behaviors" (Campbell u.a. 1960: 161). Personen, die der gleichen Generation angehören, würden während ihrer Sozialisation von denselben sozialen und politischen Eindrücken geprägt, die sich von den Sozialisationsbedingungen anderer Generationen unterscheiden. Deshalb, so wird argumentiert, teilten die Angehörigen einer Generation die gleichen Werte und Einstellungen, unterschieden sich darin aber von Generationen, die während ihrer Sozialisation andere Erfahrungen gesammelt haben.

Andererseits können unterschiedliche Parteibindungen in verschiedenen Altersgruppen auch das Ergebnis von Lebenszykluseffekten sein. Demnach stellen verschiedene Lebensphasen unterschiedliche Anforderungen an ein Individuum. Unterschiede in den politischen Orientierungen werden auf die unterschiedliche Position im Lebenszyklus zurückgeführt.

Campbell u.a. (1960: 163) favorisierten die Erklärung der Unterschiede in den Parteibindungen junger und älterer Bürger durch Lebenszykluseffekte. Wenn die jungen Erwachsenen im Lebenszyklus voranschritten, gleiche sich ihre Parteiidentifikation denen der Älteren an. Stark vereinfacht: Treten in einem politischen System bezüglich der Parteibindungen seiner Bürger nur Lebenszykluseffekte auf, bleiben die Parteibindungen im Aggregat stabil. Die jüngeren Altersgruppen entwickeln im Lebensverlauf ebenso starke Parteibindungen wie ihre Vorgänger, weshalb sich im Saldo keine Änderungen ergeben.[2] Diese Argumentation wurde durch Analysen der Entwicklung und der Stabilität von Parteibindungen bestätigt, wonach sich die Parteiidentifikation im Lebensverlauf intensiviert (Converse 1969).

Bereits in den 1970er Jahren wurden diese Befunde in Frage gestellt und die Interpretation der Altersunterschiede als Lebenszykluseffekt kritisiert (Abramson 1976, 1979; Claggett 1981). Analysen von Paneldaten zeigten, dass junge Erwachsene entgegen der Annahme von Campbell u.a. im Lebensverlauf keine Intensivierung ihrer Parteibindungen erfuhren (Jennings/Niemi 1975; Abramson 1976, 1979; Jennings/Stoker 2001). Demzufolge seien die Unterschiede in der Parteiidentifikation – auch nach der Bereinigung um Periodeneffekte – Ergebnis von Generationenunterschieden.

Neuere Analysen mit Daten für die Bundesrepublik kommen zu ähnlichen Ergebnissen: In der Querschnittsbetrachtung zeigen sich zwar Unterschiede für den Anteil der Parteianhänger und die Intensität der Parteiidentifikation in verschiedenen Altersgruppen, jedoch: „weder in West- noch in Ostdeutschland nimmt die Intensität der Parteibindung mit dem Lebensalter zu" (Falter/Schoen/Caballero 2000: 249f.). Des Weiteren sind in Panelanalysen Kohorteneffekte bei der Stabilität von Parteiidentifikationen erkennbar: „Die jüngere Geburtskohorte (1961-82) gab ihre Parteiidentifikation erheblich schneller auf als die ältere" (Schmitt-Beck/Weick 2001: 4).

Auf der Grundlage des Forschungsstandes können folgende Hypothesen formuliert werden:

*Hypothese 1a:* Jugendliche und junge Erwachsene weisen einen geringeren Anteil an Parteiidentifizierern und eine geringere Intensität der Parteibindung auf als ältere Bürger.

*Hypothese 1b:* Ein Lebenszykluseffekt im Sinne einer von Campbell u.a. (1960) angenommenen stetigen (linearen) Zunahme der Parteiidentifikation mit dem Lebensalter ist nicht zu erwarten.

*Hypothese 2:* Die Parteiidentifikation älterer Bürger ist stabiler als die Jugendlicher und junger Erwachsener.[3]

---

2   Dies gilt natürlich nur, wenn die Größe der nachwachsenden und der herausfallenden Kohorten gleich ist.

3   Die Stabilität der Parteiidentifikation wird auf Basis der Paneldaten des DFG-Projekts „Politische Einstellungen, politische Partizipation und Wählerverhalten im vereinigten Deutschland" für die Jahre 1994, 1998 und 2002 untersucht. Auf Basis dieses Zeitraumes ist es jedoch nicht möglich, zu untersuchen, ob Stabilitätsunterschiede zwischen den Altersgruppen auf Lebenszyklus- oder Generationeneffekte zurückzuführen sind. Deshalb wird auf die Formulierung einer entsprechenden Hypothese verzichtet.

## 2.2 Profil der Parteiidentifikation

In der Literatur findet sich eine breite Diskussion über die Frage, was die Befragten tatsächlich meinen, wenn sie angeben, „einer bestimmten Partei über längere Zeit zuzuneigen" (Falter 1977; Falter/Schoen/Caballero 2000; Gluchowski 1978, 1983; Gluchowski/Plasser 1999; Rattinger 1996, 2000). So geht Gluchowski (1983) davon aus, dass die Parteineigung aus verschiedenen Komponenten besteht, die nebeneinander existieren und von der Parteineigungsfrage erfasst werden:

* eine *affektive* Komponente, die durch eine positive psychische Beziehung eines Individuums zu seiner Partei gekennzeichnet ist,
* eine *situative* Komponente, die sich durch das Abwägen politischer (personeller und inhaltlicher) Alternativen auszeichnet,
* und eine *habituelle* Komponente, in der die Erinnerung an eine wiederholte Wahlentscheidung für dieselbe Partei zum Ausdruck kommt.

Die affektive Komponente verkörpert das zentrale Element der Parteiidentifikation als einer langfristig stabilen Parteibindung, einer Art psychologischer Parteimitgliedschaft. Die situative Komponente dagegen ist stärker auf den Einfluss von Kurzfristfaktoren zurückzuführen und damit auch kurzfristigen Änderungen unterworfen. Diese Form der Parteineigung, nach der dem Befragten die Partei an sich nicht viel bedeutet, er ihr aber zuneigt, weil sie zur Zeit die besseren Politiker oder Themen hat, steht dem Parteiidentifikationskonzept, das eine langfristig stabile, die kurzfristig veränderbaren politischen Einstellungen determinierende Parteineigung postuliert, konträr gegenüber.

*Abbildung 1:*   Profil der Parteiidentifikation

|  |  | - habituelle PI | + habituelle PI |
|---|---|---|---|
| + affektive PI | - situative PI | nur affektiv | affektiv und habituell |
|  | + situative PI | affektiv und situativ | affektiv, situativ und habituell |
| - affektive PI | - situative PI | weder affektiv noch situativ oder habituell | nur habituell |
|  | + situative PI | nur situativ | situativ und habituell |

Aus der Kombination des Auftretens affektiver, situativer und habitueller Komponenten der Parteiidentifikation lässt sich ein Profil der Parteiidentifikation eines Befragten erstellen (Abbildung 1). Die unterschiedlichen Profile unterscheiden sich hinsichtlich ihrer Einordnung in das Konzept der Parteiidentifikation beträchtlich. Als unerlässlich für eine Parteiidentifikation im konzeptuellen Sinne kann das Vorhandensein der affektiven Komponente als zentrales Element der Parteiidentifikation gelten. D.h., nur Befragte, die zumindest über eine affektive Parteiidentifikation verfügen, können als „echte" Parteiidentifizierer bezeichnet werden. Befragte, die ihre Parteineigung ausschließlich als situativ und/oder habituell begründen, nicht aber als affektiv, verfügen demnach über keine Parteiidentifikation im klassischen konzeptuellen Sinne und können damit als „Pseudo-Parteiidentifizierer"

(Mößner 2001) bezeichnet werden: Sie bauen ihre Parteineigung auf eine kurzfristig veränderliche Kompetenzzuweisung (situative PI) auf oder haben sich im Laufe der Zeit an die Partei gewöhnt (habituelle PI). Eine psychologische Parteimitgliedschaft liegt bei ihnen jedoch nicht vor.

Bezüglich des Auftretens bei jüngeren und älteren Bürgern sind Unterschiede zwischen den drei Komponenten der Parteiidentifikation zu vermuten. Die affektive Komponente ergibt sich unmittelbar aus der bereits bei Campbell u.a. (1960) dargestellten Bezugsgruppeneigenschaft der Parteiidentifikation. Bezüglich der Generationenunterschiede sollten deshalb die im vorangehenden Kapitel formulierten Überlegungen auf die affektive Begründung der Parteiidentifikation übertragbar sein.[4] Wir formulieren deshalb die folgende Hypothese:

*Hypothese 3:* Bei Jugendlichen und jungen Erwachsenen ist der Anteil affektiver Parteiidentifizierer geringer als bei älteren Bürgern.

Für die situative Komponente geht Gluchowski (1983: 465) von einem Anstieg dieser Komponente mit dem Alter aus. Je älter, desto häufiger habe ein Individuum an Wahlen teilgenommen und dabei gelernt, die Alternativen gegeneinander abzuwägen und eine situationsbedingte Parteipräferenz zu generieren. Andererseits kann argumentiert werden, dass Jüngere weniger Gelegenheit hatten, die psychologische Bindung an ihre Partei z.B. durch deren wiederholte Wahl zu stärken und dass deshalb die situative Komponente bei ihnen stärker ausgeprägt ist als bei ihren älteren Mitbürgern.

Bei der habituellen Begründung der Parteiidentifikation wird angenommen, dass diese Begründung häufiger von älteren Parteianhängern genannt wird, da diese häufiger Gelegenheit zur Wahl hatten und nur so abschätzen können, dass sie ihre Partei häufiger gewählt haben als andere Parteien (Gluchowski 1983: 466). Wir erwarten deshalb:

*Hypothese 4:* Der Anteil habitueller Parteiidentifizierer ist bei älteren Bürgern größer als bei Jugendlichen und jungen Erwachsenen.

## 3. Datengrundlage und Operationalisierung

Die empirischen Analysen basieren auf den Daten der DFG-Studien „Politische Einstellungen, politische Partizipation und Wählerverhalten im vereinigten Deutschland" für die Jahre 1994, 1998 und 2002 (Querschnitt- und Paneldaten). Für die Zeitreihe der letzten 30 Jahre werden zusätzlich die Wahlstudien aus den Jahren 1972 bis 1990 hinzugezogen.

Die heute gebräuchliche Form der Frage zur Parteiidentifikation wurde erstmals 1972 in einer Wahlstudie gestellt: „Viele Leute neigen in der Bundesrepublik längere Zeit einer bestimmten Partei zu, obwohl sie auch ab und zu eine andere Partei wählen. Wie ist das bei Ihnen: Neigen Sie – ganz allgemein gesprochen – ei-

---

4   Mit den vorliegenden Daten können nur Aussagen über den Zusammenhang zwischen den Komponenten der Parteiidentifikation und dem Alter bzw. der Generation zu bestimmten Zeitpunkten gemacht werden. Auf die Analyse der Stabilität der PI-Komponenten und der Stabilität der Profile in verschiedenen Altersgruppen wird aufgrund geringer Fallzahlen verzichtet.

ner bestimmten Partei zu? Wenn ja, welcher?" Aus diesem Grund beginnt die Zeitreihe im selbigen Jahr.

Neben der Richtung und der Intensität der Parteiidentifikation wurde 1994 bis 2002 erhoben, was die Befragten meinen, wenn sie angeben, einer Partei zuzuneigen, d.h. aus welchen Komponenten ihre Parteiidentifikation besteht. Den Parteiidentifizierern wurden dazu vier Aussagen (eine Aussage zu affektiver PI, eine zu habitueller PI und zwei zu situativer PI, vgl. Anhang) über mögliche Inhalte der Parteineigung vorgelegt, denen sie zustimmen oder die sie ablehnen konnten. Aus der Kombination des Auftretens der Komponenten der Parteiidentifikation wiederum wurde das Parteiidentifikationsprofil der Befragten gebildet (Anhang).

Die Analysen werden durchgängig getrennt für die alten und neuen Bundesländer durchgeführt.[5] Aufgrund der für eine Einstellung, die bereits im Jugendalter erworben wird, auch 14 Jahre nach der ersten gesamtdeutschen Wahl relativ kurzen Periode, erscheint das Auftreten gleicher Alterseffekte in Ostdeutschland zumindest fraglich.

Schwieriger ist die Operationalisierung des Alters bzw. der Jugend. Der Begriff Jugend impliziert, dass wir es bei Jugendlichen mit einer einheitlichen Personengruppe zu tun haben und dass das Ende dieser Phase klar definiert ist. Das Gegenteil ist der Fall. Mit Schlagworten wie Differenzierung von Lebensstilen und „Entstrukturierung der Jugendphase" (Olk 1985) wird die Ausdifferenzierung der Jugend in verschiedene Phasen und in unterschiedliche Verlaufsformen beschrieben. Ähnliches gilt für die älteren Altersgruppen. Diese Pluralisierung findet ihren Niederschlag u.a. in der Tatsache, dass in der Literatur verschiedene Generationeneinteilungen vorliegen (Metje 1994; Beitrag von Vetter in diesem Band).

Aus methodischen Gründen wird in der vorliegenden Arbeit auf drei verschiedene Einteilungen in Alterskohorten zurückgegriffen. Für den Überblick über die Entwicklung der Parteiidentifikation von 1972-2002 werden zunächst Altersgruppen gebildet, die je vier Geburtsjahrgänge umfassen. Dies hat den forschungspraktischen Vorteil, dass bei einem Abstand der Messpunkte von vier Jahren die Veränderung der Parteiidentifikation der Altersgruppen in einer Standardkohortentabelle gut erfasst werden kann. So sind die im Jahr 1972 20- bis 23-Jährigen im Jahr 1976 in der Gruppe der 24- bis 27-Jährigen. Mit dieser Methode sollten Lebenszykluseffekte sichtbar werden. Nachteilig an dieser kleinstufigen Einteilung ist deren „Anfälligkeit" für Periodeneffekte, wodurch möglicherweise Trends schwerer zu erkennen sind.

Vor dem Hintergrund kleinerer Fallzahlen insbesondere für das Profil der Parteiidentifikation werden die Altersgruppen für die Querschnittsanalysen zu vier Gruppen (16-30 Jahre, 31-45 Jahre, 46-60 Jahre, über 60 Jahre) zusammengefasst. Allerdings können diese Alterskohorten zumindest für Westdeutschland grob mit unterschiedlichen gesellschaftlich-politischen Situationen in Verbindung gebracht werden, die als generationskonstitutive Ereignisse bzw. Zeiträume gewertet werden können. Die Kohorte der im Jahr 2002 46- bis 60-Jährigen kann als Protestgenera-

---

5    Für die Diskussion der Übertragbarkeit des Konzepts auf Ostdeutschland vgl. exemplarisch Bluck/
     Kreikenbom (1991, 1993) und Rattinger (1996).

tion bezeichnet werden, deren politische Sozialisation in der Zeit der Protestbewegungen der 1960er Jahre stattfand. Die im Jahr 2002 31- bis 45-Jährigen sind bereits einer Nachprotestgeneration zuzuordnen, die in den 1970er und 1980er Jahren sozialisiert wurde. Die politisch prägende Zeit der jüngsten Alterskohorte der 16- bis 30-Jährigen lag in der Zeit nach Ende des Kalten Krieges und in der Zeit nach der Vereinigung beider deutschen Staaten.

Für die Untersuchung von Alterseffekten auf die Stabilität der Parteiidentifikation auf Basis von Paneldaten schließlich wird auf das Alter in Lebensjahren zurückgegriffen.

## 4.  Parteiidentifikation und Alter im Längsschnittvergleich

Wie im Abschnitt 2 ausgeführt wurde, gibt es in der Literatur eine lange Diskussion, ob Lebenszyklus- oder Kohorteneffekte die in zahlreichen Studien beobachteten Unterschiede in den Parteibindungen verschiedener Alterskohorten verursachen. Im Folgenden soll zunächst die Entwicklung des Niveaus und der Intensität der Parteiidentifikation dargestellt werden. Anschließend wird untersucht, welche Hinweise es für Kohorten-, Lebenszyklus- und Periodeneffekte gibt.

Allerdings ist mit der hier verwendeten Methode des Vergleichs von Häufigkeiten bzw. Mittelwerten in verschiedenen Alterskohorten in den Wahljahren 1972 bis 2002 keine eindeutige empirische Trennung von Kohorten-(Generations-), Lebenszyklus- und Periodeneffekten möglich. Die einzelnen, sich möglicherweise überlagernden Effekte sind zwar nicht exakt quantifizierbar. Aussagen über Trends und Vermutungen über das Zusammenspiel der Effekte sind jedoch möglich.

Bei der Analyse des Anteils der westdeutschen Parteiidentifizierer in den 16 Alterskohorten für den Zeitraum 1972-2002 (Tabelle 1) fällt zunächst auf, dass im Jahr 1976 der höchste Anteil an Parteiidentifizierern im Aggregat und ebenso in fast allen Altersgruppen gemessen wurde. Danach schwankt der Anteil der Parteiidentifizierer erheblich. Trotzdem ist im Vergleich innerhalb der Zeilen in allen Altersgruppen tendenziell ein Rückgang der Parteibindungen erkennbar (eta > 0,10). Dies spricht für einen (sehr geringen) Kohorteneffekt, der von einem Periodeneffekt überlagert wird. Darüber hinaus zeigen die Daten, dass der Rückgang der Parteiidentifikation nicht in allen Altersgruppen gleich groß ist, sondern besonders stark in der Kohorte der 16- bis 27-Jährigen stattgefunden hat: Die 16- bis 27-Jährigen des Jahres 2002 unterscheiden sich von den 16- bis 27-Jährigen der 1970er Jahre stärker als sich z.B. die 65-Jährigen von 2002 von den 65-Jährigen der 1970er Jahre unterscheiden. Die vorliegenden Daten bestätigen Hypothese 1a, wonach Jugendliche und junge Erwachsene seltener Parteibindungen besitzen als ältere Bürger. Zu allen Befragungszeitpunkten liegt die Parteiidentifikation der 16- bis 27-Jährigen deutlich unter der Parteiidentifikation in der Gesamtbevölkerung, seit 1994 gilt dies sogar für die bis 31-Jährigen. Seit den 1990er Jahren hat sich der Unterschied im Niveau der Parteiidentifikation zwischen jungen Erwachsenen und älteren Bürgern weiter vergrößert.

*Tabelle 1:* Parteiidentifikation in West- und Ostdeutschland 1972-2002 (Angaben in Prozent)

| | Westdeutschland | | | | | | | | | | | Ostdeutschland | | | | | |
|---|---|---|---|---|---|---|---|---|---|---|---|---|---|---|---|---|---|
| | 1972 | 1976 | 1980 | 1983 | 1987 | 1990 | 1994 | 1998 | 2002 | r[a] | eta[a] | 1991 | 1994 | 1998 | 2002 | r[a] | eta[a] |
| 16-19 J. | 69,5 | 82,9 | 77,1 | 62,8 | 67,1 | 64,8 | 40,5 | 50,0 | 61,5 | -0,18 | 0,23 | – | 55,8 | 50,0 | 51,5 | -0,01[ns] | 0,08[ns] |
| 20-23 J. | 80,9 | 81,8 | 79,4 | 66,4 | 62,7 | 74,0 | 70,7 | 69,6 | 63,2 | -0,13 | 0,17 | 83,3 | 63,4 | 59,6 | 59,4 | -0,07[ns] | 0,10[ns] |
| 24-27 J. | 70,7 | 80,8 | 78,9 | 73,7 | 63,7 | 74,3 | 74,4 | 64,4 | 55,1 | -0,11 | 0,17 | 65,4 | 53,3 | 45,8 | 51,1 | -0,04[ns] | 0,06[ns] |
| 28-31 J. | 74,1 | 84,0 | 81,4 | 76,8 | 70,3 | 79,6 | 68,8 | 64,0 | 59,8 | -0,11 | 0,14 | 66,7 | 58,2 | 59,7 | 52,4 | -0,08[ns] | 0,10[ns] |
| 32-35 J. | 81,6 | 83,6 | 80,9 | 75,5 | 69,2 | 81,0 | 76,0 | 75,9 | 74,1 | -0,08 | 0,13 | 77,8 | 58,8 | 55,1 | 52,9 | -0,16 | 0,21 |
| 36-39 J. | 73,1 | 83,6 | 82,6 | 70,2 | 72,8 | 81,1 | 75,7 | 71,9 | 73,7 | -0,08 | 0,12 | 80,6 | 57,5 | 58,0 | 55,7 | -0,10[ns] | 0,14[ns] |
| 40-43 J. | 82,3 | 86,1 | 80,6 | 74,0 | 68,6 | 74,8 | 75,9 | 66,9 | 70,0 | -0,11 | 0,14 | 81,6 | 66,7 | 68,5 | 48,1 | -0,14 | 0,17 |
| 44-47 J. | 80,2 | 85,2 | 81,9 | 82,0 | 73,3 | 75,9 | 77,8 | 79,7 | 64,9 | -0,07 | 0,11 | 90,5 | 61,7 | 67,7 | 64,5 | -0,12[ns] | 0,19 |
| 48-51 J. | 78,1 | 79,4 | 84,4 | 72,2 | 72,8 | 82,4 | 83,8 | 78,8 | 71,5 | -0,08 | 0,13 | 89,7 | 67,3 | 70,3 | 53,6 | -0,17 | 0,19 |
| 52-55 J. | 71,1 | 89,6 | 84,1 | 85,9 | 70,6 | 82,5 | 78,2 | 78,6 | 76,9 | -0,06 | 0,15 | 83,3 | 59,7 | 53,2 | 54,5 | -0,15 | 0,21 |
| 56-59 J. | 71,9 | 87,4 | 84,7 | 86,3 | 72,6 | 86,5 | 82,1 | 74,3 | 76,9 | -0,06 | 0,13 | 63,2 | 74,1 | 60,8 | 60,7 | -0,05[ns] | 0,10[ns] |
| 60-63 J. | 79,6 | 90,0 | 79,6 | 83,3 | 73,8 | 86,7 | 78,8 | 78,5 | 75,0 | -0,04 | 0,11 | 84,2 | 65,2 | 63,9 | 63,2 | -0,07[ns] | 0,11[ns] |
| 64-67 J. | 83,4 | 79,6 | 79,9 | 71,1 | 72,5 | 81,7 | 74,1 | 80,6 | 80,6 | -0,04 | 0,09 | 82,4 | 58,3 | 70,3 | 57,7 | -0,04[ns] | 0,09[ns] |
| 68-71 J. | 83,4 | 90,0 | 82,2 | 77,0 | 69,9 | 88,4 | 72,8 | 87,2 | 80,6 | -0,06 | 0,16 | 100,0 | 71,4 | 66,2 | 63,4 | -0,07[ns] | 0,12[ns] |
| 72-75 J. | 76,0 | 84,3 | 84,5 | 82,0 | 70,3 | 79,4 | 87,3 | 74,7 | 81,8 | -0,02[ns] | 0,15 | 66,7 | 59,8 | 66,7 | 58,3 | -0,08[ns] | 0,12[ns] |
| > 75 J. | 86,0 | 80,3 | 79,3 | 75,3 | 65,6 | 80,5 | 69,0 | 79,7 | 77,0 | -0,05 | 0,14 | 80,0 | 57,6 | 75,8 | 59,1 | 0,01[ns] | 0,14[ns] |
| Gesamt | 77,8 | 84,2 | 81,6 | 76,0 | 69,8 | 79,9 | 74,6 | 73,5 | 71,5 | -0,07 | 0,12 | 80,4 | 62,0 | 62,1 | 56,4 | -0,08 | 0,11 |
| r | 0,05 | 0,03[ns] | 0,02 | 0,08 | 0,03 | 0,09 | 0,10 | 0,14 | 0,13 | | | 0,08 | 0,05 | 0,09 | 0,05 | | |
| eta | 0,12 | 0,09[ns] | 0,05 | 0,15 | 0,08 | 0,13 | 0,19 | 0,18 | 0,16 | | | 0,24 | 0,12 | 0,15 | 0,10 | | |

a Soweit nicht anders angegeben, sind alle Koeffizienten signifikant mit p < 0,05; ns = nicht signifikant. Quellen: 1972 bis 1990: Wahlstudien (ZA-Nr. 0635, 0823, 1053, 1276, 1536, 1919); 1991: DFG-Panelstudie Falter/Rattinger; 1994 bis 2002: Deutsche Wahlstudie; eigene Berechnungen.

*Tabelle 2:* Stärke der Parteiidentifikation in West- und Ostdeutschland 1972-2002 (Mittelwerte)

| | Westdeutschland | | | | | | | | | | | Ostdeutschland | | | | | |
|---|---|---|---|---|---|---|---|---|---|---|---|---|---|---|---|---|---|
| | 1972 | 1976 | 1980 | 1983 | 1987 | 1990 | 1994 | 1998 | 2002 | r[a] | eta[a] | 1991 | 1994 | 1998 | 2002 | r[a] | eta[a] |
| 16-19 J. | 0,94 | 0,41 | 0,62 | 1,02 | 0,51 | 0,27 | 0,48 | 0,45 | 0,52 | -0,08ns | 0,13ns | 0,67 | 0,32 | 0,78 | 0,38 | 0,01ns | 0,01ns |
| 20-23 J. | 0,94 | 0,61 | 0,61 | 0,64 | 0,48 | 0,35 | 0,34 | 0,43 | 0,17 | -0,15 | 0,17 | 0,60 | 0,59 | 0,28 | 0,34 | -0,13ns | -0,13ns |
| 24-27 J. | 0,95 | 0,69 | 0,63 | 0,77 | 0,53 | 0,46 | 0,17 | 0,45 | 0,49 | -0,13 | 0,18 | 0,79 | 0,35 | 0,39 | 0,49 | -0,10ns | -0,10ns |
| 28-31 J. | 0,85 | 0,65 | 0,69 | 0,69 | 0,54 | 0,68 | 0,28 | 0,35 | 0,25 | -0,16 | 0,17 | 0,75 | 0,23 | 0,47 | 0,44 | -0,04ns | -0,04ns |
| 32-35 J. | 0,92 | 0,59 | 0,73 | 0,92 | 0,50 | 0,39 | 0,24 | 0,46 | 0,42 | -0,18 | 0,21 | 0,69 | 0,43 | 0,30 | 0,24 | -0,16 | -0,16 |
| 36-39 J. | 0,95 | 0,71 | 0,73 | 0,85 | 0,59 | 0,52 | 0,15 | 0,48 | 0,41 | -0,14 | 0,17 | 0,67 | 0,50 | 0,19 | 0,21 | -0,21 | -0,21 |
| 40-43 J. | 0,94 | 0,39 | 0,75 | 0,89 | 0,51 | 0,74 | 0,33 | 0,54 | 0,44 | -0,12 | 0,17 | 0,57 | 0,31 | 0,51 | 0,30 | 0,01ns | -0,01ns |
| 44-47 J. | 0,77 | 0,56 | 0,72 | 0,72 | 0,56 | 0,70 | 0,37 | 0,42 | 0,66 | -0,08 | 0,12 | 0,76 | 0,29 | 0,47 | 0,23 | -0,16 | -0,16 |
| 48-51 J. | 0,92 | 0,73 | 0,77 | 0,93 | 0,54 | 0,67 | 0,35 | 0,45 | 0,56 | -0,15 | 0,17 | 0,80 | 0,30 | 0,26 | 0,20 | -0,17 | -0,17 |
| 52-55 J. | 0,88 | 0,70 | 0,79 | 0,81 | 0,54 | 0,65 | 0,37 | 0,53 | 0,58 | -0,12 | 0,16 | 0,91 | 0,44 | 0,45 | 0,21 | -0,20 | -0,20 |
| 56-59 J. | 0,92 | 0,76 | 0,77 | 0,93 | 0,55 | 0,62 | 0,42 | 0,60 | 0,50 | -0,17 | 0,14 | 0,75 | 0,56 | 0,53 | 0,42 | -0,13 | -0,13 |
| 60-63 J. | 0,99 | 0,71 | 0,74 | 0,76 | 0,57 | 0,51 | 0,46 | 0,41 | 0,56 | -0,13 | 0,16 | 0,45 | 0,42 | 0,43 | 0,17 | -0,08ns | -0,08ns |
| 64-67 J. | 1,03 | 0,61 | 0,77 | 0,89 | 0,52 | 0,71 | 0,21 | 0,32 | 0,63 | -0,12 | 0,17 | 0,55 | 0,35 | 0,41 | 0,38 | -0,01ns | -0,01ns |
| 68-71 J. | 0,94 | 0,67 | 0,77 | 0,79 | 0,55 | 0,46 | 0,29 | 0,35 | 0,60 | -0,15 | 0,18 | 0,55 | 0,44 | 0,37 | 0,48 | -0,04ns | -0,04ns |
| 72-75 J. | 0,89 | 0,71 | 0,68 | 0,98 | 0,59 | 0,55 | 0,39 | 0,47 | 0,48 | -0,09 | 0,11ns | 0,00 | 0,48 | 0,51 | 0,44 | -0,03ns | -0,03ns |
| >75 J. | 1,03 | 0,96 | 0,73 | 0,94 | 0,56 | 0,51 | 0,34 | 0,41 | 0,71 | -0,11 | 0,16 | 0,50 | 0,39 | 0,44 | 0,30 | -0,01ns | -0,01ns |
| Gesamt | 0,93 | 0,64 | 0,73 | 0,85 | 0,54 | 0,56 | 0,31 | 0,45 | 0,50 | -0,12 | 0,15 | 0,68 | 0,40 | 0,41 | 0,31 | -0,09 | -0,09 |
| r | 0,02 | 0,07 | 0,04 | -0,01 | 0,02ns | 0,05ns | 0,05ns | -0,01ns | 0,11 | | | -0,06ns | 0,03ns | 0,00ns | -0,01 | | |
| eta | 0,08 | 0,15 | 0,06 | 0,14 | 0,04ns | 0,16 | 0,12ns | 0,10ns | 0,17 | | | 0,20 | 0,14ns | 0,17ns | 0,13 | | |

a  Soweit nicht anders angegeben, sind alle Koeffizienten signifikant; ns = nicht signifikant. Quellen: 1972 bis 1990: Wahlstudien (ZA-Nr. 0635, 0823, 1053, 1276, 1536, 1919); 1991: DFG-Panelstudie Falter/Rattinger; 1994, 1998, 2002 Deutsche Wahlstudie; eigene Berechnungen.

Für Ostdeutschland ist ein derartiger Effekt nicht feststellbar. Angesichts des Umstandes, dass für alle Altersgruppen die Sozialisation im demokratischen System Deutschlands erst in den 1990er Jahren begann, ist es nicht verwunderlich, dass es zwar auch in Ostdeutschland Schwankungen zwischen den Altersgruppen gibt, jedoch kein eindeutiges Muster festzustellen ist. Überaus deutlich fällt in Ostdeutschland der Rückgang der Parteiidentifikation aus: um ca. 20 Prozentpunkte von einem sehr hohen Niveau (80 Prozent) im Jahr 1991 auf ein niedrigeres Niveau in den Jahren 1994 bis 2002, das deutlich unter dem Niveau in Westdeutschland liegt. Der starke Rückgang ist jedoch nicht verwunderlich. Die überaus starke Politisierung in der Zeit um die Wiedervereinigung resultierte in einer hohen Parteiidentifikation zu Beginn der 1990er Jahre, die in den folgenden Jahren bis 1994 rasch abfiel.

Zusammenfassend kann festgehalten werden, dass die Ergebnisse der Zeitreihen die Hypothesen 1a und 1b für Westdeutschland bestätigen. Das Niveau der Parteiidentifikation ist – wenn auch nicht linear ansteigend – in den älteren Kohorten höher als in den jüngeren. Dies gilt jedoch nicht für Ostdeutschland.

Die Intensität der Parteineigung ist (mit starken Schwankungen) in den 30 Jahren des Untersuchungszeitraums in Westdeutschland ebenfalls in allen Altersgruppen zurückgegangen – mit Ausnahme der 16- bis 19-Jährigen, in deren Altersgruppe es keinen signifikanten Rückgang gibt (Tabelle 2). Die Intensität schwankt zwar stark zwischen verschiedenen Jahren, allerdings ist im Vergleich der 1990er Jahre mit den 1970er und 1980er Jahren ein Trend zur Abschwächung der Parteibindung sichtbar. Die Parteiidentifikation schwächt sich, wenn auch unterschiedlich stark, in beinahe allen Altersgruppen und nicht nur in einigen (z.B. der jüngeren Kohorte) ab. Andererseits ist für die verschiedenen Messpunkte allenfalls in den Jahren 1976 und 2002 eine geringe Zunahme der Intensität mit dem Alter zu beobachten. Die Ergebnisse weisen damit nicht auf einen Lebenszykluseffekt hin, sondern sprechen für einen Generationeneffekt, der von einem Periodeneffekt überlagert wird.

Wie bereits der Anteil der Parteiidentifizierer, geht in Ostdeutschland auch die Stärke der Parteibindung zwischen 1991 und 1994 im Vergleich zum Zeitraum nach 1994 stärker zurück. Besonders deutlich ist die Abschwächung bei den Kohorten der 36- bis 39-Jährigen und 44- bis 55-Jährigen. Während die im Jahr 1991 44- bis 55-Jährigen überdurchschnittlich stark einer Partei zuneigten, verfügen die 44- bis 55-Jährigen des Jahres 2002 nur noch über eine unterdurchschnittlich starke Parteiidentifikation. Zusätzlich ist in den Diagonalen (Vergleich einer Alterskohorte über mehrere Messpunkte hinweg) eine Verringerung der Intensität zu beobachten. Die beiden Effekte können als Überlagerung von Lebenszyklus- und Periodeneffekten interpretiert werden. Die Enttäuschung über die weiterhin schlechte Wirtschaftslage und die hohe Arbeitslosigkeit in Ostdeutschland resultiert insbesondere bei den 44- bis 55-Jährigen in einer Abkopplung von den politischen Parteien, die sich sowohl im Rückgang des Niveaus als auch in der Abschwächung der Parteibindung ausdrückt.

Auch die Hypothese, dass sich jüngere Bürger weniger stark an ihre Partei gebunden fühlen als ältere Bürger, bestätigt sich weder für West- noch für Ostdeutschland. In den ostdeutschen Kohorten der Jahrgänge, die im Jahr 1991 32 Jahre oder älter sind, schwächt sich die Parteiidentifikation bis 2002 besonders stark ab. Für diese Kohorten der im Jahr 1991 32- bis 55-Jährigen und im Jahr 2002 44- bis 67-Jährigen ist ein Lebenszyklus- und Periodeneffekt zu beobachten. Jedoch verstärkt sich die Parteibindung nicht wie von Campbell u.a. (1960) angenommen, sondern die Parteibindungen dieser Kohorten schwächen sich sogar ab – was angesichts der schlechten wirtschaftlichen Lage und der damit verbundenen Auswirkungen besonders für diese im Erwerbsleben stehenden Alterskohorten nicht überrascht.

## 5. Profil der Parteiidentifikation in verschiedenen Altersgruppen

In den Zeitreihen konnten häufigere und stärkere Parteibindungen in älteren Alterskohorten nur teilweise festgestellt werden. Zumindest in Westdeutschland scheinen sich jedoch die Niveauunterschiede im Laufe der 1990er Jahre vergrößert zu haben. Im Folgenden soll deshalb neben dem Niveau und der Stärke der Parteiidentifikation auch das Profil der Parteiidentifikation im Jahr 2002 auf Unterschiede zwischen jüngeren und älteren Bürgern hin untersucht werden.

Die Ergebnisse für das Niveau und die Stärke der Parteiidentifikation wurden bereits im vorangegangenen Kapitel vorgestellt. Die Analysen mit der komprimierten Altersvariable bestätigen die vorangegangenen Ergebnisse. In Westdeutschland unterscheiden sich die Altersgruppen moderat in Niveau und Intensität der Parteiidentifikation, während in Ostdeutschland keine signifikanten Gruppenunterschiede zu erkennen sind.

Bei jungen Erwachsenen und älteren Bürgern stehen unterschiedliche Komponenten der Parteiidentifikation im Vordergrund. In den alten und neuen Bundesländern sind die affektive und habituelle Komponente bei jungen Erwachsenen in geringerem Maße zu finden als bei älteren Kohorten. Für beide Komponenten ergeben sich signifikante moderate Unterschiede zwischen den Alterskohorten (Tabelle 3). Für die Komponente „situationsbedingte Bindung an eine Partei" zeigt sich nur in Westdeutschland ein äußerst geringer Unterschied zwischen den Altersgruppen. Tendenziell neigen jedoch jüngere Befragte etwas stärker zu dieser Komponente als ältere Personen. Dies widerspricht der Annahme Gluchowskis, dass durch die häufigere Wahlteilnahme das Abwägen zwischen politischen Alternativen erlernt werde und deshalb ältere Parteiidentifizierer ihre Parteibindung eher situativ begründeten als jüngere. Die situative Parteibindung hilft stattdessen den jungen Erwachsenen, die noch nicht häufig Gelegenheit hatten, ihre Parteieigung durch die wiederholte Wahl ihrer Partei zu festigen.

Dient eine situative Parteibindung möglicherweise als eine Art Einstieg in die Parteiidentifikation? Entwickeln jüngere Personen zunächst eine situative Parteibindung, die sich durch die Wahrnehmung und Bewertung der personellen und inhaltlichen Angebote ihrer Partei auszeichnet, und aus der im weiteren Lebenszyklus eine affektive Bindung an diese Partei erwächst bzw. zur situativen Parteibindung hinzutritt? Unterscheidet sich also das Profil der Parteiidentifikation in verschiedenen Altersgruppen?

*Tabelle 3:* Parteiidentifikation nach Altersgruppen 2002

| | Parteiidentifikation % | N | Stärke PI MW[a] | N | affektive PI MW | N | situative PI MW | N | habituelle PI MW | N |
|---|---|---|---|---|---|---|---|---|---|---|
| | | | | | Westdeutschland | | | | | |
| 16-30 Jahre | 59,2 | 421 | 0,34 | 249 | 3,50 | 243 | 3,38 | 239 | 2,14 | 232 |
| 31-45 Jahre | 70,9 | 611 | 0,45 | 432 | 3,81 | 426 | 3,18 | 418 | 2,51 | 417 |
| 46-60 Jahre | 75,4 | 453 | 0,56 | 340 | 3,95 | 341 | 3,17 | 324 | 2,57 | 328 |
| > 60 Jahre | 78,4 | 549 | 0,60 | 430 | 4,14 | 423 | 3,12 | 383 | 2,69 | 406 |
| Gesamt | 71,5 | 2.034 | 0,50 | 1.451 | 3,89 | 1.433 | 3,20 | 1.364 | 2,52 | 1.382 |
| eta | 0,15*** | | 0,12*** | | 0,22*** | | 0,08* | | 0,15*** | |
| | | | | | Ostdeutschland | | | | | |
| 16-30 Jahre | 53,8 | 216 | 0,38 | 112 | 3,75 | 112 | 3,19 | 103 | 2,29 | 105 |
| 31-45 Jahre | 52,2 | 276 | 0,27 | 144 | 3,80 | 140 | 3,13 | 135 | 2,41 | 135 |
| 46-60 Jahre | 58,5 | 237 | 0,25 | 138 | 3,69 | 134 | 3,31 | 125 | 2,66 | 117 |
| > 60 Jahre | 60,8 | 265 | 0,35 | 159 | 4,07 | 155 | 3,15 | 144 | 2,67 | 146 |
| Gesamt | 56,4 | 994 | 0,31 | 553 | 3,84 | 542 | 3,19 | 508 | 2,52 | 503 |
| eta | 0,07 | | 0,07 | | 0,16** | | 0,07 | | 0,14* | |

*** $p < 0{,}001$; ** $p < 0{,}01$; * $p < 0{,}05$.
a Mittelwerte
Quelle: Deutsche Wahlstudie 2002; eigene Berechnungen.

Wenn die Annahme zutrifft, dass junge Erwachsene zunächst eine situative Parteibindung erwerben, dann müsste eine rein situative Parteibindung vor allem in den jüngeren Alterskohorten vorhanden sein. In den älteren Kohorten müsste der Anteil der rein situativ Parteigebundenen abnehmen. Das Hinzutreten einer affektiven Bindung an die eigene Partei zu einem späteren Zeitpunkt müsste sich dagegen in einer Zunahme des Anteils der Parteiidentifizierer mit affektiver (ggf. in Kombination mit einer situativen oder habituellen) Begründung ihrer Parteibindung in den älteren Kohorten beobachten lassen.

Tatsächlich ist der Anteil der Parteiidentifizierer, die ihre Parteibindung rein situativ begründen, in der Kohorte der 16- bis 30-Jährigen besonders hoch. Er nimmt mit steigendem Alter stark ab (Tabelle 4). Dagegen ist der Anteil der Parteiidentifizierer mit dem Profil einer affektiven Parteiidentifikation – affektive PI, ggf. in Kombination mit der situativen oder habituellen Komponente – in der Altersgruppe der 16- bis 30-Jährigen am geringsten. Er steigt mit zunehmendem Alter an. Dies ist ein Indiz dafür, dass die situative Parteineigung einem Teil der jungen Erwachsenen als Einstieg in die Parteiidentifikation dient, die den späteren Erwerb einer affektiven Bindung an diese Partei erleichtert. Für eine weitere Untermauerung dieser Annahme sind jedoch Analysen mit Paneldaten nötig.[6]

---

6 Für eine Längsschnittanalyse mit Paneldaten sind die Fallzahlen zu gering.

*Tabelle 4:* Profil der Parteiidentifikation in verschiedenen Generationen in Prozent 1994-2002

| | 1994 | | | | | 1998 | | | | | 2002 | | | | |
|---|---|---|---|---|---|---|---|---|---|---|---|---|---|---|---|
| | 16-30 Jahre | 31-45 Jahre | 46-60 Jahre | >60 Jahre | Gesamt | 16-30 Jahre | 31-45 Jahre | 46-60 Jahre | >60 Jahre | Gesamt | 16-30 Jahre | 31-45 Jahre | 46-60 Jahre | >60 Jahre | Gesamt |
| **Keine affektive Begründung** | | | | | | | | | | | | | | | |
| Weder affektive, noch situative/habituelle Begründung | 12,4 | 7,8 | 7,7 | 8,0 | 8,7 | 8,5 | 8,9 | 8,4 | 9,7 | 8,9 | 14,2 | 9,7 | 11,8 | 6,0 | 10,0 |
| Nur situative Begründung | 14,7 | 8,0 | 5,3 | 6,7 | 8,3 | 14,6 | 10,4 | 5,1 | 5,0 | 8,3 | 18,4 | 10,3 | 10,9 | 4,6 | 10,3 |
| Nur habituelle Begründung | 2,9 | 3,4 | 2,8 | 3,4 | 3,2 | 3,8 | 4,9 | 1,7 | 3,9 | 3,6 | 2,1 | 2,9 | 2,7 | 3,5 | 2,9 |
| Situative und habituelle Begründung | 5,6 | 10,6 | 6,9 | 8,3 | 8,1 | 4,4 | 6,6 | 7,6 | 8,1 | 6,9 | 6,0 | 9,2 | 8,4 | 6,0 | 7,5 |
| **Affektive Begründung** | | | | | | | | | | | | | | | |
| Nur affektive Begründung | 40,7 | 41,5 | 44,3 | 42,8 | 42,4 | 41,5 | 46,7 | 44,8 | 45,6 | 45,0 | 36,1 | 43,5 | 41,4 | 45,4 | 42,2 |
| Affektive und situative Begründung | 14,5 | 17,4 | 14,2 | 13,2 | 15,0 | 15,9 | 12,8 | 16,4 | 10,4 | 13,6 | 16,3 | 13,9 | 10,5 | 14,8 | 13,8 |
| Affektive und habituelle Begründung | 3,1 | 3,8 | 5,0 | 4,9 | 4,2 | 3,6 | 3,9 | 4,8 | 6,8 | 4,9 | 2,7 | 4,6 | 3,0 | 6,2 | 4,3 |
| Affektive, situative und habituelle Begründung | 6,2 | 7,4 | 13,8 | 12,5 | 10,0 | 7,7 | 5,9 | 11,2 | 10,4 | 8,8 | 4,2 | 5,9 | 11,4 | 13,7 | 9,1 |
| N | 484 | 728 | 639 | 551 | 2.402 | 364 | 595 | 525 | 557 | 2.041 | 332 | 545 | 440 | 520 | 1.837 |
| Cramer's V | | | | | 0,109*** | | | | | 0,111*** | | | | | 0,139*** |

\*\*\* p < 0,001.

Quellen: Deutsche Wahlstudie 1994, 1998, 2002; eigene Berechnungen.

Andere Studien belegen neben den Alterseffekten einen Anstieg der Parteiidentifikation mit zunehmendem politischen Interesse und höherer formaler Bildung (Falter/Schoen/Caballero 2000; Schmitt-Beck/Weick 2001). In den folgenden Analysen soll deshalb untersucht werden, ob die Alterseffekte auch bei Kontrolle von Bildung und politischem Interesse erhalten bleiben.

Die in Tabelle 5 dargestellten Ergebnisse zeigen, dass auch nach der Kontrolle von Bildung und politischem Interesse die Alterseffekte stabil bleiben. Politisches Interesse weist nach der Kontrolle von Bildung in Westdeutschland einen geringen Effekt auf den Erwerb einer Parteiidentifikation auf, nicht aber auf die Stärke oder die Begründung der Parteibindung. Da das politische Interesse mit steigender Bildung sehr stark zunimmt, überrascht dieses Ergebnis kaum. Im Vergleich der Größe der Effekte zeigt sich, dass das Alter die Existenz der Parteiidentifikation, ihre Stärke und die Begründung der Parteiidentifikation etwas stärker beeinflusst als Bildung und politisches Interesse, auch wenn die Modelle insgesamt eine verschwindend geringe Erklärungskraft besitzen ($R^2$ zwischen 1 und 7 Prozent). Für Ostdeutschland ist nur das Modell für das Vorhandensein einer Parteiidentifikation signifikant, besitzt jedoch ebenfalls sehr geringe Erklärungskraft. Auch hier bleibt bei Kontrolle von Bildung und politischem Interesse ein eigenständiger Alterseffekt erhalten.

*Tabelle 5:* Alterseffekte, Bildung und politisches Interesse 2002[a]

| | Partei-identifikation | | Stärke PI | | affektive PI | | situative PI | | habituelle PI | |
|---|---|---|---|---|---|---|---|---|---|---|
| | b | beta | b | beta | b | beta | b | beta | b | beta |
| | | | | | Westdeutschland | | | | | |
| Alter | 0,00 | 0,17*** | 0,01 | 0,15*** | 0,02 | 0,27*** | -0,01 | -0,07* | 0,01 | 0,12*** |
| Bildung | 0,05 | 0,10*** | 0,09 | 0,10** | 0,15 | 0,13*** | ns | ns | -0,13 | -0,09** |
| Interesse | 0,05 | 0,10*** | ns | ns | ns | ns | ns | ns | ns | ns |
| korr. R² | 0,04*** | | 0,02*** | | 0,07*** | | 0,01* | | 0,03*** | |
| N | 1.989 | | 1.423 | | 1.405 | | 1.337 | | 1.355 | |
| | | | | | Ostdeutschland | | | | | |
| Alter | 0,00 | 0,10** | ns | ns | 0,01 | 0,11* | ns | ns | ns | ns |
| Bildung | 0,07 | 0,10** | ns | ns | ns | ns | ns | ns | -0,24 | -0,17** |
| Interesse | 0,03 | 0,07* | 0,08 | 0,10* | ns | ns | ns | ns | ns | ns |
| korr. R² | 0,02*** | | ns | | ns | | ns | | ns | |
| N | 981 | | 544 | | 533 | | 501 | | 497 | |

*** $p < 0,001$; ** $p < 0,01$; * $p < 0,05$; ns = nicht signifikant.

a Für die abhängige Variable Parteiidentifikation (PI ja/nein) wurde zusätzlich eine logistische Regression durchgeführt. Die Ergebnisse der logistischen Regression weisen die gleiche Struktur und ähnliche Effekte auf wie die Ergebnisse der in der Tabelle ausgewiesenen linearen Regression. Um die Ergebnisse der Regressionen der verschiedenen abhängigen Variablen besser vergleichen zu können, werden in der Tabelle die Ergebnisse der linearen Regression ausgewiesen.

## 6. Stabilität von Parteibindungen bei jungen Erwachsenen

In den vorangegangenen Kapiteln wurde untersucht, ob sich verschiedene Altersgruppen im Niveau, in der Intensität und in der Begründung ihrer Parteiidentifikation unterscheiden. Allerdings sind auf Basis der Zeitreihe 1972-2002 nur Aussagen über die Effekte und die Veränderungen im Aggregat möglich. Bislang durchgeführte Panelanalysen beobachteten in jüngeren Alterskohorten eine geringere Stabilität der Parteiidentifikation auf Individualebene als in älteren Alterskohorten (Schmitt-Beck/Weick 2001). Zur Überprüfung der Stabilität der Parteibindungen auf Individualebene wird nun auf Paneldaten aus den Jahren 1994, 1998 und 2002 zurückgegriffen.

Die Stabilität der individuellen Parteiidentifikation wird für drei Zeitspannen berechnet: für die Zeitspanne 1994-1998, 1998-2002 und 1994-2002. Für die Analysen wird die Parteiidentifikation einer Person als stabil bezeichnet, wenn sie 1994 und 1998 bzw. 1998 und 2002 auf die Frage nach der Parteiidentifikation dieselbe Antwort gegeben hat (d.h. in beiden Wellen die gleiche Partei genannt wurde).[7] Stabile Nicht-Identifikation wird nicht als Stabilität der Parteiidentifikation gewertet, da nur die Stabilität einer vorhandenen Parteibindung untersucht werden soll. Für den Zeitraum 1994-2002 wurden alle Personen als stabile Parteiidentifizierer klassifiziert, die in allen drei Panelwellen eine Bindung an dieselbe Partei angegeben hatten.

Wie zu erwarten, ist die Parteiidentifikation in Westdeutschland stabiler als in Ostdeutschland (Tabelle 6). Die „Haltequoten" liegen in Ostdeutschland etwa zehn Prozentpunkte unter jenen in Westdeutschland. Im Vierjahreszeitraum behalten in Westdeutschland immerhin 51 bis 64 Prozent der Befragten ihre Parteiidentifikation bei, in Ostdeutschland sind dies nur 46 bis 55 Prozent. Und selbst über alle drei Wellen hinweg bleiben 38 Prozent der Westdeutschen und 30 Prozent der Ostdeutschen ihrer Partei treu. Andererseits heißt dies auch, dass über 60 Prozent der Parteiidentifizierer in Westdeutschland und 70 Prozent in Ostdeutschland ihre Parteiidentifikation innerhalb von acht Jahren ändern oder die Bindung an eine Partei verlieren, obwohl es sich bei der Parteiidentifikation um eine langfristig stabile Bindung an eine Partei handeln soll, die – einmal erworben – nur in Krisenzeiten geändert wird.

Sowohl in den alten als auch den neuen Bundesländern unterscheiden sich die Alterskohorten hinsichtlich der Stabilität in den Zeiträumen 1994-1998 und 1994-2002. Das Alter hat in diesen Fällen moderate und signifikante Effekte auf die Stabilität der Parteiidentifikation. Mit zunehmendem Alter stabilisiert sich die Parteiidentifikation. Im Zeitraum 1998-2002 hatte das Alter hingegen in Ostdeutschland keinen Effekt auf die Stabilität der Parteibindung. In Westdeutschland kann zwar ein Alterseffekt identifiziert werden, der Effekt ist jedoch kurvilinear: Die Stabili-

---

7    Damit werden allerdings auch Personen als stabile Parteiidentifizierer erfasst, die zwischen den beiden Panelwellen ihre Parteibindung änderten und anschließend wieder zu ihrer Ursprungspartei zurückkehrten.

tät ist in der jüngsten und der ältesten Alterskohorte am größten, während die 31-
bis 60-Jährigen geringere Haltequoten aufweisen.

*Tabelle 6:* Stabilität der Parteiidentifikation (Haltequoten in Prozent)[a]

|  | 1994-1998 | 1998-2002 | 1994/1998/2002 |
|---|---|---|---|
|  | Westdeutschland | | |
| 16-30 Jahre | 44,2 | 68,6 | 34,0 |
| 31-45 Jahre | 45,8 | 62,1 | 32,0 |
| 46-60 Jahre | 62,5 | 56,5 | 43,9 |
| > 60 Jahre | 61,0 | 76,2 | 55,2 |
| Gesamt | 51,3 | 64,4 | 38,4 |
| N | 503 | 531 | 490 |
| eta | 0,17* | 0,13* | 0,16** |
| Pearson's r | 0,15*** | ns | 0,14** |
|  | Ostdeutschland | | |
| 16-30 Jahre | 40,4 | 60,6 | 21,5 |
| 31-45 Jahre | 44,6 | 49,6 | 28,4 |
| 46-60 Jahre | 51,1 | 53,2 | 35,6 |
| > 60 Jahre | 55,5 | 58,7 | 42,7 |
| Gesamt | 46,2 | 55,3 | 29,6 |
| N | 801 | 816 | 780 |
| eta | 0,11* | ns | 0,16*** |
| Pearson's r | 0,11** | ns | 0,16*** |

*** p < 0,001; ** p < 0,01; * p < 0,05; ns = nicht signifikant.
a In die Analysen wurden nur Fälle einbezogen, die für die jeweiligen Jahre entweder eine Partei nannten oder ,keine PI' angaben. Fälle, die bei einer Welle ,weiß nicht' oder ,Antwort verweigert' aufweisen, wurden von den Analysen ausgeschlossen. Die Prozentwerte in der Tabelle geben den Anteil
der Befragten an, die in den jeweiligen Wellen eine Parteineigung für dieselbe Partei angaben. Die
Bildung der Altersgruppen erfolgte aufgrund der Altersangabe für 1994.
Quelle: DNW Panel 1994-2002; N = 1.423 (Befragte in allen drei Panelwellen); Gewichtung mit cgges
(Repräsentativgewicht für getrennte Analysen für Ost- und Westdeutschland); Ost-West-Trennung
mit asplitwo (Ost-West-Split der ersten Welle); eigene Berechnungen.

Auch nach Kontrolle des politischen Interesses und der Bildung bleiben in West-
und Ostdeutschland die Effekte des Alters auf die Stabilität der Parteiidentifikation
für die Zeiträume 1994-1998 und 1998-2002 erhalten (Tabelle 7). Wie zuvor im
Querschnitt zeigt sich wiederum, dass das politische Interesse bei gleichzeitiger
Kontrolle von Bildung keinen signifikanten Effekt auf die Stabilität der Parteiidentifikation hat.

Die Parteibindung von älteren, hoch gebildeten Personen ist in Ost- und
Westdeutschland 1994-1998 und in Westdeutschland zwischen 1994-2002 stabiler
als die von jüngeren und weniger gebildeten Personen. Dabei haben das Alter und
die Bildung ähnlich starke Effekte auf die Stabilität der Parteiidentifikation. In
Ostdeutschland unterscheidet sich die Stabilität 1994-2002 nur nach dem Alter,
nicht jedoch nach Bildung und politischem Interesse. Damit werden die Ergebnisse
der bivariaten Analysen bestätigt.

*Tabelle 7:*   Stabilität der Parteiidentifikation: Alterseffekte bei Kontrolle von
Bildung und politischem Interesse 1994-2002[a,b]

|  | 1994-1998 | | 1998-2002 | | 1994/1998/2002 | |
|---|---|---|---|---|---|---|
|  | b | beta | b | beta | b | beta |
|  | Westdeutschland | | | | | |
| Alter | 0,01 | 0,23*** | ns | ns | 0,01 | 0,21*** |
| Bildung | 0,13 | 0,21*** | 0,06 | 0,11* | 0,14 | 0,23*** |
| Interesse | ns | ns | ns | ns | ns | ns |
| korr. $R^2$ | 0,06*** | | ns | | 0,06*** | |
| N | 495 | | 524 | | 483 | |
|  | Ostdeutschland | | | | | |
| Alter | 0,00 | 0,11** | ns | ns | 0,01 | 0,18*** |
| Bildung | 0,06 | 0,09* | ns | ns | ns | ns |
| Interesse | ns | ns | ns | ns | ns | ns |
| korr. $R^2$ | 0,01* | | ns | | 0,02*** | |
| N | 766 | | 779 | | 745 | |

*** $p < 0,001$; ** $p < 0,01$; * $p < 0,05$; ns = nicht signifikant.

a  Für die Stabilität der Parteiidentifikation wurde zusätzlich eine logistische Regression durchgeführt.
Die Ergebnisse der logistischen Regression weisen die gleiche Struktur und ähnliche Effekte auf wie
die Ergebnisse der in der Tabelle ausgewiesenen linearen Regression.

b  In die Analysen wurden nur Fälle einbezogen, die für die jeweiligen Jahre entweder eine Partei nannten oder „keine PI" angaben. Fälle, die bei einer Welle „weiß nicht" oder „Antwort verweigert" aufweisen, wurden von den Analysen ausgeschlossen. Die Prozentwerte in der Tabelle geben den Anteil
der Befragten an, die bei den jeweiligen Wellen eine Parteineigung für dieselbe Partei angaben. Die
Bildung der Altersgruppen erfolgte aufgrund der Angaben für 1994, gleiches gilt für die Codierung
der Bildung und des politischen Interesses.

Quelle: DNW Panel 1994-2002; N = 1.423 (Befragte in allen drei Panelwellen); Gewichtung mit cgges
(Repräsentativgewicht für getrennte Analysen für Ost- und Westdeutschland); Ost-West-Trennung
mit asplitwo (Ost-West-Split der ersten Welle); eigene Berechnungen.

## 7. Fazit

Vor dem Hintergrund der Debatte über das Dealignment in zahlreichen westlichen
Demokratien und der damit möglicherweise einhergehenden zunehmenden Volatilität des Wählerverhaltens sowie den größeren Wahlchancen von populistischen
und Extremparteien sollte in diesem Beitrag die Frage beantwortet werden, inwieweit sich junge und ältere Personen in ihrer Parteiidentifikation unterscheiden.

Der Anteil der Parteiidentifizierer und die Intensität der Parteiidentifikation
sind in den vergangenen 30 Jahren zurückgegangen. Jedoch lassen sich diese Veränderungen nur zum Teil auf ein verändertes Verhältnis junger Erwachsener zu
den Parteien zurückführen. Die Parteiidentifikation und deren Intensität nehmen
über den Zeitraum hinweg in allen Altersgruppen ab. Doch vollzog sich der Wandel bei den bis 30-Jährigen schneller als bei den Älteren. Des Weiteren unterscheiden sich in den alten Bundesländern an allen Erhebungszeitpunkten die 16- bis 27-
Jährigen, seit den 1990er Jahren die 16- bis 31-Jährigen deutlich von den älteren
Alterskohorten. Bei den bis 30-Jährigen haben weniger Personen eine Parteiidenti-

fikation ausgebildet als in den älteren Generationen. Zusammenfassend kann festgehalten werden, dass in Westdeutschland neben dem allgemeinen Rückgang der Parteibindungen die Schere zwischen den Parteibindungen der Jungen und Älteren – wenn auch sehr langsam – weiter auseinander geht.

Die Ostdeutschen haben nach einem kurzen „Hoch" direkt nach der Vereinigung weitaus weniger und schwächere Parteibindungen als die Westdeutschen. Auf niedrigem Niveau gibt es, wenn überhaupt, nur geringe Unterschiede zwischen jüngeren und älteren Bürgern. Dies lässt die neuen Bundesländer anfälliger für Volatilität und auch für den Erfolg von populistischen Parteien erscheinen.

Jüngere und ältere Kohorten unterscheiden sich jedoch nicht nur hinsichtlich der Häufigkeit und der Intensität ihrer Parteiidentifikation, sondern sie begründen ihre Parteibindung auch anders. Westdeutsche junge Erwachsene charakterisieren ihre Parteineigung seltener als affektive oder habituelle und häufiger als situative Bindung an eine politische Partei als ältere Personen. Diese Alterseffekte bleiben auch nach Kontrolle von Bildung und politischem Interesse bestehen.

Wie erwartet ist die Parteibindung älterer Kohorten stabiler als die junger Erwachsener. Und in Westdeutschland sind die „Haltequoten" höher als in Ostdeutschland. Da keine Aussage getroffen werden kann, ob es sich dabei um einen Generationen- oder um einen Lebenszykluseffekt handelt, kann nicht prognostiziert werden, ob die Stabilität der Parteiidentifikation auf der Individualebene in den nächsten Jahren abnehmen wird (falls es sich um Generationeneffekte handelt), oder ob die Stabilität in den jüngeren Kohorten im Lebensverlauf auf das Niveau der jetzigen Älteren steigen wird. Aufgrund der abnehmenden Intensität der Parteineigung ist aber zu vermuten, dass dies auf längere Sicht zu einem Absinken der Stabilität der Parteiidentifikation führen wird.

Zu Beginn des neuen Jahrtausends identifizieren sich immer noch ca. 70 Prozent der Westdeutschen und über die Hälfte der Ostdeutschen mit einer politischen Partei – und das relativ stabil. Noch kann man nicht von „ungebundenen" Jugendlichen sprechen, allerdings fühlen sich nur noch knapp über die Hälfte der ostdeutschen Jugendlichen und 60 bis 65 Prozent der westdeutschen Jugendlichen an eine Partei gebunden. Die Schere zwischen jüngeren und älteren Bürgern geht langsam auseinander. In naher Zukunft ist zwar nicht mit einem plötzlichen Anstieg der Volatilität oder mit einer größeren Anfälligkeit des Parteiensystems (auf Bundesebene!) für populistische oder Extremparteien zu rechnen. Die Analysen lassen jedoch die Fortsetzung des Trends und damit mittelfristig ein weiteres Abschmelzen der Parteibindungen der Bürger und insbesondere der Jugendlichen vermuten. Die etablierten Parteien werden neue Strategien entwickeln müssen, wie sie die jüngeren Bürger an sich binden können.

## Anhang

*Parteiidentifikation*
Viele Leute neigen in der Bundesrepublik längere Zeit einer bestimmten Partei zu, obwohl sie auch ab und zu eine andere Partei wählen. Wie ist das bei Ihnen: Neigen Sie – ganz allgemein gesprochen – einer bestimmten Partei zu? Wenn ja, welcher?
Recodierung: Antworten mit Nennung einer Partei wurden recodiert: 1 = habe eine PI, 0 = neige keiner Partei zu.

*Stärke der Parteiidentifikation*
Falls bei der Frage nach der Parteiidentifikation eine Partei genannt wurde: Wie stark oder wie schwach neigen Sie, alles zusammengenommen, dieser Partei zu? Neigen Sie ihr sehr stark, stark, mittelmäßig, schwach oder sehr schwach zu?
Die Antworten wurden codiert zu: -2 = sehr schwache PI, -1 = schwache PI, 0 = mittelmäßige PI, 1 = starke PI, 2 = sehr starke PI.

*Komponenten der Parteiidentifikation*
Befragten, die bei der Frage nach der Parteiidentifikation angaben, über eine Parteibindung zu verfügen, wurde im Anschluss folgende Frage gestellt: Wir möchten in unserer Untersuchung gerne herausfinden, was die Leute meinen, wenn sie sagen, sie neigen einer bestimmten Partei eher zu oder stehen ihr näher als den anderen Parteien. Würden Sie mir bitte anhand dieser Skala sagen, wie stark die hier aufgeführten Meinungen auf Sie zutreffen.

*a) Affektive Parteiidentifikation*
Mir bedeutet diese Partei sehr viel. Es ist mir nicht gleichgültig, was mit ihr passiert.
Antworten auf einer Skala von 1 = trifft überhaupt nicht zu bis 5 = trifft voll und ganz zu.

*b) Situative Parteiidentifikation*
Additiver Index aus „Die Partei an sich bedeutet mir weniger, aber sie hat zur Zeit die besseren Politiker" und „Die Partei an sich bedeutet mir weniger, aber sie macht zur Zeit die bessere Politik". Nach der Addition wurde durch 2 dividiert und anschließend gerundet. Antwortskala von 1 = überhaupt keine situative PI bis 5 = sehr starke situative PI.

*c) Habituelle Parteiidentifikation*
Ich fühle mich dieser Partei nicht besonders verbunden, allerdings habe ich sie in der Vergangenheit oft gewählt.
Antworten auf einer Skala von 1 = trifft überhaupt nicht zu bis 5 = trifft voll und ganz zu.

*Profil der Parteiidentifikation*
Zur Bildung des Profils der Parteiidentifikation wurden zunächst für die affektive, situative und habituelle Parteiidentifikation nur die Antwortalternativen „trifft zu" und „trifft voll und ganz zu" berücksichtigt. Die Antwortalternativen „teils/teils", „trifft nicht zu" und „trifft überhaupt nicht zu" wurden zu „keine affektive PI" bzw. zu „keine situative PI" und „keine habituelle PI" recodiert.
Die Profile ergeben sich aus den möglichen Kombinationen aus „affektive PI ja/nein", „situative PI ja/nein" und „habituelle PI ja/nein" (Abbildung 1).

*Bildung: Schulabschluss*
Welchen allgemeinbildenden Schulabschluss haben Sie? Sagen Sie es mir bitte anhand dieser Liste. (Falls Angabe „Schüler" wurde weiter gefragt, welcher Schulabschluss angestrebt wird.)
Die Antworten wurden codiert zu einer Skala von 1 = kein Abschluss bis 4 = Abitur/Fachhochschulreife/Hochschulabschluss.

*Politisches Interesse*
Wie stark interessieren Sie sich für Politik?
Die Antworten wurden codiert zu einer Skala von 1 = sehr schwach bis 5 = sehr stark.

## Literatur

Abramson, Paul R. (1976): Generational Change and the Decline of Party Identification in America: 1952-1974. In: American Political Science Review 70, 469-478.

Abramson, Paul R. (1979): Developing Party Identification: A Further Examination of Life-Cycle, Generational, and Period Effects. In: American Journal of Political Science 23, 78-96.

Belknap, George/Campbell, Angus (1952): Political Party Identification and Attitudes toward Foreign Policy. In: Public Opinion Quarterly 15, 601-623.

Bluck, Carsten/Kreikenbom, Henry (1991): Die Wähler in der DDR: Nur issue-orientiert oder auch parteigebunden? In: Zeitschrift für Parlamentsfragen 22, 495-502.

Bluck, Carsten/Kreikenbom, Henry (1993): Quasiparteibindung und Issues – zur Mehrdimensionalität der Einflußfaktoren im Wahlverhalten Jenaer Bürger. In: Gabriel, Oscar W./Troitzsch, Klaus G. (Hrsg.): Wahlen in Zeiten des Umbruchs. Frankfurt a.M.: Peter Lang, 455-470.

Campbell, Angus/Converse, Philip E./Miller, Warren E./Stokes, Donald E. (1960): The American Voter. New York: Wiley.

Campbell, Angus/Gurin, Gerald/Miller, Warren E. (1954): The Voter Decides. Evanston, Ill/White Plains, NY: Row, Peterson and Company.

Claggett, William (1981): Partisan Acquisition Versus Partisan Intensity: Life-Cycle, Generation, and Period Effects, 1952-1976. In: American Journal of Political Science 25, 193-214.

Converse, Philip E. (1969): Of Time and Partisan Stability. In: Comparative Political Studies 2, 139-171.

Dalton, Russell J. (1996): Citizens Politics. Public Opinion and Political Parties in Advanced Western Democracies. 2nd Edition. Chatham: Chatham House Publishers.

Falter, Jürgen W. (1977): Einmal mehr: Läßt sich das Konzept der Parteiidentifikation auf deutsche Verhältnisse übertragen? In: Kaase, Max (Hrsg.): Wahlsoziologie heute. Politische Vierteljahresschrift Sonderheft 18. Opladen: Westdeutscher Verlag, 476-500.

Falter, Jürgen W./Schoen, Harald/Caballero, Claudio (2000): Dreißig Jahre danach: Zur Validierung des Konzepts ‚Parteiidentifikation' in der Bundesrepublik. In: Klein, Markus/Jagodzinski, Wolfgang/Mochmann, Ekkehard/Ohr, Dieter (Hrsg.): 50 Jahre empirische Wahlforschung in Deutschland. Entwicklung, Befunde, Perspektiven, Daten. Wiesbaden: Westdeutscher Verlag, 235-271.

Gille, Martina/Krüger, Winfried/Rijke, Johann de/Willems, Helmut (1997): Politische Orientierungen, Werthaltungen und die Partizipation Jugendlicher: Veränderungen und

Trends in den 90er Jahren. In: Palentien, Christian/Hurrelmann, Klaus (Hrsg.): Jugend und Politik. Neuwied u.a.: Luchterhand, 148-177.

Gluchowski, Peter (1978): Parteiidentifikation im politischen System der Bundesrepublik Deutschland. Zum Problem der empirischen Überprüfung eines Konzepts unter variierten Systembedingungen. In: Oberndörfer, Dieter (Hrsg.): Wählerverhalten in der Bundesrepublik Deutschland. Studien zu ausgewählten Problemen der Wahlforschung aus Anlaß der Bundestagswahl 1976. Berlin: Duncker & Humblot, 265-323.

Gluchowski, Peter (1983): Wahlerfahrung und Parteiidentifikation. Zur Einbindung von Wählern in das Parteiensystem der Bundesrepublik. In: Kaase, Max/Klingemann, Hans-Dieter (Hrsg.): Wahlen und politisches System. Analysen aus Anlaß der Bundestagswahl 1980. Opladen: Westdeutscher Verlag, 442-477.

Gluchowski, Peter/Plasser, Fritz (1999): Zerfall affektiver Parteibindungen in Deutschland und Österreich: Vergleichende Trend-Analysen. In: Plasser, Fritz/Gabriel, Oscar W./ Falter, Jürgen W./Ulram, Peter A. (Hrsg.) (1999): Wahlen und politische Einstellungen in Deutschland und Österreich. Frankfurt a.M.: Peter Lang, 3-29.

Hoffmann-Lange, Ursula (1992): Politisches Interesse. In: Deutsches Jugendinstitut (Hrsg.): Schüler an der Schwelle zur Deutschen Einheit. Politische und persönliche Orientierungen in Ost und West. Opladen: Leske + Budrich, 42-45.

Hoffmann-Lange, Ursula (1995a): Politische Grundorientierungen. In: Dies. (Hrsg.): Jugend und Demokratie in Deutschland, DJI-Jugendsurvey 1. Opladen: Leske + Budrich, 159-194.

Hoffmann-Lange, Ursula (1995b): Einleitung. In: Dies. (Hrsg.): Jugend und Demokratie in Deutschland, DJI-Jugendsurvey 1. Opladen: Leske + Budrich, 13-21.

Hoffmann-Lange, Ursula (2003): Stichwort „Jugend und Politik". In: Andersen, Uwe/Woyke, Wichard (Hrsg.): Handwörterbuch des politischen Systems der Bundesrepublik Deutschland. 3., überarbeitete Auflage. Opladen: Leske + Budrich, 262-266.

Hoffmann-Lange, Ursula/Gille, Martina/Schneider, Helmut (1993): Das Verhältnis von Jugend und Politik in Deutschland. In: Aus Politik und Zeitgeschichte. Beilage zur Wochenzeitung „Das Parlament", B. 19, 3-12.

Jennings, M. Kent/Niemi, Richard G. (1975): Continuity and Change in Political Orientations: A Longitudinal Study of Two Generations. In: American Political Science Review 69, 1316-1335.

Jennings, M. Kent/Stoker, Laura (2001): The Persistence of the Past: The Class of 1965 Turns Fifty. Working Paper 2001-16. Berkeley: University of California, Institute of Governmental Studies. www.igs.berkeley.edu/publications/workingpapers/wp2001-16.pdf, zugegriffen am 30.08.2004.

Jennings, M. Kent/Stoker, Laura/Bowers, Jake (2001): Politics Across Generations: Family Transmission Reexamined. Working Paper 2001-15. Berkeley: University of California, Institute of Governmental Studies. www.igs.berkeley.edu/publications /workingspapers/wp2001-15.pdf, zugegriffen am 30.08.2004.

Klingemann, Hans-Dieter/Wattenberg, Martin P. (1990): Zerfall und Entwicklung von Parteiensystemen. Ein Vergleich der Vorstellungsbilder von den politischen Parteien in den Vereinigten Staaten von Amerika und der Bundesrepublik Deutschland. In: Klingemann, Hans-Dieter/Kaase, Max (Hrsg.): Wahlen und Wähler. Analysen aus Anlaß der Bundestagswahl 1987. Opladen: Westdeutscher Verlag, 325-344.

Kürten, Karin/Heiliger, Christian/Hofmann, Walter (1995): Die IBM Jugendstudie. Politik. In: IBM-Jugendstudie/Institut für empirische Psychologie (Hrsg.): „Wir sind o.k.!" Stimmungen, Einstellungen, Orientierungen der Jugend in den 90er Jahren. Köln: Bund-Verlag, 104-109.

Metje, Matthias (1994): Wählerschaft und Sozialstruktur im Generationenwechsel. Eine Generationenanalyse des Wahlverhaltens bei Bundestagswahlen. Wiesbaden: Deutscher Universitätsverlag.

Mößner, Alexandra (2001): Parteiidentifikation im vereinigten Deutschland. Eine Analyse der Stabilität der Parteiidentifikation bei verschiedenen Typen von Parteiidentifizierern. Stuttgart: Unveröff. Magisterarbeit.

Olk, Thomas (1985): Zur Entstrukturierung der Jugendphase. In: Heid, Helmut/Klafki, W. (Hrsg.): Arbeit – Bildung – Arbeitslosigkeit. Weinheim: Beltz, 290-307.

Palentien, Christian/Hurrelmann, Klaus (1997): Veränderte Jugend – veränderte Formen der Beteiligung Jugendlicher? In: Dies. (Hrsg.): Jugend und Politik. Ein Handbuch für Forschung, Lehre und Praxis. Neuwied u.a.: Luchterhand, 11-29.

Rattinger, Hans (1996): Parteiidentifikation in Ost- und Westdeutschland nach der Vereinigung. In: Niedermayer, Oskar/Beyme, Klaus von (Hrsg.): Politische Kultur in Ost- und Westdeutschland. Opladen: Leske + Budrich, 77-104.

Rattinger, Hans (2000): Die Bürger und ihre Parteien. In: Falter, Jürgen W./Gabriel, Oscar W./Rattinger, Hans (Hrsg.): Wirklich ein Volk? Die politischen Orientierungen von Ost- und Westdeutschen im Vergleich. Opladen: Leske + Budrich, 209-240.

Schmitt-Beck, Rüdiger/Weick, Stefan (2001): Die dauerhafte Parteiidentifikation – nur noch ein Mythos? Eine Längsschnittanalyse zur Identifikation mit politischen Parteien in West- und Ostdeutschland. In: Informationsdienst Soziale Indikatoren 26, 1-5.

Taylor, Shelley E./Peplau, Letitia Anne/Sears, David O. (1994): Social Psychology. 8. Auflage. Englewood Cliffs, N.J.: Prentice Hall.

Werner, Tim C. (2003): Wählerverhalten bei der Bundestagswahl 2002 nach Geschlecht und Alter. In: Wirtschaft und Statistik 3/2003, 171-188.

Wiesendahl, Elmar (2001): Keine Lust mehr auf Parteien. Zur Abwendung Jugendlicher von den Parteien. In: Aus Politik und Zeitgeschichte Beilage zur Wochenzeitung „Das Parlament", B 10, 7-19.

# Parteibindungen bei jungen und älteren Erwachsenen in Westdeutschland

*Ulrich Eith*

## 1. Einleitung und Fragestellung

Das Wählerverhalten der vergangenen 15 Jahre in der Bundesrepublik Deutschland ist weitaus stärker durch Wechselbewegungen und Brüche als durch Kontinuität gekennzeichnet. Bei der ersten gesamtdeutschen Bundestagswahl 1990 konnte die Union mit Helmut Kohl, dem Kanzler der soeben vollzogenen Einheit, einen beeindruckenden Wahlsieg erringen. Damit geriet zunächst in Vergessenheit, dass Kohl noch ein Jahr zuvor selbst bei seinen eigenen Anhängern keineswegs unumstritten war. Bereits bei der Bundestagswahl 1994 verlor die Union in der Wählergunst und wurde 1998 als erste amtierende Bundesregierung der Nachkriegszeit direkt abgewählt. Doch auch bei den Sozialdemokraten und ihrem Kanzler Gerhard Schröder währte die Freude über den Wahlsieg nur kurz. Seit 1999 ging eine ganze Reihe wichtiger Landtagswahlen mit zum Teil zweistelligen Verlustraten für die SPD verloren (Oberndörfer/Mielke/Eith 1999, 2003, 2004). Ganze Segmente der sozialdemokratischen Kernanhängerschaft in den unteren Mittelschichten brachen weg, weil sie sich mit dem wirtschaftsfreundlichen Kurs der „Neuen Mitte" und später dem Reformkonzept „Agenda 2010" letztlich nicht identifizieren konnten. Und auch die Bundestagswahl 2002 konnte Schröder nur denkbar knapp mit wenigen tausend Stimmen Vorsprung vor allem im Osten gewinnen.

Angesichts dieser Entwicklungen wird im Folgenden der Frage nachgegangen, ob die andauernden Pendelbewegungen im Wählerverhalten eine Entsprechung auf der Ebene der längerfristigen Parteibindungen aufweisen. Herangezogen werden Daten von 1994, 1998 und 2002, die jeweils in kurzer zeitlicher Distanz zu den Terminen der Bundestagswahlen, also zu Zeitpunkten höchster Mobilisierung durch die bundesweiten Wahlkämpfe, erhoben wurden.

Die Untersuchung der Parteibindungen erfolgt mit einer doppelten analytischen Fragestellung. Zum einen gilt es, eventuelle Differenzen zwischen den Generationen in den Blick zu nehmen. Unterscheiden sich Jugendliche beziehungsweise junge Erwachsene hinsichtlich der Ausprägung von Parteibindungen systematisch von älteren Jahrgängen? Aus datentechnischen Gründen und zur Gewährleistung ausreichender Fallzahlen lassen sich hierzu für Westdeutschland die Gruppen von 16 bis 30 Jahre und über 30 Jahre gegenüberstellen. Für Ostdeutschland muss auf eine entsprechende Analyse aufgrund zu geringer Fallzahlen verzichtet werden. Zum anderen soll untersucht werden, ob und inwieweit sich – wiederum nach Altersgruppen getrennt – Personen mit Parteibindungen von solchen ohne Parteibindungen unterscheiden. In Anknüpfung an eine frühere Untersuchung zur Bundestagswahl 1998 (Eith/Mielke 2000) werden als unabhängige Variablen Einstellungen zur Gesellschaftsordnung und zur Demokratie, Einstellungen zum staatlichen Output sowie – soweit verfügbar – wohlfahrtsstaatliche Einstellungen herangezogen. Gibt es Hinweise darauf, dass die Parteien ihrem Integrationsauftrag nicht mehr ausreichend gerecht werden? Lassen sich Anzeichen ausmachen, die auf eine Emanzipation politisch Interessierter und Informierter von den Parteien hindeuten? Gibt es Unterschiede zwischen den Altersgruppen hinsichtlich eventueller Abkopplungsprozesse von den Parteien?

Die nachfolgenden empirischen Berechnungen beruhen auf den Nationalen Wahlstudien, die von Falter, Gabriel und Rattinger konzipiert und durchgeführt wurden. Aufbereitet und zugänglich gemacht wurden die Daten vom Zentralarchiv für Empirische Sozialforschung (ZA) der Universität zu Köln. Für die nachfolgende Datenanalyse wurden die Daten nach den Vorgaben der Primärforscher repräsentativ gewichtet. Weder das Zentralarchiv noch die genannten Primärforscher tragen eine Verantwortung für die hier präsentierten Untersuchungsergebnisse.

## 2. Parteibindungen: theoretisches Konzept, altersspezifische Ausprägung und Ansatzpunkte der empirischen Analyse

Das Konzept der Parteibindungen (Parteineigungen, Parteiidentifikationen) bildet das Kernstück des sozialpsychologischen Erklärungsmodells des Wählerverhaltens, wie es von Campbell und seinen Mitarbeitern an der University of Michigan, Ann Arbor, in den 1950er Jahren entwickelt wurde (Campbell u.a. 1960: 18ff., 120ff.; Campbell/Gurin/Miller 1954; Eith/Mielke 2000; Falter/Schoen/Caballero 2000). Demnach wird die Parteibindung als längerfristig stabile emotionale Bindung an eine Partei angesehen. Sie wirkt als Filter bei der Aufnahme politischer Informationen und beeinflusst die individuelle politische Urteilsbildung. Wahlentscheidungen fallen im Zusammenspiel der für längere Zeiträume stabilen Parteibindung mit zwei Kurzzeitfaktoren: der Bewertung der zur Wahl stehenden Kandidaten sowie der Einschätzung der programmatischen Positionen und Kompetenzen der Parteien hinsichtlich aktueller politischer Sachfragen. Bei einem möglichen Konflikt zwischen der Parteibindung und den beiden Kurzzeitfaktoren Kandidaten und politische Sachfragen kann die aktuelle Wahlentscheidung durchaus auch einmal entgegengesetzt zur vorhandenen Parteibindung ausfallen. Gemäß den Modellvorstellungen sollte diese sich längerfristig jedoch wieder durchsetzen.

Nach dem ursprünglichen Ann-Arbor-Modell wird die Parteibindung im Allgemeinen während der politischen Sozialisation in der Familie erworben und stabilisiert sich mit zunehmender Wahlerfahrung (Converse 1969: 145ff.; Gluchowski 1983: 448f.). Neuere Forschungen haben jedoch sowohl die Annahme lebenslang stabiler Parteibindungen als auch den Stellenwert des familiären Einflusses auf die Ausprägung relativiert. Gravierende politische Erfahrungen oder Umorientierungen können durchaus zur Auflösung vorhandener individueller Parteibindungen und eventuell auch zu einer späteren Neuausbildung führen. Es liegt auf der Hand, dass mit zunehmendem Alter hierbei weniger früheren politischen Sozialisationseinflüssen als vielmehr den eigenen politischen Erfahrungen und der Orientierung an aktuellen politischen Themen ein zentraler Stellenwert zukommt (Niemi/Jennings 1991).

Damit wird die Parteibindung, die im ursprünglichen Modell als Ergebnis eines politischen Sozialisierungsprozesses und als stark emotionale, gegenüber rationalen Erwägungen eher resistente Größe angesehen wurde (Küchler 1980: 287), ihrerseits zur mittelfristig wandelbaren und zudem auch zur stärker kognitive Bewertungsprozesse widerspiegelnden Variablen. Dergestalt kann sie dann auch in den theoretischen Rahmen von Rational-Choice-Analysen gestellt werden, insbesondere wenn diese die Wahlentscheidung in der Nachfolge von Downs unter den – realitätsgerechten – Bedingungen von Unsicherheit und unvollständiger Information untersuchen (Downs 1968; Eith 1997: 34ff.; Fuchs/Kühnel 1994). Die Ausprägung einer Parteibindung lässt sich aus dieser Perspektive als rationale Strategie zur drastischen Reduzierung von Informationskosten ansehen. Sie bleibt solange stabil, wie die „information short cuts" (Thurner 1998: 37ff.) – die von den Parteien beziehungsweise ihren Kandidaten vorgenommenen ideologischen Situationsdeutungen und Positionierungen – zum einen als inhaltlich konsistent und zum anderen als realitätsadäquat und somit glaubwürdig angesehen werden. Ein Bedeutungsverlust traditioneller Parteibindungen führt nun aber keineswegs zwangsläufig zu einer entsprechenden Zunahme taktisch agierender, ihren Nutzen kühl kalkulierender Wähler. Kurzfristige Einflüsse werden möglicherweise zwar bedeutsamer, sie umfassen aber ebenso emotionale Komponenten wie die politische Attraktivität der Kandidaten und Parteien oder auch die Auswirkungen aktueller politischer Stimmungslagen (Falter/Schoen 1999: 468).

Auf die Ausprägung von Parteibindungen wirken somit sowohl familiäre Sozialisationsprozesse als auch individuelle politische Erfahrungen und Bewertungen, seien sie bestärkender oder auch frustrierender Art. Hinzu kommt – durchaus in Kombination oder auch als Ergebnis von Sozialisation und Erfahrung – das grundsätzliche Interesse für Politik. Im statistischen Mittel ist dieses ressourcenabhängig, ein größeres politisches Interesse geht in der Regel einher mit einem höheren Bildungsabschluss beziehungsweise mit einem höheren sozialen Status. Für die nachfolgende empirische Untersuchung und den Vergleich zwischen den Altersgruppen ergeben sich hieraus verschiedene Konsequenzen und Ansatzpunkte.

Unter der Annahme intakter familiärer politischer Sozialisationsprozesse sollten sich die Verteilungen der Parteibindungen bei Jugendlichen beziehungsweise jungen und älteren Erwachsenen nicht gravierend unterscheiden, auch wenn die Ausprägung von Parteibindungen bei Kindern und Eltern hier letztlich nicht direkt miteinander verglichen werden kann. Schreibt man hingegen dem politischen Interesse die entscheidende Bedeutung zu und stellt zudem in Rechnung, dass das politische Interesse – insbesondere für traditionelle institutionalisierte politische Formen und Beteiligungsmöglichkeiten – jüngerer Generationen deutlich unter demjenigen älterer Generationen liegt, kann ein insgesamt geringeres Ausmaß von Parteibindungen bei jungen Erwachsenen daher sowie auch aus Gründen fehlender, habitueller Stabilisierung nicht erstaunen. Zudem sollten in allen Altersgruppen Personen mit Parteibindungen im Durchschnitt einen höheren sozialen Status beziehungsweise einen höheren formalen Bildungsabschluss aufweisen als Personen ohne Parteibindungen. Stellt man hingegen die individuellen politischen Erfahrungen ins Zentrum der Argumentation, werden sich Personen mit und ohne Parteibindungen vor allem durch positivere beziehungsweise negativere Einstellungen zur Politik unterscheiden. Denkbar ist darüber hinaus aber auch, dass die Verteilung der Parteibindungen zwischen den Altersgruppen bereits aufgrund generationenspezifischer politischer Interessen und Politikwahrnehmungen variiert. Verwiesen sei in diesem Zusammenhang auf die Etablierung der Grünen in den frühen 1980er Jahren als Partei der jüngeren Generationen.

Die nachfolgende empirische Analyse wird bei gegebener Datenlage allerdings keinen Nachweis erbringen können, welchem dieser Faktoren – Sozialisation, individuelle Erfahrung, politisches Interesse – letztlich eine größere Bedeutung zukommt beziehungsweise in welchem Verhältnis diese möglicherweise auch miteinander ihre Wirkung entfalten. Die hier vorgenommene Untersuchung hat zunächst vielmehr explorativen Charakter.

## 3.  Parteibindungen und Wählerverhalten

Seit etwa 20 Jahren gehört die Frage nach der grundsätzlichen Parteibindung zum Standardrepertoire der politischen Wahl- und Einstellungsforschung. Entsprechend wurde in den hier einbezogenen Bundestagswahlstudien dieser Indikator in nahezu identischer Form erhoben: „Viele Leute neigen in der Bundesrepublik längere Zeit einer bestimmten Partei zu, obwohl sie auch ab und zu eine andere Partei wählen. Wie ist das bei Ihnen: Neigen Sie – ganz allgemein gesprochen – einer bestimmten Partei zu? Wenn ja, welcher?"

Tabelle 1 enthält das Ausmaß und die Entwicklung der Parteibindungen in Westdeutschland seit 1994 unter Einbeziehung derer, die die Antwort verweigert haben. Befragte mit identischer Parteineigung können als potentielle Stammwählerschaft der entsprechenden Partei angesehen werden. Ausgewiesen werden die Angaben für alle Wahlberechtigten sowie für die Gruppe der 16- bis 30-Jährigen.

Zum Zeitpunkt der Bundestagwahl 1994 bekunden jeweils knapp 30 Prozent der Westdeutschen eine Bindung an eine der beiden großen Volksparteien CDU/CSU und SPD. Knapp ein weiteres Viertel der Befragten gibt an, sich an keine Partei gebunden zu fühlen. Die Grünen können sich auf eine Stammwählerschaft von deutlich über fünf Prozent stützen, die FDP verharrt bei unter drei Prozent. Die Entwicklung bis 2002 verläuft im Wesentlichen stabil, am Ausmaß der Parteibindungen ändert sich kaum etwas. Entsprechend kommen auch andere aktuelle Untersuchungen zu vergleichbaren Größenordnungen, was die Höhe der Parteibindungen angeht. Stets erzielen die beiden großen Parteien im Westen ähnliche Prozentanteile um 30 Prozent (Falter/Schoen/Caballero 2000: 247; Rattinger 2000: 212). Der Anteil der Ungebundenen steigt von 1994 bis 2002 nur geringfügig von 23,1 auf 26,5 Prozent.

*Tabelle 1:* Parteibindungen nach Alter in Westdeutschland 1994, 1998 und 2002 (in Spaltenprozent)[a]

| Parteibindung | 16-30 Jahre | | | Insgesamt | | |
|---|---|---|---|---|---|---|
| | 1994 | 1998 | 2002 | 1994 | 1998 | 2002 |
| CDU/CSU | 22,0 | 18,9 | 21,2 | 28,6 | 31,3 | 28,6 |
| SPD | 18,9 | 19,4 | 21,9 | 26,7 | 26,5 | 28,6 |
| Bündnis '90/Die Grünen | 13,9 | 15,1 | 8,7 | 7,9 | 7,0 | 5,9 |
| FDP | 3,7 | 1,6 | 1,2 | 2,4 | 2,3 | 1,8 |
| PDS | 0,5 | 0,7 | 2,3 | 0,3 | 0,4 | 0,8 |
| Andere Parteien | 2,3 | 2,9 | 0,8 | 1,7 | 1,6 | 0,7 |
| Keine | 35,5 | 35,8 | 38,7 | 23,1 | 24,9 | 26,5 |
| Weiß nicht | 1,3 | 2,9 | 0,0 | 1,4 | 1,5 | 0,7 |
| Keine Angabe/verweigert | 1,9 | 2,7 | 5,2 | 7,9 | 4,5 | 6,4 |
| Summe | 100 | 100 | 100 | 100 | 100 | 100 |
| N | 305 | 478 | 444 | 2.033 | 2.230 | 2.191 |

a Repräsentativgewichtung mit vgges.
Quelle: Deutsche Nationale Wahlstudien 1994, 1998 und 2002; jeweils gepoolte Vor- und Nachwahlbefragung.

Strukturell im Einklang mit der Sozialisationshypothese ergibt sich bei der Gruppe der 16- bis 30-Jährigen ein ebenfalls stabiles Muster, allerdings auf etwas niedrigerem Niveau. Jeweils etwa 20 Prozent der jungen Erwachsenen weisen Bindungen an Union und Sozialdemokraten auf, knapp 40 Prozent rechnen sich den Ungebundenen zu. Lediglich die Grünen können sich bei den jungen Erwachsenen im Unterschied zur Gesamtheit der Befragten auf eine deutlich größere Stammwählerschaft stützen, was als Ausdruck generationenspezifischer Präferenzen gewertet werden kann. Nach den hier zugrunde gelegten Daten bewegen sich die Grünen bei den jüngeren Generationen zwischen 1994 und 2002 um zehn Prozent.

Zwei Punkte gilt es somit, als erstes Zwischenfazit festzuhalten. Zum einen ergibt diese quantitative Betrachtung der Parteibindungen keinen Hinweis auf einen rapiden Verfall. Vielmehr deuten die für 1994, 1998 und 2002 ermittelten Zahlen weitaus eher auf eine ausgeprägte Stabilität hin. Dies trifft sowohl für die Gesamtheit der Befragten als auch auf etwas niedrigerem Niveau für die Gruppe der jungen Erwachsenen zu. Zum anderen ist das hier ermittelte Ausmaß der Bindungen – etwa zwei Drittel der Befragten – deutlich höher, als es in der öffentlichen Diskussion von verschiedenen Meinungsforschungsinstituten mit Werten zwischen 20 und 30 Prozent häufig angegeben wird. Diese Differenzen sind wohl vor allem mit unterschiedlichen Messinstrumenten und Erhebungszeitpunkten zu erklären. Der hier verwendete, in sozialwissenschaftlichen Studien seit langem etablierte Indikator zur Messung von Parteibindungen unterscheidet sich beträchtlich von weitaus direkteren Messmethoden, wie sie zum Teil in der demoskopischen Praxis Verwendung finden. So wird dort verschiedentlich direkt gefragt, ob

sich ein Wähler bei seiner Entscheidung eher vom Kandidatenangebot, von inhaltlichen Sachfragen oder aber von der Tatsache, schon immer diese Partei zu wählen,
hat leiten lassen. Die auf diese Art gewonnenen Aussagen, dass für nur noch
höchstens 30 Prozent der Befragten die Parteibindung eine entscheidende Rolle
spiele, sind zum einen schon aufgrund der unterschiedlichen Fragestellungen mit
den sozialwissenschaftlichen Erkenntnissen unvergleichbar, zum anderen unterlau-
fen sie den theoretischen Standard des Konzepts der Parteibindungen. Eine längerfristige Bindung wird als Wahrnehmungs- und Bewertungsfilter angesehen, der
einer Einschätzung von Kandidaten und Sachfragen vorgeschaltet und somit gerade nicht auf derselben Ebene zu verorten ist. Werden Parteibindungen zudem noch
etwa in der Mitte einer Legislaturperiode ermittelt, also zu einem Zeitpunkt einer
eher geringeren politischen Mobilisierung, erklären sich höhere Anteile (vermeintlich) parteipolitisch ungebundener Personen fast schon von selbst.

*Tabelle 2:*  Wahlentscheidungen nach Parteibindung in Westdeutschland 1994,
1998 und 2002 (Zweitstimme bei Sonntagsfrage in Zeilenprozent)[a]

| Parteibindung | Wahlentscheidung | | | | | | |
|---|---|---|---|---|---|---|---|
|  | CDU/CSU | SPD | FDP | B'90/Grünen | Andere | Nicht-wahl | N |
| *Bundestagswahl 2002* | | | | | | | |
| CDU/CSU | 91 | 1 | 5 | 1 | 1 | 1 | 583 |
| SPD | 4 | 83 | 2 | 7 | 2 | 2 | 574 |
| Bündnis '90/Die Grünen | 1 | 17 | 0 | 77 | 4 | 1 | 116 |
| FDP | 18 | 3 | 75 | 2 | 0 | 2 | 40 |
| Keine | 33 | 27 | 11 | 8 | 6 | 15 | 382 |
| Keine (16-30 Jahre) | 31 | 26 | 6 | 6 | 8 | 24 | 104 |
| *Bundestagswahl 1998* | | | | | | | |
| CDU/CSU | 85 | 7 | 1 | 4 | 2 | 1 | 640 |
| SPD | 1 | 88 | 6 | 2 | 1 | 2 | 544 |
| Bündnis '90/Die Grünen | 1 | 14 | 0 | 70 | 4 | 2 | 140 |
| FDP | 11 | 5 | 80 | 2 | 0 | 2 | 44 |
| Keine | 20 | 50 | 7 | 5 | 6 | 12 | 368 |
| Keine (16-30 Jahre) | 7 | 48 | 6 | 17 | 6 | 16 | 112 |
| *Bundestagswahl 1994* | | | | | | | |
| CDU/CSU | 93 | 3 | 2 | 1 | 0 | 1 | 529 |
| SPD | 3 | 91 | 0 | 4 | 1 | 1 | 504 |
| Bündnis '90/Die Grünen | 4 | 12 | 1 | 78 | 2 | 3 | 151 |
| FDP | 14 | 11 | 71 | 2 | 2 | 0 | 45 |
| Keine | 27 | 29 | 7 | 11 | 7 | 19 | 302 |
| Keine (16-30 Jahre) | 17 | 22 | 9 | 17 | 9 | 26 | 58 |

a  Repräsentativgewichtung mit vgges.
Quelle: Deutsche Nationale Wahlstudien 1994, 1998 und 2002; jeweils gepoolte Vor- und
Nachwahlbefragung.

Die den Parteibindungen theoretisch unterstellte Wirkung als Wahrnehmungs- und Bewertungsfilter politischer Ereignisse und Prozesse lässt sich empirisch anhand des Zusammenhangs zwischen Parteibindungen und Wählerverhalten untersuchen. Da längerfristige Paneldaten für diese Untersuchung nicht zur Verfügung stehen, sollte die Parteibindung entsprechend den theoretischen Annahmen zumindest pro Wahl einen hohen Prognosewert für das Wahlverhalten aufweisen. Darüber hinaus lässt sich an den Wahlentscheidungen parteipolitisch ungebundener Wählerinnen und Wähler ablesen, welche Parteien zu welchem Zeitpunkt von der allgemeinen Stimmungslage profitieren konnten oder nicht. Somit werden in Tabelle 2 Personen mit und ohne Parteibindungen unterschieden. Aufgrund geringer Differenzen zur Gesamtheit der Befragten werden bei der Gruppe der 16- bis 30-Jährigen tabellarisch lediglich Personen ohne Parteibindung ausgewiesen.

Erwartungsgemäß stehen die zutage tretenden Zusammenhänge mit den theoretischen Annahmen im Einklang. Bei allen drei Bundestagswahlen haben Personen mit Parteibindungen zugunsten von CDU/CSU und SPD zu deutlich über 80 Prozent, teilweise sogar zu über 90 Prozent ihre Wahlentscheidung entsprechend ihrer politischen Grundausrichtung getroffen. Bei den Grünen und der FPD liegen die vergleichbaren Quoten zwischen 70 und 80 Prozent. Weit mehr Bewegung zeigt hingegen das Abstimmungsverhalten der Personen ohne Parteibindungen, spiegelt es doch wesentlich klarer die eingangs skizzierten Pendelbewegungen des Wählerverhaltens wider. Lagen Union und SPD bei der Gesamtheit der Personen ohne Parteibindungen 1994 im Westen nahezu gleichauf, haben sich die Mehrheitsverhältnisse 1998 deutlich zugunsten der Sozialdemokraten verschoben. 2002 konnten CDU/CSU Boden hinzugewinnen und liegen nun mit knappem Vorsprung vor der SPD. Entsprechendes – wenn auch seit 1998 mit niedrigeren CDU/CSU-Werten und höheren Werten für die Grünen – zeigt sich bei den parteipolitisch Ungebundenen der Altersgruppe 16 bis 30 Jahre. 1994 kommen SPD und Grüne auf zusammen knapp 40 Prozent, 1998 ergibt sich eine rot-grüne Mehrheit von 65 Prozent. 2002 gestaltet sich weitgehend ausgeglichen, der gemeinsame Anteil von SPD und Grünen (32 Prozent) entspricht dem CDU-Anteil (31 Prozent). Auffällig ist darüber hinaus, dass nennenswerte Nichtwähleranteile nur bei Personen ohne Parteibindungen ermittelt werden können. Die Spitzenwerte erreichen hierbei die jungen Erwachsenen, was im Einklang mit Annahmen über deren im Durchschnitt geringeres politisches Interesse steht. Bis zu 25 Prozent der 16- bis 30-Jährigen ohne Parteibindungen geben an, nicht zur Wahl zu gehen. Dennoch bleibt zusammenfassend festzuhalten, dass die hier zugrunde gelegten Daten mit den theoretischen Annahmen über die verhaltensprägende Wirkungsweise von Parteibindungen bestens harmonieren.

## 4. Parteibindungen und politische Einstellungen

Die Auswahl der politischen Einstellungen, anhand derer eventuelle Unterschiede zwischen Personen mit und ohne Parteibindungen untersucht werden sollen, orientiert sich im Rahmen der Datenlage an der Argumentation der Vorgängerstudie zur

Bundestagswahl 1998 (Eith/Mielke 2000). Berücksichtigt werden nach Möglichkeit normative und ideologische Präferenzen sowie Bewertungen der politischen
und gesellschaftlichen Realität.

Eine erste Gruppe umfasst vor allem bewertende Einstellungen zur Gesellschaftsordnung und zur Demokratie. In allen drei Wahlstudien wurde nach der
Haltung zur deutschen Gesellschaftsordnung („Geht es da im Großen und Ganzen
eher gerecht zu oder geht es da im Großen und Ganzen eher ungerecht zu?") sowie
nach der grundsätzlichen Zufriedenheit mit der Demokratie („so, wie sie in
Deutschland besteht") gefragt. Für 1998 lassen sich darüber hinaus normative
Grundeinstellungen einbeziehen. Aus sechs Alternativen gesellschaftlicher Grundorientierungen konnten sich die Befragten für eine Gesellschaft aussprechen, „in
der man es durch Leistung zu etwas bringen kann" oder auch „in der der Mensch
mehr zählt als das Geld".

Eine zweite Gruppe bündelt Indikatoren, die sich als Einstellungen zur Staatstätigkeit in den Bereichen Wirtschaft und Arbeitsmarkt interpretieren lassen. Angesichts der entsprechenden Reformbemühungen der letzten Jahre erscheint diese
Dimension unverzichtbar, auch wenn die Operationalisierung Probleme aufwirft.
Direkte Fragen nach der Staatstätigkeit finden sich nur in der Wahlstudie 1998.
Gefragt wurde dort zum einen nach dem Ausmaß der Verantwortung des Staates,
„einen Arbeitsplatz für jeden bereit(zu)stellen, der arbeiten will", zum anderen
nach der Zufriedenheit darüber, wie der Staat dieser Aufgabe nachkommt. Für
1994 und 2002 sind lediglich Variablen verfügbar, die als Teil einer umfangreichen
Sozialismus-Skala die wirtschaftspolitische Bedeutung der Staatstätigkeit und den
wohlfahrtsstaatlichen Schutz thematisieren: „Die wichtigsten Wirtschaftsunter-
nehmen müssen verstaatlicht werden", „Der Sozialismus ist eine gute Idee, die
bisher nur schlecht ausgeführt wurde" sowie „Arbeiter werden ausgeplündert" (nur
in der Wahlstudie 1994).

Eine dritte Gruppe konzentriert sich auf die Einschätzung des politischen
Outputs. Berücksichtigt werden die Einschätzungen der allgemeinen und der eigenen wirtschaftlichen Lage. Hinzu kommt der (angestrebte) Bildungsabschluss, der
als Indikator des sozialen Status eine Überprüfung ermöglicht, inwieweit die einbezogenen Einstellungen eine statusabhängige Verteilung aufweisen. Alternativ
käme hierfür grundsätzlich auch die Berufsgruppenzugehörigkeit in Betracht. Aufgrund des beabsichtigten Vergleichs unterschiedlicher Altergruppen erhält der (angestrebte) Bildungsabschluss jedoch den Vorzug.

Bereits ein erster Blick auf die genannten Indikatoren zeigt, dass mit dieser
Auswahl ganz unterschiedliche thematische Dimensionen berührt werden. Gleichwohl sind die aufgeführten Einstellungen keineswegs unabhängig voneinander.
Aufschluss über die innere Struktur der Zusammenhänge ermöglicht eine in Tabelle 3 ausgewiesene Faktorenanalyse.

Für alle drei Untersuchungszeitpunkte ergeben sich jeweils drei Faktoren. Ein
erster Faktor verknüpft die Indikatoren des politischen Outputs mit der System- beziehungsweise Demokratiebewertung. Positiv laden die Einschätzungen der eigenen und der allgemeinen wirtschaftlichen Lage, die Zufriedenheit  mit der bundes-

*Tabelle 3:*    Dimensionen der Einstellungen zu Politik und Gesellschaftsordnung, Staatstätigkeit und politischem Output in Westdeutschland 2002, 1998 und 1994 [a]

| | Faktor 1 | Faktor 2 | Faktor 3 |
|---|---|---|---|
| | Westdeutschland 2002[b] | | |
| Eigene wirtschaftliche Lage | 0,712 | – | – |
| Demokratiezufriedenheit | 0,708 | – | -0,181 |
| Allgemeine wirtschaftliche Lage | 0,666 | – | 0,274 |
| Gesellschaftsordnung ist gerecht | 0,566 | – | -0,299 |
| (Angestrebter) Bildungsabschluss | 0,439 | – | – |
| Gesellschaftsideal: Mensch vor Geld | – | 0,835 | – |
| Gesellschaftsideal: Leistung zählt | – | -0,800 | – |
| Verstaatlichung wichtiger Unternehmen | – | – | 0,760 |
| Sozialismus ist eine gute Idee | – | 0,179 | 0,715 |
| | Westdeutschland 1998[b] | | |
| Zufriedenheit: Staat stellt Arbeitsplätze | 0,664 | -0,119 | -0,255 |
| Allgemeine wirtschaftliche Lage | 0,628 | – | 0,193 |
| Gesellschaftsordnung ist gerecht | 0,626 | – | 0,119 |
| Demokratiezufriedenheit | 0,595 | – | 0,122 |
| Eigene wirtschaftliche Lage | 0,562 | – | 0,375 |
| Gesellschaftsideal: Mensch vor Geld | – | 0,829 | – |
| Gesellschaftsideal: Leistung zählt | – | -0,820 | – |
| (Angestrebter) Bildungsabschluss | – | 0,140 | 0,797 |
| Verantwortung: Staat stellt Arbeitsplätze | -0,156 | 0,173 | -0,600 |
| | Westdeutschland 1994[b] | | |
| Allgemeine wirtschaftliche Lage | 0,773 | – | – |
| Demokratiezufriedenheit | 0,685 | -0,152 | – |
| Eigene wirtschaftliche Lage | 0,690 | – | – |
| Gesellschaftsordnung ist gerecht | 0,574 | -0,217 | 0,309 |
| Sozialismus ist eine gute Idee | – | 0,804 | 0,160 |
| Verstaatlichung wichtiger Unternehmen | – | 0,705 | – |
| Arbeiter werden ausgeplündert | -0,332 | 0,531 | -0,294 |
| (Angestrebter) Bildungsabschluss | – | – | 0,939 |

a  Faktorenanalyse mit Varimax-Rotation. Faktorladungen > 0,100. Repräsentativgewichtung vgges.

b  2002: Kaiser-Meyer-Olkin-Maß = 0,642. Varianzerklärung = 51,7 Prozent (1. Faktor = 22,0 Prozent mit Eigenwert 2,0; 2. Faktor = 15,4 Prozent mit Eigenwert 1,4; 3. Faktor = 14,4 Prozent mit Eigenwert 1,3); 1998: Kaiser-Meyer-Olkin-Maß = 0,692. Varianzerklärung = 51,4 Prozent (1. Faktor = 21,4 Prozent mit Eigenwert 1,9; 2. Faktor = 15,9 Prozent mit Eigenwert 1,4; 3. Faktor = 14,1 Prozent mit Eigenwert 1,3); 1994: Kaiser-Meyer-Olkin-Maß = 0,728. Varianzerklärung = 57,0 Prozent (1. Faktor = 24,5 Prozent mit Eigenwert 2,0; 2. Faktor = 18,8 Prozent mit Eigenwert 1,5; 3. Faktor = 13,7 Prozent mit Eigenwert 1,1).

Quelle: Deutsche Nationale Wahlstudien 1994, 1998 und 2002; gepoolte Vor- und Nachwahlbefragung.

deutschen Demokratie sowie die Bewertung der Gesellschaftsordnung als gerecht. Hinzu kommt 1998 die Zufriedenheit mit den staatlichen Aktivitäten zur Bereitstellung von Arbeitsplätzen sowie 2002 – als Hinweis auf statusspezifische Einstellungsmuster – der (angestrebte) Bildungsabschluss. Ein zweiter Faktor steht 2002 und 1998 für die Frage nach der gesellschaftlichen Grundausrichtung zwischen einer Leistungsorientierung oder einem Gesellschaftsbild, in dem der Mensch vor dem Geld rangiert. Entsprechend laden 1994, wo diese beiden Indikatoren nicht zur Verfügung stehen, die einbezogenen Aspekte einer Sozialismus-Skala Verstaatlichung, Grundeinstellung zum Sozialismus und Ausbeutung von Arbeitern. Ein dritter Faktor sammelt 2002 die Forderung nach Verstaatlichung und die Grundeinstellung zum Sozialismus, 1998 den (angestrebten) Bildungsabschluss und die Verantwortlichkeit des Staates für die Bereitstellung eines Arbeitsplatzes sowie 1994 den (angestrebten) Bildungsabschluss.

Auch wenn die Datenlage über alle drei Untersuchungszeitpunkte hinweg keine identische Operationalisierung erlaubt, eröffnet die vorgenommene Variablenauswahl Chancen auf einen Vergleich unterschiedlicher Aspekte. Inwieweit die 2002 und insbesondere 1994 einbezogenen ideologiebelasteten Indikatoren eines sozialistischen Weltbilds einen spezifischen Einfluss auf die Ergebnisse ausüben, muss die nachfolgende Analyse zeigen.

Im nächsten Schritt gilt es nun, auf der Basis der berücksichtigten Indikatoren und nach Altersgruppen getrennt die Einstellungsprofile der verschiedenen Stammwählerschaften – Personen mit gleicher Parteibindung – für das Jahr 2002 zu ermitteln. Verglichen werden also die 16- bis 30-Jährigen mit den über 30-Jährigen. Mangels ausreichender Fallzahlen muss bei der jüngeren Altersgruppe eine Untersuchung der FDP-Stammwähler unterbleiben. Darüber hinaus kann auf eine Diskussion der Situation 1998 und 1994 aufgrund geringer Unterschiede zu 2002 verzichtet werden.

Die tabellarisch nicht ausgewiesenen sozialstrukturellen Profile spiegeln die bekannten, den politischen Wettbewerb in Westdeutschland seit Jahrzehnten strukturierenden Konfliktlinien wider. Als erklärungskräftig erweisen sich bei den über 30-Jährigen vor allem die Konfessionszugehörigkeit und die Kirchenbindung, die Gewerkschaftszugehörigkeit, beruflicher Status und Bildungsabschluss sowie die Ortsgröße. Bei den 16- bis 30-Jährigen zeigen sich in der Tendenz dieselben Muster, allerdings sind die Zusammenhänge teilweise nur schwach signifikant.

Die einbezogenen Einstellungsvariablen erbringen durchweg einen signifikanten Beitrag zur Unterscheidung der verschiedenen Stammwählerschaften beziehungsweise Personen ohne Parteibindungen (Tabelle 4). Auffällig ist allerdings, dass ungewichtete und repräsentativ gewichtete Berechnungen bei der jüngeren Altersgruppe aufgrund der vergleichsweise niedrigen Fallzahlen teilweise zu quantitativen Unterschieden, glücklicherweise aber nicht zu grundsätzlich anderen Ergebnissen führen.

*Tabelle 4:* Einstellungsprofil und Bildungsabschluss von Gruppen mit unterschiedlichen Parteibindungen nach Altergruppen 2002 (in Zeilenprozent)[a]

| | CDU/CSU | SPD | B'90/Grüne | FDP | Keine | Insgesamt | Cramer's V |
|---|---|---|---|---|---|---|---|
| | | | Über 30 Jahre | | | | |
| **Demokratiezufriedenheit** | | | | | | | |
| Sehr/ziemlich unzufrieden | 17 | 11 | 9 | 20 | 23 | 16 | |
| Teils/teils | 31 | 34 | 21 | 34 | 36 | 33 | |
| Ziemlich/sehr zufrieden | 52 | 55 | 70 | 46 | 41 | 51 | 0,14* |
| **Gesellschaftsordnung** | | | | | | | |
| Eher ungerecht | 45 | 51 | 39 | 31 | 64 | 51 | |
| Eher gerecht | 55 | 49 | 61 | 69 | 36 | 49 | 0,19* |
| **Allgemeine wirtschaftliche Lage** | | | | | | | |
| Schlecht | 51 | 32 | 22 | 54 | 45 | 42 | |
| Teils/teils | 34 | 48 | 64 | 43 | 42 | 42 | |
| Gut | 15 | 20 | 14 | 3 | 13 | 16 | 0,15* |
| **Eigene wirtschaftliche Lage** | | | | | | | |
| Schlecht | 15 | 11 | 11 | 23 | 23 | 16 | |
| Teils/teils | 30 | 34 | 26 | 24 | 38 | 33 | |
| Gut | 55 | 55 | 63 | 56 | 39 | 51 | 0,13* |
| **Verstaatlichung wichtiger Unternehmen** | | | | | | | |
| Stimme eher nicht zu | 79 | 73 | 73 | 91 | 65 | 73 | |
| Teils/teils | 14 | 19 | 18 | 6 | 25 | 18 | |
| Stimme eher zu | 8 | 9 | 9 | 3 | 10 | 9 | 0,11* |
| **Sozialismus ist eine gute Idee** | | | | | | | |
| Stimme eher nicht zu | 67 | 48 | 34 | 66 | 56 | 55 | |
| Teils/teils | 20 | 24 | 31 | 12 | 22 | 23 | |
| Stimme eher zu | 13 | 28 | 35 | 22 | 22 | 22 | 0,17* |
| **Gesellschaftsideal** | | | | | | | |
| Mensch vor Geld | 46 | 53 | 70 | 23 | 54 | 51 | 0,15* |
| Leistung zählt | 39 | 26 | 13 | 62 | 31 | 32 | 0,18* |
| **Bildungsabschluss** | | | | | | | |
| Hauptschule | 45 | 54 | 16 | 35 | 56 | 49 | |
| Realschule | 33 | 24 | 30 | 38 | 26 | 28 | |
| Abitur | 9 | 9 | 11 | 3 | 8 | 9 | |
| Studium | 13 | 13 | 42 | 24 | 10 | 14 | 0,15* |
| Zufriedenheit mit Regierung[b] | -2,1 | 1,7 | 1,7 | -2,0 | -0,6 | -0,3 | |
| Links-Rechts-Selbsteinstufung[b] | 1,2 | -1,5 | -2,0 | 0,4 | -0,1 | -0,3 | |
| N | 532 | 530 | 92 | 35 | 410 | 1.619 | |

Fortsetzung von Tabelle 4

| | CDU/CSU | SPD | B '90/Grüne | FDP | Keine | Insge-samt | Cramer's V |
|---|---|---|---|---|---|---|---|
| | | | | 16-30 Jahre | | | |
| **Demokratiezufriedenheit** | | | | | | | |
| Sehr/ziemlich unzufrieden | 10 | 8 | 5 | – | 11 | 10 | |
| Teils/teils | 44 | 24 | 39 | – | 52 | 42 | |
| Ziemlich/sehr zufrieden | 46 | 68 | 56 | – | 37 | 48 | 0,21* |
| **Gesellschaftsordnung** | | | | | | | |
| Eher ungerecht | 52 | 34 | 47 | – | 57 | 50 | |
| Eher gerecht | 48 | 66 | 53 | – | 43 | 50 | 0,20* |
| **Allgemeine wirtschaftliche Lage** | | | | | | | |
| Schlecht | 33 | 18 | 14 | – | 41 | 31 | |
| Teils/teils | 53 | 55 | 72 | – | 47 | 53 | |
| Gut | 14 | 27 | 14 | – | 12 | 16 | 0,19* |
| **Eigene wirtschaftliche Lage** | | | | | | | |
| Schlecht | 19 | 18 | 10 | – | 20 | 18 | |
| Teils/teils | 40 | 36 | 58 | – | 42 | 41 | |
| Gut | 41 | 46 | 32 | – | 38 | 41 | 0,12 |
| **Verstaatlichung wichtiger Unternehmen** | | | | | | | |
| Stimme eher nicht zu | 71 | 62 | 72 | – | 66 | 66 | |
| Teils/teils | 20 | 26 | 11 | – | 27 | 23 | |
| Stimme eher zu | 9 | 13 | 17 | – | 7 | 11 | 0,14 |
| **Sozialismus ist eine gute Idee** | | | | | | | |
| Stimme eher nicht zu | 63 | 37 | 36 | – | 59 | 50 | |
| Teils/teils | 25 | 35 | 42 | – | 23 | 29 | |
| Stimme eher zu | 12 | 28 | 22 | – | 18 | 21 | 0,24* |
| **Gesellschaftsideal** | | | | | | | |
| Mensch vor Geld | 48 | 57 | 89 | – | 51 | 57 | 0,28* |
| Leistung zählt | 56 | 29 | 3 | – | 31 | 32 | 0,34* |
| **Bildungsabschluss** | | | | | | | |
| Hauptschule | 18 | 25 | 3 | – | 26 | 20 | |
| Realschule | 37 | 28 | 27 | – | 35 | 32 | |
| Abitur | 41 | 45 | 51 | – | 31 | 41 | |
| Studium | 4 | 2 | 19 | – | 8 | 7 | 0,20* |
| Zufriedenheit mit Regierung[b] | -1,7 | 1,9 | 1,5 | – | -0,5 | 0,0 | |
| Links-Rechts-Selbsteinstufung[b] | 0,9 | -1,7 | -2,6 | – | -0,5 | -0,8 | |
| N | 94 | 97 | 39 | – | 172 | 421 | |

* p < 0,01; Kursive Werte = nicht signifikant.
a  Repräsentativgewichtung mit vgges; b  Skalenwerte von -5 bis +5.
Quelle: Deutsche Nationale Wahlstudie 2002; gepoolte Vor- und Nachwahlbefragung.

Unabhängig vom Alter distanzieren sich die Stammwähler der Union vor allem von sozialistischen Ideen, sprechen sich überdurchschnittlich für eine Leistungsgesellschaft aus und halten – zumindest die Älteren – die Gesellschaftsordnung in Deutschland für eher gerecht. Personen mit Bindungen an die regierende SPD sind mit der Demokratie und der Gesellschaftsordnung in Deutschland eher zufrieden, bewerten die allgemeine Wirtschaftslage positiver als der Bevölkerungsdurchschnitt und stehen sozialistischen Ideen aufgeschlossener gegenüber. Geringfügige Differenzen ergeben sich zwischen den Altergruppen mit SPD-Parteibindung, da die 16- bis 30-Jährigen eine höhere Zufriedenheit mit der Demokratie und Gesellschaftsordnung in Deutschland erkennen lassen. Nochmals positiver werden Demokratie und Gesellschaftsordnung von den grünen Stammwählern beider Altergruppen bewertet, was substantiell wohl vor allem mit der 1998 erstmals erfolgten Regierungsbeteiligung der „eigenen" Partei zu begründen ist. Zudem unterstützen Personen mit Bindung an die Grünen überdurchschnittlich oft ein Gesellschaftsideal, das den Menschen stärker als das Geld in den Mittelpunkt rückt. Bei liberalen Stammwählern hingegen findet der Gedanke der Leistungsgesellschaft Anklang ganz im Gegensatz zu sozialistischen Ideen. Personen ohne Parteibindungen sind mit der Gesellschaftsordnung und der Demokratie eher unzufrieden, bewerten die eigene wirtschaftliche Situation vergleichsweise negativ und weisen ein unterdurchschnittliches formales Bildungsniveau auf. Wiederum entsprechen sich diese Befunde bei Jüngeren und Älteren weitgehend.

Im Ergebnis lassen sich somit klare und zudem plausible Polarisierungen der Parteiwählerschaften 2002 ausmachen – einerseits hinsichtlich der Zustimmung zu sozialistischen Ideen (Union und FDP versus SPD und Grüne), andererseits hinsichtlich der Zufriedenheit mit der Demokratie und der Gesellschaftsordnung (vor allem die Regierungsparteien SPD und Grüne versus Personen ohne Parteibindungen). Demgegenüber sind die Unterschiede zwischen den Altersgruppen der jeweiligen Stammwählerschaften eher gering.

## 5. Personen mit und ohne Parteibindungen im Vergleich: eine multivariate Diskussion

Die multivariate Überprüfung der bislang bivariat ermittelten Ergebnisse erfolgt mit Hilfe von Diskriminanzanalysen, die nachfolgend für unterschiedliche Parteienkonstellationen und nach Altergruppen getrennt durchgeführt werden. Eine hohe Varianzaufklärung der Diskriminanzfunktion verweist auf entsprechende Einstellungsunterschiede zwischen den untersuchten Stammwählerschaften. Ein geringer Erklärungswert der Diskriminanzfunktion signalisiert eine hohe Übereinstimmung der beiden Gruppen hinsichtlich der betrachteten Merkmale. Aufgrund der niedrigen Fallzahlen muss sich die Untersuchung auf die Stammwählerschaften von CDU/CSU und SPD sowie auf die parteipolitisch Unabhängigen beschränken. Tabellarisch ausgewiesen sind in Tabelle 5 die Berechungen zur Bundestagswahl 2002.

*Tabelle 5:* Diskriminanzanalyse der Parteibindungen mit Schulabschluss, Einstellungen zum Wohlfahrtsstaat und zur sozialen Gerechtigkeit nach Altersgruppen für Westdeutschland 2002[a]

| | SPD versus CDU/CSU | | SPD versus ohne Parteibindung | | CDU/CSU versus ohne Parteibindung | |
|---|---|---|---|---|---|---|
| | 16-30 Jahre | > 30 Jahre | 16-30 Jahre | > 30 Jahre | 16-30 Jahre | > 30 Jahre |
| Eigenwert der Funktion | 0,21 | 0,09 | 0,14 | 0,07 | 0,16 | 0,09 |
| Kanonischer Korrelationskoeffizient | 0,417 | 0,280 | 0,354 | 0,259 | 0,366 | 0,285 |
| Chi-Quadrat | 30,8 | 66,9 | 24,4 | 48,8 | 26,6 | 58,8 |
| Freiheitsgrade | 5 | 7 | 7 | 6 | 3 | 5 |
| Signifikanz | 0,000 | 0,000 | 0,000 | 0,000 | 0,000 | 0,000 |
| Standardisierte Koeffizienten der Diskriminanzfunktion | | | | | | |
| Eigene wirtschaftliche Lage | – | – | – | 0,486 | 0,334 | 0,518 |
| Demokratiezufriedenheit | 0,215 | 0,312 | 0,453 | 0,380 | – | – |
| Allgemeine wirtschaftliche Lage | – | 0,305 | 0,479 | 0,272 | – | – |
| Gesellschaftsordnung ist gerecht | 0,317 | -0,248 | 0,513 | 0,257 | – | 0,436 |
| (Angestrebter) Schulabschluss | -0,340 | -0,201 | -0,328 | – | – | – |
| Mensch vor Geld | – | – | 0,327 | – | 0,293 | – |
| Leistung zählt | -0,654 | -0,433 | 0,357 | -0,157 | 1,064 | 0,272 |
| Verstaatlichung wichtiger Unternehmen | – | 0,164 | – | – | – | -0,250 |
| Sozialismus ist eine gute Idee | 0,526 | 0,660 | 0,536 | 0,300 | – | -0,343 |
| Anteil korrekter Klassifikationen (in Prozent) | | | | | | |
| SPD | 69,1 | 62,4 | 70,0 | 62,8 | – | – |
| CDU/CSU | 56,5 | 62,7 | – | – | 56,7 | 62,0 |
| Ohne Parteibindung | – | – | 63,5 | 55,8 | 69,1 | 62,9 |
| Insgesamt | 62,9 | 62,6 | 66,3 | 59,9 | 64,5 | 62,3 |
| N | 118 | 902 | 141 | 775 | 129 | 767 |

a Die Parteibindung ist jeweils dichotomisiert, zum Beispiel Personen mit SPD-Bindung versus Personen mit CDU/CSU-Bindung; Repräsentativgewichtung mit vgges.
Quelle: Deutsche Nationale Wahlstudie 2002; jeweils gepoolte Vor- und Nachwahlbefragung.

Ganz im Einklang mit den bisherigen Befunden unterscheiden sich die Stammwählerschaften von Union und Sozialdemokraten vor allem hinsichtlich der Unterstützung sozialistischer Ideen sowie der Zustimmung zum Ideal der Leistungsgesellschaft. Entsprechende Unterschiede zwischen den Altersgruppen ergeben sich hierbei vor allem bezüglich der Gerechtigkeit der Gesellschaftsordnung, die jüngere SPD-Stammwähler deutlich positiver einschätzen als ältere SPD-Stammwähler. Die geringsten Unterschiede zu den parteipolitisch Ungebundenen weisen die

SPD-Stammwähler auf. Entsprechende Differenzen finden sich bei den Älteren am ehesten hinsichtlich der wirtschaftlichen Lage, der Demokratiezufriedenheit und der Einstellung zu sozialistischen Ideen. Bei den 16- bis 30-Jährigen spielen darüber hinaus noch unterschiedliche Einschätzungen zur Gerechtigkeit der Gesellschaftsordnung eine Rolle. 16- bis 30-jährige CDU-Stammwähler unterscheidet von gleichaltrigen Personen ohne Parteibindungen in erster Linie eine positive Einstellung zur Leistungsgesellschaft, während bei den über 30-Jährigen vor allem die eigene wirtschaftliche Lage sowie die Einstellung zur Gerechtigkeit der Gesellschaftsordnung CDU-Stammwähler und parteipolitisch Ungebundene trennen.

Zwei weitere Befunde sind darüber hinaus auffällig. Zum einen erweisen sich die Differenzen zwischen den unterschiedlichen Stammwählerschaften und den Personen ohne Parteibindungen in der jüngeren Altersgruppe als stärker ausgeprägt – bei den jungen Stammwählern der Union die deutliche Leistungsorientierung, bei den jungen SPD-Stammwählern die größere Zufriedenheit mit der wirtschaftlichen Lage, mit der Demokratie und mit der Gesellschaftsordnung. Dies gibt Anlass zu der Hypothese, dass die politische Identifizierung mit einer Partei für junge Erwachsene eine stärker demonstrative Komponente aufweist, die angesichts der eher labileren, zumindest aber kurzfristigeren Parteibindung bei jungen Menschen ein stabilisierendes Element darstellt. Zum anderen haben sich die Einstellungen insbesondere die Einstellungen der SPD-Stammwähler gegenüber 1998 hinsichtlich der Gesellschaftsordnung und der wirtschaftlichen Lage ins Positive verschoben. Es erscheint durchaus plausibel, dies als Effekt der Regierungsbeteiligung anzusehen. Die entsprechenden Untersuchungen für 1998 jedenfalls haben gerade in diesen Punkten eine größere statistische Nähe zwischen den SPD-Stammwählern und den parteipolitisch Ungebundenen ergeben (Eith/Mielke 2000: 111). Beide Gruppen besaßen 1998 angesichts der vorangegangenen langen bürgerlichen Regierungsperiode eine eher pessimistische Zukunftssicht und eine große Skepsis gegenüber der Gerechtigkeit der Gesellschaftsordnung.

## 6. Fazit

Mit Blick auf die einleitend ausgeführte Fragestellung nach der Konstanz von Parteibindungen sowie der Charakterisierung von Personen ohne Parteibindungen lassen sich als Bilanz dieser Untersuchung folgende zwei Punkte festhalten:

(1) In rein quantitativer Hinsicht erweisen sich die Parteibindungen seit Mitte der 1990er Jahre zumindest auf der Ebene der Querschnittserhebungen als weitaus stabiler als das Wählerverhalten. Auch wenn sich gesichertere Erkenntnisse letztlich nur mit Panelbefragungen gewinnen lassen, sind die hier zutage beförderten Befunde mit den theoretischen Annahmen des Konzepts der Parteibindungen bestens verträglich. Den Sozialdemokraten eröffnet dies eine realistische Chance, durch eine an den Interessen ihrer Anhänger orientierte Politik und eine entsprechend abgestimmte Vermittlung das in den letzten Jahren in vielen Landtagswahlen verlorene Terrain wieder zurückzugewinnen. Insbesondere haben die teils herben Wahlniederlagen nach den hier vorliegenden Erkenntnissen bislang nicht zu

erkennbaren Störungen der Ausprägung und Stabilisierung von Parteibindungen bei jüngeren Alterskohorten geführt. Ganz im Gegenteil sind es die 16- bis 30-Jährigen mit einer SPD-Bindung, die bei den bewertenden Indikatoren des politischen Outputs 2002 die positivsten Einstellungen aufweisen. Es muss weiteren Forschungen überlassen bleiben, ob dies einzig auf die Tatsache der Regierungstätigkeit der eigenen Partei zurückzuführen ist oder ob jüngere sozialdemokratisch ausgerichtete Alterskohorten dem Reformkurs der Regierung prinzipiell positiver gegenüber stehen als ältere Gruppen.

(2) Einmal mehr haben die durchgeführten Berechnungen die im Vergleich zu den Stammwählerschaften hohe politische Unzufriedenheit und geringere formale Bildung der Gruppe ohne Parteibindungen bestätigt. Parteipolitisch Ungebundene sind mit der Demokratie in Deutschland überdurchschnittlich unzufrieden und empfinden die Gesellschaftsordnung entsprechend stärker als eher ungerecht. Diese Einstellungen gehen nicht einher mit einer ausgeprägten ideologischen Positionierung, vielmehr mit einem unterdurchschnittlichen formalen Bildungsgrad und – wie aus früheren Studien bekannt (Eith/Mielke 2000) – mit einem niedrigeren sozialen Status. Keine systematischen Unterschiede bestehen hierbei zwischen den 16- bis 30-Jährigen und den über 30-Jährigen. Den beiden Volksparteien gelingt es offensichtlich nur schwer, diese Personengruppen dauerhaft an sich zu binden. So besteht durchaus die Gefahr, dass der in diesen Kreisen verbreitete Unmut über den politischen Output mittelfristig ein Nährboden für politische Populisten oder Extremisten darstellt.

Die hier nach Altersgruppen getrennt durchgeführten Untersuchungen der Parteibindungen haben kaum systematische Unterschiede zwischen jüngeren und älteren Erwachsenen zutage befördert. Strukturell gleichen sich die Befunde, was die These von der politischen Sozialisation im Familienkreis stützt. Allerdings spricht das geringere Ausmaß an Parteibindungen bei jüngeren Generationen auch für die Wirkung des politischen Interesses und das höhere Ausmaß an Parteibindungen an die Grünen von generationenspezifischen Interessenlagen, Wahrnehmungen oder Bewertungen. Weitere Forschungen müssen somit klären, in welcher Weise politische Sozialisationsprozesse, individuelle beziehungsweise generationenspezifische Erfahrungen und das Ausmaß an politischem Interesse bei der Ausprägung und Stabilisierung von Parteibindungen letztlich zusammenwirken.

## Literatur

Campbell, Angus/Converse, Philip E./Miller, Warren E./Stokes, Donald E. (1960): The American Voter. New York: Wiley.

Campbell, Angus/Gurin, Gerald/Miller, Warren E. (1954): The Voter Decides. Evanston: Row Peterson.

Converse, Philip E. (1969): Of Time and Partisan Stability. In: Comparative Political Studies 2, 139-171.

Downs, Anthony (1968): Ökonomische Theorie der Demokratie. Tübingen: Mohr.

Eith, Ulrich (1997): Wählerverhalten in Sachsen-Anhalt. Zur Bedeutung sozialstruktureller Einflussfaktoren auf die Wahlentscheidungen 1990 und 1994. Berlin: Duncker und Humblot.

Eith, Ulrich/Mielke, Gerd (2000): Die soziale Frage als „neue" Konfliktlinie? Einstellungen zum Wohlfahrtsstaat und zur sozialen Gerechtigkeit und Wahlverhalten bei der Bundestagswahl 1998. In: Deth, Jan van/Rattinger, Hans/Roller, Edeltraud (Hrsg.): Die Republik auf dem Weg zur Normalität? Wahlverhalten und politische Einstellungen nach acht Jahren Einheit. Opladen: Westdeutscher Verlag, 93-115.

Falter, Jürgen W./Schoen, Harald (1999): Wahlen und Wählerverhalten. In: Ellwein, Thomas/Holtmann, Everhard (Hrsg.): 50 Jahre Bundesrepublik Deutschland. Rahmenbedingungen – Entwicklungen – Perspektiven. PVS-Sonderheft 30. Opladen: Westdeutscher Verlag, 454-470.

Falter, Jürgen W./Schoen, Harald/Caballero, Claudio (2000): Dreißig Jahre danach. Zur Validierung des Konzepts „Parteiidentifikation" in der Bundesrepublik. In: Klein, Markus/Jagodzinski, Wolfgang/Mochmann, Ekkehard/Ohr, Dieter (Hrsg.): 50 Jahre empirische Wahlforschung in Deutschland. Opladen: Westdeutscher Verlag, 235-271.

Fuchs, Dieter/Kühnel, Steffen (1994): Wählen als rationales Handeln. Anmerkungen zum Nutzen des Rational-Choice-Ansatzes in der empirischen Wahlforschung. In: Klingemann, Hans-Dieter/Kaase, Max (Hrsg.): Wahlen und Wähler. Analysen aus Anlass der Bundestagswahl 1990. Opladen: Westdeutscher Verlag, 305-364.

Gluchowski, Peter (1983): Wahlerfahrung und Parteiidentifikation. Zur Einbindung von Wählern in das Parteiensystem der Bundesrepublik. In: Kaase, Max/Klingemann, Hans-Dieter (Hrsg.): Wahlen und politisches System. Analysen aus Anlass der Bundestagswahl 1980. Opladen: Westdeutscher Verlag, 442-477.

Küchler, Manfred (1980): Interessenwahrnehmung und Wahlverhalten. Perspektiven und Ergebnisse der neueren Wahlforschung. In: Zeitschrift für Politik 27, 277-290.

Niemi, Richard G./Jennings, M. Kent (1991): Issues and Inheritance in the Formation of Party Identification. In: American Journal of Political Science 35, 970-988.

Oberndörfer, Dieter/Mielke, Gerd/Eith, Ulrich (1999): Chaos oder Crash-Kurs? In: Blätter für deutsche und internationale Politik 44/3, 263-267.

Oberndörfer, Dieter/Mielke, Gerd/Eith, Ulrich (2003): Niemand wird für die Hartz-Kommission in den Wahlkampf ziehen. Warum der Kanzler seine zweite Chance fast schon verspielt hat. Eine Analyse der Landtagswahlen in Hessen und Niedersachsen. In: Frankfurter Rundschau 32 (7.2.2003), 7.

Oberndörfer, Dieter/Mielke, Gerd/Eith, Ulrich (2004): Die Mär von der Besonderheit des Ostens. SPD und Union kommen ihren Aufgaben als Volksparteien nur unzureichend nach. Eine Analyse der Landtagswahlen in Brandenburg und Sachsen. In: Frankfurter Rundschau 222 (23.9.2004), 8.

Rattinger, Hans (2000): Die Bürger und ihre Parteien. In: Falter, Jürgen W./Gabriel, Oscar W./Rattinger, Hans (Hrsg.): Wirklich ein Volk? Die politischen Orientierungen von Ost- und Westdeutschen im Vergleich. Opladen: Westdeutscher Verlag, 209-240.

Thurner, Paul W. (1998): Wählen als rationale Entscheidung. Die Modellierung von Politikreaktionen im Mehrparteiensystem. München: Oldenbourg.

# Junge Wilde und alte Milde?
# Jugend und Wahlentscheidung in Deutschland

*Harald Schoen*

> *Wer vor seinem dreißigsten Lebensjahr*
> *niemals Sozialist war, hat kein Herz.*
> *Wer nach seinem dreißigsten Lebensjahr*
> *noch Sozialist ist, hat keinen Verstand.*
> Benedetto Croce

## 1. Einleitung

Das Wahlverhalten Jugendlicher stößt in der Öffentlichkeit häufig auf erhebliches Interesse. So setzte nach den Wahlerfolgen von NPD und DVU bei den Landtagswahlen 2004 in Brandenburg und Sachsen eine Diskussion über die relativ hohen Stimmenanteile dieser Parteien unter Jugendlichen ein. Gestützt auf die Annahme, wer heute rechtsextreme Parteien wähle, werde das auch in der Zukunft tun, wurden nicht selten Sorgen um die Zukunft der bundesdeutschen Demokratie geäußert (z.B. Mönch 2004). Aus einem analogen Argument wurde in den 1970er Jahren die Erwartung abgeleitet, ihre relativ große Popularität unter Jugendlichen werde die SPD auf längere Sicht zur Mehrheitspartei avancieren lassen. Wie das sechzehnjährige Oppositionsdasein der SPD zwischen 1982 und 1998 dokumentiert, wurde die Prognose von der empirischen Entwicklung eindrucksvoll widerlegt. Das deutet darauf hin, dass sie auf unzutreffenden Annahmen über die Rolle des Lebensalters bei der Wahlentscheidung beruhte. In jedem Fall wurde die plausible Möglichkeit ausgeblendet, dass politische Präferenzen mit dem Lebensalter variieren und daher Jugendliche altersbedingt anders wählen als Erwachsene. Diese Vorstellung stand wohl Pate, als Helmut Kohl auf Kundgebungen jugendlichen Störern mit der Prophezeiung den Wind aus den Segeln zu nehmen suchte, sie würden brav CDU wählen, wenn sie erst einmal älter und gesellschaftlich stärker integriert sein würden. Der baden-württembergische Ministerpräsident, Günther Oettinger, scheint das sogar am eigenen Leib erfahren zu haben, wurde doch in Bezug auf ihn formuliert: „Gucket her, a Schwarzer isch au mol rot g'wea!" (Stadelmaier 2004). Es gibt also durchaus Anhaltspunkte dafür, dass Menschen gleichsam eine politische Metamorphose vom jungen Wilden zum alten Milden durchlaufen und als Erwachsene für andere Parteien stimmen denn als Jugendliche.

Anekdotische Evidenz und autobiographische Auskünfte können allerdings nur Indizien liefern, nicht jedoch jugendspezifisches Wahlverhalten belegen. Dazu sind systematische Analysen notwendig. Umso bedauerlicher ist es, dass die vorliegende Literatur häufig wenig beitragen kann, diese Frage schlüssig zu beantworten. Das liegt nicht zuletzt an methodischen Schwächen. So betrachten spezielle Jugenduntersuchungen oft nur die Parteipräferenz Jugendlicher (z.B. Fischer 2000: 265ff.), ohne sie mit dem Votum anderer Altersgruppen zu vergleichen – ohne einen Vergleich ist es aber nicht möglich, Besonderheiten der Jugend nachzuweisen. Die umfragegestützte Forschung auf diesem Gebiet verzichtet häufig darauf, den Stichprobenfehler zu berücksichtigen, was dazu führen kann, dass substantielle Unterschiede entdeckt werden, wo keine sind. Zudem werden Unterschiede zwischen Jungen und Alten im Wahlverhalten nicht selten als Alterseffekte interpretiert, ohne in Erwägung zu ziehen, dass das empirische Muster auch mit der Generationenzugehörigkeit zusammenhängen könnte; auch diese Praxis – häufig unterstützt von der Beschränkung auf einen Untersuchungszeitpunkt – führt zu einer systematischen Überschätzung von Alterseffekten. Untersuchungen, die sich allgemeiner mit dem Zusammenhang zwischen dem Lebensalter und dem Wahlverhalten befassen, setzen oftmals besser geeignete Methoden ein, erlauben es jedoch nur indirekt, die Frage nach jugendspezifischem Wahlverhalten zu beantworten (z.B. Gehring 1994; Metje 1994; Rattinger 1994; Falter/Gehring 1998). Zudem beschränken sie sich aus leicht nachvollziehbaren Gründen meist auf die alte Bundesrepublik und die Zeit bis in die Mitte der 1990er Jahre. Beides stellt ein Manko dar, da jugendspezifisches Wahlverhalten zwischen West- und Ostdeutschland wie auch über die Zeit variieren könnte.

Der vorliegende Beitrag verfolgt das Ziel, zu klären, ob in West- und Ostdeutschland jugendspezifisches Wahlverhalten vorliegt. Dazu wird im ersten Schritt theoretisch diskutiert, inwieweit man mit Einflüssen der Eigenschaft Jugendlicher auf das Wahlverhalten rechnen kann. Anschließend werden diese Überlegungen für Westdeutschland anhand von Daten zu den Bundestagswahlen 1980-2002 und für Ostdeutschland für die Bundestagswahlen 1990-2002 empirisch überprüft.[1] Abschließend werden die Ergebnisse kurz zusammengefaßt und diskutiert.

## 2. Jugend und Wahlentscheidung aus theoretischer Perspektive

Die Jugend bildet eine Phase im individuellen Lebenszyklus eines Menschen (Gukenbiehl 2003). Sie schließt sich – beginnend mit der Pubertät – an die Kindheit an, dient der Vorbereitung auf das Dasein als Erwachsener und endet mit der Ablösung von der Herkunftsfamilie; jugendlich ist demnach, wer nicht mehr Kind ist, aber noch nicht auf eigenen Beinen stehen kann (z.B. Münchmeier 1998: 3; Schäfers 1998: 21f.; Achatz u.a. 2000: 14). Im Zuge des gesellschaftlichen Wandels ist es seit dem Zweiten Weltkrieg zu einer Pluralisierung, vor allem aber zu einer Verlängerung der Jugend gekommen, die sich heute häufig – ergänzt um die ‚Postadoleszenz' – bis an das Ende des dritten Lebensjahrzehnts erstreckt (z.B. Hurrelmann 1994; Münchmeier 1998: 12; Schäfers 1998: 22ff.).

---

1   Der vorliegende Beitrag wurde Anfang 2005 abgeschlossen, weshalb die Bundestagswahl 2005 nicht berücksichtigt werden konnte.

Die Position im Lebenszyklus ist ein soziodemographisches Merkmal, das die Richtung der Wahlentscheidung nicht direkt beeinflussen kann. Allerdings kann das Durchlaufen des Lebenszyklus' Faktoren verändern, die ihrerseits auf das Wahlverhalten wirken; es sind also vermittelte Zusammenhänge möglich (allgemein Schoen 2005). Da die Stimmabgabe ganz erheblich von politischen Orientierungen beeinflusst wird, bieten sich diese als vermittelnde oder intervenierende Größen an. Die Fragen nach Wirkungen des Lebenszyklus' auf die Stimmabgabe und speziell nach jugendspezifischem Wahlverhalten werden daher im Folgenden anhand des sozialpsychologischen Ann Arbor-Ansatzes diskutiert. Er führt Stimmverhalten im Wesentlichen auf langfristig stabile Parteibindungen und auf policybezogene (Wert-)Orientierungen sowie kurzfristig variable Einstellungen zu aktuellen Sachfragen und Spitzenpolitikern zurück. Diese Attitüden werden ihrerseits als eine Resultante von Erfahrungen aufgefaßt, weshalb sie einen Zusammenhang zwischen dem Lebenszyklus und dem Wahlverhalten vermitteln könnten (Campbell u.a. 1954, 1960; Miller/Shanks 1996).

Die geradezu klassische „aging conservatism"-These (Bürklin 1987: 116ff.) geht davon aus, dass die Abfolge von Rollenanforderungen im Lebenszyklus – also etwa des Eintritts in das Berufsleben, der Heirat, der Geburt des ersten Kindes oder dem Ausscheiden aus dem Berufsleben – mit Änderungen der politischen Präferenzen einhergeht. Demnach wachse im Lauf des Lebenszyklus' die berufliche, familiäre und gesellschaftliche Verantwortung, was dazu führe, dass an die Stelle idealistischer Vorstellungen stärker pragmatische Orientierungen träten, die gesellschaftlichen Bedingungen akzeptiert und politisch konservative Kräfte bevorzugt würden. Allerdings übersieht dieses Argument, dass im höheren Alter, etwa mit dem Ausscheiden aus dem Berufsleben, Integration und Verantwortung wieder nachlassen, weshalb streng genommen nicht ein mit dem Lebensalter monoton zunehmender Pragmatismus folgen sollte, sondern eine kurvilineare Beziehung zwischen beiden Merkmalen. Selbst wenn man diesen Einwand akzeptiert, erscheint das Ende der Jugend aus dieser Sicht jedoch als kritischer Einschnitt, der politische Orientierungen und das Wahlverhalten erheblich verändern könnte. Denn dieser Schritt im Lebenszyklus ist über die Ablösung von der Herkunftsfamilie, das Ende der Ausbildung und den Aufbau einer eigenen Existenz definiert und könnte daher dazu führen, dass sich eine Person von idealistischen Vorstellungen abwendet und pragmatischen Orientierungen den Vorzug gibt.

Dieser Wandel berührt die Einstellungen, die im sozialpsychologischen Modell das Wahlverhalten erklären. Bezogen auf die kurzfristig variablen Sachfragenorientierungen kann das bedeuten, dass eine Person bei der Wahlentscheidung andere Themen als wichtig erachtet, etwa nicht mehr nach Gerechtigkeit für die Dritte Welt oder für zukünftige Generationen fragt, sondern nach der Kompetenz, gegenwärtig im eigenen Land Arbeitsplätze und Wohlstand zu schaffen. Zum anderen kann eine Person ihre Standpunkte zu konkreten Sachfragen ändern; beispielsweise könnte sie anders als früher lukrative Waffenexporte, preisgünstigen Atomstrom und schuldenfinanzierte Staatsausgaben befürworten. Diese Verschiebungen der Bewertungsmaßstäbe färben auch auf die Beurteilung von Spitzenpolitikern ab, so dass nun beispielsweise Politiker bevorzugt werden, die kompetent erscheinen,

momentan die heimische Wirtschaft anzukurbeln. Wertorientierungen und Parteibindungen zeichnen sich durch eine höhere Stabilität als die beiden bisher betrachteten Einstellungen aus, ohne jedoch vollkommen starr zu sein (z.B. Falter/
Schoen/Caballero 2000; Klein/Pötschke 2004). Sie dürften daher erst mit Verzögerung auf lebenszyklisch gewandelte Anforderungen und Interessen einer Person
reagieren. Im Falle der Wertvorstellungen könnten postmaterialistische Präferenzen für Bürgerrechte und Umweltschutz von Orientierungen an momentaner ökonomischer Prosperität abgelöst werden, und eine Person könnte allmählich eine
alte Parteibindung zugunsten einer neuen aufgeben. Sind alle diese Schritte vollzogen, erscheint beim Eintritt in das Erwachsenenleben ein Wechsel der Wahlentscheidung von einer idealistischen zu einer pragmatisch-konservativen Partei wahrscheinlich.

Wenngleich diese Argumentation schlüssig erscheint, kann man ernsthafte
Zweifel daran hegen, dass der Schritt in das Erwachsenenleben rasche und gravierende Veränderungen im Wahlverhalten mit sich bringt. Bedenken nährt erstens
ein Blick auf die Variabilität der Einstellungen, die die Wahlentscheidung beeinflussen. Sachfragen- und Kandidatenorientierungen können sich relativ schnell an
neue Interessenlagen und Rollenanforderungen anpassen, Parteibindungen und
Wertorientierungen dagegen in der Regel nicht, d.h. sie können relativ lange im Erwachsenenleben noch jugendliche Präferenzen widerspiegeln (z.B. Falter/Schoen/
Caballero 2000: 257ff.). Nehmen sie nun maßgeblichen Einfluß auf die Wahlentscheidung, kann jemand auch noch als Erwachsener „jugendlich" eine idealistische
Partei wählen. Nur wenn man davon ausgeht, dass diese Orientierungen ungewöhnlich rasch auf veränderte Interessenlagen reagieren oder für die Wahlentscheidung vollkommen irrelevant sind, kann man daher vom Eintritt in das Erwachsenenleben einen schlagartigen Wechsel der Wahlentscheidung von idealistischen zu pragmatischen Angeboten erwarten.[2]

Zweitens muß man bedenken, dass politische Orientierungen nicht allein aus
momentanen Interessenlagen oder Rollenanforderungen abgeleitet werden und
daher nicht notwendig in verschiedenen Phasen des Lebenszyklus unterschiedlich
ausgeprägt sein müssen. Beispielsweise werden Parteibindungen zwar häufig in der
Jugend angelegt, doch heißt das nicht, dass sich Jugendliche zwangsläufig mit
einer Partei mit jugendspezifischem Profil identifizieren. Vielmehr scheinen unter
anderem die politischen Präferenzen des Elternhauses die entstehenden Parteiloyalitäten des Nachwuchses wesentlich zu beeinflussen (z.B. Mattei/Niemi 1991;
Niemi/Jennings 1991). Wenn aber Parteibindungen von Erwachsenen übernommen
werden, dürften sie sich beim Eintritt in das Erwachsenenleben kaum systematisch
ändern, so dass insoweit wenig Raum für jugendspezifisches Wahlverhalten bleibt.

Drittens ist die Angebotsseite am politischen Markt zu berücksichtigen. Selbst
wenn man annimmt, Menschen änderten beim Schritt in das Erwachsenenleben
ihre Wert- und Sachfragenorientierungen, folgt daraus nicht zwangsläufig ein

---

2   Das Argument erhält zusätzliches Gewicht, da langfristig stabile Parteibindungen und Wertorientie-
    rungen den Jugendeffekt auf das Wahlverhalten auch durch ihren stabilisierenden Einfluß auf die
    kurzfristig variablen Kandidaten- und Sachfragenorientierungen (z.B. Falter/Schoen/Caballero
    2000: 251ff.; Bartels 2002) schwächen können.

Wechsel im Wahlverhalten. Denn nur wenn Fragen, die Jugendliche und Erwachsene unterschiedlich beurteilen, in der politischen Auseinandersetzung eine Rolle spielen und nicht alle Parteien und Kandidaten auf diesen Gebieten als austauschbar angesehen werden, kann man mit jugendspezifischem Wahlverhalten rechnen. Optimal sind die Bedingungen dafür bei einer hochgradigen (Partei-)Politisierung des sozialen Merkmals Jugend, etwa wenn Parteien sich die Vertretung einzelner Altersgruppen auf die Fahnen schreiben; dagegen ist kaum jugendspezifisches Wahlverhalten zu erwarten, wenn keine Partei den politischen Präferenzen Jugendlicher besonders nahekommt. In der Realität dürfte eher die zweite als die erste Konstellation anzutreffen sein. Denn Parteien besitzen in Deutschland keinen großen Anreiz, ihre Politik ausschließlich auf das vergleichsweise kleine und schrumpfende Segment der Jugend zuzuschneiden, da sie damit Gefahr liefen, die weitaus größere Zahl älterer Wähler zu verprellen. Zugleich haben Parteien kaum ein Interesse daran, Politik gegen die Jugend zu machen. Denn andernfalls könnten diese Personen dank in der Jugend erworbener Loyalitäten oder Antipathien lebenslang für eine Partei verloren sein. Wenn es sich aber für die Akteure im politischen Wettbewerb nur bedingt lohnt, Jung gegen Alt auszuspielen, sollten keine allzu hohen Erwartungen an das Ausmaß jugendspezifischen Wahlverhaltens gerichtet werden.

Die These, das Wahlverhalten ändere sich systematisch beim Übergang zum Erwachsenendasein, ist – soviel läßt sich festhalten – voraussetzungsvoller, als es die Selbstverständlichkeit vermuten lassen könnte, mit der sie zuweilen vertreten wird. Sie unterstellt lebenszyklische Unterschiede in wahlrelevanten politischen Orientierungen und eine Politisierung von jugendspezifischen Themen. Sofern sie aber zutrifft, darf man annehmen, dass Jugendliche eher Parteien mit idealistischen Positionen bevorzugen, während Erwachsene für pragmatisch ausgerichtete Parteien votieren. Jugendliche ansprechender Idealismus kann in unterschiedliche inhaltliche Richtungen zielen. In der Untersuchungsperiode dürften dabei Kritik an ökonomischen Zwängen und Vorschläge zur Emanzipation des Menschen von diesen eine besonders wichtige Rolle gespielt haben. Im Folgenden soll auf dieser Grundlage jugendspezifisches Wahlverhalten in West- und Ostdeutschland diskutiert werden.

In Westdeutschland darf man zwischen 1980 und 2002 erwarten, dass die Unionsparteien als eher konservative und wirtschaftsfreundliche Kräfte generell unter Jugendlichen schlechter abschneiden als im Rest der Bevölkerung. Vergleichsweise stark sollte die jugendliche Antipathie ausgeprägt sein, wenn die Union mit einem betont konservativen Profil auftritt, was etwa 1980 mit der Kanzlerkandidatur von Franz Josef Strauß der Fall war (z.B. Berger u.a. 1985: 488). Soweit die FDP als wirtschaftsfreundliche Partei wahrgenommen wird, dürfte sie es bei Jugendlichen ebenfalls schwer haben. Allerdings könnte neben einigen Elementen in der Bürgerrechts- und Außenpolitik ihre relativ kritische Haltung zur Staatsverschuldung die jugendspezifische Attraktivität der FDP gesteigert haben; mit Blick auf die Wahl 2002 könnte der nicht zuletzt auf Jugendliche zugeschnittene Wahlkampf ähnlich gewirkt haben. Die SPD dürfte als linke Partei generell relativ gute Chancen unter Jugendlichen haben; besonders günstig sollten ihre Aussichten sein, wenn sie mit betont links-idealistischem Profil antritt, also etwa 1990 mit Oskar Lafontaine. Dagegen dürften die pragmatischen Kanzlerkandidaten Helmut Schmidt und Gerhard Schröder diesen Effekt eher abgeschwächt oder gar umgekehrt haben; eine ähnliche Wirkung könnte von der relativ starken Betonung momentaner Verteilungsfragen zu Lasten der Interessen künftiger Generationen ausgehen. Die Grünen betraten als idealistisch-systemoppositionelle Partei die politische Bühne. Für sie kann daher seit 1980, als sie erstmals an Bundestagswahlen teilnahmen, ein vergleichsweise gutes Abschneiden unter Jugendlichen erwartet werden; nicht zuletzt könnten sie die Anziehungskraft anderer Parteien unter Jugendlichen, etwa der SPD, gemindert haben. Allerdings dürfte ihre jugendspezifische Attraktivität unter ihrer Wende zum reformerischen Pragmatismus gelitten haben, deren bislang letzte – und besonders augenfällige – Etappe mit der Regierungsbeteiligung seit 1998 erreicht worden ist (z.B. Klein/Arzheimer 1997; Klein/Falter 2003).

In den neuen Bundesländern ist zwischen 1990 und 2002 der Richtung nach mit den gleichen Wirkungen des Lebenszyklus auf parteipolitische Präferenzen zu rechnen wie in den alten. Zusätzlich ist hier die PDS zu berücksichtigen. Sie tritt als prononciert linke Partei auf, weshalb man ihr ebenfalls gute Chancen unter jungen Wählern zuschreiben könnte. Da sie allerdings die Nachfolgerin der ausgesprochen autoritären DDR-Staatspartei ist, dürfte sich ihre jugendspezifische Attraktivität in Grenzen halten.

Der Stärke nach könnte der Zusammenhang zwischen Jugend und Wahlverhalten im Osten deutlicher ausgeprägt sein als im Westen der Republik. Denn Parteibindungen, die soeben als potentielles Hemmnis für jugendspezifisches Wahlverhalten identifiziert worden sind, sind trotz der in der DDR-Zeit entstandenen „Quasi-Parteibindungen" (Bluck/Kreikenbom 1991, 1993) in Ostdeutschland deutlich seltener vorzufinden als im Westen (z.B. Falter/Schoen 1999: 465ff.; Schoen/Weins 2005: 224). Folglich dürften lebenszyklisch bedingte Änderungen kurzfristig variabler Orientierungen schneller zu deutlichen Verschiebungen im Wahlverhalten führen. Dem läßt sich allerdings zweierlei entgegenhalten. Zum einen scheint die DDR-Sozialisation dafür gesorgt zu haben, dass unter Ostdeutschen beispielsweise linke Orientierungen weniger stark als in den alten Ländern eine Domäne junger Menschen sind (Juhász 2000: 334f.). Zum anderen könnte man argumentieren, dass die relativ schlechte ökonomische Lage in Ostdeutschland unabhängig von der Position im Lebenszyklus keinen Raum für jugendlichen Idealismus läßt und pragmatische Überlegungen in den Vordergrund rückt. Sollten diese Argumente zutreffen, wäre in den neuen Ländern mit schwächeren Alterseffekten zu rechnen als in den alten.

## 3. Daten, Operationalisierungen und Analysestrategie

Wirkungen des Lebensalters auf die Wahlentscheidung ließen sich am besten mit Daten aus langfristigen Wiederholungsbefragungen untersuchen, da sie es erlaubten, auf der Individualebene das Stimmverhalten im Laufe des Lebenszyklus zu betrachten. Mangels derartiger Daten werden die vorgestellten Hypothesen anhand von Trenddaten untersucht. Für Westdeutschland wurde dazu ein kumulierter Datensatz zu den Bundestagswahlen 1980 bis 2002 zusammengestellt, für Ostdeutschland zu den Wahlen 1990 bis 2002.[3] Die Daten wurden soziodemographisch gewichtet, zudem wurden die Verteilungen der Wahlabsichten an die tatsächlichen Wahlergebnisse angepaßt; schließlich wurde die Fallzahl in allen Datensätzen rechnerisch auf 1.000 festgelegt.

Als abhängige Variable dient die Wahlabsicht. Sie wird in Westdeutschland mit fünf Dummy-Variablen für CDU/CSU, SPD, FDP, Grüne und Sonstige abgebildet; in den neuen Bundesländern wird zusätzlich die PDS eigenständig berücksichtigt. Als Analyseverfahren dient die binomiale logistische Regression.[4]

Zentrale unabhängige Variable ist die Eigenschaft, ein Jugendlicher zu sein. Nach den oben skizzierten Definitionen von Jugend müsste die Gruppe der Jugendlichen erfasst werden, indem man die Lebensumstände jeder einzelnen Person genau studiert und prüft, inwieweit sie auf eigenen Beinen steht. Mangels derartiger Informationen muss die Jugend näherungsweise über das Lebensalter operationalisiert werden. Um die Vergleichbarkeit mit vorliegenden Jugenduntersuchungen (z.B. Gille/Krüger 2000) zu erleichtern, gelten als Jugendliche alle Befragten zwischen 18 und 29 Jahren; ihnen wird auf der Dummy-Variable Jugend der Wert 1 zugewiesen. Die in einigen Umfragen enthaltenen jüngeren Personen gehören zwar auch zur Jugend, werden aber aus Gründen der Einheitlichkeit nicht berücksichtigt.

Diese Operationalisierung erlaubt nur eine relativ ungenaue Abbildung des Konzepts Jugend. Nicht zuletzt dürfte sie eine Reihe von Personen, die nicht mehr Jugendliche sind, dieser Kategorie zuordnen. Sollten sich Jugendliche und Erwachsene tatsächlich in der theoretisch vermuteten Weise voneinander unterscheiden, dürften sich wegen der gewählten Operationalisierung in der empirischen Analyse Jugendliche und Erwachsene weniger unterscheiden, als wenn man eine vollkommen theorieadäquate Messung wählte. Insofern dürften Jugendeffekte unterschätzt werden.

Betrachtet man das Wahlverhalten allein in Abhängigkeit von der Eigenschaft, jung zu sein, läuft man Gefahr, den Jugendeffekt zu überschätzen (z.B. Gehring 1994: 217ff.). Denn stellt man fest, dass Personen eines Jahrgangs von Wahl zu Wahl häufiger für eine bestimmte Partei votieren, kann eine Wirkung des Alterungsprozesses vorliegen. Das empirische Muster kann auch darauf beruhen, dass alle Personen unabhängig von ihrem Lebensalter häufiger als früher für diese Partei stimmen (Periodeneffekt). In der Argumentation des sozialpsychologischen

---

3  Die Grundlage bilden die Datensätze mit den ZA-Nummern 1053, 1276, 1537, 1959, 3064, 3861; soweit es sich um Kurzfristpanels handelt, wurde die letzte Vorwahlwelle verwendet. Für die Zusammenstellung danke ich Henning Laux.

4  Die multinomiale Logitanalyse, die für polytome abhängige Variablen entwickelt wurde, wird nur eingesetzt, um zu prüfen, ob einzelne Effekte zu Gunsten oder zu Lasten einer Partei bestimmten andere Parteien besonders viele Stimmen kostet bzw. einbringt; sonst wird die binomiale Logitanalyse verwendet, da sie es besser erlaubt, aus den Regressionsergebnissen Wirkungen auf den *Gesamtstimmenanteil* einer Partei abzulesen.

Ansatzes sprechen Periodeneffekte für gruppenunabhängige Kurzfristeinflüsse, etwa eines bei Alt und Jung gleich populären Spitzenkandidaten.

Ein anderer Fehlschluß wäre mindestens ebenso problematisch: Votieren zu einem Zeitpunkt ältere Menschen anders als junge, kann es sich um einen echten Alters- oder Lebenszykluseffekt handeln, man kann aber nicht ausschließen, dass ein Generationeneffekt vorliegt. Dieser besteht darin, dass sich Angehörige einer Generation von Angehörigen anderer Generationen unterscheiden, da sie in ihrer formativen Phase andere Orientierungen erworben haben und diese Unterschiede das ganze Leben hindurch erhalten bleiben. Danach spielt es keine Rolle, in welcher Phase des Lebenszyklus jemand steht, sondern wann jemand geboren worden ist und prägende politische Erfahrungen gesammelt hat. Im Lichte des sozialpsychologischen Ansatzes sind Generationeneffekte als Indiz für den Einfluß von stabilen Parteibindungen und Wertorientierungen auf das Wahlverhalten zu interpretieren.

Um eine systematische Überschätzung des Jugendeffekts zu vermeiden, werden in der folgenden Analyse Generation und Periode kontrolliert.[5] Letztere werden erfaßt, indem für jede betrachtete Wahl mit Ausnahme von jener 1990, die damit als Referenzkategorie dient, eine Dummy-Variable gebildet wird. Für Westdeutschland werden in Anlehnung an Fogt (1982) sechs Generationen unterschieden (z.B. auch Metje 1994: 50ff.). Als Referenzkategorie dienen die bis 1925 Geborenen, die ihre politische Sozialisation hauptsächlich vor dem Zweiten Weltkrieg durchlaufen haben. Darauf folgen die Nachkriegs- und Wiederaufbau-Generation (1926-1935), die Adenauer-Generation (1936-1945), die APO-Generation (1946-1953), die Generation der Neuen Sozialen Bewegungen (1954-1964), die „Generation Golf" (1965-1975) (Illies 2000) und die seit 1976 Geborenen. In Ostdeutschland bilden ebenfalls die bis 1925 Geborenen die Referenzgeneration. Es folgen die Generation des stalinistischen Aufbaus (1925-1936), der Ulbrichtschen Reformperiode (1937-1950), die Generation der Honeckerschen Liberalisierungen (1951-1969) und schließlich die ab 1970 Geborenen (Gensicke 1998: 150ff.; Rölle 2000: 118ff.).

## 4.  Empirische Analyse

Ehe untersucht wird, wie die Zugehörigkeit zur Jugend unter Kontrolle von Generation und Periode auf das Wahlverhalten wirkt, wird in einem ersten Schritt geprüft, ob die Eigenschaft Jugend die Wahlentscheidung bivariat beeinflußt und in welchem Verhältnis dieser Einfluß zur elektoralen Wirkung des Lebensalters insgesamt steht. Dazu wird das Wahlverhalten erstens auf die dichotome Jugendvariable regrediert. Zweitens dient das metrische Alter in linearer Form als Prädiktor.

---

5   Im Vergleich zu vorliegenden Analysen, die Alters-, Generationen- und Periodeneffekte untersuchen (z.B. Gehring 1994; Rattinger 1994; Falter/Gehring 1998), wird die Alterskomponente hier sehr grob, nämlich dichotom erfaßt. Daher fallen die beiden Effekte und dabei vor allem der Generationeneffekt stärker aus, weshalb Vergleiche mit Ergebnissen anderer Analysen erhebliche Sorgfalt erfordern.

In einer dritten Variante wird das Lebensalter mit einem linearen und einem quadratischen Term in die Regressionsgleichung eingeführt; diese Modellformulierung erlaubt es, kurvilineare Alterseffekte (z.b. „erst nimmt die Wahlwahrscheinlichkeit mit steigendem Alter zu, ab dem 50. Lebensjahr sinkt sie wieder") zu überprüfen. Im Vergleich dieser Modelle kann festgestellt werden, ob das Lebensalter überhaupt mit dem Wahlverhalten zusammenhängt und welcher relative Stellenwert dem Übergang von der Jugend zum Erwachsenenleben im politischen Lebenszyklus zukommt.

Wie den in Tabelle 1 zusammengestellten korrigierten Pseudo-$R^2$-Werten nach McFadden zu entnehmen ist, spielt das Lebensalter für die Stimmentscheidung zugunsten der meisten Parteien eine sehr kleine Rolle. Bei SPD und FDP in Ost und West, den sonstigen Parteien im Westen sowie der PDS im Osten ist kein substantieller Zusammenhang festzustellen, ob man das Alter nun mit einem linearen oder zusätzlich mit einem quadratischen Term in die Regression einführt. Ein minimaler Zusammenhang ist für die Ost-CDU nachzuweisen, etwas stärker fällt er für die Unionsparteien im Westen und die sonstigen Parteien im Osten aus; dies ist auch der einzige Fall, in dem das kurvilineare Modell moderat erklärungskräftiger ist als das lineare. Erheblich schwerer ins Gewicht fällt der Alterseffekt bei der Wahl der Grünen, und das im Westen noch stärker als im Osten. Im Vergleich dazu fallen die bivariaten Zusammenhänge der dichotomen Jugendvariable mit dem Wahlverhalten in der Regel merklich schwächer aus. Das Wahlverhalten hängt somit generell nicht sehr stark mit dem Lebensalter zusammen, was durchaus plausibel ist, da dieses Merkmal von der Stimmabgabe logisch relativ weit entfernt ist. Der Schritt von der Jugend in das Erwachsenenleben wiederum erfaßt nur einen Teil der wahlverhaltensrelevanten lebenszyklischen Veränderungen. Die empirische Bedeutung jugendspezifischen Wahlverhaltens sollte daher generell nicht überschätzt werden.

Der parteipolitischen Richtung nach sind folgende Muster erkennbar. In den alten Ländern schneiden die Unionsparteien unter Jugendlichen deutlich, nämlich um rund 14 Prozentpunkte, schlechter ab als unter Erwachsenen. Komplementär dazu erzielen die FDP und die Sonstigen unter Jugendlichen tendenziell und die Grünen erheblich, und zwar um rund zwölf Prozentpunkte, bessere Ergebnisse als im übrigen Elektorat. Für die SPD sind dagegen keinerlei Unterschiede zwischen beiden Gruppen zu erkennen. Diese Befunde sprechen dafür, CDU und CSU als die Partei der Alten, die Grünen dagegen als die Partei der Jugend zu charakterisieren. In den neuen Bundesländern zeichnet sich zwischen 1990 und 2002 ein etwas anders nuanciertes Muster ab. CDU, SPD, FDP und PDS schneiden unter jungen Wählern eher schlechter ab als unter älteren, während für die Grünen und die sonstigen Parteien das umgekehrte Muster gilt. Die Grünen und die Sonstigen erscheinen somit als Parteien der Jungen, während CDU, SPD, PDS und FDP von dieser Bevölkerungsgruppe tendenziell seltener gewählt werden. Allerdings sind die Altersunterschiede in der Regel kleiner als im Westen, und wirklich ins Gewicht fällt in erster Linie der Jugendbonus der Grünen von rund sechs Prozentpunkten.[6]

*Tabelle 1:* Bivariate Wirkung der Zugehörigkeit zur Jugend auf das Wahlverhalten bei Bundestagswahlen (logistische Regression)[a]

| | Westdeutschland 1980-2002 | | | | |
|---|---|---|---|---|---|
| | CDU/CSU | SPD | FDP | Grüne | Sonstige |
| Jugend | -0,58*** | -0,02 | 0,17 | 1,44*** | 0,24 |
| | (0,07) | (0,06) | (0,14) | (0,09) | (0,22) |
| Konstante | -0,16*** | -0,46*** | -2,40*** | -3,04*** | -3,68*** |
| | (0,03) | (0,03) | (0,06) | (0,05) | (0,2) |
| KPR² (%) | 0,8 | -0,0 | -0,0 | 5,6 | -0,1 |
| KPR² l (%) | 1,9 | 0,1 | -0,0 | 9,7 | 0,1 |
| KPR² l+q (%) | 2,0 | 0,2 | -0,0 | 9,7 | 0,1 |
| N ungew. | 9.975 | 9.975 | 9.975 | 9.975 | 9.975 |

| | Ostdeutschland 1990-2002 | | | | | |
|---|---|---|---|---|---|---|
| | CDU | SPD | FDP | Grüne | PDS | Sonstige |
| Jugend | -0,19 | -0,12 | -0,21 | 1,04*** | -0,14 | 0,51 |
| | (0,12) | (0,11) | (0,28) | (0,17) | (0,15) | (0,32) |
| Konstante | -0,54*** | -0,60*** | -2,44*** | -3,13*** | -2,07*** | -3,07*** |
| | (0,04) | (0,04) | (0,10) | (0,09) | (0,06) | (0,14) |
| KPR² (%) | 0,0 | -0,0 | -0,1 | 2,4 | -0,1 | 0,3 |
| KPR² l (%) | 0,2 | -0,0 | -0,1 | 4,6 | -0,1 | 1,8 |
| KPR² l+q (%) | 0,2 | -0,0 | -0,2 | 4,6 | -0,1 | 2,2 |
| N ungew. | 3.978 | 3.978 | 3.978 | 3.978 | 3.978 | 3.978 |

*** $p < 0,001$; ** $p < 0,01$; * $p < 0,05$.

a Angegeben sind unstandardisierte Logitkoeffizienten, in Klammern Standardfehler. KPR²: Korrigiertes Pseudo-R² nach McFadden; KPR² l: KPR² für einen linearen Term der metrischen Altersvariable; KPR² l+q: KPR² für linearen und quadratischen Term der metrischen Altersvariable.

Eine bivariate Betrachtung gibt erste Hinweise auf Muster jugendspezifischen Wahlverhaltens, doch kann sie keine gesicherten Erkenntnisse über Wirkungen des Status Jugendlicher auf die Stimmabgabe liefern. Da Generationen- und Periodeneffekte nicht kontrolliert werden, könnte der Alterseffekt auf das Wahlverhalten systematisch überzeichnet werden. Deshalb werden im nächsten Schritt die Generationenzugehörigkeit und der Zeitpunkt der Wahl kontrolliert. Zusätzlich werden Interaktionen zwischen der Zugehörigkeit zu den Jugendlichen und dem Wahlzeitpunkt zugelassen. Sie erlauben es zu prüfen, ob die relative Attraktivität einer Par-

---

6   Die Prozentpunktangaben resultieren, wenn man aus den Regressionsgleichungen hypothetische Wahlwahrscheinlichkeiten errechnet, wie sie in den Tabellen 4 und 7 ausgewiesen sind.

tei für Jugendliche und Erwachsene über die Zeit stabil ist oder zwischen verschiedenen Wahlen – etwa als Reaktion auf das politische Angebot – variiert.[7]

Das Wahlverhalten zugunsten von CDU und CSU weist bei den Bundestagswahlen 1980 bis 2002 ein klares Generationenprofil auf. Die beiden Parteien schneiden unter den bis 1925 Geborenen besonders gut ab. In den beiden folgenden Kohorten müssen sie leichte Verluste hinnehmen, die sich etwa 1983 unter den Erwachsenen auf rund fünf bis sechs Prozentpunkte belaufen. Gravierende Einbrüche erleiden sie in den später geborenen Kohorten, in denen sie beispielsweise 1983 um zehn und mehr Prozentpunkte schlechter abschneiden als in der Aufbau- und der Adenauer-Generation (Tabelle 2 und 4). Insoweit erscheint die Union als die Partei der Generationen, die maßgeblich am Wiederaufbau und dem Wirtschaftswunder beteiligt waren (ähnlich Rattinger 1994: 92f.).

Im Vergleich dazu spielen Jugendeffekte bei der Unionswahl eine nachrangige Rolle. Über alle Wahlen hinweg betrachtet, läßt sich kein Einfluß des Übergangs zum Erwachsenendasein auf die Präferenz für CDU und CSU nachweisen (Logitkoeffizient: 0,02). Wie jedoch die um Interaktionsterme ergänzte Analyse zeigt, gilt das nicht für jede einzelne Wahl. Vielmehr kann man 1990 und 1998 von einem Jugendeffekt zuungunsten der Union sprechen. 1990 könnte der Einbruch bei der Jugend mit der Kanzlerkandidatur Oskar Lafontaines zusammenhängen, 1998 mit einem besonders ausgeprägten jugendlichen Überdruß am Langzeitkanzler Kohl. Einen bemerkenswerten Kontrapunkt dazu setzt die Wahl 1980, bei der die Union – nicht zuletzt zu Lasten der SPD – um rund zehn Prozentpunkte besser abschneidet als unter älteren Wählern (Logitkoeffizient: -0,35 + 0,78 = 0,43, p = 0,026), was gerade angesichts der Kanzlerkandidatur des ausgewiesenen Konservativen Franz Josef Strauß erstaunen mag. Insgesamt zeigt sich, dass CDU und CSU – anders als es die bivariate Analyse suggerierte – in der Untersuchungsperiode von Jugendlichen nicht generell gemieden werden, sondern dass wahlspezifische Schwankungen auftreten.

Die SPD erweist sich zwischen 1980 und 2002 generell nicht als Partei der Jugend, sondern profitiert eher davon, wenn jemand seine Jugend bereits hinter sich hat. Häufig handelt es sich dabei nur um einen tendenziellen Zusammenhang, der jedoch 1980 leicht, 1983 und 1994 deutlicher an Stärke gewinnt und 1987 zu ei-

---

7  Bei der Interpretation der Logit-Modelle mit Interaktionseffekten zwischen Jugend- und Wahldummies ist Folgendes zu beachten: Die Regressionskoeffizienten der Wahldummies geben die Periodeneffekte unter den Erwachsenen wieder, der Koeffizient, der der Jugendvariable zugewiesen wird, den Jugendeffekt bei der Referenzwahl 1990. Die Wirkung des Status jugendlich bei einer anderen Wahl ergibt sich, indem man den Jugendkoeffizienten und den Koeffizienten des entsprechenden Interaktionsterms addiert. Um Unterschiede in den Effektstärken zwischen zwei Wahlen zu errechnen, die nicht als Referenzgröße dienen, müssen die entsprechenden Koeffizienten voneinander subtrahiert werden (Jaccard 2002). Analysen, die simultan Alter, Generation und Periode sowie Interaktionen zwischen diesen berücksichtigen, sind häufig mit erheblichen Multikollinearitätsproblemen behaftet. Im vorliegenden Fall erreichen die Toleranzwerte jedoch nicht die kritischen Schwellen, so dass die Analyse in dieser Hinsicht unbedenklich ist. Dazu trägt vor allem die Dichotomisierung der Altersvariable bei.

*Tabelle 2:* Wirkungen von Jugend, Generationszugehörigkeit und
Wahlzeitpunkten auf die Stimmabgabe zugunsten von CDU/CSU und
SPD in Westdeutschland 1980-2002 (logistische Regression)[a]

| | CDU/CSU | | SPD | |
|---|---|---|---|---|
| | Ohne | Mit | Ohne | Mit |
| | | Interaktion | | Interaktion |
| Jugend | 0,02 | -0,35 | -0,30** | 0,08 |
| | (0,10) | (0,21) | (0,09) | (0,20) |
| Generationen (Referenz: -1925) | | | | |
| 1926-1934 | -0,18* | -0,18* | 0,10 | 0,11 |
| | (0,09) | (0,09) | (0,08) | (0,09) |
| 1935-1945 | -0,26** | -0,27** | 0,12 | 0,13 |
| | (0,08) | (0,08) | (0,08) | (0,08) |
| 1946-1953 | -0,61*** | -0,64*** | 0,26** | 0,26** |
| | (0,09) | (0,09) | (0,09) | (0,09) |
| 1954-1964 | -0,90*** | -0,94*** | 0,52*** | 0,55*** |
| | (0,09) | (0,09) | (0,09) | (0,09) |
| 1965-1975 | -1,06*** | -0,93*** | 0,40** | 0,35** |
| | (0,13) | (0,13) | (0,12) | (0,13) |
| 1976- | -0,90*** | -0,76** | 0,43* | 0,26 |
| | (0,22) | (0,28) | (0,20) | (0,25) |
| Periode (Referenz: Wahl 1990) | | | | |
| 1980 | -0,19 | -0,31** | 0,35*** | 0,42*** |
| | (0,10) | (0,11) | (0,10) | (0,11) |
| 1983 | 0,03 | -0,02 | 0,13 | 0,22* |
| | (0,10) | (0,11) | (0,10) | (0,11) |
| 1987 | -0,10 | -0,15 | 0,05 | 0,20 |
| | (0,09) | (0,10) | (0,09) | (0,10) |
| 1994 | -0,10 | -0,14 | -0,02 | 0,06 |
| | (0,10) | (0,11) | (0,10) | (0,10) |
| 1998 | -0,14 | -0,16 | 0,17 | 0,23* |
| | (0,10) | (0,10) | (0,09) | (0,10) |
| 2002 | 0,04 | -0,05 | -0,04 | 0,03 |
| | (0,10) | (0,10) | (0,10) | (0,10) |
| Jugend × 1980 | – | 0,78** | – | -0,35 |
| | | (0,28) | | (0,26) |
| Jugend × 1983 | – | 0,38 | – | -0,45 |
| | | (0,28) | | (0,27) |
| Jugend × 1987 | – | 0,35 | – | -0,71** |
| | | (0,25) | | (0,25) |
| Jugend × 1994 | – | 0,20 | – | -0,42 |
| | | (0,27) | | (0,25) |
| Jugend × 1998 | – | -0,02 | – | -0,17 |
| | | (0,28) | | (0,26) |
| Jugend × 2002 | – | 0,35 | – | -0,18 |
| | | (0,34) | | (0,31) |
| Konstante | 0,25** | 0,31** | -0,73*** | -0,81*** |
| KPR² (%) | 2,3 | 2,3 | 0,4 | 0,4 |

*** p < 0,001; ** p < 0,01; * p < 0,05.
a  Angaben und Fallzahlen wie in Tabelle 1.

nem massiven Einfluss wird (Koeffizient: 0,08 – 0,71 = -0,63, p = 0,000): Die SPD schneidet unter Jugendlichen um über zehn Prozentpunkte schlechter ab als unter älteren Stimmbürgern. Die einzige Ausnahme bildet hierbei die Wahl 1990, bei der die SPD tendenziell vom Jungsein eines Wählers profitierte. Die empirische Analyse bestätigt somit die Vermutung, die Lafontaine-Kampagne 1990 habe die jugendspezifische Attraktivität der SPD im Vergleich zu anderen Wahlen gesteigert.

Die Jugendeffekte auf die SPD-Wahl stehen in der Regel jedoch im Schatten von Einflüssen der Generationszugehörigkeit. Die SPD findet in den nach dem Zweiten Weltkrieg geborenen Kohorten, vor allem aber in der Generation der Neuen Sozialen Bewegungen, vergleichsweise großen Rückhalt. Seinen zahlenmäßigen Niederschlag findet dies darin, dass die Sozialdemokraten in dieser Kohorte regelmäßig um über zehn Prozentpunkte besser abschneiden als unter den bis 1925 Geborenen und um rund zehn Prozentpunkte besser als unter den übrigen Vorkriegsgeborenen.

Die Wählerschaften der FDP und der sonstigen Parteien besitzen keine ausgeprägten Schwerpunkte in einer Altersgruppe oder Generation und erscheinen insofern relativ amorph (Tabelle 3 und 4). Alterseffekte zeichnen sich bei der FDP allenfalls 1983, 1990 und 1994 in Gestalt eines leichten FDP-Bonus unter Jugendlichen ab. Bemerkenswert bei den sonstigen Parteien erscheinen lediglich die deutlichen Periodeneffekte, die darauf hindeuten, dass die Wahl 1990 eine Wasserscheide bildet und nicht-etablierte Parteien seither wesentlich bessere Wahlchancen besitzen als in den 1980er Jahren. Alles in allem bestätigt somit die multivariate Analyse zu diesen Parteien die negativen bivariaten Befunde zu Jugendeffekten, was – im Zusammenspiel mit dem Fehlen substantieller Generationseffekte – auf einen relativ großen Einfluß altersunspezifischer Kurzfrist-Faktoren hinweist.

Besser als die Stimmabgabe für jede andere Partei läßt sich das Wahlverhalten zugunsten der Grünen mit den hier verwendeten Variablen erklären. Dazu tragen erstens von Alter und Generation unabhängige Schwankungen des Wählerzuspruchs bei. Besonders deutlich lassen sich Periodeneffekte zu Lasten der Grünen 1980 und 1990 nachweisen, was darauf hindeutet, dass in diesen Jahren ein generell ungünstiges politisches Klima, 1990 etwa das Thema Wiedervereinigung, zum Scheitern an der Fünfprozenthürde beitrug. Zweitens wird die Grünen-Wahl von der Generationenzugehörigkeit beeinflußt: Die Grünen erzielen unter den bis 1925 geborenen Wählern ihre schlechtesten Ergebnisse und können bei den Nachkriegskohorten mit der größten Unterstützung rechnen; beispielsweise erzielten sie 1987 unter den Erwachsenen der ersten Kohorte ein Prozent, in der APO-Generation dagegen zehn Prozent der Stimmen. Darin spiegelt sich die wichtige Rolle langfristig stabiler Wertorientierungen bei der Wahlentscheidung zugunsten der Grünen wider (z.B. Klein/Arzheimer 1997).

Die Grünen werden drittens überdurchschnittlich häufig von Jugendlichen gewählt. Dieser Effekt ist 1980, 1987, 1990 und 1998 vergleichsweise stark ausgeprägt; beispielsweise erhielten die Grünen 1987 in der Generation der Neuen Sozialen Bewegungen unter Jugendlichen zwölf Prozentpunkte mehr als unter Erwachsenen derselben Kohorte. Dagegen ist der Jugendeffekt, der vor allem anfangs zu

*Tabelle 3:* Wirkungen von Jugend, Generationszugehörigkeit und Wahlzeitpunkten auf die Stimmabgabe zugunsten von Grünen, FDP und Sonstigen in Westdeutschland 1980-2002 (logistische Regression)[a]

| | FDP | | Grüne | | Sonstige | |
|---|---|---|---|---|---|---|
| | Ohne Interaktionen | Mit | Ohne Interaktionen | Mit | Ohne Interaktionen | Mit |
| Jugend | 0,25 | 0,40 | 0,64*** | 0,84** | -0,17 | -0,46 |
| | (0,19) | (0,41) | (0,14) | (0,32) | (0,42) | (0,77) |
| **Generationen (Referenz: -1925)** | | | | | | |
| 1926-1934 | 0,21 | 0,20 | 0,70 | 0,69 | 0,03 | 0,03 |
| | (0,19) | (0,19) | (0,37) | (0,37) | (0,43) | (0,42) |
| 1935-1945 | 0,13 | 0,13 | 1,31** | 1,29** | 0,49 | 0,50 |
| | (0,17) | (0,17) | (0,33) | (0,33) | (0,44) | (0,44) |
| 1946-1953 | 0,25 | 0,26 | 2,40*** | 2,38*** | 0,10 | 0,11 |
| | (0,18) | (0,19) | (0,32) | (0,32) | (0,41) | (0,41) |
| 1954-1964 | -0,13 | -0,14 | 2,57*** | 2,53*** | 0,52 | 0,53 |
| | (0,20) | (0,21) | (0,31) | (0,32) | (0,39) | (0,39) |
| 1965-1975 | 0,21 | 0,15 | 2,66*** | 2,66*** | 0,66 | 0,65 |
| | (0,26) | (0,26) | (0,34) | (0,35) | (0,49) | (0,51) |
| 1976- | -0,36 | -0,24 | 2,33*** | 2,53*** | 1,29 | 1,25 |
| | (0,44) | (0,43) | (0,42) | (0,43) | (0,67) | (0,78) |
| **Periode (Referenz: Wahl 1990)** | | | | | | |
| Wahl 1980 | 0,06 | 0,13 | -0,80** | -1,04* | -1,92** | -1,92** |
| | (0,20) | (0,21) | (0,26) | (0,43) | (0,60) | (0,59) |
| Wahl 1983 | -0,39 | -0,45 | 0,53* | 0,75* | -2,11*** | -2,14*** |
| | (0,23) | (0,25) | (0,22) | (0,29) | (0,48) | (0,54) |
| Wahl 1987 | -0,13 | -0,06 | 0,90*** | 0,87** | -1,17*** | -1,35** |
| | (0,20) | (0,22) | (0,19) | (0,25) | (0,42) | (0,48) |
| Wahl 1994 | -0,24 | -0,25 | 0,81*** | 0,99*** | 0,02 | -0,06 |
| | (0,22) | (0,24) | (0,18) | (0,23) | (0,35) | (0,40) |
| Wahl 1998 | -0,39 | -0,35 | 0,59** | 0,64** | -0,13 | -0,20 |
| | (0,22) | (0,23) | (0,18) | (0,23) | (0,35) | (0,38) |
| Wahl 2002 | -0,22 | -0,16 | 0,83*** | 0,99*** | -0,64 | -0,69 |
| | (0,20) | (0,20) | (0,20) | (0,24) | (0,37) | (0,40) |
| Jugend × 1980 | – | -0,40 | – | 0,31 | – | – |
| | | (0,50) | | (0,55) | | |
| Jugend × 1983 | – | 0,24 | – | -0,41 | – | 0,14 |
| | | (0,58) | | (0,44) | | (1,14) |
| Jugend × 1987 | – | -0,29 | – | 0,05 | – | 0,71 |
| | | (0,50) | | (0,38) | | (0,93) |
| Jugend × 1994 | – | 0,05 | – | -0,42 | – | 0,41 |
| | | (0,57) | | (0,37) | | (0,69) |
| Jugend × 1998 | – | -0,20 | – | -0,10 | – | 0,36 |
| | | (0,56) | | (0,38) | | (0,78) |
| Jugend × 2002 | – | -0,38 | – | -0,63 | – | 0,28 |
| | | (0,56) | | (0,45) | | (0,91) |
| Konstante | -2,32*** | -2,35*** | -5,32*** | -5,40*** | -3,38*** | -3,33*** |
| KPR² (%) | 0,2 | 0,1 | 13,5 | 13,4 | 5,1 | 4,8 |

*** p < 0,001; ** p < 0,01; * p < 0,05.
a  Um das Modell schätzen zu können, kann im Fall der sonstigen Parteien die Interaktion Jugend x 1980 nicht berücksichtigt werden. Angaben und Fallzahlen wie in Tabelle 1.

Lasten von SPD und FDP ging, 1983, 1994 und 2002 nicht signifikant von Null verschieden. Mit Ausnahme der Wahl 1983 waren – so lässt sich verkürzt formulieren – die Grünen bis 1990 die Partei der Jugend, danach gelang es ihnen offenbar, zunehmend auch ältere Wähler anzusprechen, was nicht zuletzt mit einem programmatischen Wandel hin zu mehr Pragmatismus zusammenhängen dürfte (Bürklin/Dalton 1994; Klein/Arzheimer 1997). Eine augenfällige Verstärkung fand diese pragmatische Wende in der Regierungsbeteiligung seit 1998, weshalb das deutliche Nachlassen der jugendspezifischen Attraktivität der Grünen im Jahr 2002 folgerichtig erscheint.

Jugendliche und Erwachsene wählten, so läßt sich zusammenfassen, bei den Bundestagswahlen 1980 bis 2002 in Westdeutschland häufig ähnlich, aber nicht identisch.[8] Die Wahlentscheidung zugunsten von FDP und sonstigen Parteien wurde in dieser Phase von der Zugehörigkeit zur Jugend nicht beeinflußt. Bei der Union treten entgegen den Erwartungen nicht durchgängig deutlich negative Jugendeffekte, sondern wahlspezifische Wirkungen auf, die der Richtung nach variieren. Die SPD wurde von jungen Wählern eher gemieden, doch erreicht der negative Effekt nur in einzelnen Fällen ein gravierendes Ausmaß. Dagegen konnten die Grünen lange Zeit mit einem beträchtlichen Stimmenbonus unter Jugendlichen rechnen, der jedoch im Zuge ihrer zunehmenden Etablierung zu schwinden scheint. Die Komplementarität der jugendspezifischen Attraktivität von SPD und Grünen vor allem in den achtziger Jahren deutet darauf hin, dass es den Grünen gelang, die SPD im Wettbewerb um die Stimmen Jugendlicher zu verdrängen. Vor allem mit Blick auf diese Dekade könnte man eine rot-grüne Koalition als ein Bündnis charakterisieren, das nicht nur alt- und neu-linke Anliegen (z.B. Dalton 1986) kombiniert, sondern auch alte und junge Linke vereint.

In den neuen Bundesländern verliert die CDU bei den Bundestagswahlen zwischen 1990 und 2002, ganz ähnlich wie in den alten Ländern, in der Generationenfolge an Wählerzuspruch (Tabellen 5 und 7). Sie erzielt ihre besten Ergebnisse unter den vor 1937 Geborenen und muß in den jüngeren Kohorten der ab 1937 Geborenen deutliche Einbußen hinnehmen; vor allem die Mitglieder der letzten DDR-Generation zeigen sich der CDU gegenüber außerordentlich reserviert. Das Lebensalter lässt dagegen bei drei der vier betrachteten Wahlen die Stimmabgabe zugunsten der CDU völlig unbeeinflußt. Nur 1998 wird die Tendenz, dass Jugendliche die CDU eher meiden, stärker, ohne allerdings die Schwelle statistischer Signifikanz zu überschreiten. Zu der erdrutschartigen Niederlage der CDU bei dieser Wahl trugen somit – ähnlich wie in den alten Bundesländern – vergleichsweise große Verluste unter den Jugendlichen bei. Aber in beiden Landesteilen sind die Jugendeffekte, so sie sich überhaupt in nennenswertem Umfang nachweisen lassen, schwächer als die Generationseffekte. Folglich scheinen relativ tief verankerte

---

8 Diese Interpretation wird von den Ergebnissen einer um die Wahlen 1972 und 1976 ergänzten Analyse unterstützt, in der die Wahlentscheidung zugunsten der Grünen nicht untersucht werden kann. Denn die Resultate entsprechen für CDU/CSU, FDP und die sonstigen Parteien den bereits berichteten Befunden. Bei der SPD schwächt sich der globale negative Jugendeffekt ab, und am stärksten scheint die SPD in den 1980er Jahren unter Jugendlichen Stimmen eingebüßt zu haben.

politische Orientierungen für das Wahlverhalten zugunsten der Union wichtiger zu sein als altersspezifische Kurzfristeinflüsse.

*Tabelle 4:*  Hypothetische Wahlwahrscheinlichkeiten bei den Bundestagswahlen 1980-2002 in Westdeutschland in Abhängigkeit vom Alter in vier Generationen[a]

|  | 1980 | 1983 | 1987 | 1990 | 1994 | 1998 | 2002 |
|---|---|---|---|---|---|---|---|
| **CDU/CSU** | | | | | | | |
| 1926-34 | *56* | *53* | *49* | *44* | *46* | *40* | *52* |
|  | 45 | 53 | 49 | 53 | 50 | 49 | 52 |
| 1935-45 | *54* | *51* | *47* | *42* | *44* | *38* | *50* |
|  | 43 | 51 | 47 | 51 | 48 | 47 | 50 |
| 1946-53 | 45 | *42* | *38* | *34* | *35* | *30* | *41* |
|  | 34 | 41 | 38 | 42 | 39 | 38 | 41 |
| 1954-64 | 38 | 35 | 32 | 27 | *29* | *24* | *34* |
|  | *28* | *35* | 32 | 35 | 32 | 31 | 34 |
| **SPD** | | | | | | | |
| 1926-34 | *36* | *30* | *24* | 35 | *27* | *36* | *31* |
|  | 43 | 38 | 38 | 33 | 34 | 38 | 34 |
| 1935-45 | *37* | *30* | *25* | 35 | *28* | *37* | *32* |
|  | 43 | 39 | 38 | 34 | 35 | 39 | 34 |
| 1946-53 | 40 | *33* | *27* | 39 | *31* | *40* | *35* |
|  | 47 | 42 | 41 | 37 | 38 | 42 | 37 |
| 1954-64 | 47 | 40 | 33 | 45 | *37* | *47* | *42* |
|  | *54* | *49* | 48 | 43 | 45 | 49 | 44 |
| **FDP** | | | | | | | |
| 1926-34 | *12* | *12* | *11* | *15* | *12* | 9 | 9 |
|  | 12 | 7 | 10 | 11 | 8 | 8 | 9 |
| 1935-45 | *11* | *12* | *10* | *14* | *12* | 9 | 9 |
|  | 11 | 6 | 9 | 10 | 8 | 7 | 8 |
| 1946-53 | 12 | *13* | *12* | *16* | *13* | *10* | *10* |
|  | 12 | 7 | 10 | 11 | 9 | 8 | 10 |
| 1954-64 | 9 | 9 | 8 | 11 | *9* | 7 | 7 |
|  | *9* | 5 | 7 | 8 | 6 | 6 | 7 |
| **Bündnis 90/Die Grünen** | | | | | | | |
| 1926-34 | *1* | *3* | *5* | *2* | *4* | *3* | *3* |
|  | 0 | 2 | 2 | 1 | 2 | 2 | 2 |
| 1935-45 | *2* | *5* | *9* | *4* | *6* | *6* | *5* |
|  | 1 | 3 | 4 | 2 | 4 | 3 | 4 |
| 1946-53 | 5 | *14* | *22* | *10* | *17* | *16* | *14* |
|  | 2 | 9 | 10 | 5 | 12 | 8 | 12 |
| 1954-64 | 6 | 16 | 25 | 12 | *19* | *18* | *16* |
|  | *2* | *11* | 12 | 5 | 13 | 10 | 13 |

Fortsetzung von Tabelle 4

| | 1980 | 1983 | 1987 | 1990 | 1994 | 1998 | 2002 |
|---|---|---|---|---|---|---|---|
| Sonstige | | | | | | | |
| 1926-34 | *0* | *0* | *1* | 2 | 3 | 3 | 2 |
| | 1 | 0 | 1 | 4 | 3 | 3 | 2 |
| 1935-45 | *1* | *1* | 2 | 4 | 5 | 4 | 2 |
| | 1 | 1 | 1 | 6 | 5 | 5 | 3 |
| 1946-53 | 0 | *0* | *1* | 2 | 3 | 3 | 2 |
| | 1 | 0 | 1 | 4 | 4 | 3 | 2 |
| 1954-64 | 1 | 1 | 2 | 4 | 5 | 4 | 2 |
| | *1* | *1* | 2 | 6 | 5 | 5 | 3 |

a  Angaben in Prozent auf der Basis der Modelle in Tabelle 2 und 3; jeweils 1. Zeile: Jugend; 2. Zeile: Ältere. Für die kursiv gesetzten Zellen liegen keine empirischen Beobachtungen vor. Siehe Anhang für Konfidenzintervalle.

Lesehilfe: Der Wert 56 in der ersten Zeile der ersten Spalte bei der CDU/CSU-Wahl bedeutet, dass 1980 Jugendliche der Jahrgänge 1926-1934 zu 56% für die Union votiert hätten; die darunter stehende 45 besagt, dass unter den älteren Personen dieser Jahrgänge 45% für CDU/CSU stimmten.

Komplementär zum negativen Jugendeffekt bei der CDU 1998 profitiert die SPD bei diesem Urnengang wenigstens tendenziell, wenn ein Wähler noch nicht das dreißigste Lebensjahr vollendet hat. Vier Jahre vorher galt noch die umgekehrte Tendenz, was dafür spricht, dass die SPD bei ihrem Wahlsieg 1998 vor allem unter Jugendlichen erhebliche Zugewinne verbuchen konnte, und zwar in den neuen Bundesländern stärker als in den alten. Bei den Wahlen 1990 und 2002 sind praktisch keine Unterschiede zwischen den Altersgruppen in der Wahrscheinlichkeit, SPD zu wählen, zu erkennen. Wie im Westen dominieren also wahlspezifische Jugendeffekte. Anders als in den alten Ländern stehen sie jedoch nicht deutlich im Schatten von Generationeneffekten, da die SPD im Osten praktisch in allen Generationen gleich häufig gewählt wird.

Die Elektorate von FDP, PDS und der sonstigen Parteien erweisen sich hinsichtlich Altersgruppen- und Generationenzugehörigkeit als noch konturenloser (Tabellen 5-7). Weder bei der FDP noch bei der PDS läßt sich ein Generationsprofil erkennen. Gerade bei der PDS mag dieser Befund erstaunen, da die Präferenz für die Nachfolgerin der DDR-Staatspartei mit der Haltung zum SED-Staat zusammenhängt (z.B. Klein/Caballero 1996; Neller/Thaidigsmann 2002); der vorliegende Befund deutet daher darauf hin, dass die Phase, in der man DDR-Erfahrungen – und seien es virtuelle aus zweiter Hand – gesammelt hat, nicht wahlrelevant ist. Bei den sonstigen Parteien ist zumindest insoweit ein Generationeneffekt erkennbar, als die nach 1936 Geborenen überdurchschnittlich häufig für nicht-etablierte Parteien votieren. Jugendliche tendieren ebenfalls dazu, eher diese Parteien zu bevorzugen, ohne dass man jedoch von nennenswerten Effekten sprechen könnte. Ähnliches gilt für die Wahl von FDP und PDS; bemerkenswert ist hier allenfalls, dass 1990 beide Parteien eher von älteren Wählern bevorzugt wurden, sich 2002 aber ein leichter Jugendbonus erkennen läßt. Im Fall der FDP könnten der Wechsel auf die Oppositionsbänke und der provokante Wahlkampf 2002 damit zusammenhängen, bei der PDS könnten sich deren Profilierungsversuche als einzige linke

Partei in diesen Mustern niederschlagen. Doch darf bei der Suche nach Ursachen nicht übersehen werden, dass nur Tendenzen vorliegen, nicht aber substantielle Wirkungen.

*Tabelle 5:* Wirkungen von Jugend, Generationszugehörigkeit und Wahlzeitpunkten auf die Stimmabgabe zugunsten von CDU, SPD und PDS in Ostdeutschland 1990-2002 (logistische Regression)[a]

| | CDU | | SPD | | PDS | |
|---|---|---|---|---|---|---|
| | Ohne | Mit | Ohne | Mit | Ohne | Mit |
| | Interaktionen | | Interaktionen | | Interaktionen | |
| Jugend | -0,04 | 0,02 | 0,04 | 0,05 | -0,11 | -0,33 |
| | (0,17) | (0,23) | (0,17) | (0,24) | (0,21) | (0,35) |
| Generationen (Referenz: -1925) | | | | | | |
| 1926-1936 | 0,18 | 0,17 | -0,18 | -0,17 | 0,18 | 0,18 |
| | (0,16) | (0,16) | (0,17) | (0,17) | (0,25) | (0,25) |
| 1937-1950 | -0,16 | -0,16 | -0,01 | -0,01 | 0,08 | 0,09 |
| | (0,15) | (0,15) | (0,15) | (0,15) | (0,24) | (0,24) |
| 1951-1969 | -0,29 | -0,31* | -0,07 | -0,06 | 0,15 | 0,17 |
| | (0,15) | (0,15) | (0,15) | (0,15) | (0,23) | (0,23) |
| 1970- | -0,29 | -0,19 | -0,20 | -0,25 | 0,08 | -0,10 |
| | (0,25) | (0,27) | (0,25) | (0,28) | (0,32) | (0,35) |
| Periode (Referenz: Wahl 1990) | | | | | | |
| Wahl 1994 | 0,11 | 0,12 | 0,62*** | 0,65*** | -0,15 | -0,22 |
| | (0,10) | (0,11) | (0,11) | (0,12) | (0,15) | (0,16) |
| Wahl 1998 | -0,48*** | -0,43** | 0,78*** | 0,74*** | 0,40* | 0,36* |
| | (0,13) | (0,13) | (0,13) | (0,13) | (0,16) | (0,18) |
| Wahl 2002 | -0,27* | -0,26 | 0,89*** | 0,90*** | 0,02 | -0,08 |
| | (0,13) | (0,14) | (0,13) | (0,14) | (0,18) | (0,19) |
| Jugend × 1994 | – | -0,02 | – | -0,22 | – | 0,48 |
| | | (0,29) | | (0,30) | | (0,41) |
| Jugend × 1998 | – | -0,42 | – | 0,23 | – | 0,23 |
| | | (0,39) | | (0,37) | | (0,48) |
| Jugend × 2002 | – | -0,19 | – | 0,03 | – | 0,76 |
| | | (0,39) | | (0,37) | | (0,49) |
| Konstante | -0,27 | -0,28 | -1,11*** | -1,12*** | -2,27*** | -2,24*** |
| | (0,15) | (0,15) | (0,16) | (0,16) | (0,25) | (0,25) |
| KPR² | 1,3 | 1,2 | 1,7 | 1,6 | 0,0 | -0,1 |
| N ungew. | 3978 | 3978 | 3978 | 3978 | 3978 | 3978 |

*** p < 0,001; ** p < 0,01;* p < 0,05.
a  Angegeben sind unstandardisierte Logitkoeffizienten, in Klammern Standardfehler.

Eigenständige Jugendeffekte treten dagegen bei der Wahlentscheidung für Bündnis 90/Die Grünen auf: Die Partei profitiert im Durchschnitt der vier betrachteten Urnengänge von der Eigenschaft Jugendlicher. Allerdings gilt dies für die einzelnen Urnengänge in unterschiedlichem Maße. 1990 und 1998 begünstigt die Jugend eines Wählers die Wahrscheinlichkeit der Grünen-Wahl tendenziell. 1994 kann man sogar von einem statistisch signifikanten und substantiell relevanten Einfluß sprechen; ablesen läßt er sich daran, dass in der Honecker-Generation Jugendliche um sechs Prozentpunkte häufiger als Erwachsene für die Grünen stimmten. Wie in den alten Bundesländern schrumpft dieser Effekt bei der Wahl 2002 jedoch auf ein nicht mehr von Null unterscheidbares Maß zusammen – offenbar hat auch hier die Regierungsbeteiligung als unübersehbarer Schritt zu einer „ganz normalen" Partei die jugendspezifische Attraktivität der Grünen schwinden lassen.

*Tabelle 6:* Wirkungen von Jugend, Generationszugehörigkeit und Wahlzeitpunkten auf die Stimmabgabe zugunsten von Grünen, FDP und Sonstigen in Ostdeutschland 1990-2002 (logistische Regression)[a]

| | FDP | | Grüne | | Sonstige | |
|---|---|---|---|---|---|---|
| | Ohne Interaktionen | Mit | Ohne Interaktionen | Mit | Ohne Interaktionen | Mit |
| Jugend | -0,32 | -0,46 | 0,54* | 0,46 | -0,27 | 0,00 |
| | (0,42) | (0,53) | (0,24) | (0,30) | (0,68) | (0,83) |
| Generationen (Referenz: -1925) | | | | | | |
| 1926-1936 | -0,46 | -0,45 | 0,20 | 0,20 | 1,70 | 1,68 |
| | (0,38) | (0,38) | (0,48) | (0,48) | (1,07) | (1,07) |
| 1937-1950 | -0,36 | -0,35 | 0,81 | 0,81 | 2,58* | 2,56* |
| | (0,32) | (0,32) | (0,45) | (0,45) | (1,04) | (1,04) |
| 1951-1969 | -0,39 | -0,36 | 1,39** | 1,39** | 2,82** | 2,76** |
| | (0,31) | (0,31) | (0,43) | (0,44) | (1,02) | (1,02) |
| 1970- | -0,31 | -0,56 | 1,33* | 1,32* | 3,52** | 3,63** |
| | (0,52) | (0,62) | (0,55) | (0,55) | (1,27) | (1,25) |
| Periode (Referenz: Wahl 1990) | | | | | | |
| Wahl 1994 | -1,09*** | -1,14*** | -0,66** | -0,78** | -0,52 | -0,45 |
| | (0,24) | (0,26) | (0,19) | (0,22) | (0,40) | (0,44) |
| Wahl 1998 | -1,33*** | -1,29*** | -0,92*** | -1,02*** | 0,68 | 0,77 |
| | (0,28) | (0,30) | (0,24) | (0,27) | (0,39) | (0,42) |
| Wahl 2002 | -0,92*** | -1,05*** | -0,55* | -0,51 | -0,55 | -0,30 |
| | (0,22) | (0,24) | (0,25) | (0,27) | (0,49) | (0,51) |
| Jugend × 1994 | – | 0,43 | – | 0,35 | – | -0,24 |
| | | (0,67) | | (0,41) | | (0,98) |
| Jugend × 1998 | – | -0,56 | – | 0,33 | – | -0,35 |
| | | (0,79) | | (0,55) | | (1,02) |
| Jugend × 2002 | – | 1,03 | – | -0,18 | – | -1,31 |
| | | (0,66) | | (0,54) | | (1,10) |
| Konstante | -1,40*** | -1,39*** | -3,58*** | -3,55*** | -5,57*** | -5,63*** |
| | (0,29) | (0,30) | (0,41) | (0,41) | (1,01) | (1,01) |
| KPR² | 3,5 | 3,6 | 4,5 | 4,3 | 5,5 | 5,5 |
| N ungew. | 3.978 | 3.978 | 3.978 | 3.978 | 3.978 | 3.978 |

*** p < 0,001; ** p < 0,01; * p < 0,05.
a Angegeben sind unstandardisierte Logitkoeffizienten, in Klammern Standardfehler.

Neben der Jugendlichkeit beeinflußt die Generationenzugehörigkeit die Wahrscheinlichkeit, für die Grünen zu stimmen. Wie in Westdeutschland erzielen Bündnis 90/Die Grünen ihr schlechtestes Ergebnis unter den vor 1926 geborenen
Stimmbürgern, während sie in der Honecker- und der Einheitsgeneration außerordentlich gut abschneiden. Allerdings sind Generationenunterschiede nicht derart
deutlich ausgeprägt wie in den alten Bundesländern, weshalb die Jugendeffekte im
Osten vergleichsweise stärker ins Gewicht fallen als im Westen.[9]

*Tabelle 7:* Hypothetische Wahlwahrscheinlichkeiten bei den Bundestagswahlen
1990-2002 in Ostdeutschland in Abhängigkeit vom Alter in vier
Generationen[a]

|  | 1990 | 1994 | 1998 | 2002 |
|---|---|---|---|---|
| CDU |  |  |  |  |
| 1926-36 | *48* | *50* | *28* | *37* |
|  | 47 | 50 | 37 | 41 |
| 1937-50 | *40* | *42* | *22* | *30* |
|  | 39 | 42 | 29 | 33 |
| 1951-69 | 36 | 39 | 20 | 27 |
|  | 36 | 38 | 26 | 30 |
| 1970- | 39 | 41 | 21 | 29 |
|  | *38* | *41* | *29* | 32 |
| SPD |  |  |  |  |
| 1926-36 | *22* | *31* | *44* | *42* |
|  | 22 | 35 | 37 | 40 |
| 1937-50 | 25 | *34* | *48* | *46* |
|  | 25 | 38 | 41 | 44 |
| 1951-69 | 24 | 33 | 46 | *45* |
|  | 24 | 37 | 40 | 43 |
| 1970- | 21 | 29 | 42 | 40 |
|  | *20* | *33* | *35* | 38 |
| PDS |  |  |  |  |
| 1926-36 | *8* | *11* | *14* | *15* |
|  | 11 | 9 | 16 | 11 |
| 1937-50 | *8* | *10* | *13* | *14* |
|  | 10 | 9 | 14 | 10 |
| 1951-69 | 8 | 11 | 14 | *15* |
|  | 11 | 9 | 15 | 11 |
| 1970- | 6 | 8 | 11 | 12 |
|  | 9 | 7 | *12* | 8 |

---

9   Weitergehende Interpretationen der Generationeneffekte zugunsten der Grünen verbieten sich, da
    sie bei einer differenzierteren Messung des Lebensalters nicht mehr nachgewiesen werden können.

Fortsetzung von Tabelle 7

| | 1990 | 1994 | 1998 | 2002 |
|---|---|---|---|---|
| **FDP** | | | | |
| 1926-36 | *9* | *5* | *2* | *9* |
| | 14 | 5 | 4 | 5 |
| 1937-50 | *10* | *5* | *2* | *10* |
| | 15 | 5 | 5 | 6 |
| 1951-69 | 10 | *5* | *2* | *10* |
| | 15 | *5* | 5 | 6 |
| 1970- | 8 | 4 | 1 | 8 |
| | *12* | *4* | *4* | 5 |
| **Bündnis 90/Die Grünen** | | | | |
| 1926-36 | 5 | *4* | *3* | *3* |
| | 3 | 2 | 1 | 2 |
| 1937-50 | 9 | 6 | 5 | *5* |
| | 6 | 3 | 2 | 4 |
| 1951-69 | 16 | 11 | 8 | *8* |
| | 10 | 5 | 4 | 6 |
| 1970- | 15 | 10 | 8 | 8 |
| | *10* | 5 | *4* | 6 |
| **Sonstige Parteien** | | | | |
| 1926-36 | 2 | *1* | 3 | *0* |
| | 2 | 1 | 4 | 1 |
| 1937-50 | 4 | 2 | 7 | *1* |
| | 4 | 3 | 9 | 3 |
| 1951-69 | 5 | 3 | 8 | *1* |
| | 5 | 3 | 11 | 4 |
| 1970- | 12 | 6 | 17 | 3 |
| | *12* | *8* | 23 | 9 |

a  Für die kursiv gesetzten Zellen liegen keine empirischen Beobachtungen vor. Siehe Anhang für Konfidenzintervalle. Angaben in Prozent auf der Basis der Modelle in Tabelle 5 und 6; jeweils 1. Zeile: Jugend; 2. Zeile: Ältere.
Lesehilfe: Der Wert 48 in der ersten Zeile der ersten Spalte bei der CDU-Wahl bedeutet, dass 1990 Jugendliche der Jahrgänge 1926-1936 zu 48% für die CDU votiert hätten; die darunter stehende 47 besagt, dass unter den älteren Personen dieser Jahrgänge 47% für CDU stimmten.

Dieser Befund weist auf allgemeinere Muster im Ost-West-Vergleich hin. Generationeneffekte sind in den neuen Bundesländern in deutlich geringerem Maße als in den alten nachzuweisen, während Periodeneffekte erkennbar stärker ins Gewicht fallen. Anders ausgedrückt: In den alten Ländern votieren bei einer Wahl Personen, die zu verschiedenen Zeitpunkten geboren und sozialisiert worden sind, unterschiedlicher als in den neuen, zugleich zeichnet sich ihr Stimmverhalten durch eine höhere zeitliche Stabilität aus. Dieses Ergebnis steht im Einklang mit Analysen, die zeigen, dass in den neuen Bundesländern langfristige Parteiloyalitäten seltener sind als in den alten und daher politische Kurzfristeinflüsse bei einer größeren Zahl von Bürgern das Stimmverhalten einmal in die eine, einmal in die andere Richtung lenken können. In den vorgelegten Befunden spiegelt sich somit die Tatsache wider, dass in den untersuchten Zeiträumen eine stabile Verknüpfung zwischen Bürgern und Parteien in den alten Ländern wesentlich besser etabliert war als in den neuen.

Diese Unterschiede dürfen jedoch nicht die innerdeutsche Ähnlichkeit in Bezug auf die zentrale Fragestellung dieses Beitrags verdecken: In Ost- und Westdeutschland beeinflusst der Status Jugendlicher das Wahlverhalten nur in Einzelfällen erheblich. Allein die Stimmabgabe zugunsten der Grünen bildet – wenn auch in abnehmendem Maße – eine Ausnahme davon, ohne dass der Jugendeffekt die Grünen jedoch unter Jugendlichen zur Mehrheitspartei werden ließe. In diesem eingeschränkten Sinn bestätigt die empirische Analyse die Vermutung, dass die Jugend idealistisches Wahlverhalten begünstige. Doch weist sie ebenso deutlich darauf hin, dass es sich dabei um eher schwache und keineswegs selbstverständliche Wirkungen handelt; an dieser Stelle läßt sich freilich nicht klären, inwieweit das Ausbleiben stärkerer Jugendeffekte auf das Konto einer schwachen lebenszyklischen Variation politischer Orientierungen oder etwa einer geringen Thematisierung altersgruppenspezifischer Fragen im Parteienwettbewerb geht. Alles in allem läßt sich zum Wahlverhalten zugespitzt formuliert festhalten: Junge Wilde werden zu alten Milden, doch ist nicht jeder Junge wild und wird auch nicht jeder Alte mild.

## 5. Schluss

Der vorliegende Beitrag geht der Frage nach, ob sich Jugendliche im Wahlverhalten von der übrigen Bevölkerung in Deutschland unterscheiden. In der theoretischen Diskussion wurden Erwartungen darüber formuliert, inwieweit der Übergang zum Erwachsenenleben das Wahlverhalten beeinflussen könnte. Es wurde argumentiert, dass Jugendliche pragmatisch-konservative Parteien eher meiden dürften, während sie idealistische überdurchschnittlich häufig wählen sollten. Zugleich wurde auf die Grenzen dieser Argumentation hingewiesen. Empirisch konnte gezeigt werden, dass das Lebensalter das Wahlverhalten generell allenfalls moderat beeinflußt. Innerhalb des Lebenszyklus' erwies sich der Übergang zum Erwachsenenleben als für die Wahlentscheidung vergleichsweise wichtiger Schritt, wenngleich seine Wirkung – absolut betrachtet – von eher bescheidenem Umfang ist. Die parteipolitische Richtung des Jugendeffekts schwankt wahlspezifisch, doch kann als eine Konstante ein Jugendbonus zugunsten von Bündnis 90/Die Grünen gelten, der sich jedoch abgeschwächt zu haben scheint.

Die Wirkungen des Schritts von der Jugend in das Erwachsenenleben auf das Wahlverhalten sollten folglich nicht überschätzt werden. Allerdings erlauben die Ergebnisse nicht den Schluß, dass er für die Stimmabgabe generell von geringer Bedeutung sei. Denn zum einen konnte der Übergang von der Jugend zum Erwachsenendasein nicht direkt gemessen werden, sondern nur näherungsweise über das Lebensalter abgebildet werden, was zu einer Unterschätzung des Effekts führen dürfte. Zum anderen wurde eine bestimmte historische Periode untersucht, in der möglicherweise die politische Konstellation stärkere Jugendeffekte verhindert hat. Daher kann nicht ausgeschlossen werden, dass dem Lebenszyklus in der Zukunft eine größere Wirkung auf das Stimmverhalten zuwachsen wird. Beispielsweise könnten infolge des demographischen Wandels politische Orientierungen stärker mit dem Lebensalter variieren oder altersgruppenspezifische Fragen im Parteienwettbewerb stärker thematisiert werden.

Nicht zuletzt diese Überlegung spricht dafür, der Frage nach altersspezifischem Wahlverhalten auch künftig einige Aufmerksamkeit zu schenken. Dabei könnte man in verschiedenen Hinsichten über die vorliegende Analyse hinausgehen. Erstens liegt es nahe, den Übergang von der Jugend zum Erwachsenendasein theorieadäquater zu messen. Zweitens böte es sich an, die Fragen nicht nur mit Trenddaten, sondern auch mit Daten aus längerfristigen Wiederholungsbefragungen zu untersuchen. Drittens könnten andere Phasen des Lebenszyklus als die Jugend genauer untersucht werden. Viertens sollte man das politische Angebot explizit in die Analyse einbeziehen, etwa indem man inhaltsanalytische Daten zu Parteiprogrammen mit den Informationen über die individuelle Wahlentscheidung verknüpft. Fünftens könnten die zwischen der Position im Lebenszyklus und dem Wahlverhalten gelagerten politischen Orientierungen genauer analysiert werden. Sechstens ließen sich die in Abschnitt 2 formulierten Vermutungen über die Stabilität und Stetigkeit des Wahlverhaltens empirisch untersuchen. Schließlich erscheint es lohnenswert zu fragen, ob Menschen unterschiedlichen Alters zwar der Richtung nach ähnlich wählen, aber verschiedene Kriterien anlegen, wenn sie ihre Stimme abgeben; beispielsweise könnten die Jungen vor allem von Kurzfristfaktoren beeinflußt werden, während bei Älteren hauptsächlich Loyalitäten wirken. Auch wenn die Position im Lebenszyklus nicht *die* zentrale Determinante des Wahlverhaltens darstellt, so eröffnet sie der empirischen Wahlforschung doch ein breites Spektrum an Möglichkeiten und verdient ihre Aufmerksamkeit.

## Anhang

*Tabelle A1:* 95%-Konfidenzintervalle zu den Wahlwahrscheinlichkeiten in Tab. 4[a]

|  | 1980 | 1983 | 1987 | 1990 | 1994 | 1998 | 2002 |
|---|---|---|---|---|---|---|---|
| CDU/CSU |  |  |  |  |  |  |  |
| 1926-34 | *51-61* | *49-58* | *45-54* | *39-50* | *41-51* | *35-46* | *45-59* |
|  | 43-48 | 50-55 | 47-52 | 51-56 | 48-52 | 47-51 | 50-54 |
| 1935-45 | *50-58* | *47-56* | *43-51* | *38-47* | *39-49* | *33-43* | *43-57* |
|  | 41-46 | 48-53 | 45-49 | 49-53 | 46-50 | 45-49 | 48-52 |
| 1946-53 | 40-49 | *38-47* | *34-42* | *29-38* | *31-40* | *25-35* | *34-48* |
|  | 32-37 | 39-44 | 36-40 | 39-44 | 36-41 | 36-40 | 38-43 |
| 1954-64 | 34-42 | 31-39 | 29-35 | 24-31 | *25-33* | *20-28* | *28-41* |
|  | *26-30* | *32-37* | 29-34 | 33-37 | 30-34 | 30-33 | 32-36 |

Fortsetzung von Tabelle A1

| | 1980 | 1983 | 1987 | 1990 | 1994 | 1998 | 2002 |
|---|---|---|---|---|---|---|---|
| **SPD** | | | | | | | |
| 1926-34 | *32-41* | *26-34* | *21-27* | *31-40* | *24-31* | *32-41* | *26-37* |
| | 41-45 | 36-40 | 35-40 | 31-35 | 33-37 | 36-40 | 32-36 |
| 1935-45 | *33-41* | *27-34* | *22-28* | *31-40* | *24-32* | *32-41* | *27-38* |
| | 41-46 | 36-41 | 36-40 | 31-35 | 33-37 | 37-41 | 32-36 |
| 1946-53 | 36-44 | *29-37* | *24-31* | *34-43* | *27-35* | *35-45* | *29-41* |
| | 44-49 | 40-44 | 39-44 | 34-39 | 36-40 | 40-44 | 35-39 |
| 1954-64 | 43-51 | 36-44 | 30-36 | 41-50 | *33-41* | *42-51* | *35-48* |
| | *51-56* | *46-51* | 46-50 | 41-46 | 43-47 | 47-51 | 42-46 |
| **FDP** | | | | | | | |
| 1926-34 | *9-16* | *8-18* | *8-15* | *11-21* | *9-18* | *6-13* | *6-13* |
| | 10-14 | 6-9 | 8-12 | 9-13 | 7-10 | 6-9 | 8-11 |
| 1935-45 | *8-15* | *8-17* | *8-13* | *10-19* | *8-16* | *6-12* | *6-12* |
| | 9-13 | 5-8 | 8-11 | 8-12 | 6-9 | 6-8 | 7-10 |
| 1946-53 | 10-16 | *9-19* | *9-15* | *11-21* | *9-18* | *7-14* | *7-14* |
| | 11-15 | 6-9 | 9-12 | 9-13 | 7-11 | 7-10 | 8-11 |
| 1954-64 | 7-11 | 6-13 | 6-10 | 8-15 | *6-13* | *5-10* | *5-10* |
| | *7-11* | *4-6* | 6-9 | 6-9 | 5-7 | 5-7 | 6-8 |
| **Bündnis 90/Die Grünen** | | | | | | | |
| 1926-34 | *1-1* | *2-4* | *4-7* | *1-3* | *3-5* | *3-5* | *2-4* |
| | 0-0 | 1-2 | 2-3 | 1-1 | 2-3 | 1-2 | 2-3 |
| 1935-45 | *1-2* | *4-7* | *7-11* | *3-5* | *5-8* | *5-8* | *4-7* |
| | 0-1 | 3-4 | 3-5 | 1-2 | 4-5 | 3-4 | 4-5 |
| 1946-53 | 4-7 | *11-17* | *19-26* | *8-13* | *14-20* | *13-20* | *10-19* |
| | 1-3 | 8-12 | 9-12 | 4-6 | 10-13 | 7-10 | 10-13 |
| 1954-64 | 5-7 | 13-19 | 22-28 | 9-14 | *16-22* | *15-22* | *12-21* |
| | *1-3* | *9-13* | 10-14 | 4-7 | 12-15 | 9-11 | 12-15 |
| **Sonstige** | | | | | | | |
| 1926-34 | *0-1* | *0-1* | *1-2* | *1-5* | *2-5* | *1-5* | *1-3* |
| | 0-1 | 0-1 | 1-1 | 2-5 | 2-5 | 2-4 | 1-2 |
| 1935-45 | *0-1* | *0-1* | *1-3* | *2-7* | *3-8* | *2-8* | *1-5* |
| | 0-1 | 0-1 | 1-2 | 4-9 | 4-7 | 4-6 | 2-4 |
| 1946-53 | 0-1 | *0-1* | *1-2* | *1-5* | 2-6 | 2-6 | *1-3* |
| | 0-1 | 0-1 | 1-2 | 3-6 | 3-5 | 2-5 | 1-3 |
| 1954-64 | 0-1 | 0-1 | 1-3 | 2-8 | *3-8* | *2-8* | *1-5* |
| | *1-2* | *0-1* | 1-2 | 4-8 | 4-7 | 4-6 | 2-4 |

a  Jeweils 1. Zeile: Jugend; 2. Zeile: Ältere. Für die kursiv gesetzten Zellen liegen keine empirischen Beobachtungen vor.

*Tabelle A2:* 95%-Konfidenzintervalle zu den Wahlwahrscheinlichkeiten in Tab. 7[a]

|  | 1990 | 1994 | 1998 | 2002 |
|---|---|---|---|---|
| **CDU** | | | | |
| 1926-36 | *42-53* | *45-56* | *22-35* | *29-46* |
|  | 44-50 | 48-52 | 34-40 | 38-44 |
| 1937-50 | *34-45* | *37-48* | *17-28* | *23-38* |
|  | 37-42 | 40-44 | 27-32 | 31-36 |
| 1951-69 | 32-41 | 34-43 | 15-25 | *21-34* |
|  | 33-38 | 36-41 | 24-29 | 27-33 |
| 1970- | 33-46 | 36-47 | 17-26 | 24-34 |
|  | *33-45* | *35-47* | *24-34* | 27-38 |
| **SPD** | | | | |
| 1926-36 | *19-27* | *26-36* | *36-51* | *34-51* |
|  | 19-24 | 32-37 | 34-40 | 37-44 |
| 1937-50 | *21-30* | *30-39* | *40-55* | *38-54* |
|  | 22-27 | 36-41 | 38-44 | 42-47 |
| 1951-69 | 21-28 | 29-38 | 39-54 | *37-53* |
|  | 21-26 | 35-39 | 37-42 | 40-46 |
| 1970- | 17-26 | 25-34 | 36-47 | 35-46 |
|  | *16-25* | *27-38* | *30-41* | 33-45 |
| **PDS** | | | | |
| 1926-36 | *6-12* | *8-14* | *10-19* | *11-21* |
|  | 10-13 | 8-11 | 14-18 | 9-12 |
| 1937-50 | *6-11* | *8-12* | *10-18* | *10-20* |
|  | 9-12 | 8-10 | 13-16 | 8-11 |
| 1951-69 | 6-11 | 8-13 | 10-19 | *11-21* |
|  | 10-13 | 8-10 | 14-17 | 9-12 |
| 1970- | 4-9 | 6-10 | 9-14 | 10-15 |
|  | *7-12* | *5-9* | *9-16* | 6-11 |
| **FDP** | | | | |
| 1926-36 | *5-15* | *3-8* | *1-3* | *5-17* |
|  | 11-18 | 4-6 | 3-6 | 4-7 |
| 1937-50 | *6-16* | *3-9* | *1-4* | *5-18* |
|  | 12-18 | 4-7 | 3-6 | 5-7 |
| 1951-69 | 6-15 | 3-8 | 1-4 | *5-17* |
|  | 13-18 | 4-7 | 3-6 | 5-7 |
| 1970- | 5-13 | 2-8 | 1-3 | 6-11 |
|  | *7-20* | *2-8* | *2-7* | 3-8 |

Fortsetzung von Tabelle A2

|  | 1990 | 1994 | 1998 | 2002 |
|---|---|---|---|---|
| Bündnis 90/Die Grünen | | | | |
| 1926-36 | *4-8* | *2-5* | *2-5* | *2-5* |
|  | 3-4 | 1-2 | 1-2 | 1-3 |
| 1937-50 | *7-12* | 4-9 | 3-8 | *3-8* |
|  | 5-8 | 2-4 | 2-3 | 3-5 |
| 1951-69 | 13-19 | 8-14 | 6-13 | *5-13* |
|  | 9-12 | 3-6 | 3-5 | 5-8 |
| 1970- | 11-20 | 8-13 | 6-11 | 6-11 |
|  | *7-14* | *3-7* | 3-6 | 4-9 |
| Sonstige Parteien | | | | |
| 1926-36 | *1-3* | *0-2* | *1-7* | *0-1* |
|  | 1-4 | 1-2 | 3-6 | 1-2 |
| 1937-50 | *2-9* | *1-5* | *3-14* | *0-2* |
|  | 3-7 | 2-4 | 7-11 | 2-5 |
| 1951-69 | 3-11 | 1-5 | 4-16 | *0-3* |
|  | 4-8 | 3-5 | 9-14 | 3-6 |
| 1970- | 5-25 | 4-10 | 13-22 | 2-4 |
|  | *6-24* | *4-16* | *12-39* | 5-17 |

a Für die kursiv gesetzten Zellen liegen keine empirischen Beobachtungen vor (jeweils 1. Zeile: Jugend; 2. Zeile: Ältere).

## Literatur

Achatz, Juliane/Gaiser, Wolfgang/Gille, Martina/Kleinert, Corinna/Krüger, Winfried/Rijke, Johann de (2000): Forschungsleitende Perspektiven und Konzept des Jugendsurveys. In: Gille, Martina/Krüger, Winfried (Hrsg.): Unzufriedene Demokraten. Politische Orientierungen der 16- bis 29jährigen im vereinigten Deutschland. Opladen: Leske und Budrich, 11-32.

Bartels, Larry M. (2002): Beyond the Running Tally. Partisan Bias in Political Perceptions. In: Political Behavior 24, 117-150.

Berger, Manfred/Gibowski, Wolfgang G./Roth, Dieter/Schulte, Wolfgang (1985): Wahlverhalten – begrünte Parteienlandschaft. In: Deutsches Jugendinstitut (Hrsg.): Immer diese Jugend! Ein zeitgeschichtliches Mosaik. 1945 bis heute. München: Kösel, 481-492.

Bluck, Carsten/Kreikenbom, Henry (1991): Die Wähler in der DDR: Nur issue-orientiert oder auch parteigebunden? In: Zeitschrift für Parlamentsfragen 22, 495-502.

Bluck, Carsten/Kreikenbom, Henry (1993): Quasiparteibindung und Issues – zur Mehrdimensionalität der Einflußfaktoren im Wahlverhalten Jenaer Bürger. In: Gabriel, Oscar W./Troitzsch, Klaus G. (Hrsg.): Wahlen in Zeiten des Umbruchs. Frankfurt a.M.: Peter Lang, 455-470.

Bürklin, Wilhelm P. (1987): Governing Left Parties Frustrating the Radical Non-Established Left: The Rise and Inevitable Decline of the Greens. In: European Sociological Review 3, 109-126.

Bürklin, Wilhelm P./Dalton, Russell J. (1994): Das Ergrauen der Grünen. In: Klingemann, Hans-Dieter/Kaase, Max (Hrsg.): Wahlen und Wähler. Analysen aus Anlaß der Bundestagswahl 1990. Opladen: Westdeutscher Verlag, 264-302.

Campbell, Angus/Converse, Philip E./Miller, Warren E./Stokes, Donald E. (1960): The American Voter. New York: Wiley.

Campbell, Angus/Gurin, Gerald/Miller, Warren E. (1954): The Voter Decides. Evanston, Ill./White Plains, NY: Row, Peterson and Company.

Dalton, Russell J. (1986): Wertwandel oder Wertwende. Die Neue Politik und Parteienpolarisierung. In: Klingemann, Hans-Dieter/Kaase, Max (Hrsg.): Wahlen und politischer Prozeß. Analysen aus Anlaß der Bundestagswahl 1983. Opladen: Westdeutscher Verlag, 427-454.

Falter, Jürgen W./Gehring, Uwe W. (1998): Alter – ein neues Cleavage? In: Kaase, Max/ Klingemann, Hans-Dieter (Hrsg.): Wahlen und Wähler. Analysen aus Anlaß der Bundestagswahl 1994. Opladen: Westdeutscher Verlag, 463-503.

Falter, Jürgen W./Schoen, Harald (1999): Wahlen und Wählerverhalten. In: Ellwein, Thomas/Holtmann, Everhard (Hrsg.): 50 Jahre Bundesrepublik Deutschland. Rahmenbedingungen – Entwicklungen – Perspektiven. Opladen: Westdeutscher Verlag, 454-470.

Falter, Jürgen W./Schoen, Harald/Caballero, Claudio (2000): Dreißig Jahre danach: Zur Validierung des Konzepts ‚Parteiidentifikation' in der Bundesrepublik. In: Klein, Markus/Jagodzinski, Wolfgang/Mochmann, Ekkehard/Ohr, Dieter (Hrsg.): 50 Jahre empirische Wahlforschung in Deutschland. Entwicklung, Befunde, Perspektiven, Daten. Wiesbaden: Westdeutscher Verlag, 235-271.

Fischer, Arthur (2000): Jugend und Politik. In: Deutsche Shell (Hrsg.): Jugend 2000. Band 1. Opladen: Leske und Budrich, 261-282.

Fogt, Helmut (1982): Politische Generationen. Empirische Bedeutung und theoretisches Modell. Opladen: Westdeutscher Verlag.

Gehring, Uwe W. (1994): Die SPD – Partei der Zukunft? Eine Kohortenanalyse der Bundestagswahlen 1969-1990. In: Klingemann, Hans-Dieter/Kaase, Max (Hrsg.): Wahlen und Wähler. Analysen aus Anlaß der Bundestagswahl 1990. Opladen: Westdeutscher Verlag, 214-263.

Gensicke, Thomas (1998): Die neuen Bundesbürger. Eine Transformation ohne Integration. Opladen/Wiesbaden: Westdeutscher Verlag.

Gille, Martina/Krüger, Winfried (Hrsg.) (2000): Unzufriedene Demokraten. Politische Orientierungen der 16- bis 29jährigen im vereinigten Deutschland. Opladen: Leske und Budrich.

Gukenbiehl, Hermann L. (2003): Alter. In: Schäfers, Bernhard (Hrsg.): Grundbegriffe der Soziologie. 8., überarbeitete Auflage. Opladen: Leske und Budrich, 12-14.

Hurrelmann, Klaus (1994): Lebensphase Jugend. Eine Einführung in die sozialwissenschaftliche Jugendforschung. Weinheim/München: Juventa.

Illies, Florian (2000): Generation Golf. Eine Inspektion. Berlin: Argon.

Jaccard, James (2002): Interaction Effects in Logistic Regression. Thousands Oaks u.a.: Sage.

Juhász, Zoltán (2000): Politische Ideologie im vereinigten Deutschland. In: Falter, Jürgen W./Gabriel, Oscar W./Rattinger, Hans (Hrsg.): Wirklich ein Volk? Die politischen Orientierungen von Ost- und Westdeutschen im Vergleich. Opladen: Leske und Budrich, 321-361.

Klein, Markus/Arzheimer, Kai (1997): Grau in Grau. Die Grünen und ihre Wähler nach eineinhalb Jahrzehnten. In: Kölner Zeitschrift für Soziologie und Sozialpsychologie 49, 650-673.

Klein, Markus/Caballero, Claudio (1996): Rückwärtsgewandt in die Zukunft. Die Wähler der PDS bei der Bundestagswahl 1994. In: Politische Vierteljahresschrift 37, 229-247.

Klein, Markus/Falter, Jürgen W. (2003): Der lange Weg der Grünen. Eine Partei zwischen Protest und Regierung. München: C. H. Beck.

Klein, Markus/Pötschke, Manuela (2004): Die intra-individuelle Stabilität gesellschaftlicher Wertorientierungen. Eine Mehrebenenanalyse auf der Grundlage des Sozio-oekonomischen Panels (SOEP). In: Kölner Zeitschrift für Soziologie und Sozialpsychologie 56, 432-456.

Mattei, Franco/Niemi, Richard G. (1991): Unrealized Partisans, Realized Independents, and the Intergenerational Transmission of Partisan Identification. In: Journal of Politics 53, 161-174.

Metje, Matthias (1994): Wählerschaft und Sozialstruktur im Generationenwechsel. Eine Generationenanalyse des Wahlverhaltens bei Bundestagswahlen. Wiesbaden: DUV.

Miller, Warren E./Shanks, J. Merrill (1996): The New American Voter. Cambridge: Harvard University Press.

Mönch, Regina (2004): Deutschradikale Republik. Heimatkunde: Die Wähler der extremen Rechten und die DDR. In: Frankfurter Allgemeine Zeitung vom 12.10.2004, 35.

Münchmeier, Richard (1998): "Entstrukturierung" der Jugendphase. Zum Strukturwandel des Aufwachsens und zu den Konsequenzen für Jugendforschung und Jugendtheorie. In: Aus Politik und Zeitgeschichte. Beilage zur Wochenzeitung „Das Parlament" B31, 3-13.

Neller, Katja/Thaidigsmann, S. Isabell (2002): Das Vertretenheitsgefühl der Ostdeutschen durch die PDS: DDR-Nostalgie und andere Erklärungsfaktoren im Vergleich. In: Politische Vierteljahresschrift 43, 420-444.

Niemi, Richard G./Jennings, M. Kent (1991): Issues and Inheritance in the Formation of Party Identification. In: American Journal of Political Science 35, 970-988.

Rattinger, Hans (1994): Demographie und Politik in Deutschland: Befunde der repräsentativen Wahlstatistik 1953-1990. In: Klingemann, Hans-Dieter/Kaase, Max (Hrsg.): Wahlen und Wähler. Analysen aus Anlaß der Bundestagswahl 1990. Opladen: Westdeutscher Verlag, 73-122.

Rölle, Daniel (2000): Talkin' 'bout my generation – Generationseffekte auf politische Einstellungen in Deutschland. In: Falter, Jürgen W./Gabriel, Oscar W./Rattinger, Hans (Hrsg.): Wirklich ein Volk? Die politischen Orientierungen von Ost- und Westdeutschen im Vergleich. Opladen: Leske und Budrich, 111-139.

Schäfers, Bernhard (1998): Soziologie des Jugendalters. 6. Auflage. Opladen: Leske und Budrich.

Schoen, Harald (2005): Soziologische Ansätze in der empirischen Wahlforschung. In: Falter, Jürgen W./Schoen, Harald (Hrsg.): Handbuch Wahlforschung. Wiesbaden: VS Verlag für Sozialwissenschaften, 135-185.

Schoen, Harald/Weins, Cornelia (2005): Der sozialpsychologische Ansatz zur Erklärung von Wahlverhalten. In: Falter, Jürgen W./Schoen, Harald (Hrsg.): Handbuch Wahlforschung. Wiesbaden: VS Verlag für Sozialwissenschaften, 187-242.

Stadelmaier, Gerhard (2004): O Herr, schmeiß Hirn ra! Durchgeknallt oder Gott schütze Teufel. In: Frankfurter Allgemeine Zeitung vom 27.10.2004, 33.

# Neu im Programm
# Politikwissenschaft

Jürgen Dittberner

**Die FDP**

Geschichte, Personen, Organisation,
Perspektiven. Eine Einführung
2005. 411 S. Br. EUR 24,90
ISBN 3-531-14050-7

Die FDP hat sich als einzige der kleinen
Parteien seit 1949 gehalten. In dieser
Einführung wird eine umfassende Darstellung geboten zu Geschichte, Organisation, Personal, Programm und Wähler-
basis der FDP.

Jan Fuhse

**Theorien des
politischen Systems**

David Easton und Niklas Luhmann.
Eine Einführung
2005. 125 S. Studienbücher Politische
Theorie und Ideengeschichte.
Br. EUR 12,90
ISBN 3-531-14674-2

Diese Einführung stellt zwei Theorien
des politischen Systems exemplarisch
und systematisch vor: einmal das Werk
David Eastons, das in der Politikwissenschaft grundlegend geworden ist, zum
anderen die politische Theorie Niklas
Luhmanns, die eine radikal neue Fas-
sung einer Theorie des politischen Systems darstellt. Das Werk beider Denker
wird jeweils in den biographischen,
werkgeschichtlichen und den wissen-

schaftlichen Kontext eingeordnet.
Das Buch enthält praktische Hinweise
zur Weiterarbeit und ist somit gut als
Arbeits- und Seminargrundlage geeignet.

Thomas Jäger / Alexander Höse /
Kai Oppermann (Hrsg.)

**Transatlantische Beziehungen**

Sicherheit – Wirtschaft – Öffentlichkeit
2005. 520 S. Br. EUR 39,90
ISBN 3-531-14579-7

Nach dem Ende der Ost-West-Konfronta-
tion und dem Wegfall der gemeinsamen
Bedrohung durch die Sowjetunion hat
sich das Konfliktpotential zwischen Europa und den USA deutlich erhöht. Auf die
breite Welle der Solidarisierung mit den
Vereinigten Staaten in Europa nach dem
11. September 2001 folgten mit den Auseinandersetzungen über den Irakkrieg
schon bald die heftigsten Erschütterun-
gen seit mehr als fünf Jahrzehnten.

Dennoch bilden die transatlantischen
Beziehungen unverändert den Kern der
internationalen Ordnung. In allen Sach-
bereichen der Politik: Sicherheit, Wohl-
fahrt und Herrschaft ist das transatlantische Verhältnis zugleich von Kooperation
und Konflikt geprägt. Dieser Band analysiert das komplexe Beziehungsgeflecht
auf den Feldern der äußeren und inneren Sicherheit, der Wirtschaft und der
Öffentlichkeit. Er bietet eine umfassende
und aktuelle Darstellung der transatlantischen Beziehungen der Gegenwart.

Erhältlich im Buchhandel oder beim Verlag.
Änderungen vorbehalten. Stand: Juli 2005.

**www.vs-verlag.de**

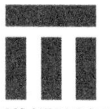

**VS VERLAG FÜR SOZIALWISSENSCHAFTEN**

Abraham-Lincoln-Straße 46
65189 Wiesbaden
Tel. 0611.7878-722
Fax 0611.7878-400

The manufacturer's authorised representative in the EU is Springer
Nature Customer Service Centre GmbH, Europaplatz 3, 69115 Heidelberg,
Germany. If you have any concerns regarding our products, please
contact ProductSafety@springernature.com

Printed and bound by CPI Group (UK) Ltd, Croydon, CR0 4YY
27/04/2026
02097628-0005